한일회담
일본외교문서 상세목록집 IV
-제6차 회담-

일러두기

- 이 책은 2020년도 동북아역사재단 기획연구 수행 결과물임(NAHF-2020-기획연구-10).

한일회담
자료총서 14

한일회담
일본외교문서 상세목록집 Ⅳ

- 제6차 회담 -

동북아역사재단 편

동북아역사재단
NORTHEAST ASIAN HISTORY FOUNDATION

발간사

한일관계에서 한일협정만큼 민감하고 논쟁적인 주제는 없을 것입니다. 한일 양국은 1951년 10월 국교정상화를 위한 회담을 시작하였습니다. 이후 회담은 13년 8개월에 걸쳐 중단과 재개를 되풀이하였고, 1965년 6월 한일 양국은 협정에 조인하였습니다. 한일회담은 해방 후 한일관계뿐만 아니라 한국현대사의 기본 틀을 만드는 과정이었습니다. 한일 양국이 최근 첨예하게 대립하는 근본 원인도 한일회담에 있다고 할 수 있습니다. 2018년 10월 30일 일제 강제동원 피해자 손해배상소송 판결과 2021년 1월 9일 일본군'위안부' 피해자 손해배상소송 판결은 1965년 한일협정이 지나간 과거가 아닌 현재진행형의 문제라는 사실을 확인시켰습니다.

한국정부와 법원은 1910년 강제병합조약은 원천 무효이고 반인도적 범죄에 대한 배상 문제는 1965년 한일청구권협정으로 해결되지 않았다고 주장합니다. 하지만 일본정부와 법원은 강제병합조약은 합법이고 청구권협정으로 모든 배상 문제가 해결되었다고 주장합니다. 한일협정에 대한 평가와 해석을 둘러싸고 이처럼 첨예하게 대립하는 근본 원인은 무엇일까요? 한일협정 해석을 둘러싼 갈등은 해결할 수 있는 것일까요?

이 문제들에 대한 해답을 찾기 위해서는 한일협정 조문 해석뿐만 아니라 협정이 어떤 과정을 거쳐 체결되었는지, 당시 양국 정부가 어떠한 역사인식과 전략을 토대로 협상하였는지를 한일회담 당시 관련 일차 자료에 근거하여 파악할 필요가 있습니다.

한일회담 외교문서가 공개된 것은 강제동원 피해자들이 2002년 한국정부를 상대로 문서공개요구소송을 한 것이 계기가 되었습니다. 강제동원 피해자들은 일본에서 제소한 소송에서 일본 법원이 1965년 청구권협정으로 모든 배상은 해결되었다는 판결을 내리자, 청구권협정에서 강제동원 피해자 문제가 어떻게 다루어졌는지 공개하라며 한국정부를 상대로 소송하였습니다. 이후 2004년 강제동원 피해자들이 승소하였고, 한국정부는 2005년 약 3만 5,000장의 문서를 공개하였습니다. 일본에서도 시민단체인 '일한회담문서 전면 공개를 요구하는 모임'이 문서공개를 요구하자, 일본정부는 2008~2015년까지 약 9만 장의 문서를 공개하였습니다.

동북아역사재단은 한일 양국에서 한일회담 외교문서가 공개된 이후 국민대학교 일본학연구소와 협력하여 방대한 분량의 외교문서를 체계적으로 정리하는 작업을 해 왔습니다. 그 첫 작업으로 한국외교문서를 체계적으로 분류·해제한『한일회담 외교문서 해제집』5권을 2008년에 발간하였습니다. 이후에는 소송을 통해 추가로 공개된 문서를 포함한 일본외교문서 약 9만 장을 체계적으로 분류하여 그 결과물을『한일회담 일본외교문서 상세목록집』5권으로 발간하게 되었습니다. 한국외교문서 원본은 동북아역사재단 〈동북아역사넷〉(contents.nahf.or.kr)에 게재하였으며, 일본외교문서 원본도 올리는 중입니다. 그 외 미국 국무성 문서도 국사편찬위원회의 협력을 받아 〈동북아역사넷〉에 올렸습니다.

이렇게 외교문서의 원문을 제공하는 작업은 한일회담의 전모를 밝히는 데 크게 기여하고 있지만, 외교문서를 찾아보는 일반 대중과 연구자, 정책 입안자들이 필기체로 된 방대한 문서에서 필요한 자료를 찾아내는 것은 쉬운 일은 아닙니다. 이에 우리 재단은 국민과 학계, 관계 기관에서 한일회담 관련 자료를 폭넓게 활용할 수 있도록 한일회담 관련 핵심 문서를 자료총서로 발간하는 작업을 하고 있습니다. 이 자료총서가 한일회담의 전모를 파악하고 핵심 쟁점이 어떻게 논의되었는지를 이해하고 한일회담에 대한 객관적인 이해를 토대로 한국과 일본이 현재 직면한 문제를 해결하는 데 기여할 수 있기를 기대합니다. 나아가 앞으로 진행될 북일 국교정상화 관련 대응에도 도움이 될 수 있을 것입니다.

한일회담 자료총서 발간 작업은 연구자들과 활동가들의 열정적인 노력이 있었기에 시작할 수 있었습니다. 외교문서가 공개될 수 있도록 노력하신 많은 분들과 방대한 분량의 외교문서를 한 장 한 장 검토해 주신 분들께 감사를 드립니다.

2021년 10월

동북아역사재단 이사장

이영호

책머리에

이 자료집은 일본정부가 2007년 3월 이후 6차례에 걸쳐 공개한 한일회담 관련 외교문서 약 6만 장을 효율적으로 이용하기 위해 만든 상세목록이다. 한일회담은 공식적으로는 1951년 10월 20일부터 1965년 6월 22일까지 개최되었다. 회담 주제는 기본관계, 청구권, 어업, 문화재 등 다방면에 걸쳐 있었다. 따라서 일본이 공개한 외교문서 6만 장에서 필요한 자료를 찾는 것은 쉬운 일이 아니다. 6만 장이라는 방대한 문서에 빠져 길을 잃지 않으려면 문서 전체를 파악할 수 있는 조감도와 상세지도가 필요하다. 이 자료집을 만든 목적은 여기에 있다.

일본정부가 한일회담 관련 외교문서를 공개하게 된 직접적인 계기는 한국정부의 한일회담 외교문서 전면 공개였다. 한국정부는 일제강점기 강제동원 피해자들이 제기한 한일회담 외교문서공개요구 소송에서 패소하자 2005년 1월 일부 문서를 공개했다. 그리고 문서 전체에 대한 면밀한 내부 검토 과정을 거쳐 8월에는 3만 5,354쪽이나 되는 문서를 전부 공개했다. 당시 노무현 정부가 고심 끝에 이러한 결단을 내리게 된 것은, 일정 기간이 경과한 후에는 공문서를 공개함으로써 국민의 알 권리를 충족시키는 것이 민주주의 원리에 부합한다는 원칙에 따른 것이었다. 나아가 일제강점기에 강제로 동원되었던 피해 당사자의 청구권과 보상 요구에 대해 정부 차원에서 성실하게 대응하겠다는 의지의 표명이기도 했다. 1975년 한국정부는 법률을 제정하여 강제동원 피해자에게 일부 보상 조치를 했다. 하지만 강제동원 피해자 보상 문제는 오늘날까지 한일 양국 정부에 숙제로 남아 있다. 노무현 정부는 문서공개 이후 위원회를 만들어 강제동원 피해자를 조사하고 추가적인 지원 조치를 취했다.

한국정부의 문서공개와 일련의 후속 조치는 국경을 넘어 일본 사회에도 큰 충격을 주었다. 2005년 12월 전후보상을 요구해 온 운동그룹과 연구자들이 중심이 되어 '일한회담 문서 전면 공개를 요구하는 모임'(이하, 모임)을 결성하였다. 이 모임이 중심이 되어 일본정부를 상대로 정보공개 소송을 제기하는 등 한일회담 관련 일본외교문서 공개를 촉구하는 운동을 전개했다. 이 모임은 2006년 4월 외무성을 방문하여 정보공개법에 따라 한일회담과 관련한 공문서의 공개를 정식으로 청구했다. 외무성은 2008년 5월까지는 모든 문서에 대한 개시를 결정하겠다고 회답했다. 그리고 2007년 11월 약 7,000장의 문서를 공개했다. 같은 해 12월 도쿄지방법원은 이 모임이 제기한 정보공개 소송에 대해 "청구로부터 1년 7개월이 지나도록 결론을 내지 않은 것은 국가의 무작위"라고 판결했다. 외무성은 개시 결정을 서두를 수밖에 없는 상황에 몰렸다. 외무성은 2008년 4월과 5월에 걸쳐 약 5만 2,000장의 외교문서 개시 결정을 내렸다. 모임은 먹칠로 처리하여 비공개한 부분에 대한 공개를 추가로 청구했다. 그 결과 비공개 부분이 새롭게 공개되기도 했다. 이번 목록에는 추가로 공개된 문서들의 상세내용도 포함되어 있다.

한일회담과 관련하여 현재까지 일본정부가 공개한 문서가 모든 외교문서를 한 장도 빼놓지 않고 총망라하고 있는지 확인할 길은 없다. 그러나 공개된 약 6만 장의 문서군은 그동안 외무성이 한일회담 관련 문서 파일로 분류하여 관리하고 있던 거의 전량에 해당하는 것으로 추정된다. 외무성은 법원의 판결에 따라 방대한 문서군을 단시일 내에 분류, 정리하여 공개할 수밖에 없었고 그 과정에서 부분적으로 문서의 누락이나 분류상의 오류가 있었을 가능성을 배제할 수는 없다. 문서에 부여된 일련번호도 외무성이 문서작성 시기나 문서주제와 관계없이 공개요청에 따라 순차적으로 공개하면서 붙인 것으로, 큰 의미가 없다. 회담별 위원회 회의록의 경우에도 6만 장 안에 섞여 있어 무엇이 누락되었는지 정확히 파악할 수 없다. 이 자료집을 발간하면서 문서를 가급적 작성 시기와 주제별로 정리해 본 결과, 일부 누락된 파일이 있었다. 다만 고의적으로 누락시켰다기보다는 급하게 공개하다 보니 문서 정리와 분류 과정에서 실수가 있었던 것으로 보인다.

주목할 점은 한국정부가 한 장의 문서도 빠짐없이 전면 공개한 것과는 달리, 일본정부는 총 6만 688장의 문서를 공개했지만 국익과 개인 프라이버시를 이유로 문서 내용 전체를 공개하지는 않았다는 점이다. 독도 관련 문서, 대장성과 외무성의 청구권 금액 산정 부분 비교표 및 내부 검토 자료가 아직도 공개되지 않고 있다. 이 중 23건은 전면 비공개였으나 모임이 소송을 통해 공개를 요구한 결과, 그 일부가 공개되기도 했다. 공개된 내용은 이 자료집에 반영했다.

한일회담과 1965년에 체결된 한일협정은 학문적으로도 실무적으로도 심층적이고도 다각적인 검토가 필요한 과제다. 14년에 걸친 한일 국교정상화 교섭의 실태에 대한 치밀한 검토는 해방 후 한일관계사는 물론이고 동아시아 냉전사와 탈식민화 과정을 객관적으로 파악하는 데도 많은 도움이 된다.

한일회담의 전 과정에 대한 실증적인 분석을 위해서는 한일 외교문서의 비교 검토가 필요하다. 특히 일본외교문서는 일본정부의 한반도 정책 및 한일회담의 개별 현안에 대한 일본정부 내부의 논의 현황이나 방침, 대책 등이 구체적으로 기술되어 있어 사료로서의 가치가 매우 높다. 한일 간 식민지 피해 처리 문제는 한일회담에서 포괄적으로 다뤄졌고 한일협정에 의해 마무리되었다고 할 수 있다. 따라서 좋든 싫든 한일과거사 문제와 관련한 쟁점의 파악은 한일회담과 한일협정에 대한 이해와 해석에서 출발할 수밖에 없다.

향후 재개될 가능성이 있는 북일 국교정상화 교섭의 진행 과정과 그 결과를 예측하고 파악하기 위해서도 한일회담과 한일협정에 대한 이해가 필요하다. 북일 국교정상화 교섭 과정에서 논의될 현안이 한일회담의 현안과 상당 부분 중복될 수밖에 없다는 점을 고려한다면 북일 협상을 전망하고 이에 대한 대비책을 마련한다는 차원에서도 한일협정의 검토가 요구되고 있다.

이 자료집을 발간하는 데 많은 분들의 적극적인 지원과 헌신적인 노력이 있었다는 점을 밝혀 두고자 한다. 일본외교문서 입수에는 일본의 '일한회담 문서공개 요구모임' 관계자, 특히 이양수 선생님께서 많은 도움을 주셨다. 국민대학교 일본학연구소는 방대한 분량의 외교문서를 1차적으로 정리하고 상세목록을 작성해 주었다. 일본외교문서가 공개되어 분석을 시도하려 했을 때 선뜻 나서 주는 연구자나 연구소는 어디에도 없었다. 엄두도 못 낼만큼 엄청난 양의 외교문서를 한 장 한 장 검토하면서 분류하는 것은 상상할 수도 없을 만큼 지루한 작업이기 때문이다. 국민대 이원덕 교수님은 최근의 한일 과거사 문제가 이 협상과 협정에 기인하는 것이라는 점을 고려하면 한일회담 문서는 학문적으로도 정책적으로도 중요한 의미가 있다며 기꺼이 맡아 주셨다. 이원덕 교수님은 1994년 박사학위를 통해 사료에 근거한 한일회담 연구를 본격적으로 열어 주신 분이다. 『한일회담 일본외교문서 상세목록집』을 발간하면서 단어나 접속어의 의미까지도 이원덕 교수님과 논의하지 않을 수 없었다. 이 자리를 빌려 감사드린다. 이 외에도 지면의 제약으로 이름을 일일이 밝히지는 못하지만 10명 이상의 한일관계 전공자들이 헌신적으로 작업을 해 주셨다. 마지막으로 상세목록의 검수는 유의상 전 표기명칭대사님께서 해 주셨다. 엄청난 시간을 투여하지 않으면 안 되는 어려운 작업임에도 책임감을 갖고 작업해 주셨다. 유의상 전 대사는 한일관계를 담당했던 외교관이자 연구자이다. 외교관 경험이 없으면 도저히 파악할 수 없는 부분은 물론, 난해한 문장을 한 줄 한 줄 상세하게 검토해 주셨다. 재단에서도 많은 도움을 받았다. 무엇보다 일본외교문서에 대한 체계적인 정리와 분석 작업이 가능했던 것은 김용덕, 정재정, 김학준, 김호섭, 김도형 전 이사장님과 이영호 이사장님께서 이 작업의 중요성을 이해하고 적극적으로 지원해 주셨기 때문이다. 이 책이 완성되기까지 여러 우여곡절이 있었음을 고백하지 않을 수 없다. 남상구 연구정책실장님과 재단 도서발간 담당자의 도움이 없었다면 절대로 5권의 상세목록집이 발간될 수 없었다. 어떤 표현으로도 부족하지만 진심으로 도움이 컸음을 감히 밝히지 않을 수 없다.

마지막으로 이 자료집의 원고를 처음 본 순간부터 엄청난 양의 원고에 압도되어 도망가고 싶었음에도 끝까지 최선을 다해 준 출판 관계자 여러분들에게도 감사드린다.

이 책의 발간에 도움을 주신 모든 분께 이 자리를 빌려 다시 한번 감사드린다.

2021년 10월

조윤수 씀

차례

발간사 ··· 4

책머리에 ··· 6

한일회담 일본외교문서 상세목록집 일러두기 ··· 36

한일회담 일본외교문서 상세목록집의 이해를 돕기 위하여 ··· 40

제1부 회담 관련 문제 및 대책(1962~1964)

• 한일회담의 향후 진행방식에 대해서 ··· 47
1962. 1. 9 - 1962. 2. 15 【 1333 】

• 한일회담에 관한 보고·대담 ··· 50
1962. 3. 22 - 1962. 4. 24 【 1335 】

• 한일교섭에 관한 한국 동정(1962년) ··· 53
1962. 5. 1 - 1962. 10. 15 【 287 】

• 한일교섭 관계 법률 문제 조서집 ··· 56
1962. 7(일자 불명) 【 1881 】

• 한일관계 연표(이세키 아시아 국장 재임기간)(1959. 6. 1 ~1962. 10. 30) ··· 57
1962(월일 불명) 【 502 】

• 한일회담 중요자료집 ··· 58
1960. 4. 1 【 525 】

• 한일회담 중요자료집(속) ··· 77
1962. 7. 1 【 526 】

• 한일회담 중요자료집(3) ··· 58
1963. 10. 1 【 527 】

• 한일회담 문제별 경위(1)(기본관계 문제) ··· 107
1962. 7. 1 【 528 】

• 한일회담 문제별 경위(2)(어업 문제) ··· 108
1962. 7. 1 【 529 】

• 한일회담 문제별 경위(2) (어업 문제) ··· 109
1963. 8. 1 【 530 】

• 한일회담 문제별 경위(2)(어업 문제) ··· 110
1964. 11. 1 【 531 】

• 한일회담 문제별 경위(3)(재일한국인의 법적지위 문제) ··· 118
1962. 7. 1 - 1963. 10. 1 【 532 】

• 한일회담 문제별 경위(4)(일반청구권 문제) ········· 120
1962. 7. 1 - 1963. 10. 1 【533】
• 한일회담 문제별 경위(5)(선박 문제) ········· 122
1962. 7. 1 - 1963. 10. 1 【534】
• 한일회담 문제별 경위(6)(문화재 문제) ········· 124
1962. 7. 1 - 1963. 10. 1 【535】
• 한일교섭 경위와 문제점 ········· 126
1962. 7. 16 【645】
• 한일회담 진행방식에 관한 간부회의 개요 ········· 127
1962. 7. 24 - 1962. 8. 15 【1338】
• 한일회담 논의내용 정리 작업(제1회 회의) ········· 131
1962. 7. 31 【953】
• 한일회담 논의내용 정리 작업(제2회 회의) ········· 132
1962. 8. 8 【954】
• 한일회담 논의내용 정리 작업(제3회 회의) ········· 133
1962. 8. 11 【955】
• 한일회담 논의내용 정리 작업(제4회 회의) ········· 134
1962. 8. 11 【956】
• 한일회담 논의내용 정리 작업(제5회 회의) ········· 135
1962. 8. 14 【957】
• 한일회담 논의내용 정리 작업(제6회 회의) ········· 136
1962. 8. 16 【958】
• 한일회담 논의내용 정리 작업(제7회 회의) ········· 137
1962. 8. 17 【959】
• 한일회담에 대한 각종 단체의 동향 ········· 138
1962. 10(일자 불명) 【1834】
• 한일회담 내부 설명용 자료 ········· 139
1962. 11(일자 불명) - 1962. 11. 26 【1340】
• 한일교섭 - 그 경위와 문제점 ········· 142
1962. 11. 20 【644】
• 한일 문제 - 한일교섭을 둘러싼 여러 문제 ········· 143
1962. 12(일자 불명) 【647】
• 한국대사로부터의 신임장을 봉정할 때 응대 방식 ········· 144
1962. 1. 29 - 1962. 6. 5 【774】
• 한국대표부 등의 연락 ········· 147
1962. 3(일자 불명) - 1962. 9. 18 【1715】
• 한국 문제연구소 간행물 ········· 150
1962. 3. 28 - 1962. 11. 5 【643】
• 한국으로 냉동화물선 수출 ········· 152
1962. 8. 28 - 1963. 5. 25 【1604】

• 한일협정안문의 약간의 문제점(논의용 자료) ········· 159
1963. 1. 9 【 1883 】
• 당면한 한일회담 대처요령 ········· 160
1963. 1. 30 - 1963. 2. 7 【 1889 】
• 한일회담의 여러 현안에 대해 북한 문제 관련된 여러 부분에 대한 협정상 처리에 대해 ········· 163
1963. 8. 1 【 1845 】
• 한일교섭 현상 ········· 164
1952. 8. 29 - 1963. 8. 10 【 1879 】
• 한일교섭 참고자료 삼각지역에 관한 자료 ········· 173
1964. 4. 9 【 1846 】
• 한일회담 향후 진행방식 ········· 174
1964. 7. 13 - 1964. 8. 5 【 1784 】
• 요시다 전 총리 방한 문제 등 ········· 177
1964. 8. 27 - 1964. 10. 27 【 1785 】
• 한일회담 재개 관련 한국의 희망과 일본 방침 ········· 181
1964. 10. 27 - 1964. 12. 21 【 1786 】
• 한일 정상회담에서 명확히 해야 할 일본 입장(시안) ········· 188
1964. 12. 21 【 추가 14 】
• 한일회담 관련 질의응답 ········· 189
1964. 11. 28 - 1964. 12. 6 【 1833 】

제2부 한국 동향 및 한국 출장 보고(1962~1963)

• 우시로쿠 심의관 한국 출장 보고 ········· 193
1962. 10. 8 【 292 】
• 우시로쿠 심의관 한국 출장 보고 ········· 195
1962. 10. 8 【 519 】
• 한국의 경제개발 5개년 계획을 중심으로 하는 경제정세에 대해서(출장 보고) ········· 198
1962. 10. 10 【 293 】
• 나카가와 조약국장 한국 출장 보고 ········· 199
1962. 11. 16 【 294 】
• 사와키 경제협력과장 대한민국 출장보고서 ········· 200
1963. 1. 19 【 295 】
• 마에다 북동아시아과장 한국 출장 보고 ········· 201
1963. 1. 21 【 296 】
• 한국의 정치정세에 대해서 ········· 202
1963. 4. 11 - 1963. 4. 19 【 299 】
• 오기소 과장 한국시찰 보고 건 ········· 204
1963. 4. 13 【 298 】

• 야스카와 총무참사관 한국 출장 보고 ······ 205
1963. 4. 30 【 300 】
• 한국 출장 보고(모리타 사무관) ······ 206
1963. 5. 9 【 301 】
• 우라베 참사관 한국 출장 보고 ······ 207
1963. 5. 14 - 1963. 5. 17 【 302 】
• 우야마 배상부장 한국 출장보고 (일반정세) ······ 210
1963. 5. 30 【 303 】
• 한국시찰 보고 (하리기이 참사관) ······ 211
1963. 7. 1 【 304 】
• 한국 출장 보고 ······ 212
1963. 11. 12 【 305 】
• 한국의 수산사정에 대해서 ······ 213
1963. 11. 27 【 306 】
• 한국 출장 보고 북동아시아과 모리타 사무관 ······ 214
1964(월일 불명) 【 307 】
• 마에다 동북아시아과장 방한보고 ······ 215
1964. 5. 30 【 308 】
• 한국시찰 출장 보고(히로세 아시아국 참사관) ······ 216
1964. 7. 25 【 309 】
• 한국 출장 보고(마에다 북동아시아과장) ······ 217
1964. 12. 25 【 310 】
• 한국 출장 보고 - 주로 한국의 국민감정을 중심으로(북동아시아과 모리타 사무관) ······ 218
1965. 2. 17 【 311 】
• 최근 한국 내 정치정세(미타니 조사관 보고) ······ 219
1965. 6. 3312 【 312 】
• 1962년 12월 27일 박정희 의장 기자회견 내용 중 한일관계 부분에 대해서 ······ 220
1963. 1. 10 【 775 】
• 한일 문제에 관한 재야 정치가의 성명과 이에 대한 외무부장관의 성명(5월 1일) ······ 221
1963. 5. 2 【 776 】
• 시류에 동승해야 할 국면이다(동아일보 번역) ······ 222
1963. 12. 11 【 777 】
• 일본을 모르는 세대의 일본관(한국일보 번역) ······ 223
1963. 11. 19 【 778 】
• 김 외무장관 영국방문과 한일교섭 ······ 224
1963. 7. 1 - 1963. 7. 17 【 1873 】
• 한국정세에 관한 주일미국대사관 정보 ······ 226
1963. 1. 24 - 1963. 12. 18 【 1808 】
• 한국정세에 관한 아시아국장과 주일미국대사관 공사 회담 ······ 234
1963. 2. 25 - 1963. 5. 9 【 1809 】

• 오히라 대신, 라이샤워 대사 회담 건 ········ 237
1963. 3. 2 【 1810 】
• 한국정세에 관한 아시아국 참사관과 주일미국대사관 서기관 회담 ········ 238
1963. 3. 2 - 1963. 4. 6 【 1811 】
• 한국정세에 관한 아시아국 참사관과 재경미국대사관 참사관 회담 ········ 241
1963. 3. 15 - 1963. 11. 27 【 1812 】
• 한국정세에 관한 아시아국 참사관과 주일미국대사관 서기관 회담 ········ 249
1963. 3. 18 - 1963. 5. 29 【 1813 】
• 시마 차관과 라이샤워 대사 회담 ········ 255
1963. 3. 20 【 1814 】
• 한국 문제에 관한 미국무성 대변인 담화 관련 주일미국대사관의 사전 연락 건 ········ 257
1963. 3. 25 【 1815 】
• 국무성 예거 동아시아국장 회담 요지(한국관계) ········ 259
1963. 4. 17 【 1816 】
• 시마 차관과 버거 주한미국대사 회담 건 ········ 260
1963. 6. 7 【 1817 】
• 한국정세에 관한 대미 협의 ········ 261
1963. 2. 6 - 1963. 11. 26 【 1818 】
• 한국정세에 관한 대미 절충 ········ 278
1963. 2. 20 - 1963. 7. 6 【 1819 】

제3부 오노 부총재 방한(1962. 12)

• 오노 자민당 부총재 등 방한 자료 ········ 285
1962. 12. 1 - 1962. 12. 7 【 520 】
• 오노 부총재 방한 시 각종 연설문 ········ 289
1962(월일 불명) 【 522 】
• 이케다 하야토 총리대신이 박정희 의장에게 보낸 친서 ········ 292
1962. 12. 7 【 521 】
• 오노 부총재 방한에 동행, 방한한 이세키 대사의 우시로쿠 국장 보고 요지 ········ 294
1962. 12. 10 - 1962. 12. 14 【 523 】

제4부 청구권, 경제협력 관련 자료(1962~)

• 한국의 대일청구요강 관계자료 ········ 299
1962. 1. 29 - 1962. 2. 1 【 374 】
• 구 재일본조선인연맹에 대한 귀국 한국인의 기탁금 건 등 ········ 306
1962. 2. 7 - 1962. 2. 27 【 375 】

• 한일관계 상정문답(미정고) 310
1962. 2. 26 【 376 】
• 한일 오픈 감정문제의 경위와 현상 311
1962. 11(일자 불명) 【 377 】
• 보세가공무역에 따른 한국으로의 무환 수출문제 등 313
1962. 7. 31 【 378 】
• 한국경제에 관한 주한 미 고관의 비공식 언급 320
1962. 1. 20 【 1797 】
• 한국에 대한 무상공여 및 장기저리차관의 지불방법에 관한 1시안 321
1962. 11. 22 【 1773 】
• 대한 무상공여 및 경제협력시안 322
1962. 12. 3 【 1774 】
• 한일청구권의 처리에 대하여 323
1962. 12. 5 【 1775 】
• 한일회담 청구권 문제 처리 기본방침 324
1962. 12. 6 【 1776 】
• 한국·미얀마에 대한 장기저리차관 공여 및 유상원조안과 그 문제점 325
1962. 12. 4 - 1962. 12. 12 【 1777 】
• 청구권 문제해결 및 경제협력에 관한 한일안 328
1962. 12. 10 - 1962. 12. 21 【 1778 】
• 대한 회수불가 채권 처리 방법 330
1962. 12. 15 【 1779 】
• 대한경제협력 시안 331
1962. 12. 19 【 1780 】
• 청구권 문제에 관한 대장성 이재국장의 견해 332
1962. 12. 19 - 1962. 12. 20 【 1781 】
• 한일회담 현재의 진행 방법 335
1964. 2. 17 - 1964. 3. 25 【 1782 】
• 한일회담에서 주된 문제점에 관한 쌍방의 입장 337
1964. 4. 14 【 1783 】
• 한일청구권 문제 처리 340
1963. 1. 11 - 1963. 3. 8 【 1884 】
• 한일청구권 처리 문제점 342
1963. 1. 17 【 1885 】
• 한일경제협력 관계 촉진 건 343
1963. 1. 17 【 1886 】
• 일본국정부와 대한민국정부 간 청구권 해결 및 경제협력에 관한 협정(안) II 344
1963. 1. 18 【 1887 】
• 대한 민간경제협력 추진에 대한 관계 각 성 협의 345
1963. 1. 24 - 1963. 1. 28 【 1888 】

• 시마 외무차관의 야나기다 해외경제협력기금 총재에 대한 요청 ······ 348
1963. 1. 30 - 1963. 2. 6 【1890】
• 대한 무상 및 유상공여 실시 대강 시안 ······ 350
1963. 2. 20 - 1963. 2. 21 【1891】
• 대한 민간베이스 경제협력 방식 건 ······ 352
1963. 3. 1 - 1963. 3. 29 【1892】
• 울산 비료 플랜트 수출 ······ 356
1963. 3. 8 - 1963. 8. 12 【1903】
• 한일경제협력에 관한 일본 각 성 협의 ······ 364
1963. 3. 30 - 1963. 5. 22 【1893】
• 한일청구권 문제 타개 방책 ······ 367
1963. 5. 27 - 1963. 6. 7 【1894】
• 주일한국대표부 이 참사관의 가이 경제협력국장 내방 건 ······ 370
1963. 6. 26 【1896】
• 대한 민간베이스 경제협력에 관한 주일한국대표부와의 비공식 협의 ······ 371
1963. 7. 1 - 1963. 7. 3 【1897】
• 한일청구권협정 시안 ······ 374
1963. 7. 10 【1898】
• 대한국 상업베이스 연불수출에 의한 경제협력 추진 건 ······ 377
1963. 7. 12 【1899】
• 한국으로의 타이완 쌀 수출 및 식량 증여 ······ 378
1963. 7. 26 【1900】
• 한일회담 청구권관계 심의에 대하여 ······ 379
1962. 1. 8 【1735】
• 아시아국장의 대장성 방문 건 ······ 380
1963. 7. 27 【1901】
• 청구권 문제 해결 ······ 381
1963. 12. 3 【1902】
• 경제협력·무역에 관해 한국의 요청 ······ 384
1963. 9. 11 - 1963. 12. 12 【1904】
• 기타 자료 ······ 389
1964. 2. 12 - 1964. 8. 6 【1913】
• 대한 무상 및 유상공여 실시에 관한 일본의 기본 태도 ······ 392
1964. 3. 13 【1906】
• 한일교섭의 재산 및 청구권 처리 범위 ······ 395
1964. 4. 7 【1907】
• 대한국 원조 조정 건 ······ 396
1964. 4(일자 불명) - 1964. 5. 7 【1689】
• 플랜트 연불수출 ······ 398
1964. 4. 27 - 1964. 11. 11 【1910】

• 한일경제회의 및 대한 원조 ······ 406
1964. 6. 15 - 1964. 9. 1 【 1908 】
• 대한 긴급원조에 관한 각의결정 ······ 417
1964. 9. 11 - 1964. 12. 11 【 1909 】
• 한일예비교섭에서 양 수석대표가 대강의 의견일치를 보고 있는 청구권 문제 해결방식 ······ 422
1964. 12. 10 【 1911 】
• 한일청구권 문제의 미해결 사안 ······ 423
1964. 12. 12 【 1912 】

第5部 제6차 회담 청구권 위원회 회의록 및 관련 자료(1961~1964)

• 제6차 한일회담 일반청구권소위원회 제1회 회의 ······ 427
1961. 10. 27 【 1211 】
• 제6차 한일회담 일반청구권소위원회 제2회 회의 ······ 428
1961. 11. 2 【 1212 】
• 제6차 한일회담 일반청구권소위원회 제3회 회의 ······ 429
1961. 11. 16 【 1213 】
• 제6차 한일회담 일반청구권소위원회 제4회 회의 ······ 430
1961. 11. 22 【 1214 】
• 제6차 한일회담 일반청구권소위원회 제5회 회의 ······ 432
1961. 11. 30 【 1215 】
• 일반청구권소위원회 향후 논의 진행방식에 대해서 ······ 433
1961. 12. 4 【 1370 】
• 제6차 한일회담 일반청구권소위원회 제6회 회의 ······ 434
1961. 12. 7 【 1216 】
• 제6차 한일회담 일반청구권소위원회 제7회 회의 ······ 437
1961. 12. 15 【 1217 】
• 제6차 한일회담 일반청구권소위원회 제8회 회의 ······ 440
1961. 12. 21 【 1218 】
• 제6차 한일회담 일반청구권소위원회 제9회 회의 ······ 447
1962. 2. 1 【 1219 】
• 제6차 한일회담 일반청구권소위원회 제10회 회의 ······ 448
1962. 2. 8 【 1220 】
• 제6차 한일회담 일반청구권소위원회 제11회 회의 ······ 450
1962. 3. 6 【 1221 】
• 제11회 청구권소위원회의 일본 발언 요지 ······ 453
1962. 3. 6 【 1753 】
• 제6차 한일회담 일반청구권 문제 비공식회담(제1회) 기록 ······ 454
1962. 2. 6 【 1222 】

• 일반청구권소위원회 임시소위원회 회의(제1~4회) ········ 455
1961. 11. 24 - 1961. 12. 13 【 1223 】
• 일반청구권 징용자관계 전문위원회 회의(제1~4회) ········ 458
1962. 2. 13 - 1962. 2. 27 【 1224 】
• 일반청구권 비공식회담 등 ········ 468
1961. 12. 13 - 1962. 4. 2 【 1225 】
• 요강4에 관한 일본 의견 요지 ········ 471
1961. 11. 29 - 1961. 12. 20 【 1369 】
• 청구권 처리에 있어서의 남북한 문제 일본 발언 요지 ········ 476
1961. 12. 18 【 1372 】
• 한일경제협력에 관한 전문가 회의(제1~5회) ········ 477
1963. 2. 13 - 1963. 3. 14 【 1163 】
• 한일경제협력에 관한 전문가 회의(제6~9회) ········ 482
1963. 2. 8 - 1963. 4. 9 【 1164 】
• 한일회담에서 한국의 대일청구 8항목에 관한 논의기록 ········ 487
1964. 1. 10 【 1914 】

제6부 제6차 회담 본회의(1961~1963)

• 제6차 한일회담 본회의 제1회 회의 ········ 491
1961. 10. 20 【 932 】
• 제6차 한일회담 본회의 제2회 회의 ········ 495
1961. 10. 19 - 1961. 10. 26 【 933 】
• 제6차 한일회담 본회의 제3회 회의 ········ 499
1961. 12. 22 【 934 】
• 제6차 한일회담 본회의 제4회 회의 ········ 503
1962. 1. 16 - 1962. 1. 23 【 935 】
• 한국대표부 등 연락 ········ 507
1963. 1. 10 - 1963. 9. 11 【 1734 】
• 재개 제6차 한일회담 제1회 본회의 ········ 510
1964. 3. 12 【 447 】

제7부 제6차 회담 기본관계위원회 회의록 및 정책(1964)

• 일본의 한국 승인과 한국 헌법의 영토조항 관계에 대하여 ········ 517
1962. 8. 27 - 1962. 10. 5 【 1844 】
• 기본관계 문제(한일회담) ········ 520
1964. 4. 11 - 1964. 4. 20 【 1847 】

• 한일회담 기본관계위원회에서의 일본 공동선언안 제시에 관하여 523
1964. 4. 18 - 1964. 4. 20 【 1848 】
• 기본관계에 규정되어야 할 통상관계 사항 525
1964. 5. 1 【 1849 】
• 한일기본관계협정안에 두어야 할 통상관계 조항안 526
1964. 12. 16 【 1850 】
• 한일기본관계에 관한 합의 요강안 527
1964. 12. 10 - 1965. 1. 26 【 1851 】
• 재개 제6차 한일회담의 기본관계위원회 회의 536
1964. 4. 27 - 1964. 5. 11 【 448 】

제8부 제6차 회담 선박 소위원회 회의록 및 훈령(1962~1964)

• 한일 선박청구권에서의 치적선 처리에 대해서(논의자료) 541
1962. 2. 1 - 1962. 2. 5 【 633 】
• 미군정령 제33호에 의한 재한국 일본선박의 소속변경에 대해서 544
1961. 3. 27 - 1962. 2. 8 【 634 】
• 한일회담 쌍방 주장의 개요(선박 문제) 546
1962. 8. 22 【 635 】
• 스기 대표의 발언(시안)(선박 문제) 547
1962. 11. 14 - 1962. 11. 27 【 636 】
• 한일회담 선박 문제에 관한 각 성 협의회 549
1962. 11. 21 【 637 】
• 한일 선박 문제 해결방책에 관한 문제점(논의용 자료) 550
1962. 12. 25 【 638 】
• 한일회담에서의 선박 문제 처리방침(안) 551
1964(월일 불명) 【 639 】
• 제6차 한일회담 선박소위원회 552
1961. 10. 30 - 1962. 3. 9 【 265 】
• 선박소위원회 실무자 회의 562
1961. 12. 11 - 1962. 3. 7 【 266 】

제9부 제6차 회담 문화재 문제 소위원회 회의록 및 대응(1961~1964)

• 제6차 한일회담 문화재소위원회 567
1961. 10. 31 - 1962. 2. 28 【 267 】
• 문화재 전문가 회의 574
1961. 11. 17 - 1962. 2. 1 【 268 】

• 문화재 전문가 회의 요록(이홍식 한국 대표· 모리타 일본 대표) 578
1962. 2. 26 【 269 】
• 第6차 한일회담 예비교섭 문화재 관계 회의(제1~6회) 579
1963. 2. 11 - 1963. 4. 3 【 1165 】
• 문화재보호위 협의 586
1961. 1. 26 - 1961. 11. 14 【 574 】
• 문화재소위원회 제5회 회의 일본 발언 590
1961. 12. 12 - 1962. 2. 12 【 575 】
• 한일회담 문화재 소위원회 592
1962. 2. 1 - 1962. 2. 14 【 576 】
• 한일회담 쌍방 주장의 개요(문화재 문제) 594
1962. 8. 20 【 577 】
• 한일회담 문화재 문제에 관한 내부협의회 등 595
1962. 12. 19 - 1962. 12. 26 【 578 】
• 한일회담의 문화재 문제 교섭의 현상 598
1963. 1. 7 - 1963. 2. 11 【 579 】
• 문화재 관계에 대해서 문부성 협의 기록 601
1963. 2. 12 - 1964. 3. 25 【 580 】
• 한일합병(1910년 8월 29일) 전후 한국의 고적 및 유물에 대해서 606
1961. 12. 18 【 590 】
• 도요문고 다가와 박사 간담기록 611
1963. 3. 18 【 592 】
• 궁내청 서릉부 소장 서적 612
1960. 9. 20 - 1964. 3. 19 【 386 】
• 궁내청 서릉부 소장 목록 615
1963. 4. 11 【 387 】
• 데라우치문고 현황 616
1957. 3. 25 - 1965. 8. 17 【 1116 】
• 문화재 등에 관한 협정요령 등 627
1952(월일 불명) - 1963. 7. 17 【 1117 】
• 일본국과 대한민국간의 문화상의 협력에 관한 합의문서 644
1962. 3. 7 - 1965. 6. 15 【 460 】
• 문화재 반환에 관한 한국 언론 보도 647
1963. 2. 20 - 1964. 4. 7 【 598 】
• 재개 第6차 한일회담 문화재 소위원회 제1회 회의 650
1964. 3. 21 【 450 】

제10부 어업 관련 자료(1961~1964)

• 직선기선 획정 방법에 관한 회의 ………………………………………… 653
196109028 【 808 】
• 직선기선 획선을 위한 실무그룹회의 ………………………………………… 654
1961. 10. 7 - 1961. 10. 23 【 809 】
• 한국에 나포된 어선에 대한 국가의 구제조치 ………………………………………… 658
1961. 10. 23 【 810 】
• 한일회담 어업 문제에 대해서의 고찰(미정고) ………………………………………… 660
1962. 1. 12 【 812 】
• 현 단계에서의 한일회담 어업위 대책 건 ………………………………………… 661
1962. 1. 24 【 813 】
• 한일회담 어업교섭의 향후 진행 방법에 대해서(논의용 자료) ………………………………………… 662
1962. 2. 22 【 814 】
• 한일어업공동위원회의 대상수역(안) ………………………………………… 663
1962. 2. 27 【 815 】
• 어업방침 사전협의 ………………………………………… 664
1962. 3. 1 - 1962. 3. 16 【 816 】
• 한일어업조약의 문제점 ………………………………………… 671
1962. 3. 16 【 817 】
• 한국에 나포된 일본어선에 대해서 ………………………………………… 672
1962. 8. 31 【 818 】
• 한국이 만든 어업 문제에 관한 한일 쌍방 주장 요약(1962년 9월 10일 한국대표부에서 지참) ………… 673
1962. 9. 10 【 819 】
• 한일어업교섭의 기초로서의 제네바 방식 ………………………………………… 674
1962. 9. 20 【 820 】
• 한일회담 어업위원회에 관한 협의회 ………………………………………… 675
1962. 9. 19 - 1962. 10. 10 【 821 】
• (어업)위원회에서 심의되어야 하는 사항 ………………………………………… 680
1962. 10. 8 - 1962. 10. 20 【 822 】
• 한일회담 어업 관계 회의 경위 통보 건 ………………………………………… 683
1962. 12. 6 【 823 】
• 한국에 의한 나포 어선 문제에 대해서 ………………………………………… 684
1962. 12. 13 【 824 】
• 기선저인망어업의 조업구역과 허가의 한계를 정하는 수표 ………………………………………… 685
1963(월일 불명) 【 841 】
• 한일어업 세력의 비교 ………………………………………… 686
1963(월일 불명) 【 842 】
• 한일어업 문제의 문제점에 대해서 ………………………………………… 689
1963. 1. 5 【 825 】

• 한일어업 문제에 관한 수산청 협의에 대해서 ······ 690
1963. 1. 31 - 1963. 2. 1 【826】
• 한일어업협정 중의 전관수역과 공동규제구역 설정에 관한 한국 견해 ······ 693
1963. 7. 5 【828】
• 한일어업협정의 내용에 관한 수산청 와다 어정부장의 견해에 대해서 ······ 696
1963. 7. 10 【829】
• 한일어업 문제의 해결책에 관해서 ······ 697
1963. 7. 11 【830】
• 한일어업 문제에 관한 수산청 협의에 대해서 ······ 700
1963. 7. 15 【831】
• 한국 직선기선 기점 위치 ······ 701
1963. 7. 15 - 1963. 7. 23 【832】
• 외상회담에서의 일본 발언내용(어업 관계) ······ 704
1963. 7. 24 - 1963. 7. 29 【833】
• 한일어업 문제에 대해서 수산청 와다 부장 담화 ······ 708
1963. 9. 7 【835】
• 한일어업회담 대책안 ······ 709
1963. 10. 14 - 1963. 10. 18 【836】
• 한일어업 문제에 관한 수산청 사전협의에 대해서 ······ 712
1963. 10. 18 - 1963. 10. 19 【837】
• 어업에 관한 일본국과 대한민국의 협정(안) ······ 715
1963. 11. 1 【838】
• 일본에 직선기선 설정하는 건 ······ 716
1963. 11. 15 【839】
• 한일어업 문제에 관한 한국 어업규제안의 제시에 대해서 ······ 717
1963. 12. 2 【840】
• 한국 견제조치 및 강경조치로서 상정될 수 있는 조치(시안) ······ 720
1962. 5. 31 【1144】
• 한국 어업 대표의 일본 수산사정 시찰 ······ 721
1963. 12. 16 【1830】
• 한일어업협력에 관한 일본의 기본 태도 ······ 722
1963. 4. 12 - 1963. 7. 23 【1605】
• 해산물 한국 수입 및 어선의 대한 수출 현상에 대하여 ······ 731
1963. 5. 25 【1606】
• 한일어업협력 ······ 732
1963. 7. 15 【1607】
• 어업차관 ······ 733
1963. 7. 20 - 1963. 7. 29 【1608】
• 한일어업협력 문제의 해결책에 대해서(미정고) ······ 737
1963. 10. 26 【1609】

• 한일어업협력 문제의 이후 진행 방법에 대해서(미정고) ········ 738
1963. 11. 12 【 1610 】
• 어업협력의 금액에 관한 대한 절충의 참고사항 ········ 739
1963. 11. 19 【 1611 】
• 어업협력 문제에 관한 대한 발언에 대해서(안) ········ 740
1963. 11. 19 【 1612 】
• 어업협력 문제에 관한 일본 입장 ········ 741
1963. 12. 12 【 1613 】
• 한일어업교섭 현 단계 ········ 742
1964. 1. 18 【 1489 】
• 우시로쿠·와다 협의기록 ········ 743
1964. 1. 29 【 1490 】
• 공동규제조치에 관한 일본 생각 ········ 745
1964. 1. 29 【 1491 】
• 수산청 제시 메모·요망사항 ········ 746
1964. 1. 29 - 1964. 2. 10 【 1492 】
• 한일어업협정의 문제점 ········ 750
1964. 2. 14 【 1493 】
• 한일협정의 척수 제한 문제 ········ 751
1964. 2. 18 - 1964. 2. 20 【 1494 】
• 직선기선 문제의 처리(안) ········ 754
1964. 2. 18 - 1964. 3. 2 【 1498 】
• 한일어업교섭 중 중요사항에 관한 일본의 태도 ········ 757
1964. 2. 19 【 1495 】
• 동해안의 기선에 관한 발언 ········ 758
1964. 2. 28 【 1496 】
• 어업협력 문제의 해결안 ········ 759
1964. 2. 27 - 1964. 3. 5 【 1497 】
• 어업 각료회담 관계자료 ········ 761
1964. 3. 5 - 1964. 4. 7 【 1499 】
• 한일어업 각료회담에서 어업협력 문제의 처리방침 ········ 784
1964. 3. 5 【 1614 】
• 한일어업교섭의 기초가 되는 국제관행 ········ 788
1964. 3. 24 【 1500 】
• 어선 나포에 따른 청구권 ········ 789
1964. 3. 26 【 1501 】
• 구상서 ········ 790
1964. 4. 18 【 1615 】
• 어업수역 설정에 관한 국제선례 ········ 791
1964. 8. 19 【 1503 】

• 한일어업 문제 각료회담의 일본 의사록과 한국 요약 회의록 비교 ………… 793
1964. 9. 14 【 1505 】
• 한국경비정에 의한 일본어선 나포 대책 ………… 794
1964. 9. 21 - 1964. 11. 14 【 1506 】
• 한일어업 문제에 관해 12월 22일 오전 수산청 와다 차장에게 접수한 정보 ………… 797
1964. 12. 22 【 1507 】
• 한국이 생각하고 있다고 여겨지는 어업잠정협정안에 대한 조약국 코멘트 ………… 798
1964. 12. 22 - 1964. 12. 25 【 1508 】
• 한일어업교섭과 킹크랩 협정방식의 문제 ………… 802
1964. 12. 25 - 1965. 1. 5 【 912 】
• 나포 어선 및 한국 치적선에 관한 자료 등 ………… 805
1964. 3. 13 - 1964. 10(일자 불명) 【 1504 】

제11부 제6차 회담 어업 및 평화선 위원회 및 어업 각료회담(1961~1964)

• 제6차 한일회담에서의 어업 및 '평화선'위원회 제1회 회의 ………… 811
1961. 10. 26 【 1005 】
• 제6차 한일회담에서의 어업 및 '평화선'위원회 제2회 회의 ………… 812
1961. 11. 1 【 1006 】
• 제6차 한일회담에서의 어업 및 '평화선'위원회 제3회 회의 ………… 813
1961. 11. 14 【 1007 】
• 제6차 한일회담에서의 어업 및 '평화선'위원회 제4회 회의 ………… 814
1961. 11. 22 【 1008 】
• 7항목 논의 경과 ………… 815
1961. 11. 27 【 811 】
• 제6차 한일회담에서의 어업 및 '평화선'위원회 제5회 회의 ………… 816
1961. 12. 1 【 1009 】
• 제6차 한일회담에서의 어업 및 '평화선'위원회 제6회 회의 ………… 817
1961. 12. 11 【 1010 】
• 제6차 한일회담에서의 어업 및 '평화선'위원회 제7회 회의 ………… 818
1961. 12. 15 【 1011 】
• 제6차 한일회담에서의 어업 및 「평화선」위원회 제8회 회의 ………… 819
1961. 12. 20 【 1012 】
• 어업위원회 비공식회담 기록 ………… 822
1962. 1. 31 【 1013 】
• 제6차 한일회담에서의 어업 및 '평화선'위원회 제9회 회의 ………… 824
1962. 2. 7 【 1014 】
• 한일회담에서의 어업 및 '평화선'위원회 제10회 회의 ………… 825
1962. 2. 15 【 1015 】

• 한일회담에서의 어업 및 '평화선'위원회 제11회 회의 ········ 826
1962. 2. 20 【 1016 】
• 한일회담에서의 어업 및 '평화선'위원회 제12회 회의에 대해서 ········ 827
1962. 2. 24 【 1017 】
• 제6차 한일회담에서의 어업 및 '평화선'위원회 제13회 회의 ········ 828
1962. 2. 28 【 1018 】
• 제6차 한일회담에서의 어업 및 '평화선'위원회 제14회 회의 ········ 829
1962. 3. 3 【 1019 】
• 제6차 한일회담에서의 어업 및 '평화선'위원회 제15회 회의 ········ 830
1962. 3. 3 【 1020 】
• 제6차 한일회담에서의 어업 및 '평화선'위원회 제16회 회의 ········ 831
1962. 3. 6 【 1021 】
• 한일예비교섭 어업관계회의 제1~ 5회 회의 ········ 832
1962. 10. 6 - 1962. 12. 5 【 1022 】
• 한일예비교섭 어업 관계 회의 제6~10회 회의 ········ 838
1962. 12. 7 - 1962. 12. 27 【 1023 】
• 한일예비교섭 어업 관계 회의 제11~15회 회의 ········ 844
1963. 2. 6 - 1963. 3. 9 【 1024 】
• 한일예비교섭 어업 관계 회의 제16~20회 회의 ········ 848
1963. 3. 16 - 1963. 4. 18 【 1025 】
• 한일예비교섭 어업 관계 회의 제21~25회 회의 ········ 852
1963. 4. 20 - 1963. 6. 14 【 1026 】
• 한일예비교섭 어업 관계 회의 제26~30회 회의 ········ 857
1963. 6. 18 - 1963. 7. 12 【 1027 】
• 제24회 어업 관계 회의에서의 우라베 수석위원의 발언(안) ········ 864
1963. 6. 4 【 827 】
• 한일예비교섭 어업 관계 회의 제31~33회 회의 ········ 865
1963. 7. 16 - 1963. 7. 23 【 695 】
• 한일예비교섭 어업 관계 회의 제34~35회 회의 ········ 869
1963. 7. 24 - 1963. 7. 29 【 696 】
• 한일예비교섭 어업 관계 회의 제36~40회 회의 ········ 871
1963. 9. 27 - 1963. 12. 10 【 697 】
• 한일예비교섭 어업 관계 회의 제41~42회 회의 ········ 875
1963. 12. 26 - 1964. 1. 10 【 698 】
• 한일어업 문제에 관한 와다·김명년 비공식회의 제1~5회 회의기록 ········ 878
1963. 6. 6 - 1963. 7. 22 【 699 】
• 한일어업 문제에 관한 와다·김명년 비공식회의 제6~10회 회의기록 ········ 882
1963. 7. 22 - 1963. 8. 21 【 700 】
• 한일어업 문제에 관한 와다·김명년 비공식회의 제11~15회 회의기록 ········ 886
1963. 8. 30 - 1963. 10. 8 【 701 】

• 한일어업 문제에 관한 와다·김명년 비공식회의 제16~20회 회의기록 890
1963. 10. 11 - 1963. 10. 29 【 702 】
• 한일어업 문제에 관한 와다·김명년 비공식회의 제21~25회 회의기록 897
1963. 11. 1 - 1963. 12. 12 【 703 】
• 한일어업 문제에 관한 와다·김명년 비공식회의 제26~30회 회의기록 904
1963. 12. 19 - 1964. 1. 22 【 704 】
• 한일어업 문제에 관한 와다·김명년 비공식회의 제32회 회의기록 909
1964. 1. 25 - 1964. 1. 28 【 705 】
• 한일어업 각료회담(제1~5회) 912
1964. 3. 10 - 1964. 3. 19 【 1442 】
• 한일어업 각료회담(제6~12회) 919
1964. 3. 21 - 1964. 4. 6 【 1443 】
• 어업 각료회담 일본 의사록 926
1964. 4. 6 【 1444 】
• 어업 각료회담 한국 의사록(가역) 927
1964. 4. 6 【 1445 】
• 한일어업 각료회담 전문가 회의(제1~5회) 930
1964. 3. 16 - 1964. 3. 31 【 1446 】
• 한일어업 각료회담 전문가 회의(제6~10회) 933
1964. 4. 3 - 1964. 5. 1 【 1447 】
• 한일어업 각료회담에 있어서 어업협력에 관한 전문가 회의(제1~2회) 938
1964. 3. 25 - 1964. 3. 31 【 1448 】
• 어업협력자금 문제에 관한 한일의 입장(제1회 한일어업 각료회담) 940
1964. 3(일자 불명) 【 1502 】
• 제6차 한일회담 어업 6자 회담(제1~5회) 941
1964. 2. 4 - 1964. 2. 18 【 1159 】
• 제6차 한일회담 어업 6자 회담(제6~9회) 946
1964. 2. 21 - 1964. 3. 7 【 1160 】
• 제6차 한일회담 예비교섭 어업 관계 회의 어업협력분과회 제1회 회의 951
1963. 7. 18 【 1161 】
• 제6차 한일회담 예비교섭 어업 관계 회의 한일 수석위원 비공식 회의에 대해서 952
1962. 10. 15 - 1964. 2. 19 【 1162 】

第12部 재일한국인 법적지위원회 관계자료(1962~1964)

• 한일회담에 관한 의견 965
1962. 1(일자 불명) 【 1573 】
• 재일한국인의 법적지위에 관한 위원회의 향후 진행 방법(시안) 966
1962. 9. 1 【 1575 】

• 재일한국인의 법적지위 문제 중 영주권 해결방법(논의용 자료) 967
1962. 9. 18 【 1576 】
• 귀화로 인한 재일한국인의 동화정책 968
1962. 9. 26 - 1962. 10. 3 【 1577 】
• 한일협정에 기초한 재일한국인에 대한 영주허가 방법에 대하여
- 10월 12일 국 간부회 결정 971
1962. 10. 15 【 1578 】
• 재일한국인 법적지위 문제에 관한 한일 쌍방 주장의 일치점, 불일치점의 정리 확인 결과 972
1962. 10. 16 【 1579 】
• 법적지위위원회 논의 중 문제점 등 자료 973
1962. 2. 28 - 1962. 12. 19 【 1580 】
• 재일한국인 법적지위 문제에 관한 법무·외무 양성 4국장회의 논의개요 979
1963. 1. 11 【 1581 】
• 재일한국인의 법적지위에 관한 문제점 980
1963. 1. 31 - 1963. 2. 8 【 1582 】
• 재일한국인의 법적지위에 관한 협정 골자(제1차 시안) 985
1963. 6. 21 【 1583 】
• 한일교섭 법적지위 관계 참고 메모(교섭 경위) 986
1963. 7. 17 【 1584 】
• 재일한국인의 재류자격 및 강제퇴거에 관한 협정 골자 987
1963. 7. 19 【 1585 】
• 재일한국인 및 타이완인 국적 및 처우에 대한 기본 태도 988
1963. 7. 19 【 1586 】
• 재일한국인의 법적지위에 관한 협정안 989
1963. 11. 11 【 1587 】
• 한일회담 재일한국인의 법적지위 문제에 임하는 법무성 태도 991
1964. 1. 23 - 1964. 2. 26 【 1588 】
• 한국안에 대한 일본의 질문사항 등 994
1964. 4. 22 - 1964. 5. 6 【 1589 】

제13부 제6차 회담 재일한국인 법적지위위원회 회의록(1961. 10. 27~1964. 4. 22)

• 第6차 한일회담에서의 재일한국인 법적지위에 관한 위원회 제1회 회의 999
1961. 10. 27 【 936 】
• 第6차 한일회담에서의 재일한국인 법적지위에 관한 위원회 제2회 회의 1000
1961. 11. 2 【 937 】
• 第6차 한일회담에서의 재일한국인 법적지위에 관한 위원회 제3회 회의 1001
1961. 12. 19 【 938 】

• 제6차 한일회담에서 재일한국인의 법적지위에 관한 위원회 제4회 회의 ········ 1004
1962. 3. 7 【 939 】
• 재일한국인 법적지위에 관한 위원회 제1회 비공식회담 ········ 1006
1961. 11. 7 【 940 】
• 재일한국인 법적지위에 관한 위원회 제2회 비공식회담 ········ 1007
1961. 11. 15 【 941 】
• 재일한국인 법적지위에 관한 위원회 제3회 비공식회담 ········ 1008
1961. 11. 21 【 942 】
• 재일한국인 법적지위에 관한 위원회 제4회 비공식회담 ········ 1009
1961. 11. 27 【 943 】
• 재일한국인 법적지위에 관한 위원회 제5회 비공식회담 ········ 1010
1961. 12. 14 【 944 】
• 재일한국인 법적지위에 관한 위원회 제6회 비공식회담 ········ 1011
1962. 2. 2 【 945 】
• 재일한국인 법적지위에 관한 위원회 제7회 비공식회담 ········ 1012
1962. 2. 20 【 946 】
• 재일한국인 법적지위에 관한 위원회 제8회 비공식회담 ········ 1013
1962. 3. 2 【 947 】
• 법적지위위원회의 강제퇴거에 관한 전문가 회의(제1회) ········ 1014
1961. 11. 29 【 948 】
• 법적지위위원회의 강제퇴거에 관한 전문가 회의(제2회) ········ 1015
1961. 12. 12 【 949 】
• 법적지위위원회의 강제퇴거에 관한 전문가 회의(제3회) ········ 1016
1962. 2. 27 【 950 】
• 법적지위위원회의 강제퇴거에 관한 전문가 회의(제4회) ········ 1017
1962. 3. 5 【 951 】
• 법적지위위원회 쌍방 수석위원 비공식 협의 회의 ········ 1018
1962. 1. 26 【 952 】
• 법적지위 문제에 관한 법무·외무 양 성 사전협의 건 ········ 1019
1961. 11. 17 【 1158 】
• 한일예비교섭 법적지위관계회의 제1~5회 회의 ········ 1020
1962. 10. 5 - 1962. 11. 14 【 669 】
• 한일예비교섭 법적지위관계 회의 제6~10회 회의 ········ 1024
1962. 11. 21 - 1962. 12. 11 【 670 】
• 한일예비교섭 법적지위관계 회의 제11~15회 회의 ········ 1029
1962. 12. 13 - 1963. 2. 6 【 671 】
• 한일예비교섭 법적지위관계회의 제16~20회 회의 ········ 1033
1963. 2. 13 - 1963. 3. 4 【 672 】
• 한일예비교섭 법적지위관계회의 제21~25회 회의 ········ 1037
1963. 3. 15 - 1963. 4. 23 【 673 】

• 한일예비교섭 법적지위관계회의 제26~30회 회의 ········· 1041
1963. 4. 30 - 1963. 5. 28 【 674 】
• 한일예비교섭 법적지위관계회의 제31~35회 회의 ········· 1045
1963. 6. 5 - 1963. 7. 3 【 675 】
• 한일예비교섭 법적지위관계회의 제36~40회 회의 ········· 1049
1963. 11. 8 - 1963. 12. 5 【 676 】
• 한일예비교섭 법적지위관계회의 제41~45회 회의 ········· 1053
1963. 12. 13 - 1964. 1. 17 【 677 】
• 한일예비교섭 법적지위관계회의 제46~48회 회의 ········· 1057
1964. 1. 21 - 1964. 1. 29 【 678 】
• 한일예비교섭 법적지위관계회의 제49~52회 회의 ········· 1061
1964. 2. 10 - 1964. 3. 10 【 679 】
• 제6차 한일회담 예비교섭(제26~30회 회의) ········· 1065
1963. 2. 8 - 1963. 3. 14 【 1166 】
• 제6차 한일회담 예비교섭(제31~40회 회의) ········· 1069
1963. 3. 22 - 1963. 5. 30 【 1167 】
• 제6차 한일회담 예비교섭(제61~65회 회의) ········· 1076
1964. 1. 9 - 1964. 2. 6 【 1172 】
• 재개 제6차 한일회담 재일한국인 법적지위에 관한 위원회 회의 ········· 1080
1964. 4. 22 - 1964. 5. 14 【 449 】

제14부 속개 제6차 회담 예비교섭 및 본회의(1962. 8. 21~)

• 한일예비교섭 제1~10회 회의기록 ········· 1087
1962. 8. 21 - 1962. 10. 10 【 650 】
• 한일예비교섭 제11~20회 회의기록 ········· 1096
1962. 10. 18 - 1962. 12. 21 【 651 】
• 한일예비교섭 제21~25회 회의기록 ········· 1103
1962. 12. 26 - 1963. 2. 1 【 652 】
• 제6차 한일회담 예비교섭(제41~48회 회의) ········· 1110
1963. 6. 7 - 1963. 8. 22 【 1168 】
• 제6차 한일회담 예비교섭(제49~50회 회의) ········· 1115
1963. 9. 19 - 1963. 9. 26 【 1170 】
• 제6차 한일회담 예비교섭(제51~60회 회의) ········· 1119
1963. 10. 4 - 1963. 12. 12 【 1171 】
• 이후 진행방식 ········· 1127
1963. 1. 24 - 1963. 3. 6 【 1341 】
• 한일회담 여러 현안 현황 ········· 1133
1963. 3. 8 - 1963. 9. 20 【 1342 】

• 당면한 한일회담 진행방식 건 …… 1139
1963. 10. 28 - 1963. 10. 29 【 1343 】
• 한일회담 이후 진행방식에 대해서 …… 1141
1962. 4. 25 【 1336 】
• 한일회담 수석대표 비공식 회의기록(제1~5회) …… 1142
1964. 3. 26 - 1964. 5. 14 【 451 】
• 한일회담 수석대표 비공식 회의기록(제6~10회) …… 1146
1964. 5. 21 - 1964. 7. 9 【 452 】
• 한일회담 수석대표 비공식 회의기록(제11~15회) …… 1150
1964. 7. 16 - 1964. 8. 27 【 453 】
• 한일회담 수석대표 비공식 회의기록(제16~19회) …… 1154
1964. 9. 10 - 1964. 10. 1 【 454 】
• 한일회담 스기·김 양 수석대표 비공식 회의기록 …… 1157
1964. 10. 29 - 1964. 11. 5 【 455 】
• 스기·배 양 수석대표 회담 …… 1159
1962. 1. 17 - 1962. 6. 22 【 1709 】
• 이세키 아시아국장과 배의환 대사 회담 요지 …… 1165
1962. 3. 2 - 1962. 5. 23 【 1710 】
• 이세키 아시아국장과 최영택 참사관 회담 …… 1168
1962. 4. 5 - 1962. 8. 14 【 1711 】
• 우시로쿠 아시아국장과 배 한국대사 회담 …… 1171
1962. 12. 10 【 1713 】
• 우시로쿠 아시아국장과 최 한국대표부 참사관 회담 …… 1172
1962. 12. 29 【 1714 】
• 우시로쿠 국장과 최 참사관 회담 요지 …… 1173
1963. 3. 19 【 1716 】
• 우시로쿠 아시아국장과 이창희 참사관 회담 …… 1174
1963. 3. 29 【 1719 】
• 한일회담에 대해서 - 우라베 아시아국 참사관과 황 외무부 정무국장 회담 …… 1175
1963. 5. 14 【 1720 】
• 중앙정보부장 김재춘 및 외무부장관 김용식 회담 기록 …… 1176
1963. 5. 29 【 1721 】
• 우야마 배상부장과 황 외무부 정무국장 회담 …… 1177
1963. 5. 29 - 1963. 7. 31 【 1722 】
• 우시로쿠 아시아국장과 배 한국대표부 대사 회담 …… 1179
1963. 6. 18 - 1963. 9. 5 【 1724 】
• 오히라 대신·최규하 대사 회담 …… 1182
1963. 6. 27 【 1725 】
• 이케다 총리와 박 의장 왕복 서한 …… 1184
1963. 7. 4 - 1963. 7. 29 【 1726 】

• 한일회담에 대해서 ········· 1187
1963. 6. 27 【 1727 】
• 우시로쿠 아시아국장·최규하 대사 회담 ········· 1188
1963. 7. 1 - 1963. 11. 7 【 1728 】
• 시마 외무차관·배 대사회담 ········· 1192
1963. 7. 24 - 1963. 10. 23 【 1729 】
• 황 정무국장 회담 요지 ········· 1194
1963. 7. 29 【 1730 】
• 한국대표부의 항의 건 ········· 1195
1963. 8. 29 【 1731 】
• 오히라 외무대신·배 대사 회담 요지 ········· 1196
1963. 8. 24 【 1732 】
• 우라베 아시아국 참사관과 배 대사 회담 ········· 1197
1963. 10. 28 【 1733 】
• 우시로쿠 국장·배 대표 회담 요지 ········· 1198
1963. 9. 13 【 1169 】
• 오히라 대신·김종필 당의장 회담 건 ········· 1199
1964. 3. 23 【 1831 】
• 우시바 심의관·정 총리 회견록 ········· 1200
1964. 12. 14 【 524 】

第15부 미국 및 제3국과 한일관계

• 이케다 총리·라이샤워 대사 회담 ········· 1205
1962. 1. 5 【 1795 】
• 한일관계에 관한 주일미대사관원의 비공식 언급 내용 ········· 1206
1962. 1. 5 - 1962. 7. 13 【 1796 】
• 이케다 하야토 총리·하리만 국무차관보 회담 ········· 1214
1962. 3. 14 - 1962. 3. 19 【 1798 】
• 한일 문제에 관한 라이샤워 대사의 내화 ········· 1216
1962. 4. 17 【 1799 】
• 한일관계에 관한 고사카 대신·라이샤워 대사 회담 ········· 1217
1962. 4. 17 【 1800 】
• 다케우치 차관과 미 AID 극동국장 회담 ········· 1218
1962. 6. 8 【 1801 】
• 오히라 대신, 라이샤워 대사 회담(한일관계) ········· 1221
1962. 7. 31 【 1802 】
• 주한미대사의 비공식 언급 건 ········· 1222
1962. 8. 17 【 1803 】

• 다케우치 차관, 라이샤워 대사 회담 ………… 1223
1962. 8. 24 - 1962. 9. 6 【 1804 】
• 이케다 총리, 케네디 대통령 간의 서간 교환 ………… 1226
1962. 8. 25 - 1962. 9. 14 【 1807 】
• 주일미대사관으로부터의 정보 ………… 1231
1962. 8. 28 - 1962. 12. 20 【 1806 】
• 오히라 대신, 러스크장관 회담 ………… 1235
1962. 9. 24 - 1962. 12. 5 【 1805 】
• 북베트남 당 기관지의 한일회담 반대 논평에 관한 보고 건 ………… 1238
1962. 12. 20 【 667 】
• 오히라 외상과 주미한국대사 회담 ………… 1239
1962. 11. 5 【 1712 】
• 이케다 총리와 흄 영국 외상 회담 요지 ………… 1240
1963. 4. 2 【 1872 】
• 당지(스웨덴) 주재 한국대사의 한일회담에 관한 비공식 언급 ………… 1241
1963. 6. 11 【 1723 】
• 오히라·러스크 회담 자료 ………… 1242
1964. 1. 27 【 1677 】
• 주일미국대사관 서기관의 정보 전달 ………… 1244
1964. 2. 4 - 1964. 11. 28 【 1678 】
• 한일교섭에 관한 대미 협의 ………… 1253
1964. 2. 27 - 1964. 12. 31 【 1687 】
• 한일회담에 관한 대미 협의 ………… 1263
1964. 2. 28 - 1964. 12. 22 【 1688 】
• 주일미국대사관 서기관으로부터의 정보 ………… 1272
1964. 4. 15 - 1964. 8. 20 【 1679 】
• 아시아국장과 주일미국대사관 공사 회담 ………… 1275
1964. 4. 28 - 1964. 9. 22 【 1680 】
• 한국정세에 관한 주한미국대사관 도허티 공사의 비공식 대화 ………… 1278
1964. 5. 27 【 1681 】
• 전 주한 버거 미국대사의 비공식 대화 건 ………… 1279
1964. 7. 13 【 1682 】
• 외무대신과 미 대사 회담 ………… 1280
1964. 8. 27 【 1683 】
• 바네트 국무차관보 대리의 비공식 대화 ………… 1282
1964. 9. 15 【 1684 】
• 한일 문제에 관한 미국 언급사항 문서 ………… 1283
1964. 9. 26 - 1964. 10. 14 【 1686 】
• 한일 문제에 관한 미국 소견 ………… 1291
1964. 9. 26 【 1690 】

• 번디 미국무차관보 회담 ··· 1292
1964. 9. 29 【 1685 】
• 미 번디 국무차관보 방한에 관한 보고 ··· 1294
1964. 10. 1 - 1964. 10. 3 【 288 】
• 한국의 한일회담 작전에 관한 주일캐나다대사 언급 건 ··· 1297
1964. 1. 10 【 1874 】
• 독일 경제성 다니엘 국장 회담 ··· 1298
1964. 7. 16 【 1875 】
• 한일회담 등에 관한 재외공관의 보고 ··· 1299
1954. 7. 10 - 1964. 12. 21 【 1876 】
• 한일회담 등에 관한 재외공관 훈령 등 ··· 1321
1953. 11. 6 - 1965. 6. 23 【 1877 】

제16부 고노 라인을 통한 한일 비공식 교섭(1965. 1)

• 한일 비공식 절충 건(고노 라인의 접촉에 대하여) ··· 1353
1965. 1. 6 【 추가 2 】
• 한일 비공식 절충 건(고노 라인의 접촉에 대하여) ··· 1354
1965. 1. 13 【 추가 3 】
• 고노 대신이 요코다 차관에 대한 비공식 언급(한일교섭에 관한 부분) ··· 1355
1965. 1. 13 【 추가 4 】
• 한일 비공식 절충 건(고노 라인의 접촉에 대하여) ··· 1356
1965. 1. 13 【 추가 5 】
• 한일 비공식 절충 건(고노 라인의 접촉에 대하여)(3) ··· 1357
1965. 1. 14 【 추가 6 】
• 한일 비공식 절충 건(4) ··· 1359
1965. 1. 22 【 추가 7 】
• 제목 없음(김종락과 오노 소스케의 비공식회담) ··· 1360
1965. 1. 13 【 추가 8 】
• 한일 비공식 절충 건 ··· 1361
1965. 1. 26 【 추가 9 】
• 제목 없음(비공식 라인에 전달된 의제별 일본 입장) ··· 1362
1965. 1(일자 불명) 【 추가 10 】
• 구답설명 ··· 1373
1965. 1(일자 불명) 【 추가 11 】
• 한일회담 일본 입장 ··· 1376
1965(월일 불명) 【 추가 12 】
• 한일회담 일본 입장(안) ··· 1377
1965. 1. 7 【 추가 13 】

第17부 시이나 외상 한국 방문(1965. 2. 17~ 2. 20)

• 시나 외상 방한에 관한 왕복친서 …… 1381
1964. 11. 23 - 1965. 1. 27 【 1325 】
• 시나 외상 방한 일정 등 …… 1384
1965. 1. 27 【 1326 】
• 당면의 한일 여러 현안의 처리 건 …… 1387
1965. 2. 9 【 1327 】
• 기자회견용 상정 문답집(대신 방한용) …… 1388
1965. 2. 10 【 1328 】
• 공동성명 …… 1389
1965. 2. 16 - 1965. 2. 20 【 1331 】
• 시나 외무대신의 방한에 관한 신문 논조 …… 1392
1965. 2. 23 - 1965. 3. 1 【 1332 】
• 시나 외무대신 한국 방문 시 논의기록 …… 1394
1965. 2. 25 【 1329 】
• 시나 외무대신 일행 방한 시의 한일경제관계에 대한 회담 요지 …… 1400
1965. 2. 26 【 1330 】
• 시나 외무대신 방한과 한일기본조약 가조인에 관한 한국 각지의 논조 …… 1405
1965. 3. 1 【 204 】

第18부 언론 보도 및 기타

• 한일 문제에 관한 TV 관계자료 …… 1409
1962. 2. 17 - 1962. 3. 16 【 1334 】
• 한일 문제에 관한 TV대담 …… 1412
1962. 7. 18 - 1962. 7. 20 【 1337 】
• 한일회담 재개에 관한 한자지 논설 보고 건 …… 1415
1962. 8. 21 【 668 】
• 최근의 한일 문제 PR실적 …… 1416
1962. 10. 5 - 1962. 11. 13 【 1344 】
• 제6차 한일회담에 관한 언론 보도(1) …… 1419
1961. 10. 10 - 1961. 12. 7 【 16 】
• 제6차 한일회담에 관한 언론 보도(2) …… 1423
1962. 10. 21 - 1962. 12. 11 【 17 】
• 제6차 한일회담에 관한 언론 보도(3) …… 1427
1963. 1. 10 - 1963. 8. 16 【 18 】
• 제6차 한일회담에 관한 언론 보도(4) …… 1436
1964. 1. 17 - 1964. 9. 29 【 19 】

• 이미 사라져 가고 있는 평화선(동아일보 3월 2일 자 번역) 1445
1964. 3. 19 【 779 】
• 야당의원의 방일 거부 문제에 대해서(한국 신문 번역) 1446
1964. 3. 19 【 780 】
• 한국 신문(한국일보, 동아일보)의 한일관계에 관한 사설·칼럼 1447
1964. 9. 24 【 781 】
• 한국 신문(조선일보, 한국일보) 한일관계에 관한 사설 1448
1964. 9. 29 【 782 】
• 제233회 외교정책 기획위원회 기록 1449
1963. 4. 3 【 297 】
• 재일 한국대표부의 상무활동 건 1450
1963. 6. 19 【 1895 】
• 한국 근해에 밀려오는 새로운 파도 「한국일보」 8월 10일(도쿄특파원 보도) 1451
1963. 8. 14 【 834 】
• 최근 국제정세와 외교안건(도도부현에 대한 설명회기록) 1452
1964. 10. 15 - 1966. 5(일자 불명) 【 646 】
• 기타 자료 1455
1963. 1. 9 - 1963. 8. 5 【 1905 】

한일회담 일본외교문서 상세목록 일러두기

1. 한일회담은 1951년 예비회담부터 1965년 제7차 회담까지 진행됨. 위원회별로 반드시 그 시기가 일치하는 것은 아니며 겹치는 부분이 존재함. 일본은 예비회담을 1차 회담으로 부를 때도 있으나 이 자료총서에서는 예비회담을 제1차 한일회담에서 분리함.

예비회담	1951. 10. 20~1952. 2. 27
1차 회담	1952. 2. 15~1952. 4. 25
2차 회담	1953. 4. 15~1953. 7. 23
3차 회담	1953. 10. 6~1953. 10. 21
4차 회담	1958. 4. 15~1960. 4. 15
5차 회담	1960. 10. 25~1961. 5. 16
6차 회담	1961. 10. 20~1964. 4. 6
7차 회담	1964. 12. 3~1965. 6. 22

2. 문서 정리

- 상세목록집은 일본 외무성이 공개한 문서파일번호를 그대로 사용함. 외무성 공개 문서파일에는 여러 개의 문건이 존재함. 문서파일명이 대분류면 문서명은 소분류임.
- 문서는 기본적으로 문서파일의 작성 시기순으로 정리함(문서에 부여된 일련번호는 일본 외무성이

문서작성 시기나 문서 주제와 관계없이 공개요청에 따라 순차적으로 공개하면서 붙인 것으로 큰 의미가 없음).

- 하나의 문서 파일에는 여러 문서가 담긴 경우도 있고 한 개의 문서로 구성된 것도 있음. 이 자료집에서는 문서파일명이 대분류라면 문서명은 소분류로 분류함.
- 문서파일명에 포함된 문서는 외무성이 공개할 당시 편철한 순서대로 정리함.

3. 문서파일명이 없는 경우 내용을 고려하여 임의로 붙였으며 그 경우 ( )로 표시함.
   - 문서명의 제목이 없는 경우에는 제목 없음으로 표시함.

4. 문서의 비밀등급은 표시에 따라 극비(極秘), 비(秘)로 구분하여 표기하였으며, 비밀등급이 표시되어 있지 않은 경우는 일반문서로 간주하여 일반으로 표기함. 영어로 confidential 또는 strictly confidential로 되어 있는 것은 극비로 표시함. 자료집과 같은 경우 표지에 극비가 표시되어 있으면 내용물도 극비로 보아야 할 것이나, 사료를 있는 그대로 소개한다는 의미에서 내용물에 비밀 표시가 없는 경우 일반으로 표기함.

5. 문서상에 기록된 '조선(朝鮮)'이라는 국호는 1945년 8월 15일 이후일 경우 '한국'으로 번역하였으며, 조선인(朝鮮人)은 문맥에 따라 가급적 '한국인' 또는 '한인'으로, 조총련계를 지칭할 경우에는 재일조선인으로 번역함.

6. 원문에 "일한○○○"으로 되어 있는 부분은 "한일○○○"로 번역함.

7. 일본 인명, 지명, 선박명 등은 가급적 훈독으로 표기하고 일본어 원문을 괄호 안에 표기함. 단, 선박명의 경우 한국 국적 선박은 일본어 훈독이 아닌 한국식 한자 읽기로 표기함.

8. 외국어(영어, 일본어 등)는 번역문, 원문(괄호)순으로 표기함.

9. 문서에는 문서 작성처가 기록되어 있지 않으나 어디서 작성되었는지가 확실한 경우에는 추정해서 표기함. 작성처가 애매한 경우 외무성으로 표기하였으나, 외무성이나 다른 성·청 중 어느 쪽이 작성한 것인지 불분명할 경우는 불명으로 표기함. 한국대표단 또는 주일

한국대표부에서 작성한 것이지만 일본어로 되어 있는 문서는 '한국대표부(일본 가역 또는 번역)'로 표기함.

10. 문서종류는 아래 기준으로 구분하여 표기함.

표기	내역
회의록	회의의사록, 의사요록, 회의록, 내부 사전협의 기록 등
면담록	형식을 갖추지 않은 간담 또는 면담 기록
회의 보고서	본회의에 보고하기 위하여 작성한 분과위원회 회의 결과 등
내부자료	회의록의 첨부물 형태로 작성된 참고자료, 대표단 명부, 양측 수석대표 인사말, 회의 시 발언, 의사 절차, 제안, 대국회 자료, 언론 논조 분석자료, 회담 경위, 일지 등을 정리한 문서 등
보도자료	보도자료, Press Release 등
연설문	각종 계기에 이루어진 연설 내용을 담은 문서
성명문	대외적으로 어떠한 내용을 발표하는 형식(statement)
담화문	대외적으로 어떠한 내용을 발표하는 형식
공동성명(공동발표문)	양국 간 회담 후 그 결과를 공동으로 발표하기 위하여 작성한 문서(Joint Communique)
공동성명문	회담 후 그 결과를 공동으로 발표하기 위해 작성한 성명문(Joint Statement)
기자회견록	기자회견의 내용을 정리한 문서
간행자료	출판물로 간행된 자료
설명자료	대외적으로 특정 내용을 설명하기 위해 작성한 자료
전문	외무성 본성과 재외공관 간, 또는 재외공관과 재외공관 간 전신으로 주고받은 문서
공문	외무성 본성과 재외공관 간에 전문 이외의 방식(파우치 편 전달 등)으로 주고받은 문서, 외무성과 다른 성·청 간 주고받은 문서, 각의 심의요청 문서, 각의 결정사항을 하달하는 문서, 연합국 최고사령부와 주한미군정청이 주고받은 문서 등
재가문서	상부의 결재를 받기 위해 작성한 내부문서
내부문서	인사 발령, 회의 소집 등 내부 회담을 위해 작성한 문서, 회의 지침, 방침 등 내부용으로 작성한 문서, 내부보고서, 출장보고서 등
외교공한	외무성과 한국대표단 또는 주일한국대표부(구상서 등), 외무성과 연합국 최고사령부(GHQ, SCAP), 한국대표부와 연합국 최고사령부 간에 주고받은 문서[구상서(Note Verbale) 포함], 국가 정상 간에 주고받은 친서, 국가 간의 공적인 내용의 전달을 위한 개인 명의 서한, 단 국가 정상 간 친서라 할지라도 개인적인 내용이 담긴 것은 서한으로 분류

서한	개인 명의로 주고받은 사적인 내용의 편지
조약	한일 간 체결을 위해 작성한 조약 문안
협정	한일 간 체결을 위해 작성한 협정 문안
협약	한일 간 체결된 조약의 한 종류
교환공문	협정 부속문서의 한 종류
합의의사록	협정 부속문서의 한 종류
의정서	협정 부속문서의 한 종류
협정 부속문서	형식이 확정되지 않은 협정 부속문서 문안
양해각서 또는 부속 양해서	양국 간의 합의사항을 기록한 외교문서의 한 종류(Memorandum of Understanding)
약정	양국 간 조약이나 협정보다 덜 중요한 사항에 관해 합의한 내용을 담은 외교문서의 한 종류
구두전달사항(oral statement)	중요성이 떨어지는 양국 간 합의사항을 정리하는 외교문서의 한 방식 (구두 전달)
합의사항	1965년 4월 3일 한일 간에 가서명한 청구권 문제, 어업 문제, 재일한국인 법적 지위 문제 해결 등을 위한 '합의사항'. 협정 체결의 모태가 됨.
비망록	외교당국 간에 어떠한 사항 또는 주장을 전달하기 위하여 취하는 한 방식(aide - memoire)
공동선언	국가 간에 합의된 내용을 발표하는 한 방식(Joint Declaration)
비공식문서(non - paper)	외교당국 간에 어떠한 사항 또는 주장을 전달하기 위하여 취하는 한 방식. 정식 문서가 아니라고 해서 non - paper라고 칭함.
언급사항 문서(talking paper)	상대방에게 언급할 사항을 기록한 비공식 문서
진정서	민원인(진정인)이 정부 관청에 제출한 문서
청원서	민원인(진정인)이 정부 관청에 청원한 내용이 담긴 문서
법령	한일 양국의 법령, 연합국 최고사령부 지령(SCAPIN 등), 주한미군정청 법령 등
기타	위에 분류한 항목에 포함시키기에는 적절치 않은 문서

한일회담 일본외교문서 상세목록집의 이해를 돕기 위하여

이 자료집은 일본 외무성이 공개한 외교문서를 주제별, 작성 시기별로 정리한 것이다. 한일회담 한국외교문서와는 달리 일본외교문서는 일본 외무성이 자발적으로 공개한 것이 아니라 일본 내에서 활동하는 전후보상을 요구하는 시민단체의 노력으로 공개되었다.

일제강점기 강제동원 피해자들은 일본에서 소송을 제기했다. 일본 사법부는 피해자 배상 문제는 한일청구권 및 경제협력 협정에 의해 '완전하고 최종적으로 해결'되었다며 모든 소송을 기각시켰다. 한일협정에서 말하는 '최종적 해결'이란 무엇인지, 어떤 논의를 통해 이러한 논리가 만들어졌는지는 판도라의 상자에 갇혀 있었다. 이 판도라의 상자를 열고자 일본의 전후보상을 요구하는 시민단체가 중심이 되어 2005년 12월 '일한회담 문서 전면 공개를 요구하는 모임(日韓会談文書・全面公開を求める会: 이하 '요구하는 모임')이 결성되었다. '요구하는 모임'은 한일회담 외교문서공개소송을 제기하였고 마침내 일본 법원은 공개를 결정했다.

일본 외무성은 2007년 3월 1차 공개를 시작으로 2008년 제6차까지 약 6만 장을 공개했다. 그러나 여전히 공개하지 않은 부분이 다수 포함되어 있다. 공개하지 않은 문서는 일본 국내 정치에 파장을 일으킬 수 있는 내용, 청구권 금액 계산 내역, 궁내성(宮内省)과 도쿄박물관 한국관계 문화재 일람표, 데라우치(寺内)문고 관련 기록, 그리고 독도 관련 내용이다. 일본정부는 회담 초기 개인청구권을 2억 엔으로 상정했는데 계산 내역은 비공개다. 추가 소송을 통해 공개하지 않은 문서의 일부 혹은 전체가 공개되었다. 예를 들면 일본외교문서 376번은 처음에는 부분 공개였으나, 2013년 1월 전면 공개했다. 이것은 '요구하는 모임'의 지속적인 자료 공개 요청 소송의 성과다.

아래는 문서파일번호 376「일한관계 상정문답 미정고」의 2008년 비공개 문서와 2013년 전면 공개된 후의 문서를 비교한 것이다.

2008년

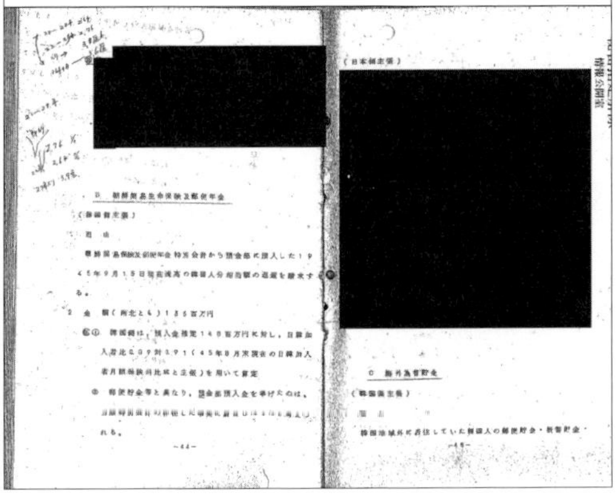

2013년

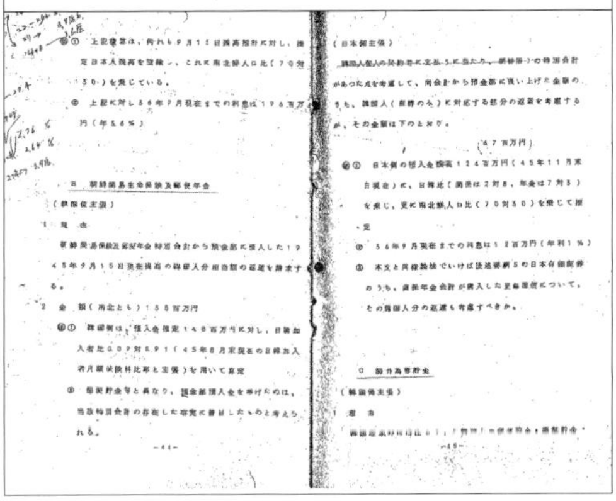

외무성이 공개한 파일을 보면 문서번호는 하나에 한 개의 문건이 들어 있는 경우, 다수의 문건이 포함된 경우가 있다. 또한 파일 안에 다른 이슈가 들어간 경우도 있는데 아마도 문서철을 작성할 때 잘못 들어간 것으로 보인다. 그러나 상세목록을 읽고 외무성 문서를 검색할 경우 원래 문서에 접근하기 쉽도록 하기 위해 그대로 두었다. 원문은 동북아역사재단의 〈동북아역사넷〉(contents.nahf.or.kr)이나 '요구하는 모임'의 홈페이지(http://www.f8.wx301.smilestart.ne.jp/)에서 확인할 수 있다. 일본 외교사료관에서도 열람할 수 있다. 다만, 이미 공개된 문서임에도 열람할 때마다 공개 청구를 해야 하고 복사할 경우 비용도 든다.

이 자료집에 들어가는 항목은 파일번호, 문서명, 작성연월일(발신일), 작성처(작성자), 내용, 주제어, 문서종류다. 파일번호는 외무성이 공개한 문서 순서이다. 일본외교문서는 정보공개 소송에서 일본정부가 패소한 결과 공개되었기 때문에 시간적 여유가 없어서인지 두서없이 공개되었다. 또한 비공개 부분을 새로 공개하면 공개한 순서대로 다시 외무성에서 번호를 붙이기 때문에 파일번호는 의미가 없다. 문서명은 원문서에 표기된 문서명을 그대로 사용하는 것을 원칙으로 했다. 다만 파일번호에 문서제목이 없는 것들이 적지 않기 때문에 그 경우에는 내용이나 발신자 정보에 따라 파일번호에 문서제목을 붙였다. 문서파일 안에 포함된 다수의 문건 중에도 문서제목이 없는 경우에는 별도로 문서제목을 붙이지 않았다. 문서종류는 일러두기에 상세하게 기술했으므로 참고하면 도움이 될 것이다. 작성연월일은 문서에 표기된 그대로 붙였으며, 문서에 기록되지 않은 경우에도 내용에서 날짜를 추정할 수 있으면 추정한 날짜를 표시했다. 날짜를 알 수 없는 경우에는 불명으로, 연도만 알 수 있는 경우에는 연도만 표시했다. 문서종류는 회의록, 보고서, 외교공한, 공문, 자료, 협정문으로 구분했다. 보고서는 사안을 자세하게 분석하거나 검토하기 위해 작성한 것이다. 외교공한은 일본이 연합국최고사령부(GHQ)나 한국과 주고받은 문서다. 한일회담은 한국과 일본 양자 간 교섭이었으나 미국 등 국제정세도 주요한 요소로 작용했다. 양국 정상이 주고받은 친서라도 '생일 축하' 등 사적인 내용은 서한으로 분류했다. 외무성과 각 성·청이 주고받은 문서는 공문으로 분류했다. 공문은 주로 각 성·청에서 한국과의 회담에 필요한 자료들을 제시한 것이다.

일본이 작성한 한일회담 각 이슈별 보고서에는 일본이 식민지 피해를 어떻게 인식했고 어떤 전략으로 한일회담을 추진했는지 드러나 있다. 일본정부는 청구권, 어업, 재일조선인 법적지위, 기본관계, 문화재 반환문제 교섭에 필요한 실증적인 자료를 모으고 분석했다. 한국의 독립 문제를 철저하게 일본 제국에서 한국이 '분리'하면서 발생한 문제로 보았다. 일본외교문서에는 한국이 주장한 일본의 식민지 지배에 대한 피해 보상과 청산 문제가 거론되지 않았다. 일본은 식민지와 종주국 간의 관계 설정에 대한 자료를 수집해 영토 분리 과정에서의 재산처리가 어떤 방식으로 이뤄지고 있는지를 분석할 뿐이다. 일본의 국제법상 '분리' 주장은 한 번도 바뀐 적이 없다. 이는 한일기본조약으로 귀결되었다.

외무성 관계자는 청구권, 어업, 문화재 문제 교섭과 관련하여 한국과의 교섭보다 오히려 대장성이나 수산청, 문부성과의 교섭이 더 어려웠다고 고백했다. 일본에서도 14년 동안 국회와 각 부서 사이에서 다양한 조정이 있었음을 보여 준다. 한일회담 교섭 과정에서 일본은 다양한 근거를 제시했고 한국의 주장을 반박하기 위해 사전에 내부적으로 치밀하게 협의했다. 일본외교문서에는 한일회담 교섭 과정에서 한국대표들이 어떻게 교섭했는지도 적나라하게 담겨 있다. 따라서 원문을 찾아 읽다 보면 상당히 불편한 내용과도 마주할 수 있다. 한일협정이 뒤틀린 한일관계의 기원이라는 점을 확인하는 것은 뼈아픈 일이다. 하지만 양국이 협정 체결을 위해 수많은 논의와 갈등을 거듭하면서 도출한 결론이 한일협정이라는 사실, 이 협정을 토대로 한일 양국이 발전적인 관계를 만들어 왔다는 점 역시 제대로 평가할 필요가 있다.

6만 장이라는 방대한 일본외교문서를 체계적으로 정리하고 해제한 이 자료집이 일본외교문서를 토대로 한 한일회담 연구에 기여하기를 기대한다.

제1부

회담 관련 문제 및 대책 (1962~1964)

한일회담의 향후 진행방식에 대해서
(日韓会談の今後の進め方について)

문서파일번호	1333
작성연월일	1962. 1. 9 - 1962. 2. 15
구분	제6차 회담
세부항목	한일회담 향후 진행방식, 내부 협의
작성처	외무성
매수	23
비밀등급	
문서종류	내부문서, 회의록
공개구분	공개 또는 일부비공개
내용	제6차 한일회담 진행방식에 관하여 정리한 문서 모음
주제어	한일회담 향후 진행방식

문서명	한일회담 진행방식에 관한 연구회의 상황 요점(日韓会談の進め方に関する勉強会の状況要点)

문서파일번호 1333
작성연월일 1962. 1. 9
구분 제6차 회담
세부항목 한일회담 향후 진행방식
작성처 외무성 북동아시아과
매수 3
비밀등급 극비
문서종류 내부문서
공개구분 공개
내용 청구권 문제에 관해 일본정부 내부의 준비 상황을 정리한 문서. 이케다 하야토(池田勇人) 수상이 외무성, 대장성에게 구체적 금액 산출을 지시했다는 기술이 있음. 이케다 수상은 무상원조는 하지 않고 장기 저리 차관을 검토할 것 등도 지시
주제어 제6차 한일회담 진행방식

문서명	한일회담의 향후 진행방식에 대해서(日韓会談の今後の進め方について)

문서파일번호 1333
작성연월일 1962. 1. 16
구분 제6차 회담
세부항목 한일회담 향후 진행방식
작성처 외무성 아시아국장
매수 8
비밀등급 극비
문서종류 내부문서
공개구분 공개
내용 청구권 문제 해결에 관한 입장 정리 문서. 외무성은 대장성과 총액(금액)에 관한 의견 조정이 어렵고, 설사 대장성과 합의되더라도 그 금액은 한국도 납득시키는 것이 어렵다는 점을 감안하면서 정치 교섭에서는 먼저 청구권 총액을 결정하고 그 내역, 명칭, 근거 등은 나중에 검토하는 것이 좋겠다는 입장을 설명하고 있음. 특히 한국과의 정치 교섭에서는 명칭과 상관없이 1억 달러, 장기차관은 2억 달러부터 출발하여 마지막으로 전자를 1.5 또는 2억 달러, 후자를 2억 달러로 하는 것이 타당하다는 견해를 밝히고 있음.
주제어 청구권

문서명	한일회담 일본대표단 내부 협의 개요(日韓会談日本側代表打合せ会議概要)

문서파일번호 1333
작성연월일 1962. 1. 23
구분 제6차 회담
세부항목 일본대표단 사전협의회
작성처 외무성 북동아시아과
매수 5
비밀등급 극비
문서종류 회의록
공개구분 공개
내용 한일회담 일본 대표 내부 협의 기록. 한국이 정치회담을 희망하고 기시 노부스케 전 수상 비롯한 일본 인사의 방한을 제안했다는 설명이 있은 후, 법적지위, 청구권, 어업 등 각 위원회의 진행방식을 논의함.
주제어 일본대표단 사전협의회

문서명	한일 문제 건(日韓問題に関する件)

문서파일번호 1333
작성연월일 1962. 2. 15
구분 제6차 회담
세부항목 일본정부 사전협의회
작성처 외무성 우라베 기록
매수 7
비밀등급 극비
문서종류 회의록
공개구분 일부비공개
내용 한국과 정치 교섭을 앞두고 일본정부 내부에서 이케다 하야토 총리가 참석한 가운데 교섭방침을 협의한 회의기록. 대장성, 외무성의 금액 산출 차이의 원인, 한국에게 금액 제시 여부, 한국의 미불 대일채무의 처리 등이 논의됨.
주제어 일본정부 사전협의회

한일회담에 관한 보고·대담
(日韓会談に関する報告·対談)

문서파일번호	1335
작성연월일	1962. 3. 22 - 1962. 4. 24
구분	제6차 회담
세부항목	한일회담 보고용 자료
작성처	외무성
매수	10
비밀등급	
문서종류	내부문서
공개구분	공개
내용	한일회담 관련 기시 전 총리 등에 대한 보고자료
주제어	한일회담 관련 기시 노부스케 전 총리 보고

문서명	기시 전 총리에 대한 보고(岸前総理への報告)

문서파일번호 1335
작성연월일 1962. 3. 22
구분 제6차 회담
세부항목 한일회담 기시 전 총리 보고용 자료
작성처 외무성 우라베 도시오(卜部敏男) 참사관
매수 3
비밀등급 극비
문서종류 내부문서
공개구분 공개
내용 1962년 3월 개최된 최덕신·고사카 젠타로 외상 회담 종료 후 앞으로의 한일회담 진행방식에 대해 기시 노부스케 전 총리에게 보고한 자료. 일본은 한국이 양국 친선관계 발전을 위해 청구권을 포기하고, 일본은 경제 원조를 하는 방식으로 해결할 것을 목표로 진행하고자 함.
주제어 기시 전 총리 보고

문서명	한일회담 정치교섭(이시이 의원에 대한 보고)[日韓会談政治折衝(石井議員への報告)]

문서파일번호 1335
작성연월일 1962. 3. 27
구분 제6차 회담
세부항목 한일회담 이시이 의원 보고 기록
작성처 외무성 우라베 참사관
매수 3
비밀등급 극비
문서종류 내부문서
공개구분 공개
내용 이시이 고지로(石井光次郎) 의원에게 한일정치회담(고사카 외상·최덕신 외무장관 회담) 결과를 보고
주제어 이시이 의원 보고

문서명	다케우치 차관·기시 노부스케·이시이 고지로 씨 회담 요지(武内次官の岸信介、石井光次郎氏との会談要旨)

문서파일번호	1335
작성연월일	1962. 4. 24
구분	제6차 회담
세부항목	다케우치 차관 · 기시 · 이시이 간담
작성처	외무성
매수	4
비밀등급	극비
문서종류	내부문서
공개구분	공개
내용	국제문화진흥회 원유회 기회에 다케우치 류지 차관과 기시 노부스케 전 총리, 이시이 고지로 의원 대담 기록. 이시이 의원의 최영택 참사관 면담에 대해 언급, 차관 방한에 적당한 인사로 기시 씨가 오노 반보쿠 부총재를 추천한 내용 등이 담겨 있음.
주제어	한일 문제 협의

한일교섭에 관한 한국 동정(1962년)
[日韓交涉に関する韓国動静(昭和37年)]

문서파일번호	287
작성연월일	1962. 5. 1 - 1962. 10. 15
구분	제6차 회담
세부항목	한국의 한일회담에 대한 인식
작성처	외무성 북동아시아과
매수	25
비밀등급	
문서종류	내부문서
공개구분	일부비공개
내용	한일회담, 한일관계에 관한 한국 외교부 주요인사의 언급, 일본과의 비공식 전화통화 내용 등에 관한 기록
주제어	한국의 한일회담에 대한 인식

문서명	이원경 한국 외무부차관의 발언에 관하여(李源京韓国外務部次官の発言振りについて)

문서파일번호 287
작성연월일 1962. 5. 1
구분 제6차 회담
세부항목 한일회담에 대한 인식
작성처 외무성 북동아시아과
매수 5
비밀등급 극비
문서종류 내부문서
공개구분 공개
내용 방한한 나카야마 요시히로 외무성 경제국 차장이 이원경 한국 외무부 차관 면담 시 이 차관이 한일관계에 관해 언급한 내용. 한국민 대다수는 한일 문제를 해결, 일본과 함께 걸어가야 한다는 것을 이해하고 있음. 한국정부는 대일여론을 개선해 나가는 방향으로 국민들을 이끌고 있음.
주제어 이원경, 한일회담 인식

문서명	한일 문제에 관한 엄영달 한국 외무부 아주과장의 비공식 언급에 대하여(日韓問題に関する嚴永達韓国外務部亜州課長の内話について)

문서파일번호 287
작성연월일 1962. 5. 1
구분 제6차 회담
세부항목 한일회담에 대한 인식
작성처 외무성 북동아시아과
매수 7
비밀등급 극비
문서종류 내부문서
공개구분 공개
내용 나카야마 요시히로 차장을 수행한 하마모토 야스야(浜本康也) 사무관이 4월 25일 엄영달 한국 외무부 아주과장 면담 시 엄 과장이 한일회담 관련하여 언급한 요지. 한국은 이세키 유지로 국장이 대한 강경파라고 생각했으나 직접 만나보니 교섭 타결에 큰 역할을 할 분이라고 생각되며, 교섭은 조용히 임하고, 일본은 대외발언에 신중을 기하기 바람.
주제어 엄영달, 이세키, 한일회담 인식

문서명	한일회담에 관한 한국 대리대사의 내담 보고 건(日韓會談に関する韓国代理大使の内話報告の件)

문서파일번호 287
작성연월일 1962. 10. 11
구분 제6차 회담
세부항목 한일회담에 대한 인식
작성처 외무성 북동아시아과
매수 4
비밀등급 극비
문서종류 내부문서
공개구분 공개
내용 한국대표부 신기흠 1등서기관(대리대사)이 기무라(木村)에게 전화로 한일회담 관련 사항을 언급한 내용. 박정희 의장과 김종필 정보부장은 외무 관료들의 한일관계 발언을 허락치 않으며, 청구권 문제에 얽매이지 않고 신속히 회담을 마무리하기를 희망하고 있음. 또 경제기술·협력 면에서 일본의 원조를 기대하고 있음.
주제어 박정희, 김종필, 한일회담 인식

문서명	■의 김종필 중앙정보부장 등 회담 내용 건(■の金鍾泌中央情報部長等との会談内容に関する件)

문서파일번호 287
작성연월일 1962. 10. 15
구분 제6차 회담
세부항목 한일회담에 대한 인식
작성처 외무성 북동아시아과
매수 9
비밀등급 비(秘)
문서종류 내부문서
공개구분 일부비공개
내용 일본 모 인사(성명 먹칠)가 1962년 10월 8일 김종필 정보부장 단독 면담 시 김 부장 발언을 기록한 문서. 이번 회담에서는(청구권) 금액도 중요하지만 지불기간과 조건을 해결하고자 함. 한일교섭을 마무리하려면 누군가 악역을 맡아야 하며 본인이 이완용이 되어도 괜찮다고 함.
주제어 김종필, 청구권

한일교섭 관계 법률 문제 조서집
(日韓交渉関係法律問題調書集)

문서파일번호	1881
문서명	한일교섭 관계 법률 문제 조서집(日韓交渉関係法律問題調書集)
작성연월일	1962. 7(일자 불명)
구분	제6차 회담
세부항목	한일교섭 관련 법률 문제 조서집
작성처	외무성 조약국 법규과
매수	118
비밀등급	극비
문서종류	내부자료
공개구분	일부비공개
내용	한일회담 현안별 법률 문제를 정리한 자료집. 기본관계, 청구권, 선박청구권, 어업·평화선, 법적지위, 독도로 구분하여 법률적 문제의 소지가 있는 사항들에 대한 외무성 법규과의 검토의견 및 관련 자료가 수록됨.
주제어	한일교섭 법률 문제, 기본관계, 청구권, 선박 반환, 재일한국인 법적지위, 독도

한일관계 연표(이세키 아시아 국장 재임기간)(1959. 6. 1~1962. 10. 30)[日韓関係年表(伊関アジア局長在任期間)]

문서파일번호	502
문서명	한일관계 연표(이세키 아시아 국장 재임기간)(1959.6.1~1962.10.30)[日韓関係年表(伊関アジア局長在任期間)]
작성연월일	1962(월일 불명)
구분	제6차 회담
세부항목	한일관계 연표(1959. 6~1962. 10)
작성처	외무성
매수	40
비밀등급	극비
문서종류	내부자료
공개구분	공개
내용	이세키 유지로(伊関佑二郎) 외무성 아시아국장 재임 기간(1959. 6. 1~1962. 10. 30) 중 한일관계 연표
주제어	한일관계 연표

한일회담 중요자료집
(日韓会談重要資料集)

문서파일번호	525
작성연월일	1960. 4. 1
구분	제5차 회담
세부항목	중요자료집
작성처	외무성 북동아시아과 등
매수	104
비밀등급	
문서종류	내부자료
공개구분	공개 또는 일부비공개
내용	1960년 3월 말까지 수집 또는 작성된 주요 문서 및 자료를 모은 자료집
주제어	한일회담 중요자료집

문서명	표지 및 목차(表紙及び目次)

문서파일번호 525
작성연월일 1960. 4. 1
구분 제5차 회담
세부항목 한일회담 중요자료집
작성처 외무성 북동아시아과
매수 4
비밀등급 극비
문서종류 내부자료
공개구분 공개
내용 한일회담 중요자료집 표지와 목차
주제어 한일회담 중요자료집 목차

문서명	1: 재조선 합중국 군정부 법령 33호(1: 在朝鮮合衆国軍政府法令第33号)

문서파일번호 525
작성연월일 1945. 12. 6
구분 제5차 회담
세부항목 한일회담 중요자료집
작성처 주한미군정청, 외무성
매수 4
비밀등급 극비
문서종류 내부자료
공개구분 공개
내용 재한일본인 재산의 귀속 문제에 관한 미군정청령 제33호의 조문(영문, 일문번역본)
주제어 청구권

문서명	2: 아메리카합중국정부와 대한민국정부의 재정 및 재산에 관한 최초의 협정 第5조(2: アメリカ合衆国政府と大韓民国政府との間の財政及び財産に関する最初の取極の第5条)

문서파일번호 525
작성연월일 1948. 9. 11
구분 제5차 회담
세부항목 한일회담 중요자료집
작성처 대한민국정부, 외무성
매수 4
비밀등급 극비
문서종류 내부자료
공개구분 공개
내용 미군정청령 제33호에 따라 미국이 취득한 재한일본인 재산을 대한민국으로 이양한다는 내용을 규정한 협정 제5조(영문, 일문본)
주제어 청구권

문서명	3: 한국 치적선에 관한 SCAPIN 2168호(3: 朝鮮置籍船に関するSCAPIN2168号)

문서파일번호 525
작성연월일 1951. 9. 11
구분 제5차 회담
세부항목 한일회담 중요자료집
작성처 연합국 최고사령부, 외무성
매수 2
비밀등급 극비
문서종류 내부자료
공개구분 공개
내용 일본은 1945년 8월 9일 현재 일본에 있던 한국선적의 선박을 한국으로 반환해야 한다는 연합국 최고사령부 지령(SCAPIN) 제168호(영문)
주제어 선박 반환

문서명	4: '해양주권'에 관한 대한민국 대통령선언(4:「海洋主權」に関する大韓民国大統領宣言)

문서파일번호 525
작성연월일 1952. 1. 18
구분 제5차 회담
세부항목 한일회담 중요자료집
작성처 대한민국정부, 외무성
매수 4
비밀등급 극비
문서종류 내부자료
공개구분 공개
내용 이승만 대통령이 선언한 해양주권에 관한 선언(영문, 일문본)
주제어 어업

문서명	5: 어업에 관한 일본국정부와 대한민국정부 간의 협정안(5: 漁業に関する日本国政府と大韓民国政府との間の協定案)

문서파일번호 525
작성연월일 1952. 2. 16
구분 제5차 회담
세부항목 한일회담 중요자료집
작성처 외무성
매수 5
비밀등급 극비
문서종류 내부자료
공개구분 공개
내용 일본이 제출한 어업 문제에 관한 협정안. 어업과 어업방법의 정의, 일한어업공동위원회의 설치 등 11개 조항으로 구성됨.
주제어 어업

문서명	6: 한일 간 재산 및 청구권 협정 요강(6: 韓日間財産及び請求権協定要綱)

문서파일번호 525
작성연월일 1952. 2. 21
구분 제5차 회담
세부항목 한일회담 중요자료집
작성처 한국대표단, 외무성
매수 1
비밀등급 극비
문서종류 내부자료
공개구분 공개
내용 한국이 일본에 제출한 대일 8항목 청구 요강
주제어 청구권

문서명	7: 한일 양국 간에 결정되어야 하는 재산 및 청구권 처리에 관한 협정 기본요강 (7: 日韓両国間に取極められるべき財産及び請求権の処理に関する協定の基本要綱)

문서파일번호 525
작성연월일 1952. 3. 6
구분 제5차 회담
세부항목 한일회담 중요자료집
작성처 외무성
매수 2
비밀등급 극비
문서종류 내부자료
공개구분 공개
내용 일본이 한국에 제시한 재산청구권 문제의 처리 협정에 관한 요강. 일본은 역청구권을 제시하면서 한국 내 일본재산에 대한 미군정의 처리를 인정하지만 재한일본인의 사유재산은 별도로 협의해야 한다고 주장
주제어 청구권

문서명	8: 어업에 관한 대한민국정부와 일본국정부의 협정안(8: 漁業に関する大韓民国政府と日本国政府の協定案)

문서파일번호 525
작성연월일 1952. 3. 20
구분 제5차 회담
세부항목 한일회담 중요자료집
작성처 한국대표단, 외무성
매수 9
비밀등급 극비
문서종류 내부자료
공개구분 공개
내용 한국이 제시한 어업 문제의 협정안. 관할수역, 협정수역, 한일어업공동위원회에 대한 내용 등 13개 조항으로 구성됨.
주제어 어업

문서명	9: 선박 문제에 관한 일본 제안의 요령(9: 船舶問題に関する日本側提案の要領)

문서파일번호 525
작성연월일 1952. 4. 1
구분 제5차 회담
세부항목 한일회담 중요자료집
작성처 외무성
매수 2
비밀등급 극비
문서종류 내부자료
공개구분 공개
내용 선박 문제에 관해 일본이 제안한 안. 선박 몇 척을 한국으로 인도하지만, 미군정청령 제33호에 입각한 것이 아니고, 청구권 문제에도 영향을 주는 것이 아니라고 주장(영문)
주제어 선박 반환

문서명	10: 일본국과 대한민국의 기본적 관계를 설정하는 조약안(10: 日本国と大韓民国との間の基本的関係を設定する条約案)

문서파일번호 525

작성연월일 1952. 4. 4

구분 제5차 회담

세부항목 한일회담 중요자료집

작성처 외무성

매수 2

비밀등급 극비

문서종류 내부자료

공개구분 공개

내용 일본이 한국에 제시한 기본관계조약에 관한 조문. 병합조약 등 구 조약 무효 조항은 규정되지 않았음.

주제어 기본관계

문서명	11: 재일한국인의 국적 및 처우에 관한 한일협정안(11:在日韓人の国籍及び処遇に関する日韓協定案)

문서파일번호 525

작성연월일 1952. 4. 4

구분 제5차 회담

세부항목 한일회담 중요자료집

작성처 외무성

매수 11

비밀등급 극비

문서종류 내부자료

공개구분 공개

내용 재일한국인의 국적 및 처우에 관해 일본이 제시한 협정안. 재일한국인의 정의, 영주허가, 강제퇴거 등 7개 조항으로 구성됨(일문, 영문본).

주제어 재일한국인 법적지위

문서명	12: 한일청구권 문제에 관하여 미국무부장관이 주미한국대사에게 보낸 서한 (12: 日韓請求権問題に関する米国務長官発在米韓国大使あて書簡)

문서파일번호	525
작성연월일	1952. 4. 29
구분	제5차 회담
세부항목	한일회담 중요자료집
작성처	미국무부
매수	1
비밀등급	극비
문서종류	내부자료
공개구분	공개
내용	대일평화조약 제4조(b)의 해석 문제에 관하여 미국이 한국에 보낸 답신. 제4조(b)로 인해 일본은 재한일본인 재산에 대한 청구권을 주장할 수 없으나 재산을 한국정부가 취득했다는 사실은 향후 제4조(a)에 기초한 한일 간 청구권 교섭 시 관련이 있음(영문).
주제어	청구권

문서명	13: 우리 측 대한청구액에 관한 대장성 시산(13: わが方の対韓請求額についての大蔵省試算)

문서파일번호	525
작성연월일	불명
구분	제5차 회담
세부항목	한일회담 중요자료집
작성처	외무성
비밀등급	극비
문서종류	내부자료
공개구분	공개
내용	공개하지 않음.
주제어	청구권

문서명	14: 제2차 회담에서 한국의 청구 항목(14: 第2次会談における韓国側の請求項目)

문서파일번호 525
작성연월일 1952. 5. 14
구분 제5차 회담
세부항목 한일회담 중요자료집
작성처 한국대표단, 외무성
매수 4
비밀등급 극비
문서종류 내부자료
공개구분 공개
내용 제2차 한일회담 시 한국이 요구한 청구권 항목에 대해 일본에 조회를 요청한 리스트
주제어 청구권

문서명	15: 한일어업협정 요강(15: 日韓漁業協定要綱)

문서파일번호 525
작성연월일 1953. 6. 29
구분 제5차 회담
세부항목 한일회담 중요자료집
작성처 외무성
매수 2
비밀등급 극비
문서종류 내부자료
공개구분 공개
내용 일본이 제시한 어업 문제에 관한 협정 요강안. 기본 입장, 협정의 목적, 협정의 골자, 특별처리사항 등 기술
주제어 어업

문서명	16: 한일어업조약 요강(16: 韓日漁業条約要綱)

문서파일번호 525
작성연월일 1953. 7. 17
구분 제5차 회담
세부항목 한일회담 중요자료집
작성처 한국대표단, 외무성
매수 2
비밀등급 극비
문서종류 내부자료
공개구분 공개
내용 한국이 제시한 어업 문제에 관한 조약 요강. 기본정신, 조약의 요령 기술
주제어 어업

문서명	17: 구보타 발언(1953년 10월 15일)의 개요[17: 久保田発言(昭和28年10月15日)の概要]

문서파일번호 525
작성연월일 불명
구분 제5차 회담
세부항목 한일회담 중요자료집
작성처 한국대표단, 외무성
매수 2
비밀등급 극비
문서종류 내부자료
공개구분 공개
내용 한국이 구보타 발언에 대해 정리한 문서. "조선의 독립이 대일평화조약 성립 전에 실현했다는 것은 국제법 위반이다" 등의 발언이 포함되어 있으며, 한국은 이를 철회할 것을 요구
주제어 구보타 발언

문서명	18: 어업자원보호법(18: 漁業資源保護法)

문서파일번호 525
작성연월일 1953. 12. 12
구분 제5차 회담
세부항목 한일회담 중요자료집
작성처 대한민국정부, 외무성
매수 2
비밀등급 극비
문서종류 내부자료
공개구분 공개
내용 1953년 12월 12일 제정된 한국의 어업자원보호법으로, 관할수역 정의 등 4개 조항으로 구성됨(일문 가역본).
주제어 어업

문서명	19: 대일평화조약 제4조의 해석에 관한 미국정부의 견해를 전한 주일미국대사의 서한(19: 平和条約第4条の解釈に関する米国政府の見解を伝えた在日米国大使の書簡)

문서파일번호 525
작성연월일 1957. 12. 31
구분 제5차 회담
세부항목 한일회담 중요자료집
작성처 주일미국대사관, 외무성
매수 4
비밀등급 극비
문서종류 내부자료
공개구분 공개
내용 주일미국대사가 일본 외상에게 보낸 서한. 대일평화조약 제4조의 해석에 대한 미국정부의 견해. 특별처리에 대한 미국의 의견 제시는 적당하지 않으며, 한일 양국이 해결할 것을 제안(영문본 및 일본어 가역본)
주제어 청구권

문서명	20 - 1: 일본국에 수용되어 있는 한국인 및 한국에 수용되어 있는 일본인어부의 조치에 관한 일본국정부와 대한민국정부 간의 양해각서(20 - 1: 日本国において収容されている韓人及び韓国において収容されている日本人漁夫に対する措置に関する日本国政府と大韓民国政府との間の了解覚書)

문서파일번호 525
작성연월일 1957. 12. 31
구분 제5차 회담
세부항목 한일회담 중요자료집
작성처 외무성
매수 2
비밀등급 극비
문서종류 내부자료
공개구분 공개
내용 한일 양국이 일본 및 한국에 각각 수용되어 있는 한국인 및 일본인어부를 송환한다는 내용의 양해각서(영문본 및 일본어 가역본)
주제어 억류자 상호 송환

문서명	20 - 2: 일본국정부에 의한 재일한국인 수용 사세에 관한 부속양해(20 - 2: 日本国政府による在日韓人収容自制に関する附属了解)

문서파일번호 525
작성연월일 1957. 12. 31
구분 제5차 회담
세부항목 한일회담 중요자료집
작성처 외무성
매수 2
비밀등급 극비
문서종류 내부자료
공개구분 공개
내용 일본정부가 재일한국인들의 강제수용을 자제하겠다는 부속양해각서(영문본 및 일문 가역본)
주제어 재일한국인 수용 문제

문서명	20 - 3: 일본국과 대한민국의 한일회담 재개에 관한 각서(20 - 3: 日本国との大韓民国との間の全面会談の開催に関する覚書)

문서파일번호 525
작성연월일 1957. 12. 31
구분 제5차 회담
세부항목 한일회담 중요자료집
작성처 외무성
매수 2
비밀등급 극비
문서종류 내부자료
공개구분 공개
내용 한일 양국이 제4차 회담을 1958년 3월 1일부터 재개하겠다는 각서(영문본 및 일문 가역본)
주제어 회담 재개

문서명	20 - 4: 합의의사록(20 - 4: 合意された議事録)

문서파일번호 525
작성연월일 1957. 12. 31
구분 제5차 회담
세부항목 한일회담 중요자료집
작성처 외무성
매수 5
비밀등급 극비
문서종류 내부자료
공개구분 공개
내용 기본관계 문제, 재일한국인 법적지위 문제, 어업 문제, 청구권 문제 등에 관해 합의된 내용을 수록한 의사록(영문본 및 일문 가역본)
주제어 재일한국인 법적지위, 기본관계, 어업, 청구권

문서명	20-5: 구보타 발언 철회에 관한 일본의 구상서(20-5: 久保田発言撤回に関する日本側口上書)

문서파일번호	525
작성연월일	1957. 12. 31
구분	제5차 회담
세부항목	한일회담 중요자료집
작성처	외무성
매수	2
비밀등급	극비
문서종류	내부자료
공개구분	공개
내용	구보타 발언을 철회한다는 일본의 구상서(영문본 및 일문 가역본)
주제어	구보타 발언

문서명	20-6: 구보타 발언 철회에 관한 일본의 구상서 수령에 관한 한국 구상서(20-6: 久保田発言撤回に関する日本側口上書受領に関する韓国側口上書)

문서파일번호	525
작성연월일	1957. 12. 31
구분	제5차 회담
세부항목	한일회담 중요자료집
작성처	주일한국대표부, 외무성
매수	2
비밀등급	극비
문서종류	내부자료
공개구분	공개
내용	구보타 발언 철회와 관련한 일본의 구상서를 수락한다는 한국의 구상서(영문본 및 일문 가역본)
주제어	구보타 발언

문서명	20-7: 한국 문화재 인도에 관한 구두 전달(20-7: 韓国文化財産引渡しに関する口頭伝達)

문서파일번호 525
작성연월일 1957. 12. 31
구분 제5차 회담
세부항목 한일회담 중요자료집
작성처 외무성
매수 2
비밀등급 극비
문서종류 내부자료
공개구분 공개
내용 문화재 인도에 관한 구두 전달사항(영문, 일문)
주제어 문화재 반환

문서명	20-8: 공동발표(20-8:共同発表)

문서파일번호 525
작성연월일 1957. 12. 31
구분 제5차 회담
세부항목 한일회담 중요자료집
작성처 외무성
매수 2
비밀등급 극비
문서종류 내부자료
공개구분 공개
내용 한일 양국이 각각의 수용소에 수용되어 있는 자들과 일본인어부들을 송환하고 일본이 구보타 발언을 철회하며, 1958년 3월 1일 한일회담을 재개하겠다고 공동발표(영문, 일문)
주제어 억류자 상호 송환, 회담 재개

문서명	21: 한국출토 미술품 리스트(21: 韓国出土美術品リスト)

문서파일번호 525
작성연월일 불명
구분 제5차 회담
세부항목 한일회담 중요자료집
작성처 외무성
매수 4
비밀등급 극비
문서종류 내부자료
공개구분 공개
내용 일본이 한국에게 제시한 489점의 문화재 목록
주제어 문화재 반환

문서명	22: 일본국정부로부터 대한민국정부에 인도한 미술품 목록(22: 日本国政府より大韓民国政府に引渡した美術品目録)

문서파일번호 525
작성연월일 1958. 4. 16
구분 제5차 회담
세부항목 한일회담 중요자료집
작성처 외무성
매수 1
비밀등급 극비
문서종류 내부자료
공개구분 공개
내용 구두 전달사항에 따라 일본이 1958년 4월 16일 한국에 인도한 106점의 문화재 목록
주제어 문화재 반환

문서명	23: 한일어업협정 요강(23: 日韓漁業協定要綱)

문서파일번호 525
작성연월일 1958. 10. 10
구분 제5차 회담
세부항목 한일회담 중요자료집
작성처 외무성
매수 1
비밀등급 극비
문서종류 내부자료
공개구분 공개
내용 일본이 제시한 어업협정 요강. 한일어업공동위원회 설치 등 5개 주제 기술
주제어 어업

문서명	24: 재일한국인의 지위 및 처우에 관한 협정안(24: 在日韓人の地位及び処遇に関する協定案)

문서파일번호 525
작성연월일 불명
구분 제5차 회담
세부항목 한일회담 중요자료집
작성처 한국대표단
매수 3
비밀등급 극비
문서종류 내부자료
공개구분 공개
내용 한국이 제시한 재일한국인의 지위 및 처우에 관한 협정안. 재일한국인의 국적, 처우 등 7개 조항으로 구성됨(영문).
주제어 재일한국인 법적지위

문서명	25: 제1차 반환청구 한국 문화재 항목(25: 第一次返還請求韓国文化財項目)

문서파일번호 525
작성연월일 1958. 10. 25
구분 제5차 회담
세부항목 한일회담 중요자료집
작성처 한국대표단
매수 1
비밀등급 극비
문서종류 내부자료
공개구분 공개
내용 한국이 반환을 청구한 문화재 목록. 지정문화재, 조선총독부에 의해 반출된 문화재 등 5개 항목으로 구성됨.
주제어 문화재 반환

문서명	26: 제1차 반환요구 선박 리스트(26: 第一次変換要求船舶リスト)

문서파일번호 525
작성연월일 불명
구분 제5차 회담
세부항목 한일회담 중요자료집
작성처 한국대표단, 외무성
매수 2
비밀등급 극비
문서종류 내부자료
공개구분 일부비공개
내용 한국이 반환을 요구한 5개 항목의 제1차 반환요구 선박 목록
주제어 선박 반환

문서명	27: 한일잠정어업협정안 골자(27: 日韓暫定漁業協定案骨子)

문서파일번호 525
작성연월일 1958. 11. 28
구분 제5차 회담
세부항목 한일회담 중요자료집
작성처 외무성
매수 4
비밀등급 극비
문서종류 내부자료
공개구분 공개
내용 일본이 제시한 잠정어업협정안의 골자로 조업금지구역 설정, 조업선수, 광력 제한 등 기술
주제어 어업

문서명	28: 재일한국인 문제에 관한 공동성명안(28: 在日韓僑問題に関する共同コミュニケ)

문서파일번호 525
작성연월일 1959. 11. 7
구분 제5차 회담
세부항목 한일회담 중요자료집
작성처 외무성
매수 2
비밀등급 극비
문서종류 내부자료
공개구분 공개
내용 한국이 재일한국인 문제에 관해 제시한 공동성명안. 주요 내용은 일본이 송환에 필요한 시설과 편의를 제공할 것, 한국은 재일한국인의 정치적 성향에 관계없이 그들을 받아들일 것(영문)
주제어 재일한국인 법적지위

한일회담 중요자료집(속)
[日韓会談重要資料集(続)]

문서파일번호	526
작성연월일	1962. 7. 1
구분	제6차 회담
세부항목	중요자료집(속)
작성처	외무성 북동아시아과
매수	93
비밀등급	
문서종류	내부자료
공개구분	공개 또는 일부비공개
내용	외무성 북동아시아과가 1962년 7월 1일 사로 발간한 한일회담 주요자료집 속편. 1960년 4월 1일 발간한 자료집에 포함되지 않았거나 제5차 회담에서부터 1961년 10월까지 개최된 제6차 회담까지의 기간에 작성, 제출된 자료를 한데 모아 놓음.
주제어	한일회담 자료집

문서명	표지, 머리말 및 목차(表紙, はしがき及び目次)

문서파일번호 526
작성연월일 1962. 7. 1
구분 제6차 회담
세부항목 중요자료집(속)
작성처 외무성 북동아시아과
매수 5
비밀등급 극비
문서종류 내부자료
공개구분 공개
내용 한일회담 중요자료집(속)의 표지, 머리말 및 목차
주제어 한일회담 중요자료집

문서명	자료1. 1945. 9. 7자 한국 국민에 대한 미합중국태평양육군총사령부 포고 제1호(資料続 1. PROCLAMATION No.1 G.H.Q. U.S. ARMY FORCES, PACIFIC OFFICE OF THE COMMANDING GENERAL YOKOHAMA, JAPAN, 7 SEPTEMBER, 1945 TO THE PEOPLE OF KOREA)

문서파일번호 526
작성연월일 1945. 9. 7
구분 제6차 회담
세부항목 중요자료집(속)
작성처 외무성 북동아시아과
매수 4
비밀등급 극비
문서종류 내부자료
공개구분 공개
내용 태평양 미국 육군사령부 포고 제1호. 한반도의 북위 38도 이남에 대한 통치는 당분간 미군의 권한하에서 시행된다는 것 등 6개 조로 구성됨(영문, 일문).
주제어 남한에 대한 미군통치

문서명	자료2. 1945. 9. 7자 미합중국태평양육군총사령부 포고 제3호(資料続 2. PROCLAMATION No.3 G.H.Q. U.S. ARMY FORCES, PACIFIC OFFICE OF THE COMMANDING GENERAL YOKOHAMA, JAPAN, 7 SEPTEMBER, 1945 TO THE PEOPLE OF KOREA)

문서파일번호 526
작성연월일 1945. 9. 7
구분 제6차 회담
세부항목 중요자료집(속)
작성처 외무성 북동아시아과
매수 4
비밀등급 극비
문서종류 내부자료
공개구분 공개
내용 태평양 미국 육군사령부 포고 제3호. 북위 38도 이남의 한국 지역에서 사용할 수 있는 A권 군표(영문, 일문)
주제어 남한에 대한 미군통치

문서명	자료3. 1945. 9. 25자 주한 미합중국 군정법령 제2호(資料続 3. UNITED STATES ARMY FORCES IN KOREA Office of the Military Governor of Korea Seoul, Korea)

문서파일번호 526
작성연월일 1945. 9. 25
구분 제6차 회담
세부항목 중요자료집(속)
작성처 외무성 북동아시아과
매수 6
비밀등급 극비
문서종류 내부자료
공개구분 공개
내용 주한 미국 육군사령부 군정청의 법령 제2호. 재산 이전 금지(영문, 일문)
주제어 남한 내 재산 동결

문서명	자료4. 1945. 11. 2자 주한 미합중국 군정법령 제21호(資料続 4. HEADQUARTERS UNITED STATES ARMY FORCES IN KOREA Office of the Military Governor Seoul, Korea)

문서파일번호	526
작성연월일	1945. 11. 2
구분	제6차 회담
세부항목	중요자료집(속)
작성처	외무성 북동아시아과
매수	4
비밀등급	극비
문서종류	내부자료
공개구분	공개
내용	주한 미국 육군사령부 군정청의 법령 제21호. 종래의 모든 법령 또는 구 조선정부(총독부)가 발포하고 효력을 가지는 규칙, 명령, 고시 등은 모두 그 효력을 계속 가짐(영문, 일문).
주제어	구 조선총독부 법령의 효력

문서명	자료5. 1948. 9. 11자 미합중국과 대한민국정부 간의 재정 및 재산에 관한 최초 협정(가역)[資料続 5.(仮訳)アメリカ合衆国政府と大韓民国政府との間の財政及び財産に関する最初の取極]

문서파일번호	526
작성연월일	1948. 9. 11
구분	제6차 회담
세부항목	중요자료집(속)
작성처	외무성 북동아시아과
매수	12
비밀등급	극비
문서종류	내부자료
공개구분	공개
내용	미국과 대한민국정부 간의 재정 및 재산에 관한 최초 협정. 미국이 취득한 재한일본인 재산을 대한민국으로 이양한다는 것을 규정한 5조 등 14개 조항으로 구성됨(일문, 영문).
주제어	청구권

문서명	자료6. 1948. 12. 12자 유엔 제3총회 조선의 독립문제에 관한 결의(資料続 6. Resolution 195(Ⅲ) adopted by the General Assembly at its Third Session on 12 December 1948. The problem of the independence of Korea)

문서파일번호 526
작성연월일 1948. 12. 12
구분 제6차 회담
세부항목 중요자료집(속)
작성처 외무성 북동아시아과
매수 6
비밀등급 극비
문서종류 내부자료
공개구분 공개
내용 제3차 유엔총회에서 결의된 한국의 독립문제에 관한 195(Ⅲ) 결의안. 임시위원회 감시하에 선거가 이루어진 정부가 한반도에서의 유일한 정부라는 것을 선언한다 (영문, 일문 가역본).
주제어 기본관계

문서명	자료7. 연합국 최고사령부 지령에 기초해서 한국에 반환된 조선 치적선 일람표 (資料続 7. 連合国最高司令部の指令に基づいて韓国に返還された朝鮮置籍船一覧表)

문서파일번호 526
작성연월일 불명
구분 제6차 회담
세부항목 중요자료집(속)
작성처 외무성 북동아시아과
매수 1
비밀등급 극비
문서종류 내부자료
공개구분 일부비공개
내용 연합국 최고사령부의 지령을 바탕으로 한국에게 반환한 일본 내의 한국 치적선 일람표
주제어 선박 반환

문서명	자료8. 1951. 9. 10자 한국 치적선에 관한 연합국최고사령부 외교국의 주일한국대표부에 대한 공한(資料続 8. GENERAL HEADQUARTERS SUPREME COMMANDER FOR THE ALLIED POWERS APO500 Diplomatic Section)

문서파일번호 526
작성연월일 1951. 9. 10
구분 제6차 회담
세부항목 중요자료집(속)
작성처 외무성 북동아시아과
매수 1
비밀등급 극비
문서종류 내부자료
공개구분 공개
내용 연합국 최고사령부가 주 한국대표부에게 보낸 한국 치적선에 관한 공한. 선박의 소유권 이전을 위해 일본과 직접 계약을 맺을 것을 제안(영문)
주제어 선박 반환

문서명	자료9. 선박 문제 의제(a)에 관한 19척 리스트(1951년 11월 24일 일본 제출)[資料続 9. 船舶問題(a)に関する19隻のリスト(昭和26年11月24日日本側提出)]

문서파일번호 526
작성연월일 1951. 11. 24
구분 제6차 회담
세부항목 중요자료집(속)
작성처 외무성 북동아시아과
매수 1
비밀등급 극비
문서종류 내부자료
공개구분 일부비공개
내용 일본이 제출한 선박 문제의 의제(a)(한국 치적선)에 해당하는 선박 19척의 목록
주제어 선박 반환

문서명	자료10. 일본국과 대한민국의 우호조약 초안(1952년 2월 16일 일본 제안)[資料続 10. 日本国と大韓民国との間の友好条約草案(昭和27年2月16日日本側提案)]

문서파일번호 526
작성연월일 1952. 2. 16
구분 제6차 회담
세부항목 중요자료집(속)
작성처 외무성 북동아시아과
매수 4
비밀등급 극비
문서종류 내부자료
공개구분 공개
내용 일본이 제시한 한일 양국 간의 우호조약 초안. 9개 조항으로 구성됨. 한국이 고려한 구 조약의 무효 확인 조항이 없음.
주제어 기본관계

문서명	자료11. (가역)대한민국과 일본국간의 기본조약안(1952년 3월 5일 자 한국 제안) [資料続 11.(仮訳)大韓民国と日本との間の基本条約案(昭和27年3月5日韓国側提案)]

문서파일번호 526
작성연월일 1952. 3. 5
구분 제6차 회담
세부항목 중요자료집(속)
작성처 외무성 북동아시아과
매수 3
비밀등급 극비
문서종류 내부자료
공개구분 공개
내용 한국이 제시한 한일 양국 간의 기본조약안. 10개 조항으로 구성됨. 구 조약의 무효 확인이 제3조에 들어감(일문 가역본).
주제어 기본관계

문서명	자료12. 주일한국대표부의 지위에 관한 한국 구상서(資料続 12. NOTE VERBALE)

문서파일번호 526
작성연월일 1952. 4. 28
구분 제6차 회담
세부항목 중요자료집(속)
작성처 한국대표부, 외무성 북동아시아과
매수 2
비밀등급 극비
문서종류 내부자료
공개구분 공개
내용 한국이 제출한 주일한국대표부 지위에 관한 구상서(영문, 일문 가역본)
주제어 주일한국대표부 지위

문서명	자료13. 주일한국대표부 지위에 관한 일본의 구상서(資料続 13. NOTE VERBALE)

문서파일번호 526
작성연월일 1952. 4. 28
구분 제6차 회담
세부항목 중요자료집(속)
작성처 외무성 북동아시아과
매수 2
비밀등급 극비
문서종류 내부자료
공개구분 공개
내용 일본이 제출한 주일한국대표부 지위에 관한 구상서. 양국 간의 외교관계가 설정되기 전까지 대표부의 특권을 허가함(영문, 일문).
주제어 주일한국대표부 지위

문서명	자료14. '한국의 법적지위'에 관한 구보타 대표 발언 요지(1953년 10월 21일)[資料続 14.「韓国の法的地位」に関する久保田代表発言要旨(昭和28年10月21日)]

문서파일번호 526
작성연월일 1953. 10. 21
구분 제6차 회담
세부항목 중요자료집(속)
작성처 외무성 북동아시아과
매수 2
비밀등급 극비
문서종류 내부자료
공개구분 공개
내용 구보타 간이치로(久保田貫一郎) 수석대표가 발언한 한국의 법적지위 요지. 대일평화조약의 발효 전에 연합국에 의해 국가로서 승인이 되었고 일본도 이를 알고 있다는 내용 등
주제어 한국의 법적지위

문서명	자료15. 한일수교우호조약 요지(1955년 2월 4일 일본의 제안)[資料続 15. 日韓修交友好条約要旨(昭和30年2月4日日本側提案)]

문서파일번호 526
작성연월일 1955. 2. 4
구분 제6차 회담
세부항목 중요자료집(속)
작성처 외무성 북동아시아과
매수 2
비밀등급 극비
문서종류 내부자료
공개구분 공개
내용 일본이 제안한 한일수교우호조약안
주제어 기본관계

문서명	자료16. 한미일 공동선언안(1955년 3월 9일 일본의 제안)[資料続 16.(Joint Declaration)(昭和30年2月9日日本側提案)]

문서파일번호 526
작성연월일 1955. 3. 9
구분 제6차 회담
세부항목 중요자료집(속)
작성처 외무성 북동아시아과
매수 2
비밀등급 극비
문서종류 내부자료
공개구분 공개
내용 일본이 제시한 한미일 공동선언안. 재일한국인의 국적과 처우 등 7개 조항으로 구성됨(영문)
주제어 한일회담 재개 합의, 재일한국인 법적지위

문서명	자료17. (번역문)대일평화조약 제4조의 해석에 관한 미국정부의 견해를 전달한 주일미국대사의 구상서. 1957. 12. 31자[資料続 17.(訳文)(平和条約第4条の解釈に関する米国政府の見解を伝えた在日米国大使の口上書]

문서파일번호 526
작성연월일 1957. 12. 31
구분 제6차 회담
세부항목 중요자료집(속)
작성처 주일미국대사
매수 2
비밀등급 극비
문서종류 내부자료
공개구분 공개
내용 주일미국대사가 대일평화조약 제4조의 해석에 관한 미국정부의 견해를 일본 외무성에 전달하는 구상서. 한국 내의 일본 재산 처리는 양국이 논의하여 해결하는 것이 적당함.
주제어 청구권, 대일평화조약 제4조 해석에 관한 미국 견해

문서명	자료18. 재일한인의 법적지위에 관한 위원회 합의의사록(안)(1959년 12월 22일 일본의 제안)[資料続 18. 在日韓人の法的地位に関する委員会における合意議事録(案)(昭和34年12月22日)]

문서파일번호 526
작성연월일 1959. 12. 22
구분 제6차 회담
세부항목 중요자료집(속)
작성처 외무성 북동아시아과
매수 1
비밀등급 극비
문서종류 내부자료
공개구분 공개
내용 일본이 제시한 재일한국인의 법적지위에 관한 합의의사록안. 재일한국인의 귀환에 대해 일본은 편의를 제공하고, 한국은 송환되는 재일한국인의 정치적 성향을 따지지 않음.
주제어 재일한국인 법적지위

문서명	자료19. 한일어업 관계 사항(1960년 11월 9일 일본 제출)[資料続 19. 日韓漁業関係事項(昭和35年11月9日日本側提出)]

문서파일번호 526
작성연월일 1960. 11. 9
구분 제6차 회담
세부항목 중요자료집(속)
작성처 외무성 북동아시아과
매수 1
비밀등급 극비
문서종류 내부자료
공개구분 공개
내용 일본이 제출한 한일 양국의 어업과 관계된 사항. 주요어업종류, 어업종류별 어업상황, 국내규제제도, 자원조사, 국내의 어류소비상황 등 정리
주제어 어업

문서명	자료20. 문화재에 관한 한국의 요구항목(1960년 11월 11일 한국 발언 요지)[資料続20. 文化財に関する韓国側要求項目(昭和35年11月11日韓国側発言要旨)]

문서파일번호 526
작성연월일 1960. 11. 11
구분 제6차 회담
세부항목 중요자료집(속)
작성처 외무성 북동아시아과
매수 1
비밀등급 극비
문서종류 내부자료
공개구분 공개
내용 한국이 요구한 7개의 문화재 요구 항목. 중요문화재로 지정된 것, 조선총독부 혹은 고적연구회에 의해 반출된 것 등
주제어 문화재 반환

문서명	자료21. 질문사항(1960년 11월 15일 일본 제출)[資料続 21. 質問事項(昭和35年11月15日日本側提出)]

문서파일번호 526
작성연월일 1960. 11. 15
구분 제6차 회담
세부항목 중요자료집(속)
작성처 외무성 북동아시아과
매수 1
비밀등급 극비
문서종류 내부자료
공개구분 공개
내용 어업 관련 회의에서 일본이 제기한 질문사항. 규제대상이 되는 어업종류는 무엇인가 등 4가지를 질문
주제어 어업

문서명	자료22. 한일어업협정에 관한 일본의 사고방식(1960년 11월 25일 일본 제출)[資料続22. 日韓漁業協定に関する日本側の考え方(昭和35年11月25日日本側提出)]

문서파일번호 526
작성연월일 1960. 11. 25
구분 제6차 회담
세부항목 중요자료집(속)
작성처 외무성 북동아시아과
매수 2
비밀등급 극비
문서종류 내부자료
공개구분 공개
내용 일본이 제출한 한일어업협정에 관한 기본적인 견해(목적, 공동위원회 설치, 잠정적 어업규제, 협정에서 생기는 분쟁의 해결)
주제어 어업

문서명	자료23. 한일어업협정에 관한 일본의 사고방식(1961년 1월 10일 일본 발언 요지)[資料続23. 日韓漁業協定に関する日本側の考え方(昭和36年1月10日日本側発言要旨)]

문서파일번호 526
작성연월일 1961. 1. 10
구분 제6차 회담
세부항목 중요자료집(속)
작성처 외무성 북동아시아과
매수 1
비밀등급 극비
문서종류 내부자료
공개구분 공개
내용 일본이 발언한 한일어업협정에 관한 기본적인 견해 요지(목적, 정부 간 협의, 어업협력의 방식)
주제어 어업

문서명	자료24. 한일회담 어업 및 '평화선'위원회에서의 7구분에 관한 일본 견해 요록(1961년 12월 10일 일본 제출)[資料続 24. 日韓会談漁業および「平和ライン」委員会における7項目に関する日本側見解要録(昭和36年12月20日 日本側提出)]

문서파일번호	526
작성연월일	1961. 12. 20
구분	제6차 회담
세부항목	중요자료집(속)
작성처	외무성 북동아시아과
매수	2
비밀등급	극비
문서종류	내부자료
공개구분	공개
내용	일본이 제출한 어업 문제 7항목에 관한 일본 견해 요지(대상수역의 한계, 주요대상어족, 주요대상어족 자원량의 표시방법)
주제어	어업

문서명	자료25. (번역문)한일회담 어업 및 '평화선'위원회에서 7구분에 관한 한국 견해 요록(1961년 12월 20일 한국 제출)[資料続 25.(訳文)韓日会談漁業および平和線委員会における7項目に関する韓国側見解要録(昭和36年12月20日韓国側提出)]

문서파일번호	526
작성연월일	1961. 12. 20
구분	제6차 회담
세부항목	중요자료집(속)
작성처	한국대표단, 외무성 북동아시아과
매수	2
비밀등급	극비
문서종류	내부자료
공개구분	공개
내용	한국이 제출한 어업 문제 7항목에 관한 한국 견해를 요약한 문서. 같은 날 제시된 일본의 견해에 대한 한국 의견이 서술됨.
주제어	어업

문서명	자료26. 제6차 한일전면회담에서의 각 위원회, 소위원회의 의제에 관한 보고(1961.12.22 제3회 본회의에서 보고)[資料続 26. 第6次日韓全面会談における各委員会、小委員会の議事に関する報告(昭和36年12月22日第3回本会議における報告)]

문서파일번호 526
작성연월일 1961. 12. 22
구분 제6차 회담
세부항목 중요자료집(속)
작성처 외무성 북동아시아과
매수 2
비밀등급 극비
문서종류 내부자료
공개구분 공개
내용 제6차 회담 제3회 본회의에 제출된 각 위원회, 소위원회의 진행사항에 관한 간단한 보고
주제어 제6차 한일회담 제3회 본회의

문서명	자료27. 한국의 대일청구요강(1962년 7월 1일 현재)[資料続 27. 韓国の対日請求要綱(昭和37年7月1日現在)]

문서파일번호 526
작성연월일 1962. 7. 1
구분 제6차 회담
세부항목 중요자료집(속)
작성처 한국대표단, 외무성 북동아시아과
매수 2
비밀등급 극비
문서종류 내부자료
공개구분 공개
내용 한국이 주장하고 있는 대일청구권의 요강(한국이 제6항의 수정을 요구한 내용이 반영됨)
주제어 청구권, 대일청구요강

문서명	자료28. (번역문)반환청구 문화재 목록(1962년 2월 28일 한국 제출)[資料続 28.(訳文)返還請求韓国文化財目録(昭和37年2月28日韓国側提出)]

문서파일번호 526
작성연월일 1962. 2. 28
구분 제6차 회담
세부항목 중요자료집(속)
작성처 한국대표단, 외무성 북동아시아과
매수 3
비밀등급 극비
문서종류 내부자료
공개구분 공개
내용 한국이 제출한 반환청구 문화재 목록
주제어 문화재 반환

문서명	자료29. 한국 제출 리스트에 대한 일본 조사 결과의 분류 및 집계(1962년 3월 9일 일본 제출)[資料続 29. 韓国側提出リストに対する日本側調査結果の分類及び集計(昭和37年3月9日日本側提出)]

문서파일번호 526
작성연월일 1962. 3. 9
구분 제6차 회담
세부항목 중요자료집(속)
작성처 외무성 북동아시아과
매수 5
비밀등급 극비
문서종류 내부자료
공개구분 공개
내용 한국이 제1차 회담에서부터 제6차 회담까지 제출한 선박 반환 목록에 대해 일본의 조사결과
주제어 선박 반환

문서명	자료30. 1962. 3. 12 제1차 정치회담에서의 고사카 외상의 청구권 문제에 관한 발언 요지(1962년 3월 12일)[資料続 30. 第1次政治折衝における請求権問題に関する小坂外務大臣発言要旨(昭和37年3月12日)]

문서파일번호 526
작성연월일 1962. 3. 12
구분 제6차 회담
세부항목 중요자료집(속)
작성처 외무성 북동아시아과
매수 3
비밀등급 극비
문서종류 내부자료
공개구분 공개
내용 제1차 정치회담에서의 청구권 문제에 관한 고사카 젠타로 외상 발언 요지. 대일평화조약 제4조 해석에 관한 일본의 견해 등 7가지 사안에 대한 발언
주제어 청구권, 제1차 한일정치회담

문서명	자료31. 재한 일본 재외재산(資料続 31. 在朝鮮本邦在外資産)

문서파일번호 526
작성연월일 1945. 8(일자 불명)
구분 제6차 회담
세부항목 중요자료집(속)
작성처 외무성 북동아시아과
매수 1
비밀등급 극비
문서종류 내부자료
공개구분 공개
내용 1945년 8월 현재의 한국에 있는 일본 재외재산의 액수
주제어 청구권, 재한일본 재산

문서명	자료32. 한국의 외교영사 관계 일람표(1962년7월 1일) [資料続 32. 韓国の外交領事関係一覧表 昭和37年7月1日]

문서파일번호 526
작성연월일 1962. 7. 1
구분 제6차 회담
세부항목 중요자료집(속)
작성처 외무성 북동아시아과
매수 2
비밀등급 극비
문서종류 내부자료
공개구분 공개
내용 한국이 외교·영사관계를 맺고 있는 50개국의 명단
주제어 한국의 외교관계 현황

문서명	자료33. '평화선' 설정 후 한국에 나포된 어선과 승무원 수(1962년 7월 1일 현재) [資料続 33.「李ライン」設定後韓国側に拿捕された漁船および乗務員数(昭和37年7月1日現在)]

문서파일번호 526
작성연월일 1962. 7. 1
구분 제6차 회담
세부항목 중요자료집(속)
작성처 외무성 북동아시아과
매수 1
비밀등급 극비
문서종류 내부자료
공개구분 공개
내용 1952년 1월의 '이승만 라인' 설정 이후 1962년 6월까지 한국에게 나포된 일본의 선박과 승무원의 수
주제어 어선 나포

한일회담 중요자료집(3)
[日韓会談重要資料集(3)]

문서파일번호	527
작성연월일	1963. 10. 1
구분	제6차 회담
세부항목	중요자료집(3)
작성처	외무성 북동아시아과
매수	53
비밀등급	
문서종류	내부자료
공개구분	공개
내용	외무성 북동아시아과가 1963년 10월 1일 자로 발간한 한일회담 주요자료집 제 3편
주제어	한일회담 자료집

문서명	표지, 머리말 및 목차(表紙, はしがき及び目次)

문서파일번호 527
작성연월일 1963. 10. 1
구분 제6차 회담
세부항목 중요자료집(3)
작성처 외무성 북동아시아과
매수 4
비밀등급 극비
문서종류 내부자료
공개구분 공개
내용 한일회담 중요자료집(3) 표지, 머리말 및 목차
주제어 목차

문서명	자료(3)1. 재일한국인의 영주권 및 강제퇴거에 관한 일본 견해[資料(3)1. 在日韓国人の永住権および退去強制に関する日本側見解]

문서파일번호 527
작성연월일 1962. 11. 30
구분 제6차 회담
세부항목 중요자료집(3)
작성처 외무성 북동아시아과
매수 2
비밀등급 극비
문서종류 내부자료
공개구분 공개
내용 일본이 제시한 재일한국인의 영주권 및 강제퇴거에 관한 견해. 영주권 허가, 퇴거 강제, 영주 한국인의 자손에 대한 규정이 기술됨.
주제어 재일한국인 법적지위

문서명	자료(3)2. 어업협정에 담아야 할 규제조치의 주요점(1962년 12월 5일 일본 제출) [資料(3)2. 漁業協定に盛られるべき規制措置の主要点(昭和37年12月5日日本側提出)]

문서파일번호 527
작성연월일 1962. 12. 5
구분 제6차 회담
세부항목 중요자료집(3)
작성처 외무성 북동아시아과
매수 1
비밀등급 극비
문서종류 내부자료
공개구분 공개
내용 일본이 제시한 어업협정에 들어가야 할 규제조치의 주요한 내용. '어업구역은 12해리로 설정한다' 등 7가지 내용이 기술됨.
주제어 어업

문서명	자료(3)3. 한국 어업규제안(가역)[資料(3)3. 韓国側漁業規制案(仮訳)(昭和37年12月5日韓国側提出)]

문서파일번호 527
작성연월일 1962. 12. 5
구분 제6차 회담
세부항목 중요자료집(3)
작성처 한국대표단, 외무성 북동아시아과
매수 4
비밀등급 극비
문서종류 내부자료
공개구분 공개
내용 한국이 제시한 어업규제안. 규제의 목적, 규제방법, 규제구역, 규제구역과 '이승만라인'의 표시 지도가 포함됨.
주제어 어업

문서명	자료(3)4. 재일한국인의 영주권 및 강제퇴거에 관한 한국 견해[資料(3)4. 在日韓国人の永住権および退去強制に関する韓国側見解(昭和37年12月7日韓国側提出)]

문서파일번호 527
작성연월일 1962. 12. 7
구분 제6차 회담
세부항목 중요자료집(3)
작성처 한국대표단, 외무성 북동아시아과
매수 1
비밀등급 극비
문서종류 내부자료
공개구분 공개
내용 한국이 제시한 재일한국인의 영주권 및 강제퇴거에 관한 견해. 영주권 부여, 영주권 부여 기간 등 3개 내용으로 구성됨.
주제어 재일한국인 법적지위

문서명	자료(3)5. 영주권자의 강제퇴거 사유(일본안)[資料(3)5. 永住権者の退去強制理由(日本側案)(昭和37年12月19日日本側提示)]

문서파일번호 527
작성연월일 1962. 12. 19
구분 제6차 회담
세부항목 중요자료집(3)
작성처 외무성 북동아시아과
매수 1
비밀등급 극비
문서종류 내부자료
공개구분 공개
내용 일본이 제시한 영주권자의 강제퇴거 사유. 7년을 넘는 징역에 해당하는 자, 법무대신이 외교상의 이익을 저해하는 자 등 5가지 강제퇴거 사유가 기술됨.
주제어 재일한국인 법적지위

문서명	자료(3)6. 청구권 문제 해결방법에 관한 오히라 외무대신의 김종필 부장에 대한 서한[資料(3)6. 請求権問題の解決方法に関する太平外務大臣の金鍾泌部長あて書簡]

문서파일번호 527
작성연월일 1962. 12. 18
구분 제6차 회담
세부항목 중요자료집(3)
작성처 외무성 북동아시아과
매수 2
비밀등급 극비
문서종류 내부자료
공개구분 공개
내용 오히라 마사요시(大平正芳) 외상이 김종필 중앙정보부장에게 보낸 청구권 문제 해결에 관한 서한. 무상경제협력(3억 달러), 대한채권의 상환, 유상경제협력(2억 달러), 민간차관 등을 생각하고 있다고 기술됨.
주제어 청구권

문서명	자료(3)7. 한일회담의 중요 제 문제에 관한 일본의 기본적인 사고방식[資料(3)7. 日韓会談の重要諸問題に関する日本側の基本的考え方(昭和37年12月中旬訪韓の伊関大使が韓国側に提示)]

문서파일번호 527
작성연월일 1962. 12. 10
구분 제6차 회담
세부항목 중요자료집(3)
작성처 외무성 북동아시아과
매수 5
비밀등급 극비
문서종류 내부자료
공개구분 공개
내용 1962년 12월 한국을 방한한 이세키 유지로(伊関佑二郎) 대사가 한국에 제시한 한일회담 중요 문제들에 관한 일본의 기본적인 입장. 청구권 문제(선박, 문화재 문제 포함), 어업 문제, 독도 문제에 대한 견해가 기술됨.
주제어 청구권, 선박 반환, 문화재 반환, 어업, 독도

문서명	자료(3)8. 한일회담의 중요 제 문제에 관한 한국의 기본적인 사고방식[資料(3)8. 日韓会談の重要諸問題に関する韓国側基本的考え方(昭和37年12月21日の予備交渉第20回会合において韓国側提出)]

문서파일번호 527
작성연월일 1962. 12. 21
구분 제6차 회담
세부항목 중요자료집(3)
작성처 한국대표단, 외무성 북동아시아과
매수 6
비밀등급 극비
문서종류 내부자료
공개구분 공개
내용 제6차 회담 예비교섭 제20회 회의에서 한국이 제시한 한일회담 중요 문제들에 관한 한국의 기본적인 입장. 청구권 문제, 어업 문제, 법적지위문제, 선박 문제, 문화재 문제, 기본관계 문제, 독도 문제에 대한 견해가 기술됨.
주제어 청구권, 어업, 재일한국인 법적지위, 선박 반환, 문화재 반환, 기본관계, 독도

문서명	자료(3)9. 1962. 12. 26 한일예비교섭 21회 회합에서 일본의 발언 요지[資料(3)9. 昭和37年12月26日の日韓予備交渉第21回会合における日本側の発言要旨]

문서파일번호 527
작성연월일 1962. 12. 26
구분 제6차 회담
세부항목 중요자료집(3)
작성처 외무성 북동아시아과
매수 4
비밀등급 극비
문서종류 내부자료
공개구분 공개
내용 예비교섭 제21회 회의에서 일본이 발언한 요지. 청구권 문제, 선박 문제, 문화재 문제, 어업 문제, 독도 문제, 법적지위문제, 기본관계 문제에 대한 견해가 기술됨.
주제어 청구권, 어업, 재일한국인 법적지위, 선박 반환, 문화재 반환, 기본관계, 독도

문서명	자료(3)10. 청구권 문제의 해결방식에 관한 일본의 메모[資料(3)10. 請求権問題の解決方式に関する日本側書き物(昭和37年12月26日の予備交渉第21回会合において日本側提示)]

문서파일번호 527
작성연월일 1962. 12. 26
구분 제6차 회담
세부항목 중요자료집(3)
작성처 외무성 북동아시아과
매수 1
비밀등급 극비
문서종류 내부자료
공개구분 공개
내용 예비교섭 제21회 회의에서 일본이 제시한 청구권 문제 해결방식에 관한 일본의 메모. 무상경제협력(3억 달러), 대한채권의 상환, 유상경제협력(2억 달러), 상업 베이스를 통한 통상적 차관 등 청구권 자금 제공조건이 기술됨.
주제어 청구권

문서명	자료(3)11. 청구권 문제의 해결방식에 관한 일본의 메모에 대한 보충 설명[資料(3)11. 請求権問題の解決方式に関する日本側書き物の補足説明(昭和37年12月26日日本側提示)]

문서파일번호 527
작성연월일 1962. 12. 26
구분 제6차 회담
세부항목 중요자료집(3)
작성처 외무성 북동아시아과
매수 2
비밀등급 극비
문서종류 내부자료
공개구분 공개
내용 예비교섭 제21회 회의에서 청구권 문제의 해결방식에 관해 일본이 제시한 메모의 보충 설명. 한국의 대일무역 채무 상환 문제, 유상의 상환 기간, 민간 차간의 총액을 명시하지 않는 이유 등을 설명함.
주제어 청구권

문서명	자료(3)12. 청구권 문제 해결방법에 관하여 김종필 씨가 오히라 외무대신에게 보낸 서한[資料(3)12. 請求権問題の解決方法に関する金鍾泌氏の大平外務大臣あて書簡(昭和38年1月21日付)]

문서파일번호 527
작성연월일 1963. 1. 21
구분 제6차 회담
세부항목 중요자료집(3)
작성처 김종필
매수 2
비밀등급 극비
문서종류 내부자료
공개구분 공개
내용 김종필이 오히라 마사요시 외상에게 제시한 청구권 문제의 해결방식을 담은 서한. 대일무역 채무, 정부차관의 산환 기간, 민간차관의 조건 등에 관한 한국 입장을 밝히고 있음.
주제어 청구권

문서명	자료(3)13. 한일예비교섭 제23회 회의에서 한국의 발언 요지(가역)[資料(3)13. 韓日予備交渉第23回会議における韓国側発言要旨(仮訳)(昭和38年1月23日韓国側提出)]

문서파일번호 527
작성연월일 1963. 1. 23
구분 제6차 회담
세부항목 중요자료집(3)
작성처 한국대표단, 외무성 북동아시아과
매수 3
비밀등급 극비
문서종류 내부자료
내용 예비교섭 제23회 회의에서 한국이 발언한 요지. 청구권 문제, 어업 문제, 선박 문제, 문화재 문제, 독도 문제에 대한 견해가 기술됨.
주제어 청구권, 어업, 선박 반환, 문화재 반환, 독도

문서명	자료(3)14. 1963. 4. 2 경제협력 관계 회합에서 이상덕 수석위원의 발언 요지(가역)[資料(3)14. 昭和38年4月2日の経済協力関係会合における李相徳首席委員の発言要旨(仮訳)(昭和38年4月4日韓国代表部より書き物として受領)]

문서파일번호 527
작성연월일 1963. 4. 2
구분 제6차 회담
세부항목 중요자료집(3)
작성처 한국대표단, 외무성 북동아시아과
매수 3
비밀등급 극비
문서종류 내부자료
공개구분 공개
내용 이상덕 수석위원이 청구권위원회 경제협력 관계 회의에서 한 발언 요지. 청구권 자금 제공에 관한 한국의 세부 요구사항이 정리됨.
주제어 청구권

문서명	자료(3)15. 한국 어업규제 구역안(가역)[資料(3)15 韓国側漁業規制区域案(仮訳)(昭和38年7月5日韓国側提出)]

문서파일번호 527
작성연월일 1963. 7. 5
구분 제6차 회담
세부항목 중요자료집(3)
작성처 한국대표단, 외무성 북동아시아과
매수 3
비밀등급 극비
문서종류 내부자료
공개구분 공개
내용 어업 문제에 관해 한국이 제시한 어업규제구역안
주제어 어업

문서명	자료(3)16. 한국이 제안한 직선기선 기점(가역)[資料(3)16. 韓国側提案の直線基線基点(仮訳)(昭和38年7月12日韓国側提出)]

문서파일번호	527
작성연월일	1963. 7. 12
구분	제6차 회담
세부항목	중요자료집(3)
작성처	한국대표단, 외무성 북동아시아과
매수	1
비밀등급	극비
문서종류	내부자료
공개구분	공개
내용	어업 문제에 대해 한국이 제시한 직선기선 기점. 직선기선 기점을 구성하는 65개의 섬이 나열됨.
주제어	어업

문서명	자료(3)17. 일본이 제안한 직선기선 기점[資料(3)17. 日本側提案の直線基線基点(昭和38年7月15日日本側提出)]

문서파일번호	527
작성연월일	1963. 7. 15
구분	제6차 회담
세부항목	중요자료집(3)
작성처	외무성 북동아시아과
매수	1
비밀등급	극비
문서종류	내부자료
공개구분	공개
내용	어업 문제에 관해 일본이 제시한 직선기선 기점. 직선기선 기점을 구성하는 33개의 섬이 나열됨.
주제어	어업

문서명	자료(3)18. 한국 어업협력안 명세서(가역)[資料(3)18. 韓国側漁業協力案明細書(仮訳)(昭和38年7月16日韓国側提出)]

문서파일번호 527
작성연월일 1963. 7. 16
구분 제6차 회담
세부항목 중요자료집(3)
작성처 한국대표단, 외무성 북동아시아과
매수 1
비밀등급 극비
문서종류 내부자료
공개구분 공개
내용 어업 문제에 관해 한국이 제시한 어업협력안. 무상공여, 무상공여 혹은 정부 간 장기저리차관, 민간 장기저리차관 등으로 구성됨.
주제어 어업

문서명	자료(3)19. 어업 문제에 관한 일본 입장[資料(3)19. 漁業問題に関する日本側立場(昭和38年7月19日日本側提出)]

문서파일번호 527
작성연월일 1963. 7. 19
구분 제6차 회담
세부항목 중요자료집(3)
작성처 외무성 북동아시아과
매수 2
비밀등급 극비
문서종류 내부 자료
공개구분 공개
내용 일본이 제출한 어업 문제에 관한 기본적인 입장. 기선, 12해리 전관수역 외측에서의 일본어선 조업 규제, 공동위원회 등의 어업협정 문제와 어업협력 문제에 대해 기술됨.
주제어 어업

문서명	자료(3)20. 한국의 외교영사관계 일람표[資料(3)20. 韓国の外交領事関係一覧表(昭和38年9年20日現在)]

문서파일번호 527
작성연월일 1963. 9. 20
구분 제6차 회담
세부항목 중요자료집(3)
작성처 외무성 북동아시아과
매수 3
비밀등급 극비
문서종류 내부자료
공개구분 공개
내용 한국이 외교영사관계를 맺고 있는 67개국의 명단
주제어 기타

문서명	자료(3)21. '이 라인' 설정 후 한국에 나포된 어선 및 승조원 수[資料(3)21.「李ライン」設定後韓国側に拿捕された漁船および乗組員数(昭和38年11月4日現在)]

문서파일번호 527
작성연월일 1963. 11. 4
구분 제6차 회담
세부항목 중요자료집(3)
작성처 외무성 북동아시아과
매수 1
비밀등급 극비
문서종류 내부자료
공개구분 공개
내용 1952년 1월의 '이승만 라인' 설정 이후 1963년 11월까지 한국에 나포된 일본의 선박 및 승무원 수
주제어 어선 나포

한일회담 문제별 경위(1)(기본관계 문제)
[日韓会談問題別経緯(1)(基本関係問題)]

문서파일번호	528
문서명	한일회담 문제별 경위(1)(기본관계 문제)[日韓会談問題別経緯(1)(基本関係問題)]
작성연월일	1962. 7. 1
구분	제6차 회담
세부항목	기본관계 교섭 경위
작성처	외무성 북동아시아과
매수	18
비밀등급	극비
문서종류	내부자료
공개구분	공개
내용	제6차 한일회담의 1962년 7월 시점에서 그간의 기본관계 문제 교섭의 경위와 그 과정을 정리한 문서
주제어	기본관계

한일회담 문제별 경위(2)(어업 문제)
[日韓会談問題別経緯(2)(漁業問題)]

문서파일번호	529
문서명	한일회담 문제별 경위(2)(어업 문제)[日韓会談問題別経緯(2)(漁業問題)]
작성연월일	1962. 7. 1
구분	제6차 회담
세부항목	어업 문제 교섭 경위
작성처	외무성 북동아시아과
매수	37
비밀등급	극비
문서종류	내부자료
공개구분	공개
내용	제1~6차 한일회담(1962년 6월 말)의 어업 문제에 관한 교섭 경위, 내용 등을 정리한 문서
주제어	어업

한일회담 문제별 경위(2)(어업 문제)(2)
[日韓会談問題別経緯(2)(漁業問題)(その2)]

문서파일번호	530
문서명	한일회담 문제별 경위(2)(어업 문제)(2)[日韓会談問題別経緯(2)(漁業問題)(その2)]
작성연월일	1963. 8. 1
구분	제6차 회담
세부항목	어업 문제 교섭 경위
작성처	외무성 북동아시아과
매수	36
비밀등급	극비
문서종류	내부자료
공개구분	공개
내용	1962년 7월부터 1963년 7월 말까지의 어업 문제 교섭 경위를 상세하게 정리한 문서
주제어	어업

한일회담 문제별 경위(2)(어업 문제)(3)
[日韓会談問題別経緯(2)(漁業問題)(その3)]

문서파일번호	531
작성연월일	1964. 11. 1
구분	제6차 회담
세부항목	어업 문제 교섭 경위
작성처	외무성 북동아시아과
매수	124
비밀등급	
문서종류	내부자료
공개구분	공개
내용	1963년 8월부터 1964년 10월 말까지의 어업교섭 내용을 정리한 문서와 그 교섭 기간 중에 한일 양국이 교환한 관련 문서를 첨부한 문서철
주제어	어업 문제 교섭 경위

문서명	자료1. 전관수역(12해리) 외의 규제구역(와다 개인 안)[資料1. 専管水域(12カイリ)外の規制区域(和田私案)]

문서파일번호 531
작성연월일 1963. 10. 22
구분 제6차 회담
세부항목 어업 문제 교섭 경위
작성처 외무성 북동아시아과
매수 3
비밀등급 극비
문서종류 내부자료
공개구분 공개
내용 와다 마사아키 · 김명년 비공식회의 제18회 회의에서 일본이 제시한 규제구역안
주제어 어업

문서명	자료 2. 일본 조업 척수의 설명(資料2. 日本側操業隻数の説明)

문서파일번호 531
작성연월일 1963. 11. 8
구분 제6차 회담
세부항목 어업 문제 교섭 경위
작성처 외무성 북동아시아과
매수 2
비밀등급 극비
문서종류 내부자료
공개구분 공개
내용 와다 마사아키 · 김명년 비공식회의 제22회 회의에서 일본이 제시한 일본 조업 척수
주제어 어업

문서명	자료3. 한국 조업 척수의 설명(資料 3. 韓国側操業隻数の説明)

문서파일번호 531
작성연월일 1963. 11. 22
구분 제6차 회담
세부항목 어업 문제 교섭 경위
작성처 외무성 북동아시아과
매수 2
비밀등급 극비
문서종류 내부자료
공개구분 공개
내용 와다 마사아키 · 김명년 비공식회의 제23회 회의에서 일본이 제시한 한국 조업 척수
주제어 어업

문서명	자료 4: 규제구역(김명년 개인안)[資料 4. 規制区域(金命年私案)]

문서파일번호 531
작성연월일 1963. 11. 29
구분 제6차 회담
세부항목 어업 문제 교섭 경위
작성처 외무성 북동아시아과
매수 4
비밀등급 극비
문서종류 내부자료
공개구분 공개
내용 와다 마사아키 · 김명년 비공식회의 제24회 회의에서 한국이 제시한 규제구역
주제어 어업

문서명	자료 5: 한국 어업협력안(資料 5. 韓国側漁業協力案)

문서파일번호 531
작성연월일 1963. 9. 26
구분 제6차 회담
세부항목 어업 문제 교섭 경위
작성처 외무성 북동아시아과
매수 4
비밀등급 극비
문서종류 내부자료
공개구분 공개
내용 예비교섭 제50회 회의에서 한국이 제시한 어업협력안
주제어 어업

문서명	자료 6: 어업협력 문제에 관한 일본 입장(資料 6. 漁業協力問題に関する日本側の立場)

문서파일번호 531
작성연월일 1963. 12. 12
구분 제6차 회담
세부항목 어업 문제 교섭 경위
작성처 외무성 북동아시아과
매수 2
비밀등급 극비
문서종류 내부자료
공개구분 공개
내용 예비교섭 제60회 회의에서 일본이 제시한 어업협력 문제에 관한 견해
주제어 어업

문서명	자료 7: 제주도를 포함하는 직선기선의 채용을 인정하지 못하는 이유(資料 7. 済州島を含む如き直線基線の採用が認められない理由)

문서파일번호 531
작성연월일 1964. 2. 21
구분 제6차 회담
세부항목 어업 문제 교섭 경위
작성처 외무성 북동아시아과
매수 3
비밀등급 극비
문서종류 내부자료
공개구분 공개
내용 제6회 6자회담에서 일본이 제시한 제주도를 포함하는 직선기선 채용을 인정하지 못하는 이유
주제어 어업

문서명	자료 8: 직선기선 확정에 관하여(가역)[資料 8. 直線基線の確定に関して(仮訳)]

문서파일번호 531
작성연월일 1964. 3. 7
구분 제6차 회담
세부항목 어업 문제 교섭 경위
작성처 외무성 북동아시아과
매수 1
비밀등급 극비
문서종류 내부자료
공개구분 공개
내용 한국이 제출한 직선기선 설정에 관한 방침안
주제어 어업

문서명	자료 9(1): 한일어업 문제 각료회담 일본 의사록[資料 9(1).日韓漁業問題閣僚会談日本側議事録]

문서파일번호 531
작성연월일 1964. 4. 6
구분 제6차 회담
세부항목 어업 문제 교섭 경위
작성처 외무성 북동아시아과
매수 16
비밀등급 극비
문서종류 내부자료
공개구분 공개
내용 1964년 3월 10일~4월 6일까지 12차례 개최된 한일어업 각료회담 및 3월 14일~4월 3일까지 9차례 개최된 와다 마사아키 · 김명년 비공식회의 회의록
주제어 어업

문서명	자료 9(2): 한일어업 문제 각료회담 일본 의사록 부속자료[資料 9(2).日韓漁業問題閣僚会談 日本側議事録付属資料]

문서파일번호 531
작성연월일 1964. 4. 6
구분 제6차 회담
세부항목 어업 문제 교섭 경위
작성처 외무성 북동아시아과
매수 15
비밀등급 극비
문서종류 내부자료
공개구분 공개
내용 한일어업 각료회담에서 일본이 제출한 관련 문서들을 모은 자료집. 수역 확정을 위한 직선기선 설정안, 어업규제, 어업협력, 어업협력위원회, 공동위원회, 단속 및 재판관할권, 분쟁 처리, 공동위원회 등 문서
주제어 어업

문서명	자료 9(3): 한일어업 문제 각료회담 일본 의사록 부속별도[資料 9(3).日韓漁業問題閣僚会談　日本側議事録付属別図]

문서파일번호 531
작성연월일 1964. 4. 6
구분 제6차 회담
세부항목 어업 문제 교섭 경위
작성처 외무성 북동아시아과
매수 3
비밀등급 극비
문서종류 내부자료
공개구분 공개
내용 한일어업 각료회담에서 일본이 제시한 한국 수역 확정을 위한 직선기선 설정에 관한 지도를 모은 자료
주제어 어업

문서명	자료10(1):(가역)한일어업 문제에 관한 각료회담 한국 요약 회의록[資料10(1).(仮訳)韓日間漁業問題に間する閣僚会談韓国側要約会議録]

문서파일번호 531
작성연월일 1964. 4. 6
구분 제6차 회담
세부항목 어업 문제 교섭 경위
작성처 외무성 북동아시아과
매수 6
비밀등급 극비
문서종류 내부자료
공개구분 공개
내용 한일어업 각료회담 한국 회의록의 일본 가역본
주제어 어업

문서명	자료10(2):(가역)한일어업 문제에 관한 각료회담 한국 요약회의록 별지[資料10(2).(仮訳)韓日間漁業問題に関する閣僚会談韓国側要約会議録別紙]

문서파일번호 531
작성연월일 1964. 4. 6
구분 제6차 회담
세부항목 어업 문제 교섭 경위
작성처 외무성 북동아시아과
매수 18
비밀등급 극비
문서종류 내부자료
공개구분 공개
내용 한일어업 각료회담에서 한국이 제출한 관련 문서들을 모은 자료집. 수역 확정을 위한 직선기선 설정안, 규제해역 획정, 규제위원회, 어업협력, 단속 및 재판관할권, 분쟁 처리, 공동위원회 등 문서
주제어 어업

문서명	자료10(3): 한일어업 문제 각료회담 한국 요약회의록 별첨[資料10(3).韓日間漁業問題閣僚会談韓国側要約会議録別添]

문서파일번호 531
작성연월일 1964. 4. 6
구분 제6차 회담
세부항목 어업 문제 교섭 경위
작성처 외무성 북동아시아과
매수 1
비밀등급 극비
문서종류 내부자료
공개구분 공개
내용 한국의 한일어업 각료회담 회의록 별첨자료로 양국 대표 명단 수록
주제어 어업

한일회담 문제별 경위(3)(재일한국인의 법적지위 문제)
[日韓会談問題別経緯(3)(在日韓国人の法的地位問題)]

문서파일번호	532
작성연월일	1962. 7. 1 - 1963. 10. 1
구분	제6차 회담
세부항목	재일한국인 법적지위 문제 교섭 경위
작성처	외무성 북동아시아과
매수	81
비밀등급	
문서종류	내부자료
공개구분	공개
내용	재일한국인 법적지위 문제 교섭에 관해 제1~6차 한일회담의 교섭 경위, 내용 등을 정리한 문서
주제어	재일한국인 법적지위

문서명	한일회담 문제별 경위(3)(재일한국인의 법적지위 문제)[日韓会談問題別経緯(3)(在日韓国人の法的地位問題)]

문서파일번호 532
작성연월일 1962. 7. 1
구분 제6차 회담
세부항목 재일한국인 법적지위 문제 교섭 경위
작성처 외무성 북동아시아과
매수 59
비밀등급 극비
문서종류 내부자료
공개구분 공개
내용 재일한국인 법적지위 교섭에 관해 제1~6차 회담(1962년 6월 말)의 교섭 경위, 내용 등을 정리한 내부문서
주제어 재일한국인 법적지위

문서명	한일회담 문제별 경위(3)(재일한국인의 법적지위 문제)(2)[日韓会談問題別経緯(3)(在日韓国人の法的地位問題)(その2)]

문서파일번호 532
작성연월일 1963. 10. 1
구분 제6차 회담
세부항목 재일한국인 법적지위 문제 교섭 경위
작성처 외무성 북동아시아과
매수 22
비밀등급 극비
문서종류 내부자료
공개구분 공개
내용 재일한국인 법적지위 교섭에 관해 1962년 7월~1963년 9월 말까지의 교섭 내용을 추가 정리한 내부문서
주제어 재일한국인 법적지위

한일회담 문제별 경위(4)(일반청구권 문제)
[日韓会談問題別経緯(4)(一般請求権問題)]

문서파일번호	533
작성연월일	1962. 7. 1 - 1963. 10. 1
구분	제6차 회담
세부항목	일반청구권 문제에 대한 교섭 경위
작성처	외무성 북동아시아과
매수	86
비밀등급	
문서종류	내부자료
공개구분	공개
내용	제1~6차 한일회담의 일반청구권 문제에 대한 교섭 경위를 정리한 문서
주제어	청구권

문서명	한일회담 문제별 경위(4)(일반청구권 문제)[日韓会談問題別経緯(4)(一般請求権問題)]

문서파일번호 533
작성연월일 1962. 7. 1
구분 제6차 회담
세부항목 일반청구권 문제에 대한 교섭 경위
작성처 외무성 북동아시아과
매수 56
비밀등급 극비
문서종류 내부자료
공개구분 공개
내용 제1~6차 한일회담(1962년 6월 말)의 일반청구권 문제에 대한 교섭 경위를 정리함.
주제어 청구권

문서명	한일회담 문제별 경위(4)(일반청구권 문제)(2)[日韓会談問題別経緯(4)(一般請求権問題)(その2)]

문서파일번호 533
작성연월일 1963. 10. 1
구분 제6차 회담
세부항목 일반청구권 문제에 대한 교섭 경위
작성처 외무성 북동아시아과
매수 30
비밀등급 극비
문서종류 내부자료
공개구분 공개
내용 1962년 7월~1963년 9월 말까지의 일반청구권 문제 교섭 경위. 제6차 한일회담 예비교섭 청구권 문제 논의, 김종필·오히라 마사요시 회담, 김종필·이케다 하야토 총리 회담 청구권 문제 관련 논의가 요약됨.
주제어 청구권

한일회담 문제별 경위(5)(선박 문제)
[日韓会談問題別経緯(5)(船舶問題)]

문서파일번호	534
작성연월일	1962. 7. 1 - 1963. 10. 1
구분	제6차 회담
세부항목	선박 문제에 관한 교섭 경위
작성처	외무성 북동아시아과
매수	27
비밀등급	
문서종류	내부자료
공개구분	공개
내용	선박 반환 문제 교섭에 관해 제1~6차 한일회담의 교섭 경위, 내용 등을 정리한 문서
주제어	선박 반환

문서명	한일회담 문제별 경위(5)(선박 문제)[日韓会談問題別経緯(5)(船舶問題)]

문서파일번호 534
작성연월일 1962. 7. 1
구분 제6차 회담
세부항목 선박 문제에 관한 교섭 경위
작성처 외무성 북동아시아과
매수 22
비밀등급 극비
문서종류 내부자료
공개구분 공개
내용 제1~6차 회담(1962년 6월 말)의 교섭 경위, 내용 등을 정리함.
주제어 선박 반환

문서명	한일회담 문제별 경위(5)(선박 문제)(2)[日韓会談問題別経緯(5)(船舶問題)(その2)]

문서파일번호 534
작성연월일 1963. 10. 1
구분 제6차 회담
세부항목 선박 문제에 관한 교섭 경위
작성처 외무성 북동아시아과
매수 5
비밀등급 극비
문서종류 내부자료
공개구분 공개
내용 1962년 7월~1963년 9월 말까지의 교섭 내용을 추가 정리함.
주제어 선박 반환

한일회담 문제별 경위(6)(문화재 문제)
[日韓会談問題別経緯(6)(文化財問題)]

문서파일번호	535
작성연월일	1962. 7. 1 - 1963. 10. 1
구분	제6차 회담
세부항목	문화재 반환 교섭 경위
작성처	외무성 북동아시아과
매수	23
비밀등급	
문서종류	내부자료
공개구분	공개
내용	문화재 반환 교섭에 관해 제1~6차 한일회담의 교섭 경위, 내용 등을 정리한 문서
주제어	문화재 반환

문서명	한일회담 문제별 경위(6)(문화재 문제)[日韓会談問題別経緯(6)(文化財問題)]

문서파일번호 535
작성연월일 1962. 7. 1
구분 제6차 회담
세부항목 문화재 반환 교섭 경위
작성처 외무성 북동아시아과
매수 17
비밀등급 극비
문서종류 내부자료
공개구분 공개
내용 제1~6차 회담(1962년 6월 말)의 문화재 반환 교섭 경위, 내용 등을 정리함.
주제어 문화재 반환

문서명	한일회담 문제별 경위(6)(문화재 문제)(2)[日韓会談問題別経緯(6)(文化財問題)(その2)]

문서파일번호 535
작성연월일 1963. 10. 1
구분 제6차 회담
세부항목 문화재 반환 교섭 경위
작성처 외무성 북동아시아과
매수 6
비밀등급 극비
문서종류 내부자료
공개구분 공개
내용 1962년 7월~1963년 9월 말까지의 문화재 문제 교섭의 경위와 과정을 정리
주제어 문화재 반환

한일교섭 경위와 문제점
(日韓交渉の経緯と問題点)

문서파일번호	645
문서명	한일교섭의 경위와 문제점(日韓交渉の経緯と問題点)
작성연월일	1962. 7. 16
구분	제6차 회담
세부항목	제6차 한일회담 경위
작성처	국민정치연구회(國民政治研究会)
매수	53
비밀등급	일반
문서종류	간행물
공개구분	공개
내용	1962년 7월 16일 국민정치연구회가 발간한 책자. 마에다 도시카즈(前田利一) 외무성 북동아과장의 한일회담 관련 강연 내용을 58개 항목으로 나누어 정리함.
주제어	마에다 강연, 한일회담 경위

한일회담 진행방식에 관한 간부회의 개요
(日韓会談の進め方に関する幹部会議概要)

문서파일번호	1338
작성연월일	1962. 7. 24 - 1962. 8. 15
구분	제6차 회담
세부항목	한일회담 진행방식
작성처	외무성
매수	27
비밀등급	
문서종류	회의록, 내부문서
공개구분	공개
내용	제6차 한일회담 진행방식, 교섭에 임하는 기본방침 등을 정리한 문서 모음
주제어	제6차 한일회담 진행방식

문서명	한일회담 진행방식에 관한 간부회의 개요(日韓会談の進め方に関する幹部会議概要)

문서파일번호 1338
작성연월일 1962. 7. 24
구분 제6차 회담
세부항목 한일회담 진행방식
작성처 외무성 북동아시아과
매수 9
비밀등급 극비
문서종류 회의록
공개구분 공개
내용 한국과 회담 조기 타결을 위해 오히라 마사요시 외상 등 일본 관계자가 모여 향후 교섭방침을 논의한 기록. 한국에 청구권을 포기시키고 무상 2억 달러, 유상 2억 달러를 제공하는 구상이 구체적으로 나타나 있음.
주제어 제6차 한일회담 진행방식

문서명	한일회담 진행 방법 건(日韓会談の進め方に関する件)

문서파일번호 1338
작성연월일 1962. 7. 26
구분 제6차 회담
세부항목 한일회담 진행방식
작성처 외무성
매수 8
비밀등급 극비
문서종류 내부문서
공개구분 공개
내용 제6차 회담 개시 후의 회담 경위를 정리하고 향후 방침을 설명. '청구권' 개념에서는 액수를 줄일 것, 국회 설명, 국내보상 문제 등을 야기할 가능성이 있어 한국을 설득해서 '청구권'이 아니라 무상원조로 해결할 것 등의 방침이 기술되어 있음.
주제어 제6차 한일회담 진행방식

문서명	스기·배 회담(7월 26일 낮, 마쓰테이에서)에 관한 이세키 아시아국장 기자회견 요지 [杉、裵会談(7月26日晝、松亭において)に関する伊関(アジア局長)記者会見要旨]

문서파일번호 1338
작성연월일 1962. 7. 26
구분 제6차 회담
세부항목 스기 · 배의환 회담에 관한 이세키 기자회견
작성처 외무성 북동아시아과
매수 3
비밀등급 일반
문서종류 내부문서
공개구분 공개
내용 스기 미치스케·배의환 회담에 관한 이세키 유지로 아시아국장 기자회견 요지. 모두에서 일본은 기본방침을 검토하고 이후 정치교섭에 나설 것이라고 설명한 후 질문에 답변함. 질문사항으로 오히라 마사요시 외상의 대담, 출석자 등이 거론됨. 비공표 발언도 수록되어 있음.
주제어 스기 · 배의환 회담에 관한 이세키 기자회견

문서명	제1 한일예비회담의 진행방식, 제2 한일예비교섭에 임하는 기본방침(안) [第一 日韓予備交渉の進め方, 第二 日韓予備交渉に臨む基本方針(案)]

문서파일번호 1338
작성연월일 1962. 7(일자 불명)
구분 제6차 회담
세부항목 한일회담 진행방식, 교섭 기본방침
작성처 외무성
매수 4
비밀등급 극비
문서종류 내부문서
공개구분 공개
내용 제6차 한일회담의 진행방식과 교섭 기본방침을 정리한 문서. 예비회담은 총리대신 총괄하에 외상이 법무, 대장성, 통상, 당 4역, 외교조사회장 및 참의원 의원회장의 양해를 얻는 방식으로 대처한다는 방침을 정립함. 기본방침으로서 먼저 기본조약

의 형식을 고집하지 않고 공식선언의 형식을 취할 것, 청구권 문제의 교섭을 위해 청구권 명칭 사용을 피하고 무상원조, 유상원조 방식을 취할 것 등이 표명됨. 기본 조약 형식을 취하면 한국의 관할권 문제가 유발될 것이라고 지적함.

주제어 제6차 한일회담 진행방식, 교섭 기본방침

문서명	한일 전면회담 일본정부대표 스기 미치스케에 대한 훈령(日韓全面会談日本政府代表杉道助に対する訓令)

문서파일번호 1338

작성연월일 1962. 8. 15

구분 제6차 회담

세부항목 스기 대표에 대한 훈령

작성처 외무성

매수 3

비밀등급 극비

문서종류 내부문서

공개구분 공개

내용 제6차 한일회담 스기 미치스케 일본수석대표에 대한 훈령. 한국이 청구권을 포기 또는 주장하지 않는 것으로 하고, 일본은 청구권이라는 명칭의 사용을 피하면서 국교 정상화를 축하하여 한국의 민생안정과 경제발전에 기여하기 위한 경제협력을 한다는 취지로 무상원조, 유상원조를 공여함. 무상원조, 유상원조의 금액은 각각 1.5억 달러를 한도로 함.

주제어 스기 대표에 대한 훈령

한일회담 논의내용 정리 작업(제1회 회의)
[日韓会談における討議内容の整理作業(第1回会合)]

문서파일번호	953
문서명	한일회담 논의내용 정리 작업(제1회 회의)[日韓会談における討議内容の整理作業(第1回会合)]
작성연월일	1962. 7. 31
구분	제6차 회담 한일회담 논의내용 정리 작업 제1회 회의
세부항목	
작성처	외무성 북동아시아과
매수	4
비밀등급	극비
문서종류	회의록
공개구분	공개
내용	한일회담 논의내용 정리 작업을 위한 제1회 회의기록. 7월 26일 개최된 스기 미치스케 배의환 양측 수석대표 회의에서 한국으로부터 그간 개최된 회담의 각 위원회에서의 의견 일치점과 불일치점에 관한 확인이 필요하다는 의견이 있었으며, 이에 일본도 동의, 양측 실무자들이 모여 정리 작업을 하기로 하고 7월 31일 첫 번째 회의를 개최함. 첫 회의에서는 정리 범위(6차 회담을 중심으로 하되 필요시 5차 회담과 그 이전 회담도 정리), 정리 방법(일본은 외무성의 그간 기록을 중심으로, 한국은 대표부가 중심이 되어 정리), 정리 결과 확인 형식(정리 작업이 어느 정도 진행되면 검토)에 관해 협의 후 정리는 8월 8일부터 진행하기로 함.
주제어	한일회담 내용 정리

한일회담 논의내용 정리 작업(제2회 회의)
[日韓会談における討議内容の整理作業(第2回会合)]

문서파일번호	954
문서명	한일회담 논의내용 정리 작업(제2회 회의)[日韓会談における討議内容の整理作業(第2回会合)]
작성연월일	1962. 8. 8
구분	제6차 회담 한일회담 논의내용 정리 작업 제2회 회의
세부항목	
작성처	외무성 북동아시아과
매수	3
비밀등급	비(秘)
문서종류	회의록
공개구분	공개
내용	한일회담 논의내용 정리 작업을 위한 제2회 회의기록. 한국이 재일한국인 법적 지위에 관한 문제점별 양측 주장을 정리한 내용을 읽고 이에 대해 일본이 질의함. 한국이 정리한 문서를 일본이 수정, 후에 이에 관해 두 차례 회의하기로 함.
주제어	회담 내용 정리, 재일한국인 법적지위

한일회담 논의내용 정리 작업(제3회 회의)
[日韓会談における討議内容の整理作業(第3回会合)]

문서파일번호	955
문서명	한일회담 논의내용 정리 작업(제3회 회의)[日韓会談における討議内容の整理作業(第3回会合)]
작성연월일	1962. 8. 11
구분	제6차 회담 한일회담 논의내용 정리 작업 제3회 회의
세부항목	
작성처	외무성 북동아시아과
매수	3
비밀등급	비(秘)
문서종류	회의록
공개구분	공개
내용	1962년 8월 10일 한일회담 논의내용 정리 작업을 위한 제3회 회의기록. 문화재소위원회 논의내용에 관한 정리 작업을 진행함. 일본이 검토 문서를 준비하고 이에 대해 한국이 질의함.
주제어	회담 내용 정리, 문화재 반환

한일회담 논의내용 정리 작업(제4회 회의)
[日韓会談における討議内容の整理作業(第4回会合)]

문서파일번호	956
문서명	한일회담 논의내용 정리 작업(제4회 회의)[日韓会談における討議内容の整理作業(第4回会合)]
작성연월일	1962. 8. 11
구분	제6차 회담 한일회담 논의내용 정리 작업 제4회 회의
세부항목	
작성처	외무성 북동아시아과
매수	3
비밀등급	비(秘)
문서종류	회의록
공개구분	공개
내용	한일회담 논의내용 정리 작업을 위한 제4회 회의기록. 선박위원회 논의내용에 관한 정리 작업을 진행함. 일본이 정리한 문서를 준비하고 이에 관해 한국이 질의 후 논의함.
주제어	회담 내용 정리, 선박 반환

한일회담 논의내용 정리 작업(제5회 회의)
[日韓会談における討議内容の整理作業(第5回会合)]

문서파일번호	957
문서명	한일회담 논의내용 정리 작업(제5회 회의)[日韓会談における討議内容の整理作業(第5回会合)]
작성연월일	1962. 8. 14
구분	제6차 회담 한일회담 논의내용 정리 작업 제5회 회의
세부항목	
작성처	외무성 북동아시아과
매수	4
비밀등급	비(秘)
문서종류	회의록
공개구분	공개
내용	한일회담 논의내용 정리 작업을 위한 제5회 회의기록. 일반청구권위원회의 논의내용에 관한 정리 작업을 진행함. 한국은 청구요강 8항목을 중심으로 양측 의견을 정리하고 법이론은 관계항목에 포함시키는 방안을 주장, 일본은 8항목과 별도로 일반적 법이론을 정리한 후 8항목별 내용을 추가할 것을 주장함. 한국이 일본안에 동의함.
주제어	회담 내용 정리, 청구권

한일회담 논의내용 정리 작업(제6회 회의)
[日韓会談における討議内容の整理作業(第6回会合)]

문서파일번호	958
문서명	한일회담 논의내용 정리 작업(제6회 회의)[日韓会談における討議内容の整理作業(第6回会合)]
작성연월일	1962. 8. 16
구분	제6차 회담 한일회담 논의내용 정리 작업 제6회 회의
세부항목	
작성처	외무성 북동아시아과
매수	3
비밀등급	비(秘)
문서종류	회의록
공개구분	공개
내용	한일회담 논의내용 정리 작업을 위한 제6회 회의기록. 일반청구권위원회 논의 내용 중 총론적인 부분에 대한 정리 작업을 진행함.
주제어	회담 내용 정리, 청구권

한일회담 논의내용 정리 작업(제7회 회의) [日韓会談における討議内容の整理作業(第7回会合)]

문서파일번호	959
문서명	한일회담 논의내용 정리 작업(제7회 회의)[日韓会談における討議内容の整理作業(第7回会合)]
작성연월일	1962. 8. 17
구분	제6차 회담 한일회담 논의내용 정리 작업 제7회 회의
세부항목	
작성처	외무성 북동아시아과
매수	3
비밀등급	극비
문서종류	회의록
공개구분	공개
내용	한일회담 논의내용 정리 작업을 위한 제7회 회의기록. 앞서 진행했던 문화재 문제와 선박 문제의 정리된 내용을 논의하고 필요한 부분에 대해 논의를 거쳐 수정함.
주제어	회담 내용 정리, 문화재 반환, 선박 반환

한일회담 관련 각종 단체의 동향
(日韓会談をめぐる各種団体の動向)

문서파일번호	1834
문서명	한일회담 관련 각종 단체의 동향(日韓会談をめぐる各種団体の動向)
작성연월일	1962. 10(일자 불명)
구분	제6차 회담
세부항목	한일회담 반대 동향
작성처	외무성
매수	15
비밀등급	일반
문서종류	내부문서
공개구분	공개
내용	한일회담에 대한 각종 단체의 반대운동 등 관련 동향을 정리한 문서
주제어	한일회담 반대 동향

한일회담 내부 설명용 자료
(日韓会談説明用資料)

문서파일번호	1340
작성연월일	1962. 11(일자 불명) - 1962. 11. 26
구분	제6차 회담
세부항목	총리 보고용 자료, 오히라 외상 방미 자료
작성처	외무성 북동아시아과
매수	18
비밀등급	
문서종류	내부문서
공개구분	공개
내용	한일회담에 관한 이케다 하야토 총리 보고용 자료 및 오히라 마사요시 외상 방미용 자료 모음
주제어	한일관계 보고자료

문서명	한일회담(이케다 총리 보고용)[日韓会談]

문서파일번호 1340
작성연월일 1962. 11(일자 불명)
구분 제6차 회담
세부항목 총리 보고용 자료
작성처 외무성 북동아시아과
매수 6
비밀등급 극비
문서종류 내부문서
공개구분 공개
내용 1962년 11월 12일 개최된 김종필·오히라 마사요시 제2회 회담 및 11월 16일 한일회담 예비교섭 제15회 회의 내용을 총리에게 보고하기 위해 작성한 문서. 회담 진행방식에 관해 예비교섭에서 계속 논의할 것이며, 또 금액에 관해서는 양국 정상의 재가를 기다리고 있음.
주제어 한일회담 총리 보고용 자료

문서명	한일회담의 각 안건에 관한 최근 경위(오히라 대신의 이케다 총리 설명용 자료)(日韓会談の各案件に関する最近の経緯)

문서파일번호 1340
작성연월일 1962. 11. 26
구분 제6차 회담
세부항목 총리 보고용 자료
작성처 외무성 북동아시아과
매수 4
비밀등급 극비
문서종류 내부문서
공개구분 공개
내용 김종필·오히라 마사요시제2회 회담 내용을 총리에 보고하기 위해 다시 작성한 문서. 금액에 관해서 양국 정상의 재가를 기다리고 있으며 처리 방식에 관해서는 현재 교섭을 진행 중임.
주제어 한일회담 총리 보고용 자료

문서명	한일회담에 대하여(오히라 대신 방미용)(日韓会談について)

문서파일번호	1340
작성연월일	1962. 11. 30
구분	제6차 회담
세부항목	오히라 외상 방미용 자료
작성처	외무성 북동아시아과
매수	8
비밀등급	극비
문서종류	내부문서
공개구분	공개
내용	오히라 마사요시 외상 방미 시 미국에게 한일회담 진행 상황을 설명하기 위해 작성한 문서. 현재 무상, 유상 방식으로 해결하기 위해 교섭 진행 중이며, 일본의 경제력 및 기타 국가들에 대한 지불을 고려해서 거액의 지불은 어렵다는 인식을 드러내고 있음.
주제어	오히라 외상 방미용 자료

한일교섭 - 그 경위와 문제점
(日韓交渉 - その経緯と問題点)

문서파일번호	644
문서명	한일교섭 - 그 경위와 문제점(日韓交渉 - その経緯と問題点)
작성연월일	1962. 11. 20
구분	제6차 회담
세부항목	예비회담~제6차 한일회담 경위
작성처	일본국제문제연구소(日本国際問題研究所)
매수	39
비밀등급	일반
문서종류	간행물
공개구분	공개
내용	1962년 11월 20일 일본국제문제연구소가 국제 문제 시리즈 제27호로 발간한 한일회담 관련 책자. 저자는 아사히신문 외보부(국제부) 마자키 미쓰하라(眞崎光晴)로 예비~제6차까지(1962년 11월)의 한일회담 경위와 문제점을 기술함.
주제어	한일회담 경위

한일 문제 - 한일교섭을 둘러싼 여러 문제
(日韓問題 - 日韓交渉をめぐる諸問題)

문서파일번호	647
문서명	한일 문제 - 한일교섭을 둘러싼 여러 문제(日韓問題 - 日韓交渉をめぐる諸問題)
작성연월일	1962. 12(일자 불명)
구분	제6차 회담
세부항목	한일 현안 책자
작성처	일본국민외교협회(日本國民外交協會)
매수	25
비밀등급	일반
문서종류	간행물
공개구분	공개
내용	사단법인 일본국민외교협회가 1962년 12월 발간한 한일 현안을 다룬 책자
주제어	한일 현안

한국대사로부터의 신임장 봉정 시의 응대 방식
(韓国大使よりの信任状捧呈の際の応接振り)

문서파일번호	774
작성연월일	1962. 1. 29 - 1962. 6. 5
구분	제6차 회담
세부항목	주네덜란드 주재 한일대사 간 교류
작성처	주네덜란드대사, 외무성
매수	16
비밀등급	
문서종류	공문, 내부문서, 내부자료
공개구분	공개 또는 일부비공개
내용	백선엽 주네덜란드 한국대사가 일본대사에게 보낸 외교공한에 대한 일본의 대응과 관련한 문서
주제어	한일관계

문서명	한국대사로부터의 신임장 봉정에 대한 통보 건(韓国大使よりの信任状捧呈についての通報に関する件)

문서파일번호 774
작성연월일 1962. 1. 29
구분 제6차 회담
세부항목 주네덜란드 한일대사 간 교류
작성처 주네덜란드대사
매수 3
비밀등급 일반
문서종류 공문
공개구분 일부비공개
내용 1962년 1월 23일 백선엽 주네덜란드 한국대사가 현지 일본대사에게 자신의 신임장 봉정과 공사 간에 친밀하게 지내자는 뜻을 담은 서한(신임장 제정 후 현지 외교단에 의례적으로 보내는 서한으로 보임)을 보낸 데 대해, 일본대사는 한일 간에 국교가 없는 상황임을 감안하여 '받았다는(acknowledge)' 답신 대신 1월 25일 여왕의 신년하례식에서 개인적으로 잘 지내자고 했다고 보고(백선엽 대사의 서한 첨부)
주제어 한일관계

문서명	귀임국 주재 한국대사의 응대에 대한 건(貴任国駐箚韓国大使の応接振りに関する件)

문서파일번호 774
작성연월일 1962. 2. 19
구분 제6차 회담
세부항목 주네덜란드 한일대사 간 교류
작성처 외무성 북동아시아과
매수 3
비밀등급 일반
문서종류 공문
공개구분 공개
내용 1962년 1월 29일 주네덜란드대사의 보고에 대해, 일본정부로서는 한국을 승인했다는 전제하에 외교관계 수립을 위해 교섭을 진행 중이며, 이러한 사실을 현지 한국대사 응대에 참고하라고 전달
주제어 한일관계

문서명	호겐 구아국장과 레윈 주일이스라엘 공사 회담 건(法眼欧亜局長とレウィン在京イスラエル公使との会談に関する件)

문서파일번호	774
작성연월일	1962. 6. 5
구분	제6차 회담
세부항목	한일관계, 주일 이스라엘 공사 언급 내용
작성처	중근동과
매수	10
비밀등급	극비
문서종류	내부문서
공개구분	공개
내용	신임장 제정 차 한국을 방문한 레윈 이스라엘 공사로부터 호겐 신사쿠(法眼晋作) 구아국장이 청취한 내용을 정리한 문서. 레윈 공사는 한일 간 대화가 이루어지는 것은 일본에게 절대 필요하며, 시간은 일본에 불리하게 돌아가고 있다면서, 한국의 5개년 경제계획에 필요한 자금이 7억 달러인데 독일 등 유럽 국가들이 한국에 대한 지원을 시작했다고 발언함.
주제어	한일관계

한국대표부 등의 연락
(韓国代表部等からの連絡)

문서파일번호	1715
작성연월일	1962. 3(일자 불명) - 1962. 9. 18
구분	제6차 회담
세부항목	한일 협의
작성처	외무성 북동아시아과
매수	8
비밀등급	
문서종류	내부문서, 회의록(전화)
공개구분	공개
내용	한일회담 재일한국인 법적지위위원회 문인구 위원이 한일회담 관련 일본에 언급한 내용을 기록한 문서와 한국 국군의 날 행사에 일본 방위청장관을 초청하는 문제 관련 양측 협의 내용을 기록한 문서
주제어	한일 현안, 국군의 날 방위청장관 참석문제

문서명	한일회담 대표 문인구씨(재일한국인 법적지위위원회)[日韓会談代表文仁亀氏(在日韓国人法的地位委員会)]

문서파일번호 1715
작성연월일 1962. 3(일자 불명)
구분 제6차 회담
세부항목 한일 협의
작성처 외무성 북동아시아과
매수 3
비밀등급 극비
문서종류 내부문서
공개구분 공개
내용 1962년 3월(상세일자 불명) 한일회담 법적지위위원회 한국 문인구 위원이 북동아과 모리타 사무관에게 한일회담 관련 언급한 내용을 기록한 문서. 한일회담 정치회담(1962.3.12~17)이 별다른 성과를 거두지 못함에 따라 실무위원들이 귀국하게 되었으며, 청구권 금액의 한일 간 차가 너무 커서 현재로서는 절망적임.
주제어 청구권, 재일한국인 법적지위, 한국정세

문서명	한국 '국군의 날'에 방위청장관을 초청하는 것을 타진하는 건(韓国「国軍の日」に防衛庁長官を招請することのつき打診の件)

문서파일번호 1715
작성연월일 1962. 9. 18
구분 제6차 회담
세부항목 한국 국군의 날 행사 참석문제 관련 한일 협의
작성처 외무성 북동아시아과
매수 2
비밀등급 극비
문서종류 회의록(전화)
공개구분 공개
내용 한국대표부 김정태 서기관이 마에다 도시카즈 북동아시아과장에게 전화로 국군의 날 행사 관련 협의한 내용을 기록한 문서. 김 서기관은 19개국 국방수뇌가 참석키로 하였다면서 일본 방위청장관(일정상 어려우면 막료장)을 초청하면 참석할 수 있을지 타진함.
주제어 한국 국군의 날 행사 참석문제

문서명	제목 없음

문서파일번호	1715
작성연월일	1962. 9. 21
구분	제6차 회담
세부항목	한국 국군의 날 행사 참석문제 관련 한일 협의
작성처	외무성 북동아시아과
매수	3
비밀등급	일반
문서종류	내부문서
공개구분	공개
내용	방위청 이나가와(猪名川) 참사관에게 한국 국군의 날 행사 초청을 거절하고자 하며, 대외발표는 외무성에 일임한다고 통보받은 내용
주제어	한국 국군의 날 행사 참석문제

한국문제연구소 간행물
(韓國問題硏究所 刊行物)

문서파일번호	643
작성연월일	1962. 3. 28 - 1962. 11. 5
구분	제6차 회담
세부항목	한일관계, 한일회담 내용 수록 책자
작성처	한국문제연구소(韓國問題硏究所)
매수	36
비밀등급	
문서종류	간행물
공개구분	공개
내용	일본의 한국문제연구소가 발간한 한일관계, 한일회담, 한국정세 및 한반도 통일문제 등에 관한 내용이 수록된 책자
주제어	한일관계

문서명	'한일 문제'(「日韓問題」)

문서파일번호 643
작성연월일 1962. 3. 28
구분 제6차 회담
세부항목 한일관계, 한일회담 내용 수록 책자
작성처 한국문제연구소
매수 18
비밀등급 일반
문서종류 간행물
공개구분 공개
내용 1962년 3월 28일 발간. 주요 내용은 ① 역사적으로 본 한일양국의 인연 ② 왜 한일회담을 열게 되었나 ③ 안정되고 있는 군부정권 ④ 한국통일문제와 한일회담임. 부록은 ① 한일회담 경위와 여러 현안 ② 독도 문제
주제어 한일관계

문서명	고개를 넘은 한일회담(峠をこえた日韓會談)

문서파일번호 643
작성연월일 1962. 11. 5
구분 제6차 회담
세부항목 한일관계, 한일회담 내용 수록 책자
작성처 한국문제연구소
매수 18
비밀등급 일반
문서종류 간행물
공개구분 공개
내용 1962년 11월 5일 발간. 삼촌과 조카가 4일에 걸쳐 아래 주제로 대화를 나누는 형식의 글. 제1일 한일회담의 진행방식을 둘러싼 의문. 제2일 군사정권을 둘러싼 의문. 제3일 국제적 배경을 둘러싼 의문 제4일 과거의 있었던 일들은 버리고.
주제어 한일회담

한국으로 냉동화물선 수출
(韓国向け冷凍貨物船輸出)

문서파일번호	1604
작성연월일	1962. 8. 28 - 1963. 5. 25
구분	제6차 회담
세부항목	냉동화물선 한국 수출
작성처	외무성
매수	36
비밀등급	
문서종류	공문, 내부자료, 회의록, 내부문서
공개구분	공개 또는 일부비공개
내용	냉동화물선 한국 수출과 관련한 문서 모음
주제어	냉동화물선 한국 수출

문서명	냉동화물선 한국 수출 건(韓国向け冷凍貨物船輸出に関する件)

문서파일번호 1604
작성연월일 1962. 8. 28
구분 제6차 회담
세부항목 냉동화물선 한국 수출
작성처 불명
매수 3
비밀등급 일반
문서종류 공문
공개구분 일부비공개
내용 일본 모 회사가 외무성 경제국에 한국 회사와 냉동화물선 3척의 수출계약을 체결하였음을 보고하고, 수출허가가 날수 있도록 관계 성청에 설명 등 협조를 요청하는 공문. 양국 회사 이름 등이 모두 먹칠로 가려져 있음.
주제어 어업, 냉동화물선 한국 수출

문서명	두 운반선의 제원(Specification of Two Carrier Boats)

문서파일번호 1604
작성연월일 1962. 8. 28
구분 제6차 회담
세부항목 냉동화물선 한국 수출
작성처 불명
매수 1
비밀등급
문서종류 내부자료
공개구분 일부비공개
내용 일본 회사가 한국에 수출키로 한 냉동화물선의 제원
주제어 어업, 냉동화물선 한국 수출

문서명	냉동화물선 한국 수출 건(韓国向け冷凍貨物船輸出に関する件)

문서파일번호 1604
작성연월일 1962. 9. 3
구분 제6차 회담
세부항목 냉동화물선 한국 수출
작성처 외무성 경제국 아시아과
매수 5
비밀등급 극비
문서종류 내부문서
공개구분 일부비공개
내용 일본 회사의 냉동화물선 한국 수출 허가 지원요청에 대한 외무성 경제국 아시아과 검토의견. 아시아과는 동 선박이 어업활동에 종사하지 않을 것이라는 한국의 설명서가 제출되어 있는 점, 동종의 냉동화물선 2척이 1958년 11월 수출 허가를 받은 점 등을 감안, 수출허가를 내주는 것이 좋겠다는 의견을 제시함.
주제어 어업, 냉동화물선 한국 수출

문서명	냉동선의 한국 수출에 대하여(冷凍船の韓国向け輸出について)

문서파일번호 1604
작성연월일 1962. 9. 18
구분 제6차 회담
세부항목 냉동화물선 한국 수출
작성처 외무성 북동아시아과
매수 4
비밀등급 비(秘)
문서종류 내부문서
공개구분 일부비공개
내용 한국에 냉동화물선을 수출하는 것과 관련, 일본 선박 제조업자가 1962년 9월 18일 북동아시아과를 방문, 수출허가와 관련한 경위를 설명한 내용이 기록된 문서. 통산성은 긍정적이나 수산청이 동 선박의 어선 개조를 우려하여 수출허가 절차가 진행되지 않고 있는 상황임.
주제어 어업, 냉동화물선 한국 수출

문서명	냉동선의 한국 수출에 대하여(冷凍船の対韓輸出について)

문서파일번호 1604
작성연월일 1962. 9. 20
구분 제6차 회담
세부항목 냉동화물선 한국 수출
작성처 외무성 북동아시아과
매수 7
비밀등급 비(秘)
문서종류 회의록
공개구분 공개
내용 마에다 도시카즈 북동아시아과장이 수산청 해양2과장과 어선과장을 방문, 냉동화물선 한국 수출건과 관련하여 협의한 내용이 기록된 문서. 마에다 과장은 한일회담 타결을 기대하고 장래 양국협력관계의 기초로서 냉동화물선의 수출허가에 긍정적 입장임을 밝힘. 단 한국대표부로부터 동 선박을 참치어선으로 개조하지 않는다는 확약 문서를 받는 것이 좋겠다고 함. 이에 대해 수산청측은 동 선박이 참치어선으로 개조될 가능성이 크므로(과거 한국에 수출한 냉동화물선이 참치어선으로 개조되었으며, 이번에 선박을 제조하는 회사도 참치어선 제조업체임) 수출허가를 내주지 않는 방향으로 정했으나 외무성의 의향을 참작, 한 번 더 검토하겠다고 함.
주제어 어업, 냉동화물선 한국 수출

문서명	한일예비교섭에서 냉동선 한국 수출 문제에 대해 협의한 기록(日韓予備交渉における冷凍船の対韓輸出問題についての話合いの記録)

문서파일번호 1604
작성연월일 1962. 9. 20
구분 제6차 회담
세부항목 냉동화물선 한국 수출
작성처 외무성 북동아시아과
매수 3
비밀등급 극비
문서종류 회의록
공개구분 공개
내용 제6차 한일회담 예비교섭 제6회(1962년 9월 13일) 및 제7회(1962년 9월 20일) 회의에서 냉동화물선 한국 수출에 관해 협의한 내용이 기록된 문서. 한국의 냉동화물선 수출 허가 요청에 대해 일본은 한국이 동 선박을 어선으로 개조하지 않을 것이라는 입장을 공식 통보해 주면 수산청을 설득하는데 도움이 될 것이라고 함. 9월 21일 오후 배의환 대표는 전화로 이세키 유지로 국장에게 동 선박이 홍콩-부산 간 미군용 식량 수송에 사용될 것이라는 점을 통보함.

주제어 어업, 냉동화물선 한국 수출

문서명	냉동선의 한국 수출에 대하여(冷凍船の対韓輸出について)

문서파일번호 1604

작성연월일 1962. 9. 21

구분 제6차 회담

세부항목 냉동화물선 한국 수출

작성처 외무성 북동아시아과

매수 2

비밀등급 비(秘)

문서종류 내부문서

공개구분 일부비공개

내용 수산청 어선과장이 마에다 도시카즈 북동아시아과장에게 한국 냉동수출화물선 관련, 한국인 업자로부터 들은 이야기를 전화로 통보한 내용을 기록한 문서. 중고선박을 거래하는 한국인이 9월 21일 수산청 담당관을 방문, 냉동화물선 2척(새로이 수출허가를 신청한 3척을 건조하는 회사에서 건조 중)의 수출허가 진척상황을 문의 중, 동 2척은 사모아와 타히티 부근에서 참치어선으로 사용하게 될 것이라고 언급하였음.

주제어 어업, 냉동화물선 한국 수출

문서명	한일예비교섭 제8회 회의(9월 26일)에서 냉동선 수출 문제에 관한 협의 개요[日韓予備交渉第8回会合(9月26日)における冷凍船輸出問題に関する話合いの概要]

문서파일번호 1604
작성연월일 1962. 9. 26
구분 제6차 회담
세부항목 냉동화물선 한국 수출
작성처 외무성 북동아시아과
매수 2
비밀등급 비(秘)
문서종류 회의록
공개구분 공개
내용 제6차 한일회담 예비교섭 제8회 회의에서 냉동선 수출문제에 관해 협의한 기록. 배의환 대표가 동 선박은 화물용으로 사용할 것이라고 하자 이세키 유지로 국장은 업자가 수산청에서 한국 수출용으로 건조중인 유사한 냉동선 2척을 참치어선으로 개조할 것이라는 이야기를 하는 바람에 수산청이 허가에 강력히 반대하고 있다고 전함. 배 대표는 선박이 거의 완성되었고 한일회담이 타결되면 이러한 문제는 진전이 될 것이므로 본 건 수출이 실현되도록 협조를 요청함.
주제어 어업, 냉동화물선 한국 수출

문서명	냉동운반선의 한국에 대한 수출 건(冷凍運搬船の韓国向け輸出に関する件)

문서파일번호 1604
작성연월일 1962. 10. 8
구분 제6차 회담
세부항목 냉동화물선 한국 수출
작성처 외무성 경제국
매수 2
비밀등급 일반
문서종류 공문
공개구분 공개
내용 외무성 경제국장이 냉동운반선의 한국 수출 관련 한국대표부로부터 접수한 외교공한을 통산산업성, 수산청, 운수성에 송부
주제어 어업, 냉동화물선 한국 수출

문서명	한국에서 해산물 수입 및 어선의 한국 수출 현상에 관하여(海産物の韓国よりの輸入および漁船の対韓輸出の現状について)

문서파일번호	1604
작성연월일	1963. 5. 25
구분	제6차 회담
세부항목	냉동화물선 한국 수출
작성처	외무성 북동아시아과
매수	7
비밀등급	극비
문서종류	내부문서
공개구분	공개
내용	한국에서 해산물 수입과 어선의 한국 수출 현황을 정리
주제어	어업, 한국 해산물 수입, 일본어선 한국 수출

한일협정안 문안의 약간의 문제점(논의용 자료)
[日韓協定案文の若干の問題点(討議用資料)]

문서파일번호	1883
문서명	한일협정안 문안의 약간의 문제점(논의용 자료)[日韓協定案文の若干の問題点(討議用資料)]
작성연월일	1963. 1. 9
구분	제6차 회담
세부항목	한일협정안 문안의 문제점
작성처	외무성 조약국 법규과
매수	6
비밀등급	극비
문서종류	내부문서
공개구분	공개
내용	기본관계 합의 공동선언안, 청구권협정안에 사용되어야 할 표현의 문제점에 관해 법규과가 검토한 의견. 청구권협정의 경우 재일한국인을 포함시키지 않을 것, 남한으로 한정할 것 등
주제어	한일협정안문 문제점, 기본관계, 청구권

당면한 한일회담 대처요령
(当面の日韓会談対處要領)

문서파일번호	1889
작성연월일	1963. 1. 30 - 1963. 2. 7
구분	제6차 회담
세부항목	대한 무상협력, 민간차관 공여
작성처	
매수	12
비밀등급	
문서종류	내부문서
공개구분	공개
내용	한국에 대한 무상협력, 민간차관 공여 등과 관련한 검토의견이 담긴 문서 모음
주제어	대한 무상협력, 민간차관 공여

문서명	당면의 한일회담 대처요령(当面の日韓会談対処要領)

문서파일번호 1889
작성연월일 1963. 2. 6
구분 제6차 회담
세부항목 대한 무상협력, 민간차관 공여
작성처 외무성 아시아국
매수 2
비밀등급 극비
문서종류 내부문서
공개구분 공개
내용 당면의 한일회담 대처요령에 관해 정리한 문서. 무상청구권 문제에 관해서는 무상, 유상의 경제협력 실시세목과 관련한 기술적 문제를 논의할 것, 청구권 문제 이외의 문제들에 대해서는 전문가들 간의 논의를 진행시킬 것 등
주제어 당면의 한일회담 대처요령

문서명	한일예비교섭에서 양 수석대표가 현재까지 대략적인 의견일치를 본 청구권 문제의 해결방식(日韓予備交渉において両首席代表間に現在までに大綱につき意見一致をみた請求権問題の解決方式)

문서파일번호 1889
작성연월일 1963. 1. 30
구분 제6차 회담
세부항목 대한 무상협력, 민간차관 공여
작성처 외무성
매수 1
비밀등급 일반
문서종류 내부문서
공개구분 공개
내용 제6차 한일회담 예비교섭에서 양국 수석대표가 합의한 청구권 문제 해결방식을 정리한 문서. 무상경제협력은 3억 달러로 하고 매년 3천만 달러씩 10년 간 공여함. 장기저리차관은 2억 달러로 함. 이상의 경제협력을 통해 청구권 문제도 동시에 최종적으로 해결함.
주제어 청구권 문제 해결방식

문서명	한일경제협력 관계 협정에 포함되어야 할 무상협력 관계 제 규정(안)[日韓経済協力協定にふくまるべき無償協力関係諸規定(案)]

문서파일번호 1889
작성연월일 1963. 2. 6
구분 제6차 회담
세부항목 대한 무상협력, 민간차관 공여
작성처 외무성 배상부 조정과
매수 4
비밀등급 극비
문서종류 내부문서
공개구분 공개
내용 한국에 대한 무상자금 제공 부분 관련 규정을 정한 초안. 액수, 방식, 계획, 인증, 지불방법, 합동위원회 등 전체 19개 사항에 관한 규정이 기술됨.
주제어 대한 무상자금 제공 관련 규정

문서명	민간베이스 대한경제협력 추진상의 한국 제안의 문제점(民間ベース対韓経済協力推進上の韓国側提案における問題点)

문서파일번호 1889
작성연월일 1963. 2. 7
구분 제6차 회담
세부항목 대한 무상협력, 민간차관 공여
작성처 외무성 경제협력과
매수 5
비밀등급 일반
문서종류 내부문서
공개구분 공개
내용 경제협력과가 민간차관 공여와 관련하여 발생할 문제점들을 정리한 문서. 특히 한국의 대외경제협력 관련 법안을 검토하면서 국교를 우선시키는 문제, 차별 대우의 가능성 등을 검토함.
주제어 대한 민간차관 공여 관련 문제점

한일회담의 여러 현안에 대해, 북한 문제 관련된 여러 부분에 대한 협정상 처리에 대해(日韓会談の諸懸案につき北朝鮮問題が関連してくる諸点の協定上の取扱振りについて)

문서파일번호	1845
문서명	한일회담의 여러 현안에 대해, 북한 문제 관련된 여러 부분에 대한 협정상 처리에 대해(日韓会談の諸懸案につき北朝鮮問題が関連してくる諸点の協定上の取扱振りについて)
작성연월일	1963. 8. 1
구분	제6차 회담
세부항목	한일교섭에서의 북한 문제
작성처	외무성 북동아시아과
매수	10
비밀등급	극비
문서종류	내부문서
공개구분	공개
내용	한일 간 여러 현안에서 북한 문제가 관련되어지는 부분에 대한 검토의견이 담긴 문서. 기본관계에 대해 한국이 한반도에서의 유일한 대표정부라는 입장에서 영토조항을 삽입할 것을 요구할 가능성이 있으므로 공동선언으로 하고 불필요한 조항 삽입을 피할 것, 청구권 문제는 남한 지역의 문제 해결로 합의를 보고 있으므로 북한 지역의 문제는 그대로 남았다는 것, 문화재에 관해서는 북한 출토 문화재의 한국 기증 여부가 문제가 될 것 등을 지적하고 있음.
주제어	한일 여러 현안에서의 북한 문제, 기본관계, 청구권, 문화재 반환, 재일한국인 법적지위, 어업

한일교섭 현상
(日韓交渉の現状)

문서파일번호	1879
작성연월일	1952. 8. 29 - 1963. 8. 10
구분	제1차 회담 종료 후~제6차 회담
세부항목	한일교섭, 한일회담 현황 공관 통보
작성처	외무성
매수	61
비밀등급	
문서종류	전문(電文), 내부자료, 공문, 공동발표문
공개구분	일부 비공개
내용	한일회담 재개에 관한 교섭 경위, 한일회담 현황 등을 재외공관장에게 통보하는 전문 등 모음
주제어	한일회담 현상

문서명	한일교섭 재개에 관한 경위 송부 건(日韓交渉再開に関する経緯送付の件)

문서파일번호 1879
작성연월일 1952. 8. 29
구분 제1~2차 회담 사이
세부항목 제2차 한일회담 재개 교섭 경위 주요공관장 통보
작성처 외무성 아시아국 제2과
매수 3
비밀등급 극비
문서종류 전문(電文)
공개구분 공개
내용 제1차 한일회담 종료 후 제2차 회담 재개를 위한 한국과의 교섭 경위를 주요공관장(미, 영, 불, 중화민국)에게 통보하는 전문
주제어 제2차 한일회담 재개 교섭 경위

문서명	한일교섭 재개에 관한 경위(日韓交渉再開に関する経緯)

문서파일번호 1879
작성연월일 1952. 8. 29
구분 제1~2차 회담 사이
세부항목 제2차 한일회담 재개 교섭 경위 주요공관장 통보
작성처 외무성 아시아국 제2과
매수 7
비밀등급 극비
문서종류 내부자료(주요공관장 앞 한일회담 재개 교섭 경위 통보 전문 첨부물)
공개구분 공개
내용 주요공관장에게 통보한 제2차 한일회담 재개를 위한 한국과의 교섭 경위 기술 문서
주제어 제2차 한일회담 재개 교섭 경위

문서명	제19회 적십자 국제회의에서 재일한국인 문제 건(第十九回赤十字国際会議における在日韓人問題に関する件)

문서파일번호 1879
작성연월일 1957. 10. 19
구분 제3~4차 회담 사이
세부항목 제19회 적십자사 국제회의 관련 주인도대사 앞 전문
작성처 외무성 아시아국 제1과
매수 9
비밀등급 극비
문서종류 전문(電文)
공개구분 공개
내용 1957년 10월 26일부터 10일간 인도에서 개최되는 제19회 국제적십자회의와 관련하여 이타가키(板垣修) 아시아국장이 동 회의에 참석 예정인 일본적십자 가사이(葛西) 부사장 및 이노우에(井上) 외사부장에게 오무라(大村) 및 하마마쓰(浜松) 수용소 한인 수용 문제와 관련한 한국의 문제 제기 시 일본의 대응요령에 관해 협의한 내용을 주인도대사에게 통보하는 전문. 전문 첨부물로 일본정부 대표 발언안 등 필요한 자료를 송부함.
주제어 제19회 적십자사 국제회의

문서명	제19회 적십자 국제회의에서 일본정부 대표 발언 요령(안)[第十九回赤十字国際会議における日本政府代表発言要領(案)]

문서파일번호 1879
작성연월일 1957. 10. 19
구분 제3~4차 회담 사이
세부항목 제19회 적십자사 국제회의 자료
작성처 외무성 아시아국 제1과
매수 2
비밀등급 극비
문서종류 내부자료
공개구분 공개
내용 주인도대사에게 송부한 제19회 적십자 국제회의 일본정부 대표 발언안
주제어 제19회 적십자사 국제회의

문서명	한국이 오무라, 하마마쓰 수용소에 수용 중인 한국인 문제를 제기할 경우 일본 정부 대표 발언안(韓国側が大村、浜松収容所に収容中の韓国人問題を提起したる場合の日本政府代表発言案)

문서파일번호 1879
작성연월일 1957. 10. 19
구분 제3~4차 회담 사이
세부항목 제19회 적십자사 국제회의 자료
작성처 외무성 아시아국 제1과
매수 9
비밀등급 일반
문서종류 내부자료
공개구분 공개
내용 주인도대사에게 송부한 공문의 첨부1. 제19회 적십자 국제회의에서 한국의 오무라, 하마마쓰수용소 한국인 문제 제기 시 일본정부 대표 발언안. 동 수용소에 수용 중인 한국인은 불법 입국 및 불법 체류로 일본에서 강제퇴거 조치를 받거나, 패전 전부터 일본에 거주한 한국인으로 일본의 형벌법령을 위반하고 1년 넘는 징역 또는 금고 처분으로 강제퇴거를 받은 자로 그 범죄가 악질인 자, 최고 전과 13범에 해당하는 누범자들로서 한국이 신병인도하지 않은 자들임을 설명.
주제어 제19회 적십자사 국제회의

문서명	북한 귀국 문제에 관한 일본정부 대표 발언안(北鮮帰国問題に関する日本政府代表発言案)

문서파일번호 1879
작성연월일 1957. 10. 19
구분 제3~4차 회담 사이
세부항목 제19회 적십자사 국제회의 자료
작성처 외무성 아시아국 제1과
매수 1
비밀등급 일반
문서종류 내부자료
공개구분 공개
내용 주인도대사에게 송부한 공문의 첨부2. 제19회 적십자 국제회의에서의 재일한국인 북한 귀국 문제에 관한 일본정부 대표 발언안. 개인의 자유의사에 따른 귀국임을 강조함.
주제어 제19회 적십자사 국제회의

문서명	사할린 거주 한국인의 귀환에 대한 일본정부 대표 발언안(樺太在住韓国人の引揚についての日本政府代表発言案)

문서파일번호 1879
작성연월일 1957. 10. 19
구분 제3~4차 회담 사이
세부항목 제19회 적십자사 국제회의 자료
작성처 외무성 아시아국 제1과
매수 1
비밀등급 일반
문서종류 내부자료
공개구분 공개
내용 주인도대사에게 송부한 제19회 적십자 국제회의에서의 사할린 거주 한국인의 귀환에 대한 일본정부 대표의 발언안. 사할린 한인은 한국에 귀국해야 하며 한국이 귀국 관련 소련과 직접 교섭해야 함. 그러나 일본은 인도상의 견지에서 귀국 교섭을 측면 원조하고 있음.
주제어 제19회 적십자사 국제회의

문서명	외국인의 조국 귀환의 자유에 관한 결의안(外国人の祖国への帰国の自由に関する決議案)

문서파일번호 1879
작성연월일 1957. 10. 19
구분 제3~4차 회담 사이
세부항목 제19회 적십자사 국제회의 자료
작성처 외무성 아시아국 제1과
매수 1
비밀등급 일반
문서종류 내부자료
공개구분 공개
내용 주인도대사에게 송부한 제19회 적십자 국제회의에서의 외국인 조국 귀환의 자유에 관한 결의안. 외국인이 자유의사로 고국에 귀국할 권리는 기본적 인권이며, 어떠한 국가도 외국인의 출국을 정치적 고려에 의해 저해해서는 안 된다는 내용으로 한국의 북송 반대를 의식해 일본이 추진하려는 결의안으로 보임.
주제어 제19회 적십자사 국제회의

문서명	한일회담에 관한 정보 송부 건(日韓会談に関する情報送付の件)

문서파일번호	1879
작성연월일	1960. 3. 16
구분	제4차 회담
세부항목	제4차 한일회담 재개 관련 주요공관장 통보
작성처	외무성 북동아시아과
매수	4
비밀등급	비(秘)
문서종류	공문
공개구분	공개
내용	1960년 3월 현재 제4차 회담 관련 현황을 브라질 등 12개 공관장에게 통보하는 문서. 제4차 회담이 재일한국인 북송 문제와 상호 억류자 석방 문제 등으로 두 번째 중단되었다가 상호 억류자 석방 문제, 한국 쌀 3만 톤 대일 수출 합의 등으로 재개되었으며, 한국이 재차 새로운 조건을 제시할 경우에 대비, 한국인 입국, 체재 연장 제한조치, 주일한국대표부 폐쇄, 이 라인 및 억류어부문제의 유엔제소, 이 라인문제의 국제사법재판소 제소, 이 라인 해역의 어선 보호조치 강화 등을 연구 중임.
주제어	제4차 한일회담 재개, 억류자 상호 석방, 한국 쌀 대일 수출

문서명	한일회담에 관한 정보 송부 건(日韓会談に関する情報送付の件)

문서파일번호	1879
작성연월일	1960. 3. 16
구분	제4차 회담
세부항목	제4차 한일회담 재개 관련 주요공관장 통보
작성처	외무성 북동아시아과
매수	2
비밀등급	비(秘)
문서종류	공문
공개구분	공개
내용	1960년 3월 10일 이세키(伊關佑二郎) 국장과 유태하 대사 간 협의내용(억류자 상호 석방, 한국 쌀 3만 톤 대일 수출) 및 이에 관한 일본 입장을 재외공관장에게 통보하는 공문
주제어	제4차 한일회담 재개, 억류자 상호 석방, 한국 쌀 대일 수출

문서명	한일회담의 현상 등에 대해 영국의 설명 건(日韓会談の現状等につき英側への説明に関する件)

문서파일번호 1879
작성연월일 1963. 3. 7
구분 제6차 회담
세부항목 제6차 한일회담 현황 관련 주영대사 통보
작성처 외무성 북동아시아과
매수 2
비밀등급 극비
문서종류 공문
공개구분 공개
내용 제6차 한일회담 현황 및 한국정세에 관한 사항을 주영국대사에게 통보하는 공문. 첨부물은 미국에 통보하기 위해 영어로 작성된 문서임.
주제어 제6차 한일회담 현황, 억류자 상호 석방, 어업

문서명	한일회담 주요현안 현황(THE PRESENT SITUATION OF MAJOR ISSUES OF THE JAPAN-KOREA OVERALL TALKS)

문서파일번호 1879
작성연월일 1963. 3. 7
구분 제6차 회담
세부항목 한일회담 현황 자료
작성처 외무성 북동아시아과
매수 8
비밀등급 극비
문서종류 내부자료
공개구분 일부 비공개
내용 미국 고위인사에게 전달하기 위해 작성한 한일회담 현황과 한국정세에 관한 영문 문서. 주영대사에게 송부하였으며, 미국에는 1960년 3월 8일 도쿄, 3월 11일 워싱턴에서 각각 전달함.
주제어 제6차 한일회담 현황, 한국정세

문서명	'한일회담의 현상' 송부 건(「日韓会談の現状」送付の件)

문서파일번호 1879
작성연월일 1963. 8. 10
구분 제6차 회담
세부항목 제6차 한일회담 현황 주용공관장 통보
작성처 외무성 북동아시아과
매수 2
비밀등급 극비
문서종류 공문
공개구분 공개
내용 1963년 7월 말 개최된 오히라(大平正芳)·김용식 외상회담을 중심으로 한일회담 현황에 관해 1963년 8월 5일 자로 정리한 자료를 미국 등 40개 재외공관장에게 송부하는 공문
주제어 제6차 한일회담 현황

문서명	한일회담의 현상(日韓会談の現状)

문서파일번호 1879
작성연월일 1963. 8. 5
구분 제6차 회담
세부항목 한일회담 현상
작성처 외무성 북동아시아과
매수 9
비밀등급 극비
문서종류 내부자료
공개구분 공개
내용 재외공관에 송부한 한일회담 현황에 관한 자료. 청구권 문제(무상 3억 달러, 장기저리차관 2억 달러를 경협으로 한국에 공여), 어업 문제(어업전관수역 12해리, 일본의 대한어업협력실시)가 진전을 이루고 있고 재일한국인 법적지위 문제도 실무협의가 진행 중이라는 내용이 담김.
주제어 청구권, 어업, 재일한국인 법적지위

문서명	공동성명(共同コミュニケ)

문서파일번호	1879
작성연월일	1963. 7. 30
구분	제6차 회담
세부항목	오히라·김용식 회담 공동성명
작성처	외무성 북동아시아과
매수	1
비밀등급	일반
문서종류	공동발표문(코뮤니케)
공개구분	공개
내용	재외공관에 송부한 오히라·김용식 외상회담 공동발표문. 어업 문제의 조기해결에 합의했다는 내용이 주로 담김.
주제어	오히라·김용식 회담, 어업

한일교섭 참고자료 삼각지역에 관한 자료
(日韓交渉參考資料 三角地域に関する資料)

문서파일번호	1846
문서명	한일교섭 참고자료 삼각지역에 관한 자료(日韓交渉參考資料 三角地域に関する資料)
작성연월일	1964. 4. 9
구분	제6차 회담
세부항목	삼각지대에 대한 한국 정부의 지배
작성처	외무성 조약국 법규과
매수	4
비밀등급	일반
문서종류	내부문서
공개구분	공개
내용	38도선 이북이나 한국전쟁 휴전 협정에 따라 남한 지역에 속하게 됨으로써 한국정부의 지배가 미치게 된 이른바 '삼각지대'에 관한 유엔 관련 문서[1955년 11월 29일 제10차 유엔총회에서 채택된 유엔결의문 910(10)(Resolution 910(X) adopted by the General Assembly at its Tenth Session on 29 November 1955: The Korean qquestion)]를 별첨 첨부
주제어	한국정부의 관할권

한일회담 향후 진행방식
(日韓会談今後の進め方)

문서파일번호	1784
작성연월일	1964. 7. 13 - 1964. 8. 5
구분	제6차 회담
세부항목	한일회담 진행 방법
작성처	외무성 북동아시아과
매수	40
비밀등급	
문서종류	내부문서
공개구분	공개
내용	1964년 7월 13일~8월 5일까지 작성된 한일회담 향후 진행 방법 및 해결을 요하는 문제에 대한 검토의견이 담긴 문서 모음
주제어	한일회담 진행 방법

문서명	한일회담 향후의 진행 방법에 대하여(개정안)[日韓会談今後の進め方について(改訂案)]

문서파일번호 1784
작성연월일 1964. 7. 13
구분 제6차 회담
세부항목 한일회담 진행 방법
작성처 외무성 북동아시아과
매수 30
비밀등급 극비
문서종류 내부문서
공개구분 공개
내용 한일회담 진행 방법에 관한 문서. 회담 경과와 일본의 대처방침, 청구권·어업 문제의 성과, 회담 타결을 곤란하게 하는 한국 사정, '여러 현안의 일괄 해결 후 국교정상화 방식'의 문제점, 조금씩 해결하는 국교정상화 방식, 회담 진행 방법, 북한 관계, 향후 회담 진행 방법 등이 기술됨.
주제어 청구권·경협, 어업, 국교정상화 방식, 북한 관계

문서명	한일 문제에 관한 총리 브리핑의 개요(日韓問題に関する総理ブリーフィングの概要)

문서파일번호 1784
작성연월일 1964. 7. 22
구분 제6차 회담
세부항목 한일회담 진행 방법
작성처 외무성 북동아시아과
매수 7
비밀등급 극비
문서종류 내부문서
공개구분 공개
내용 이케다 하야토 총리에게 외교안건 브리핑을 했을 때 한일 문제에 관해 지시한 사항을 기록한 문서. 연불수출 기간은 2년으로, 분할지불은 5년 내지 6년으로 할 것, 한국산 수출증대를 생각해 볼 것, 한국에 대한 어선 수출 금지는 유지할 것, 주한일본대표부는 경제협력 문제가 일단락되어 갈 때 제안할 것 등
주제어 연불수출, 한국산 수출증대, 주한일본대표부 설치 문제, 북한과의 인적 교류 문제

문서명	한일교섭에서 향후 해결이 필요한 여러 문제(日韓交渉において今後解決を要する諸問題)

문서파일번호	1784
작성연월일	1964. 8. 5
구분	제6차 회담
세부항목	한일교섭에서 해결을 요하는 제 문제
작성처	외무성 북동아시아과
매수	3
비밀등급	극비
문서종류	내부문서
공개구분	공개
내용	1964년 8월 5일 자로 작성된 한일교섭에서 향후 해결이 필요한 여러 문제에 관한 검토의견서. 기본관계, 청구권 및 경제협력, 선박, 문화재, 어업, 재일한국인의 법적 지위에 대한 문제점들이 정리되어 있음. 독도 문제는 제목만 있음.
주제어	기본관계, 청구권·경협, 선박 반환, 문화재 반환, 어업, 재일한국인 법적지위, 독도

요시다 전 총리 방한 문제 등
(吉田元総理訪韓問題等)

문서파일번호	1785
작성연월일	1964. 8. 27 - 1964. 10. 27
구분	제6차 회담
세부항목	요시다 전 총리 방한 문제
작성처	외무성
매수	33
비밀등급	
문서종류	내부문서, 회의록
공개구분	공개
내용	요시다 전 총리 방한 문제에 관한 내부 검토의견, 라이샤워 주일미국대사 회담 내용, 한국과의 협의 결과 등이 정리된 문서 모음
주제어	요시다 전 총리 방한 문제

문서명	요시다 전 총리 방한 문제 건(吉田元総理訪韓問題に関する件)

문서파일번호 1785
작성연월일 1964. 8. 29
구분 제6차 회담
세부항목 요시다 전 총리 방한 문제
작성처 외무성 북동아시아과
매수 4
비밀등급 극비
문서종류 내부문서
공개구분 공개
내용 요시다 전 총리 방한 문제 관련 시나 에쓰사부로 외상과 라이샤워 주일미국대사 회담 내용을 시라하타 도모요시(白幡友敬) 국장에게 보고하자, 동 국장이 관련 경위를 기록한 문서. 시라하타 국장이 요시다 전 총리에게 방한은 시기상조임을 보고하자 요시다 전 총리도 이에 동의함. 한국대표부 배의환 대사가 1964년 9월 3일 요시다 전 총리와 점심을 함께 하기로 했음.
주제어 요시다 전 총리 방한 문제

문서명	요시다 전 총리 방한 문제에 관한 시나 대신과 라이샤워 미 대사의 회담 내용 (吉田元総理訪韓問題に関する椎名大臣とライシャワー米大使の会談内容)

문서파일번호 1785
작성연월일 1964. 8. 27
구분 제6차 회담
세부항목 요시다 전 총리 방한 문제
작성처 외무성 북동아시아과
매수 4
비밀등급 극비
문서종류 회의록
공개구분 공개
내용 시나 에쓰사부로 외상과 라이샤워 주일미국대사 회담 기록. 라이샤워 대사는 한국이 요시다 시게루(吉田茂) 전 총리의 방한을 희망한다며 '선물'을 원하는 한국에 대해 전 총리 방한 자체가 선물이 될 것이라고 함.
주제어 요시다 전 총리 방한 문제

문서명	요시다 전 총리 방한 문제의 처리 건(吉田元総理の訪韓問題の取扱いに関する件)

문서파일번호 1785
작성연월일 1964. 10. 12
구분 제6차 회담
세부항목 요시다 전 총리 방한 문제
작성처 외무성 북동아시아과
매수 3
비밀등급 극비
문서종류 내부문서
공개구분 공개
내용 차관 비서관이 요시다 시게루(吉田茂) 전 총리 방한 문제에 관해 전달한 내용을 기록한 문서. 요코다 다키오(横田多喜夫) 차관이 10월 10일 시나 에쓰사부로(椎名悦三郎) 대신과 협의 시 요시다 전 총리 방한 문제에 관해서는 일본이 먼저 거론하지 않았으면 한다고 보고했으며, 대신도 이에 동의함.
주제어 요시다 전 총리 방한 문제

문서명	한일 문제에 관한 일본 입장(日韓問題に関する日本側立場)

문서파일번호 1785
작성연월일 1964. 10. 23
구분 제6차 회담
세부항목 시나·김동조 회담
작성처 외무성
매수 7
비밀등급 극비
문서종류 내부문서
공개구분 공개
내용 1964년 10월 22일 부임인사차 시나 에쓰사부로 외상을 방문한 김동조 주일한국대표부 대사와 외상 회담 내용 중 외상의 코멘트를 기록한 문서. 시나 외상의 방한 문제는 현 한일관계를 볼 때 우선은 적절치 않음. 한일회담 재개는 어업 문제에 관한 정지작업이 있은 후 검토하는 것이 좋겠음.
주제어 시나 외상 방한 문제

문서명	시나 대신·김 대표 회담 요지(椎名大臣·金代表会議要旨)

문서파일번호 1785
작성연월일 1964. 10. 22
구분 제6차 회담
세부항목 시나 · 김동조 회담
작성처 외무성 북동아시아과
매수 10
비밀등급 극비
문서종류 회의록
공개구분 공개
내용 시나 에쓰사부로 외상과 김동조 신임 주일대사 회담 기록. 한일회담 재개를 위한 정지작업, 시나 외상의 방한 문제, 어업 문제에 관한 한국의 선 조치(나포 어선 석방 등), 향후 한일회담 진행방식 등을 협의함.
주제어 한일 현안 협의

문서명	동남아시아 외상회의에 대한 일본정부의 태도(東南アジア外相会議に対する日本政府の態度)

문서파일번호 1785
작성연월일 1964. 10. 27
구분 제6차 회담
세부항목 동남아시아 외상회의 일본 참가문제
작성처 외무성 아시아국
매수 5
비밀등급 극비
문서종류 내부문서
공개구분 공개
내용 1965년 4월 서울에서 개최되는 동남아시아 외상회의에 대한 일본정부의 입장이 정리된 문서(주일호주, 뉴질랜드 대사로 부터 동건 관련 일본 입장 문의가 있었음). 일본은 동 회의의 목적이 불투명하고 참가국의 범위가 적절히 않으며, 회의 참석차 한국 방문 시 한일회담 반대운동을 불필요하게 자극할 가능성 등이 있기 때문에 참가하지 않음.
주제어 동남아시아 외상회의 일본 참가 문제

한일회담 재개 관련 한국의 희망과 일본 방침
(日韓會談再開關聯韓国側希望と日本側方針)

문서파일번호	1786
작성연월일	1964. 10. 27 - 1964. 12. 21
구분	제7차 회담
세부항목	한일회담 재개 문제 등
작성처	외무성
매수	87
비밀등급	
문서종류	내부문서, 내부자료
공개구분	공개 또는 일부비공개
내용	한일회담 재개 관련 1964년 10월 27일~12월 21일까지 한국의 희망사항과 이에 대한 일본 대응방침, 한일회담 경위, 총리의 한국 또는 미국과 정상회담 시 발언 요령 등을 담은 문서 모음
주제어	한일회딤 재개 문제

문서명	한일 문제에 대한 한국의 희망과 이에 대한 일본 방침(안)[日韓問題に対する韓国側希望とこれに対する日本側の方針(案)]

문서파일번호 1786
작성연월일 1964. 10. 27
구분 제7차 회담
세부항목 한일회담 재개 문제
작성처 외무성 북동아시아과
매수 7
비밀등급 극비
문서종류 내부문서
공개구분 공개
내용 한일회담 재개 관련 한국의 희망과 일본 방침[1964년 10월 26일 우시바 노부히코 외무심의관 이하 간부회의 논의를 거쳐 모아진 결과를 정리한 것으로 외무대신에게 설명, 재가를 받을 예정]이 정리된 문서. 한국은 회담 재개를 위한 준비작업으로서, 연불 플랜트 2건의 허가 문제, 어선 수출 해금 문제, 한국 상품 수입 증대 문제, 재한 일본상사 세금 문제 등의 해결과 11월 중순경 외무대신의 방한을 요청함.
주제어 한일회담 재개 문제

문서명	한일 문제에 대한 한국의 희망과 이에 대한 일본 방침(日韓問題に対する韓国側希望とこれに対する日本側の方針)

문서파일번호 1786
작성연월일 1964. 10. 29
구분 제7차 회담
세부항목 한일회담 재개 문제
작성처 외무성 아시아국
매수 7
비밀등급 극비
문서종류 내부문서
공개구분 공개
내용 한일 문제에 대한 한국의 희망과 일본 방침이 기술된 문서. 1964년 10월 27일 자 문서와 비슷함. 외무대신의 1964년 방한은 불가능함. 한국이 회담 재개 전제 조건으로 여러 현안 해결을 요구할 경우 회담은 지연될 수밖에 없음.
주제어 한일회담 재개 문제

문서명	한일회담 재개 문제 등에 관한 한국의 요청에 대한 일본의 회답(日韓会談再開問題等に関する韓国側申入れに対する日本側回答)

문서파일번호 1786
작성연월일 1964. 11. 14
구분 제7차 회담
세부항목 한일회담 재개 문제
작성처 외무성 북동아시아과
매수 9
비밀등급 극비
문서종류 내부문서
공개구분 공개
내용 한일회담 준비작업, 외무대신 방한 문제, 동남아시아 외상회의에 대한 일본의 검토 의견이 담긴 문서. 회담 재개와 관련해서는 한국이 어업 각료회담의 재개가 아닌 회담 대표레벨의 회담부터 시작하자고 할 경우 종래와 달리 대표들에게 재량권을 대폭 부여한 상황에서 개최하는 방안에는 응할 용의가 있음.
주제어 한일회담 재개 문제

문서명	(간부회협의자료)한일공동선언안에 규정해야 할 통상관계 사항에 대하여[(幹部会協議資料)日韓共同宣言案に規定すべき通商関係事項について]

문서파일번호 1786
작성연월일 1964. 11. 30
구분 제7차 회담
세부항목 한일통상문제이 기본관계조약 포함 문제
작성처 외무성 경제국 아시아과
매수 5
비밀등급 극비
문서종류 내부문서
공개구분 공개
내용 제7차 한일회담 개최를 앞두고, 기본관계조약에 한국과의 통상관계 조항을 삽입해야 할지 여부를 검토한 문서. 아무것도 규정하지 않는다, 교섭 개시 원칙만 규정한다, 구체적인 사항도 규정한다는 3가지 경우를 상정하고 이에 대한 장단점을 정리
주제어 기본관계, 한일 통상 문제

문서명	한일 문제(제6회 아프리카공관장 회의배포 자료)[日韓問題(第6回在アフリカ公館長会議配布資料)]

문서파일번호 1786
작성연월일 1964. 11. 30
구분 제7차 회담
세부항목 아프리카지역 공관장 회의 자료
작성처 외무성 북동아시아과
매수 9
비밀등급 극비
문서종류 내부자료
공개구분 공개
내용 제6회 아프리카지역 주재 공관장 회의 배포용으로 작성한 한일 문제 관련 자료. 1964년 11월 30일 이전까지의 어업 문제에 대한 경위, 한국의 계엄령 선포 등 국내 사정, 한국의 회담 재개 요청 등이 기술됨.
주제어 한일 문제

문서명	사토 총리의 요코다 차관에 대한 지시(한일관계)[佐藤総理の黄田次官への指示(日韓関係)]

문서파일번호 1786
작성연월일 1964. 12. 3
구분 제7차 회담
세부항목 국회의원단 방한 문제
작성처 외무성 북동아시아과
매수 2
비밀등급 극비
문서종류 내부문서
공개구분 일부비공개
내용 요코다 다키오 차관의 사토 에사쿠(佐藤榮作) 총리 면담 시 사토 총리가 요코다 차관에게 시나 에쓰사부로 외상 방한 전에 국회의원단이 방한하여 분위기를 조성하는 것이 좋겠다고 발언
주제어 사토 총리 지시사항, 시나 외상 방한 문제, 국회의원단 방한

문서명	한일회담 경위 개요(日韓会談の経緯概要)

문서파일번호	1786
작성연월일	1964. 12. 5
구분	제7차 회담
세부항목	한일회담 경위
작성처	외무성 북동아시아과
매수	8
비밀등급	
문서종류	내부문서
공개구분	공개
내용	한일회담 예비회담부터 제7차 회담 개최까지의 경위를 간단하게 정리
주제어	한일회담 경위

문서명	한일정상 간의 회담에서 밝혀야할 일본 입장(시안)[日韓首脳間の会談において明らかにすべき日本側の立場(試案)]

문서파일번호	1786
작성연월일	1964. 12. 21
구분	제7차 회담
세부항목	한일 정상회담에서 명확히 해야 할 일본 입장
작성처	외무성 북동아시아과
매수	12
비밀등급	극비
문서종류	내부문서
공개구분	일부비공개
내용	한일 정상 회담에서 명확히 해야 할 일본의 입장을 정리한 문서. 기본관계 문제 한국정부의 관할권은 남한에 한한다는 기본입장 기술 후 독도 문제를 포함한 여러 현안의 일괄 타결 방침을 유지해야 함. 어업 문제는 12해리 전관수역 입장을 확인, 청구권 문제는 정부차관 및 한국의 대일무역 채무 상환 기간을 정할 것, 문화재 문제는 '인도'로 타결할 것, 독도 문제는 국민감정상 최소한 해결의 목표를 정해야 하며, 최종적으로 국제사법재판소(ICJ) 회부에 양국이 합의하는 제안을 해야 함.
주제어	기본관계, 어업, 청구권·경협, 재일한국인 법적지위, 문화재 반환, 독도

문서명	한일정상 간의 회담에서 밝혀야 할 일본 입장(시안)[日韓首脳間の会談において明らかにすべき日本側の立場(試案)]

문서파일번호 1786
작성연월일 1964. 12. 21
구분 제7차 회담
세부항목 한일정상회담에서 명확히 해야 할 일본 입장
작성처 외무성 북동아시아과
매수 12
비밀등급 극비
문서종류 내부문서
공개구분 일부비공개
내용 한일 정상 간의 회담에서 명확히 해야 할 일본 입장을 정리한 문서. 앞의 문서와 동일한 내용임.
주제어 기본관계, 어업, 청구권·경협, 재일한국인 법적지위, 문화재 반환, 독도

문서명	의제 2(3) 한일 문제(총리 방미 자료)[議題 2(3) 日韓問題(総理訪米資料)]

문서파일번호 1786
작성연월일 불명
구분 제7차 회담
세부항목 사토 총리 방미용 자료
작성처 외무성
매수 4
비밀등급 극비
문서종류 내부문서
공개구분 공개
내용 사토 에사쿠(佐藤榮作) 총리 방미 준비용으로 작성한 자료의 한일 문제 부분. 제7차 회담에 임하는 일본의 기본태도, 어업 문제에 관한 일본의 기본방침 정리
주제어 사토 총리 방미, 한일 문제

문서명	(참고) 한일회담 경위 개요 [(参考)日韓会談の経緯概要]

문서파일번호 1786
작성연월일 불명
구분 제7차 회담
세부항목 사토 총리 방미용 자료
작성처 외무성
매수 8
비밀등급 일반
문서종류 내부문서
공개구분 공개
내용 사토 에사쿠(佐藤榮作) 총리 방미 준비용 자료의 첨부물로 한일회담 경위 개요가 기술된 문서. 1964년 12월 5일 자 문서와 같은 내용임.
주제어 사토 총리 방미, 한일 문제

문서명	한일 문제(총리방미 발언 요령) [日韓問題(総理訪米発言要領)]

문서파일번호 1786
작성연월일 불명
구분 제7차 회담
세부항목 사토 총리 방미용 자료
작성처 외무성
매수 4
비밀등급 극비
문서종류 내부문서
공개구분 공개
내용 사토 에사쿠 총리의 방미 준비용 자료로 한일 문제에 관한 총리의 발언 요령이 기술된 문서. 일본의 제7차 회담에 임하는 기본태도, 어업 문제에 관한 기본방침, 한국에 대한 경제협력 문제 등 기술
주제어 사토 총리 방미, 한일 문제

한일 정상회담에서 명확히 해야 할 일본 입장(시안) [日韓首脳間の会談において明らかにすべき日本側の立場(試案)]

문서파일번호	추가 14
문서명	한일 정상회담에서 명확히 해야 할 일본 입장(시안)[日韓首脳間の会談において明らかにすべき日本側の立場(試案)]
작성연월일	1964. 12. 21
구분	제7차 회담
세부항목	한일회담에서의 일본 입장
작성처	외무성 북동아시아과
매수	12
비밀등급	극비
문서종류	내부문서
공개구분	일부비공개
내용	한일 정상회담에서 명확히 해야 할 일본 입장을 정리한 문서. 한국정부의 성격, 현안의 일괄처리, 어업 문제(전관수역, 제주도 주변 직선기선 설정, 공동규제수역에서 선박수 조정, 어업협력), 청구권 문제 해결방식, 선박 및 문화제 문제, 나포 일본어선 반환 문제, 재일한국인 영주권 부여 범위, 독도 문제에 대한 일본정부의 입장이 정리되어 있음.
주제어	어업, 청구권·경협, 재일한국인 법적지위, 선박 반환, 문화재 반환, 독도

한일회담 관련 질의응답
(日韓会談關聯質疑應答)

문서파일번호	1833
작성연월일	1964. 11. 28 - 1964. 12. 6
구분	제6~7차 회담 사이
세부항목	한일회담 관련 자료
작성처	외무성
매수	19
비밀등급	
문서종류	내부자료
공개구분	공개
내용	1964년 11월 28일 중의원 예산위원회 질의응답, 이케다 하야토 총리의 기자회견 자료 등 모음
주제어	한일회담 관련 자료

문서명	1964년 11월 28일 중의원 예산위원회 질의응답 발췌(三十九年十一月二十八日の衆議院予算委員会における質疑応答抜萃)

문서파일번호 1833
작성연월일 1964. 11. 28
구분 제7차 회담
세부항목 대한 경제원조, 플랜트 수출
작성처 외무성
매수 2
비밀등급 일반
문서종류 내부자료
공개구분 공개
내용 중의원 예산위원회에서 한 질의응답 발췌 기록. 최근 한국에 대한 2천만 달러의 경제원조와 플랜트 수출이 유상원조 속에 포함되는 것인가라는 질의에 시나 에쓰사부로 외상은 상업 베이스에 의한 1억 달러 이상이라는 범주에 들어간다고 답변함.
주제어 대한경제협력 시안

문서명	통일견해(統一見解)

문서파일번호 1833
작성연월일 1964. 12. 2
구분 제7차 회담
세부항목 대한경협
작성처 외무성
매수 3
비밀등급 일반
문서종류 내부자료
공개구분 공개
내용 의원 질의에 대한 답변을 기록한 문서. 김종필 · 오히라 마사요시 합의의 제3항은 민간 상업베이스에 의한 통상을 가능하게 하는 우호적 선언 조항임. 2천만 달러의 플랜트 수출이 실시된다면 제3항에 해당하는 것임.
주제어 대한경제협력 시안

문서명	이케다 총리 기자회견 자료[池田総理記者会見(十二月六日)資料]

문서파일번호	1833
작성연월일	1964. 12. 6
구분	제7차 회담
세부항목	대한경협
작성처	외무성
매수	14
비밀등급	일반
문서종류	내부자료
공개구분	공개
내용	이케다 하야토 총리의 기자회견 예상 질의답변 자료. 경제협력 실시로 대일평화조약 제4조에 기초하여 청구권 문제가 해결되며, 소멸된다는 것이 일본 입장임을 밝히고 있음. 기타 1962년 11월의 김종필 · 오히라 마사요시 합의 내용에 관한 질의응답도 기술되어 있음.
주제어	이케다 총리 기자회견 예상질의 답변

제2부

한국 동향 및 한국 출장 보고 (1962~1963)

우시로쿠 심의관 한국 출장 보고
(後宮審議官韓国出張報告)

문서파일번호	292
문서명	우시로쿠 심의관 한국 출장 보고(後宮審議官韓国出張報告)
작성연월일	1962. 10. 8
구분	제6차 회담
세부항목	우시로쿠 심의관 한국 출장보고서
작성처	외무성 북동아시아과
매수	14
비밀등급	극비
문서종류	내부문서
공개구분	공개
내용	1962년 9월 28일~10월 6일까지 이루어진 우시로쿠 도라오(後宮虎郎) 외무성 아시아국 심의관(아시아국 및 경제국 사무관 3명 동행)의 한국 시찰 결과 보고. 새뮤얼 비기(Samuel D. Berger) 주한미대사 회담 내용(한일회담 부진으로 대일여론 악화, 한국은 청구권 금액이 3억 달러 이하일 경우 절대 만족하지 못할 것이며, 2억 달러의 장기저리차관도 기대, 현금이 아닌 자본재, 역무로 받는 것을 생각 중, 한국은 연 5천만 달러 이상 받을 경우 소화불량에 걸릴 것으로 생각), 이창희 외교부 차관대리(한국은 1962년 10월 20일경으로 예정된 김종필 부장 방일 시 일본과의 대화에 큰 기대, 이케다 하야토 총리가 국교정상화에 열심이라는 말을 듣게 되어 마음 든든하게 생각) 및 황호을 동북아주 과장(박정희 의장의 "과거에 매달리지 말고 장래를 생각해서 국민의 비난을 각오하고 한일회담을 타결해야 한다"는 말대로 노력 중임. 어업 문제는 수산청이 한국여론을 의식, 강경안을 내고 있으나 외무부가 이를 완화시키기 위해 노력 중, 주일본대표부 설치는 현재로서는 곤란하나 장기 출장은 구실이 있으면 인정할 것임) 회담 내용, 그리고 전반적인 소감 기록
주제어	우시로쿠 방한, 청구권, 어업, 주한일본대표부 설치 문제

우시로쿠 심의관 한국 출장 보고
(後宮審議官韓国出張報告)

문서파일번호	519
문서명	우시로쿠 심의관 한국 출장 보고(後宮審議官韓国出張報告)
작성연월일	1962. 10. 8
구분	제6차 회담
세부항목	우시로쿠 아시아국 심의관 한국 출장보고서
작성처	외무성 북동아시아과
매수	16
비밀등급	극비
문서종류	내부문서
공개구분	공개
내용	1962년 9월 28일~10월 6일까지 방한한 우시로쿠 도라오 아시아국 심의관의 출장보고서
주제어	우시로쿠 방한 출장

문서명	우시로쿠 심의관 한국 출장 보고(後宮審議官韓国出張報告)

문서파일번호 519
작성연월일 1962. 10. 8
구분 제6차 회담
세부항목 우시로쿠 아시아국 심의관 한국 출장보고서
작성처 외무성 북동아시아과
매수 14
비밀등급 일반
문서종류 내부문서
공개구분 공개
내용 방한 기간 중 새뮤얼 버거 주한미국대사, 이창희 외무차관대리, 황호을 동북아주과장과 면담한 기록을 정리. 버거 대사는 한국이 청구권에 관해 3억 달러 이하는 납득하지 않을 것이며, 장기차관으로 2억 달러, 일부는 현금을 요구할 가능성도 있다고 언급함. 이창희 차관대리는 청구권 자금은 경제개발 5개년 계획에 투입될 것이라 말함. 황오을 과장은 김종필 정보부장의 방일에 기대가 크며, 외무부는 국민의 비난을 각오하고 한일회담을 타결하라는 박정희 의장의 말을 따르는 중이라고 함. 주한일본대표부 설치는 어려우나 직원의 장기 체류는 가능하다고 언급함.
주제어 청구권, 어업, 재일한국인 법적지위, 주한일본대표부 설치 문제

문서명	우시로쿠 심의관 일행의 한국 체류 일정(後宮審議官一行の滞韓中の日程)

문서파일번호 519
작성연월일 1962. 10(일자 불명)
구분 제6차 회담
세부항목 우시로쿠 아시아국 심의관 한국 출장 일정
작성처 외무성 북동아시아과
매수 2
비밀등급 일반
문서종류 내부문서
공개구분 공개
내용 우시로쿠 도라오 심의관의 방한 일정
주제어 우시로쿠 방한 일정

한국의 경제개발 5개년 계획을 중심으로 하는 경제정세에 대해서(출장 보고)[韓国の経済開発5カ年計画を中心とする経済情勢について(出張報告)]

문서파일번호	293
문서명	한국의 경제개발 5개년 계획을 중심으로 하는 경제정세에 대해서(출장 보고)[韓国の経済開発5カ年計画を中心とする経済情勢について(出張報告)]
작성연월일	1962. 10. 10
구분	제6차 회담
세부항목	경제국 실무자 출장보고서
작성처	경제국 아시아과
매수	21
비밀등급	비(秘)
문서종류	내부문서
공개구분	공개
내용	1962년 9월 28일~10월 6일까지 이루어진 우시로쿠 도라오 외무성 아시아국 심의관의 한국 시찰 시 동행한 경제국 세키(關) 사무관의 출장보고서. 한국의 일반경제정세와 함께 경제개발 5개년 계획 및 이에 대한 미, 영, 독, 불 등 주요국의 동향이 비교적 상세하게 기록되어 있음.
주제어	한국경제 동향

나카가와 조약국장 한국 출장 보고
(中川条約局長韓国出張報告)

문서파일번호	294
문서명	나카가와 조약국장 한국 출장 보고(中川条約局長韓国出張報告)
작성연월일	1962. 11. 16
구분	제6차 회담
세부항목	나카가와 아시아국장 한국 출장보고서
작성처	나카가와 도루 조약국장(中川融 條約局長)
매수	28
비밀등급	극비
문서종류	내부문서
공개구분	공개
내용	외무성 아시아국장을 역임한 나카가와 도루(中川融) 조약국장이 법무성 민사국장, 입국관리국장, 대장성 이재국장, 수산청 차장 등 한일회담 각 위원회 대표들과 함께 1962년 11월 7~13일까지 실시한 한국 출장 결과보고서. 방한 일성(한국 외무부 주선), 한국의 정중한 대접 등에 대한 평가 후 대일감정, 국민생활의 현상, 군사정권에 대한 태도, 한국 은급권자의 움직임 등에 관한 내용을 비교적 상세히 기록함.
주제어	나카가와 방한 출장, 한국의 대일감정, 한국정세

사와키 경제협력과장 대한민국 출장보고서
(沢木経済協力課長大韓民国出張報告書)

문서파일번호	295
문서명	사와키 경제협력과장 대한민국 출장보고서(沢木経済協力課長大韓民国出張報告書)
작성연월일	1963. 1. 19
구분	제6차 회담
세부항목	사와키 경협과장 한국 출장보고서
작성처	사와키 마사오 경제협력과장
매수	19
비밀등급	극비
문서종류	내부문서
공개구분	일부비공개
내용	사와키 마사오(沢木正男) 외무성 경제협력과장이 한국에 경제협력 실시와 관련, 사정 파악차 1963년 1월 11~16일까지 추진된 한국 출장 결과보고서. 한국의 산업시설 방문, 미, 독, 이탈리아대사관 담당자 면담, 경제계 인사 면담 등으로 일정이 짜여짐. 당초 출장 목적과 달리 한국으로부터 경협 관련 구체적인 기대나 준비가 보이지 않았다고 평가함.
주제어	사와키, 한국경제정세

마에다 북동아시아과장 한국 출장 보고
(前田長韓国出張報告)

문서파일번호	296
문서명	마에다 북동아시아과장 한국 출장 보고(前田長韓国出張報告)
작성연월일	1963. 1. 21
구분	제6차 회담
세부항목	마에다 북동아과장 한국 출장보고서
작성처	외무성 북동아시아과
매수	15
비밀등급	극비
문서종류	내부문서
공개구분	일부비공개
내용	마에다 도시카즈 북동아시아과장은 한국 정치·경제정세 파악을 목적으로 1963년 1월 11일~19일까지 한국에 출장을 감. 그 결과 보고서. 야당이 한일회담을 정부와 여당을 비판하는 재료의 하나로는 이용하고 있으나 한국 국민의 일반적인 분위기는 이 문제가 여야 간 쟁점이 되어서는 안 된다는 것으로, 이러한 인식이 확산되고 있음. 어업 문제와 관련 한국 외무부(진필식 국장)는 국민감정 등을 고려, 불필요한 자극을 하지 않도록 할 필요가 있음을 강조함.
주제어	마에다, 한국 정치·경제정세

한국의 정치정세에 대해서
(韓国の政治情勢について)

문서파일번호	299
작성연월일	1963. 4. 11 - 1963. 4. 19
구분	제6차 회담
세부항목	하마모토 사무관 한국 출장보고서
작성처	주서울 하마모토 사무관
매수	29
비밀등급	극비
문서종류	내부문서
공개구분	공개 또는 일부비공개
내용	한국에 장기 파견된 하마모토 사무관의 한국정세에 관한 보고서
주제어	한국정세

문서명	한국의 정치정세에 대해서(韓国の政治情勢について)

문서파일번호 299
작성연월일 1963. 4. 11
구분 제6차 회담
세부항목 하마모토 사무관 한국 출장보고서
작성처 주서울 하마모토 사무관
매수 17
비밀등급 극비
문서종류 내부문서
공개구분 일부비공개
내용 한국에 장기 파견된 하마모토(浜本) 사무관의 한국정세에 관한 보고서. 한국 국민의 군사정권에 대한 평가, 구정치인에 대한 시각, 학생들의 움직임, 군사정권 내부의 권력관계, (박의장의) 1963. 4. 8 성명에 대한 평가 등 기술
주제어 하마모토, 한국정세

문서명	한국 정치 정세의 전망에 대하여(韓国政治情勢の見通しについて)

문서파일번호 299
작성연월일 1963. 4. 19
구분 제6차 회담
세부항목 하마모토 사무관 한국 출장보고서
작성처 주서울 하마모토 사무관
매수 12
비밀등급 극비
문서종류 내부문서
공개구분 공개
내용 한국에 장기 파견된 하마모토(浜本) 사무관의 한국정세에 관한 보고서. 민정 이양, 김종필의 귀국 문제, 경제상황의 추이 등 향후 정세에 영향을 끼칠 수 있는 요소들을 분석
주제어 하마모토, 한국정세전망

오기소 과장 한국시찰 보고 건
(小木曽課長韓国視察報告に関する件)

문서파일번호	298
문서명	오기소 과장 한국시찰 보고 건(小木曽課長韓国視察報告に関する件)
작성연월일	1963. 4. 13
구분	제6차 회담
세부항목	오기소 법규과장 한국 출장보고서
작성처	외무성 북동아시아과
매수	20
비밀등급	극비
문서종류	내부문서
공개구분	일부비공개
내용	오기소 모토오(小木曽本雄) 국제법규과장이 1963년 4월 3일~12일까지 한국을 시찰한 보고서. 방한 시 접촉한 한국 인사(육지수, 이한기, 김성진, 유진오, 황호을 등) 명단과, 부산, 경주, 판문점 방문 등 일정 기재. 내용은 농촌 문제, 한국인의 대일감정, 한일회담 전망에 관한 문제 등 보고
주제어	오기소, 한국정세

야스카와 총무참사관 한국 출장 보고
(安川総務参事官韓国出張報告)

문서파일번호	300
문서명	야스카와 총무참사관 한국 출장 보고(安川総務参事官韓国出張報告)
작성연월일	1963. 4. 30
구분	제6차 회담
세부항목	야스카와 총무참사관 한국 출장보고서
작성처	외무성 북동아시아과
매수	15
비밀등급	극비
문서종류	내부문서
공개구분	일부비공개
내용	한국의 일반정세 시찰을 위한 야스카와 다케시(安川壮) 총무참사관의 1963년 4월 22~26일 방한 출장보고서. 방한 중 황호을 외무부 정무국장, 주한미국대사관 버거(Samuel D. Berger) 대사, 마제스트렛티 공사, 중앙정보부 인사, 주한일본인 특파원 등 면담. 군사정권이 9월 총선거, 12월 민정이양을 고려 중이며, 한일회담에 관해서 군사정권은 민정이양 전 비준을 할 수 있도록 마무리 짓고 싶어하는 의욕을 보이고 있음.
주제어	야스카와, 한국정세

한국 출장 보고(모리타 사무관)
[韓国出張報告(森田事務官)]

문서파일번호	301
문서명	한국 출장 보고(모리타 사무관)[韓国出張報告(森田事務官)]
작성연월일	1963. 5. 9
구분	제6차 회담
세부항목	모리타 사무관 한국 출장보고서
작성처	외무성 북동아시아과
매수	27
비밀등급	극비
문서종류	내부문서
공개구분	일부비공개
내용	모리타 요시오(森田芳夫)사무관의 1963년 3월 29일~4월 26일 한국 출장보고서. 출장 기간 중 한국사회, 한국인의 생각 등에 관해 청취한 내용이 기술됨.
주제어	모리타, 한국동향

우라베 참사관 한국 출장 보고
(部参事官韓国出張報告)

문서파일번호	302
작성연월일	1963. 5. 14 - 1963. 5. 17
구분	제6차 회담
세부항목	우라베 참사관 한국 출장보고서
작성처	외무성
매수	39
비밀등급	
문서종류	내부문서
공개구분	일부비공개
내용	우라베 도시오(卜部敏男) 아시아국 참사관의 1963년 5월 6~10일 한국 출장 보고서
주제어	우라베, 한국정세

문서명	한일회담에 대하여(日韓会談について)

문서파일번호 302
작성연월일 1963. 5. 14
구분 제6차 회담
세부항목 우라베 참사관 한국 출장보고서
작성처 외무성 우라베 참사관
매수 11
비밀등급 극비
문서종류 내부문서
공개구분 일부비공개
내용 우라베 도시오 참사관이 방한기간 중 수차례에 걸쳐 황호을 외무부 정무국장과 한일회담 및 양국 현안에 관해 협의한 내용을 별도로 정리한 보고서. 다음 항목을 중심으로 정리되어 있음. ① 청구권, 즉 경제협력(차관의 변제기간과 OA 채권* 지불기간) ② 어업 문제(전관수역 12해리 및 자원보존문제) ③ 주한일본대표부 설치 문제 ④ 독도 문제. 독도 문제에 관해서는 우라베가 국제사법재판소(ICJ)에 의한 해결방안을 언급하고 황 국장이 이를 반대했다고 기술
주제어 우라베, 한일회담, 한일 현안

문서명	우라베 참사관 한국 출장 보고(일반정세)[卜部参事官韓国出張報告(一般情勢)]

문서파일번호 302
작성연월일 1963. 5. 17
구분 제6차 회담
세부항목 우라베 참사관 한국 출장보고서
작성처 외무성 북동아시아과
매수 28
비밀등급 극비

* OA(Open Account) 채권: 한국이 일본으로부터 외상무역을 하면서 발생한 채권. 일본 외교문서상에는 회수불가채권(焦付債權), 청산감정(清算勘定) 등으로도 표기됨.

문서종류	내부문서
공개구분	일부비공개
내용	우라베 도시오 참사관의 출장 보고 내용을 수행했던 모모노(股野) 사무관이 가필한 보고서. ① 한국정국(박정희의 대통령 당선여부, 군사정권 내의 사정, 김종필 귀국문제 등) ② 한일회담에 대한 각 방면의 태도(야당의 한일회담 반대성명, 미국·영국·프랑스 대사들의 발언, 김용식 외무부장관, 일반적 관측) ③ 주한미국대사 회담 ④ 경제정세 ⑤ 한국체류 중에 회견한 인물들 명단 수록
주제어	우라베, 한국정세, 한일회담

우야마 배상부장 한국 출장 보고(일반정세)
[宇山賠償部長韓国出張報告(一般情勢)]

문서파일번호	303
문서명	우야마 배상부장 한국 출장 보고(일반정세)[宇山賠償部長韓国出張報告(一般情勢)]
작성연월일	1963. 5. 30
구분	제6차 회담
세부항목	우야마 배상부장 한국 출장보고서
작성처	외무성 북동아시아과
매수	22
비밀등급	극비
문서종류	내부문서
공개구분	일부비공개
내용	우야마 배상부장의 1963년 5월 21~25일 방한 출장보고서. 김종필·오히라 마사요시 합의를 이케다 하야토 총리가 허가하지 않는 데 대한 한국의 불만, 군사정권하에서의 조약, 협정체결 시 비준이 이루어지지 않을 가능성에 대한 일본의 우려, 한일 양국이 경협에서 손잡을 경우 쌍방에 이익이 될 것이라는 이병철 삼성물산 회장의 발언 등이 기술됨.
주제어	우야마, 한국정세, 한일회담

한국시찰 보고(하리가이 참사관)
[韓国視察報告(針谷参事官)]

문서파일번호	304
문서명	한국시찰 보고(하리가이 참사관)[韓国視察報告(針谷参事官)]
작성연월일	1963. 7. 1
구분	제6차 회담
세부항목	하리가이 참사관 한국 출장보고서
작성처	하리가이 참사관
매수	14
비밀등급	극비
문서종류	내부문서
공개구분	일부비공개
내용	하리가이 마사유키(針谷正之) 참사관의 1963년 6월 20~28일 방한 출장보고서. 방한 기간은 태풍피해, 식량부족에 따른 농림부장관 경질, 김종필 귀국 등으로 한국의 정치상황이 혼란스럽고 급변하는 때였음. 박정희 의장이 대통령이 되어야 한일회담이 마무리 될 수 있을 것이라는 기대감과 함께 한국의 경제력이 약해서 서둘러 일본과 국교정상화를 하는 것은 반대라는 의견 등 서로 상충되는 의견들이 기록되어 있음.
주제어	하리가이, 한국정세, 한일회담

한국 출장 보고
(韓国出張報告)

문서파일번호	305
문서명	한국 출장 보고(韓国出張報告)
작성연월일	1963. 11. 12
구분	제6차 회담
세부항목	이토 경제국 아시아과장 한국 출장보고서
작성처	이토 경제국 아시아과장
매수	31
비밀등급	극비
문서종류	내부문서
공개구분	일부비공개
내용	이토 히로노리(伊藤博教) 경제국 아시아과장의 1963년 10월 31일~11월 6일 방한 출장보고서. 억류일본인어부 석방, 한국의 총선거, 김종필 귀국, 한일회담 의견(출장기간 중 만난 한국인 중 회담을 반대하는 사람은 없었으나 문제는 그 시기와 내용에 있어 서로 다른 의견들이 많았음), 경제사정 등에 관해 보고.
주제어	이토, 한국정세, 한일회담

한국의 수산사정에 대해서
(韓国の水産事情について)

문서파일번호	306
작성연월일	1963. 11. 27
구분	제6차 회담
세부항목	가와카미 한국 출장보고서
작성처	외무성 가와카미 겐조
매수	38
비밀등급	극비
문서종류	내부문서
공개구분	공개
내용	와다 마사아키 수산청 어정부장 등과 함께 1963년 11월 한국의 어업 사정을 시찰하기 위해 한국을 방문한 가와카미 겐조(川上健三) 외무성 북동아시아과 사무관 출장보고서. 한국이 요청한 출장으로 사전에 주일대표부를 통한 일정 주선 등이 이루어졌으나 방문 시 일정이 확정되지 않고 무계획적이었던 관계로 출장 목적이 충분히 달성되지 못했다고 비판함. 한국정부의 태도, 외무부의 생각, 어업 관계자의 생각, 한국의 어업 현황 등이 기술됨.
주제어	가와카미, 한국 수산업 동향

한국 출장 보고 북동아시아과 모리타 사무관
(韓国出張報告 森田事務官)

문서파일번호	307
문서명	한국 출장 보고 북동아시아과 모리타 사무관(韓国出張報告 森田事務官)
작성연월일	1964(월일 불명)
구분	제6차 회담
세부항목	모리타 사무관 한국 출장보고서
작성처	북동아시아과 모리타 사무관
매수	33
비밀등급	비(秘)
문서종류	내부문서
공개구분	일부비공개
내용	북동아시아과 모리타 요시오(森田芳夫)사무관이 1963년 12월 13일~1964년 1월 22일까지 서울 출장 시 청취한 내용을 작성한 보고서(주로 1월 이후). 한국정세, 한일회담에 대한 한국 태도, 한국인의 일본에 대한 친근감, 한국경제 사정 등이 기술되어 있음.
주제어	한일회담에 대한 한국 태도, 한국정세

마에다 동북아시아과장 방한보고
(前田長訪韓報告)

문서파일번호	308
문서명	마에다 동북아시아과장 방한보고(前田長訪韓報告)
작성연월일	1964. 5. 30
구분	제6차 회담
세부항목	마에다 과장 한국 출장보고서
작성처	외무성 북동아시아과
매수	8
비밀등급	극비
문서종류	내부문서
공개구분	공개
내용	마에다 도시카즈 북동아시아과장의 1964년 5월 20~29일 방한 출장보고서. 주로 한국내 한일회담 반대동향이 기술되어 있음. 주한미국대사관, 외무부, 야당계 정치인등으로부터 한일회담을 진전시키기 위해서는 일본이 한국 상품 수입증가, 인적 교류 확대 등에 힘써야 한다는 지적이 일관되게 있었음을 특기사항으로 언급함.
주제어	한국정세, 한일회담 진전 방안

한국시찰 출장 보고(히로세 아시아국 참사관)
[韓国視察出張報告(広瀬アジア局参事官)]

문서파일번호	309
문서명	한국시찰 출장 보고(히로세 아시아국 참사관)[韓国視察出張報告(広瀬アジア局参事官)]
작성연월일	1964. 7. 25
구분	제6차 회담
세부항목	히로세 참사관 한국 출장보고서
작성처	외무성 아시아국 히로세 참사관, 조약국 오와다 사무관
매수	39
비밀등급	극비
문서종류	내부문서
공개구분	일부비공개
내용	히로세 다쓰오(広瀬達夫) 참사관[오와다 히사시(小和田恒) 사무관 수행]의 1964년 7월 17~24일 방한 출장보고서. 한국 정국 전망, 한일교섭 처리방침(한국 외무부는 가능한 한 신속히 회담 재개 희망, 주한미국대사관은 회담 조기 재개는 무리라고 판단), 경제정세, 한국 학생운동 동향 등 기술
주제어	한국정국, 한일교섭 처리방침

한국 출장 보고(마에다 북동아시아과장)
[韓国出張報告(前田長)]

문서파일번호	310
문서명	한국 출장 보고(마에다 북동아시아과장)[韓国出張報告(前田長)]
작성연월일	1964. 12. 25
구분	제7차 회담
세부항목	마에다 북동아시아과장 한국 출장보고서
작성처	외무성 마에다 북동아시아과장
매수	29
비밀등급	극비
문서종류	내부문서
공개구분	일부비공개
내용	마에다 도시카즈 북동아시아과장의 1964년 12월 11~23일 방한 출장보고서. 일반정세, 경제정세, 박정희 대통령의 지도력(비판적), 박 정권의 제2인자 경쟁(김종필 이외에 정일권, 장기영, 김성곤 등이 거론되나 박 대통령의 의중은 알 길이 없음), 김종필 귀국 문제, 정일권에 대한 평가(기회주의자, 얼굴마담), 군 내부동향, 야당동향, 한일회담에 대한 여론(한일국교정상화 원칙에 반대하는 한국인은 없으나 국민의 신뢰 없는 박 정권의 일방적인 협정체결, 비준에는 반대) 등이 기술됨.
주제어	한국정세, 한일회담

한국 출장 보고 - 주로 한국의 국민감정을 중심으로(북동아시아과 모리타 사무관)[韓国出張報告 - 主として韓国の国民感情を中心に(森田事務官)]

문서파일번호	311
문서명	한국 출장 보고 - 주로 한국의 국민감정을 중심으로(북동아시아과 모리타 사무관) [韓国出張報告 - 主として韓国の国民感情を中心に(森田事務官)]
작성연월일	1965. 2. 17
구분	제7차 회담
세부항목	모리타 사무관 한국 출장보고서
작성처	외무성 북동아시아과 모리타 사무관
매수	34
비밀등급	비(秘)
문서종류	내부문서
공개구분	일부비공개
내용	한국에 장기 파견된 모리타 요시오(森田芳夫) 사무관의 한국정세에 관한 보고서. 한국인의 대일태도, 현 정권에 대한 비평, 한일회담 관련 한국 내 동향, 한일경협과 일본경제침략에 대한 경계심, 한국인의 일본어(30세 이상 한국인 중 듣고 말하는 데 지장이 없는 사람은 10% 정도로 무조건 일본어로 말하면 오해를 불러일으킬 소지가 크며, 따라서 일본인도 한국어 공부를 할 필요) 등을 기술함.
주제어	모리타, 한국정세

최근 한국 내 정치정세(미타니 조사관 보고)
[最近の韓国内の政治情勢(三谷調査官 報告)]

문서파일번호	312
문서명	최근 한국 내 정치정세(미타니 조사관 보고)[最近の韓国内の政治情勢(三谷調査官 報告)]
작성연월일	1965. 6. 3
구분	제7차 회담
세부항목	미타니 조사관 한국 출장보고서
작성처	외무성 북동아시아과
매수	38
비밀등급	극비
문서종류	내부문서
공개구분	일부비공개
내용	서울 출장 중인 미타니(三谷) 조사관이 1965년 5월 10일 송부한 보고서. 한일회담을 둘러싼 한국 국내정세(한일회담에 대한 한국 국민의 인식은 깊어졌으나 아직 적극 지지까지는 도달하지 않은 상황), 민주공화당 동향(주류, 비주류 간 대립 지속), 민중당 발족 동향, 군 동향(육사기수, 출신지별 파벌이 대립) 등이 기술되어 있음.
주제어	한국정세, 한일회담

1962년 12월 27일 박정희 의장 기자회견 내용 중 한일관계 부분에 대해서(1962年12月27日に行なわれた朴正熙議長の記者会見談のうち日韓関係に関する部分について)

문서파일번호	775
문서명	1962년 12월 27일 박정희 의장 기자회견 내용 중 한일관계 부분에 대해서(1962年12月27日に行なわれた朴正熙議長の記者会見談のうち日韓関係に関する部分について)
작성연월일	1963. 1. 10
구분	제6차 회담
세부항목	박정희 기자회견, 한국 언론 보도
작성처	외무성 북동아시아과
매수	16
비밀등급	일반
문서종류	내부자료
공개구분	공개
내용	1962년 12월 27일 개최된 박정희 의장의 기자 회견 내용 및 한국 내 신문 사설(12월 28일 자 한국일보, 조선일보 사설), 국회의원 발언 기사(12월 28일 자 조선일보) 등을 발췌한 문서
주제어	박정희 기자회견, 한국 언론 보도

한일 문제에 관한 재야 정치가의 성명과 이에 대한 외무부장관의 성명(5월 1일) [日韓問題に関する在野政治家の声明とこれに対する外務部長官の声明(5月1日)]

문서파일번호	776
문서명	한일 문제에 관한 재야 정치가의 성명과 이에 대한 외무부장관의 성명(5월 1일) [日韓問題に関する在野政治家の声明とこれに対する外務部長官の声明(5月1日)]
작성연월일	1963. 5. 2
구분	제6차 회담
세부항목	한일회담 한국재야 반응, 한국정부 방침
작성처	외무성 북동아시아과
매수	8
비밀등급	일반
문서종류	내부자료
공개구분	공개
내용	1963년 5월 1일 김병노 등 12명의 한국 재야정치가가 발표한 한일회담 관련 성명과 이에 대한 김용식 외무장관의 정부방침에 관한 기자회견 요지를 정리한 자료
주제어	한일회담 한국재야 반응, 한국정부 방침

시류에 동승해야 할 국면이다(동아일보 번역)
[時流に乗る手合い(東亜日報から翻訳)]

문서파일번호	777
문서명	시류에 동승해야 할 국면이다(동아일보 번역)[時流に乗る手合い(東亜日報から翻訳)]
작성연월일	1963. 12. 11
구분	제6차 회담
세부항목	한일회담 한국 언론 반응
작성처	외무성 북동아시아과
매수	5
비밀등급	일반
문서종류	내부자료
공개구분	공개
내용	1963년 12월 2일 자 동아일보의 '편집수첩'란에 게재된 한일회담 관련 글
주제어	한일회담, 한국 언론 보도

일본을 모르는 세대의 일본관(한국일보 번역)
[日本を知らない世代の日本観(韓国日報から翻訳)]

문서파일번호	778
문서명	일본을 모르는 세대의 일본관(한국일보 번역)[日本を知らない世代の日本観(韓国日報から翻訳)]
작성연월일	1963. 11. 19
구분	제6차 회담
세부항목	한일관계, 청소년 시각, 언론 보도
작성처	외무성 북동아시아과
매수	23
비밀등급	일반
문서종류	내부자료
공개구분	공개
내용	1963년 11월 9일 자 한일회담에 관한 고등학교, 대학생들의 목소리를 정리한 한국일보 기사. 국교정상화, 평화선, 경제협력, 일본상사 진출, 일본어 붐, 학생교류, 일본풍 영화, 일본소설, 재한일본인 인상, 일본 평가, 일본국기, 국가 등에 관한 의견들이 정리되어 있음.
주제어	한일회담, 한국 언론 보도

김 외무장관 영국방문과 한일교섭
(金外務長官訪英と日韓交渉)

문서파일번호	1873
작성연월일	1963. 7. 1 - 1963. 7. 17
구분	제6차 회담
세부항목	김용식 장관 영국 방문
작성처	외무성 아시아국 우라베
매수	6
비밀등급	
문서종류	회의록, 내부문서
공개구분	일부비공개
내용	김용식 외무장관의 영국방문 관련 주일영국대사관 서기관이 우라베 참사관에게 전달한 내용이 기술된 문서
주제어	김용식 장관 영국 방문

문서명	김 외무장관 영국방문과 한일교섭 건(金外務長官訪英と日韓交渉に関する件)

문서파일번호 1873
작성연월일 1963. 7. 1
구분 제6차 회담
세부항목 김용식 장관 영국 방문
작성처 외무성 아시아국 우라베
매수 5
비밀등급 일반
문서종류 회의록
공개구분 일부비공개
내용 주일영국대사관 ■ 서기관이 1963년 7월 1일 우라베 도시오 참사관을 내방, 김용식 외무장관의 영국방문계획[10월 12일~14일 방영, 흄(Alexander Douglas- Home) 외상과 오찬 회담 예정]을 알림. 우라베 참사관은 청구권 및 어업 문제(12해리 전관수역)에 관해 설명함.
주제어 한영 외무장관 회담, 청구권, 어업

문서명	한일회담과 영국 외상 건(日韓会談と英外相の件)

문서파일번호 1873
작성연월일 1963. 7. 17
구분 제6차 회담
세부항목 김용식 장관 영국 방문
작성처 외무성 아시아국 우라베
매수 1
비밀등급 극비
문서종류 내부문서
공개구분 일부비공개
내용 주일영국대사관 ■ 서기관이 우라베 도시오 참사관에게 전화로 17일 한영외무장관의 회동사실을 알림. 흄(Alexander Douglas-Home) 외상이 김용식 외무장관에게 한일회담의 타결이 바람직하다는 뜻을 전달하는 기회가 있었다고 함.
주제어 한영 외무장관 회담

한국정세에 관한 주일미국대사관의 정보
(韓国情勢に関する在京米大使館よりの情報)

문서파일번호	1808
작성연월일	1963. 1. 24 - 1963. 12. 18
구분	제6차 회담
세부항목	한국정세 관련 일미 협의
작성처	외무성 북동아시아과
매수	58
비밀등급	
문서종류	내부문서
공개구분	공개 또는 일부비공개
내용	1963년 1월 24일~12월 18일까지 주일미국대사관에게 청취한 한국정세 관련 내용을 기록한 문서 모음
주제어	한국정세

문서명	한국정세에 관한 주일미국대사관 정보 건(韓国情勢に関する在京米大使館よりの情報に関する件)

문서파일번호 1808
작성연월일 1963. 1. 24
구분 제6차 회담
세부항목 한국정세 관련 일미 협의
작성처 외무성 북동아시아과
매수 5
비밀등급 극비
문서종류 내부문서
공개구분 일부비공개
내용 마에다 도시카즈 북동아과장이 주일미국대사관 ▬ 서기관에게 청취한 한국정세 관련 내용을 정리한 문서. 김동하와 김종필의 대립으로 김동하가 사임한 이후의 한국정세 추이와 어업 문제에 관한 한국의 대응 방향 등 기술
주제어 한국정세, 어업

문서명	한국의 정치 경제정세에 관한 미국 정보(韓国の政治経済情勢に関する米側情報)

문서파일번호 1808
작성연월일 1963. 2. 7
구분 제6차 회담
세부항목 한국정세 관련 일미 협의
작성처 외무성 북동아시아과
매수 5
비밀등급 극비
문서종류 내부문서
공개구분 일부비공개
내용 주일미국대사관 ▬ 서기관에게 청취한 한국정세 관련 정보를 정리한 문서. 창당준비위원장 취임을 통해 확인된 김종필의 실력, 반 김종필파의 대응 움직임 등 기술
주제어 한국정세

문서명	한국 정치상황에 관한 주일미국대사관원의 언급 건(韓国政情に関する在京米大使館員の内話に関する件)

문서파일번호 1808
작성연월일 1963. 2. 16
구분 제6차 회담
세부항목 한국정세 관련 일미 협의
작성처 외무성 북동아시아과
매수 3
비밀등급 극비
문서종류 내부문서
공개구분 일부비공개
내용 마에다 도시카즈 북동아과장이 주일미국대사관 ■ 서기관에게 청취한 한국 정치상황. 박정희와 김종필이 향후 어떠한 움직임을 보일지 분명하지가 않음.
주제어 한국정세

문서명	한국 국내정세에 관하여 주일미국대사관에서 입수한 정보 건(韓国国内情勢につき在京米大使館より情報入手の件)

문서파일번호 1808
작성연월일 1963. 2. 19
구분 제6차 회담
세부항목 한국정세 관련 일미 협의
작성처 외무성 북동아시아과
매수 5
비밀등급 극비
문서종류 내부문서
공개구분 일부비공개
내용 마에다 도시카즈 북동아과장이 주일미국대사관 ■ 서기관에게 청취한 한국정세. 2월 18일 박정희 의장이 민정이양 관련 성명발표에 앞서 버거 주한미국대사에게 한국 주요 정치가들이 성명을 지지하도록 도와달라고 요청, 버거 대사가 협조했음.
주제어 한국정세

문서명	한국정세에 관한 미국 정보(韓国情勢に関する米側情報)

문서파일번호 1808
작성연월일 1963. 2. 21
구분 제6차 회담
세부항목 한국정세 관련 일미 협의
작성처 외무성 북동아시아과
매수 6
비밀등급 극비
문서종류 내부문서
공개구분 일부비공개
내용 주일미국대사관 ■ 서기관이 북동아과에 알려 준 한국정세 관련 정보. 김종필의 사퇴 성명발표로 박정희의 정국수습을 위한 9개항에 야당이 동조할 가능성이 커졌음. 영문으로 된 김종필의 사퇴 성명문이 첨부됨.
주제어 한국정세

문서명	한국 국내정세에 관한 주일미국대사관의 정보 청취 건(韓国国内情勢に関し在京米大使館より情報聴取の件)

문서파일번호 1808
작성연월일 1963. 2. 23
구분 제6차 회담
세부항목 한국정세 관련 일미 협의
작성처 외무성 북동아시아과
매수 5
비밀등급 극비
문서종류 내부문서
공개구분 공개
내용 마에다 도시카즈 북동아과장이 화리오 주일미국대사관 서기관에게 청취한 한국정세 관련 정보. 김종필의 외유설, 김종필을 반대해 온 최고회의 위원 4명의 사임 등
주제어 한국정세

문서명	한국정세에 관한 미국 정보(韓国情勢に関する米側情報)

문서파일번호 1808
작성연월일 1963. 3. 12
구분 제6차 회담
세부항목 한국정세 관련 일미 협의
작성처 외무성 북동아시아과
매수 5
비밀등급 극비
문서종류 내부문서
공개구분 일부비공개
내용 주일미국대사관 ▬ 서기관이 북동아과에 전달한 한국정세 관련 정보. 이규광 전 헌병감 그룹과 김동하 그룹의 쿠데타 계획이 발각됨. 쿠데타 그룹 체포에 관한 미 국무부 성명(영문)이 첨부됨.
주제어 한국정세

문서명	한국정세에 관한 미 측 정보(韓国情勢に関する米側情報)

문서파일번호 1808
작성연월일 1963. 3. 18
구분 제6차 회담
세부항목 한국정세 관련 일미 협의
작성처 외무성 북동아시아과
매수 3
비밀등급 극비
문서종류 내부문서
공개구분 일부비공개
내용 주일미국대사관 ▬ 서기관이 북동아과에 전달한 한국정세 관련 정보. 버거 주한미국대사 주최 만찬에 참석한 박정희 의장이 최근 한국의 정치적 불안정성 등을 언급하면서 민정 이양 4년 연기를 위한 국민투표 실시에 관한 성명을 발표할 것이라고 언급함.
주제어 한국정세

문서명	일본어선 나포에 관한 김용식 외무부장관의 태도 건(日本漁船拿捕に関する金溶植外務部長官の態度に関する件)

문서파일번호 1808
작성연월일 1963. 6. 12
구분 제6차 회담
세부항목 한국정세 관련 일미 협의
작성처 외무성 북동아시아과
매수 2
비밀등급 극비
문서종류 내부문서
공개구분 일부비공개
내용 주일미국대사관 ▬ 서기관이 일본어선 나포에 대한 김용식 장관의 반응을 전달한 내용. 김 장관은 어선 나포에 실망하였으며, 이후 관계당국에 한일회담에 악영향을 미치지 않게 어선 나포를 하지 말도록 당부했다 함.
주제어 어선 나포, 김용식 장관 반응

문서명	한일 문제에 관한 주일미국대사관원의 언급 건(日韓問題に関する在京米大使館員の内話に関する件)

문서파일번호 1808
작성연월일 1963. 8. 21
구분 제6차 회담
세부항목 한국정세 관련 일미 협의
작성처 외무성 북동아시아과
매수 4
비밀등급 극비
문서종류 내부문서
공개구분 일부비공개
내용 주일미국대사관 ▬ 서기관이 마에다 도시카즈 북동아과장에게 전달한 한일회담 관련 한국 동향. 황호을 한국 외무부 정무국장에 따르면, 자신은 8월 17일 한국의 조야회담 결과에 만족한다며, 야당 대표들은 한일 문제에 관한 관민협의체 설치에 관한 외무부안에 동의하도록 각자 당에 권고하기로 약속했다 함.
주제어 한일 문제에 관한 한국의 관민협의체 설치

문서명	한국 대통령선거 결과에 관한 주일미국대사관원의 언급(韓国大統領選挙結果に関する在京米大使館員の内話)

문서파일번호 1808
작성연월일 1963. 10. 17
구분 제6차 회담
세부항목 한국정세 관련 일미 협의
작성처 외무성 북동아시아과
매수 8
비밀등급 극비
문서종류 내부문서
공개구분 일부비공개
내용 주일미국대사관 ■ 서기관이 주한미국대사관의 한국 대통령선거 결과에 대한 평가를 마에다 도시카즈 북동아과장에게 설명한 내용. 선거 결과는 '매우 놀라운(astonighing)' 것이었다고 평가함.
주제어 한국정세

문서명	이승만 전 대통령에 대하여(李承晩元大統領帰国について)

문서파일번호 1808
작성연월일 1963. 11. 12
구분 제6차 회담
세부항목 한국정세 관련 일미 협의
작성처 외무성 북동아시아과
매수 2
비밀등급 극비
문서종류 내부문서
공개구분 일부비공개
내용 주일미국대사관 ■ 서기관이 북동아과 측에 전달한 이승만 전 대통령 관련 정보. 한국 정부가 호놀룰루에 체재중인 이승만 전 대통령의 귀국을 위해 팬 아메리칸 항공회사의 DC-4기를 임차교섭 중. 문서내용은 사선으로 그어져 있음.
주제어 한국정세

문서명	한국 신 내각에 관한 미국 분석에 대하여(韓国新内閣に関する米側分析について)

문서파일번호	1808
작성연월일	1963. 12. 18
구분	제6차 회담
세부항목	한국정세 관련 일미 협의
작성처	외무성 북동아시아과
매수	5
비밀등급	극비
문서종류	내부문서
공개구분	일부비공개
내용	주일미국대사관 ■ 서기관이 북동아과에 전달한 한국정세 관련 정보. 한국의 신내각은 여러 이해관계와 인적 대립관계의 균형위에 구성된 것으로, 예상과는 달리 민주공화당에 지배당한 것은 아니며, 그렇다고 초 당리적 내각이라고도 할 수 없음.
주제어	한국정세

한국정세에 관한 아시아국장과 주일미국대사관 공사 회담(韓国情勢に関するアジア局長と在京米大使館公使との会談)

문서파일번호	1809
작성연월일	1963. 2. 25 - 1963. 5. 9
구분	제6차 회담
세부항목	한국정세 관련 우시로쿠 국장·에머슨 주일공사 회담
작성처	
매수	19
비밀등급	
문서종류	회의록, 내부자료
공개구분	공개
내용	1963년 2월 25일~5월 9일까지 개최된 한국정세 관련 우시로쿠 도라오 아시아국장과 에머슨(John K. Emmerson) 주일미국대사관 공사 회담 기록 모음
주제어	한국정세

문서명	한국 정치상황에 관한 미 대사관의 연락(韓国政情に関する米大使館の連絡)

문서파일번호 1809
작성연월일 1963. 2. 25
구분 제6차 회담
세부항목 우시로쿠 국장·에머슨 주일공사 회담
작성처 외무성
매수 4
비밀등급 극비
문서종류 회의록
공개구분 공개
내용 에머슨 주일미국공사가 우시로쿠 도라오 국장에게 전달한 한국정세 관련 정보. 한국에서는 1월부터 반정부운동이 활발해지고 있으나, 미국대사관은 한국군이 분열되어 싸우지 않도록, 그리고 이로 인해 한일회담 타결이 지연되지 않도록 한국의 정국수습을 위해 활동하고 있다고 설명함.
주제어 한국정세

문서명	한국 정치상황에 관한 미 대사관 공사의 연락 요지(韓国政情に関する米大使館エマーソン公使の連絡要旨)

문서파일번호 1809
작성연월일 1963. 3. 6
구분 제6차 회담
세부항목 우시로쿠 국장·에머슨 주일공사 회담
작성처 외무성 아시아국장
매수 5
비밀등급 극비
문서종류 회의록
공개구분 공개
내용 에머슨 주일미국공사가 우시로쿠 도라오 국장에게 전달한 한국정세 관련 정보. 미국은 김종필의 정계추방을 요구한 적이 없으며, 박정희 의장의 대통령 선거 불출마를 요구하지 않고 있다고 설명함.
주제어 한국정세

문서명	한일회담의 주요현안 현황(The Present Situation of Major Issues of the Japan-Korea Overall Talks)

문서파일번호	1809
작성연월일	1963. 3. 5
구분	제6차 회담
세부항목	우시로쿠 국장·에머슨 주일공사 회담
작성처	외무성 북동아시아과
매수	8
비밀등급	극비
문서종류	내부자료
공개구분	공개
내용	1963년 3월 8일 저녁 우시로쿠 도라오 국장이 에머슨 주일미국공사에게 전달한 한일회담 현황에 관한 영문 문서. 청구권관련 무상, 유상의 제공 액수 등 한일 간에 합의가 이루어진 사항과 상환기간 등 아직 합의가 이루어지지 않고 있는 내용들, 그 외에 어업 문제, 선박, 문화재, 독도 문제에 대한 내용들이 기술됨.
주제어	한일회담 현황, 청구권, 선박 반환, 문화재 반환, 어업, 독도 문제

문서명	우시로쿠 국장 에머슨 공사 회담 요지(後宮局長エマーソン公使会談要旨)

문서파일번호	1809
작성연월일	1963. 5. 9
구분	제6차 회담
세부항목	우시로쿠 국장·에머슨 주일공사 회담
작성처	외무성 북동아시아과
매수	2
비밀등급	극비
문서종류	회의록
공개구분	공개
내용	우시로쿠 도라오과 에머슨 주일미국공사 회담 기록. 에머슨 공사가, 방한한 우라베 참사관을 통해 이케다 하야토 총리가 박정희 의장에게 대통령 선거 입후보를 권유하는 취지의 친서를 전달했다는 정보의 진의를 묻자, 우시로쿠 국장은 사실무근이라고 답함.
주제어	이케다의 박정희 앞 친서 전달 정보 진위 여부

오히라 대신·라이샤워 대사 회담 건
(大平大臣、ライシャワー大使会談の件)

문서파일번호	1810
문서명	오히라 대신·라이샤워 대사 회담 건(大平大臣、ライシャワー大使会談の件)
작성연월일	1963. 3. 2
구분	제6차 회담
세부항목	오히라 대신·라이샤워 주일미국대사 회담
작성처	아메리카국 북미과장(アメリカ局北美課長)
매수	8
비밀등급	극비
문서종류	회의록
공개구분	공개
내용	오히라 마사요시 외상과 라이샤워(Edwin O. Reischauer) 주일미국대사 회담 기록. 라이샤워 대사는 최근 한국정세와 관련하여 박정희 의장의 결정(김종필 정계 추방, 외유 등)에 미국은 관여한 바 없으며 자신들도 예상치 못했던 전개라고 설명하면서, 일본에 관련 정보를 제대로 전달하지 못한 점을 이해해 달라고 함. 오히라 대신은 한일 국교정상화에 관한 일본 입장은 누구를 상대하든 일관되게 국교정상화를 추진한다는 점임을 강조함. 이후 양측은 박정희의 대통령선거 출마에 관하여 의견을 나눔.
주제어	한국정세

한국정세에 관한 아시아국 참사관과 주일미국대사관 서기관 회담(韓国情勢に関するアジア局参事官と在京米大使館書記官との会談)

문서파일번호	1811
작성연월일	1963. 3. 2 - 1963. 4. 6
구분	제6차 회담
세부항목	우라베 참사관·주일미국대사관 서기관 회담
작성처	외무성 우라베 기록
매수	16
비밀등급	
문서종류	회의록
공개구분	일부비공개
내용	1963년 3월 2일~4월 6일까지 개최된 우라베 아시아국 참사관과 주일미국대사관 서기관의 한국정세 관련 회담 기록 모음
주제어	한국정세 일미 협의

문서명	한국 문제 건(韓国問題の件)

문서파일번호 1811
작성연월일 1963. 3. 2
구분 제6차 회담
세부항목 우라베 참사관·주일미국대사관 서기관 회담
작성처 외무성 우라베 기록
매수 5
비밀등급 극비
문서종류 회의록
공개구분 일부비공개
내용 우라베 도시오 참사관과 주일미국대사관 ▬ 서기관의 한국 문제에 관한 협의 기록. 김종필 추방이 박정희 의장 퇴진으로 이어질 것인지에 대한 우라베의 질문에 미국은 그리 보고 있지 않다고 답함.
주제어 한국정세

문서명	한국정세에 대하여(韓国情勢について)

문서파일번호 1811
작성연월일 1963. 3. 16
구분 제6차 회담
세부항목 우라베 참사관·주일미국대사관 서기관 회담
작성처 외무성 우라베 기록
매수 7
비밀등급 극비
문서종류 회의록
공개구분 일부비공개
내용 우라베 도시오 참사관이 주일미국대사관 ▬ 서기관에게 청취한 한국정세 관련 정보. 한국의 정치상황이 극히 유동적이라면서, 미국으로서는 민정 이양 프로그램이 예정대로 진행되기를 기대하고 있다고 말함.
주제어 한국정세

문서명	한국정보(韓国情報)

문서파일번호 1811
작성연월일 1963. 4. 6
구분 제6차 회담
세부항목 우라베 참사관·주일미국대사관 서기관 회담
작성처 외무성 우라베 기록
매수 4
비밀등급 극비
문서종류 회의록
공개구분 일부비공개
내용 우라베 도시오 참사관이 주일미국대사관 ■ 서기관에게 청취한 한국정세 관련 정보. 향후 국민투표 등 정치일정과 관련한 박정희 의장의 성명이 2~3일내로 발표될 것이라 함.
주제어 한국정세

한국정세에 관한 아시아국 참사관과 재경미국 대사관 참사관 회담(韓国情勢に関するアジア局参事官と在京米大使館参事官との会談)

문서파일번호	1812
작성연월일	1963. 3. 15 - 1963. 11. 27
구분	제6차 회담
세부항목	한국정세 등에 관한 일미 협의
작성처	외무성, 주일미국대사관
매수	51
비밀등급	
문서종류	회의록, 비공식 문서(non - paper)
공개구분	공개 또는 일부비공개
내용	1963년 3월 15일~11월 27일까지 우라베 도시오(卜部敏男) 참사관과 주일미국대사관 굿이어(John Goodyear) 참사관의 한국정세 관련 협의 기록 모음
주제어	

문서명	한국정세에 대하여(韓国情勢について)

문서파일번호 1812
작성연월일 1963. 3. 15
구분 제6차 회담
세부항목 한국정세에 관한 일미 협의
작성처 외무성 아시아국
매수 3
비밀등급 극비
문서종류 회의록
공개구분 일부비공개
내용 우라베 도시오 참사관·주일미국대사관 굿이어(John Goodyear) 참사관의 한국정세 관련 협의 기록. 박정희 의장이 계엄령 선포를 하지 않기로 하였으며, 최근의 쿠데타 설은 과장된 것이라 함.
주제어 한국정세

문서명	한국정세에 대하여(韓国情勢について)

문서파일번호 1812
작성연월일 1963. 3. 20
구분 제6차 회담
세부항목 한국정세에 관한 일미 협의
작성처 외무성 우라베 기록
매수 7
비밀등급 극비
문서종류 회의록
공개구분 일부비공개
내용 우라베 도시오 참사관·주일미국대사관 굿이어(John Goodyear) 참사관의 한국정세 관련 협의 기록. 김현철 총리가 버거 주한미국대사에게 군정 연장의 기간이 어찌되든 관계없이 연장만 되면 괜찮다는 뜻을 전달했다 함. 버거 대사는 군정연장은 국내외적으로 잘못된 반향을 일으킬 것이라고 코멘트함.
주제어 한국정세

문서명	한국정세(韓国情勢)

문서파일번호 1812
작성연월일 1963. 5. 4
구분 제6차 회담
세부항목 한국정세에 관한 일미 협의
작성처 외무성 아시아국 우라베
매수 4
비밀등급 극비
문서종류 회의록
공개구분 공개
내용 아시아국 우라베 도시오 참사관·주일미국대사관 굿이어 참사관의 한국정세 관련 협의 기록. 한국 야당모임에서 제기된 민정이양 후까지 한일회담을 연기하자는 주장에 대한 배경, 의도 등에 관한 미국의 관찰내용을 설명함.
주제어 한국정세

문서명	한국정세에 대하여(韓国情勢について)

문서파일번호 1812
작성연월일 1963. 6. 14
구분 제6차 회담
세부항목 한국정세에 관한 일미 협의
작성처 외무성 우라베
매수 4
비밀등급 극비
문서종류 회의록
공개구분 공개
내용 우라베 도시오 참사관·주일미국대사관 굿이어(John Goodyear) 참사관의 한국정세 관련 협의 기록. 6월 12일 박정희 의장·버거 주한미국대사 회담에서 버거 대사는 한일회담 타결로 일본이 유·무상원조를 하더라도 미국의 대한원조는 감소하지 않을 것임을 언급하였으며, 대통령선거가 자유, 공평하게 이루어져야 함을 강조하였다 함.
주제어 한국정세

문서명	한국에 대한 쌀 보리 증여와 북한압박 문제 건(韓国への米麦贈与と北鮮圧迫問題の件)

문서파일번호 1812
작성연월일 1963. 7. 3
구분 제6차 회담
세부항목 한국에 대한 일본의 쌀보리 증여, 대북압박 문제에 관한 일미 협의
작성처 외무성 아시아국 우라베
매수 4
비밀등급 극비
문서종류 회의록
공개구분 공개
내용 우라베 도시오 참사관·주일미국대사관 굿이어(John Goodyear) 참사관의 한국정세 관련 협의 기록. 굿이어 참사관은 일본이 한국에 쌀과 보리 등 식량 지원을 한 것을 높이 평가하고, 유엔군 조종사의 북한 억류와 관련 대북 압박방안에 관하여 의견을 나눔.
주제어 한국에 대한 일본의 쌀보리 증여, 유엔군 조종사 북한 억류, 대북압박 문제

문서명	언급사항(Talking Papers)

문서파일번호 1812
작성연월일 1963. 7. 3
구분 제6차 회담
세부항목 대북압박 문제에 관한 일미 협의
작성처 주일미국대사관
매수 2
비밀등급 극비
문서종류 비공식 문서(non-paper)
공개구분 공개
내용 우라베 도시오 참사관·주일미국대사관 굿이어(John Goodyear) 참사관 협의에서 미국이 전달한 대북압박 문제 관련 언급사항(Talking Paper)
주제어 대북압박 문제

문서명	유엔사령관의 대한국 정부 요구설(国連司令官の対韓国政府要求説)

문서파일번호 1812
작성연월일 1963. 8. 13
구분 제6차 회담
세부항목 한국정세에 관한 일미 협의
작성처 외무성 아시아국 우라베
매수 3
비밀등급 극비
문서종류 회의록
공개구분 공개
내용 우라베 도시오 참사관·주일미국대사관 굿이어(John Goodyear) 참사관의 한국 언론 보도(유엔군사령관이 한국정부에 군인 정치가의 원대복귀 등 3가지 요구를 하였다는 내용) 관련 협의 기록. 미국이 주한미국대사관을 통해 확인한 결과 날조 기사로 유엔군 사령관이 이 기사내용을 부인했다 함. 아사히신문(朝日新聞)1963년 8월 12일 자 기사가 첨부됨.
주제어 한국정세

문서명	한국정세 건(韓国情勢に関する件)

문서파일번호 1812
작성연월일 1983. 8. 14
구분 제6차 회담
세부항목 한국정세에 관한 일미 협의
작성처 외무성 우라베 참사관
매수 8
비밀등급 극비
문서종류 회의록
공개구분 공개
내용 1963년 8월 14일 우라베 도시오 참사관·주일미국대사관 굿이어(John Goodyear) 참사관의 한국정세 관련 협의 기록. 외유중인 김종필의 귀국, 송요찬의 체포 등과 관련 바람직하지 않다는 입장을 한국에 전달하였다고 언급함.
주제어 한국정세

문서명	한국정세(韓国情勢)

문서파일번호 1812
작성연월일 1963. 8. 30
구분 제6차 회담
세부항목 한국정세에 관한 일미 협의
작성처 외무성 아시아국 우라베
매수 1
비밀등급 극비
문서종류 회의록
공개구분 공개
내용 우라베 도시오 참사관·주일미국대사관 굿이어(John Goodyear) 참사관의 한국정세 관련 협의 기록. 체포된 송요찬이 군법회의에 회부되었으며, 이는 공정한 재판이 되지 않을 것이라는 의미라고 설명함.
주제어 한국정세

문서명	일본어선 나포 건(日本漁船拿捕に関する件)

문서파일번호 1812
작성연월일 1963. 8. 31
구분 제6차 회담
세부항목 어선 나포에 관한 일미 협의
작성처 외무성 아시아국 우라베
매수 6
비밀등급 극비
문서종류 회의록
공개구분 공개
내용 우라베 도시오 참사관·주일미국대사관 굿이어(John Goodyear) 참사관의 일본어선 나포 건에 관한 협의 기록. 굿이어 참사관은 미국은 한일 어느 쪽의 편도 들 수 없다며, 주한미국대사관 측이 황호을 한국 외무부 정무국장을 접촉한 내용(어선 나포 경위에 대한 설명)을 설명함.
주제어 어선 나포

문서명	한국사정 건(韓国事情の件)

문서파일번호 1812
작성연월일 1963. 10. 29
구분 제6차 회담
세부항목 한국정세에 관한 일미 협의
작성처 외무성 아시아국 우라베
매수 2
비밀등급 극비
문서종류 회의록
공개구분 공개
내용 우라베 도시오 참사관·주일미국대사관 굿이어 참사관의 한국정세 관련 협의 기록. 미국은 한국 대통령선거 결과가 공정했다고 듣고 있으며 군인들이 반드시 박정희를 지지하지 않았다는 사실에 놀랐음. 10월 25일 버거 주한미국대사가 김종필을 만났을 때 김종필이 대사에게 이해와 지지를 요청한 바 있음.
주제어 한국정세

문서명	한국정세에 관한 재경 미 대사관원의 내담에 대하여(韓国情勢につき在京米大使館員の内話について)

문서파일번호 1812
작성연월일 1963. 10. 30
구분 제6차 회담
세부항목 한국정세에 관한 일미 협의
작성처 외무성 우라베 참사관
매수 3
비밀등급 극비
문서종류 회의록
공개구분 일부비공개
내용 우라베 도시오 참사관·주일미국대사관 굿이어(John Goodyear) 참사관의 한국정세 관련 협의 기록. 10월 28일 박정희 의장과 버거 주한미국대사 회담이 열려, 대통령 선거결과에 대한 의견교환이 있었음. 박정희는 선거가 공정하게 치뤄져 다행이라고 하고 대사는 이를 높이 평가함.
주제어 한국정세

문서명	굿이어 미국 참사관 북한인의 호주 입국 거부(Goodyear米国参事官北鮮人の豪州入国拒否)

문서파일번호 1812
작성연월일 1963. 11. 4
구분 제6차 회담
세부항목 호주의 북한인 입국거부에 관한 일미 협의
작성처 외무성 아시아국 우라베
매수 1
비밀등급 극비
문서종류 회의록
공개구분 공개
내용 우라베 도시오 참사관·주일미국대사관 굿이어(John Goodyear) 참사관의 호주의 북한인 입국거부에 관한 협의 기록. 굿이어 참사관은 호주정부가 북한이 미국포로를 송환하지 않고 있다는 이유로 최근 북한인 3명의 입국을 거부하였음을 알려 줌.
주제어 호주의 북한인 입국거부

문서명	한국선거(韓国選挙)

문서파일번호 1812
작성연월일 1963. 11. 27
구분 제6차 회담
세부항목 한국정세에 관한 일미 협의
작성처 외무성 아시아국 우라베
매수 3
비밀등급 비(秘)
문서종류 회의록
공개구분 공개
내용 우라베 도시오 참사관·주일미국대사관 굿이어(John Goodyear) 참사관의 한국정세 관련 협의 기록. 한국 국회의원 선거 중간 결과 관련 미국 정보를 알려 줌.
주제어 한국정세

한국정세에 관한 아시아국 참사관과 주일미국대사관 서기관의 회담(韓国情勢に関するアジア局参事官と在京米大使館書記官との会談)

문서파일번호	1813
작성연월일	1963. 3. 18 - 1963. 5. 29
구분	제6차 회담
세부항목	한국정세 관련 일미협의
작성처	외무성 아시아국 우라베
매수	66
비밀등급	
문서종류	회의록
공개구분	일부비공개
내용	1963년 3월 18일~5월 29일까지 우라베 참사관과 주일미국대사관 ▬서기관의 한국정세 관련 협의 기록 모음
주제어	한국정세

문서명	한국정세에 대하여(韓国情勢について)

문서파일번호 1813
작성연월일 1963. 3. 18
구분 제6차 회담
세부항목 한국정세 관련 일미협의
작성처 외무성 우라베 기록
매수 5
비밀등급 극비
문서종류 회의록
공개구분 일부비공개
내용 우라베 도시오 참사관과 주일미국대사관 ▬ 서기관의 한국정세 협의 기록. 3월 15일 박 의장과 버거 주한미국대사 협의에서 박 의장은 군정 4년 연장 및 국민투표를 미국에 사전 통지했다고 함. 이에 국무부는 군정 연장은 바람직하지 않으며, 1961년 11월 14일 회담에서 약속한 사항을 위반하는 것이라는 입장임.
주제어 한국정세

문서명	한국정세에 대하여(韓国情勢について)

문서파일번호 1813
작성연월일 1963. 3. 23
구분 제6차 회담
세부항목 한국정세 관련 일미협의
작성처 외무성 우라베 참사관
매수 8
비밀등급 극비
문서종류 회의록
공개구분 일부비공개
내용 우라베 도시오 참사관과 주일미국대사관 ▬ 서기관(굿이어 참사관 대리)의 한국정세 관련 협의 기록. 3월 21일 박정희·버거 대사 회담에서 박은 군정연장 및 국민투표 관련 미국이 공식 성명을 내지 말라고 요청함. 버거 대사는 국무부에 전달하겠다고 하면서, 훈령에 따라 16일 성명 내용을 비판하는 견해를 전달함.
주제어 한국정세

문서명	한국정보(韓国情報)

문서파일번호 1813
작성연월일 1963. 3. 30
구분 제6차 회담
세부항목 한국정세 관련 일미협의
작성처 외무성 아시아국 우라베
매수 14
비밀등급 극비
문서종류 회의록
공개구분 일부비공개
내용 우라베 도시오 참사관과 주일미국대사관 ■ 서기관의 한국정세 관련 협의 기록. 3월 28일 박 의장과 버거 주한미국대사 회담에서 박 의장은 국무부 성명에 대한 설명을 요구, 버거 대사는 미국은 한국정부와의 정면충돌을 피하는 단어들을 사용하면서 국민적으로 사태 해결책을 희망하는 성명이라 설명함.
주제어 한국정세

문서명	한국정보(韓国情報)

문서파일번호 1813
작성연월일 1963. 4. 4
구분 제6차 회담
세부항목 한국정세 관련 일미협의
작성처 외무성 아시아국 우라베
매수 7
비밀등급 극비
문서종류 회의록
공개구분 일부비공개
내용 우라베 도시오 참사관과 주일미국대사관 ■ 서기관의 한국정세 협의 기록. 4월 2일 박 의장 회담에서 버거 대사는 국민투표 실행은 분쟁을 키우는 것으로 강행하지 않기를 바란다며, 민간 지도자들과의 보다 폭넓은 협의를 통해 의견을 수렴할 것을 권함. 박 의장은 이러한 미국 조언에 수긍도 반발도 하지 않음.
주제어 한국정세

문서명	한국정보(韓国情報)

문서파일번호 1813
작성연월일 1963. 4. 8
구분 제6차 회담
세부항목 한국정세 관련 일미협의
작성처 외무성 아시아국 우라베
매수 3
비밀등급 극비
문서종류 회의록
공개구분 일부비공개
내용 우라베 도시오 참사관과 주일미국대사관 ■ 서기관의 한국정세 협의 기록. 4월 8일 김용식 외무장관이 버거 대사를 만나 박 의장이 국민투표를 9월 말로 연기하고, 정치활동을 재개하며, 정부가 민간 지도자들과 충분한 협의를 거쳐 대통령 선거 및 국회의원 선거를 시행한다는 성명을 발표하기로 하였다고 통보함.
주제어 한국정세

문서명	한국정보(韓国情報)

문서파일번호 1813
작성연월일 1963. 4. 9
구분 제6차 회담
세부항목 한국정세 관련 일미협의
작성처 외무성 아시아국 우라베
매수 6
비밀등급 극비
문서종류 회의록
공개구분 일부비공개
내용 주일미국대사관 ■ 서기관이 우라베 도시오 참사관에게 통보한 한국정세 관련 내용을 기록한 문서. 4월 8일 박정희 의장의 성명에 대한 버거 주한미국대사의 코멘트(박 의장은 자신의 체면과 최고회의 내 반대의견으로 인해 3월 16일 성명의 완전한 철회도 선거시행의 약속도 불가능하게 됨.)
주제어 한국정세

문서명	한국정보(韓国情報)

문서파일번호 1813
작성연월일 1963. 4. 30
구분 제6차 회담
세부항목 한국정세 관련 일미협의
작성처 외무성 아시아국 우라베
매수 7
비밀등급 극비
문서종류 회의록
공개구분 일부비공개
내용 우라베 도시오참사관과 주일미국대사관 ■ 서기관의 한국정세 관련 협의 기록. 군사정권의 온건파가 총선거 실시 방향으로 움직이고 있음. 국민투표는 정치적 안정에 기여하지 못할 것이라는 판단에서 온건파가 민간지도자들과 이면 협의를 계속, 총선거를 통해 정치적 안정을 꾀하려는 것으로 보임. 4월 8일 성명이후 군인과 민간 지도자들이 충돌을 피하고 정치정세가 차츰 안정화되어 가고 있음.
주제어 한국정세

문서명	한국정보(韓国情報)

문서파일번호 1813
작성연월일 1963. 5. 2
구분 제6차 회담
세부항목 한국정세 관련 일미협의
작성처 외무성 우라베(기록)
매수 3
비밀등급 극비
문서종류 회의록
공개구분 일부비공개
내용 주일미국대사관■ 서기관이 우라베 도시오 참사관에게 통보한 한국정세 관련 내용을 기록한 문서. 박정희 장군도 김종필의 측근인사 2명을 체포한 것에 화를 냈으나, 김재춘 정보부장은 이들의 석방을 거절함.
주제어 한국정세

문서명	한일회담에 대하여(日韓会談について)

문서파일번호	1813
작성연월일	1963. 5. 29
구분	제6차 회담
세부항목	한일회담 관련 일미협의
작성처	외무성 아시아국 우라베
매수	13
비밀등급	극비
문서종류	회의록
공개구분	일부비공개
내용	우라베 도시오참사관과 주일미국대사관 ■ 서기관(5월 18일~25일 한국 방문)의 한일회담 및 한국정세 관련 협의 기록. ■ 서기관은 방한기간 중 외무부 황호을 국장과 세 차례 만나 한일회담 관련 협의함. 황 국장은 일본이 한일회담을 타결, 조약 서명까지 할 용의가 있는지 문의, ■ 서기관은 조약의 내용과 한국의 차기 정부가 동 조약을 지킬 것인지가 관건이라고 말함. ■ 서기관은 한국정부가 회담촉진을 바라고 있다는 인상을 받음.
주제어	한일회담 관련

시마 차관과 라이샤워 대사 회담
(島次官とライシャワー大使との会談)

문서파일번호	1814
작성연월일	1963. 3. 20
구분	제6차 회담
세부항목	시마 차관·라이샤워 대사 회담
작성처	외무성
매수	7
비밀등급	
문서종류	
공개구분	공개
내용	1963년 3월 19일 시마 시게노부(島重信) 차관과 라이샤워(Edwin O. Reischauer) 주일미국대사 회담 기록
주제어	

문서명	시마 차관과 라이샤워 대사 회담 기록(島次官とライシャワー大使との会談記録)

문서파일번호 1814
작성연월일 1963. 3. 20
구분 제6차 회담
세부항목 시마 차관·라이샤워 대사 회담
작성처 외무성 차관 비서관
매수 4
비밀등급 극비
문서종류 회의록
공개구분 공개
내용 1963년 3월 19일 시마 시게노부 차관과 라이샤워 주일미국대사의 한국 문제에 관한 회담 기록. 시마 차관은 이케다 하야토 총리와 오히라 마사요시 외상이 한국정세에 큰 관심을 갖고 있다면서 일본 견해를 적은 문서를 전달함. 라이샤워 대사는 3월 16일 한국의 성명 발표로 한국이 미국의 통제밖에 있음이 입증되었다고 언급함. 시마 차관은 미국이 성명을 발표하기 전에 일본에 통보해 줄 것을 요청함.
주제어 한국정세

문서명	시마 차관의 발언 요령(島次官の発言振り)

문서파일번호 1814
작성연월일 1963. 3. 20
구분 제6차 회담
세부항목 시마 차관·라이샤워 대사 회담
작성처 외무성
매수 3
비밀등급 극비
문서종류 내부자료
공개구분 공개
내용 1963년 3월 19일 시마 시게노부 차관의 라이샤워 주일미국대사 회담 시 발언 요령. 한국의 군정 연장 비판, 미국이 8월 민정 이양에 지나치게 관여하면 한국의 내분 수습을 어렵게 할 뿐 아니라 반미감정을 초래한다는 견해 기술
주제어 한국정세

한국 문제에 관한 미국무성 대변인 담화 관련 주일미국대사관의 사전 연락 건(韓国問題に関する米国国務省スポークスマン談話に関し在京米大使館より事前連絡の件)

문서파일번호	1815
작성연월일	1963. 3. 25
구분	제6차 회담
세부항목	한국 문제에 관한 미국 성명발표 사전 통보
작성처	외무성, 미 국무부
매수	5
비밀등급	
문서종류	회의록, 성명문안
공개구분	공개
내용	주일미국대사관 굿이어(John Goodyear) 참사관이 한국정세에 관한 미 국무부 발표 예정 성명문을 북동아과 측에 전달한 기록 및 동 성명문
주제어	한국정세

문서명	한국 문제에 관한 미국국무성 대변인 담화에 관한 주일미국대사관의 사전 연락 건(韓国問題に関する米国国務省スポークスマン談話に関し在京米大使館より事前連絡の件)

문서파일번호	1815
작성연월일	1963. 3. 25
구분	제6차 회담
세부항목	한국 문제에 관한 미국 성명발표 사전 통보
작성처	외무성 북동아시아과
매수	3
비밀등급	극비
문서종류	회의록
공개구분	공개
내용	주일미국대사관 굿이어(John Goodyear) 참사관이 한국정세에 관해 미 국무부 발표 예정인 성명문을 북동아과 측에 전달
주제어	한국정세

문서명	제목 없음

문서파일번호	1815
작성연월일	1963. 3. 25
구분	제6차 회담
세부항목	한국 문제에 관한 미국 성명발표 사전 통보
작성처	미 국무부
매수	2
비밀등급	극비
문서종류	성명문안
공개구분	공개
내용	미 국무부가 한국정세에 관해 발표하는 성명문
주제어	한국정세

국무성 예거 동아시아국장 회담 요지(한국관계)
[国務省イエーガー東アジア局長との会談要旨(韓国関係)]

문서파일번호	1816
문서명	국무성 예거 동아시아국장 회담 요지(한국관계)[国務省イエーガー東アジア局長との会談要旨(韓国関係)]
작성연월일	1963. 4. 17
구분	제6차 회담
세부항목	우시로쿠 국장·예거 미 국무부 동아시아국장 회담
작성처	외무성 북동아시아과
매수	9
비밀등급	극비
문서종류	회의록
공개구분	공개
내용	우시로쿠 도라오 국장과 예거(Joseph A. Yager) 미 국무부 동아시아국장 회담 기록(예거 국장은 일본 방문 후 한국에 갔다가 재차 일본에 들림). 미국은 한국정세 관련, 4월 8일 박정희 의장 성명발표 이후 소강상태를 보이고 있는 상황이며, 현재 김종필이 없는 상황에서 박 의장의 자문역이 누구인지가 확실치 않다는 견해를 드러냄. 한일회담 관련, 일본은 어업 문제에 대한 한국 태도가 회담 타결의 관건이 될 것이라며, 재한재산을 청구권 문제의 카드로 쓸 수 없고, 다수의 일본어선이 한국에 나포되어 있으며, 주한일본대표부 설치가 승인되지 않는 등 일본의 입장에서 어려운 점들이 있다고 발언함.
주제어	한국정세, 한일회담 진행 전망

시마 차관과 버거 주한미국대사 회담 건
(島次官とBerger駐韓米大使会見の件)

문서파일번호	1817
문서명	시마 차관과 버거 주한미국대사 회담 건(島次官とBerger駐韓米大使会見の件)
작성연월일	1963. 6. 7
구분	제6차 회담
세부항목	시마 차관·버거 주한미국대사 회담
작성처	외무성 우라베 기록
매수	11
비밀등급	극비
문서종류	회의록
공개구분	공개
내용	미국방문 후 서울 귀임도중 도쿄에 들린 버거(Samuel D. Berger) 주한미국대사와 시마 시게노부(島重信) 차관 회담 기록. 한일회담의 어업 문제에 관해 주로 협의함.
주제어	어업

한국정세에 관한 대미 협의
(韓国政情に関する対米折衝)

문서파일번호	1818
작성연월일	1963. 2. 6 - 1963. 11. 26
구분	제6차 회담
세부항목	한국정세 관련 주미대사 보고
작성처	주미대사
매수	107
비밀등급	
문서종류	전문(電文)
공개구분	공개 또는 일부비공개
내용	1963년 2월 6일~11월 26일까지 한국정세, 한일회담과 관련하여 주미일본대사관이 미국과 협의한 내용을 보고한 전문 모음
주제어	한국정세

문서명	최근 한국 정치정세에 관한 미국 견해 건(最近の韓国政治情勢に関する米側見解の件)

문서파일번호 1818
작성연월일 1963. 2. 6
구분 제6차 회담
세부항목 한국정세 관련 주미대사 보고
작성처 주미대사
매수 3
비밀등급 극비
문서종류 전문(電文)
공개구분 일부비공개
내용 미 국무부 예거 동아시아국장에게 청취한 한국정세 관련 내용을 보고. 한국의 현 상황은 정치 실권이 군부정권으로부터 정당 정권으로 이동하는 과도기임. 박정희는 김종필파와 반 김종필파(김동하 등)간 균형을 잡으려 하고 있음.
주제어 한국정세

문서명	한국정세 건(韓国政情に関する件)

문서파일번호 1818
작성연월일 1963. 2. 20
구분 제6차 회담
세부항목 한국정세 관련 주미대사 보고
작성처 주미대사
매수 6
비밀등급 극비
문서종류 전문(電文)
공개구분 공개
내용 미 국무부 예거(Joseph A. Yager) 동아시아국장에게 청취한 한국정세 관련 내용을 보고. 박정희의 대통령 선거 불출마 의향이 거의 확실함. 김종필은 정적이 많아 선거에서 승리하더라도 많은 혼란을 야기할 가능성이 있음.
주제어 한국정세

문서명	한국 정치상황에 관한 미국 견해 조회 건(韓国政情に関する米側見解照会の件)

문서파일번호	1818
작성연월일	1963. 2. 26
구분	제6차 회담
세부항목	한국정세 관련 주미대사 보고
작성처	주미대사
매수	7
비밀등급	극비
문서종류	전문(電文)
공개구분	일부비공개
내용	미 국무부 한국과장에게 청취한 한국정세를 보고. 박정희 의장과 각 당 지도자가 2월 27일 만나 시국 수습 9항목에 관한 확인절차를 할 예정이라 함. 이럴 경우 박은 대통령선거에 나오지 않게 될 것임.
주제어	한국정세

문서명	한일교섭에 관한 호리타·할리만 회담 건(日韓交渉に関する堀田·ハリマン会談の件)

문서파일번호	1818
작성연월일	1963. 3. 1
구분	제6차 회담
세부항목	한국정세 관련 주미대사 보고
작성처	주미대사
매수	3
비밀등급	극비
문서종류	전문(電文)
공개구분	공개
내용	1963년 2월 28일과 3월 1일 홋타 쇼조*와 미 국무부 하리만 차관보 회담 결과 중 한일교섭 관련 내용을 보고. 김종필 사퇴로 한국의 정치 위기는 일단 사라졌으며, 현 군사정권하에서 한일회담을 타결 짓지 못하면 정정의 대상이 될 것임. 일본정부는 회담 타결을 위해 노력 중이며 미국 협조가 필요함.
주제어	한일회담

* 홋타 쇼조(堀田庄三, 1899년 1월 23일-1990년 12월 18일): 일본의 은행가. 스미토모(住友) 은행장을 19년(1952~1971)간 역임함으로써 스미토모은행의 법황으로 불리기도 한다.

문서명	한국 정치상황에 관한 미국 견해 조회(남북통일 문제) 건[韓国政情に関する米側見解照会(南北鮮統一問題)の件]

문서파일번호 1818
작성연월일 1963. 3. 5
구분 제6차 회담
세부항목 한국정세 관련 주미대사 보고
작성처 주미대사
매수 2
비밀등급 극비
문서종류 전문(電文)
공개구분 일부비공개
내용 1963년 2월 26일 미 국무부 한국과장 회담 시 북한이 중소대립 중인 상황에서 중공지지를 밝힌 이유에 대해 청취한 내용을 보고. 미국은 김일성이 스탈린식 교육을 받아 중공을 지지하는 입장이며, 현실적으로 남북한 통일을 실현시키기 위해서는 평화공존보다 중공식 동서대립 격화 정책에 의존할 수밖에 없기 때문이라 함.
주제어 북한의 중공지지

문서명	한일회담에 대한 일본의 기본 태도 건(日韓会談に対する日本側の基本的態度に関する件)

문서파일번호 1818
작성연월일 1963. 3. 11
구분 제6차 회담
세부항목 한국정세 관련 주미대사 보고
작성처 주미대사
매수 2
비밀등급 극비
문서종류 전문(電文)
공개구분 공개
내용 아사카이 고이치로 주미일본대사가 이임인사차 러스크 국무장관을 만나 한일관계에 관해 언급한 내용을 보고. 아사카이 대사는 미국이 한국에 대해 지나치게 동정적이라고 지적하고 이에 대해 일본은 약간의 불만이 있다고 언급함.
주제어 한일관계

문서명	아사미 대사의 이임 인사를 위한 대통령 면담의 건(朝海大使離任挨摎のためケ大統領と会談の件)

문서파일번호 1818
작성연월일 1963. 3. 11
구분 제6차 회담
세부항목 한국정세 관련 주미대사 보고
작성처 주미대사
매수 3
비밀등급 극비
문서종류 전문(電文)
공개구분 공개
내용 아사카이 고이치로 주미일본대사가 이임인사차 케네디 대통령을 예방한 석상에서 의견교환한 내용을 보고. 한일관계 관련 케네디 대통령은 한국 문제 해결은 일본의 안전과 연결되며, 일본의 실력이 늘수록 한국에 대한 책임도 커지므로 앞으로 양국 관계 정상화에 일본도 노력해 주기를 바란다고 말함.
주제어 한일관계

문서명	한국의 쿠데타 미수 건(韓国のクーデター未遂に関する件)

문서파일번호 1818
작성연월일 1963. 3. 11
구분 제6차 회담
세부항목 한국정세 관련 주미대사 보고
작성처 주미대사
매수 1
비밀등급 일반
문서종류 전문(電文)
공개구분 공개
내용 한국의 쿠데타 미수에 관한 미 국무부 논평내용을 보고. 국무부 링컨 화이트(Lincoln White)는 기자회견에서 금번 한국에서의 쿠데타 미수와 관련하여 사태가 무혈상황에서 진압된 것으로 보고 있으며, 미국은 박 의장의 9 항목 방식의 민정 이양을 지지한다고 언급함.
주제어 한국의 쿠데타 미수

문서명	한국의 쿠데타 미수 건(韓国のクーデター未遂に関する件)

문서파일번호 1818
작성연월일 1963. 3. 11
구분 제6차 회담
세부항목 한국정세 관련 주미대사 보고
작성처 주미대사
매수 4
비밀등급 극비
문서종류 전문(電文)
공개구분 공개
내용 미 국무부 예거(Joseph A. Yager) 동아시아국장에게 청취한 한국 쿠데타 미수사건 관련 내용을 보고. 한국은 금번 쿠데타 미수건과 관련한 정보를 통제하고 있으나 미국이 수집한 정보에 따르면 3월 7일 육군 및 공군 영관급 장교 소그룹이 박정희 의장 즉시 사임, 국민에 대한 사죄, 정권의 내각 인도 등을 요구하였으며, 요구가 관철되지 않을 시 공군기에 의한 공격을 계획한 것으로 알려짐. 이에 대해 정부가 강력한 대응조치를 통해 사태를 미연에 막은 것으로 보임. 금번 쿠데타의 주모자는 이규광 예비역 준장(퇴임 전 헌병사령관)인 것으로 알려짐. 금번 사태 진압을 통해 박 정권이 선거까지 보다 안정화될 것으로 기대됨.
주제어 한국의 쿠데타 미수

문서명	박 의장 성명에 대한 국무성 성명 건(朴議長声明に対する国務省声明に関する件)

문서파일번호 1818
작성연월일 1963. 3. 19
구분 제6차 회담
세부항목 한국정세 관련 주미임시대리대사 보고
작성처 주미임시대리대사
매수 4
비밀등급 극비
문서종류 전문(電文)

공개구분 공개

내용 1963년 3월 16일 박정희 의장의 군정 4년 연장 및 정치활동 금지에 관한 성명발표에 대해 미 국무부 링컨 화이트(Lincoln White, 대변인)가 3월 18일 기자회견 시 언급 내용을 보고. 미국은 박 성명의 의미를 연구 중이라고 하면서 비난하지는 않았으나 미국과의 충분한 상의 없이 성명이 발표된 점과 그간 민정이양 계획을 지지해왔던 점에서 금번 성명을 바람직하지 않은 것으로 보고 있다는 대사관 관찰의견이 기술됨.

주제어 한국정세

문서명	한국정세에 관한 미국 동아시아국장 담화 건(韓国情勢に関するイエーガー東ア局長の談話の件)

문서파일번호 1818

작성연월일 1963. 3. 20

구분 제6차 회담

세부항목 한국정세 관련 주미임시대리대사 보고

작성처 주미임시대리대사

매수 5

비밀등급 극비

문서종류 전문(電文)

공개구분 공개

내용 주미일본대사관과 미 국무부 정례 회의에서 예거(Joseph A. Yager) 동아시아국장이 한국정세에 관해 언급한 내용을 보고. 예거 국장은 박 의장 성명 발표 직전 미국에 통보한 점이나 성명내용에 대해 긍정적으로 생각하지 않고 있다고 하면서 현재 한국의 정세는 매우 유동적이며 박 의장 자신도 어떠한 대응을 해야 좋을지 잘 모르고 있는 듯 하다고 말함.

주제어 한국정세

문서명	한국 정치상황에 관한 미 국무성 성명 건(韓国政情に関する米国務省声明の件)

문서파일번호 1818
작성연월일 1963. 3. 29
구분 제6차 회담
세부항목 한국정세 관련 주미임시대리대사 보고
작성처 주미임시대리대사
매수 2
비밀등급 일반
문서종류 전문(電文)
공개구분 공개
내용 미 국무부의 한국정세에 관한 성명내용을 보고. 미국의 3월 25일 성명 이래 두 번째 성명. 미국은 한국 정부와 주요 정치지도자들이 국가 전체가 수용할 수 있는 정권 이양 절차에 관해 협의할 것을 희망한다는 내용이 담김.
주제어 한국정세

문서명	한국정세에 관한 국무성 성명 건(韓国情勢に関する国務省声明に関する件)

문서파일번호 1818
작성연월일 1963. 3. 29
구분 제6차 회담
세부항목 한국정세 관련 주미임시대리대사 보고
작성처 주미임시대리대사
매수 2
비밀등급 극비
문서종류 전문(電文)
공개구분 공개
내용 미 국무부의 한국정세에 관한 성명내용을 보고. 미국의 3월 25일 성명에 이은 두 번째 성명 내용을 간략하게 분석 보고.
주제어 한국정세

문서명	한국 정치상황에 관한 한미 간 서한 왕복 건(韓国政情に関し米韓間書簡往復の件)

문서파일번호 1818

작성연월일 1963. 4. 3

구분 제6차 회담

세부항목 한국정세 관련 주미임시대리대사 보고

작성처 주미임시대리대사

매수 3

비밀등급 일반

문서종류 전문(電文)

공개구분 일부비공개

내용 케네디·박정희 서한 교환에 관한 내용을 보고. 1963년 4월 2일 백악관 언론담당이 최근 한국의 정치상황에 관해 케네디 대통령과 박정희 의장 간에 서한 왕복이 있었음을 확인했으며, 뉴욕타임스(New York Times) 보도에 따르면 동 서한에는 케네디가 한국의 조기 민정이양을 강하게 촉구하는 내용이 담겼다 함.

주제어 한국정세

문서명	다케우치 대사가 신임장을 받을 때 대통령과 회담한 건(武内大使信任状捧呈の際の大統領との会談の件)

문서파일번호 1818

작성연월일 1963. 4. 25

구분 제6차 회담

세부항목 한국정세 관련 주미대사 보고

작성처 주미대사

매수 3

비밀등급 일반

문서종류 전문(電文)

공개구분 공개

내용 신임 다케우치 류지(武内竜次) 주미대사가 케네디 대통령에게 신임장을 받을 때 의견교환한 내용을 보고. 한일관계에 관한 사항은 포함되지 않음.

주제어 케네디·다케우치 신임대사 의견교환

문서명	한국 정치상황에 관한 한미 간 서한 왕복 건(韓国政情に関し米韓間書簡往復の件)

문서파일번호 1818
작성연월일 1963. 5. 7
구분 제6차 회담
세부항목 한국정세 관련 주미대사 보고
작성처 주미대사
매수 2
비밀등급 일반
문서종류 전문(電文)
공개구분 일부비공개
내용 미 국무부 ■언론담당관이 기자회견에서 한국 대통령 선거에 관해 언급한 내용을 보고. 미국이 박 의장의 대통령 입후보에 반대한다는 취지의 AFP 기자 질문에 대해 언론담당관은 미국은 백지의 입장이며, 한국 국민 전체가 받아들일 수 있는 절차에 따라 자유, 공평한 선거가 금년 실시될 것이라고 언급함.
주제어 한국정세

문서명	한국 정치상황에 관한 한미 간 서한 왕복 건(韓国政情に関し米韓間書簡往復の件)

문서파일번호 1818
작성연월일 1963. 5. 7
구분 제6차 회담
세부항목 한국정세 관련 주미대사 보고
작성처 주미대사
매수 1
비밀등급 일반
문서종류 전문(電文)
공개구분 공개
내용 미 국무부 ■언론담당관의 한국 대통령 선거에 대한 답변 내용(영문)을 보고
주제어 한국정세

문서명	예거 동아시아국장의 한국정세에 관한 언급 건(イエーガー東アジア局長韓国情勢に関し内話の件)

문서파일번호 1818
작성연월일 1963. 5. 8
구분 제6차 회담
세부항목 한국정세 관련 주미대사 보고
작성처 주미대사
매수 2
비밀등급 극비
문서종류 전문(電文)
공개구분 공개
내용 주미일본대사관·미 국무부 정례회의에서 예거(Joseph A. Yager) 동아시아국장이 한국정세 관련 언급한 내용을 보고. 미국은 박정희를 지지하는 것도 비방하는 것도 아니며, 민주적 절차에 따른 정권을 기대하는 것임. 김종필의 귀국은 바람직하지 않음.
주제어 한국정세

문서명	미군 헬리 승무원이 북한군에 의해 억류된 사건 건(米軍ヘリコプター乗員の北鮮軍による抑留事件の件)

문서파일번호 1818
작성연월일 1963. 7. 1
구분 제6차 회담
세부항목 한국정세 관련 주미대사 보고
작성처 주미대사
매수 4
비밀등급 극비
문서종류 전문(電文)
공개구분 공개
내용 주미일본대사관 쓰루미 기요히코와 예거(Joseph A. Yager) 미 국무부 동아시아국장이 미군 승무원 북한 억류사건 관련 협의 내용을 보고. 미국은 억류 조종사 문제 해결을 위한 북한 압박조치(북한인의 영역통과 거부 또는 제한, 북한과의 무역제한)에 일본이 협조해 줄 것을 요청함.
주제어 미군 조종사 북한 억류

문서명	북한군이 미군 헬리 승무원을 억류한 것에 관한 건(北鮮軍による米軍ヘリコプター乗員の抑留に関する件)

문서파일번호 1818
작성연월일 1963. 7. 8
구분 제6차 회담
세부항목 한국정세 관련 주미대사 보고
작성처 주미대사
매수 2
비밀등급 극비
문서종류 전문(電文)
공개구분 공개
내용 주미일본대사관 쓰루미 기요히코와 예거(Joseph A. Yager) 동아시아국장이 북한 억류 미조종사 문제에 관해 협의한 내용을 보고. 미국은 관계국들이 북한에게 조치한 내용을 설명함.
주제어 미군 조종사 북한 억류

문서명	극동 문제 등과 관련하여 미국 차관보 회담 건(極東問題等につきヒルズマン次官補と会談の件)

문서파일번호 1818
작성연월일 1963. 7. 12
구분 제6차 회담
세부항목 한국정세 관련 주미대사 보고
작성처 주미대사
매수 6
비밀등급 극비
문서종류 전문(電文)
공개구분 공개
내용 1963년 7월 11일 주미일본대사와 힐즈만 미 국무부 차관보 회담 내용을 보고문. 힐즈만 차관보는 미 조종사 억류건 관련 일본의 협조에 사의를 표함. 동인은 한국 문제 관련 김용식 장관이 다음 주 방미 예정이며, 김 장관이 귀국 시 일본에 들려 확실한 진전을 이루고 싶어 하는 것으로 보인다고 말함.
주제어 김용식 장관 방미, 한일 문제

문서명	한일교섭에 관한 김 외무부장관 담화 건(日韓交渉に関する金外務部長官談話の件)

문서파일번호 1818
작성연월일 1963. 7. 17
구분 제6차 회담
세부항목 한국정세 관련 주미대사 보고
작성처 주미대사
매수 1
비밀등급 일반
문서종류 전문(電文)
공개구분 공개
내용 워싱턴 포스트(Washington Post)지에 게재된 방미 중인 김용식 장관의 발언내용을 보고. 김 장관은 일본의 식량원조로 양국관계가 호전될 가능성이 있다고 하고, 어업 문제에 관해서는 금번 귀국길에 일본에 들려 기술적인 문제라도 해결하고 싶다고 함.
주제어 김용식 장관 방미, 어업

문서명	김 한국외상과 미국 수뇌부의 회담 건(金韓国外相と米首脳部との会談に関する件)

문서파일번호 1818
작성연월일 1963. 7. 17
구분 제6차 회담
세부항목 한국정세 관련 주미대사 보고
작성처 주미대사
매수 2
비밀등급 극비
문서종류 전문(電文)
공개구분 공개
내용 주미일본대사관·미 국무부 정례 회의에서 예거(Joseph A. Yager) 동아시아국장이 김용식 외무장관 방미결과에 관해 언급한 내용을 보고. 김 장관은 한국 정치일정 관련, 10월 대통령선거, 11월 국회의원 선거를 실시하고 12월 26일까지 민정 이양한다는 내용을 9월에 발표할 것이라고 함.
주제어 김용식 방미결과, 한국 정치일정

문서명	한일 문제, 핵정회의에 관한 보올즈 차관 면담 건(日韓問題核停会談に関しボール次官と会談の件)

문서파일번호 1818
작성연월일 1963. 7. 17
구분 제6차 회담
세부항목 한국정세 관련 주미대사 보고
작성처 주미대사
매수 2
비밀등급 극비
문서종류 전문(電文)
공개구분 공개
내용 7월 17일 다케우치 류지 주미일본대사와 보올즈 전 국무부 차관 회담 결과 중 한일 문제 보고. 다케우치 대사는 방미 중인 김용식 장관에게 12해리 어업수역을 한국이 수용토록 영향력을 행사해 줄 것을 요청함.
주제어 어업

문서명	오히라·러스크 회담 건(大平ラスク会談に関する件)

문서파일번호 1818
작성연월일 1963. 9. 19
구분 제6차 회담
세부항목 한국정세 관련 주미대사 보고
작성처 주미대사
매수 15
비밀등급 극비
문서종류 전문(電文)
공개구분 공개
내용 오히라 마사요시 외상과 러스크 국무장관 회담 결과를 보고. 오히라 대신은 러스크 장관에게 대통령선거는 박정희의 승리가 예상되나 국회의원 선거는 여당이 이길 것으로 보지 않는다고 말함. 한일교섭은 어업 문제가 남아 있으며, 선거 후 한국이 어업 문제 입장을 정하리라 본다고 하고, 일본의 식량원조로 한국의 지도자층에서 대일감정이 호전되고 있는 것으로 보인다 함.
주제어 오히라·러스크 회담, 한일 문제

문서명	한국 대통령선거 건(韓国大統領選挙に関する件)

문서파일번호 1818
작성연월일 1963. 10. 17
구분 제6차 회담
세부항목 한국정세 관련 주미대사 보고
작성처 주미대사
매수 3
비밀등급 극비
문서종류 전문(電文)
공개구분 공개
내용 미 국무부 한국과장이 한국 대통령선거 결과에 관해 언급한 내용을 보고
주제어 한국 대통령 선거에 대한 미국 반응

문서명	한국 대통령선거 건(韓国大統領選挙に関する件)

문서파일번호 1818
작성연월일 1963. 10. 22
구분 제6차 회담
세부항목 한국정세 관련 주미대사 보고
작성처 주미대사
매수 2
비밀등급 극비
문서종류 전문(電文)
공개구분 공개
내용 주미일본대사관·국무부 정례회의에서 훼어리(Robert A. Fearey) 차장이 한국 대통령 선거에 관해 언급한 내용을 보고. 금번 선거는 질서 있고 공평하게 진행된 것으로 보며 야당 측도 불평을 제기할 의도는 없는 것으로 보임. 한일교섭은 양국 합의가 한국에서 통과될 것으로 예상되며, 김종필의 공작에도 불구, 일본이 동인을 통해 타결 지으려 하는 것은 바람직하지 않아 보임.
주제어 한국 대통령 선거에 대한 미국 반응, 한일교섭전망

문서명	국무성 정례회담(한국 정치상황) 건[国務省との定例会議(韓国政情)の件]

문서파일번호 1818
작성연월일 1963. 11. 5
구분 제6차 회담
세부항목 한국정세 관련 주미대사 보고
작성처 주미대사
매수 2
비밀등급 극비
문서종류 전문(電文)
공개구분 공개
내용 주미일본대사관·미 국무부 정례회의에서 베이콘 동아시아국장 대리가 한국정세에 언급한 내용을 보고. 미국은 한국 대통령 취임 시 축전을 보낼 예정임. 국회의원선거는 비례대표 제외하고, 여당이 137석 중 42~3석 얻을 것이라는 전문가 의견이 있음. 김종필이 돌아왔으나 상황을 낙관할 수 없음.
주제어 한국정세

문서명	이케다 총리와 존슨 신 대통령 회담 건(池田総理のジョンソン新大統領との会談の件)

문서파일번호 1818
작성연월일 1963. 11. 26
구분 제6차 회담
세부항목 한국정세 관련 주미대사 보고
작성처 주미대사
매수 7
비밀등급 극비
문서종류 전문(電文)
공개구분 공개
내용 존슨 대통령 취임식 참석차 방미중인 이케다 하야토 총리가 1963년 11월 25일 리셉션 후 존슨 대통령과 회담한 내용을 보고. 존슨 대통령은 일본의 총선거가 이미 끝났고 한국의 총선도 곧 실시될 것이므로 양국관계가 정상화 되는 길이 열릴 것으로 희망한다고 말함.
주제어 한일관계

문서명	이케다 총리 러스크 장관 회담 건(池田総理ラスク長官会談の件)

문서파일번호	1818
작성연월일	1963. 11. 26
구분	제6차 회담
세부항목	한국정세 관련 주미대사 보고
작성처	주미대사
매수	6
비밀등급	극비
문서종류	전문(電文)
공개구분	공개
내용	이케다 하야토 총리와 마사요시(大平正芳) 외상이 러스크 전 국무장관과 회담한 내용을 보고. 러스크 전 장관이 한일회담은 어업 문제만 남았다고 들었다 하자, 오히라 외상은 어업은 청구권만큼 어려운 문제는 아니라면서 해결이 멀지 않았다고 함. 이케다 총리는 일본보다도 한국의 태도에 달려있다며 선거 후 박정희 대통령이 얼마나 유력한 정부를 조직하느냐가 중요한 점이라고 말함.
주제어	한일관계

한국정세에 관한 대미 절충
(韓国政情に関する対米折衝)

문서파일번호	1819
작성연월일	1963. 2. 20 - 1963. 7. 6
구분	제6차 회담
세부항목	한국정세 관련 일미협의
작성처	외무성 북동아시아과
매수	23
비밀등급	
문서종류	전문(電文)
공개구분	공개
내용	1963년 2월 20일~7월 6일까지 한국정세 및 한일교섭 관련 미국과의 협의를 주미대사(임시대리대사)에게 지시하는 전문 모음
주제어	한국정세

문서명	한국 정치상황에 관한 미국 견해 조회 건(韓国政情に関する米側見解照会の件)

문서파일번호 1819
작성연월일 1963. 2. 20
구분 제6차 회담
세부항목 한국정세 관련 일미협의
작성처 외무성 북동아시아과
매수 4
비밀등급 극비
문서종류 전문(電文)
공개구분 공개
내용 박정희 · 김종필 라인을 중심으로 군사정부가 안정화되고 있는데, 민정이양 이후에도 그들 권력이 유지되는가 등 한국의 정국에 대한 미국 견해를 파악, 보고하라고 주미대사에게 지시
주제어 한국정세

문서명	한일회담 관련 미 측에 대한 설명 건(日韓会談につき米側への説明に関する件)

문서파일번호 1819
작성연월일 1963. 3. 6
구분 제6차 회담
세부항목 한일회담 관련 일미협의
작성처 외무성 북동아시아과
매수 2
비밀등급 극비
문서종류 전문(電文)
공개구분 공개
내용 한국의 정국과 관련하여 한일회담에 대한 일본의 입장을 미국 고위급 인사에게 정확히 전달하도록 주미대사에게 지시
주제어 한일회담 관련 일본 입장

문서명	한일회담에 대한 일본의 기본 태도 건(日韓会談に対する日本側の基本的態度に関する件)

문서파일번호	1819
작성연월일	1963. 3. 9
구분	제6차 회담
세부항목	한일회담 관련 일미 협의
작성처	외무성 북동아시아과
매수	5
비밀등급	극비
문서종류	전문(電文)
공개구분	공개
내용	한일회담과 관련한 일본정부의 입장을 주미대사에게 전달. 청구권 문제에 관해서는 한국과 차관의 상환기간, 무역 채무 변제기간 등에 관해 교섭 중이며, 동 문제에 관해 일본 입장을 수락할 것을 한국에 요구하고 있음.
주제어	어업, 청구권, 주한일본대표부 설치 문제

문서명	한국 정치상황에 관하여 미국에 요청한 건(韓国政情に関し米側に申し入れの件)

문서파일번호	1819
작성연월일	1963. 3. 20
구분	제6차 회담
세부항목	한국정세 관련 일미협의
작성처	외무성 북동아시아과
매수	3
비밀등급	극비
문서종류	전문(電文)
공개구분	공개
내용	한국의 정세와 관련하여 1963년 3월 19일 시마 시게노부(島重信) 차관이 라이샤워(Edwin O. Reischauer) 주일미국대사에게 일본의 입장을 전달하였음을 주미대사에게 통보
주제어	한국정세

문서명	북한군의 미군 헬리 승무원 억류 건(北鮮軍による米軍ヘリコプター乗員の抑留に関する件)

문서파일번호 1819
작성연월일 1963. 7. 3
구분 제6차 회담
세부항목 한국정세 관련 일미협의
작성처 외무성 북동아시아과
매수 4
비밀등급 극비
문서종류 전문(電文)
공개구분 공개
내용 북한의 미 조종사 억류관련, 북한에 대한 압박조치에 관한 일본 입장을 주미대사에게 통보. 미국의 요청 가운데 북한인 영역통과 제한은 문제가 없으나, 북한과의 무역 제한 등 조치는 한일회담 반대세력을 불필요하게 자극할 우려가 있으므로 적절치 않음.
주제어 북한의 미국 조종사 억류, 대북한 압박조치

문서명	한일회담 현황 관련 미국에 대한 설명 건(日韓会談の現状につき米側への説明に関する件)

문서파일번호 1819
작성연월일 1963. 7. 6
구분 제6차 회담
세부항목 한일회담 관련 일미협의
작성처 외무성 북동아시아과
매수 5
비밀등급 극비
문서종류 전문(電文)
공개구분 공개
내용 1963년 7월 김용식 장관의 방미에 대비, 한일회담 관련 현황을 알려 주면서 일본정부의 입장을 미국에 잘 설명하도록 주미대사에게 지시. 청구권 문제 관련 차관의 상환기간, 무역 채무 변제기간 등에 관해 한국이 일본 입장에 접근해 오고 있음.
주제어 어업, 청구권

제3부

오노 부총재 방한
(1962. 12~)

오노 자민당 부총재 등 방한 자료
(大野自民党副総裁等訪韓資料)

문서파일번호	520
작성연월일	1962. 12. 1 - 1962. 12. 7
구분	제6차 회담
세부항목	오노 자민당 부총재 방한
작성처	외무성
매수	35
비밀등급	
문서종류	내부자료
공개구분	공개 또는 일부비공개
내용	1962년 12월 10~13일까지 김종필 중앙정보부장의 초청으로 방한한 오노 반보쿠 자민당 부총재 일행의 방한 관련 자료 모음
주제어	오노 자민당 부총재 방한

문서명	오노 자민당 부총재 등 방한의원단 명부(大野自民党副総裁等訪韓議員団名簿)

문서파일번호 520
작성연월일 1962. 12. 1
구분 제6차 회담
세부항목 오노 부총재 방한의원단 명부
작성처 외무성
매수 1
비밀등급 일반
문서종류 내부자료
공개구분 일부비공개
내용 오노 반보쿠 부총재, 방한의원단(10명) 및 수행원(이세키 유지로 주네덜란드대사 외 외무성 직원 3명) 명부
주제어 오노 자민당 부총재 방한

문서명	오노 자민당 부총재 방한 수행보도기자 명부(大野自民党副総裁訪韓随行報道記者名簿)

문서파일번호 520
작성연월일 1962. 12. 1
구분 제6차 회담
세부항목 오노 부총재 방한 수행기자단 명부
작성처 외무성
매수 1
비밀등급 일반
문서종류 내부자료
공개구분 일부비공개
내용 오노 반보쿠 부총재 방한 수행기자단 명부(먹칠로 가려져 있음)
주제어 오노 자민당 부총재 방한

문서명	행사 일정표(안)[行事日程表(案)]

문서파일번호	520
작성연월일	1962. 12. 7
구분	제6차 회담
세부항목	오노 부총재 방한 일정표
작성처	외무성
매수	5
비밀등급	일반
문서종류	내부자료
공개구분	공개
내용	오노 반보쿠 부총재 일행 방한 일정표
주제어	오노 자민당 부총재 방한

문서명	발언 등 특히 유의 당부하고 싶은 사항(御発言等特に御留意願いたき事項)

문서파일번호	520
작성연월일	1962. 12. 1
구분	제6차 회담
세부항목	오노 부총재 방한 발언 시 유의점
작성처	외무성
매수	3
비밀등급	비(秘)
문서종류	내부자료
공개구분	공개
내용	오노 반보쿠 부총재 방한 시 발언 등과 관련하여 유의할 점 3가지를 정리한 문서. ① 과거 식민지 지배와 관련한 의견 표명을 요구받았을 경우에는 논쟁에 말려들지 말고 한일관계의 새로운 시대를 구축해 나가야 한다는 점을 언급(일부 내용 먹칠) ② 한국인들의 경우 일본어를 알고 있으므로 주의 ③ 한국, 한국인, 서울이라는 용어를 사용할 필요가 있음.
주제어	오노 자민당 부총재 방한

문서명	김종필 부장과 회담 시 오노 부총재의 모두발언 요령(金鍾泌部長との会談における大野副総裁の冒頭発言要領)

문서파일번호 520
작성연월일 1962. 12. 1
구분 제6차 회담
세부항목 오노 부총재 김종필 부장 면담 시 발언 요령
작성처 외무성
매수 5
비밀등급 극비
문서종류 내부자료
공개구분 공개
내용 오노 반보쿠 부총재의 김종필 부장 회담 시 모두발언 요령. 자민당은 한일회담의 타결 추진에 의견이 일치함. 어업 문제 해결이 한일회담에 중요하다는 점을 강조하고 김종필 부장의 역할을 요청함.
주제어 오노 자민당 부총재 방한

문서명	오노 자민당 부총재 등 자민당 의원단 방한 시 상정 문답(大野副総裁等自民党議員団訪韓の際の想定問答)

문서파일번호 520
작성연월일 1962. 12. 3
구분 제6차 회담
세부항목 오노 부총재 방한 시 상정 문답 자료
작성처 외무성
매수 20
비밀등급 비(秘)
문서종류 내부자료
공개구분 공개
내용 오노 반보쿠 자민당 부총재 등 자민당 의원단 방한 시 예상 문답 자료. 한국정부를 유일의 합법정부로 보는지 여부, 한국 통일 문제, 청구권, 독도, 북송 문제 등 12개 현안에 대한 문답 정리. 식민통치가 한국 근대화에 기여했다 등의 발언은 금물, 근년 양국의 관계가 본연의 모습에서 이탈한 점은 유감, 독도가 '이승만 라인'으로 한국영토에 포함된 문제를 시정하고자 노력했으나 아직 해결되지 않은 점은 유감임.
주제어 한일관계, 한일회담 전망, 청구권, 독도, 북송 문제 등

오노 부총재 방한 시 각종 연설문
(大野副總裁訪韓におけるスピーチ)

문서파일번호	522
작성연월일	1962(월일 불명)
구분	제6차 회담
세부항목	오노 자민당 부총재 방한
작성처	외무성
매수	10
비밀등급	
문서종류	연설문
공개구분	공개
내용	1962년 12월 오노 반보쿠 부총재의 방한 시 연설문 모음
주제어	오노 부총재 방한 연설문

문서명	서울 출발 시 메시지(ソウル出発に際してメッセージ)

문서파일번호 522
작성연월일 1962(월일 불명)
구분 제6차 회담
세부항목 오노 부총재 서울 출발 연설문
작성처 외무성
매수 2
비밀등급 일반
문서종류 연설문
공개구분 공개
내용 1962년 12월 13일 오노 반보쿠 부총재 서울 출발 시 연설문. 방한 기간 중 보고 들은 것을 정확하게 일본 국민들에게 전달하는 것이 사명이라고 언급함.
주제어 오노 자민당 부총재 방한

문서명	영락 보인원(고아원) 방문 시 인사말(永樂保隣院訪問の際のあいさつ)

문서파일번호 522
작성연월일 1962(월일 불명)
구분 제6차 회담
세부항목 오노 부총재 고아원 방문 인사말
작성처 외무성
매수 2
비밀등급 일반
문서종류 연설문
공개구분 공개
내용 1962년 12월 11일 오노 반보쿠 부총재의 영락 보인원 방문 시 인사말
주제어 오노 자민당 부총재 방한

문서명	오찬 연설(午餐会におけるスピーチ)

문서파일번호 522
작성연월일 1962(월일 불명)
구분 제6차 회담
세부항목 오노 부총재 오찬 연설문
작성처 외무성
매수 3
비밀등급 일반
문서종류 연설문
공개구분 공개
내용 오노 반보쿠 부총재의 오찬 연설문(여러 번 개최된 오찬 행사에서 반복해서 사용할 수 있도록 표준안으로 작성된 것으로 보임). 타결에 가까워지고 있는 한일회담의 교섭을 촉진하고 최종 타결에 공헌하기 위하여 방한하였음. 한일 간에는 긴 교류가 이루어지는 가운데 여러 가지 문제가 있었으나, 과거의 감정에 얽매이지 말고 대국적 견지에서 손을 잡지 않으면 안 된다고 함.
주제어 오노자민당 부총재 방한

문서명	서울 도착 시 메시지(ソウル到着の際のメッセージ)

문서파일번호 522
작성연월일 1962(월일 불명)
구분 제6차 회담
세부항목 오노 부총재 서울 도착 연설문
작성처 외무성
매수 3
비밀등급 일반
문서종류 연설문
공개구분 공개
내용 1962년 12월 10일 오노 반보쿠 부총재의 서울 도착 시 연설문. 교섭 타결을 향하고 있는 한일회담이 최종 목표에 도달할 수 있도록 해야 함.
주제어 오노 자민당 부총재 방한

이케다 하야토 총리대신이 박정희 의장에게 보낸 친서(池田総理大臣発朴正熙議長宛親書)

문서파일번호	521
작성연월일	1962. 12. 7
구분	제6차 회담
세부항목	오노자민당 부총재 방한
작성처	외무성
매수	3
비밀등급	
문서종류	외교공한(친서)
공개구분	공개
내용	1962년 12월 오노 부총재의 방한 시 박정희 의장에게 전달된 12월 7일 자 이케다 하야토 총리의 친서
주제어	이케다 수상의 박정희 의장 앞 친서

문서명	이케다 하야토 총리대신이 박정희 의장에게 보낸 친서(池田総理大臣発朴正熙議長宛親書)

문서파일번호 521
작성연월일 1962. 12. 7
구분 제6차 회담
세부항목 이케다 하야토 총리 친서
작성처 외무성
매수 2
비밀등급 일반
문서종류 외교공한(친서)
공개구분 공개
내용 오노 반보쿠 부총재의 방한 시 박정희 의장에게 전달된 이케다 하야토 총리의 친서. 허심탄회한 의견교환을 요망한다는 내용이 담김.
주제어 오노 자민당 부총재 방한

문서명	이케다 하야토 총리대신이 박정희 의장에게 보낸 친서 영문본(池田総理大臣発朴正熙議長宛書簡)

문서파일번호 521
작성연월일 1962. 12. 7
구분 제6차 회담
세부항목 이케다 하야토 총리 친서(영문본)
작성처 외무성
매수 1
비밀등급 일반
문서종류 외교공한(친서)
공개구분 공개
내용 이케다 하야토 총리가 박정희 의장에게 보낸 친서 영문본
주제어 오노 자민당 부총재 방한

오노 부총재 방한에 동행, 방한한 이세키 대사의 우시로쿠 국장 보고 요지(大野副総裁に同行訪韓した伊関大使の後宮局長に対する報告要旨)

문서파일번호	523
작성연월일	1962. 12. 10 - 1962. 12. 14
구분	제6차 회담
세부항목	이세키 국장 한국 출장
작성처	외무성
매수	18
비밀등급	
문서종류	내부문서, 협정안
공개구분	공개
내용	1962년 12월 10일~13일까지 방한한 오노 자민당 부총재와 동행한 이세키 유지로 주네덜란드대사(전 아시아국장)가 방한 기간 중 한국 인사들 접촉을 통해 파악한 한일회담 관련 사항들을 우시로쿠 도라오 아시아국장에게 보고한 내용 및 방한 시 한국에 제시한 일본 입장이 담긴 문서
주제어	이세키 국장 방한 결과 보고

문서명	오노 부총재 방한에 동행(12월 10~13일)한 이세키 대사의 우시로쿠 국장 보고 요지 (大野副総裁に同行訪韓(12月10日より13日まで)した伊関大使の後宮局長に対する報告要旨)

문서파일번호 523
작성연월일 1962. 12. 14
구분 제6차 회담
세부항목 이세키 국장 한국 출장보고서
작성처 외무성
매수 7
비밀등급 극비
문서종류 내부문서
공개구분 공개
내용 1962년 12월 오노 반보쿠 부총재 방한에 동행한 이세키 유지로 대사가 방한 기간 중 한국 인사(김종필, 외무부 인사) 및 새뮤얼 버거 주한미국대사 면담을 통해 파악한 한일회담 안건 관련 사항을 정리한 문서. 한국은 이케다 하야토 총리가 12월 22일까지 김종필·오히라 마사요시 합의를 재가해 주기를 강력 희망, 독도와 관련해 김종필 부장은 1년 정도 조정 후 해결되지 않으면 국제사법재판소(ICJ)를 포함해 적당한 조치를 취하면 어떻겠냐는 의견 제시, 어업 문제는 청구권이 해결되면 한국이 2차안을 제시할 예정(버거 대사는 앞으로 어업이 가장 중요한 안건이므로 한국에 압력을 가하겠다고 언급), 한국 외무부 인사는 오노 부총재가 청구권 관련 이케다 총리의 재가를 받아내면 선물로 일본 외무성 직원의 한국 장기 출장체제를 용인하겠다고 언급함.
주제어 청구권, 독도, 어업, 문화재 반환, 주한일본 대표부 설치 문제

문서명	1962년 12월 오노 방한 시 동행한 이세키 대사가 비공식으로 한국에 제시한 것 (37年12月大野訪韓の際同行の伊関大使が非公式に韓国側に提示したもの)

문서파일번호 523
작성연월일 1962. 12. 10
구분 제6차 회담
세부항목 이세키 국장이 한국에 전달한 한일 현안 일본 입장
작성처 외무성
매수 9
비밀등급 극비

문서종류 내부문서

공개구분 공개

내용 1962년 12월 오노 반보쿠 부총재 방한에 동행한 이세키 유지로 대사가 한국에 제시한 한일 간 현안에 관한 일본 입장이 기술된 문서. 청구권에 관해서는 협정 요강안 제시, 문화재에 관해서는 문화협력의 일환으로 일부 국유문화재를 증여할 방침. 선박은 청구권 문제에 포함시켜 해결하고, 어업은 회담 타결을 위해 양보하지 못하는 문제이며 평화선의 유지는 인정하지 못할 것, 독도는 국제사법재판소(ICJ)에 회부하는 것이 최선의 방안 등

주제어 청구권, 선박 반환, 문화재 반환, 어업, 독도

문서명	일본국과 대한민국의 청구권 해결 및 경제협력에 관한 협정 요강(발췌)(안)[日本国と大韓民国との間の請求権解決及び経済協力に関する協定要綱(抜萃)(案)]

문서파일번호 523

작성연월일 1962(월일 불명)

구분 제6차 회담

세부항목 청구권협정 요강 발췌(안)

작성처 외무성

매수 2

비밀등급 일반

문서종류 협정안

공개구분 공개

내용 김종필 · 오히라 합의 내용을 협정문안화함. 김종필 · 오히라 마사요시 합의 시 무상을 무상경협으로, 유상을 유상경협으로 수정하고, '대한민국의 경제 개발, 발전에 기여하는 것을 희망하며'라는 문구와 '본 협정의 체결에 의해 샌프란시스코에서 서명한 일본국과의 평화조약 제4조의 문제가 최종적으로 해결되었음을 인정한다'는 문구가 포함됨.

주제어 청구권

제4부

청구권, 경제협력 관련 자료
(1962~)

한국의 대일청구요강 관계자료
(韓国の対日請求要綱関係資料)

문서파일번호	374
작성연월일	1962. 1. 29 - 1962. 2. 1
구분	제6차 회담
세부항목	대일청구요강에 관한 일본자료
작성처	대장성, 주한미군정청(USAMGK), 연합국 최고사령부 외교국, 외무성 등
매수	27
비밀등급	
문서종류	내부자료, 공문, 외교공한
공개구분	공개
내용	한국의 대일청구요강에 관해 대장성에서 작성한 자료 모음(이 파일에 수록된 문서들은 다른 여러 파일에 수록된 문서들과 중복되는 것이 많음.)
주제어	청구권

문서명	한국의 대일청구요강에 관한 대장성 자료(韓国の対日請求要綱に関する大蔵省資料)

문서파일번호	374
작성연월일	불명
구분	제6차 회담
세부항목	청구권요강
작성처	대장성
매수	11
비밀등급	비(秘)
문서종류	내부자료
공개구분	공개
내용	한국본점 법인의 재일재산 반환요구, 외환저금 및 채권, 태평양 미육군총사령부 명령에 의해 동결된 한국의 수령액, 일본인이 한국 내 각 은행에서 인출한 예금액, 총독부 도쿄사무소 재산 등 한국의 청구 항목에 대한 교섭 대처 요령이 정리되어 있음.
주제어	청구권, 대일청구요강 관련 일본자료

문서명	일본 유가증권 조서(日本有価証券調書)

문서파일번호	374
작성연월일	불명
구분	제6차 회담
세부항목	일본 유가증권
작성처	불명
매수	1
비밀등급	비(秘)
문서종류	내부자료
공개구분	공개
내용	일본 유가증권 조서. 일본 국채, 조선식량증권 및 식량증권, 일본저축권, 일본정부보증 사채, 일본 지방채, 일본 사채, 저축 및 보국채권, 기타 항목의 소유자, 등록, 현물, 합계로 구분하여 정리되어 있음.
주제어	청구권, 대일청구요강 관련 일본 자료

문서명	제목 없음

문서파일번호 374
작성연월일 1946. 4. 22
구분 제6차 회담
세부항목 일본은행권 소각
작성처 불명
매수 1
비밀등급 비(秘)
문서종류 내부자료
공개구분 공개
내용 1946년 4월 2~22일까지 조선은행과 엠지 출판사(M.G. Publishing House)에서 소각된 일본 통화의 금액 및 목록 정리(영문)
주제어 청구권, 대일청구요강 관련 일본자료

문서명	제목 없음

문서파일번호 374
작성연월일 1947. 11. 14
구분 제6차 회담
세부항목 일본은행권 소각
작성처 불명
매수 1
비밀등급 일반
문서종류 내부자료
공개구분 공개
내용 1947년 11월 8~16일까지 조선은행과 엠지 출판사에서 소각된 일본 통화의 금액 및 목록 정리(영문)
주제어 청구권, 대일청구요강 관련 일본자료

문서명	일본은행 관리의 일본은행권 소각 입회요청서(Request for Bank of Japan Official to Supervise Destruction of Bank of Japan Notes)

문서파일번호	374
작성연월일	1947. 9. 25
구분	제6차 회담
세부항목	일본은행권 소각
작성처	주한미군정청
매수	2
비밀등급	일반
문서종류	외교공한
공개구분	공개
내용	주한미군정청이 연합국 최고사령부에게 보낸 문서(영문). 조선은행에 보관하고 있는 일본 내 변재 불가능한 일본은행권을 소각하기 위해 일본은행 관계자의 한국 파견을 요청함.
주제어	청구권, 대일청구요강 관련 일본자료

문서명	제목 없음

문서파일번호	374
작성연월일	불명
구분	제6차 회담
세부항목	일본은행권 소각
작성처	불명
매수	1
비밀등급	비(秘)
문서종류	내부자료
공개구분	공개
내용	소각된 일본은행권 액수를 기록한 문서
주제어	청구권, 대일청구요강 관련 일본자료

문서명	제목 없음

문서파일번호 374
작성연월일 1950. 10. 21
구분 제6차 회담
세부항목 한국인 노동자 급료
작성처 연합국 최고사령부 외교국
매수 2
비밀등급 비(秘)
문서종류 외교공한
공개구분 공개
내용 연합국 최고사령부 외교국이 주일한국대표부에 보낸 공한. 한국인 노동자에게 지불될 급료 자금에 관한 주일한국대표부의 문의에 대해, 현재 일본정부가 자금 분리를 진행 중이기 때문에 외국인 채권자의 엔화 계좌를 이체하는 것은 시기상조라는 의견.
주제어 청구권, 대일청구요강 관련 일본자료

문서명	피징용자 수(被徵用者数)

문서파일번호 374
작성연월일 불명
구분 제6차 회담
세부항목 피징용자 통계
작성처 불명
매수 1
비밀등급 비(秘)
문서종류 내부자료
공개구분 공개
내용 한국인 노무자, 군인·군속 피징용자 수가 생존자, 사망자, 부상자로 정리되어 있음.
주제어 청구권, 대일청구요강 관련 일본자료

문서명	피징용자 수 관계자료(被徵用者数関係資料)

문서파일번호 374
작성연월일 불명
구분 제6차 회담
세부항목 피징용자 자료
작성처 불명
매수 1
비밀등급 비(秘)
문서종류 내부자료
공개구분 공개
내용 피징용자 수에 관한 자료 목록(11개의 자료명이 기록되어 있음.)
주제어 청구권, 대일청구요강 관련 일본자료

문서명	송환 한국인을 대신하여 세관이 보관 중인 엔화 액수 및 송환 한국인이 소지하였던 한국통화의 일본통화로의 환전액에 대한 주일한국대표부의 조사 요청 (Request of the Korean Mission in Tokyo to Investigate Amount of Yen Currency held in Custody by the Customs in behalf of the Repatriated Koreans and Conversion of the Japanese Currency into the Korean Currency to be carried by the Repatriated Koreans)

문서파일번호 374
작성연월일 1951. 9. 7
구분 제6차 회담
세부항목 본국 송환 한국인 엔화 보유 현황 조사
작성처 대장성
매수 2
비밀등급 비(秘)
문서종류 외교공한
공개구분 공개
내용 주일 한국대표가 본국 송환 한국인들이 소지한 엔화 액수에 대해 엔화에서 원화로 환전된 금액을 조사해 달라고 요청. 대장성이 조사결과를 정리하여 연합국 최고사령부에 전달함.
주제어

문서명	한국인 군인, 군속 등의 은급액 시산 건(韓国人軍人軍属等の恩給額試算に関する件)

문서파일번호 374
작성연월일 1962. 1. 29
구분 제6차 회담
세부항목 한국인 군인 은급
작성처 마에다 북동아시아과장
매수 3
비밀등급
문서종류 공문
공개구분 공개
내용 외무성 북동아과가 한국인 군인, 군속의 귀환, 사망별 통계 최종결과(별첨)가 산출되었으니 군인은급 총액을 수정하여 추산해 달라고 총리부 은급국 심의과장에게 요청
주제어 청구권, 대일청구요강 관련 일본자료

문서명	조선인 군속의 유족연금, 장애연금 등의 시산 건(朝鮮人軍属の遺族年金、障害年金等の試算に関する件)

문서파일번호 374
작성연월일 1962. 2. 1
구분 제6차 회담
세부항목 한국인 군인·군속 보상
작성처 마에다 북동아시아과장
매수 2
비밀등급
문서종류 공문
공개구분 공개
내용 외무성 북동아과가 조선인 군인, 군속의 귀환, 사망별 통계의 최종결과가 산출되었으니 사망 조선인 군속 유족의 연금액, 부상군속의 상해연금액 및 사망군인·군속의 조의금액을 원호법을 준용하여 시산해서 제출해 달라고 후생성 원호국에 요청
주제어 청구권, 대일청구요강 관련 일본자료

구 재일본조선인연맹에 대한 귀국 한국인의 기탁금 건 등(旧在日本朝鮮人連盟に対する帰国朝鮮人の寄託金に関する件等)

문서파일번호	375
작성연월일	1962. 2. 7 - 1962. 2. 27
구분	제6차 회담
세부항목	청구권 자료
작성처	외무성, 법무성
매수	9
비밀등급	
문서종류	공문
공개구분	공개
내용	1962년 제6차 회담 기간 중 외무성 북동아과가 귀국 조선인의 기탁금, 조선인 일본이주 노무자의 실태 및 미수금 등과 관련하여 관계 성청에 보낸 공문 및 이에 대한 답신 공문
주제어	청구권

문서명	구 재일본조선인연맹에 대한 귀국 한국인의 기탁금 건(旧在日本朝鮮人連盟に対する帰国朝鮮人の寄託金に関する件)

문서파일번호 375
작성연월일 1962. 2. 7
구분 제6차 회담
세부항목 귀국 한국인 기탁금
작성처 외무성 북동아시아과장
매수 2
비밀등급 일반
문서종류 공문
공개구분 공개
내용 외무성 북동아과장이 한일회담 청구권소위원회에서 한국이 구 재일본조선인연맹 해산으로 공탁된 재일한국인들의 기탁금 반환을 요청했다고 언급하면서 구조선계 자료를 조사하여 기탁 사실의 존재 여부를 확인해 달라고 법무성 민사국 제5과장에게 요청
주제어 청구권

문서명	구 재일본조선인연맹에 대한 귀국 한국인의 기탁금 건(旧在日本朝鮮人連盟に対する帰国朝鮮人の寄託金に関する件)

문서파일번호 375
작성연월일 1962. 2. 28
구분 제6차 회담
세부항목 귀국 한국인 기탁금
작성처 법무성 민사국 제5과장
매수 1
비밀등급 일반
문서종류 공문
공개구분 공개
내용 법무성 민사국 제5과장이 외무성 북동아과장에게 구 재일본조선인연맹에 기탁금은 존재하지 않으며, 구 재일본조선인연맹과 구 재일본조선민주청년동맹의 예금 및 저금액이 일본 국고에 귀속되어 있다고 통보
주제어 청구권

문서명	한일회담의 청구권 문제에 관한 협력 의뢰 건(日韓会談の請求権問題に関し協力方依頼の件)

문서파일번호 375
작성연월일 1962. 2. 15
구분 제6차 회담
세부항목 한국인 노무자 실태
작성처 외무성 아시아국장
매수 2
비밀등급 일반
문서종류 공문
공개구분 공개
내용 외무성 아시아국이 한국의 요청에 따라 조선인 일본이주 노무자의 실태를 파악해 달라고 노동성 직업안정국장에게 요청
주제어 청구권

문서명	이입 한국인 노무자 수 파악에 관한 협력 의뢰 건(移入朝鮮人労務者数把握に関し協力方依頼の件)

문서파일번호 375
작성연월일 1962. 2. 15
구분 제6차 회담
세부항목 한국인 노무자 보상 문제
작성처 외무성 북동아시아과장
매수 2
비밀등급 극비
문서종류 공문
공개구분 공개
내용 외무성 북동아과장이 한일회담에서 일본에 집단 이입한 한국인 노무자에 대한 보상 문제가 아주 중요시되고 있다고 강조하고 실태 파악을 경시청 경비국 외사국장에게 요청
주제어 청구권

문서명	귀국 한국인 노무자 미수금 건(帰国朝鮮人労務者未収金に関する件)

문서파일번호 375
작성연월일 1962. 2. 27
구분 제6차 회담
세부항목 귀국 한국인 노무자 미수금
작성처 외무성 북동아시아과장
매수 2
비밀등급 일반
문서종류 공문
공개구분 공개
내용 외무성 북동아과장이 한일회담에서 한국이 제2차 세계대전 종료 후 귀국한 한국인 노무자들의 미수금을 청구하고 있다고 언급하고, 관련 항목에 관해 대장성이 조사한 통계의 근거와 제시 경위에 대해서 조사해 달라고 노동성 노동기준국 임금과장에게 요청
주제어 청구권

한일관계 상정문답(미정고)
[日韓関係想定問答(未定稿)]

문서파일번호	376
문서명	한일관계 상정문답(미정고)[日韓関係想定問答(未定稿)]
작성연월일	1962. 2. 26
구분	제6차 회담
세부항목	한일회담 대장성 자료
작성처	대장성 이재국 외채과
매수	58
비밀등급	극비
문서종류	내부자료
공개구분	공개
내용	한일관계 및 한일회담 관련, ① 청구권 문제의 경위 (1) 평화조약 관계 (2) 이전까지 경위 ② 제6차 회담의 현황 (1) 회담전반에 대한 개요 (2) 청구권 문제의 논의사항 ③ 한국청구권의 구체적 내용 ④ 기타 사항 (1) 미국 해석과 일본의 구상서 (2) 재한일본인 재산 문제의 주요 내용 등에 관해 문답 형식으로 정리한 자료
주제어	청구권, 재한일본인 재산

한일 오픈 감정문제의 경위와 현상
(日韓オープン勘定問題の経緯の現状)

문서파일번호	377
작성연월일	1962. 11(일자 불명)
구분	제6차 회담
세부항목	오픈감정 문제
작성처	외무성 경제국 아시아과
매수	7
비밀등급	
문서종류	내부자료
공개구분	공개
내용	한일 간 무역에서 발생한 채무(오픈 감정 또는 오픈 어카운트 채무) 경위 및 현황에 관한 자료
주제어	대일 무역 채무

문서명	한일 오픈 감정문제의 경위와 현상(日韓オープン勘定問題の経緯の現状)

문서파일번호 377
작성연월일 1962. 11(일자 불명)
구분 제6차 회담
세부항목 오픈감정문제
작성처 외무성 경제국 아시아과
매수 4
비밀등급 극비
문서종류 내부자료
공개구분 공개
내용 1954년까지 쌓인 한국의 대일무역채무(오픈감정 채무)액은 47백만 달러에 달하며 일본의 채무변제요구에도 한국이 이를 갚지 않고 있음.
주제어 한국의 대일채무

문서명	최근 각국과의 청산 감정 처리 상황 일람(最近における各国との清算勘定処理状況一覧)

문서파일번호 377
작성연월일 1962. 11(일자 불명)
구분 제6차 회담
세부항목 오픈감정문제
작성처 외무성 경제국 아시아과
매수 3
비밀등급 극비
문서종류 내부자료
공개구분 공개
내용 그리스, 타이완, 인도네시아, 브라질, 터키, 아르헨티나의 대일본 청산 감정 처리 상황
주제어 외국의 대일본 청산감정 처리상황

보세가공무역에 따른 한국으로의 무환 수출 문제 등(保税加工貿易にともなう韓国向け無為替輸出問題等)

문서파일번호	378
작성연월일	1962. 7. 31
구분	제6차 회담
세부항목	대한국 무역·경협
작성처	외무성 등
매수	67
비밀등급	
문서종류	내부자료, 공문
공개구분	공개 또는 일부비공개
내용	일본의 대한국 무역, 경제협력 등에 관한 현황자료
주제어	대한국 무역·경협

문서명	I. 보세가공무역에 따른 한국으로의 무환 수출 문제(I. 保税加工貿易にともなう韓国向け無為替輸出問題)

문서파일번호 378
작성연월일 1962. 7. 31
구분 제6차 회담
세부항목 대한국 무환 수출 실태
작성처 불명
매수 2
비밀등급 비(秘)
문서종류 내부문서
공개구분 일부비공개
내용 일본의 모 회사가 한국에게 무환(無換) 수출을 한 실태 및 이에 대한 일본정부의 방침
주제어 대한국 무역·경협

문서명	한국에 대한 연불수출 문제(韓國向け延拂い輸出問題)

문서파일번호 378
작성연월일 불명
구분 제6차 회담
세부항목 대한국 연불수출 문제
작성처 불명
매수 7
비밀등급 일반
문서종류 내부자료
공개구분 일부비공개
내용 일본기업의 대한국 연불수출 문제로 약 4,500만 달러 정도의 오픈감정의 채권처리가 미해결상태라는 것을 정리
주제어 대한국 무역·경협

문서명	한일 간 경제협력안건에 대하여(日韓間の経済協力案件について)

문서파일번호 378
작성연월일 1962. 8. 8
구분 제6차 회담
세부항목 대한경협
작성처 외무성 북동아시아과
매수 7
비밀등급 비(秘)
문서종류 내부자료
공개구분 일부비공개
내용 외무성 경제협력부에서 파악하고 있는 대한국 경제협력 현황
주제어 대한국무역 · 경협

문서명	한국 울산 비료 공장 연불 조건의 건(韓国蔚山肥料工場延払案件の件)

문서파일번호 378
작성연월일 1962. 8. 8
구분 제6차 회담
세부항목 울산비료공장
작성처 불명
매수 1
비밀등급 일반
문서종류 공문
공개구분 일부비공개
내용 한국 울산비료공장 제3공장 건설수주를 위한 연불조건에 관한 대장성 허가 요청 문서
주제어 대한국 무역 · 경협

문서명	한국에 대한 연불수출문제(韓國向け延拂い輸出問題)

문서파일번호 378
작성연월일 1962. 10. 31
구분 제6차 회담
세부항목 장기 연불자금
작성처 외무성 경제협력국 정책과
매수 17
비밀등급 극비
문서종류 내부자료
공개구분 공개
내용 대외경제협력의 원활한 실시를 위해 외무성이 장기 연불자금과 관련한 예산, 자금의 할당을 할 필요가 있다는 내용이 담김.
주제어 대한국 무역 · 경협

문서명	행정부 권한에 의한 정부 베이스 자금협력 공여한도에 대하여(行政府の權限による政府ベース資金協力供与限度について)

문서파일번호 378
작성연월일 1962. 11. 5
구분 제6차 회담
세부항목 대외 차관 집행
작성처 외무성 경제협력국 정책과
매수 13
비밀등급 극비
문서종류 내부자료
공개구분 일부비공개
내용 행정부 베이스로 대외차관을 집행하는 것은 무리가 있다는 내용이 담김.
주제어 대한국 무역 · 경협

문서명	해외경제협력기금에 대하여(海外経済協力基金について)

문서파일번호 378
작성연월일 1962. 11. 8
구분 제6차 회담
세부항목 해외경제협력기금
작성처 외무성 북동아시아과
매수 5
비밀등급 일반
문서종류 내부자료
공개구분 일부비공개
내용 해외경제협력기금의 연혁, 목적, 자본금, 대부조건, 구체적 사례 등을 정리
주제어 대한국 무역 · 경협

문서명	한국경제5개년 계획의 현상(韓国の経済5ヶ年計画の現状)

문서파일번호 378
작성연월일 1962. 11. 8
구분 제6차 회담
세부항목 한국경제 5개년계획
작성처 외무성 북동아시아과
매수 4
비밀등급 일반
문서종류 내부자료
공개구분 공개
내용 한국의 경제 5개년계획 작성경위, 개요, 진척상황 등을 정리
주제어 대한국 무역 · 경협

문서명	배상지불연액 그래프(賠償支払年額)

문서파일번호 378
작성연월일 불명
구분 제6차 회담
세부항목 동남아 제국 배상금 지불 현황
작성처 불명
매수 3
비밀등급 일반
문서종류 내부자료
공개구분 공개
내용 동남아 각국에 대한 배상금 지불 현황을 나타내는 그래프
주제어 대한국 무역 · 경협

문서명	자료1. 수출입은행과 해외경제협력기금 비교(資料1. 輸出入銀行と海外経済協力基金の比較)

문서파일번호 378
작성연월일 불명
구분 제6차 회담
세부항목 수출입은행 · 해외경제협력기금 비교
작성처 외무성 경제협력국 정책과
매수 3
비밀등급 일반
문서종류 내부자료
공개구분 공개
내용 수출입은행과 해외경제협력기금의 자금원, 자본금을 비교
주제어 대한국 무역 · 경협

문서명	자료2. 해외경제협력기금 투융자 실적(資料2. 海外経済協力基金投融資実績)

문서파일번호	378
작성연월일	불명
구분	제6차 회담
세부항목	해외경제협력기금
작성처	외무성 경제협력국 정책과
매수	1
비밀등급	비(秘)
문서종류	내부자료
공개구분	일부비공개
내용	해외경제협력기금의 각국에 대한 투·융자 실적
주제어	대한국 무역·경협

문서명	한일회담 교섭자료 송부 건(日韓会談交渉資料送付の件)

문서파일번호	378
작성연월일	1962. 9. 5
구분	제6차 회담
세부항목	네덜란드·인도네시아 채무처리협정
작성처	주네덜란드 대사
매수	4
비밀등급	극비
문서종류	공문
공개구분	공개
내용	1949년 네덜란드와 인도네시아 간 채무처리협정 텍스트를 보고
주제어	대한국 무역·경협

한국경제에 관한 주한 미 고관의 비공식 언급
(韓国経済に関する在韓米高官の内話)

문서파일번호	1797
문서명	한국경제에 관한 주한 미 고관의 비공식 언급(韓国経済に関する在韓米高官の内話)
작성연월일	1962. 1. 20
구분	제6차 회담
세부항목	한국경제에 관한 USOM 단장 회담
작성처	외무성 북동아시아과
매수	21
비밀등급	극비
문서종류	내부문서
공개구분	공개
내용	1962년 1월 20일 미국 대한원조사절단(USOM in Korea) 단장인 제임스 킬런(James S. Killen) 공사가 대한원조예산 협의차 미국 귀국 중 일본에 들러 외무성 관계자들과 한국경제와 관련 협의한 내용을 기록한 문서. 킬런 공사는 한국경제를 논함에 있어 과거와 달라진 두 가지 요소(한국 정치담당자들의 사고, 미국의 대한경제원조 방식이 한국의 경제성장을 지원하는 방향으로 전환)를 먼저 설명한 후, 한국의 산업기반(인구 과잉, 천연자원 부족), 기업가 정신, 현 경제상황 등에 관해 상세하게 설명. 이후 우야마 아쓰시 심의관 이하 일본 참석자들의 질의와 이에 대한 답변이 이어짐.
주제어	한국경제 상황

한국에 대한 무상공여 및 장기저리차관의 지불방법에 관한 1시안(韓国に対する無償供与および長期低利借款の支払方法に関する一試案)

문서파일번호	1773
문서명	한국에 대한 무상공여 및 장기저리차관의 지불방법에 관한 1시안(韓国に対する無償供与および長期低利借款の支払方法に関する一試案)
작성연월일	1962. 11. 22
구분	제6차 회담
세부항목	한국에 대한 무상공여 및 장기저리 차관 지불 방법
작성처	외무성 북동아시아과
매수	5
비밀등급	극비
문서종류	내부문서
공개구분	공개
내용	1962년 11월 12일 오히라 마사요시·김종필 합의 이후 청구권 문제로 제공할 무상(3억 달러, 무역채권 4,573만 달러 공제) 및 장기저리차관(2억 달러)의 실질적인 지출 액수를 산출한 내용이 담긴 문서
주제어	청구권

대한 무상공여 및 경제협력시안
(対韓無償供与及び経済協力試案)

문서파일번호	1774
문서명	대한 무상공여 및 경제협력시안(対韓無償供与及び経済協力試案)
작성연월일	1962. 12. 3
구분	제6차 회담
세부항목	대한 무상공여 및 경제협력 시안
작성처	외무성 경제협력국 경제협력과
매수	9
비밀등급	극비
문서종류	내부문서
공개구분	공개
내용	한국에 제공할 무상, 유상, 민간차관의 조건, 형식, 재원, 품목 등을 자세히 기술한 문서
주제어	청구권

한일청구권의 처리에 대하여
(日韓の請求権の処理について)

문서파일번호	1775
문서명	한일청구권의 처리에 대하여(日韓の請求権の処理について)
작성연월일	1962. 12. 5
구분	제6차 회담
세부항목	한국에 대한 청구권 처리방식이 야기할 문제점
작성처	대장성 이재국
매수	3
비밀등급	극비
문서종류	내부문서
공개구분	공개
내용	대한국 무상공여 및 유상원조가 남기게 될 문제점에 대한 대장성 이재국의 검토의견이 담긴 문서. 일반회계에 부담이 될 것이며, 한국에 대한 다액의 장기저리 치관공여는 배상협정 등으로 경제협정을 체결한 배상국들이 유사한 요구를 할 가능성이 있어 우려됨.
주제어	청구권

한일회담 청구권 문제 처리 기본방침
(日韓会談の請求権問題処理の基本方針)

문서파일번호	1776
문서명	한일회담 청구권 문제 처리 기본방침(日韓会談の請求権問題処理の基本方針)
작성연월일	1962. 12. 6
구분	제6차 회담
세부항목	청구권 문제 처리 기본방침
작성처	외무성 아시아국
매수	5
비밀등급	일반
문서종류	내부문서
공개구분	공개
내용	무상, 정부 장기저리차관으로 문제를 해결할 것, 대일무역 채무는 무상에서 뺄 것 등의 방침을 설명. 문화재에 관해서는 일본이 자발적으로 국유문화재를 증여한다는 방식을 취할 것이라고 설명함.
주제어	청구권

한국·미얀마에 대한 장기저리차관 공여 및 유상원조안과 그 문제점(韓国·ビルマに対する長期低利借款供与及び有償援助案とその問題点)

문서파일번호	1777
작성연월일	1962. 12. 4 - 1962. 12. 12
구분	제6차 회담
세부항목	한국 및 미얀마에 대한 장기저리 차관 공여 문제 검토
작성처	외무성
매수	23
비밀등급	
문서종류	내부문서, 협정안
공개구분	공개
내용	한국 및 미얀마에 대한 장기저리차관 공여 및 유상원조안의 문제점 등을 검토한 내용이 담긴 문서와 한일청구권협정안
주제어	한국 및 미얀마에 대한 장기저리 차관 공여

문서명	한국·미얀마에 대한 장기저리차관 공여에 대하여(韓国·ビルマに対する長期低利借款供与について)

문서파일번호 1777
작성연월일 1962. 12. 8
구분 제6차 회담
세부항목 대한 정부차관 조건이 여타 국가에 미칠 영향
작성처 외무성 경제협력국 정책과
매수 10
비밀등급 극비
문서종류 내부문서
공개구분 공개
내용 한국에 제공할 정부차관의 조건들이 관련 국가들에게 미칠 영향 등을 검토하고 한국에 대한 제공방침을 제안하는 내용이 담긴 문서. 제공조건, 기관, 국회승인 등을 주요 문제로 검토
주제어 청구권

문서명	한국·미얀마에 대한 유상원조 안과 그 문제점(韓国、ビルマに対する有償援助案とその問題点)

문서파일번호 1777
작성연월일 1962. 12. 12
구분 제6차 회담
세부항목 한국 및 미얀마에 대한 장기저리차관 공여 문제 검토
작성처 외무성 경제협력국 정책과
매수 10
비밀등급 극비
문서종류 내부문서
공개구분 공개
내용 1962년 12월 8일 자 한국 및 미얀마에 대한 장기처리차관 공여 문제 검토 결과를 다시 검토, 정리한 문서. 장기저리 차관을 유상원조로 변경하였으나 내용은 대동소이함.
주제어 청구권

문서명	일본국과 대한민국의 청구권 해결 및 경제협력에 관한 협정(안)(II)[日本国と大韓民国との間の請求権解決及び経済協力に関する協定(案)(II)]

문서파일번호	1777
작성연월일	1962. 12. 4
구분	제6차 회담
세부항목	청구권협정안
작성처	외무성
매수	3
비밀등급	극비
문서종류	협정안
공개구분	공개
내용	1962년 12월 4일 자로 작성한 일본국과 대한민국의 청구권해결 및 경제협력에 관한 협정(안)
주제어	청구권

청구권 문제해결 및 경제협력에 관한 한일안
(請求權問題解決及び経済協力に関する日韓案)

문서파일번호	1778
작성연월일	1962. 12. 10 - 1962. 12. 21
구분	제6차 회담
세부항목	청구권협정안
작성처	
매수	5
비밀등급	
문서종류	협정안
공개구분	공개
내용	청구권 문제 해결 및 경제협력에 관한 협정의 1962년 12월 10일 자 일본안 및 12월 21일 자 한국안. 초보적인 단계에 머물고 있는 협정안임.
주제어	청구권협정안

문서명	청구권 문제 해결 및 경제협력에 관한 일본안(1962년 12월 10일 우시로쿠 아시아국장이 배 대사에게 전달)[請求権問題解決および経済協力に関する日本側案(昭和37年12月10日後宮アジア局長より裵大使に手交]

문서파일번호 1778
작성연월일 1962. 12. 10
구분 제6차 회담
세부항목 청구권협정안
작성처 외무성
매수 2
비밀등급 극비
문서종류 협정안
공개구분 공개
내용 우시로쿠 도라오 아시아국장이 배의환 대사에게 전달한 청구권 문제 해결 및 경제협력에 관한 일본안
주제어 청구권

문서명	청구권 문제해결 및 경제협력에 관한 한국안(1962년 12월 21일 한일예비교섭 제20회 회합에서 한국이 제출)[請求権問題解決および経済協力に関する韓国側案(昭和37年12月21日の日韓予備交渉第20回会合において韓国側より提出]

문서파일번호 1778
작성연월일 1962. 12. 21
구분 제6차 회담
세부항목 청구권협정안
작성처 한국대표단(일본 번역)
매수 3
비밀등급 극비
문서종류 협정안
공개구분 공개
내용 한일예비교섭 제20회 회의에서 한국이 제출한 청구권 문제 해결 및 경제협력에 관한 협정안
주제어 청구권

대한 회수불가 채권 처리 방법
(対韓焦付債権の処理方法)

문서파일번호	1779
문서명	대한 회수불가 채권 처리 방법(対韓焦付債権の処理方法)
작성연월일	1962. 12. 15
구분	제6차 회담
세부항목	대한 회수불가 채권 처리 방법
작성처	외무성 아시아국
매수	4
비밀등급	극비
문서종류	내부문서
공개구분	일부비공개
내용	청구권 문제 관련, 한국의 대일무역 채무(회수불가 채권)처리방안에 관하여 검토한 내용이 담긴 문서. 먹칠 및 비공개로 인해 자세한 내용은 파악할 수 없음.
주제어	청구권

대한경제협력 시안
(対韓経済協力試案)

문서파일번호	1780
문서명	대한경제협력 시안(対韓経済協力試案)
작성연월일	1962. 12. 19
구분	제6차 회담
세부항목	대한경제협력 시안
작성처	경제협력국
매수	5
비밀등급	극비
문서종류	내부문서
공개구분	공개
내용	한국에 제공할 무상, 차관 등의 금액, 조건, 기간, 품목 등에 관한 경제협력국 견해가 담긴 문서
주제어	정구권

청구권 문제에 관한 대장성 이재국장의 견해
[請求権問題に関する大蔵省理財局長の見解]

문서파일번호	1781
작성연월일	1962. 12. 19 - 1962. 12. 20
구분	제6차 회담
세부항목	청구권 문제에 대한 대장성 입장
작성처	외무성, 대장성
매수	12
비밀등급	
문서종류	내부문서
공개구분	공개
내용	청구권 문제에 관한 대장성 견해가 기록된 문서 모음
주제어	청구권

문서명	청구권 문제에 관한 대장성 이재국장의 견해(請求権問題に関する大蔵省理財局長の見解)

문서파일번호	1781
작성연월일	1962. 12. 19
구분	제6차 회담
세부항목	청구권 문제에 대한 대장성 입장
작성처	외무성 아시아국장 구술
매수	6
비밀등급	극비
문서종류	내부문서
공개구분	공개
내용	청구권 문제와 관련하여 대장성 이재국장이 한국의 무역 채무 처리, 무상 제공 방식, 차관 조건, 나포된 어선 포기 문제, 예산 마련 문제 등을 외무성 아시아국장에게 언급한 내용
주제어	청구권

문서명	한일청구권 처리 방식에 관한 문제점(日韓請求権処理方式に関する問題点)

문서파일번호	1781
작성연월일	1962. 12. 20
구분	제6차 회담
세부항목	청구권 문제에 대한 대장성 입장
작성처	대장성
매수	2
비밀등급	극비
문서종류	내부문서
공개구분	공개
내용	외무성이 한국과의 청구권 문제 해결에 따라 모든 청구권의 포기를 밝힌 데 대해 대장성이 나포된 어선의 포기에 대해 반대하는 입장을 밝힘.
주제어	청구권

문서명	한일청구권 문제에 관한 대장성의 의견(日韓請求権問題についての大蔵省意見)

문서파일번호 1781
작성연월일 1962. 12. 20
구분 제6차 회담
세부항목 청구권 문제에 대한 대장성 입장
작성처 대장성
매수 2
비밀등급 극비
문서종류 내부문서
공개구분 공개
내용 대장성이 무상경제협력 제공 시기, 나포 어선 포기, 한국의 대일무역 채무 탕감 등과 관련한 청구권 문제에 대해 이의를 제기
주제어 청구권

문서명	대한 유상경제협력에 대하여(対韓有償経済協力について)

문서파일번호 1781
작성연월일 1962. 12. 20
구분 제6차 회담
세부항목 청구권 문제에 대한 대장성 입장
작성처 대장성
매수 2
비밀등급 일반
문서종류 내부문서
내용 대장성이 청구권 문제와 관련한 외무성 방침과 관련하여 한국에 제공할 유상경제지원의 방식, 조건 등에 관한 입장을 정리
주제어 청구권

한일회담 현재의 진행 방법
(日韓会談今後の進め方)

문서파일번호	1782
작성연월일	1964. 2. 17 - 1964. 3. 25
구분	제6차 회담
세부항목	한일회담 진행 방법
작성처	외무성
매수	33
비밀등급	
문서종류	내부문서
공개구분	공개
내용	1964년 2월 14일~3월 25일에 걸쳐 작성된 한일회담의 현황 및 향후 진행 방법, 문제점 등이 기록된 문서 모음
주제어	한일회담 진행 방법

문서명	한일회담의 현황 및 이후의 진행 방법에 대하여(日韓会談の現状および今後の進め方について)

문서파일번호 1782
작성연월일 1964. 2. 17
구분 제6차 회담
세부항목 한일회담 진행 방법
작성처 외무성 아시아국
매수 7
비밀등급 극비
문서종류 내부문서
공개구분 공개
내용 한일회담 현황 및 이후 진행 방법에 관한 내용이 담긴 문서. 1964년 3월 초에 어업 문제에 대한 고위급 회담을 열고 전관수역 및 어업협력에 합의하는 한편, 다른 현안들에 대한 논의와 조문 작성 작업이 타결된 후, 재차 고위급 정치회담을 열어 기본관계, 독도 및 미해결 중요 문제를 해결하고 조인함.
주제어 한일회담 현황 및 이후 진행 방법, 어업, 기본관계, 독도

문서명	한일회담에 관하여 이케다 총리에게 아시아국장이 설명(日韓会談に関し池田総理にアジア局長より説明の件)

문서파일번호 1782
작성연월일 1964. 2. 25
구분 제6차 회담
세부항목 한일회담 진행 방법
작성처 외무성 북동아시아과
매수 9
비밀등급 극비
문서종류 내부문서
공개구분 공개
내용 1964년 2월 24일 외무성 우시로쿠 도라오 아시아국장이 이케다 하야토 총리에게 1964년 2월 말까지의 한일회담의 현황 및 향후 진행 방법에 대해 설명
주제어 한일회담 현황 및 향후 진행 방법

문서명	한일회담의 진행 방법에 대하여(오히라 대신의 아카기 농상과의 협의용 메모)[日韓会談の進め方について(大平大臣の赤城農相との協議用メモ)]

문서파일번호 1782
작성연월일 1964. 2. 29
구분 제6차 회담
세부항목 한일회담 진행 방법
작성처 외무성 아시아국
매수 3
비밀등급 일반
문서종류 내부문서
공개구분 공개
내용 오히라 마사요시 외상의 아카기 무네노리(赤城宗徳) 농상과의 협의용 메모. 1964년 3월 10일부터 어업 고위급회담을 열고 한국이 요청한 어업전관수역 12해리 수락, 직선기선 확정, 공동규제구역 중 미해결 문제 해결, 어업협력의 금액이나 조건 합의 등의 내용이 기술됨.
주제어 한일회담 어업교섭 향후 진행 방법

문서명	한일회담의 주요 미해결 문제점(대신용 자료)[日韓会談における主な未決問題点(大臣用資料)]

문서파일번호 1782
작성연월일 1964. 3. 4
구분 제6차 회담
세부항목 한일회담 미해결 문제점
작성처 외무성 아시아국
매수 1
비밀등급 극비
문서종류 내부문서
공개구분 공개
내용 외무대신용으로 작성한 한일회담의 주요 미해결 문제점에 관한 자료. 1964년 3월 현재, 기본관계, 청구권 및 경제협력, 선박, 문화재, 어업, 재일한국인의 법적지위에 대한 문제점들이 정리되어 있음. 독도 문제는 제목만 기술되어 있음.
주제어 기본관계, 청구권·경협, 선박 반환, 문화재 반환, 어업, 재일한국인 법적지위, 독도

문서명	3월 6일 각의에서 대신의 발언(안)[3月6日の閣議における大臣の発言振り(案)]

문서파일번호 1782
작성연월일 1964. 3. 5
구분 제6차 회담
세부항목 한일회담 진행 방법
작성처 외무성 북동아시아과
매수 5
비밀등급 극비
문서종류 내부문서
공개구분 공개
내용 1964년 3월 6일 각의에서 한일회담과 관련한 오히라 마사요시 외상 발언 요령이 기술된 문서. 각료들에게 어업 문제가 대강의 해결 단계에 접어들었을 때, 어업이외의 여러 현안의 논의를 진행할 필요가 있으니, 이에 대한 각료들의 협력을 요청한다는 내용이 담김.
주제어 한일회담 진행 방법

문서명	'한일회담에 관한 보고'에 대한 국내 반응(「日韓会談に関する報告」に対する国内反響)

문서파일번호 1782
작성연월일 1964. 3. 25
구분 제6차 회담
세부항목 한일회담 진행 방법
작성처 정보문화국 국내 홍보과
매수 8
비밀등급 일반
문서종류 내부문서
공개구분 공개
내용 1964년 3월 19일 중의원 본회의에서 외무대신이 보고한 '한일 문제에 관한 보고'에 대해 각 신문사들이 논평한 내용을 요약, 정리한 문서
주제어 한일회담 진행 방법

한일회담 주요 문제점에 관한 쌍방의 입장
(日韓会談における主たる問題点に関する双方の立場)

문서파일번호	1783
문서명	한일회담 주요 문제점에 관한 쌍방의 입장(日韓会談における主たる問題点に関する双方の立場)
작성연월일	1964. 4. 14
구분	제6차 회담
세부항목	한일회담 주요문제에 대한 양측 입장
작성처	외무성 조약국 법규과
매수	31
비밀등급	극비
문서종류	내부문서
공개구분	공개
내용	조약국 법규과가 작성한 한일회담 주요문제에 대한 한일 쌍방의 입장이 정리된 문서. 기본관계의 조약 형식, 관할권 및 구 조약 무효 조항 규정, 청구권에 대한 해결규정, 자금 제공의 실시 세목, 문화재 반환 품목 및 명목 등 한일 양국 입장이 기술됨.
주제어	기본관계, 청구권·경협, 선박 반환, 문화재 반환, 어업, 재일한국인 법적지위, 독도 문제

한일청구권 문제 처리
(日韓請求権問題の処理)

문서파일번호	1884
작성연월일	1963. 1. 11 - 1963. 3. 8
구분	제6차 회담
세부항목	청구권 문제의 처리
작성처	대장성, 외무성
매수	6
비밀등급	
문서종류	공문
공개구분	공개
내용	청구권 문제의 처리에 관한 대장성 의견을 외무성에 보내는 공문 및 이에 대한 외무성의 답신 공문
주제어	청구권

문서명	한일청구권 문제의 처리에 대하여(日韓請求権問題の処理について)

문서파일번호	1884
작성연월일	1963. 1. 11
구분	제6차 회담
세부항목	청구권 문제의 처리
작성처	대장성 외채과
매수	3
비밀등급	일반
문서종류	공문
공개구분	공개
내용	청구권 문제의 처리에 관한 대장성 의견을 외무성에 보내는 공문. 나포 어선에 대한 청구권, 무상 지원의 개시 시기, 한국의 대일무역 채무의 처리, 유상 등 청구권 문제 해결 조건에 관한 대장성 견해가 담김.
주제어	청구권

문서명	한일청구권 문제의 처리 건(日韓請求権問題の処理に関する件)

문서파일번호	1884
작성연월일	1963. 3. 8
구분	제6차 회담
세부항목	청구권 문제의 처리
작성처	외무성 경제협력과
매수	3
비밀등급	극비
문서종류	공문
공개구분	공개
내용	1963년 1월 11일 자 대장성 공문에 대해 기본적으로 대장성 요청을 수락할 방침을 밝히고 있는 외무성 답신 공문
주제어	청구권

한일청구권 처리 문제점
(日韓請求権処理の問題点)

문서파일번호	1885
문서명	한일청구권 처리 문제점(日韓請求権処理の問題点)
작성연월일	1963. 1. 17
구분	제6차 회담
세부항목	한일청구권 처리 문제점
작성처	외무성 조약국 법규과
매수	17
비밀등급	극비
문서종류	내부문서
공개구분	공개
내용	한국과의 청구권 문제 타결과 관련하여, 청구권 문제가 완전히 해결되는 것으로 할 때 한국의 대일 8항목 요구의 각 항에 어떤 문제점들이 발생하는지, 그에 대비해서 어떻게 문제를 처리해야 하는지를 정리한 문서
주제어	청구권

한일경제협력 관계 촉진 건
(日韓経済協力関係促進に関する件)

문서파일번호	1886
문서명	한일경제협력 관계 촉진 건(日韓経済協力関係促進に関する件)
작성연월일	1963. 1. 17
구분	제6차 회담
세부항목	경제협력과장 한국 출장보고서
작성처	경제협력과장
매수	6
비밀등급	비(秘)
문서종류	내부문서
공개구분	일부비공개
내용	1963년 1월 11일~16일까지 한국을 방문한 경제협력과장이 무상, 유상 자금의 제공 등 청구권 문제 해결을 위해 제출한 의견서. 한국 경제 관료, 경제인의 방일을 촉진할 것을 건의하고 있음.
주제어	청구권

일본국정부와 대한민국정부 간 청구권 해결 및 경제협력에 관한 협정(안) II [日本国政府と大韓民国政府との間の請求権解決および経済協力に関する協定(案) II]

문서파일번호	1887
문서명	일본국정부와 대한민국정부 간 청구권 해결 및 경제협력에 관한 협정(안) II [日本国政府と大韓民国政府との間の請求権解決および経済協力に関する協定(案) II]
작성연월일	1963. 1. 18
구분	제6차 회담
세부항목	청구권협정안
작성처	외무성 조약국 법규과
매수	25
비밀등급	극비
문서종류	협정안
공개구분	공개
내용	조약국 법규과가 작성한 청구권협정안. 무상경제협력, 유상경제협력, 민간경제협력, 오픈감정 잔고처리, 해저전선, 나포 어선 청구권, 분쟁 해결, 비준조항 등 8개 조항으로 이루어짐.
주제어	청구권

대한 민간경제협력 추진에 대한 관계 각 성 협의
(対韓民間経済協力推進につき関係各省との協議)

문서파일번호	1888
작성연월일	1963. 1. 24 - 1963. 1. 28
구분	제6차 회담
세부항목	대한 민간경제협력
작성처	외무성, 대장성
매수	15
비밀등급	
문서종류	회의록, 내부문서
공개구분	공개 또는 일부비공개
내용	한국에 대한 민간경제협력 추진과 관련한 1963년 1월 26일 각 성 협의 기록, 민간업자의 대한경협 관련 신청에 대한 방침, 대한경협 시 외환과 관련한 대장성 입장 등이 담긴 문서 모음
주제어	대한 민간 경협

문서명	대한 민간경제협력 추진에 대한 관계 각 성 협의 건(対韓民間経済協力推進につき関係各省との協議に関する件)

문서파일번호 1888
작성연월일 1963. 1. 28
구분 제6차 회담
세부항목 대한 민간경제협력
작성처 외무성 경제협력과
매수 7
비밀등급 극비
문서종류 회의록
공개구분 공개
내용 국교정상화 이전 한국에 대한 민간경제협력(상업차관) 추진과 관련한 1963년 1월 26일 각 성 협의 기록. 대장성, 통산성은 진행 자체는 인정하지만 채권확보, 한일교섭이 청구권 문제 뿐만 아니라 어업 등 다른 모든 문제의 타결 전망이 확실시 될 때 진행하는 것이 바람직하다는 입장을 밝힘. 단 경제협력과는 효과적인 실시를 위해 가급적 빨리 시작하는 것이 바람직하다는 견해를 피력함.
주제어 대한 민간경제협력

문서명	대한 민간경제협력 추진에 대한 관계 각 성 협의 건(対韓民間経済協力推進につき関係各省との協議に関する件)

문서파일번호 1888
작성연월일 1963. 1. 24
구분 제6차 회담
세부항목 대한 민간경제협력
작성처 외무성 경제협력과
매수 1
비밀등급 극비
문서종류 내부문서
공개구분 공개
내용 국교정상화 이전에 경제협력 일환으로 플랜트 수출을 위한 업자 간 연불 신용공여 실시 관련 세 가지 원칙이 기술됨.
주제어 대한 민간경제협력

문서명	대한국 민간경제협력(対韓国民間経済協力)

문서파일번호 1888
작성연월일 1963. 1. 24
구분 제6차 회담
세부항목 대한 민간경제협력
작성처 대장성
매수 7
비밀등급 극비
문서종류 내부문서
공개구분 일부비공개
내용 대한국 민간경제협력에 관한 대장성 처리방침이 정리된 문서. 무상 및 유상경제협력 관계, 민간경제협력 실시를 위한 조건, 민간경제협력의 기본조건, 구체적인 안건의 처리방침 등이 기술됨.
주제어 대한 민간경제협력

시마 외무차관의 야나기다 해외경제협력기금 총재에 대한 요청(島外務次官より柳田海外経済協力基金総裁への申れ)

문서파일번호	1890
작성연월일	1963. 1. 30 - 1963. 2. 6
구분	제6차 회담
세부항목	대한 유, 무상 경협
작성처	외무성
매수	5
비밀등급	
문서종류	내부문서
공개구분	공개
내용	청구권 문제와 관련 시마 시게노부(島重信) 차관이 야나기다 세이치로(柳田誠二郎) 해외경제협력기금 총재에게 요청한 사항이 기술된 문서 및 양국 수석대표 예비교섭에서 합의된 청구권 문제 해결방식이 기술된 문서
주제어	대한경협

문서명	시마 외무차관이 야나기다 해외경제협력기금 총재에게 요청(島外務次官より柳田海外経済協力基金総裁への申れ)

문서파일번호 1890
작성연월일 1963. 2. 6
구분 제6차 회담
세부항목 대한 유, 무상 경협
작성처 외무성 북동아시아과
매수 4
비밀등급 극비
문서종류 내부문서
공개구분 공개
내용 시마 시게노부 외무차관이 야나기다 세이치로 해외경제협력기금 총재에게 한일청구권 문제 현황을 설명하고, 기금 측의 협조를 요청하는 문서. 현재 정부 차관 거치기간, 대일무역 채무 상환 기간, 민간차관 제공 액수 표기, 자금 제공 명목 등의 교섭이 남아 있다는 설명과 함께, 필요시 기금 측 인사가 참석해 달라고 요청
주제어 청구권

문서명	한일예비교섭에서 양 수석대표 간에 현재까지 대충 의견일치를 본 청구권 문제의 해결방식(日韓予備交渉において両首席代表間に現在までに大綱につき意見一致をみた請求権問題の解決方式)

문서파일번호 1890
작성연월일 1963. 1. 30
구분 제6차 회담
세부항목 대한 유, 무상 경협
작성처 외무성
매수 1
비밀등급 일반
문서종류 내부문서
공개구분 공개
내용 제6차 한일회담 예비교섭에서 의견일치를 본 청구권 문제의 해결방식을 정리한 문서. 무상 10년간 제공, 장기차관의 제공조건, 민간차관을 상당한 액수로 할 것 등이 기술됨.
주제어 청구권, 경협

대한 무상 및 유상공여 실시 대강 시안
(対韓無償及び有償供与の実施大綱試案)

문서파일번호	1891
작성연월일	1963. 2. 20 - 1963. 2. 21
구분	제6차 회담
세부항목	대한 무상 및 유상공여 실시 대강(안)
작성처	외무성
매수	11
비밀등급	
문서종류	내부문서
공개구분	공개
내용	대한 무상 및 유상공여 실시 대강 시안
주제어	청구권·경협

문서명	대한 무상 및 유상공여 실시 대강 시안 건(対韓無償及び有償供与の実施大綱試案に関する件)

문서파일번호 1891
작성연월일 1963. 2. 20
구분 제6차 회담
세부항목 대한 무상 및 유상공여 실시 대강안
작성처 외무성 경제협력과
매수 2
비밀등급 극비
문서종류 내부문서
공개구분 공개
내용 한일 간 경협전문가 회의 개최 관련, 관계성과 정보 공유를 위해 외무성이 한국에 대한 무상 및 유상공여 실시 대강을 정리
주제어 청구권

문서명	대한 무상 및 유상공여 실시 대강(시안) [対韓無償及び有償供与の実施大綱(試案)]

문서파일번호 1891
작성연월일 1963. 2. 21
구분 제6차 회담
세부항목 대한 무상 및 유상공여 실시 대강(안)
작성처 외무성
매수 9
비밀등급 극비
문서종류 내부문서
공개구분 공개
내용 외무성(경제협력과)이 각 부처와 공유하기 위해 작성한 대한 무상, 유상공여 실시 대강 시안. 공여 형식(조약 구성 등), 공여 내용(무상, 유상, 민간 베이스의 경제협력)에 관한 사항들이 기술됨.
주제어 청구권

대한 민간베이스 경제협력 방식 건
(対韓民間ベース経済協力方式に関する件)

문서파일번호	1892
작성연월일	1963. 3. 1 - 1963. 3. 29
구분	제6차 회담
세부항목	민간베이스 경제협력 방식
작성처	외무성, 대장성, 통산성
매수	14
비밀등급	
문서종류	재가 문서, 내부자료, 내부문서
공개구분	공개
내용	한국에 대한 민간베이스 경제협력 방식에 관한 내부 재가 문서 및 이에 대한 관계 성의 의견이 담긴 문서 모음
주제어	청구권, 대한경협

문서명	대한국 민간베이스 경제협력 방식 건(対韓民間ベース経済協力方式に関する件)

문서파일번호 1892
작성연월일 1963. 3. 1
구분 제6차 회담
세부항목 민간베이스 경제협력 방식
작성처 외무성 경제협력과
매수 3
비밀등급 극비
문서종류 재가 문서
공개구분 공개
내용 외무성 경제협력과가 '오히라·김 합의'에 있었던 민간차관 1억 달러 이상의 실시 원칙을 정하고 그에 관한 재가를 요청한 문서. 울산 비료 공장에 대한 특별 처리, 가타 연불 신용에 관한 안이 기술됨.
주제어 청구권, 민간베이스 경제협력 방식

문서명	대한국 민간베이스 경제협력 방식 건(対韓民間ベース経済協力方式に関する件)

문서파일번호 1892
작성연월일 1963. 3. 2
구분 제6차 회담
세부항목 민간베이스 경제협력 방식
작성처 외무성 경제협력과
매수 3
비밀등급 극비
문서종류 내부자료
공개구분 공개
내용 외무성 경제협력과가 1963년 3월 1일 자로 작성하여 3월 2일 각 성 협의회에 제출한 대한 민간베이스 경제협력 방식
주제어 청구권, 민간베이스 경제협력 방식

문서명	대한국 민간경제협력에 관한 외무성안에 대한 의견(対韓国民間経済協力に関する外務省案に対する意見)

문서파일번호 1892
작성연월일 1963. 3. 8
구분 제6차 회담
세부항목 민간베이스 경제협력 방식
작성처 대장성 외환국(大蔵省 爲替局)
매수 1
비밀등급 비(秘)
문서종류 내부문서
공개구분 공개
내용 외무성의 1963년 3월 1일 자 대한 민간베이스 경제협력 방식안에 관한 대장성 외환국의 의견
주제어 청구권, 민간베이스 경제협력 방식

문서명	대한국 민간베이스 경제협력 방식 건(対韓民間ベース経済協力方式に関する件)

문서파일번호 1892
작성연월일 1963. 3. 9
구분 제6차 회담
세부항목 민간베이스 경제협력 방식
작성처 통산성 경제협력부
매수 2
비밀등급 비(秘)
문서종류 내부문서
공개구분 공개
내용 외무성의 1963년 3월 1일 자 대한 민간베이스 경제협력 방식에 관한 통산성 경제협력부의 의견
주제어 청구권, 민간베이스 경제협력 방식

문서명	대한국 민간베이스 경제협력 방식 건(対韓国民間ベース経済協力方式に関する件)

문서파일번호 1892
작성연월일 1963. 3. 29
구분 제6차 회담
세부항목 민간베이스 경제협력 방식
작성처 외무성 경제협력과
매수 2
비밀등급 극비
문서종류 내부문서
공개구분 공개
내용 한국에 대한 민간베이스 경제협력 방식에 대해 대장성과 통산성의 의견을 정리한 문서. 한국에 대한 연불 신용 공여는 시기상조이며, 특히 울산비료공장 건을 인정하는 데 반대한다는 의견이 기술됨. 단기연불 신용공여는 채권확보의 불안이 없어야 된다는 등 여러 조건을 염두에 두고 신중 검토 후 인정해야 함.
주제어 청구권, 민간베이스 경제협력 방식

문서명	별지: 외무성안[別紙(外務省案)]

문서파일번호 1892
작성연월일 1963. 3. 29
구분 제6차 회담
세부항목 민간베이스 경제협력 방식
작성처 외무성 경제협력과
매수 3
비밀등급 일반
문서종류 내부문서
공개구분 공개
내용 1963년 3월 1일 자로 작성된 문서와 동일한 내용을 타이핑한 문서. 대장성과 통산성의 의견을 정리한 문서에 외무성안이 첨부됨.
주제어 청구권, 민간베이스 경제협력 방식

울산 비료 플랜트 수출
(蔚山肥料プラント輸出)

문서파일번호	1903
작성연월일	1963. 3. 8 - 1963. 8. 12
구분	제6차 회담
세부항목	울산 비료 플랜트
작성처	외무성, 일본 언론
매수	33
비밀등급	
문서종류	공문, 내부자료, 내부문서
공개구분	공개 또는 일부비공개
내용	울산 비료플랜트 수출 관련 내용이 담긴 문서 모음
주제어	대한경협

문서명	한국 울산 특별건설국장, 동 건설국 기획실장 리셉션 피초청자 명부(韓国蔚山特別建設局長、同建設局企画室長レセプショウン被招待者名簿(肥料プラント輸出)

문서파일번호 1903
작성연월일 1963(월일 불명)
구분 제6차 회담
세부항목 울산 비료 플랜트
작성처 외무성
매수 4
비밀등급 일반
문서종류 내부자료
공개구분 공개
내용 1963년 3월 8일 개최되는 울산 특별건설국장 일행을 위한 리셉션 피초청자 명부
주제어 대한경협, 울산 비료플랜트

문서명	한국 소양강 수력기획용 기기 자재 연불수출에 관한 요청(韓国昭陽江水力企画用機器資材延払輸出ニ関スルオ願イ)

문서파일번호 1903
작성연월일 1963. 5. 20
구분 제6차 회담
세부항목 울산 비료 플랜트
작성처 불명
매수 2
비밀등급 일반
문서종류 공문
공개구분 일부비공개
내용 한국 소양강 수력기획용 기기, 자재 연불수출에 관한 요청
주제어 대한경협, 소양강 수력계획용 기기 자재 연불수출

문서명	소양강 수력기획 기기 자재 연불수출 신청내용(昭陽江水力企画機器資材延払輸出申請内容)

문서파일번호 1903
작성연월일 1963. 5. 20
구분 제6차 회담
세부항목 울산 비료 플랜트
작성처 불명
매수 2
비밀등급 일반
문서종류 내부자료
공개구분 일부비공개
내용 한국 소양강 수력기획용 기기·자재 연불수출 신청내용
주제어 대한경협, 소양강 수력계획용 기기 자재 연불수출

문서명	소양강 수력발전 프로젝트를 위한 장기신용공여 계약에 관한 협정(Agreement on Supply Contract Under Long - term Credit Basis for SOYANG HydroElectric Power Project)

문서파일번호 1903
작성연월일 1963(월일 불명)
구분 제6차 회담
세부항목 울산 비료 플랜트
작성처 불명
매수 4
비밀등급 일반
문서종류 내부자료
공개구분 일부비공개
내용 한국 소양강 수력기획용 기기, 자재 연불수출 합의서
주제어 대한경협, 소양강 수력발전 프로젝트 장기신용공여

문서명	울산에 비료공장(蔚山に肥料工場)

문서파일번호 1903
작성연월일 1963. 5. 21
구분 제6차 회담
세부항목 울산 비료 플랜트
작성처 일본경제신문(日本經濟新聞)
매수 1
비밀등급 일반
문서종류 내부자료
공개구분 공개
내용 울산에 비료공장을 건설키로 했다는 닛케이신문(日本經濟新聞)의 1963년 5월 21일자 기사
주제어 대한경협, 울산 비료 플랜트, 언론 보도

문서명	고베제강소의 가계약 해소(神戸鋼の仮契約解消)

문서파일번호 1903
작성연월일 1963. 6. 2
구분 제6차 회담
세부항목 울산 비료 플랜트
작성처 일본경제신문
매수 1
비밀등급 일반
문서종류 내부자료
공개구분 공개
내용 고베제강소가 울산비료공장 건설 가계약을 해소했다는 닛케이신문 1963년 6월 2일자 기사
주제어 대한경협, 울산 비료 플랜트, 언론 보도

문서명	울산비료 공장 관련 ■ 주일미국대사관 서기관의 방문 건(蔚山肥料工場に関し■在京米大使館書記官の来訪に関する件)

문서파일번호 1903
작성연월일 1963. 6. 3
구분 제6차 회담
세부항목 울산 비료 플랜트
작성처 외무성 경제협력과
매수 6
비밀등급 극비
문서종류 내부문서
공개구분 일부비공개
내용 주일미국대사관 ■ 서기관이 사와키 마사오(沢木正男) 전 외무성 경제협력과장에게 한국 울산의 비료공장 건설계획 입찰과 관련하여 일본의 주의를 환기하는 내용
주제어 대한경협, 울산 비료 플랜트

문서명	한국 비료 플랜트 건설 입찰 공고(Invitation for Proposals for Construction of Fertilizer Plants in the Republic of Korea)

문서파일번호 1903
작성연월일 1963. 6. 3
구분 제6차 회담
세부항목 울산 비료 플랜트
작성처 일본경제신문
매수 1
비밀등급 일반
문서종류 내부자료
공개구분 공개
내용 1963년 6월 3일 닛케이신문에 게재된 한국 울산 비료공장 건설 입찰 공고
주제어 대한경협, 울산 비료 플랜트

문서명	한국 비료공장 국제 입찰에 관한 AID 관계자의 건(韓国肥料工場国際入札に関するAID関係者の説明の件)

문서파일번호 1903
작성연월일 1963. 6. 5
구분 제6차 회담
세부항목 울산 비료 플랜트
작성처 외무성 북동아시아과
매수 6
비밀등급 비(秘)
문서종류 내부문서
공개구분 일부비공개
내용 주서울 USOM* 산업광업과 ■■담당관이 외무성 경제협력과, 아시아과, 북동아시아과 사무관 3인에게 한국의 비료 플랜트 국제입찰에 관하여 설명한 내용
주제어 대한경협, 울산 비료 플랜트

문서명	한국에 1년 요소 25만 톤을 생산하는 플랜트를 추천하는 이유(韓国に尿素年産25万トンプラントを推奨する理由)

문서파일번호 1903
작성연월일 1963. 6. 14
구분 제6차 회담
세부항목 울산 비료 플랜트
작성처 불명
매수 1
비밀등급 일반
문서종류 내부문서
공개구분 공개
내용 한국에 요소 연간 생산량 25만 톤의 플랜트 건설을 추천하는 이유 기술
주제어 대한경협, 울산 비료 플랜트

* USOM(U. S. Operation Mission): 미국 국무부 국제개발청(USAID)이 원조를 제공하는 국가들에 파견한 원조사절단

문서명	울산 비료공장 건(蔚山肥料工場に関する件)

문서파일번호 1903
작성연월일 1963(월일 불명)
구분 제6차 회담
세부항목 울산 비료 플랜트
작성처 불명
매수 2
비밀등급 일반
문서종류 내부문서
공개구분 공개
내용 고베제강소 그룹으로 내정된 울산비료공장(플랜트) 건설계획이 미국의 비트로(Vitro) 컨설팅 회사의 공작으로 연기된 데 대하여 유감표명과 함께 일본에 대한 발주가 성사될 수 있도록 선처를 요망. 문서 작성자와 수신자가 불명임.
주제어 대한경협, 울산 비료 플랜트

문서명	별표1. 일본 그룹 구성 멤버 회사[(別表1)日本グループの構成メンバー会社]

문서파일번호 1903
작성연월일 1963(월일 불명)
구분 제6차 회담
세부항목 울산 비료 플랜트
작성처 불명
매수 1
비밀등급 일반
문서종류 내부자료
공개구분 공개
내용 고베제강소를 주계약자로 한 그룹의 구성 멤버 회사에 관한 사항
주제어 대한경협, 울산 비료 플랜트

문서명	별표2. 울산 비료공장 건설에 관한 견적 비교표[(別表2)蔚山肥料工場建設に関する見積比較表]

문서파일번호 1903
작성연월일 1963(월일 불명)
구분 제6차 회담
세부항목 울산 비료 플랜트
작성처 불명
매수 1
비밀등급 일반
문서종류 내부자료
공개구분 공개
내용 울산비료공장(플랜트) 건설에 관한 견적 비교표. LURGI사와 고베제강소의 견적내용이 비교되어 있음.
주제어 대한경협, 울산 비료 플랜트

문서명	재계와 미 측이 대립(울산 비료공장 건설문제)(財界と米側が対立)

문서파일번호 1903
작성연월일 1963. 8. 12
구분 제6차 회담
세부항목 울산 비료 플랜트
작성처 아사히신문
매수 1
비밀등급 일반
문서종류 내부자료
공개구분 공개
내용 울산비료공장(플랜트) 건설과 관련하여 일본 재계와 미국이 대립하고 있다는 내용의 아사히신문 1963년 8월 12일 자 기사
주제어 대한경협, 울산 비료 플랜트, 언론 보도

한일경제협력에 관한 일본 각 성 협의
(日韓経済協力に関する日本側各省との打合せ)

문서파일번호	1893
작성연월일	1963. 3. 30 - 1963. 5. 22
구분	제6차 회담
세부항목	한일경제협력 각 성·청 및 외무성 성내 협의
작성처	외무성
매수	27
비밀등급	
문서종류	회의록
공개구분	공개
내용	한일경제협력에 관한 각 성·청과의 협의, 외무성 성내 협의 기록이 담긴 문서 모음
주제어	대한경제협력

문서명	한일경제협력에 관한 각 성 협의(日韓経済協力に関する各省との打合わせ)

문서파일번호 1893
작성연월일 1963. 3. 30
구분 제6차 회담
세부항목 한일경제협력 각 성·청 협의
작성처 외무성
매수 5
비밀등급 극비
문서종류 회의록
공개구분 공개
내용 한일경제협력 관련 관계 성·청 협의회 기록. 경제협력(청구권)협정의 형식, 자금 제공방식, 제공조건 등의 문제점들을 논의함.
주제어 청구권, 한일경제협력

문서명	경제협력 관계 외무성 내 협의(経済協力関係外務省内打合わせ)

문서파일번호 1893
작성연월일 1963. 4. 6
구분 제6차 회담
세부항목 한일경제협력 외무성 성내 협의
작성처 외무성
매수 12
비밀등급 극비
문서종류 회의록
공개구분 공개
내용 한국에 대한 경제협력 실시 관련 외무성 내부협의회 기록. 대한경협(청구권) 문제 추진에 대한 일본 내 기타 기관들의 대응, 한국이 요구하는 자금 제공의 실시 내용을 결정할 때 여타 국가들에 대한 자금 제공의 실시 내용들과 비교 검토를 진행함.
주제어 청구권, 한일경제협력

문서명	경제협력에 관한 일본 각 성 협의(経済協力に関する日本側各省との打合わせ)

문서파일번호 1893
작성연월일 1963. 4. 8
구분 제6차 회담
세부항목 한일경제협력 각 성·청 협의
작성처 외무성
매수 8
비밀등급 일반
문서종류 회의록
공개구분 공개
내용 한국에 대한 경제협력(청구권) 제공 관련 관계 성·청 협의회 기록. 자금 제공방식, 제공조건, 기타 실무적인 사항 등의 문제점들을 논의함.
주제어 청구권, 한일경제협력

문서명	경제협력 관계 성내 협의(経済協力関係省内打合わせ)

문서파일번호 1893
작성연월일 1963. 5. 22
구분 제6차 회담
세부항목 한일경제협력 외무성 성내 협의
작성처 외무성
매수 3
비밀등급 극비
문서종류 회의록
공개구분 공개
내용 한국에 대한 경제협력 제공 관련 외무성 내부협의회 기록. 한국과 타협하기 위해 일본이 제시한 무상자금 제공을 앞당겨 진행할 것에 관해 논의함.
주제어 청구권, 한일경제협력

한일청구권 문제 타개 방책
(日韓請求権問題の打開方策)

문서파일번호	1894
작성연월일	1963. 5. 27 - 1963. 6. 7
구분	제6차 회담
세부항목	한일청구권 문제 타개 방책
작성처	외무성
매수	9
비밀등급	
문서종류	내부문서
공개구분	공개
내용	한일청구권 문제 타개 방책에 관한 외무성 견해 및 그에 대한 대장성 견해 등이 기술된 문서 모음
주제어	청구권

문서명	한일청구권 문제의 타개 방책 건(日韓請求権問題の打開方策に関する件)

문서파일번호 1894
작성연월일 1963. 6. 7
구분 제6차 회담
세부항목 한일청구권 문제 타개 방책
작성처 외무성 북동아시아과
매수 4
비밀등급 극비
문서종류 내부문서
공개구분 공개
내용 오히라 마사요시 외상이 대장상과 한일청구권 타개책 협의 결과를 우시로쿠 도라오 아시아국장에게 설명한 기록. 외무성이 무상 자금을 미리 제공해서 청구권 문제를 타개하려 한 것에 대해, 대장성은 어업 등 기타 문제가 해결되지 않는 단계에서 청구권 문제에 대해 일본이 추가 타협안을 내놓는 것에 반대함.
주제어 청구권

문서명	한일청구권 문제의 타개 방책에 대하여(日韓請求権問題の打開方策について)

문서파일번호 1894
작성연월일 1963. 5. 27
구분 제6차 회담
세부항목 한일청구권 문제 타개 방책
작성처 외무성 아시아국
매수 3
비밀등급 극비
문서종류 내부문서
공개구분 공개
내용 외무성이 청구권 교섭 상황을 정리하고 타개책을 작성한 문서. 주로 정부 차관 상환 기간 및 대일 무역채무 상환 기간을 둘러싸고 한국과 대립해 왔으나, 최근 한국이 타협적인 생각을 보임.
주제어 청구권

문서명	제목 없음

문서파일번호 1894

작성연월일 1963. 5. 27

구분 제6차 회담

세부항목 한일청구권 문제 타개 방책

작성처 외무성

매수 2

비밀등급 극비

문서종류 내부문서

공개구분 공개

내용 외무성이 청구권 문제의 타개책을 정리한 문서. 대일무역 채무를 3년 내 상환함으로써 한국의 자금 사정이 어려워질 경우는 무상 자금을 앞당겨 제공함으로써 어려움을 타개한다는 내용이 담김.

주제어 청구권

주일한국대표부 이 참사관의 가이 경제협력국장 내방 건(在京韓国代表部李参事官の甲斐経済協力局長来訪に関する件)

문서파일번호	1896
문서명	주일한국대표부 이 참사관의 가이 경제협력국장 내방 건(在京韓国代表部李参事官の甲斐経済協力局長来訪に関する件)
작성연월일	1963. 6. 26
구분	제6차 회담
세부항목	가이 경협국장·주일한국대표부 이 참사관 회담
작성처	외무성 경제협력과
매수	7
비밀등급	극비
문서종류	회의록
공개구분	일부비공개
내용	1963년 6월 26일 가이 후미히코(甲斐文比古) 경제협력국장과 주일한국대표부 이규성 참사관 회담 기록. 이 참사관은 한국이 1963년 4월 '장기결제방식에 의한 자본재 도입에 관한 특별조치법'을 개정, 연불 신용방식에 따른 일본으로부터의 자본재 수입의 길을 열어놓았으나 실적이 부진하다면서 일본의 배려를 요청함. 또한 대한 수출규제중인 냉동선 수입과 관련해서도 배려를 요청함. 이에 대해 가이 국장은 청구권 문제 관련 한일 간 최종합의가 아직 이루어지지 않았고, 무역채무 문제도 있어 관계성이 반대하고 있으나, 오히라 마사요시 대신이 대한경협에 열의를 갖고 있으므로 향후 추진이 가능토록 노력해 보겠다고 답함.
주제어	대한 연불 신용방식 경협, 냉동선 수출

대한국 민간베이스 경제협력에 관한 주일한국 대표부와의 비공식 협의(対韓民間ベース経済協力に関する在日韓国代表部との非公式協議)

문서파일번호	1897
작성연월일	1963. 7. 1 - 1963. 7. 3
구분	제6차 회담
세부항목	오카다 경협과장·주일한국대표부 서 서기관 회담
작성처	외무성 경제협력과
매수	13
비밀등급	
문서종류	회의록, 내부문서, 내부자료
공개구분	공개 또는 일부비공개
내용	가이 경제협력국장과 주일한국대표부 이 참사관 회담(1963년 6월 26일) 후속조치로 개최된 오카다 경제협력과장과 대표부 서 서기관 회담 기록
주제어	대한경제협력

문서명	대한국 민간베이스 경제협력에 관한 주일한국대표부와의 비공식 협의 건(対韓民間ベース経済協力に関する在日韓国代表部との非公式協議に関する件)

문서파일번호 1897
작성연월일 1963. 7. 1
구분 제6차 회담
세부항목 오카다 경협과장·주일한국대표부 서 서기관 회담
작성처 외무성 경제협력과
매수 9
비밀등급 극비
문서종류 회의록
공개구분 공개
내용 가이 후미히코(甲斐文比古) 경제협력국장과 주일한국대표부 이규성 참사관 회담(1963년 6월 26일) 후속조치로 1963년 7월 1일 개최된 오카다(岡田) 경제협력과장과 대표부 서 서기관 회담 기록. 양측이 상담이 진행 중인 대한 연불수출안건 자료를 교환하고, 한국정부가 각 개별안건에 대해 어느 정도 중요성을 부여하고 있는지에 대해 설명함.
주제어 대한 연불수출

문서명	배포 자료 오류 정정 건(配布資料の誤謬訂正に関する件)

문서파일번호 1897
작성연월일 1963. 7. 3
구분 제6차 회담
세부항목 오카다 경협과장·주일한국대표부 서 서기관 회담
작성처 외무성 경제협력과
매수 1
비밀등급 일반
문서종류 내부문서
공개구분 공개
내용 1963년 7월 1일 오카다 과장·서 서기관 회담 기록 중 오류 정정
주제어 회의록 오류 정정

문서명	대한연불수출 상담진행 중 안건

문서파일번호 1897
작성연월일 1963. 7. 1
구분 제6차 회담
세부항목 대한 연불수출 안건
작성처 외무성 경제협력과
매수 3
비밀등급 일반
문서종류 내부자료
공개구분 일부비공개
내용 1963년 7월 1일 현재 '대한연불수출 상담진행 중인 안건'이 정리된 표. 한일 양국의 회사명과 비고란의 일부가 먹칠로 가려짐.
주제어 대한 연불수출 안건

한일청구권협정 시안
(日韓請求権協定の一試案)

문서파일번호	1898
작성연월일	1963. 7. 10
구분	제6차 회담
세부항목	한일청구권협정 시안
작성처	배상부 조정과
매수	34
비밀등급	
문서종류	내부문서, 협정안, 교환공문안
공개구분	공개
내용	외무성 배상부 조정과가 1963년 7월 10일 작성한 한일청구권협정의 시안 작성 경위 설명문서 및 협정 시안, 협정의 실시세목에 관한 교환공문안
주제어	청구권

문서명	한일청구권협정 1시안(日韓請求権協定の一試案)

문서파일번호 1898
작성연월일 1963. 7. 10
구분 제6차 회담
세부항목 한일청구권협정 시안
작성처 외무성 배상부 조정과
매수 3
비밀등급 극비
문서종류 내부문서
공개구분 공개
내용 청구권 자금 제공에 관한 세부항목 조정을 위해 외무성 배상부 조정과가 작성한 청구권협정 시안 작성의 경위 및 의도를 설명한 문서. 다른 국가들과의 배상 협정을 참고로 하고 한국의 요청을 일부 감안했다는 견해가 담김.
주제어 한일청구권협정 시안 작성 경위

문서명	일본국정부와 대한민국정부 간 청구권 해결 및 경제협력에 관한 협정(시안 첫 번째 안)[日本国政府と大韓民国政府との間の請求権解決及び経済協力に関する協定(試案一抄)]

문서파일번호 1898
작성연월일 1963. 7(일자 불명)
구분 제6차 회담
세부항목 한일청구권협정 시안
작성처 외무성 배상부 조정과
매수 3
비밀등급 극비
문서종류 협정안
공개구분 공개
내용 한국과의 청구권 자금 제공에 관한 세부항목 조정을 위해 외무성 배상조정과가 작성한 청구권협정 시안 첫 번째 안. 동 안은 한국의 요청만을 반영하여 작성
주제어 청구권 협정

문서명	일본국정부와 대한민국정부간의 무상공여 실시에 관한 협정(시안)[日本国政府と大韓民国政府との間の無償供与の実施に関する協定(試案)]

문서파일번호 1898
작성연월일 1963. 7. 10
구분 제6차 회담
세부항목 한일청구권협정 시안
작성처 외무성 배상부 조정과
매수 17
비밀등급 극비
문서종류 협정안
공개구분 공개
내용 외무성 배상부 조정과가 1963년 7월 10일 자로 작성한 청구권협정 시안. 동 안은 한국의 요청 및 기타 동남아국가들과의 배상 협정을 반영한 보다 상세한 협정 시안
주제어 청구권협정

문서명	협정의 실시세목에 관한 교환공문(協定の実施細目に関する交換公文)

문서파일번호 1898
작성연월일 1963. 7. 10
구분 제6차 회담
세부항목 한일청구권협정 시안
작성처 외무성 배상부 조정과
매수 11
비밀등급 극비
문서종류 교환공문안
공개구분 공개
내용 외무성 배상부 조정과가 작성한 협정안에 부속되는 협정의 실시세목에 관한 교환공문 시안. 실시계획, 계약, 지불, 합동위원회가 규정되어 있음.
주제어 청구권협정 부속문서

대한국 상업베이스 연불수출에 의한 경제협력 추진 건(韓国に対する商業ベース延払輸出による経済協力の推進に関する件)

문서파일번호	1899
문서명	대한국 상업베이스 연불수출에 의한 경제협력 추진 건(韓国に対する商業ベース延払輸出による経済協力の推進に関する件)
작성연월일	1963. 7. 12
구분	제6차 회담
세부항목	대한 연불수출 승인
작성처	외무성
매수	2
비밀등급	극비
문서종류	내부문서
공개구분	공개
내용	한국에 대해 상업베이스 연불수출에 의한 경제협력을 추진하는 것을 용인한다는 내용이 담김. 외무대신의 각의 양해 신청 문건으로 추정됨.
주제어	대한 연불수출 승인

한국으로의 타이완 쌀 수출 및 식량 증여
(韓国への台湾米輸出及び食料贈与)

문서파일번호	1900
문서명	한국으로 타이완 쌀 수출 및 식량 증여(韓国への台湾米輸出及び食料贈与)
작성연월일	1963. 7. 26
구분	제6차 회담
세부항목	한국에 대한 타이완 쌀 수출 및 식량 증여
작성처	외무성 경제국 총무참사관실(經濟局 總務參事官室)
매수	8
비밀등급	극비
문서종류	내부자료
공개구분	일부비공개
내용	경제국이 작성한 경제특별정보 제392호에 수록된 한국에 타이완 쌀 수출 및 식량 증여에 관한 정보 기록. 상업베이스에 의한 타이완 쌀 5만 톤의 한국 수출과 관련한 경위, 한국에 쌀 2만 톤 등 식량 원조에 관한 내용이 기술되어 있음.
주제어	한국에 대한 타이완 쌀 수출 및 식량 증여

한일회담 청구권관계 심의에 대하여
(日韓会談請求権関係の審議について)

문서파일번호	1735
문서명	한일회담 청구권관계 심의에 대하여(日韓会談請求権関係の審議について)
작성연월일	1962. 1. 8
구분	제6차 회담
세부항목	대일 청구 8항목에 대한 대장성 검토의견
작성처	대장성 이재국
매수	8
비밀등급	극비
문서종류	내부문서
공개구분	공개
내용	한국이 요구한 대일 8항목 청구에 관해 대장성이 각 항목마다 그 지불 여부에 관한 입장을 정리한 내용이 담긴 문서
주제어	청구권

아시아국장의 대장성 방문 건
(アジア局長の大蔵省往訪の件)

문서파일번호	1901
문서명	아시아국장의 대장성 방문 건(アジア局長の大蔵省往訪の件)
작성연월일	1963. 7. 27
구분	제6차 회담
세부항목	수은 베이스의 어업차관
작성처	외무성 북동아시아과
매수	4
비밀등급	극비
문서종류	회의록
공개구분	공개
내용	우시로쿠 도라오 아시아국장이 대장성 이재국장을 방문, 수출입은행(輸銀) 베이스의 어업차관 관련 협의 결과를 기록한 문서. 우시로쿠 국장은 7월 26일 오히라 마사요시·김용식 장관 회담 결과를 설명하고, 수출입은행 베이스 어업차관 가능성에 대한 대장성 입장을 타진함. 대장성이 실무선에서는 절대 반대 입장이라고 하자 우시로쿠 국장은 본건이 한일회담 타결의 성패가 걸려 있는 문제라면 실무적 의견에서 벗어나 이 건을 결정할 필요가 있음을 강조함.
주제어	어업, 수은 베이스 어업차관

청구권 문제 해결
(請求権問題の解決)

문서파일번호	1902
작성연월일	1963. 12. 3
구분	제6차 회담
세부항목	청구권 문제 및 어업협력에 관한 대장성 입장
작성처	외무성, 대장성
매수	3
비밀등급	
문서종류	내부문서
공개구분	공개
내용	외무성 아시아국장과 대장성 이재국장 회담에서 이재국장이 구두로 언급한 내용을 기록으로 전달한 문서
주제어	청구권, 어업

문서명	제목 없음

문서파일번호 1902
작성연월일 1963. 12. 3
구분 제6차 회담
세부항목 청구권 문제 및 어업협력에 관한 대장성 입장
작성처 외무성 북동아시아과장
매수 1
비밀등급 극비
문서종류 내부문서
공개구분 공개
내용 외무성 아시아국장과 대장성 이재국장 회담에서 이재국장이 구두로 언급한 내용을 기록으로 전달한다는 설명이 기록됨.
주제어 청구권 문제 및 어업협력에 관한 대장성 입장 전달

문서명	청구권 문제의 해결에 대하여(請求権問題の解決について)

문서파일번호 1902
작성연월일 1963. 12. 3
구분 제6차 회담
세부항목 청구권 문제에 관한 대장성 입장
작성처 대장성 이재국
매수 1
비밀등급 극비
문서종류 내부문서
공개구분 공개
내용 청구권 문제의 O, A(Open Account: 한국의 대일무역 채권 계정) 채권 지불기간 및 유상경제협력 상환기간에 관한 대장성 입장이 기록된 문서. 한국이 어업전관수역 12해리를 수용할 경우 O, A 채권의 상환기간을 5년으로, 무상공여 액에서 O, A채권을 감액 시 한국의 경제개발계획 추진에 차질이 발생할 경우 무상공여 액을 조기 공여, 유상 경협의 조기 공여, 유상 경협의 상환 기간을 7년 거치 13년으로 실시함.
주제어 청구권

문서명	어업협력의 실시에 대하여(漁業協力の実施について)

문서파일번호	1902
작성연월일	1963. 12. 3
구분	제6차 회담
세부항목	어업협력에 관한 대장성 입장
작성처	대장성 이재국
매수	1
비밀등급	극비
문서종류	내부문서
공개구분	공개
내용	어업협력 자금 제공조건과 관련한 대장성의 입장이 기록된 문서. 전관수역 12해리를 한국이 수용할 경우 3천만 달러를 상업베이스 차관의 틀 내에서 한국에 어업차관으로 공여함.
주제어	어업협력

경제협력·무역에 관한 한국의 요청
(経済協力·貿易に関し韓国側より申入れ)

문서파일번호	1904
작성연월일	1963. 9. 11 - 1963. 12. 12
구분	제6차 회담
세부항목	대한 연불수출
작성처	외무성
매수	21
비밀등급	
문서종류	회의록, 내부문서
공개구분	일부비공개
내용	대한 연불수출과 관련한 내용이 담긴 문서 모음
주제어	청구권, 대한 연불수출

문서명	중공에 대한 비닐론 플랜트 연불수출에 대한 한국의 요청 건(中共向ビニロンプラント延払輸出に対する韓国申入れに関する件)

문서파일번호 1904
작성연월일 1963. 9. 11
구분 제6차 회담
세부항목 대한 연불수출
작성처 외무성 경제국 아시아과
매수 3
비밀등급 극비
문서종류 회의록
공개구분 공개
내용 나카야마 요시히로 경제국장과 주일한국대표부 이규성 참사관 협의 기록. 이 참사관은 플랜트 연불수출 관련해 한국에는 허가하지 않으면서 중공에 허가한 점에 이의를 제기함. 나카야마 국장은 자유진영보다 유리한 조건을 부여하지 않는다는 전제로 허가했다면서, 현재 한국과 30여 건의 플랜트 연불수출 건(1억 5천만~1억 6천만 달러)을 상담 중인데 이 중 5~6천만 달러는 허가해야 한다고 말함.
주제어 중공에 대한 플랜트 연불수출

문서명	나카야마 국장·이 참사관 회담 건(한국관계)[中山局長、李参事官会談の件(韓国関係)]

문서파일번호 1904
작성연월일 1963. 9. 11
구분 제6차 회담
세부항목 대한 연불수출
작성처 외무성 경제국 아시아과
매수 5
비밀등급 극비
문서종류 회의록
공개구분 공개
내용 나카야마 요시히로 경제국장과 주일한국대표부 이규성 참사관 협의에서 이 참사관이 한국 식량 사정, 원료 수입, 울산 비료공장(고베제강소 3천만 달러, 미 AID 14~5백만 달러 분담 건설 타협안에 관한 협의 진행 중) 등 발언
주제어 한국의 식량사정, 울산비료공장

문서명	대한경제협력 건(対韓経済協力に関する件)

문서파일번호 1904
작성연월일 1963. 9. 19
구분 제6차 회담
세부항목 대한 연불수출
작성처 외무성 경제협력과
매수 3
비밀등급 극비
문서종류 회의록
공개구분 공개
내용 1963년 9월 17일 가이 후미히코(甲斐文比古) 경제협력국장 · 주일한국대표부 이규성 참사관 협의 기록. 이 참사관은 최근 한국의 외화사정이 매우 어렵다면서, 일본이 한국에 대해 선불금 없이 기간 7년 정도의 연불수출을 허가해 줄 것을 요청함. 이에 대해 가이 국장은 국교정상화전에는 어려울 것으로 본다고 함.
주제어 대한 연불수출

문서명	한국의 비료 연불수출 요청 건(韓国よりの肥料延払輸出要請に関する件)

문서파일번호 1904
작성연월일 1963. 9. 20
구분 제6차 회담
세부항목 대한 연불수출
작성처 외무성 경제국 아시아과
매수 3
비밀등급 극비
문서종류 회의록
공개구분 공개
내용 가토 다다오 경제국 차장 · 한국대표부 이규성 참사관 협의 기록. 이 참사관은 한국의 식량 사정이 좋아져 일본에서 수입하는 쌀 5만 톤 중 아직 수입되지 않은 2만 톤분(300만 달러)을 비료로 연불 수입할 수 있기를 희망한다고 함. 이에 대해 가토 차장은 타국에 대한 비료 수출 등을 검토한 후 답을 주겠다 함.
주제어 비료 연불 수입 문제

문서명	한국대표부 이 참사관의 가이 경제협력국장 방문 건(在京韓国代表部李参事官の在東京甲斐経済橋梁局長来訪に関する件)

문서파일번호 1904
작성연월일 1963. 10. 5
구분 제6차 회담
세부항목 대한 연불수출
작성처 외무성 경제협력과
매수 5
비밀등급 극비
문서종류 회의록
공개구분 일부비공개
내용 가이 후미히코(甲斐文比古) 경제협력국장·한국대표부 이규성 참사관 협의 기록. 이 참사관은 일본이 인도네시아에 대해 상품원조를 제공한 것과 마찬가지로 한국이 이를 요청할 경우 일본정부의 반응이 어떨지 문의함. 가이 국장은 인도네시아의 경우 국제통화기금(IMF) 주도로 개발원조위원회(DAC*)가 자유제국의 공동원조로 한 것이라면서, 일본 자체의 원조는 아니라고 답함. 양측은 한국의 식량사정, 의암 수력발전소 관련 사항에 관해서도 의견을 나눔.
주제어 한국에 대한 상품원조

문서명	의암발전소 건설 자재 약 300만 달러의 연불수출에 대하여(衣岩発電所建設資材等約300万ドルの延払輸出について)

문서파일번호 1904
작성연월일 1963. 12. 12
구분 제6차 회담
세부항목 대한 연불수출
작성처 외무성
매수 2
비밀등급 비(秘)

* DAC(Development Assistant Committee): 개발원조위원회. 개발도상국에 대한 공적 개발원조에 대하여 논의하는 경제협력개발기구(OECD)의 산하 기구

문서종류 내부문서

공개구분 공개

내용 의암댐 건설 자재 약 300만 달러의 연불수출 관련 경위를 기술한 문서. 당초 일본은 선금 10%, 선적 후 1년 반 후 일괄 지불의 조건으로 업자들이 한국과 상담토록 지도, 한국은 선불 3%까지 고려하겠다는 입장을 보였으나 이후 아무 소식이 없는 상태. 한국 상공부가 선불금을 지불해야 한다면 재 승인을 신청해야 한다면서 대표부의 요청에 거부의 뜻을 표한 것으로 알려짐.

주제어 의암 발전소 건설 자재 연불수출 건

기타 자료
(雜資料)

문서파일번호	1913
작성연월일	1964. 2. 12 - 1964. 8. 6
구분	제6차 회담
세부항목	청구권 금액에 관한 한국 언론 보도 등
작성처	외무성
매수	29
비밀등급	
문서종류	내부자료, 회의록
공개구분	공개 또는 일부비공개
내용	청구권 5억 달러 관련 한국 언론 보도, 대한경협 안건 국회 제출용 자료, 이병철 삼성물산 회장의 울산비료 플랜트 수출 관련 진정 문서 등 여러 가지 문서가 함께 게재됨.
주세어	청구권·경협

문서명	청구권 5억 달러의 성격 판명(2월 6일 자 동아일보 기사 번역)[請求権5億ドルの性格判明(2月6日付東亜日報から翻訳)]

문서파일번호 1913
작성연월일 1964. 2. 12
구분 제6차 회담
세부항목 청구권, 한국 언론 보도
작성처 외무성 북동아시아과
매수 12
비밀등급 일반
문서종류 내부자료
공개구분 공개
내용 '청구권 5억 달러의 성격 판명'이라는 제목의 1964년 2월 6일 자 동아일보 기사와 '한일수교는 서두르는 것이 문제가 아닌 기본 태도가 중요하다'라는 1965년 2월 7일 자 경향신문 사설을 번역
주제어 청구권, 한국 언론 보도

문서명	제목 없음

문서파일번호 1913
작성연월일 1964. 6. 15
구분 제6차 회담
세부항목 민간 베이스의 대한 차관
작성처 외무성
매수 9
비밀등급 일반
문서종류 내부자료
공개구분 일부비공개
내용 작성주체는 불명이나, 수기로 衆.外(중의원 외무위원회)가 기재되어 있는 것으로 미루어 국회 제출용으로 작성한 자료로 추정됨. 한국에 대한 민간 베이스의 경제협력에 관한 내용이 담겨 있음.
주제어 민간 베이스의 대한 차관

문서명	제출 자료의 일부 정정 건(提出資料一部訂正の件)

문서파일번호 1913
작성연월일 1964. 6(일자 불명)
구분 제6차 회담
세부항목 민간 베이스의 대한 차관
작성처 외무성
매수 1
비밀등급 일반
문서종류 내부자료
공개구분 공개
내용 1964년 6월 15일 자로 작성하여 중의원 외무위원회에 제출한 문서의 일부분을 삭제
주제어 민간 베이스의 대한 차관

문서명	이병철 삼성물산 회장의 울산비료 플렌트 수출에 관한 진정 건(李秉喆三星物産会長の蔚山肥料プラント輸出に関する陳情の件)

문서파일번호 1913
작성연월일 1964. 8. 6
구분 제6차 회담
세부항목 울산비료 플랜트
작성처 외무성 북동아시아과
매수 7
비밀등급 극비
문서종류 회의록
공개구분 공개
내용 삼성물산 이병철 회장이 우시로쿠 도라오 아시아국장을 내방, 울산비료 플랜트 수출 문제에 대한 경위를 설명하는 한편, 이에 대한 일본정부의 호의적인 배려를 부탁
주제어 울산비료 플랜트

대한 무상 및 유상공여 실시에 관한 일본의 기본 태도(対韓無償及び有償供与の実施に関するわが方基本的態度)

문서파일번호	1906
작성연월일	1964. 3. 13
구분	제6차 회담
세부항목	무·유상공여 실시 대강 시안
작성처	외무성 경제협력과
매수	16
비밀등급	
문서종류	내부문서
공개구분	공개
내용	한국에 대한 무상, 유상공여 실시와 관련한 일본의 기본 태도에 관한 문건 및 무, 유상공여 실시에 관한 대강의 시안
주제어	청구권·경협

문서명	대한국 무상 및 유상공여 실시에 관한 일본의 기본 태도 건(対韓無償及び有償供与実施に関するわが方基本的態度に関する件)

문서파일번호 1906
작성연월일 1964. 3. 13
구분 제6차 회담
세부항목 무 · 유상공여 실시 대강 시안
작성처 외무성 경제협력과
매수 1
비밀등급 극비
문서종류 내부문서
공개구분 공개
내용 별첨문서[대한국 무상 및 유상공여 실시 대강(시안)]를 토대로 한 관계성과의 협의회 개최 내부 재가 문서
주제어 청구권, 무상 · 유상공여 실시 대강

문서명	대한 무상 및 유상공여 실시 대강(시안)[対韓無償及び有償供与実施大綱(試案)]

문서파일번호 1906
작성연월일 1964. 3. 12
구분 제6차 회담
세부항목 무 · 유상공여 실시 대강 시안
작성처 외무성 경제협력과
매수 7
비밀등급 극비
문서종류 내부문서
공개구분 공개
내용 외무성 경제협력과가 청구권협정의 구성, 내용 등에 관한 입장을 정리한 문서. 조약의 구성, 명기 내용, 자금 제공 실시의 세부내용 등 검토
주제어 청구권, 무상 · 유상공여 실시 대강

문서명	대한국 무상 및 유상공여 실시 대강(시안)[対韓無償及び有償供与実施大綱(試案)]

문서파일번호 1906
작성연월일 1964(월일 불명)
구분 제6차 회담
세부항목 무·유상공여 실시 대강 시안
작성처 외무성 경제협력과
매수 8
비밀등급 일반
문서종류 내부문서
공개구분 공개
내용 1964년 3월 12일 자 '대한 무상 및 유상공여 실시 대강(시안)'의 초안
주제어 청구권, 무상·유상공여 실시 대강

한일교섭의 재산 및 청구권 처리 범위
(日韓交渉における財産及び請求権処理の範囲)

문서파일번호	1907
문서명	한일교섭의 재산 및 청구권 처리 범위(日韓交渉における財産及び請求権処理の範囲)
작성연월일	1964. 4. 7
구분	제6차 회담
세부항목	재산 및 청구권 처리의 범위
작성처	외무성 조약국 법규과
매수	4
비밀등급	극비
문서종류	내부문서
공개구분	일부비공개
내용	청구권 문제의 세목 결정 관련, 외무성이 그 처리의 범위에 대한 입장을 정리한 문서. 대부분이 먹칠되어 있으나 인적 범위에 관해서는 한국정부를 구 조선총독부의 의무·권리의 계승자로 간주할 것, 한국에 주소를 가진 자를 대상으로 할 것, 또 협정 체결 시를 기준으로 할 것 등의 내용이 수록되어 있음.
주제어	청구권

대한국 원조 조정 건
(対韓援助調整に関する件)

문서파일번호	1689
작성연월일	1964. 4(일자 불명) - 1964. 5. 7
구분	제6차 회담
세부항목	AID의 대한원조 조정 문제
작성처	주미대사
매수	6
비밀등급	
문서종류	공문
공개구분	공개
내용	미국 AID 측이 주미일본대사관에 한국에 대한 원조문제와 관련하여 언급한 내용을 보고한 주미대사의 공문 2건
주제어	대한 원조

문서명	대한 원조 조정 건(対韓援助調整に関する件)

문서파일번호 1689
작성연월일 1964. 4(일자 불명)
구분 제6차 회담
세부항목 AID의 대한원조 조정 문제
작성처 주미대사
매수 4
비밀등급 극비
문서종류 공문
공개구분 공개
내용 미국 AID 포츠 극동국장이 1964년 4월 8일 주미대사관 직원에게 한국 원조 조정 문제에 관해 언급한 내용을 보고. 세계은행의 이니시어티브를 통해 한국에 원조조정그룹을 상설하는 구상을 협의 중임. 한국은 다른 저개발 국가와 달리 국민 교육, 기술 수준이 높고, 기후 풍토도 좋아 현재와 같은 상황에 머무는 게 이상해 보일 정도임. 최근 생산, 수출이 확대되기 시작, 상황이 호전될 것으로 보임.
주제어 AID, 대한국 원조 조정 문제

문서명	대한 원조 조정 건(対韓援助調整に関する件)

문서파일번호 1689
작성연월일 1964. 5. 7
구분 제6차 회담
세부항목 AID의 대한원조 조정 문제
작성처 주미대사
매수 2
비밀등급 극비
문서종류 공문
공개구분 공개
내용 1964년 5월 6일 주미일본대사관 직원들이 AID, 세계은행 극동지역 담당자들과 대한국 원조조정 문제에 관해 협의한 내용을 보고. 세계은행의 이니시어티브로 한국에 원조조정기구 설치에 세계은행의 반응이 부정적임.
주제어 AID, 대한국 원조 조정 문제

플랜트 연불수출
(プラント延払い輸出)

문서파일번호	1910
작성연월일	1964. 4. 27 - 1964. 11. 11
구분	제6차 회담
세부항목	대한 연불수출
작성처	외무성, 주일한국대표부
매수	51
비밀등급	
문서종류	내부문서, 외교공한(구상서)
공개구분	공개 또는 일부비공개
내용	한국에 대한 연불수출 관련 내용들이 담긴 문서 모음
주제어	대한 연불수출

문서명	대한국 연불 신용공여 관계 현안에 대하여(対韓延払信用供与関係懸案について)

문서파일번호 1910
작성연월일 1964. 4. 27
구분 제6차 회담
세부항목 대한 연불수출
작성처 외무성 경제협력과
매수 2
비밀등급 비(秘)
문서종류 내부문서
공개구분 일부비공개
내용 대한 연불 신용공여 관련 현안에 관한 한국과의 교섭 경위를 기술한 문서. 염화비닐수지 및 가성소다 플랜트의 공급 및 기술원조 계약, 시멘트 플랜트 공급계약에 대해 주일한국대표부와 논의 후 이를 보류해 왔음.
주제어 대한연불수출 교섭 경위

문서명	김·오히라 합의(제3항)에서의 민간차관에 대하여[金·大平了承線(第三項)における民間借款について]

문서파일번호 1910
작성연월일 1964. 5. 26
구분 제6차 회담
세부항목 대한 연불수출
작성처 외무성
매수 5
비밀등급 극비
문서종류 내부문서
공개구분 공개
내용 김종필 · 오히라 마사요시 합의의 민간신용공여 부분이 한국의 선전과 달리 특별한 정치적인 의미를 지닌 것이 아니라, 통상의 경제원조에 해당한다는 입장을 정리
주제어 김 · 오히라 합의 중 민간신용공여

문서명	대한국 플렌트 연불과 청구권 문제 해결을 위한 경제협력과의 관계(対韓プラント延払いと請求権問題解決のための経済協力との関係)

문서파일번호 1910
작성연월일 1964. 7. 30
구분 제6차 회담
세부항목 대한 연불수출
작성처 외무성 북동아시아과
매수 9
비밀등급 극비
문서종류 내부문서
공개구분 공개
내용 한국에 대한 플랜트 수출에 대해 한국이 김종필 · 오히라 마사요시 합의의 민간신용공여와 다른 것이라고 주장하고 있는 데 대해, 일본은 그것을 분명히 하기는 어려우나 한국 주장을 그대로 두어 오해를 남기면 훗날 불리해질 수 있으므로 적절히 조치해야 할 필요가 있다는 입장 기술
주제어 김 · 오히라 합의 중 민간신용공여

문서명	대한국 플렌트 연불과 청구권 문제 해결을 위한 경제협력과의 관계(対韓プラント延払いと請求権問題解決のための経済協力との関係)

문서파일번호 1910
작성연월일 1964. 8. 3
구분 제6차 회담
세부항목 대한 연불수출
작성처 외무성 북동아시아과
매수 12
비밀등급 극비
문서종류 내부문서
공개구분 공개
내용 김종필 · 오히라 마사요시 합의의 민간신용공여는 통상의 경제원조에 해당한다는 것, 현재 진행 중인 대한 플랜트 수출이 한국 주장대로 민간신용공여와 다른 것이라는 해석이 정해지면, 일본이 불리해지므로 그에 대처할 필요가 있음.
주제어 김 · 오히라 합의 중 민간신용공여

문서명	제목 없음

문서파일번호 1910
작성연월일 1964. 9. 8
구분 제6차 회담
세부항목 대한 연불수출
작성처 외무성 북동아시아과
매수 1
비밀등급 일반
문서종류 내부문서
공개구분 공개
내용 한일 간 플랜트 연불수출 관련 외무성과 주일한국대표부의 구상서 교환 경위
주제어 대한 플랜트 연불수출

문서명	제목 없음

문서파일번호 1910
작성연월일 1964. 7. 27
구분 제6차 회담
세부항목 대한 연불수출
작성처 외무성
매수 2
비밀등급 일반
문서종류 외교공한(구상서)
공개구분 공개
내용 1964년 9월 8일 자 한일 간 플랜트 연불수출 관련 외무성과 주일한국대표부의 구상서 교환 경위를 기술한 문서의 첨부문서. 외무성이 주일한국대표부에게 진행 중인 대한국 플랜트 연불수출을 허락하는 조건을 전달한 구상서(영문)
주제어 대한 플랜트 연불수출

문서명	제목 없음

문서파일번호 1910
작성연월일 1964. 8. 19
구분 제6차 회담
세부항목 대한 연불수출
작성처 주일한국대표부
매수 1
비밀등급 극비
문서종류 외교공한(구상서)
공개구분 공개
내용 1964년 9월 8일 자 한일 간 플랜트 연불수출 관련 외무성과 주일한국대표부의 구상서 교환 경위를 기술한 문서의 첨부2. 현재 진행 중인 대한국 플랜트 연불수출을 허락하는 조건을 전달한 일본 공한에 대한 주일한국대표부가 한국의 희망사항 구상서 초안(영문). 한국대표부가 외무성 측에 비공식 타진 결과, 외무성은 직접 구상서안을 두 가지 작성하여 대표부측에 전달함.
주제어 대한 플랜트 연불수출

문서명	제목 없음

문서파일번호 1910
작성연월일 1964(월일 불명)
구분 제6차 회담
세부항목 대한 연불수출
작성처 주일한국대표부(외무성이 작성하여 한국대표부에 전달)
매수 3
비밀등급 극비
문서종류 외교공한(구상서)
공개구분 공개
내용 1964년 9월 8일 자 한일 간 플랜트 연불수출 관련 외무성과 주일한국대표부의 구상서 교환 경위를 기술한 문서의 첨부3. 1964년 7월 27일 자 외무성의 구상서(연불수출 허가 조건)에 대한 주일한국대표부의 답신 구상서 제1·2·3안(일본 구상서 내용 전달용)(영문). 이 구상서는 일본 외무성이 작성하여 한국대표부에 전달한 것으로, 한국대표부는 제2안을 선택, 외무성에 보냄.
주제어 대한 플랜트 연불수출

문서명	플랜트 연불수출과 김·오히라 합의 제3항목의 관계(プラント延払い輸出と大平·金了解第3項目との関係)

문서파일번호 1910
작성연월일 1964. 9. 24
구분 제6차 회담
세부항목 대한 연불수출
작성처 외무성 북동아시아과
매수 9
비밀등급 극비
문서종류 내부문서
공개구분 공개
내용 플랜트 연불수출과 김종필 · 오히라 합의 제3항의 관계를 검토한 의견서. 플랜트 연불수출에 대해 한국 정부는 김종필 · 오히라 합의 제3항 민간신용공여에 포함된다는 것을 인정하지 않으나, 훗날 일본에 불리해지지 않도록 민간신용공여에 포함된다는 점에 대해 한국의 양해를 얻을 필요가 있음.
주제어 대한 플랜트 연불수출

문서명	구두 양해(口頭諒解)

문서파일번호 1910
작성연월일 1964. 10. 22
구분 제6차 회담
세부항목 대한 연불수출
작성처 외무성
매수 2
비밀등급 일반
문서종류 구두 양해
공개구분 공개
내용 한일 양국이 1964년 7월 25일 자 일본의 구상서 제2항 '상업 베이스에 의한 통상의 민간 신용의 범주 내의 것이라 함은 1962년 쌍방 합의한 양해사항 중 예정되어 있는 것으로 생각한다'를 구두로 양해한다는 문서. 플랜트 2건 수출에 대한 7월 25일 자 구상서 제2항의 수정도 함께 수록됨.
주제어 대한 플랜트 연불수출

문서명	구상서(口上書)

문서파일번호 1910
작성연월일 1964. 7. 25
구분 제6차 회담
세부항목 대한 연불수출
작성처 외무성
매수 2
비밀등급 일반
문서종류 외교공한(구상서)
공개구분 공개
내용 일본 외무성이 주일한국대표부에 보낸 구상서. 한국에 대한 플랜트 수출이 김종필 · 오히라 마사요시 합의의 민간신용공여에 포함된다는 사실과 기타 제공조건을 통보
주제어 대한 플랜트 연불수출

문서명	구상서(Note Verbale)

문서파일번호 1910
작성연월일 1964. 7. 25
구분 제6차 회담
세부항목 대한 연불수출
작성처 외무성
매수 2
비밀등급 일반
문서종류 외교공한(구상서)
공개구분 공개
내용 1964년 7월 25일 외무성이 주일한국대표부에 보낸 구상서 영문본
주제어 대한 플랜트 연불수출

문서명	구상서(Note Verbale)

문서파일번호	1910
작성연월일	1964. 11. 11
구분	제6차 회담
세부항목	대한 연불수출
작성처	주일한국대표부
매수	1
비밀등급	일반
문서종류	외교공한(구상서)
공개구분	공개
내용	주일한국대표부가 외무성에 보낸 구상서(영문). 1964년 7월 25일 자 일본의 구상서 내용을 수락
주제어	대한 플랜트 연불수출

한일경제회의 및 대한 원조
(日韓経済会議および対韓援助)

문서파일번호	1908
작성연월일	1964. 6. 15 - 1964. 9. 1
구분	제6차 회담
세부항목	대한 원조, 경제협력
작성처	
매수	174
비밀등급	
문서종류	회의록, 전문, 내부문서, 내부자료
공개구분	공개 또는 일부비공개
내용	한국에 대한 원조, 경제협력 등이 기술된 문서 모음
주제어	대한 원조·경협

문서명	한일경제회의 및 대한국 원조 건(日韓経済会議および対韓援助に関する件)

문서파일번호 1908
작성연월일 1964. 6. 15
구분 제6차 회담
세부항목 대한 원조, 경제협력
작성처 외무성 북동아시아과
매수 4
비밀등급 극비
문서종류 회의록
공개구분 공개
내용 1964년 6월 14일 우시로쿠 도라오 아시아국장·이규성 참사관의 대한 원조 및 무역회담 개최 관련 협의 기록. 이 참사관은 대한 원조에 사의표명 후 무역 회담의 서울 개최와 관련해 대일 수출, 특히 해산물 등의 수출 확대 문제와 대한국 연불수출 문제 등을 의제로 삼고 싶다고 함. 이에 대해 우시로쿠 국장은 회담 후 결과가 제대로 나오지 않으면 곤란하므로 일반적인 외교채널로 협의해 나가는 방안을 제안함.
주제어 대한원조, 무역회담

문서명	대한원조에 관한 일미 협의(対韓援助に対する日米協議)

문서파일번호 1908
작성연월일 1964. 6. 19
구분 제6차 회담
세부항목 대한 원조, 경제협력에 관한 주미대사 보고
작성처 주미대사
매수 3
비밀등급 극비
문서종류 전문(電文)
공개구분 공개
내용 AID 극동국 아트로츠크 특별보좌관과 주미일본대사관 오카무라의 한국 원조에 관한 협의 내용을 보고. 아트로츠크 보좌관은 현재 한국 현지에서 안정화 계획에 기초해 협의가 진행 중이며, 협의가 끝나면 한국에 대한 원조 소요액, 품목 등이 정해질 수 있을 것이라 함.
주제어 대한원조

문서명	한국에 대한 원조 문제(개정안)[韓国に対する援助問題(改訂案)]

문서파일번호 1908
작성연월일 1964. 6. 20
구분 제6차 회담
세부항목 대한 원조, 경제협력
작성처 외무성
매수 14
비밀등급 극비
문서종류 내부문서
공개구분 공개
내용 한국에 대한 원조문제에 관한 검토의견서 개정안. 한국의 경제상황, 일본이 검토 중인 조치, 수산물의 수입 확대 문제, 보세가공, 대한 원조의 시기, 주한일본대표부 설치 문제, 통상의 연불안건(플랜트 수출 상담) 등에 관한 내용들이 기술되어 있음. 문서 맨 앞에는 우시로쿠 도라오 아시아국장이 현재 미국의 한국경제에 대한 조사가 진행 중이나 일본의 대한원조 문제에 대한 검토의견서를 우선 배포한다는 내용을 수기로 기록한 문서가 포함되어 있음.
주제어 대한원조

문서명	경제협력 문제 등에 관한 한국의 요청에 대하여(経済協力問題等に関する韓国側申出について)

문서파일번호 1908
작성연월일 1964. 6. 25
구분 제6차 회담
세부항목 대한 원조, 경제협력
작성처 외무성 북동아시아과
매수 3
비밀등급 극비
문서종류 내부문서
공개구분 공개
내용 1964년 6월 24일 스기 미치스케 · 배의환 회담과 6월 25일 실무레벨의 회담에서 한국이 설명한 경제협력 문제 관련 사항을 기록한 문서. 식량과 소비물자는 일단 부족하지 않음. 무역상의 수출입 불균형을 시정해 나가길 원함. 어선, 어구의 대한 수출 금지를 해제해 주기를 원함. 한국 유휴공장 가동을 위해 원자재 및 기계의 개보수용 자재를 장기 연불수출해 주길 원함. 기술협력을 위한 인건비에 대한 신용공여를 희망함(여기까지 5~6천만 달러 정도 소요), 보세가공무역을 위해 무환 수출을 인정해 줄 것을 원함. 플랜트 3건(PVC, 시멘트, 폴리아크릴 공장)의 연불수출 허가를 원함.

주제어 대한경제협력

문서명	한국원조 문제에 관한 한국의 요망 내용(韓国援助問題に関する韓国側要望内容)

문서파일번호 1908

작성연월일 1964. 6. 25

구분 제6차 회담

세무항목 대한 원조, 경제협력

작성처 외무성 경제국 아시아과, 경제협력국 경제협력과

매수 13

비밀등급 극비

문서종류 회의록

공개구분 공개

내용 한일 실무자의 한국원조 문제 관련 회담 기록(6월 24일 양국 수석대표 제9회 비공식회의에 이어 개최). 앞서 북동아과가 작성한 '경제협력 문제 등에 관한 한국의 요청에 관하여'라는 문서에 기술된 사항들을 논의

주제어 대한경제협력

문서명	한국에 대한 원조 문제(제2개정안) [韓国に対する援助問題(第2改訂案)]

문서파일번호 1908
작성연월일 1964. 6. 29
구분 제6차 회담
세부항목 대한 원조, 경제협력
작성처 외무성 북동아시아과
매수 14
비밀등급 극비
문서종류 내부문서
공개구분 공개
내용 북동아시아과가 1964년 6월 24일 자로 작성한 한국에 대한 원조문제 2차 개정안. 6월 20일 자 개정안과 내용은 큰 차이가 없음.
주제어 대한원조

문서명	한국에 대한 당분간의 경제협력문제(안) [韓国に対する当面の経済協力問題(案)]

문서파일번호 1908
작성연월일 1964. 7. 11
구분 제6차 회담
세부항목 대한 원조, 경제협력
작성처 외무성
매수 5
비밀등급 극비
문서종류 내부문서
공개구분 공개
내용 한국의 요청사항을 반영하여 작성한 한국에 대한 당분간의 경제협력 내용이 담긴 문서. 원자재의 연불수출 틀의 설정, 한국산 농수산물 수입제한의 완화 등이 담김.
주제어 대한경제협력

문서명	별지: 경제협력 문제에 관한 한국의 요청 사항의 요점(経済協力問題に関する韓国側要望事項の要点)

문서파일번호 1908
작성연월일 1964. 7. 11
구분 제6차 회담
세부항목 대한 원조, 경제협력
작성처 외무성
매수 2
비밀등급 일반
문서종류 내부문서
공개구분 공개
내용 1964년 7월 11일 자 한국에 대한 경제협력 문제 제하 문서의 첨부. 1964년 7월 11일 자 한국에 대한 경제협력문제(안) 제하 문서의 별첨으로 한국의 요청사항이 기술됨.
주제어 대한경제협력

문서명	한국산 구입 증대 문제에 관한 한국대표부 요청(韓国産品産買付増大問題に関する韓国代表部の申入れ)

문서파일번호 1908
작성연월일 1964. 7. 18
구분 제6차 회담
세부항목 대한 원조, 경제협력
작성처 외무성 경제국 아시아과
매수 7
비밀등급 비(秘)
문서종류 회의록
공개구분 공개
내용 가토 다다오(加藤匡夫) 경제국 차장과 한국대표부 이규성 참사관의 한국산 구입 확대 관련 협의 기록. 한국산 김의 수입 확대(1억 매에서 1억 5천 매로 증대), 어패류 230만 달러 상당량 구매 확대, 소, 돼지고기, 무연탄, 흑연, 연초 등의 수입 확대, 어선 및 냉동선 수출금지 해제, 비료장기계약 문제 등에 관해 협의함.
주제어 한국산 구매증대

문서명	대한국 경제협력(1차 산품 구입)의 건[対韓経済協力(一次産品買付)の件]

문서파일번호 1908
작성연월일 1964. 7. 28
구분 제6차 회담
세부항목 대한 원조, 경제협력
작성처 외무성 경제국 아시아과
매수 2
비밀등급 극비
문서종류 내부문서
공개구분 공개
내용 대한국 경제협력(제2차안)(무역관계)의 표지 문서
주제어 대한경제협력, 무역

문서명	별첨. 대한국 경제협력(제2차안)(무역관계)[対韓国経済協力(第二次案)(貿易関係)]

문서파일번호 1908
작성연월일 1964. 7. 28
구분 제6차 회담
세부항목 대한 원조, 경제협력
작성처 외무성 경제국 아시아과
매수 42
비밀등급 극비
문서종류 내부문서
공개구분 일부비공개
내용 대한국 경제협력(제2차안)(무역관계). 농수산물, 축산물, 광산물 수입, 어선 수출, 보세 가공수출 등에 관해 한국의 희망사항과 일본의 조치안을 기술한 요약문서와 함께 항목별(김 등) 상세 내용을 검토한 별첨 문서들이 함께 수록됨.
주제어 대한경제협력, 무역

문서명	한국에 대한 당분간의 경제협력 문제에 관한 기본적인 사고방식(韓国に対する当面の経済協力問題に関する基本的考え方)

문서파일번호 1908
작성연월일 1964. 7. 29
구분 제6차 회담
세부항목 대한 원조, 경제협력
작성처 외무성
매수 11
비밀등급 극비
문서종류 내부문서
공개구분 공개
내용 한국에 대한 상품원조를 검토한 내용이 기술된 문서. 한국의 경제상황, 한국에 대한 원조가 필요한 이유(공산화 방지 등), 한일회담의 진전을 기대하기 어려운 상황 등 한국에 대한 상품원조가 필요한 이유를 상세히 기술함.
주제어 한국에 대한 상품원조

문서명	한국에 대한 2,000만 달러 차관 공여 문제에 관한 한국의 논조(한국 신문 사설 및 해설기사 번역)[韓国に対する2000万ドル借款供与問題に関する韓国の論調(韓国紙社説ならびに解説記事から翻訳)]

문서파일번호 1908
작성연월일 1964. 7. 29
구분 제6차 회담
세부항목 대한 원조, 경제협력
작성처 외무성 북동아시아과
매수 24
비밀등급 일반
문서종류 내부자료
공개구분 공개
내용 한국에 대한 2천만 달러 차관 공여 관련 한국 언론 사설 및 해설기사를 번역한 자료. 1964년 7월 22일 자 동아일보 사설, 7월 23일 자 조선일보 해설기사, 7월 24일 자 조선일보 해설기사, 7월 24일 자 동아일보 사설 번역문
주제어 대한긴급원조 한국 반향, 언론 논조

문서명	대한국 긴급 상품 원조에 관한 약간의 문제점에 대하여(対韓緊急商品援助に関する若干の問題点について)

문서파일번호 1908
작성연월일 1964. 8. 5
구분 제6차 회담
세부항목 대한 원조, 경제협력
작성처 외무성 북동아시아과
매수 10
비밀등급 극비
문서종류 내부자료
공개구분 공개
내용 한국에 대한 긴급 상품원조와 관련한 예상 질의 답변자료. 용도는 불명임.
주제어 대한 긴급 상품원조

문서명	대한국 상품원조 문제에 관하여 대장대신에 대한 요청 요령(안)[対韓商品援助問題に関し大蔵大臣に対する申入れ要領(案)]

문서파일번호 1908
작성연월일 1964. 8. 10
구분 제6차 회담
세부항목 대한 원조, 경제협력
작성처 외무성 북동아시아과
매수 8
비밀등급 극비
문서종류 내부문서
공개구분 공개
내용 대한국 상품원조 관련 대장대신에 대한 협조요청 요령이 기술된 문서. 대장성과의 실무협의에서 대장성이 반대의사를 표명함에 따라 외무대신 차원에서 대장대신에게 협조를 요청하려고 작성된 것으로, 한국의 경제상황, 한국의 요청, 관계성 협의 결과 등이 수록되어 있음.
주제어 대한 긴급 상품원조

문서명	대한 상품원조 문제에 관한 외무대신의 대장대신에 대한 요청 요령(안)[対韓商品援助問題に関し外務大臣の大蔵大臣に対する申入れ要領(案)]

문서파일번호 1908
작성연월일 1964. 8. 15
구분 제6차 회담
세부항목 대한 원조, 경제협력
작성처 외무성 북동아시아과
매수 7
비밀등급 극비
문서종류 내부문서
공개구분 공개
내용 대한국 상품원조 관련 대장대신에 대한 협조요청 요령이 기술된 문서의 수정본. 초안에 포함된 대장성 실무자들의 반대의사표명 등과 관련한 내용이 빠지고 한국정세, 상품원조를 해야만 하는 이유 등이 보다 상세하게 기술됨.
주제어 대한 긴급 상품원조

문서명	대한 상품원조와 대인도네시아 긴급원조 비교(対韓商品援助と対インドネシア緊急援助との比較)

문서파일번호 1908
작성연월일 1964. 9. 2
구분 제6차 회담
세부항목 대한 원조, 경제협력
작성처 외무성
매수 3
비밀등급 일반
문서종류 내부문서
공개구분 공개
내용 1963년 10월 인도네시아에 대한 긴급원조(총액 1,200만 달러의 상업베이스 연불 신용공여 틀 설정)와 한국에 대한 상품원조(유휴공장시설 가동을 위한 원재료 및 기계의 개보수 자재 중심 연불수출을 위한 2천만 달러 신용공여 틀 설정)를 비교
주제어 대한 긴급 상품원조

문서명	인도네시아에 대한 긴급 차관 사용상황(インドネシアに対する緊急借款使用状況)

문서파일번호	1908
작성연월일	1964. 9. 1
구분	제6차 회담
세부항목	대한 원조, 경제협력
작성처	외무성
매수	2
비밀등급	일반
문서종류	내부문서
공개구분	공개
내용	인도네시아에 대한 긴급차관 사용 상황
주제어	인도네시아 긴급차관 사용 현황

대한 긴급원조에 관한 각의결정
(対韓緊急援助に関する閣議決定)

문서파일번호	1909
작성연월일	1964. 9. 11 - 1964. 12. 11
구분	제6~7차 회담
세부항목	한국에 대한 긴급원조
작성처	외무성, 한국 상공부
매수	25
비밀등급	
문서종류	내부문서, 회의록, 교환공문
공개구분	공개
내용	한국에 대한 긴급원조 관련 각의 결정 및 관련 문서 모음
주제어	한국에 대한 긴급원조

문서명	대한국 긴급원조에 관한 각의결정(안) [対韓緊急援助に関する閣議決定(案)]

문서파일번호 1909
작성연월일 1964. 9. 11
구분 제6차 회담
세부항목 한국에 대한 긴급원조
작성처 외무성
매수 3
비밀등급 일반
문서종류 내부문서
공개구분 공개
내용 한국에 대한 2천만 달러 상당의 긴급원조 실시에 관한 각의 결정(안) 및 설명서. 금액 및 원조조건, 대상품목 등에 관한 사항들이 담겨 있음.
주제어 대한 긴급원조

문서명	대한국 경제협력에 관한 한국대표부와의 절충(対韓経済協力に関する韓国代表部との折衝)

문서파일번호 1909
작성연월일 1962. 10. 28
구분 제6차 회담
세부항목 한국에 대한 긴급원조
작성처 외무성 경제협력과
매수 7
비밀등급 극비
문서종류 회의록
공개구분 공개
내용 1962년 10월 27일 오카다(岡田) 경제협력과장 · 한국대표부 문 서기관의 2천만 달러 긴급원조 및 연불수출문제 관련 협의 기록. 2천만 달러 긴급원조의 대외발표 문제, PVC 및 시멘트 플랜트 연불수출에 관한 신용공여의 성격[일본은 김종필 · 오히라 마사요시 합의의 민간신용공여의 범주에 속함을 문서로 합의하기를 원하나 한국은 국내대책 상 문서로 명시하지 않기를 희망, 결국 문서화에 합의]에 관한 문서작성 등 협의
주제어 대한긴급원조, 연불수출

문서명	2,000만 달러 대한국 긴급원조의 성격에 관한 외무성 견해(二,〇〇〇万ドルの対韓緊急援助の性格に関す外務省見解)

문서파일번호 1909
작성연월일 1964. 12. 7
구분 제7차 회담
세부항목 한국에 대한 긴급원조
작성처 외무성 경제협력과, 북동아시아과, 조약과, 법규과
매수 3
비밀등급 일반
문서종류 보도자료
공개구분 공개
내용 2천만 달러 대한국 긴급원조의 성격에 관한 외무성의 견해를 담은 문서. 언론발표용 자료로 보임.
주제어 대한 긴급원조

문서명	일본 노트(Japanese Note)

문서파일번호 1909
작성연월일 1964. 12. 11
구분 제7차 회담
세부항목 한국에 대한 긴급원조
작성처 외무성
매수 4
비밀등급
문서종류 교환공문
공개구분 공개
내용 2천만 달러 대한국 긴급원조에 관한 교환공문 일본 문서. 니시야마 아키라(西山昭) 경제협력국장이 한국의 이철승 상공부 차관보에게 보내는 형식을 취하고 있음(영문).
주제어 대한 긴급원조

문서명	첨부 문서(Attached Sheet)

문서파일번호 1909
작성연월일 1964. 12. 11
구분 제7차 회담
세부항목 한국에 대한 긴급원조
작성처 외무성
매수 2
비밀등급 일반
문서종류 교환공문
공개구분 공개
내용 2천만 달러 대한국 긴급원조에 관한 교환공문의 일본 교환공문(Note) 첨부물로 한국이 구매하는 상품명 및 금액이 기재되어 있음(영문).
주제어 대한 긴급원조

문서명	한국 노트(Korean Note)

문서파일번호 1909
작성연월일 1964. 12. 11
구분 제7차 회담
세부항목 한국에 대한 긴급원조
작성처 한국 상공부
매수 1
비밀등급 일반
문서종류 교환공문
공개구분 공개
내용 2천만 달러 대한국 긴급원조 관련 일본 니시야마 아키라(西山昭) 경제협력국장 명의 문서에 대한 한국 이철승 상공부 차관보 명의 답신 문서(영문)
주제어 대한 긴급원조

문서명	논의록(Record of Discussions)

문서파일번호 1909
작성연월일 1964. 12. 11
구분 제7차 회담
세부항목 한국에 대한 긴급원조
작성처 외무성
매수 5
비밀등급 일반
문서종류 회의록
공개구분 공개
내용 2천만 달러 대한국 긴급원조 관련 한일 간 논의록
주제어 대한 긴급원조

한일예비교섭에서 양 수석대표가 대강 의견일치를 보고 있는 청구권 문제 해결방식(日韓予備交渉において両首席代表間に大綱につき意見一致をみている請求権問題の解決方式)

문서파일번호	1911
문서명	한일예비교섭에서 양 수석대표가 대강 의견일치를 보고 있는 청구권 문제 해결방식(日韓予備交渉において両首席代表間に大綱につき意見一致をみている請求権問題の解決方式)
작성연월일	1964. 12. 10
구분	제7차 회담
세부항목	청구권 문제에 관한 양국 합의사항
작성처	외무성
매수	1
비밀등급	일반
문서종류	내부문서
공개구분	공개
내용	청구권 문제에 관해 한일이 합의한 내용을 정리한 참의원 제출용 문서. 무상, 정부차관, 민간차관 및 해결 규정 등에 관한 내용이 기술되어 있음.
주제어	청구권

한일청구권 문제의 미해결 사안
(日韓請求権問題の未解決点)

문서파일번호	1912
문서명	한일청구권 문제의 미해결 사안(日韓請求権問題の未解決点)
작성연월일	1964. 12. 12
구분	제7차 회담
세부항목	한일청구권 문제의 미해결점
작성처	대장성 이재국
매수	3
비밀등급	극비
문서종류	내부문서
공개구분	공개
내용	청구권 문제로서 한국이 문화재, 선박, 개인청구권 등의 권리를 요구하고 있는 것에 대해 대장성이 일본이 요구 가능한 내용들을 검토한 문서. 한국과의 청구권 교섭 중의 미해결 문제도 기술되어 있음.
주제어	청구권

제5부

제6차 회담 청구권위원회 회의록 및 관련 자료 (1961~1964)

제6차 한일회담 일반청구권소위원회 제1회 회의
(第6次日韓全面会談の一般請求権小委員会第1回会合)

문서파일번호	1211
문서명	제6차 한일회담 일반청구권소위원회 제1회 회의(第6次日韓全面会談の一般請求権小委員会第1回会合)
작성연월일	1961. 10. 27
구분	제6차 회담 일반청구권소위원회 제1회 회의
세부항목	
작성처	외무성 북동아시아과
매수	7
비밀등급	극비
문서종류	회의록
공개구분	공개
내용	제6차 한일회담 일반청구권소위원회 제1회 회의기록. 양측 수석위원의 간단한 인사말과 대표단 소개 후 회의 진행요령에 관해 협의함.
주제어	청구권

제6차 한일회담 일반청구권소위원회 제2회 회의
(第6次日韓全面会談の一般請求権小委員会第2回会合)

문서파일번호	1212
문서명	제6차 한일회담 일반청구권소위원회 제2회 회의(第6次日韓全面会談の一般請求権小委員会第2回会合)
작성연월일	1961. 11. 2
구분	제6차 회담 일반청구권소위원회 제2회 회의
세부항목	
작성처	외무성 북동아시아과
매수	8
비밀등급	극비
문서종류	회의록
공개구분	공개
내용	제6차 한일회담 일반청구권소위원회 제2회 회의기록. 한국이 대일 8항목 청구 중의 제1항 지금, 지은의 반환요구 및 근거를 설명함. 그 내용은 대외지불수단으로서의 특수한 기능을 가지고 있는 금, 은이 일본에 반출되었다는 것 자체가 부당하다는 것임.
주제어	청구권

제6차 한일회담 일반청구권소위원회 제3회 회의
(第6次日韓全面会談の一般請求権小委員会第3回会合)

문서파일번호	1213
문서명	제6차 한일회담 일반청구권소위원회 제3회 회의(第6次日韓全面会談の一般請求権小委員会第3回会合)
작성연월일	1961. 11. 16
구분	제6차 회담 일반청구권소위원회 제3회 회의
세부항목	
작성처	외무성 북동아시아과
매수	24
비밀등급	극비
문서종류	회의록
공개구분	공개
내용	제6차 한일회담 일반청구권소위원회 제3회 회의기록. 한국이 제기한 대일청구요강 8항목 중 제1항 지금, 지은의 반환 문제가 십중적으로 논의됨. 한국은 일제강점기에 조선은행 보유의 지금 등을 반출한 것, 또 대가로서 지불된 일본은행권의 가치가 하락했다는 등의 이유를 들어 지금, 지은의 반환을 요구함. 일본은 조선은행법에 따라 대가를 지불하고 반출하였으며, 결코 부당한 가격으로 사들이지 않았다는 이유를 들어 반환의 법적 근거가 없다고 주장함.
주제어	청구권, 대일청구요강 제1항

제6차 한일회담 일반청구권소위원회 제4회 회의
(第6次日韓全面会談の一般請求権小委員会第4回会合)

문서파일번호	1214
작성연월일	1961. 11. 22
구분	제6차 회담 일반청구권소위원회 제4회 회의
세부항목	
작성처	외무성 북동아시아과
매수	19
비밀등급	
문서종류	회의록, 내부자료
공개구분	공개
내용	제6차 한일회담 일반청구권소위원회 제4회 회의기록 및 체신국 관계 실무자 회의 일본 대표 명부
주제어	청구권, 대일청구요강 제2항

문서명	제6차 한일회담 일반청구권소위원회 제4회 회의(第6次日韓全面会談の一般請求権小委員会第4回会合)

문서파일번호 1214
작성연월일 1961. 11. 22
구분 제6차 회담 일반청구권소위원회 제4회 회의
세부항목
작성처 외무성 북동아시아과
매수 18
비밀등급 극비
문서종류 회의록
공개구분 공개
내용 제6차 한일회담 일반청구권소위원회 제4회 회의기록. 한국이 제기한 대일청구요강 8항목 중 제2항 조선총독부 관련의 세부항목에 대한 질의응답이 진행됨. 구체적으로는 체신 관련 예금, 간이생명보험, 해외저금 등에 관한 사실관계, 액수 등임.
주제어 청구권, 대일청구요강 제2항

문서명	일반청구권소위원회 요강 제2항 체신국 관계 실무자 회의 일본 명부(一般請求権小委員会要綱第2項逓信局関係実務者会議日本側名簿)

문서파일번호 1214
작성연월일 1961. 11. 22
구분 제6차 회담 일반청구권소위원회 제4회 회의
세부항목
작성처 외무성 북동아시아과
매수 1
비밀등급 일반
문서종류 내부자료
공개구분 공개
내용 체신국 관계 청구권 실무자 회의 일본 대표 명부
주제어 체신국 관계, 일본대표 명부

제6차 한일회담 일반청구권소위원회 제5회 회의
(第6次日韓全面会談の一般請求権小委員会第5回会合)

문서파일번호	1215
문서명	제6차 한일회담 일반청구권소위원회 제5회 회의(第6次日韓全面会談の一般請求権小委員会第5回会合)
작성연월일	1961. 11. 30
구분	제6차 회담 일반청구권소위원회 제5회 회의
세부항목	
작성처	외무성 북동아시아과
매수	19
비밀등급	극비
문서종류	회의록
공개구분	공개
내용	1961년 11월 22일 개최된 제6차 한일회담 일반청구권소위원회 제5회 회의기록. 한국이 제기한 대일청구요강 8항목 중, 제2항 조선총독부 관련의 보험, 연금 등에 대한 질의응답이 진행됨. 그 후 제4항 한국에 본사를 둔 법인의 재일재산에 관해 일본에서 진행된 청산 상황 및 한국의 반환요구 근거에 관한 질의응답이 이어짐.
주제어	청구권, 대일청구요강 제2항, 제4항

일반청구권소위원회 향후 논의 진행방식에 대해서
(一般請求権小委員会の今後の討議の進め方について)

문서파일번호	1370
문서명	일반청구권소위원회 향후 논의 진행방식에 대해서(一般請求権小委員会の今後の討議の進め方について)
작성연월일	1961. 12. 4
구분	第6차 회담
세부항목	일반청구권소위원회 논의 진행방식
작성처	외무성 우라베 기록
매수	5
비밀등급	극비
문서종류	내부문서
공개구분	일부비공개
내용	제6차 한일회담 일반청구권소위원회 향후 논의방식에 관한 우라베 도시오 참사관의 견해가 기록된 문서
주제어	청구권

제6차 한일회담 일반청구권소위원회 제6회 회의
(第6次日韓全面会談の一般請求権小委員会第6回会合)

문서파일번호	1216
작성연월일	1961. 12. 7
구분	제6차 회담 일반청구권소위원회 제6회 회의
세부항목	
작성처	외무성 북동아시아과
매수	20
비밀등급	
문서종류	회의록
공개구분	공개
내용	제6차 한일회담 일반청구권소위원회 제6회 회의기록
주제어	청구권

문서명	제6차 한일회담 일반청구권소위원회 제6회 회의(第6次日韓全面会談の一般請求権小委員会第6回会合)

문서파일번호 1216
작성연월일 1961. 12. 7
구분 제6차 회담 일반청구권소위원회 제6회 회의
세부항목
작성처 외무성 북동아시아과
매수 14
비밀등급 극비
문서종류 회의록
공개구분 공개
내용 제6차 한일회담 일반청구권소위원회 제6회 회의기록. 한국의 대일청구요강 8항목 중 제4항 한국에 본사 등을 둔 법인의 재일재산에 관해 일본이 반박, 한일 양국의 법적 견해 등에 대한 의견교환이 이루어짐.
주제어 청구권, 대일청구요강 제4항

문서명	한국의 청구요강 4항목에 관한 일본 견해(1961. 12. 7 미야카와 수석위원 발언 요지) [韓国側請求要綱4に関する日本側見解(36. 12. 7 宮川主査発言要旨)]

문서파일번호 1216
작성연월일 1961. 12. 7
구분 제6차 회담 일반청구권소위원회 제6회 회의
세부항목
작성처 외무성 북동아시아과
매수 5
비밀등급 일반
문서종류 내부자료
공개구분 공개
내용 제6차 한일회담 일반청구권소위원회 제6회 회의 일본 미야카와 신이치로 수석위원 발언 요지. 사유재산은 존중되어야 하고 법인의 국적 변동은 재산의 귀속과 관계가 없음. 미군정청령 제33호는 한국 내로 효력이 한정됨. 재일재산의 청산을 지시한 연합국 최고사령부 문서는 그 효력이 한국 내로 한정됨.
주제어 청구권

문서명	일반청구권소위원회 제6회 회의 의사록의 정정(一般請求権小委員会第6回会合議事録の訂正)

문서파일번호 1216
작성연월일 1961. 12. 7
구분 제6차 회담 일반청구권소위원회 제6회 회의
세부항목
작성처 외무성 북동아시아과
매수 1
비밀등급 일반
문서종류 회의록
공개구분 공개
내용 제6차 한일회담 일반청구권소위원회 제6회 회의록 중 성명, 기업명 등 정정이 필요한 부분을 정리함.
주제어 청구권

제6차 한일회담 일반청구권소위원회 제7회 회의
(第6次日韓全面会談の一般請求権小委員会第7回会合)

문서파일번호	1217
작성연월일	1961. 12. 15
구분	제6차 회담 일반청구권소위원회 제7회 회의
세부항목	
작성처	외무성, 한국대표단
매수	38
비밀등급	
문서종류	회의록
공개구분	공개
내용	제6차 한일회담 일반청구권소위원회 제7회 회의기록
주제어	청구권

문서명	제6차 한일회담 일반청구권소위원회 제7회 회의(第6次日韓全面会談の一般請求権小委員会第7回会合)

문서파일번호 1217
작성연월일 1961. 12. 15
구분 제6차 회담 일반청구권소위원회 제7회 회의
세부항목
작성처 외무성 북동아시아과
매수 27
비밀등급 극비
문서종류 회의록
공개구분 공개
내용 제6차 한일회담 일반청구권소위원회 제7회 회의기록. 한국의 대일청구요강 제4항 한국에 본사 등을 둔 법인의 재일재산에 관한 추가적인 의견교환이 이루어짐. 제5항 국채, 공채, 일본은행권, 피징용 한인미수금, 보상금에 대한 논의로 진행됨.
주제어 청구권, 대일청구요강 제4항, 제5항

문서명	김 수석위원의 발언 요지(가역)[金首席員の発言要旨(仮訳)]

문서파일번호 1217
작성연월일 1961. 12. 15
구분 제6차 회담 일반청구권소위원회 제7회 회의
세부항목
작성처 한국대표단, 외무성(일본 가역)
매수 4
비밀등급 극비
문서종류 내부자료
공개구분 공개
내용 제6차 한일회담 일반청구권소위원회 제7회 회의에서 김윤근 수석위원이 대일청구요강 제4항에 대한 일본 입장을 반박한 발언 요지. 한국은 한국에 본사를 둔 법인이 일제강점기에도 법역을 달리하고 있었으므로 한국법인이며, 미군정청령 제33호에 의한 주식 귀속에 관한 해석은 한국 주장이 옳고, 연합국 최고사령부의 청산 지시

가 동 재산들의 일본 귀속을 뜻하는 것이 아니라는 입장을 밝힘.

주제어 청구권, 대일청구요강 제4항

문서명	이른바 폐쇄기관 및 재외회사가 일본 국내에 소유하고 있던 재산의 처리에 대하여(1961. 12. 15 미야카와 수석위원 발언 요지)[いわゆる閉鎖機関及び在外会社が日本国内に有していた財産の処理について(36.12.15宮川主査発言要旨)]

문서파일번호 1217

작성연월일 1961. 12. 15

구분 제6차 회담 일반청구권소위원회 제7회 회의

세부항목

작성처 외무성

매수 7

비밀등급 극비

문서종류 내부자료

공개구분 공개

내용 제6차 한일회담 일반청구권소위원회 제7회 회의에서 일본 수석위원이 연합국 최고사령부 지시에 따라 진행된 법인에 대한 청산 과정을 설명한 발언 요지. 관련 법령, 대상 재산, 절차, 결과 등을 설명하고 있음.

주제어 청구권

제6차 한일회담 일반청구권소위원회 제8회 회의
(第6次日韓全面会談の一般請求権小委員会第8回会合)

문서파일번호	1218
작성연월일	1961. 12. 21
구분	제6차 회담 일반청구권소위원회 제8회 회의
세부항목	
작성처	외무성, 한국대표단, 주한미군정청, 연합국 최고사령부, 대장성
매수	35
비밀등급	
문서종류	회의록, 내부자료
공개구분	공개
내용	제6차 한일회담 일반청구권소위원회 제8회 회의기록 및 관련자료 모음
주제어	청구권

문서명	제6차 한일회담 일반청구권소위원회 제8회 회의(第6次日韓全面会談の一般請求権小委員会第8回会合)

문서파일번호 1218
작성연월일 1961. 12. 21
구분 제6차 회담 일반청구권소위원회 제8회 회의
세부항목
작성처 외무성 북동아시아과
매수 19
비밀등급 극비
문서종류 회의록
공개구분 공개
내용 제6차 한일회담 일반청구권소위원회 제8회 회의기록. 한국의 대일청구요강 8항목 중 제4항 및 제5항에서 피징용 노무자, 연금, 은급, 기탁금, 생명보험 등에 관한 자료 제출과 그에 관한 의견교환이 진행되었음.
주제어 청구권, 대일청구요강 제5항

문서명	김 수석위원의 발언 요지(金首席委員発言要旨)

문서파일번호 1218
작성연월일 1961. 12. 21
구분 제6차 회담 일반청구권소위원회 제8회 회의
세부항목
작성처 한국대표단
매수 2
비밀등급 일반
문서종류 회의록
공개구분 공개
내용 한국이 제6차 한일회담 일반청구권소위원회 제8회 회의에서 대일청구요강 8항목 중 제6항을 '한국인(자연인 및 법인)의 일본정부 또는 일본인(자연인 및 법인)에 대한 권리행사에 관한 원칙'으로 수정할 것을 요구한 발언 기록(일본어 가역문)
주제어 청구권, 대일청구요강 제6항

문서명	일본유가증권 조서(日本有價証券調書)

문서파일번호	1218
작성연월일	불명
구분	제6차 회담 일반청구권소위원회 제8회 회의
세부항목	
작성처	한국대표단
매수	1
비밀등급	일반
문서종류	내부자료
공개구분	공개
내용	1961년 12월 21일 개최된 제6차 한일회담 일반청구권소위원회 제8회 회의에서 한국이 제출한 자료. 일본 유가증권 종류, 소유자, 등록, 현물, 합계 등의 항목으로 조서를 정리함.
주제어	청구권

문서명	제목 없음

문서파일번호	1218
작성연월일	불명
구분	제6차 회담 일반청구권소위원회 제8회 회의
세부항목	
작성처	한국대표단
매수	1
비밀등급	일반
문서종류	내부자료
공개구분	공개
내용	1961년 12월 21일 개최된 제6차 한일회담 일반청구권소위원회 제8회 회의에서 한국이 제출한 자료. 일본은행권 등 입회 소각액, 일본은행권 현찰 보유액, 6·25 전쟁 중 소각된 일본정부 지폐, 일본은행 소액지폐의 금액이 기록되어 있음.
주제어	청구권

문서명	제목 없음

문서파일번호 1218
작성연월일 1946. 4. 22
구분 제6차 회담 일반청구권소위원회 제8회 회의
세부항목
작성처 주한미군정청
매수 2
비밀등급 일반
문서종류 내부자료
공개구분 공개
내용 1961년 12월 21일 개최된 제6차 한일회담 일반청구권소위원회 제8회 회의에서 한국이 제출한 자료. 1946년 4월 22일 자로 미국이 작성한 일본은행권, 일계통화, 군표 등을 소각한 증명서(영문)
주제어 청구권

문서명	제목 없음

문서파일번호 1218
작성연월일 1947. 11. 14
구분 제6차 회담 일반청구권소위원회 제8회 회의
세부항목
작성처 주한미군정청
매수 2
비밀등급 일반
문서종류 내부자료
공개구분 공개
내용 1961년 12월 21일 개최된 제6차 한일회담 일반청구권소위원회 제8회 회의에서 한국이 제출한 자료. 1947년 11월 14일 자로 미국이 작성한 일본은행권, 일본정부 지폐, 군표 등을 소각한 증명서(영문)
주제어 청구권

문서명	일본은행 관리의 일본은행권 소각 입회 요청(Request for Bank of Japan Official to Supervise Destruction of Bank of Japan Notes)

문서파일번호 1218
작성연월일 1947. 9. 25
구분 제6차 회담 일반청구권소위원회 제8회 회의
세부항목
작성처 주한미군정청
매수 2
비밀등급 일반
문서종류 공문
공개구분 공개
내용 1961년 12월 21일 개최된 제6차 한일회담 일반청구권소위원회 제8회 회의에서 한국이 제출한 자료. 주한미군정청이 연합국 최고사령부에 대해 일본은행권 소각을 위해 일본은행 관계자의 입회를 요청한 문서(영문)
주제어 청구권

문서명	제목 없음

문서파일번호 1218
작성연월일 1950. 10. 21
구분 제6차 회담 일반청구권소위원회 제8회 회의
세부항목
작성처 연합국 최고사령부 외교국(GHQ Diplomatic Section)
매수 2
비밀등급 일반
문서종류 외교공한
공개구분 공개
내용 연합국 최고사령부 외교국이 주일대표부에게 이전에 전달한 한국인 피징용자 미수금 237,000,000엔 중, 현재 이용 가능한 금액이 약 3,000,000엔임을 통보(영문)
주제어 청구권

문서명	피징용자 수(被徵用者数)

문서파일번호 1218
작성연월일 1961. 12. 21
구분 제6차 회담 일반청구권소위원회 제8회 회의
세부항목
작성처 한국대표단
매수 1
비밀등급 일반
문서종류 내부자료
공개구분 공개
내용 제6차 한일회담 일반청구권소위원회 제8회 회의에서 한국이 제출한 자료. 한국이 피징용자에 관해 노무자, 군인 군속 및 생존자, 사망자, 부상자로 나누어 그 수치들을 정리
주제어 청구권

문서명	피징용자 수 관계자료(被徵用者数関係資料)

문서파일번호 1218
작성연월일 1961. 12. 21
구분 제6차 회담 일반청구권소위원회 제8회 회의
세부항목
작성처 한국대표단
매수 1
비밀등급 일반
문서종류 내부자료
공개구분 공개
내용 제6차 한일회담 일반청구권소위원회 제8회 회의에서 한국이 제출한 자료. 피징용자 수 산출에 참고한 자료들이 제시됨.
주제어 청구권

문서명	제목 없음

문서파일번호	1218
작성연월일	1951. 9. 7
구분	제6차 회담 일반청구권소위원회 제8회 회의
세부항목	
작성처	일본 대장성(Ministry of Finance, The Japanese Government)
매수	2
비밀등급	일반
문서종류	회의록
공개구분	공개
내용	1961년 12월 21일 개최된 제6차 한일회담 일반청구권소위원회 제8회 회의에서 한국이 제출한 자료. 한국의 의뢰로 귀국 한국인이 귀국 시 세관에 기탁한 각 통화에 관해 일본이 조사한 결과(1949년 6월 30일 현재)를 미국에 통보한 자료(영문)
주제어	청구권

제6차 한일회담 일반청구권소위원회 제9회 회의
(第6次日韓全面会談における一般請求権小委員会第9回会合)

문서파일번호	1219
문서명	제6차 한일회담 일반청구권소위원회 제9회 회의(第6次日韓全面会談における一般請求権小委員会第9回会合)
작성연월일	1962. 2. 1
구분	제6차 회담 일반청구권 소위원회 제9회 회의
세부항목	
작성처	외무성 북동아시아과
매수	6
비밀등급	극비
문서종류	회의록
공개구분	공개
내용	제6차 한일회담 일반청구권소위원회 제9회 회의기록. 이후 회의 진행방식(피징용 한국인, 은급, 유가증권 등 3개 구분의 전문가소위원회 구성 등)에 관해 협의함.
주제어	청구권

제6차 한일회담 일반청구권소위원회 제10회 회의
(第6次日韓全面会談の一般請求権小委員会第10回会合)

문서파일번호	1220
작성연월일	1962. 2. 8
구분	제6차 회담 일반청구권 소위원회 제10회 회의
세부항목	
작성처	외무성 북동아시아과
매수	20
비밀등급	
문서종류	회의록
공개구분	공개
내용	1962년 2월 8일 개최된 제6차 한일회담 일반청구권소위원회 제10회 회의기록
주제어	청구권

문서명	제6차 한일회담 일반청구권소위원회 제10회 회의(第6次日韓全面会談の一般請求権小委員会第10回会合)

문서파일번호 1220
작성연월일 1962. 2. 8
구분 第6차 회담 일반청구권 소위원회 第10회 회의
세부항목
작성처 외무성 북동아시아과
매수 10
비밀등급 극비
문서종류 회의록
공개구분 공개
내용 第6차 한일회담 일반청구권소위원회 第10회 회의기록. 한국의 대일청구요강 8항목 중 第5항에 관한 일본 입장이 설명됨. 그 후 특히 은급, 미수금 등에 관한 질의응답이 진행됨.
주제어 청구권, 대일청구요강 第5항

문서명	한국청구권(요강5)에 대한 일본 일단의 견해(1962. 2. 8 미야카와 수석위원 발언 요지) [韓国請求権(要綱5関係)についての日本側の一応の見解(37.2.8宮川主査発言要旨)]

문서파일번호 1220
작성연월일 1962. 2. 8
구분 第6차 회담 일반청구권 소위원회 第10회 회의
세부항목
작성처 외무성 북동아시아과
매수 10
비밀등급 극비
문서종류 회의록
공개구분 공개
내용 第6차 한일회담 일반청구권소위원회 第10회 회의에서 일본이 한국의 대일청구요강 8항목 중 第5항에 관해 그 입장을 밝히기 위해 준비한 미야카와 신이치로(宮川新一郎) 수석위원의 발언 요지. 유가증권, 일본계 통화, 미수금, 피징용 노무자 보상금, 기탁금 등에 대한 견해
주제어 청구권, 대일청구요강 第5항

第6次 한일회담 일반청구권소위원회 第11회 회의
(第6次日韓全面会談の一般請求権小委員会第11回会合)

문서파일번호	1221
작성연월일	1962. 3. 6
구분	제6차 회담 일반청구권 소위원회 제11회 회의
세부항목	
작성처	외무성 북동아시아과
매수	18
비밀등급	
문서종류	회의록
공개구분	공개
내용	제6차 한일회담 일반청구권소위원회 제11회 회의기록
주제어	청구권

문서명	제6차 한일회담 일반청구권소위원회 제11회 회의(第6次日韓全面会談の一般請求権小委員会第11回会合)

문서파일번호 1221
작성연월일 1962. 3. 6
구분 제6차 회담 일반청구권 소위원회 제11회 회의
세부항목
작성처 외무성 북동아시아과
매수 11
비밀등급 극비
문서종류 회의록
공개구분 공개
내용 제6차 한일회담 일반청구권소위원회 제11회 회의기록. 모두에서 '남북', '미국 해석', '미불 환산' 문제에 관한 일본 견해가 발표된 후 한국 의견 표명이 이루어짐. 한국은 재한일본인 재산의 취득을 고려해서 청구항목을 산출했다는 점, 취득한 일본인 재산의 목록은 존재하지 않는다는 점, 본사를 한국에 둔 회사의 재일재산 반환 요구는 미군정청령 제33호에 기초한 것이 아니라 본점과 지점은 동일 법인이라는 이론에 기초하고 있다는 점, 은급이나 군인·군속의 보상은 국적 변경 이전에 발생하고 있다는 점 등의 입장을 밝힘.
수제어 청구권

문서명	제11회 청구권 소위원회 일본 발언 요지(第11回請求権小委員会における日本側発言要旨)

문서파일번호 1221
작성연월일 1962. 3. 6
구분 제6차 회담 일반청구권 소위원회 제11회 회의
세부항목
작성처 외무성 북동아시아과
매수 7
비밀등급 극비
문서종류 회의록
공개구분 공개
내용 제6차 한일회담 일반청구권소위원회 제11회 회의 모두에서 일본이 '남북한 문제', '미국 해석', '미불 환산' 문제에 관해 그 입장을 밝힌 발언 요지. 한국과의 청구권 처리는 대일평화조약 제4조에 따라 남한으로 한정된다는 점, 대일평화조약 제4조에 관한 미국 해석은 한국의 대일청구 근거가 있는 것 중 일본인 재산의 한국 취득으로 인해 얼마나 상쇄될까를 결정하는 것을 의미하고 있다는 점, 과거의 채권은 모두 당시 계약금액에 따라 지출하는 것이 금전 채권의 원칙임을 강조하고 있음.

주제어 청구권

제11회 청구권소위원회의 일본 발언 요지
(第11回請求権小委員会における日本側発言要旨)

문서파일번호	1753
문서명	제11회 청구권소위원회의 일본 발언 요지(第11回請求権小委員会における日本側発言要旨)
작성연월일	1962. 3. 6
구분	제6차 회담 청구권소위원회 제11회 회의
세부항목	
작성처	외무성 북동아시아과
매수	7
비밀등급	극비
문서종류	내부자료
공개구분	공개
내용	제6차 한일회담 청구권소위원회 제11회 회의(1962년 3월 6일)에서 일본이 '남북한 문제', '미국 해석', '미불 환신' 문제에 관해 그 입장을 밝히기 위해 준비한 발언 요지
주제어	청구권

제6차 한일회담 일반청구권 문제 비공식회담(제1회) 기록[第6次日韓全面会談の一般請求権問題非公式会談(第1回)記録]

문서파일번호	1222
문서명	제6차 한일회담 일반청구권 문제 비공식회담(제1회) 기록[第6次日韓全面会談の一般請求権問題非公式会談(第1回)記録]
작성연월일	1962. 2. 6
구분	제6차 회담 청구권 문제 비공식회담
세부항목	
작성처	외무성 북동아시아과
매수	10
비밀등급	극비
문서종류	회의록
공개구분	일부비공개
내용	제6차 회담 기간 중 개최된 청구권 문제에 관한 실무자 비공식회담 제1회 회의 기록. 유가증권, 피징용 한국인의 미수금 등에 대한 추가적 사실 파악의 필요성이 확인된 후 향후 진행 일정 등에 대해 협의함.
주제어	청구권

일반청구권소위원회 임시소위원회 회의(제1~4회)
[一般請求権小委員会臨時小委員会会合(第1 ~ 4回)]

문서파일번호	1223
작성연월일	1961. 11. 24 - 1961. 12. 13
구분	제6차 회담 일반청구권소위 임시소위원회(제1~4회 회의)
세부항목	
작성처	외무성 북동아시아과
매수	54
비밀등급	
문서종류	회의록
공개구분	공개 또는 일부비공개
내용	제6차 한일회담 일반청구권소위원회 임시소위원회 제1~4회 회의기록
주제어	청구권

문서명	일반청구권소위원회 임시소위원회 제1회 회의(一般請求権小委員会臨時小委員会第1回会合)

문서파일번호 1223
작성연월일 1961. 11. 24
구분 제6차 회담 일반청구권소위 임시소위원회 제1회 회의
세부항목
작성처 외무성 북동아시아과
매수 8
비밀등급 극비
문서종류 회의록
공개구분 공개
내용 제6차 한일회담 일반청구권소위원회 제4회 회의에서 도출된 합의에 따라 대일청구요강 제2항 ①'체신국 관계의 사실관계'를 조사하기 위해 임시소위원회 제1회 회의가 개최됨. 1945년 9월 15일 결산표를 기초로 양국이 제시하는 금액을 비교 대조한다는 방침을 재확인하고 일반청구권위원회 제4회 회의에서 한국이 제시한 금액의 산출근거, 일본인 소유의 조선 우편예금, 간역보험, 연금 등에 대해 논의함.
주제어 청구권, 체신관계 청구권

문서명	일반청구권소위원회 임시소위원회 제2회 회의(一般請求権小委員会臨時小委員会第2回会合)

문서파일번호 1223
작성연월일 1961. 11. 30
구분 제6차 회담 일반청구권소위 임시소위원회 제2회 회의
세부항목
작성처 외무성 북동아시아과
매수 14
비밀등급 극비
문서종류 회의록
공개구분 일부비공개
내용 제6차 한일회담 일반청구권소위원회 임시위원회 제2회 회의기록. 일본은 집계 통계를 근거로 우편저금, 조선에서 귀환한 일본인들에게 지불한 금액에 대한 견해를 밝힘. 그 후 일본이 별첨① '우편저금 등 현재잔고조서'를 제시하고 질의응답이 진행됨. 한국은 별첨② '형태로 입체저금 및 세입세출 잔액표, 1945년 9월 15일 잔액추정표,(d)항,(e)항'을 제시하고 이에 대해 설명함.
주제어 청구권, 체신관계 청구권

문서명	일반청구권소위원회 임시소위원회 제3회 회의(一般請求権小委員会臨時小委員会第3回会合)

문서파일번호 1223
작성연월일 1961. 12. 7
구분 제6차 회담 일반청구권소위 임시소위원회 제3회 회의
세부항목
작성처 외무성 북동아시아과
매수 16
비밀등급 극비
문서종류 회의록
공개구분 공개
내용 제6차 한일회담 일반청구권소위원회 임시소위원회 제3회 회의기록. 먼저 이전 회의에서 확인된 총액의 차이에 대해 언급하고 우편예금, 우편환, 일본의 간이보험관계 자료 등에 대해 논의함.
주제어 청구권, 체신관계 청구권

문서명	일반청구권소위원회 임시소위원회 제4회 회의(一般請求権小委員会臨時小委員会第4回会合)

문서파일번호 1223
작성연월일 1961. 12. 13
구분 제6차 회담 일반청구권소위 임시소위원회 제4회 회의
세부항목
작성처 외무성 북동아시아과
매수 16
비밀등급 극비
문서종류 회의록
공개구분 일부비공개
내용 제6차 한일회담 일반청구권소위원회 임시소위원회 제4회 회의기록. 11월 30일 회의에서 일본이 제출한 자료 2의 우편예금, 해외외환저금 등에 대해 질의응답함. 그리고 한국이 제시한 자료(C)의 적립금 및 여유금의 산출방법, 조선 간이생명보험 및 우편연금에서 일본인·한국인 구별 문제에 대해 논의함.
주제어 청구권, 체신관계 청구권

일반청구권 징용자 관계 전문위원회 회의(제1~4회)
[一般請求権徴用者関係専門委員会会合(第1 ~ 4回)]

문서파일번호	1224
작성연월일	1962. 2. 13 - 1962. 2. 27
구분	제6차 회담
세부항목	징용자 관계 전문가 회의(제1~4회)
작성처	외무성 북동아시아과
매수	74
비밀등급	
문서종류	회의록, 내부자료
공개구분	공개 또는 일부비공개
내용	제6차 한일회담 일반청구권소위원회 징용자 관계 전문가 회의(제1~4회) 기록 및 관련자료 모음
주제어	청구권, 징용자 관계 전문가 회의

문서명	일반청구권 징용자 관계 등 전문위원회 제1회 회의(一般請求権徴用者関係等専門委員会第1回会合)

문서파일번호 1224
작성연월일 1962. 2. 13
구분 제6차 회담 징용자 관계 전문가 제1회 회의
세부항목
작성처 외무성 북동아시아과
매수 10
비밀등급 극비
문서종류 회의록
공개구분 공개
내용 제6차 한일회담 일반청구권소위원회 징용자 관계 전문가 회의 제1회 회의기록. 먼저 양측이 제시한 통계수치에 차이점이 있다는 점을 확인한 후 일본이 군인·군속의 산출 경위에 대해 설명하고 지역별로 동원된 군인·군속 수에 대해 논의함. 이후 일본 내 은급 지급 상황, 징용 노무자 수의 산출근거, 한국의 자료 유무 여부 등이 논의되고 귀국조선인의 보관물, 재외회사 및 폐쇄 기관 관련 통계를 일본이 제시함.
주제어 청구권, 징용자

문서명	조선관계 군인·군속 수(朝鮮関係軍人軍属数)

문서파일번호 1224
작성연월일 1962. 2. 13
구분 제6차 회담 징용자 관계 전문가 제1회 회의
세부항목
작성처 외무성 북동아시아과
매수 1
비밀등급 일반
문서종류 내부자료
공개구분 공개
내용 제6차 한일회담 일반청구권소위원회 징용자 관계 전문가 회의 제1회 회의기록 첨부1. 일본이 파악한 조선관계 군인·군속 수 통계표
주제어 청구권, 징용자

문서명	한국 주장 수치(韓国側主張数値)

문서파일번호 1224
작성연월일 1962. 2. 13
구분 제6차 회담 징용자 관계 전문가 제1회 회의
세부항목
작성처 외무성 북동아시아과
매수 1
비밀등급 일반
문서종류 내부자료
공개구분 공개
내용 제6차 한일회담 일반청구권소위원회 징용자 관계 전문가 회의 제1회 회의기록 첨부2. 한국이 제시한 피징용자 및 은급관계자 통계표
주제어 청구권, 징용자

문서명	조선관계 은급계수(朝鮮関係恩給計数)

문서파일번호 1224
작성연월일 1962. 2. 13
구분 제6차 회담 징용자 관계 전문가 제1회 회의
세부항목
작성처 외무성 북동아시아과
매수 1
비밀등급 일반
문서종류 내부자료
공개구분 공개
내용 제6차 한일회담 일반청구권소위원회 징용자 관계 전문가 회의 제1회 회의기록 첨부3. 일본이 파악한 조선관계 은급통계
주제어 청구권, 징용자

문서명	귀환 조선인의 보관물 집계표(引揚朝鮮人からの保管物件集計表)

문서파일번호 1224
작성연월일 1962. 2. 13
구분 제6차 회담 징용자 관계 전문가 제1회 회의
세부항목
작성처 외무성 북동아시아과
매수 1
비밀등급 일반
문서종류 내부자료
공개구분 공개
내용 제6차 한일회담 일반청구권소위원회 징용자 관계 전문가 회의 제1회 회의기록 첨부4. 귀환 조선인의 보관물 집계표. 은행채권 및 군표로 구분하여 정리되어 있음.
주제어 청구권, 징용자

문서명	구 조선지구에 본점이 있던 폐쇄기관 및 재외회사의 신 회사 조서(旧朝鮮地区に本店のあった閉鎖機関および在外会社の新会社調)

문서파일번호 1224
작성연월일 1962. 2. 13
구분 제6차 회담 징용자 관계 전문가 제1회 회의
세부항목
작성처 외무성 북동아시아과
매수 2
비밀등급 일반
문서종류 내부자료
공개구분 공개
내용 제6차 한일회담 일반청구권소위원회 징용자 관계 전문가 회의 제1회 회의기록 첨부5. 구 조선지구에 본점이 있었던 폐쇄기관 및 재외회사 목록이 법인명과 새로운 회사명으로 정리
주제어 청구권, 징용자

문서명	일반청구권 징용자 관계 등 전문위원회 제2회 회의(一般請求権徴用者関係等専門委員会第2回会合)

문서파일번호 1224
작성연월일 1962. 2. 21
구분 제6차 회담 징용자 관계 전문가 제2회 회의
세부항목
작성처 외무성 북동아시아과
매수 15
비밀등급 극비
문서종류 회의록
공개구분 일부비공개
내용 제6차 한일회담 일반청구권소위원회 징용자 관계 전문가 회의 제2회 회의기록. 일본은 이전 회의에서 한국이 제시한 자료를 검토한 결과를 설명하고 질의응답이 진행됨. 그리고 한국이 별첨2 귀환동포 기탁재산, 폐쇄기관 및 재외회사, 별첨5로서 연금청구명세를 제시하고 이에 대해 논의함.
주제어 청구권, 징용자

문서명	인양원호청 '인양원호의 기록'(자료 85쪽)[引揚援護庁「引揚援護の記録」(資料85項)]

문서파일번호 1224
작성연월일 불명
구분 제6차 회담 징용자 관계 전문가 제2회 회의
세부항목
작성처 외무성 북동아시아과
매수 1
비밀등급 일반
문서종류 내부자료
공개구분 공개
내용 제6차 한일회담 일반청구권소위원회 징용자 관계 전문가 회의 제2회 회의기록 첨부1. 한국이 제시한 조선인 외지 거주자 귀환 통계표
주제어 청구권, 징용자

문서명	한국의 질문사항(가역)[韓国側質問事項(仮訳)]

문서파일번호 1224
작성연월일 1962. 2. 17
구분 제6차 회담 징용자 관계 전문가 제2회 회의
세부항목
작성처 외무성 북동아시아과
매수 1
비밀등급 일반
문서종류 내부자료
공개구분 공개
내용 제6차 한일회담 일반청구권소위원회 징용자 관계 전문가 회의 제2회 회의기록 첨부 2. 귀환동포귀탁재산, 폐쇄기관 및 재외회사 관계에 대해 한국이 제시한 질문사항
주제어 청구권, 징용자

문서명	현재 정리 중의 재외회사 일람표(現在整理中の在外会社一覧表)

문서파일번호 1224
작성연월일 불명
구분 제6차 회담 징용자 관계 전문가 제2회 회의
세부항목
작성처 외무성 북동아시아과
매수 1
비밀등급 일반
문서종류 내부자료
공개구분 공개
내용 제6차 한일회담 일반청구권소위원회 징용자 관계 전문가 회의 제2회 회의기록 첨부3. 법인명, 본점 또는 주요 사무소의 소재지를 기준으로 정리 중인 재외회사를 정리한 표로 보여짐. 구체적인 회사명은 먹칠되어 있음.
주제어 청구권, 징용자

문서명	소각 조선은행권 상세(Particulars of the Bank of Chosen Notes Incinerated)

문서파일번호 1224
작성연월일 불명
구분 제6차 회담 징용자 관계 전문가 제2회 회의
세부항목
작성처 외무성 북동아시아과
매수 1
비밀등급 일반
문서종류 내부자료
공개구분 공개
내용 제6차 한일회담 일반청구권소위원회 징용자 관계 전문가 회의 제2회 회의기록 첨부4. 일본이 제출한 소각된 조선은행권들의 상세 목록표(영문)
주제어 청구권, 징용자

문서명	연금 청구 명세(年金請求明細)

문서파일번호 1224
작성연월일 1962. 2. 21
구분 제6차 회담 징용자 관계 전문가 제2회 회의
세부항목
작성처 외무성 북동아시아과
매수 1
비밀등급 일반
문서종류 내부자료()
공개구분 공개
내용 제6차 한일회담 일반청구권소위원회 징용자 관계 전문가 회의 제2회 회의기록 첨부5. 한국이 제출한 연금 청구 명세. 연금과 일시금으로 구분되어 있음.
주제어 청구권, 징용자

문서명	일반청구권 징용자 관계 등 전문위원회 제3회 회의(一般請求権徴用者関係等専門委員会第3回会合)

문서파일번호 1224
작성연월일 1962. 2. 23
구분 제6차 회담 징용자 관계 전문가 제3회 회의
세부항목
작성처 외무성 북동아시아과
매수 9
비밀등급 극비
문서종류 회의록
공개구분 공개
내용 제6차 한일회담 일반청구권소위원회 징용자 관계 전문가 회의 제3회 회의기록. 일본이 별첨자료로 집단이입조선인 노동자 수를 제공하고 노동성이 설명함. 이후 자료에 대한 한국의 질문에 대해 소재 불명자, 종전 시 현재 수의 조사 방법, 1945년 4월 이후 징용 상황을 보충설명함.
주제어 청구권, 징용자

문서명	집단 이입조선인 노무자 수(集団移入朝鮮人労働者数)

문서파일번호 1224
작성연월일 불명
구분 제6차 회담 징용자 관계 전문가 제3회 회의
세부항목
작성처 외무성 북동아시아과
매수 1
비밀등급 일반
문서종류 내부자료
공개구분 공개
내용 제6차 한일회담 일반청구권소위원회 징용자 관계 전문가 회의 제3회 회의기록 첨부. 일본이 제출한 집단 이입조선인 노동자 수 통계표. 총수, 종전 당시 인원수, 집단이입 종류, 1945년 3월 말 이입노동자의 현재 인원수 항목으로 정리되어 있음.
주제어 청구권, 징용자

문서명	일반청구권 징용자 관계 등 전문위원회 제4회 회의(一般請求権徴用者関係等専門委員会第4回会合)

문서파일번호 1224
작성연월일 1962. 2. 27
구분 제6차 회담 징용자 관계 전문가 제4회 회의
세부항목
작성처 외무성 북동아시아과
매수 14
비밀등급 극비
문서종류 회의록
공개구분 공개
내용 제6차 한일회담 일반청구권소위원회 징용자 관계 전문가 회의 제4회 회의기록. 일본이 폐쇄기관, 재외회사 리스트를 제출하여 이를 조회하고 한국이 제시한 유가증권 소유자별 리스트, 군인·군속 숫자, 은급 명세, 징용 노무자 관계에 관한 사실 관계 확인 등을 중심으로 논의가 진행됨.
주제어 청구권, 징용자

문서명	청산 완료한 폐쇄기관 일람표(清算結了した閉鎖機関一覧表)

문서파일번호 1224
작성연월일 불명
구분 제6차 회담 징용자 관계 전문가 제4회 회의
세부항목
작성처 외무성 북동아시아과
매수 1
비밀등급 일반
문서종류 내부자료
공개구분 공개
내용 제6차 한일회담 일반청구권소위원회 징용자 관계 전문가 회의 제4회 회의기록 첨부1. 일본이 제출한 청산 완료 폐쇄기관 일람표. 폐쇄기관의 법인명, 본점 및 주요 사무소의 소재지, 청산완료일로 구분하여 정리
주제어 청구권, 징용자

문서명	정리 완료한 재외회사 일람표(整理完結した在外会社一覧表)

문서파일번호 1224
작성연월일 불명
구분 제6차 회담 징용자 관계 전문가 제4회 회의
세부항목
작성처 외무성 북동아시아과
매수 10
비밀등급 일반
문서종류 내부자료
공개구분 공개
내용 제6차 한일회담 일반청구권소위원회 징용자 관계 전문가 회의 제4회 회의기록 첨부. 정리 완료한 재외회사 일람이 법인명, 본점 및 주요 사무소의 소재지, 정리완료일 순으로 정리되어 있음.
주제어 청구권, 징용자

문서명	한국법인 소유 유가증권 조서(韓国法人所有有価証券調書)

문서파일번호 1224
작성연월일 불명
구분 제6차 회담 징용자 관계 전문가 제3회 회의
세부항목
작성처 외무성 북동아시아과
매수 3
비밀등급 일반
문서종류 내부자료
공개구분 공개
내용 제6차 한일회담 일반청구권소위원회 징용자 관계 전문가 회의 제4회 회의기록 첨부2. 한국이 제출한 한국법인 소유 유가증권 조서. 각 법인이 소유한 소유한 일본국채, 조선식량증권, 일본저축권, 일본 지방채 등의 규모가 정리되어 있음.
주제어 청구권, 징용자

일반청구권 비공식회담 등
(一般請求権非公式会談等)

문서파일번호	1225
작성연월일	1961. 12. 13 - 1962. 4. 2
구분	제6차 회담
세부항목	청구권 문제 비공식회담
작성처	외무성
매수	19
비밀등급	
문서종류	회의록
공개구분	공개
내용	제6차 한일회담 청구권 문제 관련 비공식회담 기록
주제어	청구권

문서명	김윤근 수석위원 사적 회담(金潤根主査との私的会談)

문서파일번호	1225
작성연월일	1961. 12. 13
구분	제6차 회담
세부항목	청구권 문제 비공식회담
작성처	외무성 우라베
매수	6
비밀등급	극비
문서종류	회의록
공개구분	공개
내용	청구권 문제에 관한 한일 실무자 사적 회담 기록. 향후 청구권 문제에 관한 향후 진행 일정 등을 상의
주제어	청구권

문서명	일반청구권 비공식회담(一般請求権非公式会談)

문서파일번호	1225
작성연월일	1962. 1. 29
구분	제6차 회담
세부항목	청구권 문제 비공식회담
작성처	외무성 북동아시아과
매수	4
비밀등급	극비
문서종류	회의록
공개구분	공개
내용	청구권 문제에 관한 회의 진행 일정 등을 협의하기 위해 개최된 한일 실무자 간 비공식회담 기록. 한국은 정치 회담을 위해 계속 비공식회담을 요구. 일본은 청구권 문제 해결을 위해서는 공식성이 요구되므로 공식위원회의 계속 개최를 주장
주제어	청구권

문서명	청구권 소위원회의 향후 진행 방법에 대하여(請求権小委員会の今後の進め方について)

문서파일번호 1225
작성연월일 1962. 3. 1
구분 제6차 회담
세부항목 청구권 문제 비공식회담
작성처 외무성 우라베
매수 5
비밀등급 극비
문서종류 회의록
공개구분 공개
내용 청구권 문제에 관한 한일 실무자 회담 기록. 향후 청구권 문제에 관한 회의 진행 일정 등을 협의함.
주제어 청구권

문서명	한일청구권 문제에 관한 우라베·이상덕 회담(日韓請求権問題に関する卜部、李相徳会談)

문서파일번호 1225
작성연월일 1962. 4. 2
구분 제6차 회담
세부항목 청구권 문제 비공식회담
작성처 외무성 북동아시아과
매수 4
비밀등급 극비
문서종류 회의록
공개구분 공개
내용 1962년 3월의 최덕신 · 고사카 젠타로 외상 회담이 끝난 후 열린 우라베 도시오 · 이상덕 회담 기록. 외상 회담에서 일본이 남북한 문제를 제기한 것, 화폐가치 변동을 고려하는 문제, 최 장관이 밝힌 7억 달러 요구의 진위 여부 등에 관한 의견교환이 이루어졌음.
주제어 청구권

요강4에 관한 일본의 의견 요지
(要綱4に関する日本側意見要旨)

문서파일번호	1369
작성연월일	1961. 11. 29 - 1961. 12. 20
구분	제6차 회담
세부항목	대일청구요강 4항에 관한 일본 견해
작성처	
매수	76
비밀등급	
문서종류	내부문서, 내부자료
공개구분	공개
내용	제6차 한일회담 청구권 교섭에서 한국이 요구한 청구요강 4항에 관한 일본의 의견이 담긴 문서 모음
주제어	청구권, 대일청구요강 4항

문서명	요강4에 관한 일본의 의견 요지(안)[要綱4に関する日本側意見要旨(案)]

문서파일번호 1369
작성연월일 1961. 11. 29
구분 제6차 회담
세부항목 대일청구요강 제4항에 관한 일본 견해
작성처 외무성 조약국 법규과
매수 3
비밀등급 극비
문서종류 내부문서
공개구분 공개
내용 한국의 대일청구요강 8항목 중 제4항 '본사가 한국에 있는 기업의 재일재산 반환문제'에 관해 일본이 그와 관련되는 군정청령 제33호에 대한 법적 입장을 정리한 문서. 외무성은 군정청령 제33호의 효력이 한국 내에 한정되고, 몰수는 국제법적으로 관할권 내에 한정되며, 미국의 해석 역시 한일 간 경제적 관계 단절을 목적으로 하고 있기 때문에 제4항에 기초한 재일재산의 반환 의무가 없음.
주제어 청구권, 대일청구요강 제4항

문서명	재한 본사 법인에 관한 기본적 사고방식(시안)[在韓本社法人に関する基本的考え方(試案)]

문서파일번호 1369
작성연월일 1961. 12. 1
구분 제6차 회담
세부항목 대일청구요강 제4항에 관한 일본 견해
작성처 대장성 이재국 외채과
매수 9
비밀등급 극비
문서종류 내부문서
공개구분 공개
내용 한국의 재한 본사 법인의 재일재산 반환요구에 관해 대장성이 법적 입장을 정리한 문서임. 대장성은 구 조선 지역에 있던 법인은 설립 당시 일본법에 따라 성립되어 일본 법인임. 군정청령 제33호는 기업에 관해서는 법인을 대상으로 하고 있으므로 일본인은 주식 취득을 가지며 일본인 주주 개인의 권리가 있음. 군정청령 제33호는 일본에는 효력을 가지지 않는다는 점 등으로 해석함. 기타 일본 국내에서 진행된 재한 본사 법인의 청산 상황 등에 관한 설명도 기술됨.

주제어 청구권

문서명	한국에 본사를 가진 법인의 재일재산에 대한 한국청구에 대하여(미정고)[朝鮮に本拠を有した法人の在日財産に対する韓国請求について(未定稿)]

문서파일번호 1369

작성연월일 1961. 12. 1

구분 제6차 회담

세부항목 대일청구요강 제4항에 관한 일본 견해

작성처 외무성 조약국 법규과

매수 31

비밀등급 극비

문서종류 내부문서

공개구분 공개

내용 한국의 재한 본사 법인의 재일재산 반환요구에 관해 외무성 조약국이 법적 입장을 정리한 문서. 조약국은 한국 주장에 대해 ① 사유재산은 존중되어야 하고 한국이 그것을 소유할 권리는 없다 ② 법인의 국적 변동은 재산의 귀속과 관계가 없다 ③ 미군정청령 제33호는 한국 내로 효력이 한정된다 ④ 재일재산의 청산을 지시한 연합국 최고사령부(SCAP)는 그 효력이 한국 내로 한정된다고 해석하고 있다 ⑤ 한국이 법인의 주식을 취득했다고 하더라도 그 지배권은 한국 내로 한정된다는 등의 논리를 들어 한국의 반환요구에 대해 부정적인 입장을 취함.

주제어 청구권

문서명	요강(4)에 대한 기본 태도[要綱(4)に対する基本的態度]

문서파일번호 1369
작성연월일 1961. 12. 6
구분 제6차 회담
세부항목 대일청구요강 제4항에 관한 일본 견해
작성처 대장성 이재국 외채과
매수 3
비밀등급 극비
문서종류 내부문서
공개구분 공개
내용 재한 본사 법인의 재일재산의 반환 문제에 관해 대장성이 한국이 청산된 법인의 상황에 대해 설명을 요구할 경우에 대처하는 방침을 정리한 문서임. 대장성은 원칙적으로 그 청산이 국내 문제이므로 설명할 의무가 없으며, 설명할 경우도 별지에 정한 순서에 따라서 할 것을 밝히고 있으나 그 별지는 첨부되지 않음.
주제어 청구권

문서명	한국의 청구요강 4에 관한 일본 견해(1961. 12. 7 미야카와 수석위원 발언)[韓国側請求要綱4に関する日本側見解(36.12.7.宮川主査発言)]

문서파일번호 1369
작성연월일 1961. 12. 7
구분 제6차 회담
세부항목 대일청구요강 4구분에 관한 일본 견해
작성처 미야카와 수석위원
매수 5
비밀등급 극비
문서종류 내부자료
공개구분 공개
내용 제6차 한일회담 일반청구권소위원회 회의에서 한국의 재한 본사 법인의 재일재산 반환요구에 대한 미야카와 신이치로(宮川新一郎) 수석위원의 반론 발언. 내용은 법인의 국적 변동은 재일재산의 귀속에 영향을 주지 않는다, 군정청령 제33호 역시 그 효력이 한국 내 재산으로 한정된다, 연합국 최고사령부(SCAP)의 청산 지시도 그것을 추인하고 있다는 것 등임.
주제어 청구권

문서명	한국의 청구요강 4에 관한 일본 견해(발언안)[韓国側請求要綱4に関する日本側見解(発言案)]

문서파일번호 1369
작성연월일 1961(월일 불명)
구분 제6차 회담
세부항목 대일청구요강 제4항에 관한 일본 견해
작성처 외무성
매수 15
비밀등급 극비
문서종류 내부자료
공개구분 공개
내용 한국의 대일청구요강 8항목을 반박하기 위해 준비한 발언안. 반론 내용은 사유재산은 존중되어야 하고 법인의 국적 변동은 재산의 귀속과 관계가 없다, 군정청령 제33호는 한국 내에 효력이 한정된다, 재일재산의 청산을 지시한 연합국 최고사령부(SCAP)는 그 효력이 한국 내로 한정되는 것으로 해석하고 있다. 한국이 법인의 주식을 취득했다고 하더라도 그 지배권은 한국 내로 한정된다는 것 등임. 또한 그와 관련해서 국제적 선례를 소개하고 있음.
주제어 청구권

문서명	요강4에 관한 일본 반론(안)[要綱4に関する日本側反論(案)]

문서파일번호 1369
작성연월일 1961. 12. 20
구분 제6차 회담
세부항목 대일청구요강 제4항에 관한 일본 견해
작성처 외무성 법규과, 대장성
매수 10
비밀등급 일반
문서종류 내부자료
공개구분 공개
내용 한국의 대일청구요강 8항목 제4항에 대해 일본이 준비한 반론안
주제어 청구권

청구권 처리에서 남북한 문제 일본 발언 요지
(請求権処理における南北鮮の問題 日本側発言要旨)

문서파일번호	1372
문서명	청구권 처리에서 남북한 문제 일본 발언 요지(請求権処理における南北鮮の問題 日本側発言要旨)
작성연월일	1961. 12. 18
구분	제6차 회담
세부항목	청구권관련 한국의 관할권 문제
작성처	외무성 조약국 법규과
매수	4
비밀등급	극비
문서종류	내부문서
공개구분	공개
내용	청구권 문제에 관해 준비한 발언안. 한일 간 청구권 교섭이 대일평화조약 제4조에 기초하고 있으나, 그중 (a)항은 한일 간 특별 조정 지역이 남한으로 한정되어 있음을 규정하고 있으며, (b)항에서 일본은 미군정의 조치를 승인했으나 미군정의 재산 처분은 남한에만 한정되어 있으므로 한일 간 청구권 문제는 일본과 남한 지역에 관한 것에만 한정된다는 주장이 담김.
주제어	청구권, 한국의 관할권 문제

한일경제협력에 관한 전문가 회의(제1~5회)
[日韓経済協力に関する専門家会合(第1~5回)]

문서파일번호	1163
작성연월일	1963. 2. 13 - 1963. 3. 14
구분	제6차 회담 한일경협 전문가 회의(제1~5회)
세부항목	
작성처	외무성 북동아시아과
매수	57
비밀등급	
문서종류	회의록, 내부자료
공개구분	공개
내용	일본의 한국에 대한 청구권 자금과 관련 경제협력에 관한 양국 전문가 회의(제1~5회) 기록
주제어	청구권, 한일경제협력

문서명	한일경제협력에 관한 전문가 회의기록 제1회(日韓経済協力に関する専門家会合記録 第1回)

문서파일번호 1163
작성연월일 1963. 2. 13
구분 제6차 회담 제1회 한일경협 전문가 회의
세부항목
작성처 외무성 북동아시아과
매수 8
비밀등급 일반
문서종류 회의록
공개구분 공개
내용 제6차 한일회담 제1회 한일경제협력 전문가 회의기록. 경제협력 실시를 위한 일본 관계조직의 확인, 한국 관련 법규의 확인 등의 필요성, 미국의 원조 운영의 실태에 관한 정보 파악의 중요성 등이 논의됨.
주제어 청구권, 한일경제협력

문서명	제1회 전문가 회의(경제협력) 모두발언 요지[第1回専門家会合(経済協力)冒頭発言要旨]

문서파일번호 1163
작성연월일 1963. 2. 13
구분 제6차 회담 제1회 한일경협 전문가 회의
세부항목
작성처 외무성 북동아시아과
매수 2
비밀등급 극비
문서종류 회의록
공개구분 공개
내용 제6차 한일회담 제1회 한일경제협력 전문가 회의 모두발언 요지들을 정리
주제어 청구권, 한일경제협력

문서명	일본의 질문사항(日本側質問事項)

문서파일번호	1163
작성연월일	1963. 2. 15
구분	제6차 회담 제1회 한일경협 전문가 회의
세부항목	
작성처	외무성 북동아시아과
매수	3
비밀등급	일반
문서종류	내부자료
공개구분	공개
내용	제6차 한일회담 제1회 한일경제협력 전문가 회의에서 일본이 제시할 질문들을 정리
주제어	청구권, 한일경제협력

문서명	경제협력 관계 회의 제2회(経済協力関係会合 第2回)

문서파일번호	1163
작성연월일	1963. 2. 19
구분	제6차 회담 제2회 한일경협 전문가 회의
세부항목	
작성처	외무성 북동아시아과
매수	10
비밀등급	일반
문서종류	회의록
공개구분	비공개
내용	제6차 한일회담 제2회 한일경제협력 전문가 회의기록. 일본이 실시한 다른 국가와의 배상 자금 제공의 구체적인 방식을 한일 양국이 확인
주제어	청구권, 한일경제협력

문서명	한일경제협력 관계 회의 제3회(日韓経済協力関係会合 第3回)

문서파일번호 1163
작성연월일 1963. 2. 26
구분 제6차 회담 제3회 한일경협 전문가 회의
세부항목
작성처 외무성 북동아시아과
매수 11
비밀등급 일반
문서종류 회의록
공개구분 공개
내용 제6차 한일회담 제3회 한일경제협력 전문가 회의기록. 지난 회의에 이어 일본이 실시한 다른 국가와의 배상 자금 제공의 구체적인 방식에 관한 질의응답이 진행된 후, 한국의 경제 계획 및 전망 등에 관해 설명이 이루어짐.
주제어 청구권, 한일경제협력

문서명	경제협력 관계 회의 제4회(経済協力関係会合 第4回)

문서파일번호 1163
작성연월일 1963. 3. 5
구분 제6차 회담 제4회 한일경협 전문가 회의
세부항목
작성처 외무성 북동아시아과
매수 16
비밀등급 일반
문서종류 회의록
공개구분 공개
내용 제6차 한일회담 제4회 한일경제협력 전문가 회의기록. 일본이 실시한 다른 국가와의 배상 자금 제공의 구체적인 방식에 관한 질의응답이 다시 진행됨.
주제어 청구권, 한일경제협력

문서명	경제협력 관계 회의 제5회(経済協力関係会合 第5回)

문서파일번호 1163
작성연월일 1963. 3. 14
구분 제6차 회담 제5회 한일경협 전문가 회의
세부항목
작성처 외무성 북동아시아과
매수 7
비밀등급 일반
문서종류 회의록
공개구분 공개
내용 제6차 한일회담 제5회 한일경제협력 전문가 회의기록. 한국의 개발계획의 소개, 일본 관련 금융기관의 성격, 인도 등에 대한 유상원조의 내용 등을 질의응답
주제어 청구권, 한일경제협력

한일경제협력에 관한 전문가 회의(제6~9회)
[日韓経済協力に関する専門家会合(第6~9回)]

문서파일번호	1164
작성연월일	1963. 2. 8 - 1963. 4. 9
구분	제6차 회담
세부항목	한일경협 전문가 회의(제6~9회)
작성처	외무성 북동아시아과, 한국대표단
매수	60
비밀등급	
문서종류	회의록, 내부자료
공개구분	공개
내용	일본의 한국에 대한 청구권자금과 관련 경제협력에 관한 양국 전문가 회의(제6~9회 기록)
주제어	청구권, 한일경제협력

문서명	한일경제협력 관계 제6회 회의(日韓経済協力関係第6回会合)

문서파일번호 1164
작성연월일 1963. 3. 22
구분 제6차 회담 제6회 한일경협 전문가 회의
세부항목
작성처 외무성 북동아시아과
매수 10
비밀등급 일반
문서종류 회의록
공개구분 공개
내용 제6차 한일회담 제6회 한일경제협력 전문가 회의기록. 주로 동남아 국가에 대한 자금제공의 사례를 들어 실무적 논의를 함. 합동위원회 설치, 소비재 제공의 가능성 여부, 구체적인 자금 제공의 절차 등 논의
주제어 청구권, 한일경제협력

문서명	한일경제협력 관계 회의 제7회(日韓経済協力関係会合第7回)

문서파일번호 1164
작성연월일 1963. 3. 26
구분 제6차 회담 제7회 한일경협 전문가 회의
세부항목
작성처 외무성 북동아시아과
매수 9
문서종류 회의록
공개구분 공개
내용 제6차 한일회담 제7회 한일경제협력 전문가 회의기록. 주로 동남아 국가에 대한 자금제공의 사례를 들어 실무적 논의를 함. 제품 지정 방식, 한국의 수입 제도, 한국과 다른 국가 간의 경제협력 사례 등에 관해 질의응답
주제어 청구권, 한일경제협력

문서명	한일경제협력 관계 회의 제8회(經済協力関係会合第8回)

문서파일번호 1164
작성연월일 1963. 4. 2
구분 제6차 회담 제8회 한일경협 전문가 회의
세부항목
작성처 외무성 북동아시아과
매수 11
비밀등급 일반
문서종류 회의록
공개구분 공개
내용 제6차 한일회담 제8회 한일경제협력 전문가 회의기록. 주로 동남아 국가에 대한 자금제공의 사례를 들어 실무적 논의를 함. 청구권 문제에 관해 자금 제공기간 단축, 제공 제품 종류, 구매 계약 방식, 분쟁 해결방법 등 세목들에 관한 설명, 질의응답
주제어 청구권, 한일경제협력

문서명	4월 2일 회의에서 이상덕 수석위원의 발언 요지(4月2日の会合における李相德首席委員の発言要旨)

문서파일번호 1164
작성연월일 1963. 4. 2
구분 제6차 회담 제8회 한일경협 전문가 회의
세부항목
작성처 외무성 북동아시아과
매수 6
비밀등급 극비
문서종류 내부자료
공개구분 공개
내용 청구권 문제의 세목에 관해 제6차 한일회담 제8회 경협 전문가 회의에서 한국이 일본에게 구두로 설명한 내용을 문서로 제출한 것을 번역한 문서. 자금 제공기간 단축, 제공 제품 종류, 구매 계약 방식, 분쟁 해결방법 등이 정리됨.
주제어 청구권, 한일경제협력

문서명	4월 2일 회의에서 이상덕 수석위원의 발언 요지(4月2日の会合における李相徳首席委員の発言要旨)

문서파일번호 1164
작성연월일 1963. 4. 2
구분 제6차 회담 제8회 한일경협 전문가 회의
세부항목
작성처 한국대표단(일본 가역)
매수 10
비밀등급 극비
문서종류 내부자료
공개구분 공개
내용 제6차 한일회담 제8회 한일경제협력 전문가 회의에서 이상덕 수석위원의 발언 요지 기초가 된 것으로 보이는 수기로 작성된 초안
주제어 청구권, 한일경제협력

문서명	한일경제협력 관계 회의 제9회(日韓経済協力関係会合第9回)

문서파일번호 1164
작성연월일 1963. 4. 9
구분 제6차 회담 제9회 한일경협 전문가 회의
세부항목
작성처 외무성 북동아시아과
매수 10
비밀등급 극비
문서종류 회의록
공개구분 공개
내용 제6차 한일회담 제9회 한일경제협력 전문가 회의기록. 주로 동남아 국가에 대한 자금제공의 사례를 들어 실무적 논의를 함. 투자 주체의 종류, 공사의 종류, 공사에 관한 법률 등에 관해 질의응답
주제어 청구권, 한일경제협력

문서명	한일예비교섭 경제협력 관계 비공식 회의기록(日韓予備交渉経済協力関係非公式会合記録)

문서파일번호	1164
작성연월일	1963. 2. 8
구분	제6차 회담
세부항목	한일청구권 자금 제공에 관한 실무협의
작성처	외무성 북동아시아과
매수	4
비밀등급	일반
문서종류	회의록
공개구분	공개
내용	한일 간 청구권 자금 제공에 관한 실무적 논의를 위해 조직된 비공식 회의기록. 무상, 유상의 협의를 따로 진행할 것, 동남아국가들과의 자금 제공 교섭의 내용 등에 대해 논의
주제어	청구권, 한일경제협력

한일회담에서 한국의 대일청구 8항목에 관한 논의기록(日韓会談における韓国の対日請求8項目に関する討議記録)

문서파일번호	1914
문서명	한일회담에서 한국의 대일청구 8항목에 관한 논의기록(日韓会談における韓国の対日請求8項目に関する討議記録)
작성연월일	1964. 1. 10
구분	제6차 회담
세부항목	한국의 대일청구 8항목 논의기록
작성처	외무성 북동아시아과
매수	102
비밀등급	극비
문서종류	내부자료
공개구분	일부비공개
내용	한일회담에서 한국의 대일청구 8항목에 관한 논의기록을 모은 자료. 한국의 대일청구요강 8항목 내역, 개론(8항목에 대한 양국 논의내용의 개략적 설명), 기본적 문제에 관한 법률론(1. 평화조약 제4조 a항의 대상이 되는 지역적 범위에 관한 문제 2. 「군정청령 제33호」에 관한 법률론 3. 「미국 해석」에 관한 법률론 4. 환율의 문제), 각론(8개 항목의 각 항목별 논의내용), 결론 부분으로 구성되어 있음. 청구권 액수 등 민감한 부분은 먹칠로 가려짐.
주제어	청구권

제6부

제6차 회담 본회의 (1961~1963)

제6차 한일회담 본회의 제1회 회의
(第6次日韓全面会談本会議第1回会合)

문서파일번호	932
작성연월일	1961. 10. 20
구분	제6차 회담 본회의 제1회 회의
세부항목	
작성처	외무성, 한국대표단
매수	13
비밀등급	
문서종류	회의록, 내부자료, 보도자료
공개구분	공개
내용	제6차 한일회담 본회의 제1회 회의기록, 참석자 명부, 양측 수석대표 인사말, 보도자료
주제어	제6차 한일회담 제1회 본회의

문서명	제6차 한일회담 본회의 제1회 회의(第6次日韓全面会談本会議第1回会合)

문서파일번호 932
작성연월일 1961. 10. 20
구분 제6차 회담 본회의 제1회 회의
세부항목
작성처 외무성 북동아시아과
매수 3
비밀등급 극비
문서종류 회의록
공개구분 공개
내용 제6차 한일회담 본회의 제1회 회의기록. 양측 대표단 소개, 양측 수석대표 인사말. 한국대표단이 전부 일본에 도착한 후 10월 26일 제2회 회의에서 위원회 구성 및 의사 절차 등에 관해 협의하기로 함. 회의는 실무자 교섭과 수석대표의 정치 절충을 병행하기로 함.
주제어 제6차 한일회담 제1회 본회의, 회의 운영

문서명	제6차 한일회담 제1회 본회의 출석자 명부(第6次日韓全面会談第1回本会議出席者名簿)

문서파일번호 932
작성연월일 1961. 10. 20
구분 제6차 회담 본회의 제1회 회의
세부항목
작성처 외무성 북동아시아과
매수 2
비밀등급 일반
문서종류 내부자료
공개구분 공개
내용 제6차 한일회담 제1회 본회의기록 첨부1. 제6차 한일회담 제1회 본회의 양측 참석자 명부
주제어 제6차 한일회담 본회의 대표단 명부

문서명	1961년 10월 20일 제6차 한일회담 제1회 본회의 스기 수석대표의 인사(昭和三十六年十月二十日の第六次日韓全面会談第一回本会議における杉首席代表の挨拶)

문서파일번호	932
작성연월일	1961. 10. 20
구분	제6차 회담 본회의 제1회 회의
세부항목	
작성처	외무성 북동아시아과
매수	3
비밀등급	일반
문서종류	내부자료
공개구분	공개
내용	제6차 한일회담 제1회 본회의기록 첨부2. 스기 미치스케 일본 수석대표의 제6차 한일회담 제1회 본회의 인사말. 이번 회담을 마지막으로 타결하고 싶다는 희망을 피력함.
주제어	제6차 한일회담 제1회 본회의 일본 수석대표 인사말

문서명	제1회 본회의 배 수석대표의 인사[第一回本会議における裵首席代表のあいさつ(仮訳)]

문서파일번호	932
작성연월일	1961. 10. 20
구분	제6차 회담 본회의 제1회 회의
세부항목	
작성처	한국대표단(일본 가역)
매수	3
비밀등급	일반
문서종류	내부자료
공개구분	공개
내용	제6차 한일회담 제1회 본회의기록 첨부3. 배의환 한국 수석대표의 제6차 한일회담 제1회 본회의 인사말. 양국이 상호 입장을 존중하는 신뢰의 기초 위에서 양국 간 협력이 이루어져야 함을 강조함.
주제어	제6차 한일회담 제1회 본회의 한국 수석대표 인사말

문서명	제6차 한일회담 본회의 제1회 회의에 대하여(第六次日韓全面会談本会議第一回会合について)

문서파일번호 932
작성연월일 1961. 10. 20
구분 제6차 회담
세부항목 제6차 한일회담 제1회 본회의 보도자료
작성처 외무성 정보문화국
매수 1
비밀등급 일반
문서종류 보도자료
공개구분 공개
내용 제6차 한일회담 제1회 본회의기록 첨부4. 제6차 한일회담 본회의 제1회 회의 결과
주제어 보도자료

문서명	제6차 한일회담 제1회 본회의(The Opening Session of the Sixth Japan-Korea Overall Talks)

문서파일번호 932
작성연월일 1961. 10. 20
구분 제6차 회담
세부항목 제6차 한일회담 제1회 본회의 영문 보도자료
작성처 외무성 정보문화국
매수 1
비밀등급 일반
문서종류 보도자료
공개구분 공개
내용 제6차 한일회담 제1회 본회의기록 첨부5. 제6차 한일회담 본회의 제1회 회의 결과 영문 보도자료
주제어 보도자료

제6차 한일회담 본회의 제2회 회의
(第6次日韓全面会談本会議第2回会合)

문서파일번호	933
작성연월일	1961. 10. 19 - 1961. 10. 26
구분	제6차 회담 본회의 제2회 회의
세부항목	
작성처	외무성, 한국대표부
매수	19
비밀등급	
문서종류	회의록, 보도자료, 내부자료
공개구분	공개
내용	1961년 10월 26일 개최된 제6차 한일회담 본회의 제2회 회의기록, 참석자 명부 및 보도자료
주제어	제6차 한일회담 제2회 본회의

문서명	제6차 한일회담 본회의 제2회 회의(第6次日韓全面会談の本会議第2回会合)

문서파일번호 933
작성연월일 1961. 10. 26
구분 제6차 회담 본회의 제2회 회의
세부항목
작성처 외무성 북동아시아과
매수 4
비밀등급 극비
문서종류 회의록
공개구분 공개
내용 제6차 한일회담 본회의 제2회 회의기록. 회의 진행 방법(언어, 회의록 작성, 언론 발표 등), 분과위원회 구성 및 운영 등에 관해 협의, 제5차 회담과 동일하게 하기로 함.
주제어 제6차 한일회담 본회의 운영

문서명	제6차 한일회담 본회의 제2회 회의에 대하여(第六次日韓全面会談本会議第二回会合について)

문서파일번호 933
작성연월일 1961. 10. 26
구분 제6차 회담 본회의 제2회 회의
세부항목
작성처 외무성 정보문화국
매수 1
비밀등급 일반
문서종류 보도자료
공개구분 공개
내용 제6차 한일회담 본회의 제2회 회의 결과 보도자료
주제어 제6차 한일회담 제2회 본회의 보도자료

문서명	제6차 한일회담 제2회 본회의(The Second Plenary Session of the Sixth Japan-Korea Talks)

문서파일번호 933
작성연월일 1961. 10. 26
구분 제6차 회담 본회의 제2회 회의
세부항목
작성처 외무성 정보문화국
매수 1
비밀등급 일반
문서종류 보도자료
공개구분 공개
내용 제6차 한일회담 본회의 제2회 회의 결과 영문 보도자료
주제어 제6차 한일회담 제2회 본회의 보도자료

문서명	제6차 한일회담 일본대표단 명부(第6次日韓全面会談日本側代表団名簿)

문서파일번호 933
작성연월일 1961. 10. 26
구분 제6차 회담 본회의 제2회 회의
세부항목
작성처 외무성 북동아시아과
매수 1
비밀등급 일반
문서종류 내부자료
공개구분 공개
내용 제6차 한일회담 일본대표단 명부
주제어 제6차 한일회담 본회의 일본대표단 명부

문서명	각 위원회 일본 위원 명부(各委員会日本側委員名簿)

문서파일번호 933
작성연월일 1961. 10. 26
구분 제6차 회담 본회의 제2회 회의
세부항목
작성처 외무성 북동아시아과
매수 9
비밀등급 일반
문서종류 내부자료
공개구분 공개
내용 제6차 한일회담 각 위원회 일본 위원 명부
주제어 제6차 한일회담 각 위원회 일본대표단 명부

문서명	제6차 한일회담 대표단 명부(한국)(1961. 10. 19 주일한국대표부로부터 수령)[第6次日韓全面会談代表団名簿(韓国側)(昭36.10.19 駐日韓国代表部より受領)]

문서파일번호 933
작성연월일 1961. 10. 19
구분 제6차 회담 본회의 제2회 회의
세부항목
작성처 한국대표부
매수 3
비밀등급 일반
문서종류 내부자료
공개구분 공개
내용 제6차 한일회담 한국대표단 명부
주제어 제6차 한일회담 한국대표단 명부

제6차 한일회담 본회의 제3회 회의
(第6次日韓全面会談の本会議第3回会合)

문서파일번호	934
작성연월일	1961. 12. 22
구분	제6차 회담 본회의 제3회 회의
세부항목	
작성처	
매수	15
비밀등급	
문서종류	회의록, 내부자료, 보도자료
공개구분	공개
내용	제6차 한일회담 본회의 제3회 회의기록, 각 위원회 개최 결과 보고, 양측 수석 대표 인사말, 보도자료
주제어	제6차 한일회담 제3회 본회의

문서명	제6차 한일회담 본회의 제3회 회의(第6次日韓全面会談の本会議第3回会合)

문서파일번호 934
작성연월일 1961. 12. 22
구분 제6차 회담 본회의 제3회 회의
세부항목
작성처 외무성 북동아시아과
매수 3
비밀등급 극비
문서종류 회의록
공개구분 공개
내용 제6차 한일회담 본회의 제3회 회의기록. 위원회별 회의 개최 결과에 대해 보고
주제어 청구권, 어업 및 평화선, 재일한국인 법적지위

문서명	제6차 한일회담 각 위원회의 의사에 관한 보고(第6次日韓全面会談における各委員会小委員会の議事に関する報告)

문서파일번호 934
작성연월일 1961. 12. 22
구분 제6차 회담 본회의 제3회 회의
세부항목
작성처 외무성 북동아시아과
매수 6
비밀등급 일반
문서종류 내부자료
공개구분 공개
내용 제6차 회담 위원회별 회의 개최 결과 보고서. 회의가 개최되지 않은 기본관계위원회를 제외한 청구권위원회(일반청구권소위, 선박소위, 문화재소위), 어업 및 '평화선'위원회, 재일한국인 법적지위에 관한 위원회 회의 개최 결과가 정리
주제어 청구권, 어업 및 평화선, 재일한국인 법적지위

문서명	제6차 한일회담 본회의 제3회 회의(1961년 12월 22일) 스기 수석대표의 인사[第6次日韓全面会談第3回本会議会合(昭和36年12月22日)における杉首席代表の挨拶]

문서파일번호 934
작성연월일 1961. 12. 22
구분 제6차 회담 본회의 제3회 회의
세부항목
작성처 외무성 북동아시아과
매수 2
비밀등급 일반
문서종류 내부자료
공개구분 공개
내용 제6차 한일회담 제3회 본회의 스기 미치스케 대표 인사말. 금번 회담이 종래의 어느 회담보다도 호의적, 건설적인 분위기 속에서 진행되어 왔으며 각 위원회도 실질적인 진전이 있었음을 평가함.
주제어 제6차 한일회담 제3회 본회의 일본 수석대표 인사말

문서명	제6차 한일회담 본회의 제3회 회의 배 수석대표의 인사(第6次韓日会談第3回本会議における裵韓国側首席代表の挨拶)

문서파일번호 934
작성연월일 1961. 12. 22
구분 제6차 회담 본회의 제3회 회의
세부항목
작성처 한국대표단(일본 가역)
매수 2
비밀등급 일반
문서종류 내부자료
공개구분 공개
내용 제6차 한일회담 제3회 본회의 배의환 대표 인사말 일본어 가역본. 박정희 의장과 이케다 하야토 총리 간 양국 정상회담 개최로 좋은 분위기가 형성, 한일회담도 전도가 밝은 상황임.
주제어 제6차 한일회담 제3회 본회의 한국 수석대표 인사말

문서명	제6차 한일회담 본회의 제3회 회의에 대하여(第6次日韓全面会談本会議第三回会合について)

문서파일번호 934
작성연월일 1961. 12. 22
구분 제6차 회담 본회의 제3회 회의
세부항목
작성처 외무성 정보문화국
매수 1
비밀등급 일반
문서종류 보도자료
공개구분 공개
내용 제6차 한일회담 제3회 본회의 결과
주제어 제6차 한일회담 제3회 본회의 보도자료

문서명	보도자료(Press Release)

문서파일번호 934
작성연월일 1961. 12. 22
구분 제6차 회담 본회의 제3회 회의
세부항목
작성처 외무성 정보문화국
매수 1
비밀등급 일반
문서종류 보도자료
공개구분 공개
내용 제6차 한일회담 제3회 본회의 영문 보도자료
주제어 제6차 한일회담 제3회 본회의 보도자료

제6차 한일회담 본회의 제4회 회의
(第6次日韓全面会談本会議第4回会合)

문서파일번호	935
작성연월일	1962. 1. 16 - 1962. 1. 23
구분	제6차 회담 본회의 제4회 회의
세부항목	
작성처	
매수	8
비밀등급	
문서종류	내부자료
공개구분	공개 또는 일부비공개
내용	1962년 1월 16일 개최된 제6차 한일회담 본회의 제4회 회의기록, 양측 수석대표 인사말 등이 담긴 문서
주제어	제6차 한일회담 제4회 본회의

문서명	제6차 한일회담 제4회 본회의 순서(第6次日韓会談第4回本会議次第)

문서파일번호 935
작성연월일 1962. 1. 16
구분 제6차 회담 본회의 제4회 회의
세부항목
작성처 외무성 북동아시아과
매수 1
비밀등급 일반
문서종류 내부자료
공개구분 공개
내용 제6차 한일회담 제4회 본회의 진행순서
주제어 회의 진행순서

문서명	제6차 한일회담 제4회 본회의 회의(1962년 1월 16일)에 스기 수석대표의 인사[第6次日韓全面会談第4回本会議会合(昭和37年1月16日)における杉首席代表の挨拶]

문서파일번호 935
작성연월일 1962. 1. 16
구분 제6차 회담 본회의 제4회 회의
세부항목
작성처 외무성 북동아시아과
매수 2
비밀등급 일반
문서종류 내부자료
공개구분 공개
내용 제6차 한일회담 제4회 본회의 스기 미치스케 일본대표 인사말. 한일 양국이 양보의 정신으로 회담에 임하여 유종의 미를 거둘 수 있기를 희망함.
주제어 일본수석대표 인사말

문서명	(가역) 1962년 1월 16일의 제6차 한일회담 제4회 본회의 배의환 수석대표의 인사[(仮訳)1962年1月16日の第六次韓日会談第4回本会議における裵義煥首席代表の挨拶]

문서파일번호 935
작성연월일 1962. 1. 16
구분 제6차 회담 본회의 제4회 회의
세부항목
작성처 한국대표단(일본 가역)
매수 2
비밀등급 일반
문서종류 내부자료
공개구분 공개
내용 제6차 한일회담 제4회 본회의 배의환 대표 인사말의 일본어 가역본. 청구권 문제는 양측이 정치적 해결책을 강구해야 할 것으로 생각한다는 뜻을 피력함.
주제어 한국수석대표 인사말

문서명	스기·배 양 수석대표 합의사항(杉·裵両首席代表申合わせ事項)

문서파일번호 935
작성연월일 1962. 1. 17
구분 제6차 회담 본회의 제4회 회의
세부항목
작성처 외무성 북동아시아과
매수 1
비밀등급 극비
문서종류 내부자료
공개구분 공개
내용 제6차 한일회담 제4회 본회의 종료 후 양국 수석대표가 합의한 사항을 기록한 문서. 양국은 늦어도 3월 초순경까지 '정치교섭'을 개시, 개시 후 1개월 안에 타결될 수 있도록 노력, 5월 중 협정 조인이 실현될 수 있도록 노력함.
주제어 정치교섭 개시에 관한 양국 수석대표 합의사항

문서명	스기 수석대표와 배 수석대표 양해사항(Understanding between Chief Delegate Sugi and Chief Delegate Pai)

문서파일번호 935
작성연월일 1962. 1. 17
구분 제6차 회담 본회의 제4회 회의
세부항목
작성처 외무성 북동아시아과
매수 1
비밀등급 일반
문서종류 내부자료
공개구분 일부비공개
내용 양국 수석대표 합의사항의 영문본
주제어 정치교섭 개시에 관한 양국 수석대표 합의사항

문서명	제목 없음

문서파일번호 935
작성연월일 1962. 1. 23
구분 제6차 회담 본회의 제4회 회의
세부항목
작성처 한국대표단
매수 1
비밀등급 일반
문서종류 내부자료
공개구분 공개
내용 우라베 도시오 참사관과 정일영 한국대표 협의 시 한국이 제시한 문안으로 정치교섭 개시 합의에 관한 보도자료로 보임.
주제어 정치교섭 개시에 관한 양국 수석대표 합의사항

한국대표부 등 연락
(韓国代表部等からの連絡)

문서파일번호	1734
작성연월일	1963. 1. 10 - 1963. 9. 11
구분	제6차 회담
세부항목	북동아과·주일한국대표부 협의, 우시로쿠 국장·박춘금 면담
작성처	
매수	10
비밀등급	
문서종류	회의록
공개구분	공개 또는 일부비공개
내용	북동아과와 주일한국대표부 협의, 아시아국장과 박춘금 면담 기록 모음
주제어	한일 현안 협의

문서명	김 부장이 오히라 대신에게 보내는 답신 건(金部長の大平大臣に対する返簡に関する件)

문서파일번호 1734
작성연월일 1963. 1. 10
구분 제6차 회담
세부항목 북동아과 · 주일한국대표부 협의
작성처 외무성 북동아시아과
매수 2
비밀등급 극비
문서종류 회의록(전화)
공개구분 공개
내용 마에다 과장과 박상두 주일대표부 서기관 전화 협의 기록. 김종필 부장이 오히라 마사요시 외상에게 보내는 서한이 조금 늦어질 것임.
주제어 김종필이 오히라에게 보내는 서한

문서명	박춘금의 우시로쿠 국장에 대한 담화(朴春琴の後宮局長に対する談話)

문서파일번호 1734
작성연월일 1963. 8. 21
구분 제6차 회담
세부항목 우시로쿠 국장 · 박춘금 면담
작성처 외무성 북동아시아과
매수 4
비밀등급 극비
문서종류 면담록
공개구분 일부비공개
내용 우시로쿠 도라오 국장 · 박춘금* 면담 기록. 박춘금은 어업 문제에 관해 한국이 12해리 안을 수락하더라도 한국의 국내정세를 고려해 일본이 이를 비밀로 해줄 것을 요청함.
주제어 어업, 박춘금

* 박춘금: 재일한국인으로 친일파 폭력배 출신. 일제강점기에 일본 중의원을 역임한 바 있음.

문서명	박춘금의 우시로쿠 국장에 대한 담화(속) [朴春琴の後宮局長に対する談話(続)]

문서파일번호 1734
작성연월일 1963. 9. 11
구분 제6차 회담
세부항목 우시로쿠 국장·박춘금 면담
작성처 외무성 북동아시아과장
매수 4
비밀등급 극비
문서종류 회의록
공개구분 일부비공개
내용 우시로쿠 도라오 국장·박춘금 면담 기록. 어업 문제 관련, 한국은 12해리를 수용하지 않으면 회담이 진전되지 않을 것이라는 점을 알고 있으며, 일본에 대해 우선 이를 약속하고 선거가 끝날 때까지 비밀로 한 후 이를 기초로 12해리 바깥 수역 규제와 어업협력의 이야기를 해 나가자는 것이 한국 속내임.
주제어 어업, 박춘금

재개 제6차 한일회담 제1회 본회의
(再開第6次日韓全面会談第1回本会議)

문서파일번호	447
작성연월일	1964. 3. 12
구분	제6차 회담(재개) 제1회 본회의
세부항목	
작성처	외무성
매수	14
비밀등급	
문서종류	회의록, 내부자료, 보도자료
공개구분	공개
내용	재개 제6차 한일회담 제1회 본회의기록
주제어	제6차 한일회담(재개) 제1회 본회의

문서명	재개 제6차 한일회담 제1회 본회의(再開第6次日韓全面会談第1回本会議)

문서파일번호 447
작성연월일 1964. 3. 12
구분 제6차 회담(재개) 제1회 본회의
세부항목
작성처 외무성 북동아시아과
매수 4
비밀등급 극비
문서종류 회의록
공개구분 공개
내용 재개 제6차 한일회담 제1회 본회의기록. 양측 대표단 소개, 양측 수석대표의 인사말, 회의 운영에 관해 논의
주제어 회의 운영, 청구권 요강

문서명	별첨1. 제6차 한일회담 제1회 본회의 출석자(別添1. 第6次日韓全面会談第一回本会議出席者)

문서파일번호 447
작성연월일 1964. 3. 12
구분 제6차 회담(재개) 제1회 본회의
세부항목
작성처 외무성 북동아시아과
매수 2
비밀등급 일반
문서종류 내부자료
공개구분 공개
내용 재개 제6차 한일회담 제1회 본회의기록 첨부1. 재개 제6차 한일회담 제1회 본회의 양측 대표단 명부(영문 명부 포함)
주제어 대표단 명부

문서명	별첨2. 1964년 3월 12일 재개 제6차 한일회담 제1회 본회의 스기 수석대표의 인사(別添2. 昭和三十九年三月十二日の再開第六次日韓全面会談第一回本会議における杉首席代表の挨拶)

문서파일번호 447
작성연월일 1964. 3. 12
구분 제6차 회담(재개) 제1회 본회의
세부항목
작성처 외무성 북동아시아과
매수 3
비밀등급 일반
문서종류 내부자료
공개구분 공개
내용 재개 제6차 한일회담 제1회 본회의 첨부2. 재개 제6차 한일회담 제1회 본회의 스기 미치스케 일본 수석대표 인사말. 현안별 회의가 진전을 이루어 곧 조문화 작업이 시작될 것으로 기대하며, 협정 조인, 비준 후 국교정상화가 하루빨리 이루어지길 바람.
주제어 스기 대표 인사말

문서명	별첨3. 1964년 3월 12일 재개 제6차 한일회담 제1회 본회의 배의환 수석대표의 인사(別添3. 一九六四年三月十二日の再開第六次日韓全面会談における裵義煥首席代表の挨拶)

문서파일번호 447
작성연월일 1964. 3. 12
구분 제6차 회담(재개) 제1회 본회의
세부항목
작성처 외무성 북동아시아과
매수 3
비밀등급 일반
문서종류 내부자료
공개구분 공개
내용 재개 제6차 한일회담 제1회 본회의 첨부3. 재개 제6차 한일회담 제1회 본회의 배의환 한국 수석대표 인사말. 협정 타결의 대국적 이념을 이해하여 한일 간 국교의 조기 정상화를 바라는 사람들이 점점 많아지는 것을 기쁘게 생각함. 양국 대표단이 성의를 다해 조기에 마무리할 수 있기를 기대함.
주제어 배의환 대표 인사말

문서명	보도자료: 재개 제6차 한일회담 제1회 본회의(Press Release: The Opening Session of the Resumed Sixth Japan - Korea Overall Talks)

문서파일번호 447
작성연월일 1964. 3. 12
구분 제6차 회담(재개) 제1회 본회의
세부항목
작성처 외무성 정보문화국
매수 1
비밀등급 일반
문서종류 보도자료
공개구분 공개
내용 재개 제6차 한일회담 제1회 본회의 결과에 대한 영문 보도자료
주제어 회의 결과 보도자료

문서명	재개 제6차 한일회담 제1회 회의에 대하여(再開第六次日韓全面会談第一回会合について)

문서파일번호 447
작성연월일 1964. 3. 12
구분 제6차 회담(재개) 제1회 본회의
세부항목
작성처 외무성 정보문화국
매수 1
비밀등급 일반
문서종류 보도자료
공개구분 공개
내용 재개 제6차 한일회담 제1회 본회의 결과
주제어 회의 결과 보도자료

제7부

제6차 회담 기본관계위원회 회의록 및 정책
(1964)

일본의 한국 승인과 한국 헌법의 영토조항 관계에 대하여(わが国の韓国承認と韓国憲法領土条項との関係について)

문서파일번호	1844
작성연월일	1962. 8. 27 - 1962. 10. 5
구분	제6차 회담
세부항목	일본의 한국 승인과 한국 헌법상의 영토조항 관계
작성처	외무성 조약국 법규과
매수	25
비밀등급	
문서종류	내부문서
공개구분	공개
내용	일본의 한국 승인과 한국 헌법상의 영토조항 관계에 대한 검토의견이 담긴 문서 모음
주제어	일본의 한국 승인과 한국의 관할권

문서명	일본의 한국 승인과 한국 헌법 영토조항 관계에 대하여(わが国の韓国承認と韓国憲法領土条項との関係について)

문서파일번호 1844
작성연월일 1962. 8. 27
구분 제6차 회담
세부항목 일본의 한국 승인과 한국 헌법상의 영토조항 관계
작성처 외무성 조약국 법규과
매수 3
비밀등급 극비
문서종류 내부문서
공개구분 공개
내용 일본의 한국 승인과 한국 헌법상의 영토조항 관계에 대한 검토의견이 담긴 문서. 일본은 유엔결의 195(Ⅲ)에 따라 한국의 유일한 합법성을 인정하고 있으나, 그것이 한국 헌법의 내용을 모두 승인한 것을 뜻하지는 않는다는 입장 등이 기술됨.
주제어 일본의 한국 승인과 한국의 관할권

문서명	한일공동선언 요강안(미정고)[日韓共同宣言要綱案(未定稿)]

문서파일번호 1844
작성연월일 1962. 10. 5
구분 제6차 회담
세부항목 한일 공동선언안
작성처 외무성 조약국 법규과
매수 15
비밀등급 극비
문서종류 내부문서
공개구분 공개
내용 한일 기본관계를 규정하는 한일공동선언안. A안과 B안 두 가지가 검토되고 있음.
주제어 기본관계, 공동선언안

문서명	제목 없음

문서파일번호	1844
작성연월일	1962. 10. 5
구분	제6차 회담
세부항목	일본의 한국 승인과 한국 헌법상의 영토 조항 관계
작성처	외무성 조약국 법규과
매수	7
비밀등급	일반
문서종류	내부문서
공개구분	공개
내용	헌법에 영토조항을 규정하고 있는 국가들, 분열국가의 영토에 관한 헌법상의 규정, 영토분쟁을 한 국가의 명칭과 헌법의 영토관계조항 등에 관한 사항들을 검토한 내용이 기술된 문서
주제어	헌법상 영토조항

기본관계 문제(한일회담)
[基本関係問題(日韓会談)]

문서파일번호	1847
작성연월일	1964. 4. 11 - 1964. 4. 20
구분	제6차 회담
세부항목	기본관계 문제 처리방침 및 외무성 성내 협의
작성처	외무성
매수	36
비밀등급	
문서종류	회의록, 내부문서
공개구분	공개
내용	제6차 한일회담이 진행되고 있던 기간 중 기본관계 문제의 처리에 관하여 검토한 의견들이 담긴 문서 모음
주제어	기본관계

문서명	기본관계 문제(한일회담)[基本関係問題(日韓会談)]

문서파일번호 1847
작성연월일 1964. 4. 11
구분 제6차 회담
세부항목 기본관계 문제 처리방침
작성처 외무성 북동아시아과
매수 7
비밀등급 극비
문서종류 회의록
공개구분 공개
내용 기본관계 문제에 관한 외무성 내 협의회 기록. 기본관계에 관한 규정 방식을 조약이 아닌 공동선언 내지 교환공문 형식으로 하고, 외교관계 설정 규정, 국제연합헌장 조항 같은 문구 삽입, 필요에 따라 통상 조항, 분쟁 해결 조항 추가 등의 내용이 협의됨.
주제어 기본관계

문서명	한일기본관계 문제의 처리방침(안)[日韓基本関係問題の処理方針(案)]

문서파일번호 1847
작성연월일 1964. 4. 14
구분 제6차 회담
세부항목 기본관계 문제 처리방침
작성처 외무성 조약국 법규과
매수 10
비밀등급 극비
문서종류 내부문서
공개구분 공개
내용 조약국 법규과가 작성한 기본관계 문제 처리방침에 관한 의견서. 국회 승인이 필요 없는 형태가 좋으며, 통상항해 관계, 문화협력 관계, 어선 나포 문제, 해저전선 처리, 분쟁 처리 규정 등 여러 현안 해결 규정을 넣는 것은 극히 어려울 것이며, 독도는 별도의 교환공문 형식을 취함이 바람직하다는 견해 기술
주제어 기본관계, 독도

문서명	한일회담 기본관계 문제(日韓会談基本関係問題)

문서파일번호 1847
작성연월일 1964. 4. 15
구분 제6차 회담
세부항목 기본관계 문제 외무성 내부협의회
작성처 외무성 북동아시아과
매수 9
비밀등급 극비
문서종류 회의록
공개구분 공개
내용 한일회담 기본관계 문제에 관한 외무성 내부협의회 기록. 기본관계 문제 협정의 형식은 가벼운 공동선언으로 할 것, 구 조약무효문제는 언제부터 무효가 되었는지가 나타나지 않는 것이면 괜찮으나, 그렇지 않다면 일본의 안을 제시할 때는 그것을 삭제할 것, 관할권 문제는 별도의 조항으로 두지 않고, 한국독립 승인 규정에 관할권에 관한 표현(현 지배지역)과 국제연합 결의 두 개를 같이 두는 형태로 한다는 것 등이 결정됨.
주제어 기본관계

문서명	한일회담 기본관계 문제(日韓会談基本関係問題)

문서파일번호 1847
작성연월일 1964. 4. 20
구분 제6차 회담
세부항목 기본관계 문제 외무성 내부협의회
작성처 외무성 북동아시아과
매수 10
비밀등급 극비
문서종류 회의록
공개구분 공개
내용 1964년 4월 17일 조약국이 작성한 '일본국과 대한민국과의 공동선언안' 논의를 위해 개최된 외무성 내부협의회 기록
주제어 기본관계

한일회담 기본관계위원회에서 일본의 공동선언안 제시에 관하여(日韓会談基本関係委員会における日本側共同宣言案の提示について)

문서파일번호	1848
작성연월일	1964. 4. 18 - 1964. 4. 20
구분	제6차 회담
세부항목	기본관계 공동선언안
작성처	외무성
매수	10
비밀등급	
문서종류	재가 문서, 공동선언안
공개구분	공개
내용	제6차 한일회담 기본관계위원회에서 공동선언안 제시에 대한 내부 재가 문서 및 공동선언안
주제어	기본관계

문서명	한일회담 기본관계위원회에서 일본의 공동선언안 제시에 관하여(日韓会談基本関係委員会における日本側共同宣言案の提示について)

문서파일번호	1848
작성연월일	1964. 4. 20
구분	제6차 회담
세부항목	기본관계 공동선언안
작성처	외무성 북동아시아과
매수	3
비밀등급	일반
문서종류	재가 문서
공개구분	공개
내용	제6차 한일회담 기본관계위원회(12년 만에 재개)에서 공동선언안 제시에 대한 내부 재가 문서
주제어	기본관계

문서명	일본국과 대한민국과의 공동선언안[日本国と大韓民国との共同宣言(案)(39.4.18)]

문서파일번호	1848
작성연월일	1964. 4. 18
구분	제6차 회담
세부항목	기본관계 공동선언안
작성처	외무성
매수	7
비밀등급	극비
문서종류	공동선언안
공개구분	공개
내용	일본이 작성한 기본관계에 관한 일본국과 대한민국의 공동선언안. 전문(前文)과 9개 항으로 구성됨.
주제어	기본관계

기본관계에 규정되어야 할 통상관계 사항
(基本関係に規定させるべき通商関係事項)

문서파일번호	1849
문서명	기본관계에 규정되어야 할 통상관계 사항(基本関係に規定させるべき通商関係事項)
작성연월일	1964. 5. 1
구분	제6차 회담
세부항목	기본관계조약에의 통상관계 사항 포함여부
작성처	외무성 경제국 아시아과
매수	5
비밀등급	극비
문서종류	내부문서
공개구분	공개
내용	기본관계조약에 한국과의 통상관계 사항을 포함시키는 문제에 대한 장단점을 정리한 문서. 아무것도 규정하지 않는다, 교섭 개시 원칙만 규정한다, 구체적인 사항도 규징한다 등 3가지 경우를 검도하고 있음.
주제어	기본관계, 통상관계

한일기본관계협정안에 두어야 할 통상관계 조항안
(日韓基本関係協定中におくべき通商関係条項案)

문서파일번호	1850
문서명	한일기본관계협정안에 두어야 할 통상관계 조항안(日韓基本関係協定中におくべき通商関係条項案)
작성연월일	1964. 12. 16
구분	제6차 회담
세부항목	기본관계조약에 통상관계 사항 포함 문제
작성처	외무성 경제국 아시아과
매수	6
비밀등급	극비
문서종류	내부문서
공개구분	공개
내용	기본관계조약에 규정하는 항목들 중, 통상관계 조항의 내용과 문제점들을 정리한 문서
주제어	기본관계, 통상관계

한일기본관계에 관한 합의 요강안
(日韓基本関係に関する合意要綱案)

문서파일번호	1851
작성연월일	1964. 12. 10 - 1965. 1. 26
구분	제6~7차 회담
세부항목	기본관계 합의 요강안
작성처	외무성, 한국대표단
매수	61
비밀등급	
문서종류	내부문서
공개구분	공개
내용	한일기본관계에 관한 합의 요강안(작성일자는 제6차 한일회담 기본관계위원회 제2회 회의 개최 일자인 1964년 12월 10일 자로 되어 있음) 및 수정안 모음
주제어	기본관계 합의 요강안

문서명	한일기본관계에 관한 합의 요강안(日韓基本関係に関する合意要綱案)

문서파일번호 1851
작성연월일 1964. 12. 10
구분 제6차 회담
세부항목 기본관계 합의 요강안
작성처 외무성
매수 2
비밀등급 일반
문서종류 내부문서
공개구분 공개
내용 일본의 기본관계 문제 합의 요강안 초안. 명칭이 공동선언으로 되어 있음.
주제어 기본관계 합의 요강안

문서명	한일기본관계에 관한 합의 요강안(日韓基本関係に関する合意要綱案)

문서파일번호 1851
작성연월일 1964. 12. 10
구분 제6차 회담
세부항목 기본관계 합의 요강안
작성처 외무성
매수 2
비밀등급 일반
문서종류 내부문서
공개구분 공개
내용 1964년 12월 9일 일본 내부협의회에서 검토된 기본관계 합의 요강안
주제어 기본관계 합의 요강안

문서명	한일기본관계에 관한 합의 요강안(日韓基本関係に関する合意要綱案)

문서파일번호 1851
작성연월일 1964. 12. 10
구분 제6차 회담
세부항목 기본관계 합의 요강안
작성처 외무성
매수 2
비밀등급 비(秘)
문서종류 내부문서
공개구분 공개
내용 제6차 한일회담 기본관계위원회 제2회 회의에서 일본이 제시한 합의 요강안. 명칭이 공동선언으로 되어 있음.
주제어 기본관계 합의 요강안

문서명	기본관계에 관한 한국 입장 요강안

문서파일번호 1851
작성연월일 1964. 12. 10
구분 제6차 회담
세부항목 기본관계 합의 요강안
작성처 한국대표단
매수 2
비밀등급 일반
문서종류 내부문서
공개구분 공개
내용 제6차 한일회담 기본관계위원회 제2회 회의에서 한국이 제시한 기본관계 합의 요강안 한글본. 명칭은 조약으로 한다고 되어 있음.
주제어 기본관계 합의 요강안

문서명	기본관계에 관한 한국의 요강(안) [(Draft) Essentials of Korean Position on Basic Relations]

문서파일번호	1851
작성연월일	1964. 12. 10
구분	제6차 회담
세부항목	기본관계 합의 요강안
작성처	한국대표단
매수	3
비밀등급	비(秘)
문서종류	내부문서
공개구분	공개
내용	제6차 한일회담 기본관계위원회 제2회 회의에서 한국이 제시한 기본관계 합의 요강안 영문본
주제어	기본관계 합의 요강안

문서명	기본관계에 관한 한국의 요강(안) [(Draft) Essentials of Korean Position on Basic Relations]

문서파일번호	1851
작성연월일	1964. 12. 10
구분	제6차 회담
세부항목	기본관계 합의 요강안
작성처	한국대표단
매수	3
비밀등급	일반
문서종류	내부문서
공개구분	공개
내용	제6차 한일회담 기본관계위원회 제2회 회의에서 한국이 제시한 기본관계 합의 요강안 영문본(동일한 문서가 중복 수록됨)
주제어	기본관계 합의 요강안

문서명	기본관계에 관한 한국 입장 요강(안)[基本関係に関する韓国側立場要綱(案)]

문서파일번호	1851
작성연월일	1964. 12. 10
구분	제6차 회담
세부항목	기본관계 합의 요강안
작성처	외무성 북동아시아과
매수	4
비밀등급	비(秘)
문서종류	내부문서
공개구분	공개
내용	제6차 한일회담 기본관계위원회 제2회 회의에서 한국이 제시한 기본관계 합의 요강안을 북동아시아과가 일문으로 가역한 문서
주제어	기본관계 합의 요강안

문서명	(가역)기본관계에 관한 한국 입장 요강(안)[(仮訳)基本関係に関する韓国側立場要綱(案)]

문서파일번호	1851
작성연월일	1964. 12. 10
구분	제6차 회담
세부항목	기본관계 합의 요강안
작성처	외무성 북동아시아과
매수	3
비밀등급	비(秘)
문서종류	내부문서
공개구분	공개
내용	제6차 한일회담 기본관계위원회 제2회 회의에서 한국이 제시한 기본관계 합의 요강안을 북동아시아과가 일문으로 가역한 문서 타이핑본
주제어	기본관계 합의 요강안

문서명	기본관계에 관한 한일 양측 요강안 제목 사무레벨 정리표

문서파일번호 1851
작성연월일 1964. 12. 15
구분 제6차 회담
세부항목 기본관계 합의 요강안
작성처 한국대표단
매수 2
비밀등급 일반
문서종류 내부문서
공개구분 공개
내용 기본관계조약에 담을 사항들에 관해 한일 양측 사무진이 정리한 한국어 제목 정리표
주제어 기본관계 합의 요강안

문서명	기본관계에 관한 한일 양측 요강안 제목 분류 리스트

문서파일번호 1851
작성연월일 1964. 12. 15
구분 제6차 회담
세부항목 기본관계 합의 요강안
작성처 한국대표단
매수 2
비밀등급 일반
문서종류 내부문서
공개구분 공개
내용 기본관계조약에 담을 사항들에 관해 한일 양측 사무진이 정리한 한국어 제목 정리표
주제어 기본관계 합의 요강안

문서명	기본관계에 관한 한일 양측 요강안 제목 사무레벨 정리표(基本関係に関する日韓両側要綱案題目事務レベル整理表)

문서파일번호 1851
작성연월일 1964. 12. 16
구분 제6차 회담
세부항목 기본관계 합의 요강안
작성처 외무성
매수 3
비밀등급 비(秘)
문서종류 내부문서
공개구분 공개
내용 기본관계조약에 담을 사항들에 관해 한일 양측 사무진이 정리한 일본어 제목 정리표
주제어 기본관계 합의 요강안

문서명	한일기본관계에 관한 1964년 12월 10일 일본의 합의 요강안에 대한 수정안(日韓基本関係に関する1964年12月10日の日本側合意要綱案に対する修正案)

문서파일번호 1851
작성연월일 1965. 1. 7
구분 제7차 회담
세부항목 기본관계 합의 요강안
작성처 외무성
매수 4
비밀등급 극비
문서종류 내부문서
공개구분 공개
내용 일본이 제6차 한일회담 기본관계위원회 제2회 회의에서 제출한 기본관계 합의 요강안을 1965년 1월 7일 자로 수정한 안
주제어 기본관계 합의 요강안

문서명	한일기본관계에 관한 1964년 12월 10일 일본의 합의 요강안에 대한 수정안 (日韓基本関係に関する1964年12月10日の日本側合意要綱案に対する修正案)

문서파일번호	1851
작성연월일	1965. 1. 7
구분	제7차 회담
세부항목	기본관계 합의 요강안
작성처	외무성
매수	4
비밀등급	극비
문서종류	내부문시
공개구분	공개
내용	1965년 1월 7일 자로 수정하여 1월 8일 아시아국과 조약국이 협의한 기본관계 합의 요강안
주제어	기본관계 합의 요강안

문서명	일본국과 대한민국의(안)[日本国と大韓民国との間の(案)]

문서파일번호	1851
작성연월일	1965. 1. 25
구분	제7차 회담
세부항목	기본관계 합의 요강안
작성처	외무성
매수	14
비밀등급	극비
문서종류	내부문서
공개구분	공개
내용	일본이 작성한 기본관계안. 아직 조약이란 명칭이 확정되지 않은 단계의 안
주제어	기본관계 합의 요강안

문서명	일본국과 대한민국의 – (안) [日本国と大韓民国との間の – (案)]

문서파일번호 1851
작성연월일 1965. 1. 26
구분 제7차 회담
세부항목 기본관계 합의 요강안
작성처 외무성
매수 6
비밀등급 극비
문서종류 내부문서
공개구분 공개
내용 일본이 작성한 기본관계안. 아직 조약이란 명칭이 확정되지 않음.
주제어 기본관계 합의 요강안

문서명	일본국과 대한민국의(안) [(Draft) between Japan and the Republic of Korea]

문서파일번호 1851
작성연월일 1965. 1. 26
구분 제7차 회담
세부항목 기본관계 합의 요강안
작성처 외무성
매수 5
비밀등급 극비
문서종류 내부문서
공개구분 공개
내용 일본이 작성한 기본관계안 영문본
주제어 기본관계 합의 요강안

재개 제6차 한일회담의 기본관계위원회 회의
(再開第6次日韓全面会談における基本関係委員会会合)

문서파일번호	448
작성연월일	1964. 4. 27 - 1964. 5. 11
구분	제6차 회담(재개)
세부항목	기본관계위원회 회의(제1~2회)
작성처	외무성 북동아시아과
매수	9
비밀등급	
문서종류	회의록
공개구분	공개
내용	1964년 4월 27일과 5월 11일 개최된 제6차 한일회담 기본관계위원회 회의기록
주제어	재개 제6차 한일회담 기본관계위원회

문서명	재개 제6차 한일회담 기본관계위원회 제1회 회의(再開第6次日韓全面会談における基本関係委員会第1回会合)

문서파일번호 448
작성연월일 1964. 4. 27
구분 제6차 회담(재개) 기본관계위원회 제1회 회의
세부항목
작성처 외무성 북동아시아과
매수 4
비밀등급 극비
문서종류 회의록
공개구분 공개
내용 재개 제6차 한일회담 제1회 기본관계위원회 회의록 요지. 한국은 기본관계를 조약형식으로 처리할 것을 주장한 데 대하여 일본은 공동선언 형식으로 할 것을 재차 주장함.
주제어 기본관계

문서명	재개 제6차 한일회담 기본관계위원회 제2회 회의(再開第6次日韓全面会談における基本関係委員会第2回会合)

문서파일번호 448
작성연월일 1964. 5. 11
구분 제6차 회담(재개) 기본관계위원회 제2회 회의
세부항목
작성처 외무성 북동아시아과
매수 5
비밀등급 극비
문서종류 회의록
공개구분 공개
내용 재개 제6차 한일회담 기본관계위원회 제2회 회의 요지. 제1회 회의에 이어 기본관계를 조약형식으로 할지, 공동선언으로 할지에 관한 의견교환을 한 후, 협정으로 할 경우 어떤 성격의 것으로 할지를 논의함.
주제어 기본관계

제8부

제6차 회담 선박 소위원회 회의록 및 훈령 (1962~1964)

한일 선박청구권에서 치적선 처리에 대해서(논의자료)[日韓船舶請求権における置籍船の取扱いについて(討議資料)]

문서파일번호	633
작성연월일	1962. 2. 1 - 1962. 2. 5
구분	제6차 회담
세부항목	선박 문제 교섭 의제
작성처	외무성
매수	18
비밀등급	
문서종류	내부문서, 내부자료
공개구분	일부비공개
내용	제6차 한일회담 기간 중 선박 문제 교섭 의제에 관한 일본의 검토의견 및 관련 자료
주제어	선박 반환

문서명	한일선박 청구권에서 치적선 처리에 대해서(논의자료)［日韓船舶請求権における置籍船(問題a)の取扱いについて(討議資料)］

문서파일번호 633
작성연월일 1962. 2. 5
구분 제6차 회담
세부항목 선박 문제 교섭 의제
작성처 외무성 조약국 법규과
매수 8
비밀등급 극비
문서종류 내부문서
공개구분 공개
내용 선박 문제 교섭 의제 A에 대한 한국의 주장(치적선 반환)에 대해, ① 치적선은 소유권 대상이 되지 않는다는 입장, ② 치적선이 소유권의 대상이 되었다고 보는 입장, ③ 치적선은 소유권의 대상이 되지는 않지만 반환을 호의적으로 고려해야할 상당한 이유가 있다고 보는 입장들의 논거와 그에 따라 발생할 수 있는 문제점 정리
주제어 선박 반환

문서명	한일회담 선박 문제 관련 각종 선박 수량(日韓会談船舶問題関係の各種船舶数量)

문서파일번호 633
작성연월일 1962. 2. 1
구분 제6차 회담
세부항목 선박 문제 교섭 의제
작성처 외무성 북동아시아과
매수 3
비밀등급 극비
문서종류 내부자료
공개구분 공개
내용 의제 A(치적선), B(치수선), C(한국에 대여한 어선), D(1962년 2월 1일 현재 한국에 나포된 일본어선)의 선박수와 톤수 기술
주제어 선박 반환

문서명	별첨1. 한국적 선명 리스트(別添1. 韓国籍船名リスト)

문서파일번호 633
작성연월일 불명
구분 제6차 회담
세부항목 한국적 선명 리스트
작성처 외무성 북동아시아과
매수 1
비밀등급 일반
문서종류 내부자료
공개구분 일부비공개
내용 '한일선박 청구권에서의 치적선 처리에 대해서' 문서 첨부1. 한국이 제시한 선박 명단 중 선박번호가 제시된 78척 가운데 10척의 선박 명단
주제어 선박 반환

문서명	제목 없음(별첨2)

문서파일번호 633
작성연월일 불명
구분 제6차 회담
세부항목 한국적 선박 목록
작성처 외무성 북동아시아과
매수 6
비밀등급 일반
문서종류 내부자료
공개구분 공개
내용 '한일선박 청구권에서의 치적선 처리에 대해서' 문서 첨부2. 선박명, 등기번호, 등록번호, 선박종류 등이 기재되어 있는 선박 목록(선박 소유자는 먹칠로 가려짐)
주제어 선박 반환

미군정령 제33호에 따른 재(在)한국 일본선박의 소속변경에 대해서(軍令第33号による在鮮日本船舶の所属変更について)

문서파일번호	634
작성연월일	1961. 3. 27 - 1962. 2. 8
구분	제5~6차 회담
세부항목	미군의 선박수용 정당성 검토
작성처	외무성 조약국 법규과
매수	39
비밀등급	
문서종류	내부문서
공개구분	공개
내용	주한미군정청령 제33호에 의한 미군의 선박 수용 정당성 여부에 관해 검토한 내용
주제어	선박 반환

문서명	군령 第33호에 따른 재한국 일본선박의 소속변경(vesting)에 대해서[軍令第33号による在鮮日本船舶の所属変更(vesting)について]

문서파일번호 634
작성연월일 1962. 2. 8
구분 제6차 회담
세부항목 미군의 선박수용 정당성 검토
작성처 외무성 조약국 법규과
매수 20
비밀등급 극비
문서종류 내부문서
공개구분 공개
내용 한국은 미군정청령 제33호를 바탕으로 1945년 8월 9일 현재 한국에 등록된 모든 일본어선(치적선) 및 동일 현재 혹은 이후 한국 수역에 소재한 적 있는 일본어선(치수선)을 주한미군정부의 관할 내에 소재하는 일본 선박에 해당한다며 인도를 주장하는데, 이것은 등록지주의에 의한 것이라는 검토의견과 함께 선박의 소재가 항상 등록으로 결정되는 것인지 여부, 등록을 기준으로 하는 선박 수용의 효과를 영역 외에 미치는 것이 국제법상 가능한지 여부를 검토하는 내용이 기술된 문서
주제어 선박 반환

문서명	군령 제33호에 따른 재한국 일본선박의 소속 변경(vesting)에 대해서(논의용자료)[軍令第33号による在鮮日本船舶の所属変更(vesting)について(討議用資料)]

문서파일번호 634
작성연월일 1961. 3. 27
구분 제5차 회담
세부항목 미군의 선박수용 정당성 검토
작성처 외무성 조약국 법규과
매수 19
비밀등급 극비
문서종류 내부문서
공개구분 공개
내용 한국은 미군정청령 제33호를 바탕으로 1945년 8월 9일 현재 한국에 등록된 모든 일본어선(치적선) 및 동일 현재 혹은 이후 한국 수역에 소재한 적 있는 일본어선(치수선)을 주한미군정부의 관할 내에 소재하는 일본 선박에 해당한다며 인도를 주장하는데, 이것은 등록지주의에 의한 것이라는 검토의견과 함께 등록지를 기준으로 하는 생각의 근거, 물리적 소재를 기준으로 하는 생각의 근거에 대한 논의를 정리
주제어 선박 반환

한일회담 쌍방 주장의 개요(선박 문제)
[日韓会談双方主張の概要(船舶問題)]

문서파일번호	635
문서명	한일회담 쌍방 주장의 개요(선박 문제)[日韓会談双方主張の概要(船舶問題)]
작성연월일	1962. 8. 22
구분	제6차 회담
세부항목	선박 문제 교섭 경위
작성처	외무성 북동아시아과
매수	5
비밀등급	극비
문서종류	내부문서
공개구분	공개
내용	제6차 한일회담 개시 후, 선박 문제 교섭의 경위 및 양측 주장에 관한 내용들을 정리한 문서
주제어	선박 반환

스기 대표의 발언(시안)(선박 문제)
[杉代表の発言(試案)(船舶問題)]

문서파일번호	636
작성연월일	1962. 11. 14 - 1962. 11. 27
구분	제6차 회담
세부항목	선박 문제 교섭, 스기 대표 발언(안)
작성처	외무성 북동아시아과
매수	16
비밀등급	
문서종류	
공개구분	공개
내용	1962년 11월 14일과 17일 개최되는 제6차 한일회담 예비교섭에서 스기 미치스케 일본 대표가 발언할 내용 시안
주제어	

문서명	스기 대표의 발언(시안)(선박 문제)[杉代表の発言(試案)(船舶問題)]

문서파일번호 636
작성연월일 1962. 11. 14
구분 제6차 회담
세부항목 선박 문제 교섭, 스기 대표 발언안
작성처 외무성 북동아시아과
매수 9
비밀등급 극비
문서종류 내부자료
공개구분 공개
내용 1962년 11월 14일 열릴 한일예비교섭에서 선박 문제에 관해 일본 수석대표가 발언할 시안. 나포된 일본어선의 가치가 한국의 대일 요구보다 많음을 강조하면서 문제 해결 수단으로 청구권 교섭과 연결, 정치적인 해결을 주장
주제어 선박 반환

문서명	한일예비교섭에서의 스기 대표 발언(안)(선박 문제)[日韓予備交渉における杉代表の発言(案)(船舶問題)]

문서파일번호 636
작성연월일 1962. 11. 27
구분 제6차 회담
세부항목 선박 문제 교섭, 스기 대표 발언안
작성처 외무성 북동아시아과
매수 7
비밀등급 극비
문서종류 내부자료
공개구분 공개
내용 1962년 11월 27일 열릴 한일예비교섭에서 선박 문제에 관해 일본 수석대표가 발언할 시안. 한국 요구의 근거 및 사실관계가 미약하고 그 결과 일본 요구가 많아질 것을 지적, 선박 문제를 청구권 문제에 포함시켜 해결할 것을 주장
주제어 선박 반환

한일회담 선박 문제에 관한 각 성 협의회
(日韓会談船舶問題に関する各省打合会)

문서파일번호	637
문서명	한일회담 선박 문제에 관한 각 성 협의회(日韓会談船舶問題に関する各省打合会)
작성연월일	1962. 11. 21
구분	제6차 회담
세부항목	선박 문제 일본 관계 성청 협의
작성처	외무성 북동아시아과
매수	8
비밀등급	일반
문서종류	회의록
공개구분	공개
내용	외무성, 대장성, 운수성, 수산청의 선박 문제 관련 협의회 기록. 선박 문제의 처리, 나포 어선 문제 등에 관한 의견들이 개진됨.
주제어	선박

한일 선박 문제 해결방책에 관한 문제점(논의용 자료)[日韓船舶問題解決方策に関する問題点(討議用資料)]

문서파일번호	638
문서명	한일선박 문제 해결방책에 관한 문제점(논의용 자료)[日韓船舶問題解決方策に関する問題点(討議用資料)]
작성연월일	1962. 12. 25
구분	제6차 회담
세부항목	선박 문제 일본의 해결방책
작성처	외무성 북동아시아과
매수	8
비밀등급	극비
문서종류	내부문서
공개구분	공개
내용	김종필·오히라 마사요시 합의로 한국에 거액의 무상, 유상공여를 하게 된 만큼 일반청구권 문제의 해결과 동시에 선박 문제의 최종적 해결을 확인하는 것을 한국에 제의할 필요가 있음. 한국이 나포한 일본어선에 대한 보상 문제 관련, 대장성은 보상을 요구해야 한다고 주장. 외무성은 한국이 국내정치상 '이 라인'의 불법성을 인정할 리가 없기 때문에 나포 일본어선에 대한 보상도 받아들이지 않을 것이므로 보상요구를 철회해야 한다는 입장임.
주제어	선박 반환

한일회담에서의 선박 문제 처리방침(안)
[日韓会談における船舶問題の処理方針(案)]

문서파일번호	639
문서명	한일회담에서의 선박 문제 처리방침(안)[日韓会談における船舶問題の処理方針(案)]
작성연월일	1964(월일 불명)
구분	제6차 회담
세부항목	선박 문제 일본의 해결방책
작성처	외무성
매수	12
비밀등급	극비
문서종류	내부문서
공개구분	일부비공개
내용	일본은 1945년 8월 9일 현재 한국에 등록된 모든 치적선 및 동일 혹은 이후 한국 수역에 있었던 모든 치수선을 반환하라는 한국의 선박 문제 요구에 대해, 한국이 청구권 문제의 최종적 해결에 의해 선박 문제도 완전하고도 최종적으로 해결했다는 것을 인정한다면, 일본이 주장하는 1,000만 달러에 해당하는 나포 어선의 반환을 주장하지 않을 것을 약속하고, 이를 통해 선박 문제를 해결하고자 함.
주제어	선박 반환

제6차 한일회담 선박소위원회
(第6次日韓全面会談における船舶小委員会)

문서파일번호	265
작성연월일	1961. 10. 30 - 1962. 3. 9
구분	제6차 회담 선박소위원회(제1~9회 회의)
세부항목	
작성처	외무성 북동아시아과
매수	116
비밀등급	
문서종류	회의록, 내부자료
공개구분	공개 또는 일부비공개
내용	1961년 10월 30일~1962년 3월 9일까지 개최된 제6次 한일회담 선박소위원회 회의기록
주제어	선박 반환

문서명	제6차 한일회담 선박소위원회 제1회 회의(第6次日韓全面会談における船舶小委員会第1回会合)

문서파일번호 265
작성연월일 1961. 10. 30
구분 제6차 회담 선박소위원회 제1회 회의
세부항목
작성처 외무성 북동아시아과
매수 6
비밀등급 극비
문서종류 회의록
공개구분 공개
내용 제6차 한일회담 선박소위원회 제1회 회의기록. 향후 논의 진행 방식, 의제 등을 확인함.
주제어 선박 반환

문서명	제6차 한일회담 선박소위원회 제2회 회의(第6次日韓全面会談における船舶小委員会第2回会合)

문서파일번호 265
작성연월일 1961. 11. 6
구분 제6차 회담 선박소위원회 제2회 회의
세부항목
작성처 외무성 북동아시아과
매수 8
비밀등급 극비
문서종류 회의록
공개구분 일부비공개
내용 제6차 한일회담 선박소위원회 제2회 회의기록. 한국정부가 문의한 선박에 대해 일본이 설명
주제어 선박 반환

문서명	제6차 한일회담 선박소위원회 제3회 회의(第6次日韓全面会談における船舶小委員会第3回会合)

문서파일번호 265
작성연월일 1961. 11. 13
구분 제6차 회담 선박소위원회 제3회 회의
세부항목
작성처 외무성 북동아시아과
매수 11
비밀등급 극비
문서종류 회의록
공개구분 공개
내용 제6차 한일회담 선박소위원회 제3회 회의기록. 한국정부가 문의한 선박에 대한 일본의 설명 및 그에 대한 한국의 추가 질문이 이어짐.
주제어 선박 반환

문서명	재일 한적선 명부(추가분)[在日韓籍船名録(追加分)]

문서파일번호 265
작성연월일 불명
구분 제6차 회담 선박소위원회 제3회 회의
세부항목
작성처 외무성 북동아시아과
매수 21
비밀등급 비(秘)
문서종류 내부자료
공개구분 일부비공개
내용 제6차 한일회담 선박소위원회 제3회 내부자료. 총 358척의 선박 명단이 수록된 자료. 소유자는 먹칠되어 있음.
주제어 선박 반환

문서명	제6차 한일회담 선박소위원회 제4회 회의(第6次日韓全面会談における船舶小委員会第4回会合)

문서파일번호 265
작성연월일 1961. 11. 25
구분 제6차 회담 선박소위원회 제4회 회의
세부항목
작성처 외무성 북동아시아과
매수 7
비밀등급 극비
문서종류 회의록
공개구분 공개
내용 제6차 한일회담 선박소위원회 제4회 회의기록. 한국정부가 문의한 선박에 대한 일본의 설명 및 그에 대한 한국의 추가 질문이 이어짐.
주제어 선박 반환

문서명	제목 없음

문서파일번호 265
작성연월일 불명
구분 제6차 회담 선박소위원회 제4회 회의
세부항목
작성처 외무성 북동아시아과
매수 7
비밀등급 일반
문서종류 내부자료
공개구분 일부비공개
내용 제6차 한일회담 제4회 선박소위원회 회의기록 첨부물. 제6차 한일회담 선박소위원회 제4회 내부자료. 한국이 제시한 반환요구 선박 목록
주제어 선박 반환

문서명	제6차 한일회담 선박소위원회 제5회 회의(第6次日韓全面会談における船舶小委員会第5回会合)

문서파일번호 265
작성연월일 1961. 12. 4
구분 제6차 회담 선박소위원회 제5회 회의
세부항목
작성처 외무성 북동아시아과
매수 8
비밀등급 극비
문서종류 회의록
공개구분 공개
내용 제6차 한일회담 선박소위원회 제5회 회의기록. 향후 위원회 운영 등에 대해 의견을 교환함.
주제어 선박 반환

문서명	선박소위원회 실무자 회의 출석자 명부(船舶小委員会実務者会議出席者名簿)

문서파일번호 265
작성연월일 1961. 12. 4
구분 제6차 회담 선박소위원회 실무자 회의
세부항목
작성처 외무성 북동아시아과
매수 1
비밀등급 일반
문서종류 내부자료
공개구분 공개
내용 선박소위원회와는 별도로 개최된 실무자 회의 참석자 명단
주제어 선박 반환

문서명	12월 18일 제6회 선박소위원회 회의 일본의 설명내용(202척의 일부) [12月18日の第6回船舶小委員会における日本側説明内容(202隻の一部)]

문서파일번호 265
작성연월일 1961. 12. 4
구분 제6차 회담 선박소위원회 제5회 회의
세부항목
작성처 외무성 북동아시아과
매수 1
비밀등급 일반
문서종류 내부자료
공개구분 일부비공개
내용 제6차 한일회담 선박소위원회 제6회 회의 일본의 설명자료. 한국이 제출한 선박 202척의 일부 선박 리스트. 선박 소재지 번지수, 선박 소유자가 먹칠되어 있음.
주제어 선박 반환

문서명	제6차 한일회담 선박소위원회 제6회 회의(第6次日韓全面会談における船舶小委員会第6回会合)

문서파일번호 265
작성연월일 1961. 12. 18
구분 제6차 회담 선박소위원회 제6회 회의
세부항목
작성처 외무성 북동아시아과
매수 9
비밀등급 극비
문서종류 회의록
공개구분 공개
내용 제6차 한일회담 선박소위원회 제6회 회의기록. 대상 선박에 대한 한일 조회 및 일본의 추가 설명이 이루어짐.
주제어 선박 반환

문서명	제6차 한일회담 선박소위원회 제7회 회의(第6次日韓全面会談における船舶小委員会第7回会合)

문서파일번호 265
작성연월일 1962. 2. 14
구분 제6차 회담 선박소위원회 제7회 회의
세부항목
작성처 외무성 북동아시아과
매수 5
비밀등급 극비
문서종류 회의록
공개구분 공개
내용 제6차 한일회담 선박소위원회 제7회 회의기록. 한국정부가 문의한 선박에 대한 일본의 설명이 계속됨.
주제어 선박 반환

문서명	2월 14일 제7회 선박소위원회 회의 49척 선박 관련 일본의 설명내용(2月14日の第7回船舶小委員会における49隻の船舶に関する日本側説明内容)

문서파일번호 265
작성연월일 1962. 2. 14
구분 제6차 회담 선박소위원회 제7회 회의
세부항목
작성처 외무성 북동아시아과
매수 4
비밀등급 일반
문서종류 내부자료
공개구분 일부비공개
내용 제6차 한일회담 선박소위원회 제7회 회의에서 한국이 제출한 선박 49척 리스트에 대한 일본의 설명내용. 선박 소유자가 먹칠되어 있음.
주제어 선박 반환

문서명	제6차 한일회담 선박소위원회 제8회 회의(第6次日韓全面会談における船舶小委員会第8回会合)

문서파일번호 265
작성연월일 1962. 2. 28
구분 제6차 회담 선박소위원회 제8회 회의
세부항목
작성처 외무성 북동아시아과
매수 8
비밀등급 극비
문서종류 회의록
공개구분 일부비공개
내용 제6차 한일회담 선박소위원회 제8회 회의기록. 한국정부가 문의한 선박에 대한 일본의 설명이 이어짐.
주제어 선박 반환

문서명	2월 28일 제8회 선박소위원회 회의 14척 선박 관련 일본의 설명내용(2月28日の第8回船舶小委員会における14隻の船舶に関する日本側説明内容)

문서파일번호 265
작성연월일 1962. 2. 28
구분 제6차 회담 선박소위원회 제8회 회의
세부 항목
작성처 외무성 북동아시아과
매수 3
비밀등급 일반
문서종류 내부자료
공개구분 일부비공개
내용 제6차 한일회담 선박소위원회 제8회 회의에서 한국이 제출한 선박 14척 리스트에 대한 일본의 설명내용. 선박 소유자가 먹칠되어 있음.
주제어 선박 반환

문서명	침몰 증명 요청(沈没証明 御願)

문서파일번호 265
작성연월일 1945. 10. 8
구분 제6차 회담 선박소위원회 제8회 회의
세부항목
작성처 외무성 북동아시아과
매수 1
비밀등급 일반
문서종류 내부자료
공개구분 일부비공개
내용 홍동호(興東丸) 침몰 증명서
주제어 선박 반환

문서명	제6차 한일회담 선박소위원회 제9회 회의(第6次日韓全面会談における船舶小委員会第9回会合)

문서파일번호 265
작성연월일 1962. 3. 9
구분 제6차 회담 선박소위원회 제9회 회의
세부항목
작성처 외무성 북동아시아과
매수 6
비밀등급 극비
문서종류 회의록
공개구분 공개
내용 제6차 한일회담 선박소위원회 제9회 회의기록. 한국정부가 문의한 선박에 대한 일본의 설명 및 향후 논의할 의제의 확인 작업이 진행됨.
주제어 선박 반환

문서명	한국 제출 리스트에 대한 일본 조사 결과의 분류 및 집계(韓国側提出リストに対する日本側調査結果の分類及び集計)

문서파일번호	265
작성연월일	1962. 3. 9
구분	제6차 회담 선박소위원회 제9회 회의
세부항목	
작성처	외무성 북동아시아과
매수	10
비밀등급	일반
문서종류	내부자료
공개구분	공개
내용	과거 한일회담에서 한국이 제출한 선박 수에 대한 일본의 조사 결과를 일람표로 정리
주제어	선박 반환

선박소위원회 실무자 회의
(船舶小委員会実務者会議)

문서파일번호	266
작성연월일	1961. 12. 11 - 1962. 3. 7
구분	제6차 회담 선박소위원회 실무자 회의
세부항목	
작성처	외무성 북동아시아과
매수	19
비밀등급	
문서종류	회의록
공개구분	공개 또는 일부비공개
내용	1961년 12월 11일~1962년 3월 7일까지 개최된 제6차 회담 선박소위원회 제1~3회 과장급 실무자 회의 및 선박소위원회 수석위원 비공식 회의기록
주제어	선박 반환

문서명	선박소위원회 실무자 회의 제1회 회의(船舶小委員会実務者会議第1回会合)

문서파일번호 266
작성연월일 1961. 12. 11
구분 제6차 회담 선박소위원회 제1회 실무자 회의
세부항목
작성처 외무성 북동아시아과
매수 5
비밀등급 극비
문서종류 회의록
공개구분 공개
내용 제6차 한일회담에서 선박 문제의 보다 실무적인 논의를 위해 개최된 제1회 실무자 회의기록. 제5차 한일회담 시 한국이 제기한 선박의 현황 등에 대해 일본이 설명
주제어 선박 반환

문서명	선박소위원회 실무자 회의 제2회 회의(船舶小委員会実務者会議第2回会合)

문서파일번호 266
작성연월일 1962. 3. 5
구분 제6차 회담 선박소위원회 제2회 실무자 회의
세부항목
작성처 외무성 북동아시아과
매수 7
비밀등급 극비
문서종류 회의록
공개구분 일부비공개
내용 제6차 한일회담 선박소위원회 제2회 실무자 회의기록. 제5차 한일회담 시 한국이 제기한 선박의 현황 등에 대한 일본의 설명과 그에 대한 질의응답이 진행됨. 일부 먹칠 부분이 있음.
주제어 선박 반환

문서명	선박소위원회 실무자 회의 제3회 회의(船舶小委員会実務者会議第3回会合)

문서파일번호 266
작성연월일 1962. 3. 7
구분 제6차 회담 선박소위원회 제3회 실무자 회의
세부항목
작성처 외무성 북동아시아과
매수 4
비밀등급 극비
문서종류 회의록
공개구분 공개
내용 제6차 한일회담 선박소위원회 제3회 실무자 회의기록. 제5차 한일회담 시 한국이 제기한 선박 현황 및 그 이전에 제기한 선박에 대한 조사에 대해 일본이 설명함.
주제어 선박 반환

문서명	한일회담 선박소위원회 수석위원의 비공식회담(日韓会談船舶小委員会主査の非公式会談)

문서파일번호 266
작성연월일 1962. 1. 31
구분 제6차 회담 선박소위원회 수석위원 비공식회의
세부항목
작성처 외무성 북동아시아과
매수 3
비밀등급 극비
문서종류 회의록
공개구분 공개
내용 제6차 한일회담에서 선박 문제를 위해 개최된 선박소위원회 수석위원 비공식 회의 기록. 향후 선박 교섭의 진행 방법, 일정 등에 관한 의견 조정이 이루어짐.
주제어 선박 반환

제9부

제6차 회담 문화재 문제 소위원회 회의록 및 대응 (1961~1964)

제6차 한일회담 문화재소위원회
(第6次日韓全面会談における文化財小委員会)

문서파일번호	267
작성연월일	1961. 10. 31 - 1962. 2. 28
구분	제6차 회담 문화재소위원회(제1~7회 회의)
세부항목	
작성처	외무성 북동아시아과
매수	96
비밀등급	
문서종류	회의록, 내부자료
공개구분	공개
내용	1961년 10월 31일~1962년 2월 28일까지 개최된 제6次 한일회담 문화재소위원회 1~7회 회의기록
주제어	문화재 반환

문서명	제6차 한일회담 문화재소위원회 제1회 회의(第6次日韓全面会談における文化財小委員会第1回会合)

문서파일번호 267
작성연월일 1961. 10. 31
구분 제6차 회담 문화재소위원회 제1회 회의
세부항목
작성처 외무성 북동아시아과
매수 5
비밀등급 극비
문서종류 회의록
공개구분 공개
내용 제6차 한일회담 문화재소위원회 제1회 회의록. 양측은 여타 정치, 경제 문제와 상관없이 문화재 관련 회의를 진전시킨다는 것에 동의하고, 회의 절차, 전문가 회의 등 논의
주제어 문화재 반환

문서명	문화재소위원회 제1회 회의 진행순서(文化財小委員会第1回会合議事次第)

문서파일번호 267
작성연월일 1961. 10. 31
구분 제6차 회담 문화재소위원회 제1회 회의
세부항목
작성처 외무성 북동아시아과
매수 2
비밀등급 일반
문서종류 내부자료
공개구분 공개
내용 제6차 한일회담 제1회 문화재소위원회 회의 진행순서
주제어 문화재 반환

문서명	제6차 한일회담 문화재소위원회 제2회 회의(第6次日韓全面会談における文化財小委員会第2回会合)

문서파일번호 267
작성연월일 1961. 11. 7
구분 제6차 회담 문화재소위원회 제2회 회의
세부항목
작성처 외무성 북동아시아과
매수 14
비밀등급 극비
문서종류 회의록
공개구분 공개
내용 제6차 한일회담 문화재소위원회 제2회 회의록. 한국은 제5차 회담 시 제시한 7개 항목 가운데 제1항 1905년 이후 한국에서 반출된 것, 제2항 총독부에 의해 반출된 것, 제3항 총독에 의해 반출된 것의 3 가지 요구 사항을 설명함.
주제어 문화재 반환

문서명	제6차 한일회담 문화재소위원회 제3회 회의(第6次日韓全面会談における文化財小委員会第3回会合)

문서파일번호 267
작성연월일 1961. 11. 15
구분 제6차 회담 문화재소위원회 제3회 회의
세부항목
작성처 외무성 북동아시아과
매수 20
비밀등급 극비
문서종류 회의록
공개구분 공개
내용 제6차 한일회담 문화재소위원회 제3회 회의록. 한국은 제4항 경상도에서 발굴된 문화재, 제5항 고려시대의 분묘에서 발굴된 문화재에 관한 반출 경위를 상세히 설명함.
주제어 문화재 반환

문서명	제6차 한일회담 문화재소위원회 제4회 회의(第6次日韓全面会談における文化財小委員会第4回会合)

문서파일번호 267
작성연월일 1961. 12. 5
구분 제6차 회담 문화재소위원회 제4회 회의
세부항목
작성처 외무성 북동아시아과
매수 14
비밀등급 극비
문서종류 회의록
공개구분 공개
내용 제6차 한일회담 문화재소위원회 제4회 회의록. 한국은 제5항에 관해 시라토리 구라키치(白鳥庫吉)* 박사, 데라우치 총독 관련 반출 문화재, 제6항 서화, 전적, 지도원판 및 제7항 개인 소유 문화재, 체신관계 문화재에 관해 상세히 설명함.
주제어 문화재 반환

문서명	제6차 한일회담 문화재소위원회 제5회 회의(第6次日韓全面会談における文化財小委員会第5回会合)

문서파일번호 267
작성연월일 1961. 12. 18
구분 제6차 회담 문화재소위원회 제5회 회의
세부항목
작성처 외무성 북동아시아과
매수 17
비밀등급 극비
문서종류 회의록
공개구분 공개
내용 제6차 한일회담 문화재소위원회 제5회 회의록. 일본이 한국의 설명을 듣고 일반적

* 시라토리 구라키치(1865~1942): 일본, 조선을 비롯한 아시아 전체의 역사, 민속, 전설, 언어 등을 연구한 동양사학자이며, 도쿄제국대학 교수, 도요(東洋)문고 이사장을 역임함.

인 입장을 표명함. 그 입장은 한국이 설명한 내용들이 과연 사실인지 아닌지 확인이 어렵다는 것, 문화재는 원산지에 반환해야한다는 법적 근거가 없다는 것, 도굴 등이 있어도 국내법상의 형사, 민사 대상이 되어도 국제법상 일본 국가의 책임이 되지 않는다는 것들임. 따라서 청구권이 아니라 정치적인 해결이 요구된다고 주장함.

주제어	문화재 반환

문서명	**12월 18일의 문화재소위원회 제5회 회의 이세키 수석위원 발언 요지**(12月18日の文化財小委員会第5回会合における伊関主査発言要旨)

문서파일번호	267
작성연월일	1961. 12. 18
구분	제6차 회담 문화재소위원회 제5회 회의
세부항목	
직심서	외무성 북동아시아과
매수	3
비밀등급	일반
문서종류	내부자료
공개구분	공개
내용	제6차 한일회담 문화재소위원회 제5회 회의 시 일본 이세키 유지로수석위원의 발언 요지
주제어	문화재 반환

문서명	第6차 한일회담 문화재소위원회 제6회 회의(第6次日韓全面会談における文化財小委員会第6回会合)

문서파일번호 267

작성연월일 1962. 2. 16

구분 제6차 회담 문화재소위원회 제6회 회의

세부항목

작성처 외무성 북동아시아과

매수 8

비밀등급 극비

문서종류 회의록

공개구분 공개

내용 제6차 한일회담 문화재소위원회 제6회 회의록. 일단 한국의 문제 제기가 종료됨. 문화재 논의를 위한 진행방식으로 전문가 위원회를 구성할지 여부 등에 대한 논의가 진행됨.

주제어 문화재 반환

문서명	제6차 한일회담 문화재소위원회 제7회 회의(第6次日韓全面会談における文化財小委員会第7回会合)

문서파일번호 267

작성연월일 1962. 2. 28

구분 제6차 회담 문화재소위원회 제7회 회의

세부항목

작성처 외무성 북동아시아과

매수 2

비밀등급 극비

문서종류 회의록

공개구분 공개

내용 제6차 한일회담 문화재소위원회 제7회 회의록. 한국은 '반환청구 한국 문화재 목록'을 제출하고 취지를 설명함. 일본은 대장성 전문가의 출석을 희망함.

주제어 문화재 반환

문서명	반환청구 한국 문화재 목록(返還請求韓国文化財目録)

문서파일번호 267
작성연월일 1962. 2. 28
구분 제6차 회담 문화재소위원회 제7회 회의
세부항목
작성처 외무성 북동아시아과
매수 5
비밀등급 일반
문서종류 내부자료
공개구분 공개
내용 제6차 한일회담 문화재소위원회 제7회 회의록 첨부1. 제6차 한일회담 문화재소위원회 제7회 위원회 회의에서 한국이 제출한 문화재 리스트
주제어 문화재 반환

문서명	문화재소위원회 제7회 회의 이 수석위원 발언 요지(文化財小委員会第7回会合における李主査の発言要旨)

문서파일번호 267
작성연월일 1962. 2. 28
구분 제6차 회담 문화재소위원회 제7회 회의
세부항목
작성처 외무성 북동아시아과
매수 6
비밀등급 일반
문서종류 내부자료
공개구분 공개
내용 제6차 한일회담 문화재소위원회 제7회 회의록 첨부2. 제6차 한일회담 문화재소위원회 제7회 회의에서 한국이 제출한 문화재 리스트에 관해 이동환 한국 수석위원이 각 문화재의 반출 경위, 소장위치, 품목 수 등을 설명
주제어 문화재 반환

문화재 전문가 회의
(文化財專門家会議)

문서파일번호	268
작성연월일	1961. 11. 17 - 1962. 2. 1
구분	제6차 회담 문화재소위원회 전문가 회의
세부항목	
작성처	외무성 북동아시아과
매수	41
비밀등급	
문서종류	회의록
공개구분	공개
내용	1961년 11월 17일~1962년 2월 1일까지 개최된 제6차 한일회담 문화재소위원회의 전문가 회의(문화재 반환을 위한 사실관계 대조 등 목적) 제1~6회 회의(제2회 회의 기록은 빠져 있음) 및 문화재소위원회 수석위원 비공식 회의기록
주제어	문화재 반환

문서명	문화재 전문가 회의(제1회)개최 건[文化財専門家会議(第1回)開催の件]

문서파일번호 268
작성연월일 1961. 11. 17
구분 제6차 회담 문화재소위원회 제1회 전문가 회의
세부항목
작성처 외무성 북동아시아과
매수 2
비밀등급 극비
문서종류 회의록
공개구분 공개
내용 제6차 한일회담 문화재소위원회 제1회 문화재 전문가 회의기록. 개최 일자와 참석자에 관해서 간략하게 기록
주제어 문화재 반환

문서명	문화재 전문가 회의(제3회)[文化財専門家会合(第3回)]

문서파일번호 268
작성연월일 1961. 11. 28
구분 제6차 회담 문화재소위원회 제3회 전문가 회의
세부항목
작성처 외무성 북동아시아과
매수 11
비밀등급 극비
문서종류 회의록
공개구분 공개
내용 제6차 한일회담 문화재소위원회 제3회 전문가 회의기록. 오쿠라 다케노스케(小倉武之助) 씨 소장 문화재, 데라우치 문고 및 석굴암 관련 문화재 반출 경위, 현재 소장 위치 등 논의
주제어 문화재 반환

문서명	문화재 전문가 회의(제4회)[文化財專門家会合(第4回)]

문서파일번호	268
작성연월일	1961. 12. 5
구분	제6차 회담 문화재소위원회 제4회 전문가 회의
세부항목	
작성처	외무성 북동아시아과
매수	5
비밀등급	극비
문서종류	회의록
공개구분	공개
내용	제6차 한일회담 문화재소위원회 제4회 전문가 회의기록. 궁내청 소장 문화재, 교토대학 가와이(河合) 문고, 체신 관련 문화재, 도쿄박물관 소장 문화재에 관한 반출 경위 논의 및 조사 의뢰 등이 이루어짐.
주제어	문화재 반환

문서명	문화재 전문가 회의(제5회)[文化財專門家会合(第5回)]

문서파일번호	268
작성연월일	1961. 12. 12
구분	제6차 회담 문화재소위원회 제5회 전문가 회의
세부항목	
작성처	외무성 북동아시아과
매수	7
비밀등급	극비
문서종류	회의록
공개구분	공개
내용	제6차 한일회담 문화재소위원회 제5회 전문가 회의기록. 데라우치 문고, 가와이 문고, 궁내성 관련 문화재, 체신 관련, 오쿠라 다케노스케 씨 소장 문화재 등에 관해 주로 일본의 추가 조사 설명이 이루어짐.
주제어	문화재 반환

문서명	문화재 전문가 회의(제6회)[文化財専門家会合(第6回)]

문서파일번호 268
작성연월일 1961. 12. 21
구분 제6차 회담 문화재소위원회 제6회 전문가 회의
세부항목
작성처 외무성 북동아시아과
매수 10
비밀등급 극비
문서종류 회의록
공개구분 공개
내용 제6차 한일회담 문화재소위원회 제6회 전문가 회의기록. 데라우치 문고, 오쿠라 다케노스케 소장 문화재, 가와이 문고, 궁내청 관련 문화재, 일반 조선본, 도쿄대학 소장 문화재, 석굴암, 도쿄박물관 관련 문화재에 대한 추가적인 질의응답이 진행됨.
주제어 문화재 반환

문서명	한일회담 문화재소위원회 수석위원 비공식회담 기록(日韓会談文化財小委員会主査非公式会談記録)

문서파일번호 268
작성연월일 1962. 2. 1
구분 제6차 회담 문화재소위원회 수석위원 비공식회의
세부항목
작성처 외무성 북동아시아과
매수 6
비밀등급 극비
문서종류 회의록
공개구분 공개
내용 문화재소위원회 수석위원 비공식 회의기록. 일본은 전문가 회의 등을 거쳐 반환을 권리 의무로서 진행하기 어려우며, 문화협력이라는 형식으로 진행하고자 한다는 의견을 제시함. 한국은 반환받아야 할 것을 받은 후 기타 협력을 생각한다는 의견을 제시함. 동 기록에는 의견교환 후 한국은 일본의 해결방법에 이의가 없다는 입장을 밝힌 부분도 포함되어 있음.
주제어 문화재 반환

문화재 전문가 회의 요록(이홍식 한국 대표· 모리타 일본 대표)[文化財專門家間會議要錄(李弘植 韓國側代表·森田 日本側代表)]

문서파일번호	269
문서명	문화재 전문가 회의 요록(이홍식 한국 대표· 모리타 일본 대표)[文化財專門家間會議要錄(李弘植 韓國側代表·森田 日本側代表)]
작성연월일	1962. 2. 26
구분	제6차 회담 문화재소위원회 문화재 전문가 비공식회의
세부항목	
작성처	외무성
매수	3
비밀등급	극비
문서종류	회의록
공개구분	공개
내용	한국 문화재 전문가 이홍식이 일본 모리타(森田) 위원에게 비공식회의를 통해 전달한 내용이 기록된 문서. 이홍식 위원은 일본 문부성의 소극적 자세를 비판하고, 3월 10일로 예정된 정치회담 전에 진전이 있기를 희망한다고 밝힘.
주제어	문화재 반환

제6차 한일회담 예비교섭 문화재 관계 회의(제1~6회)
[第6次日韓會談予備交渉文化財関係会合(第1 ~ 6回)]

문서파일번호	1165
작성연월일	1963. 2. 11 - 1963. 4. 3
구분	제6차 회담 문화재위원회 회의(제1~6회)
세부항목	
작성처	외무성 북동아시아과 등
매수	96
비밀등급	
문서종류	내부자료, 회의록
공개구분	공개 또는 일부비공개
내용	제6차 한일회담 예비교섭 문화재위원회 회의(제1~6회) 기록 및 관련자료 모음
주제어	문화재 반환

문서명	한일예비교섭 문화재 관계 제1회 회의에서의 하리가이 수석위원의 발언 요지 (日韓予備交渉文化財関係第1回会合における針谷主査の発言要旨)

문서파일번호 1165
작성연월일 1963. 2. 11
구분 제6차 회담 문화재위원회 제1회 회의
세부항목
작성처 외무성 북동아시아과
매수 3
비밀등급 극비
문서종류 내부사료
공개구분 공개
내용 제6차 한일회담 예비교섭 문화재위원회 제1회 회의 하리가이 마사유키(針谷正之) 수석위원 발언안. 문화재 반환의 법적 의무는 없으며 문화협력의 일환으로 국유문화재를 기증한다는 것을 밝힘.
주제어 문화재 반환

문서명	한일예비교섭 문화재 관계 제1회 회의기록(日韓予備交渉文化財関係第1回会合記録)

문서파일번호 1165
작성연월일 1963. 2. 13
구분 제6차 회담 문화재위원회 제1회 회의
세부항목
작성처 외무성 북동아시아과
매수 9
비밀등급 극비
문서종류 회의록
공개구분 공개
내용 제6차 한일회담 예비교섭 문화재위원회 제1회 회의록. 모두에 일본이 문화재 반환의 법적 의무는 없으며 문화협력의 일환으로 국유문화재를 기증한다는 것을 밝힌 후, 한일이 동 위원회의 성격, 진행 방법 등에 관해 의견교환
주제어 문화재 반환

문서명	한일예비교섭 문화재 관계 제2회 회의기록(日韓予備交渉文化財関係第2回会合記録)

문서파일번호 1165
작성연월일 1963. 2. 25
구분 제6차 회담 문화재위원회 제2회 회의
세부항목
작성처 외무성 북동아시아과
매수 14
비밀등급 극비
문서종류 회의록
공개구분 일부비공개
내용 제6차 한일회담 예비교섭 문화재위원회 제2회 회의록. 한국이 일본에 제출한 목록에 관해 질의응답. 문화재의 소유 경위, 현재 소장위치, 반출 경위 등에 관해 질의응답
주제어 문화재 반환

문서명	한일예비교섭 문화재 관계 제3회 회의기록(日韓予備交渉文化財関係第3回会合記録)

문서파일번호 1165
작성연월일 1963. 3. 2
구분 제6차 회담 문화재위원회 제3회 회의
세부항목
작성처 외무성 북동아시아과
매수 11
비밀등급 극비
문서종류 회의록
공개구분 일부비공개
내용 제6차 한일회담 예비교섭 문화재위원회 제3회 회의록. 동 위원회에서는 한국 요구목록에 있는 경상북도 소재 문화재, 고려시대 문화재 등에 관해 설명하고 질의응답
주제어 문화재 반환

문서명	반환 청구 한국문화재 목록 중 제3항 1, 2 세부목록(返還請求韓国文化財目録中 第3項 1, 2細目)

문서파일번호 1165
작성연월일 1963(월일 불명)
구분 제6차 회담 문화재위원회 제3회 회의
세부항목
작성처 불명
매수 12
비밀등급 극비
문서종류 내부자료
공개구분 공개
내용 한국이 일본에 추가적으로 제출한 반환 청구 한국문화재 목록 중의 제3항 1, 2 세부목록
주제어 문화재 반환

문서명	한일예비교섭 문화재 관계 제4회 회의기록(日韓予備交渉文化財関係第4回会合記録)

문서파일번호 1165
작성연월일 1963. 3. 15
구분 제6차 회담 문화재위원회 제4회 회의
세부항목
작성처 외무성 북동아시아과
매수 8
비밀등급 극비
문서종류 회의록
공개구분 공개
내용 제6차 한일회담 예비교섭 문화재위원회 제4회 회의록. 한국 요구 품목 선정의 이유, 일부 품목의 한국 출토 여부에 관한 질의응답 및 의견교환
주제어 문화재 반환

문서명	한일예비교섭 문화재 관계 제5회 회의기록(日韓予備交渉文化財関係第5回会合記録)

문서파일번호 1165
작성연월일 1963. 3. 22
구분 제6차 회담 문화재위원회 제5회 회의
세부항목
작성처 외무성 북동아시아과
매수 12
비밀등급 극비
문서종류 회의록
공개구분 공개
내용 제6차 한일회담 예비교섭 문화재위원회 제5회 회의록. 일본이 이토 히로부미(伊藤博文) 수집 관련 문화재의 내용, 경위 및 일제강점기 문화재 관련 법안의 내용, 서적 등에 대해 질의응답 및 논의함.
주제어 문화재 반환

문서명	이토 히로부미가 수집한 고려 도자기 목록(伊藤博文蒐集高麗陶磁器目録)

문서파일번호 1165
작성연월일 1963(월일 불명)
구분 제6차 회담 문화재위원회 제5회 회의
세부항목
작성처 외무성 북동아시아과
매수 6
비밀등급 극비
문서종류 내부자료
공개구분 공개
내용 도쿄박물관이 보관하고 있는 청자, 백자 등 총 103점의 문화재 목록이 제시됨.
주제어 문화재

문서명	한일예비교섭 문화재 관계 제6회 회의기록(日韓予備交渉文化財関係第6回会合記録)

문서파일번호 1165
작성연월일 1963. 4. 3
구분 제6차 회담 문화재위원회 제6회 회의
세부항목
작성처 외무성 북동아시아과
매수 9
비밀등급 극비
문서종류 회의록
공개구분 공개
내용 제6차 한일회담 예비교섭 문화재위원회 제6회 회의록. 통감부 관련 문화재 및 가와이(河合)문고 관련 경위, 현재의 소재 등에 관해 논의
주제어 문화재 반환

문서명	별첨. 제목 없음

문서파일번호 1165
작성연월일 1909. 3. 11
구분 제6차 회담 문화재위원회 제6회 회의
세부항목
작성처 경무국장 마쓰가와
매수 2
비밀등급 일반
문서종류 내부자료
공개구분 공개
내용 1909년에 작성된 대한제국 경찰 내부문서. 구체적인 문화재 도출 범죄에 관한 조사 기록 보고[본 문서의 번역자에 따르면 발신인의 이름이 마쓰가와(松川)가 아닌 마쓰이(松井) 일 것으로 기록됨]
주제어 문화재 반환

문서명	궁내청 서릉부 소장 목록(宮内庁書陵部所藏目録)

문서파일번호	1165
작성연월일	1963(월일 불명)
구분	제6차 회담 문화재위원회 제6회 회의
세부항목	
작성처	
매수	10
비밀등급	극비
문서종류	내부자료
공개구분	공개
내용	통감부 소장서, 소네 아라스케(曾禰荒助) 헌상본 항목으로 총 152부 762권이 정리되어 있음.
주제어	문화재 반환

문화재보호위 협의
(文化財保護委との協議)

문서파일번호	574
작성연월일	1961. 1. 26 - 1961. 11. 14
구분	제5~6차 회담
세부항목	문화재 반환에 관한 문화재보호위원회 입장
작성처	외무성, 문화재보호위원회
매수	23
비밀등급	
문서종류	회의록, 공문
공개구분	공개
내용	일본 소재 한국 문화재 반환에 관한 문화재보호위원회의 입장이 기록된 문서 모음
주제어	문화재 반환

문서명	문화재보호위 서무과장 내방 건(文化財保護委庶務課長来訪の件)

문서파일번호 574
작성연월일 1961. 1. 26
구분 제5~6차 회담
세부항목 문화재 반환에 관한 문화재보호위원회 입장
작성처 외무성 북동아시아과
매수 3
비밀등급 극비
문서종류 회의록
공개구분 공개
내용 문화재보호위원회의 니시모리(西森) 서무과장이 위원회 측 조회문을 가지고 외무성을 방문, 문화재보호위원회의 입장을 설명함.
주제어 문화재 반환

문서명	한국관계 문화재에 대하여(조회)[韓国関係文化財について(照会)]

문서파일번호 574
작성연월일 1961. 1. 25
구분 제5~6차 회담
세부항목 문화재 반환에 관한 문화재보호위원회 입장
작성처 문화재보호위원회
매수 2
비밀등급 일반
문서종류 공문
공개구분 공개
내용 문화재보호위원회 기요미즈(清水) 사무국장이 외무성 아시아국장에게 보낸 공문. 문화재보호위원회는 도쿄국립박물관에 소장된 문화재는 모두 구입, 기증 등의 정식적인 절차를 거쳐 입수한 것이며, 학술적으로도 귀중한 것임. 한국이 반환을 요구해도 응할 의사가 없음.
주제어 문화재 반환

문서명	한국관계 문화재 건(韓国関係文化財に関する件)

문서파일번호 574
작성연월일 1961. 2. 2
구분 제5~6차 회담
세부항목 문화재 반환에 관한 문화재보호위원회 입장
작성처 외무성 아시아국장
매수 1
비밀등급 일반
문서종류 공문
공개구분 공개
내용 문화재보호위원회 기요미즈 사무국장의 공문에 대한 외무성 아시아국장의 답신. 현재 문화재소위원회 논의가 진전이 없지만, 문화재보호위원회의 의견을 고려하면서 한국과의 교섭을 진행할 방침을 이해해 주기 바람.
주제어 문화재 반환

문서명	문화재 보호위원회 기요미즈 사무국장의 아시아 국장 내방 건(文化財保護委員会清水事務局長アジア局長来訪の件)

문서파일번호 574
작성연월일 1961. 1. 27
구분 제5~6차 회담
세부항목 문화재 반환에 관한 문화재보호위원회 입장
작성처 외무성 북동아시아과
매수 10
비밀등급 극비
문서종류 회의록
공개구분 공개
내용 문화재보호위 기요미즈 사무국장과 외무성 아시아국장 회담 기록. 한일 양국이 문화재 반환을 합의했다고 보도한 요미우리신문의 기사에 대해 문화재보호위원회가 항의하자, 외무성은 기사를 부정하면서 문화재를 정치적으로 어느 정도 인도할지를 고려 중이라고 말함. 그럴 경우 동 위원회는 교섭에 참여하지 않겠다고 말함.
주제어 문화재 반환

문서명	한국 문화재 문제에 관한 문부성 당국과의 협의 건(韓国文化財問題に関する文部当局との打合に関する件)

문서파일번호 574

작성연월일 1961. 11. 14

구분 제5~6차 회담

세부항목 문화재 반환에 관한 문화재보호위원회 입장

작성처 외무성 북동아시아과

매수 7

비밀등급 극비

문서종류 회의록

공개구분 공개

내용 마에다 도시카즈 북동아과장이 문화재보호위원회 측과 제6차 한일회담에서의 문화재 문제 교섭 방안에 관해 협의한 내용. 외무성은 문화재 문제를 권리와 의무의 문제로서 처리하지 않을 것임을 거듭 밝히고 있음. 문화재보호위원회 측으로부터 5차 회담 시 한국이 요구한 몇 가지 문화재 건 수, 소유자 등의 조사 내용이 보고됨.

주제어 문화재 반환

문화재소위원회 제5회 회의 일본 발언
(文化財小委員会第5回会合における日本側発言)

문서파일번호	575
작성연월일	1961. 12. 12 - 1962. 2. 12
구분	제6차 회담 문화재소위원회 제6회 회의
세부항목	
작성처	외무성 북동아시아과
매수	12
비밀등급	
문서종류	내부자료, 내부문서
공개구분	공개
내용	제6차 한일회담 문화재소위원회 제5회 회의 일본 발언 기록 등 모음
주제어	문화재 반환

문서명	문화재소위원회 제5회 회의 일본 발언(안)[文化財小委員会第5回会合における日本側発言(案)]

문서파일번호 575
작성연월일 1961. 12. 12
구분 제6차 회담 문화재소위원회 제6회 회의
세부항목
작성처 외무성 북동아시아과
매수 7
비밀등급 극비
문서종류 내부자료
공개구분 공개
내용 제6차 한일회담 문화재소위원회 제5회 회의에서 일본은 한국의 설명에는 확실한 증거가 없다는 점, 개인적인 차원에서 범죄가 있어도 국가로서 책임질 수 없다는 점, 출토지역에 반환해야 한다는 국제적 원칙이 없다는 점 등의 이유로 반환 의무는 없으며 문화협력이라는 차원에서 해결하고자 한다는 의견을 밝힘.
주제어 문화재 반환

문서명	한일회담 문화재소위원회 건(日韓会談文化財小委員会に関する件)

문서파일번호 575
작성연월일 1962. 2. 12
구분 제6차 회담
세부항목 문화재반환에 관한 문화재보호위원회 입장
작성처 외무성 북동아시아과
매수 5
비밀등급 극비
문서종류 내부문서
공개구분 공개
내용 문화재 반환 문제에 대해 일본의 문화재보호위원회가 자신들의 입장을 외무성에 전달한 문서. 동 위원회는 일본 내부 검토에는 참가할 것이며, 문화협력 일환으로 문제를 해결하는 데 이의는 없으나 그 경우 소관이 달라진다고 주장
주제어 문화재 반환

한일회담 문화재 소위원회
(日韓会談文化財小委員会)

문서파일번호	576
작성연월일	1962. 2. 1 - 1962. 2. 14
구분	제6차 회담 문화재 비공식회의
세부항목	
작성처	외무성 북동아시아과
매수	24
비밀등급	
문서종류	회의록, 내부문서
공개구분	공개 또는 일부비공개
내용	1962년 2월 1일 개최된 문화재소위원회 수석위원 비공식 회의기록 및 논의용 자료
주제어	문화재 반환

문서명	한일회담 문화재소위원회 수석위원 비공식회담 기록(日韓会談文化財小委員会主査非公式会談記録)

문서파일번호 576
작성연월일 1962. 2. 1
구분 제6차 회담 문화재 비공식회의
세부항목
작성처 외무성 북동아시아과
매수 6
비밀등급 극비
문서종류 회의록
공개구분 공개
내용 문화재소위원회 수석위원 비공식 회의기록. 일본은 문화재 반환 의무는 없다며 문화협력으로 인도할 것을 주장. 한국은 먼저 받을 것을 받은 후 협력한다는 입장을 거듭 밝힘. 한국은 일본의 해결방법에 이의는 없으나 현재 그것을 밝힐 수 없다는 견해를 피력했다는 내용이 기록됨.
주제어 문화재 반환

문서명	문화재 문제 해결 방침 건(논의용 자료)[文化財問題の解決方針に関する件(討議用資料)]

문서파일번호 576
작성연월일 1962. 2. 14
구분 제6차 회담
세부항목 문화재 반환에 관한 일본 방침
작성처 외무성 북동아시아과
매수 18
비밀등급 일반
문서종류 내부문서
공개구분 일부비공개
내용 문화재 문제 해결을 위한 내부 방침을 정리한 문서. 문화협력으로 해결할 것, 그 시점에서 인도에 응할 수 있는 문화재 종류, 조약 형식 및 조문안 등이 준비되어 있음.
주제어 문화재 반환

한일회담 쌍방 주장의 개요(문화재 문제)
[日韓会談双方主張の概要(文化財問題)]

문서파일번호	577
문서명	한일회담 쌍방 주장의 개요(문화재 문제)[日韓会談双方主張の概要(文化財問題)]
작성연월일	1962. 8. 20
구분	제6차 회담
세부항목	문화재교섭 한일 쌍방 주장
작성처	외무성 북동아시아과
매수	11
비밀등급	극비
문서종류	내부문서
공개구분	공개
내용	제6차 한일회담 문화재소위원회의 논의내용을 정리한 문서. 한국 문화재 발굴 및 반출 경위의 합법성 여부, 문화재 원산지 반환에 관한 국제적 관례, 해결방법 등에 관한 논의내용 정리. 전문가 회의에서 일본이 조사한 문화재에 관한 결과도 정리
주제어	문화재 반환

한일회담 문화재 문제에 관한 내부협의회 등
(日韓会談文化財問題に関する省内打合会等)

문서파일번호	578
작성연월일	1962. 12. 19 - 1962. 12. 26
구분	제6차 회담
세부항목	문화재 반환 문제
작성처	외무성 북동아시아과
매수	15
비밀등급	
문서종류	회의록, 내부자료, 의정서 요강안
공개구분	공개
내용	문화재 반환 문제 관련, 1962년 12월 19일 개최된 외무성 내 협의회 기록 및 1962년 12월 26일 한일예비교섭 제21회 회의 시 문화재관련 일본 발언 요지 등
주제어	문화재 반환

문서명	한일회담 문화재 문제에 관한 내부협의회(日韓会談文化財問題に関する省内打合会)

문서파일번호 578
작성연월일 1962. 12. 19
구분 제6차 회담
세부항목 문화재 반환 문제 관련 외무성 협의회
작성처 외무성 북동아시아과
매수 10
비밀등급 극비
문서종류 회의록
공개구분 공개
내용 외무성 내 협의회 기록. 한국 입장을 정리한 후, 문화재 문제가 회담에 미칠 영향의 중요성 여부, 법률론을 진행할 경우의 일본 득실 등 논의함. 한편, 북한지역 문화재의 처리, 1905년이라는 시점 문제, 인도할 문화재 품목 등에 대한 추가 검토 필요성 인식
주제어 문화재

문서명	1962년 12월 26일 제6차 한일회담 예비교섭 제21회 회의에서의 일본 발언 요지 (37年12月26日の日韓予備交渉 第21回会合における日本側の発言要旨)

문서파일번호 578
작성연월일 1962. 12. 26
구분 제6차 회담
세부항목 제6차 한일회담 예비교섭 제21회 회의 일본 발언 요지
작성처 외무성 북동아시아과
매수 3
비밀등급 극비
문서종류 내부자료
공개구분 공개
내용 제6차 한일회담 예비교섭 제21회 회의 일본 발언 요지. '일본국정부와 대한민국정부 간의 문화상 협력에 관한 의정서 요강안'을 통해 문화협력 일환으로 국유문화재의 일부를 증여할 방침을 밝히고 있음.
주제어 선박 반환, 청구권, 문화재 반환

문서명	일본국정부와 대한민국정부 간의 문화상의 협력에 관한 의정서 요강안[日本国政府と大韓民国政府との間の文化上の協力に関する議定書要綱(案)]

문서파일번호	578
작성연월일	1962. 12. 26
구분	제6차 회담
세부항목	한일 문화상 협력에 관한 의정서 요강안
작성처	외무성 북동아시아과
매수	2
비밀등급	일반
문서종류	의정서 요강안
공개구분	공개
내용	제6차 한일회담 예비교섭 제21회 회의에서 일본이 제시한 문화재 문제 해결에 관한 일본의 의정서 요강안
주제어	문화재 반환

한일회담의 문화재 문제 교섭의 현상
(日韓会談における文化財問題交渉の現状)

문서파일번호	579
작성연월일	1963. 1. 7 - 1963. 2. 11
구분	제6차 회담
세부항목	문화재 반환 교섭
작성처	외무성
매수	15
비밀등급	
문서종류	내부문서
공개구분	공개
내용	제6차 한일회담 예비교섭 문화재 문제 교섭 현황과 교섭진행 방안에 관한 문서
주제어	문화재 반환

문서명	한일회담의 문화재 문제 교섭의 현상(日韓会談における文化財問題交渉の現状)

문서파일번호 579
작성연월일 1963. 1. 7
구분 제6차 회담
세부항목 문화재 반환 교섭
작성처 외무성 아시아국
매수 2
비밀등급 극비
문서종류 내부문서
공개구분 공개
내용 문화재 반환과 관련한 교섭 상황을 분석한 문서. 한국은 '반환' 명목을 요구한 데 대하여 일본은 '문화협력' 명목으로 해결할 것을 주장, 대립함.
주제어 문화재 반환

문서명	한일예비교섭 문화재 관계 회의의 진행 방법에 대하여(시안)[日韓予備交渉文化財関係会合の進め方について(試案)]

문서파일번호 579
작성연월일 1963. 2. 9
구분 제6차 회담
세부항목 문화재 반환 교섭 요령
작성처 외무성 북동아시아과
매수 7
비밀등급 극비
문서종류 내부문서
공개구분 공개
내용 제6차 회담 예비교섭 문화재관련 제1회 회의에서 일본의 회의 진행 방법에 관한 시안. 일본은 문화재 문제를 문화협력으로 해결하는 것으로 결정함. 한국에 대해 어떤 문화재를 기증하는 것이 효과적인가를 한국과 협의하며, 해당 문화재 목록의 작성이 필요하다는 등의 견해가 정리되어 있음.
주제어 문화재 반환

문서명	일본국정부와 대한민국정부 간의 문화상의 협력에 관한 의정서 요강(안)[日本国政府と大韓民国政府との間の文化上の協力に関する議定書要綱(案)]

문서파일번호 579
작성연월일 1962. 12. 26
구분 제6차 회담
세부항목 한일 문화상 협력에 관한 의정서 요강안
작성처 외무성 북동아시아과
매수 2
비밀등급 극비
문서종류 내부문서
공개구분 공개
내용 문화재 문제 해결에 관한 일본의 의정서 요강안
주제어 문화재 반환

문서명	한일예비교섭 문화재 관계 회의 진행 방법에 관한 요령(시안)[日韓予備交渉文化財関係会合の進め方要領(試案)]

문서파일번호 579
작성연월일 1963. 2. 11
구분 제6차 회담
세부항목 문화재 반환 교섭 요령
작성처 외무성 북동아시아과
매수 4
비밀등급 극비
문서종류 내부문서
공개구분 공개
내용 1963년 2월 9일 자 문화재 관계 회의 진행 방법에 관한 요령 시안을 일부 수정
주제어 문화재 반환

문화재 관계에 대해서 문부성 협의 기록
(文化財関係についての文部省等との打合わせ記録)

문서파일번호	580
작성연월일	1963. 2. 12 - 1964. 3. 25
구분	제6차 회담 문화재 반환 관련 일본 자체회의
세부항목	
작성처	외무성 북동아시아과
매수	44
비밀등급	
문서종류	회의록
공개구분	공개 또는 일부비공개
내용	1963년 2월 12일~1964년 3월 25일까지 개최된 외무성과 문부성(문화재보호위원회) 등 문화재 반환 관련 회의기록
주제어	문화재 반환

문서명	문화재 관계에 대한 문부성 회의기록(文化財関係についての文部省との打合わせ記録)

문서파일번호 580
작성연월일 1963. 2. 12
구분 제6차 회담 문화재 반환 관련 일본 자체회의
세부항목
작성처 외무성 북동아시아과
매수 4
비밀등급 극비
문서종류 회의록
공개구분 일부비공개
내용 제6차 회담 예비교섭 문화재 관계 회의에 앞선 외무성과 문부성의 협의회 기록. 문부성은 증여가 될 경우, 어느 정도의 문화재는 내놓지 않으면 안 될 것이라고 했으며, 외무성은 문화협력협정의 부속의정서 형식으로 문화재 문제를 해결하려고 한다고 말함.
주제어 문화재 반환

문서명	문화재 관계 회의에 대한 문부성 측 협의 기록(文化財関係会合についての文部省側との打合わせ記録)

문서파일번호 580
작성연월일 1963. 2. 13
구분 제6차 회담 문화재 반환 관련 일본 자체회의
세부항목
작성처 외무성 북동아시아과
매수 3
비밀등급 극비
문서종류 회의록
공개구분 일부비공개
내용 제6차 회담 예비교섭 문화재 관계 회의 직후 외무성·문부성 협의 기록. 문부성은 어느 정도 문화재를 증여할지는 결국 높은 정치적 레벨의 결정이 필요하며, 일본도 한국에게 제시할 문화재 목록을 작성해야 한다고 언급함.
주제어 문화재 반환

문서명	문화재 관계의 문부성 협의 기록(文化財関係の文部省側との打ち合わす記録)

문서파일번호 580
작성연월일 1963. 2. 21
구분 제6차 회담 문화재 반환 관련 일본 자체회의
세부항목
작성처 외무성 북동아시아과
매수 4
비밀등급 극비
문서종류 회의록
공개구분 일부비공개
내용 외무성·문부성 협의 기록. 문부성은 도쿄박물관과 전문가 회의를 가질 예정이라면서, 문화재보호위원회에는 문화재를 한국에게 양여하는 것에 대체로 반대 분위기가 강하다고 언급함.
주제어 문화재 반환

문서명	문화재 관계의 문부성 협의 기록(文化財関係の文部省側との打ち合わす記録)

문서파일번호 580
작성연월일 1963. 2. 22
구분 제6차 회담 문화재 반환 관련 일본 자체회의
세부항목
작성처 외무성 북동아시아과
매수 6
비밀등급 극비
문서종류 회의록
공개구분 일부비공개
내용 문화재 관계 제2회 회의 직후 외무성-문부성 협의 기록. 문부성은 한국의 정세가 불안한 지금, 한국에게 증여할 문화재 목록을 작성할 단계는 아니며, 한국이 원하는 문화재에 대해 그것이 어떤 의의, 효과가 있는지를 반문하는 것은 어떤지, 그리고 지금은 증여 이야기를 피하는 것이 좋고, 그들의 태도가 유연해지기를 기다리는 것이 좋다고 언급함.
주제어 문화재 반환

문서명	문부성, 도쿄박물관 협의 기록(文部省東京博物館との打ち合わせ記録)

문서파일번호 580
작성연월일 1963. 3. 12
구분 제6차 회담 문화재 반환 관련 일본 자체회의
세부항목
작성처 외무성 북동아시아과
매수 8
비밀등급 극비
문서종류 회의록
공개구분 일부비공개
내용 외무성·문부성, 도쿄박물관 협의 기록. 외무성은 현재 다른 의제에 대해 일본의 해결안(숫자)을 제시하고 있지만, 문화재 문제는 그렇지 않으며, 회담 타결이 임박했을 때 문화재 문제가 걸림돌이 되면 안 되기 때문에 일단 일본에서도 문화재 목록을 만들어 놓는 것이 좋겠다고 언급함.
주제어 문화재 반환

문서명	문화재 관계 일본 협의 기록(文化財関係日本側打ち合わす記録)

문서파일번호 580
작성연월일 1963. 3. 25
구분 제6차 회담 문화재 반환 관련 일본 자체회의
세부항목
작성처 외무성 북동아시아과
매수 4
비밀등급 극비
문서종류 회의록
공개구분 일부비공개
내용 1963년 제5회 문화재 관계 회의 직후 이루어진 일본 내부 회의기록. 외무성은 한국의 요구에 따라 문화재 목록을 전부 제시하는 것은 불리하며, 교섭 타결의 분위기가 높아졌을 때, 한국의 양보를 받으면서 결론을 내는 것을 해결방법으로 생각하고 있다고 언급함.
주제어 문화재 반환

문서명	문화재 소위원회 일본 관계자 협의회(文化財小委員会日本側関係諸打合会)

문서파일번호 580
작성연월일 1964. 2. 6
구분 제6차 회담 문화재 반환 관련 일본 자체회의
세부항목
작성처 외무성 북동아시아과
매수 10
비밀등급 극비
문서종류 회의록
내용 외무성·문부성, 도쿄박물관 협의 기록. 외무성은 최종안에 가까운 목록을 만들어 한국을 설득하고, 그래도 한국이 더 많이 요구한다면 국유문화재를 약간, 개인 소유 문화재 2~3점 증여하는 것을 고려하고 있다고 함. 문부성은 문화재 목록에 대한 복안으로 넘겨줄 수 없는 것, 경우에 따라 넘겨줄 수 있는 것, 넘겨줄 수 있는 것 세 가지를 만들었다고 언급함.
주제어 문화재 반환

문서명	하리가이 참사관과 미야지 문화재사무국장 회담 건(針谷参事官と 宮地文化財事務局との会談の件)

문서파일번호 580
작성연월일 1964. 3. 25
구분 제6차 회담 문화재 반환 관련 일본 자체회의
세부항목
작성처 외무성 북동아시아과
매수 5
비밀등급 극비
문서종류 회의록
공개구분 일부비공개
내용 외무성 하리가이 마사유키 참사관과 문화재보호위원회 미야지 사무국장의 협의 기록. 미야지는 한국이 목록을 지정해 요구하면 절대 응하지 않을 것이며, 여러 문화재 중에서 골라달라고 한다면 적당한 것을 증여할 용의가 있으며, 증여 가능한 것은 1,000점 중 1~3이고, 이 중 이논의 것이 절반이라고 언급함.
주제어 문화재 반환

한일합병(1910년 8월 29일) 전후 한국의 고적 및 유물에 대해서[日韓合併(明治43年8月29日)前後の韓国における古跡及び遺物について]

문서파일번호	590
작성연월일	1961. 12. 18
구분	제6차 회담
세부항목	일제강점기 한국 문화재 소유 관련 법령
작성처	외무성 조약국 법규과
매수	34
비밀등급	
문서종류	내부문서, 법령
공개구분	공개
내용	외무성이 일제강점기 문화재 소유 등에 관해 한반도에 적용된 관련 법령의 종류 및 그 내용을 정리한 문서 모음
주제어	문화재 반환

문서명	한일합병(1910년 8월 29일) 전후 한국의 고적 및 유물에 대해서[日韓合併(明治43年8月29日)前後の韓国における古跡及び遺物について]

문서파일번호 590
작성연월일 1961. 12. 18
구분 제6차 회담
세부항목 일제강점기 한국 문화재 소유 관련 법령
작성처 외무성 조약국 법규과
매수 11
비밀등급 일반
문서종류 내부문서
공개구분 공개
내용 조선총독부 시절 한국의 고적 및 유물과 관련한 법령을 정리한 문서
주제어 문화재 반환, 일제강점기 한국 문화재 소유 관련 법령

문서명	유실물법(1899년 3월 24일 법률 제87호)(遺失物法 明治三十二年三月二十四日法律第八十七号)

문서파일번호 590
작성연월일 1961. 12. 18
구분 제6차 회담
세부항목 일제강점기 한국 문화재 소유 관련 법령
작성처 외무성 조약국 법규과
매수 2
비밀등급 일반
문서종류 법령
공개구분 공개
내용 '한일합병(1910년 8월 29일) 전후 한국의 고적 및 유물에 대해서' 문서 첨부1. 1899년 3월 24일에 제정된 유실물법. 유실물, 이장물 등에 대한 취득 및 반환에 관한 절차 등 정리
주제어 문화재 반환

문서명	1901년 제정 정령23호(유실물 기타 물건에 관한 건)[明治四十五年制政令第二十三号(遺失物其ノ他ノ物件ニ関スル件)]

문서파일번호	590
작성연월일	1961. 12. 18
구분	제6차 회담
세부항목	일제강점기 한국 문화재 소유 관련 법령
작성처	외무성 조약국 법규과
매수	1
비밀등급	일반
문서종류	법령
공개구분	공개
내용	'한일합병(1910년 8월 29일) 전후 한국의 고적 및 유물에 대해서' 문서 첨부2. 1901년 5월 7일에 공포된 정령으로 유실물로 인정되는 물건은 유실물법에 따른다는 내용임.
주제어	문화재 반환

문서명	고적 및 유물 보존규칙(1916년 7월 총령 제52호)[古蹟及遺物保存規則(大正五年七月総令第五十二号)]

문서파일번호	590
작성연월일	1961. 12. 18
구분	제6차 회담
세부항목	일제강점기 한국 문화재 소유 관련 법령
작성처	외무성 조약국 법규과
매수	5
비밀등급	일반
문서종류	법령
공개구분	공개
내용	'한일합병(1910년 8월 29일) 전후 한국의 고적 및 유물에 대해서' 문서 첨부3-1. 1916년 7월에 시행된 총령(규칙). 조선의 고적과 유물 보존에 관해 8개 조항으로 구성됨.
주제어	문화재 반환

문서명	고적조사위원회 규정(1916년 7월 총훈 제29호)[古蹟調査委員会規程(大正五年七月総訓第二十九号)]

문서파일번호 590
작성연월일 1961. 12. 18
구분 제6차 회담
세부항목 일제강점기 한국 문화재 소유 관련 법령
작성처 외무성 조약국 법규과
매수 4
비밀등급 일반
문서종류 법령
공개구분 공개
내용 '한일합병(1910년 8월 29일) 전후 한국의 고적 및 유물에 대해서' 문서 첨부3-2. 1916년 7월에 시행된 총훈(규정). 조선에서의 고적, 유물 등을 조사, 보존하기 위해 총독부 산하에 만들어진 고적조사위원회에 관한 것으로 11개 조항으로 구성됨.
주제어 문화재 반환

문서명	고적 및 유물 건(1916년 총훈 제30호)[古蹟及遺物ニ関スル件(大正五年七月総訓第三十号)]

문서파일번호 590
작성연월일 1961. 12. 18
구분 제6차 회담
세부항목 일제강점기 한국 문화재 소유 관련 법령
작성처 외무성 조약국 법규과
매수 1
비밀등급 일반
문서종류 법령
공개구분 공개
내용 '한일합병(1910년 8월 29일) 전후 한국의 고적 및 유물에 대해서' 문서 첨부3-3. 1916년 7월에 시행된 총훈(규정). 고적, 유물 및 고문서 발견 시 조선총독부에 보고한다는 등임.
주제어 문화재 반환

문서명	조선보물 고적 명승 천연기념물 보존령(1933년 8월 9일 제령 제6호)[朝鮮宝物古蹟名勝天然記念物保存令(昭和八年八月九日制令第六号)]

문서파일번호 590

작성연월일 1961. 12. 18

구분 제6차 회담

세부항목 일제강점기 한국 문화재 소유 관련 법령

작성처 외무성 조약국 법규과

매수 10

비밀등급 일반

문서종류 법령

공개구분 공개

내용 '한일합병(1910년 8월 29일) 전후 한국의 고적 및 유물에 대해서' 문서 첨부4. 조선의 보물, 고적, 명승, 천연기념물 보존을 위해 1933년 8월 9일에 제정된 훈령으로 24개 조항으로 이루어짐.

주제어 문화재 반환

도요문고 다가와 박사 간담기록
(東洋文庫田川博士との懇談記録)

문서파일번호	592
문서명	도요문고 다가와 박사 간담기록(東洋文庫田川博士との懇談記録)
작성연월일	1963. 3. 18
구분	제6차 회담
세부항목	일본소재 한국문화재
작성처	외무성 북동아시아과
매수	9
비밀등급	극비
문서종류	회의록
공개구분	일부비공개
내용	북동아과 야나기야 겐스케(柳谷謙介) 사무관과 동양문고 책임자 다가와 고조(田川孝三) 박사의 간담 기록. 다가와 박사는 도요(東洋) 문고, 가와이(河合) 문고, 데라우치(寺内) 문고, 궁내청 소장 서적에 대한 자신의 견해를 말하였고, 한국에 인도해도 될 서적은 중복된 것이 있을 경우, 한국의 의견에 맞을 것이라 함.
주제어	문화재 반환

궁내청 서릉부 소장 서적
(宮内庁書陵部所蔵の書籍)

문서파일번호	386
작성연월일	1960. 9. 20 - 1964. 3. 19
구분	제5~6차 회담
세부항목	궁내청 서장부 소장 한국 고서적
작성처	외무성 북동아시아과
매수	24
비밀등급	
문서종류	
공개구분	일부비공개
내용	궁내청 서릉부 소장 한국 고서적 관련 기록
주제어	문화재

문서명	궁내청 서릉부 소장 서적 건(宮内庁書陵部所蔵の書籍に関する件)

문서파일번호 386
작성연월일 1960. 9. 20
구분 제6차 회담
세부항목 궁내청 서장부 소장 한국 고서적
작성처 외무성 북동아시아과
매수 3
비밀등급 극비
문서종류 내부문서
공개구분 공개
내용 궁내청 서릉부(宮内庁 書陵部)에 소장되어 있는 서적은 물품보관법의 적용을 받으며, 1958년 4월 한국에게 인도한 106점에 이 법률이 적용되었음.
주제어 문화재 반환

문서명	하리가이 참사관 궁내청 서릉부 방문 건(針谷参事官宮内庁書陵部往訪の件)

문서파일번호 386
작성연월일 1963. 3. 11
구분 제6차 회담
세부항목 궁내청 서장부 소장 한국 고서적
작성처 외무성 북동아시아과
매수 18
비밀등급 극비
문서종류 회의록
공개구분 일부비공개
내용 외무성 정보문화국 하리가이 마사유키(針谷正之) 참사관이 궁내청 서장부장 및 쓰지이(土井) 도서관장을 만나 협의한 내용. 궁내청으로부터 수령한 소네 아라스케(曽祢荒助)* 헌상본 및 통감부 장서 목록이 첨부되어 있음.
주제어 문화재

* 메이지 시대의 역대 내각에서 각료직을 역임한 일보의 무사, 정치가, 외교관. 이토 히로부미(伊藤博文)에 이어 제2대 한국 통감을 맡아 한국 병합을 주도한 인물이다.

문서명	궁내청 도서의 한국 기증 건 협의(宮内庁図書の韓国への寄贈に関する件打合せ)

문서파일번호 386
작성연월일 1964. 3. 11
구분 제6차 회담
세부항목 궁내청 서장부 소장 한국 고서적
작성처 외무성 북동아시아과
매수 3
비밀등급 일반
문서종류 회의록
공개구분 일부비공개
내용 하리가이 마사유키 참사관의 궁내청 서릉부장, 도서관장 면담 기록. 외무성 측은 한일회담의 상황과 외무성 방침에 대한 궁내청의 협력을 부탁하였고, 이에 대해 궁내청은 기증할 책 중 귀중한 책은 콜로타이프(collotype, 사진 제판 방식의 일종)로 하고 그 외의 책은 모두 마이크로필름으로 남겨두고 싶으며, 그 적용은 외무성에서 생각해 주길 바란다고 함.
주제어 문화재 반환

문서명	문화재(도서관계) 조사보고[文化財(図書関係)調査報告]

문서파일번호 386
작성연월일 1964. 3. 19
구분 제6차 회담
세부항목 궁내청 서장부 소장 한국 고서적
작성처 외무성 북동아시아과
매수 2
비밀등급 극비
문서종류 내부문서
공개구분 일부비공개
내용 스에마쓰 야스카즈(末松保和) 박사와 다가와 고조(田川孝三) 박사는 궁내청에 소장 중인 통감부본, 소네(曽祢)본의 조사 결과를 보고하였고(조사 결과는 먹칠되어 파악 불가능). 외무성 측은 이를 상관에게 보고한 후, 외무성과 궁내청 서릉부가 상의하여 이후의 대책을 마련하겠다고 함.
주제어 문화재 반환

궁내청 서릉부 소장 목록
(宮内庁書陵部所藏目錄)

문서파일번호	387
문서명	궁내청 서릉부 소장 목록(宮內庁書陵部所藏目録)
작성연월일	1963. 4. 11
구분	제6차 회담
세부항목	궁내청 서장부 소장 한국 고서적
작성처	불명
매수	20
비밀등급	일반
문서종류	내부자료
공개구분	공개
내용	궁내청 서릉부에 소장되어 있는 통감부 장서 및 소네 아라스케(曾根荒助) 헌상본의 목록
주제어	문화재 반한

데라우치문고 현황
(寺内文庫現状)

문서파일번호	1116
작성연월일	1957. 3. 25 - 1965. 8. 17
구분	제3~4차 회담 사이, 제4~7차 회담
세부항목	데라우치문고 반환
작성처	외무성 등
매수	202
문서종류	내부문서, 내부자료, 공문, 회의록
공개구분	공개 또는 일부비공개
내용	데라우치문고의 한국 반환과 관련한 일련의 문서 모음
주제어	문화재 반환

문서명	데라우치문고 현황(寺内文庫の現状)

문서파일번호 1116
작성연월일 1963. 5. 24
구분 제6차 회담
세부항목 데라우치문고 반환
작성처 외무성 마에다 북동아시아과장
매수 14
비밀등급 극비
문서종류 내부문서
공개구분 일부비공개
내용 마에다 북동아과장이 데라우치문고의 소장 상황을 조사하기 위해 야마구치현(山口縣)에서 실시한 조사 내용을 정리한 문서. 데라우치문고의 소장, 보관, 이전 및 보관 문화재의 일부 내용 등이 기록되어 있음.
주제어 문화재 반환

문서명	구 데라우치문고로부터 현에 기부된 도서류(旧寺内文庫から県に寄付された図書類)

문서파일번호 1116
작성연월일 1963. 5. 24
구분 제6차 회담
세부항목 데라우치문고 반환
작성처 야마구치현 총무부장
매수 1
비밀등급 일반
문서종류 내부자료(1963년 5월 24일 '데라우치문고 현황' 문서 첨부2)
공개구분 공개
내용 야마구치현(山口縣) 총무부장이 마에다 북동아과장에게 보낸 구 데라우치문고로부터 야마구치현에 기부된 도서 현황이 정리된 문서
주제어 문화재 반환

문서명	데라우치문고 도서목록 송부에 관하여(寺内文庫図書目録の送付について)

문서파일번호 1116
작성연월일 1963. 6. 11
구분 제6차 회담
세부항목 데라우치문고 반환
작성처 야마구치현 총무부장
매수 1
비밀등급 일반
문서종류 공문
공개구분 공개
내용 야마구치현 총무부장이 외무성 북동아시아과장에게 데라우치문고 도서목록을 송부하기 위해 보낸 공문
주제어 문화재 반환

문서명	1957년 3월 25일 데라우치문고 도서목록(昭和三十三年三月二十五日 寺内文庫図書目録)

문서파일번호 1116
작성연월일 1957. 3. 25
구분 제3~4차 회담 사이
세부항목 데라우치문고 반환
작성처 야마구치현 총무부장
매수 7
비밀등급 일반
문서종류 내부자료(1963년 6월 11일 '데라우치문고 도서목록 송부에 관해' 문서 첨부1)
공개구분 공개
내용 야마구치현 여자대 도서관(女子大圖書館) 소장 데라우치문고 도서목록
주제어 문화재 반환

문서명	야마구치현립 여자단기대학 도서관 데라우치문고 도서목록(山口縣立女子短期大學圖書館寺内文庫図書目録)

문서파일번호 1116
작성연월일 1957. 3. 25
구분 제3~4차 회담 사이
세부항목 데라우치문고 반환
작성처 야마구치현 총무부장
매수 21
비밀등급 일반
문서종류 내부자료
공개구분 공개
내용 야마구치현립 여자단기대학 도서관(山口縣立女子短期大學圖書館) 소장 데라우치문고 도서목록
주제어 문화재 반환

문서명	데라우치 마사타케 소장본의 한국에 대한 기증량의 건(안)[寺内正毅所蔵本の韓国への寄贈量の件(案)]

문서파일번호 1116
작성연월일 1964. 3. 11
구분 제6차 회담
세부항목 데라우치문고 반환
작성처 외무성 북동아시아과
매수 4
비밀등급 극비
문서종류 내부문서
공개구분 공개
내용 외무성이 데라우치문고에 관한 기증 방침을 정리한 내부문서. 데라우치문고의 현재 소장 상황의 설명 후, 그 중 한국에 기증할 문화재의 범위를 정하고 있음.
주제어 문화재 반환

문서명	마에다 북동아과장과 하시모토 야마구치현 지사 회담 건(前田東北アジア課長と橋本山口県知事との会談の件)

문서파일번호 1116
작성연월일 1964. 4. 7
구분 제6차 회담
세부항목 데라우치문고 반환
작성처 외무성 북동아시아과
매수 1
비밀등급 일반
문서종류 내부문서
공개구분 공개
내용 마에다 북동아과장은 도쿄 방문 중인 하시모토(橋本) 야마구치현 지사를 만나 데라우치문고 중 일부를 한국에 기증하는 문제와 관련하여 협의, 지사로부터 가급적 협력하겠다는 답을 받았다는 내용이 기록된 문서
주제어 문화재 반환

문서명	문화재관련 협의회(文化財打合せ会)

문서파일번호 1116
작성연월일 1965. 3. 16
구분 제7차 회담
세부항목 데라우치문고 반환
작성처 외무성 북동아시아과
매수 8
비밀등급 극비
문서종류 회의록
공개구분 공개
내용 데라우치문고의 일부를 한국에 기증하는 것에 관해 외무성이 관련 전문가(학습원 대학 교수, 동양문고 사서)의 자문을 받은 회의기록. 기증할 문화재의 문화적 가치, 학계로서의 반환 찬반 여부, 반환 방식 등에 관한 자문을 받음.
주제어 문화재 반환

문서명	데라우치문고본의 한국에 대한 증여에 관한 스에마쓰 박사의 의견(寺内文庫本の韓□への贈与に関する末松博士の意見)

문서파일번호 1116
작성연월일 1965. 3. 20
구분 제7차 회담
세부항목 데라우치문고 반환
작성처 외무성 북동아시아과
매수 3
비밀등급 극비
문서종류 내부문서
공개구분 공개
내용 데라우치문고의 일부를 한국에 기증하는 문제와 관련해 외무성에 자문을 하던 학습원대학(學習院大學) 스에마쓰 야스카즈(末松保和) 교수가 그 일부의 입수 경위로 인해 반환 항목으로부터 제외하자는 의견을 외무성에 전달했음을 기록한 문서
주제어 문화재 반환

문서명	데라우치문고본에 대한 야마구치현 부지사 교섭(寺内文庫本について山口県副知事との交渉)

문서파일번호 1116
작성연월일 1965. 3. 25
구분 제7차 회담
세부항목 데라우치문고 반환
작성처 외무성 북동아시아과
매수 3
비밀등급 극비
문서종류 내부문서
공개구분 공개
내용 데라우치문고의 일부를 한국에 기증하는 문제와 관련해 외무성이 야마구치현 부지사 등 관계자와 가진 회의기록. 외무성이 야마구치현 소장분에 관한 협력을 요청한 데 대하여 야마구치현은 그것을 수락할 용의가 있다는 기록이 정리되어 있음.
주제어 문화재 반환

문서명	데라우치문고본 조사를 위해 출장하는 다가와 문학박사 및 성 직원에 대한 편의 제공 건(寺内文庫本調査のため出張する田川文学博士および省員に対する便宜供与依頼)

문서파일번호 1116
작성연월일 1965. 3. 30
구분 제7차 회담
세부항목 데라우치문고 반환
작성처 외무성
매수 2
비밀등급 비(秘)
문서종류 공문
공개구분 공개
내용 데라우치문고 조사를 위해 야마구치현을 방문하는 다가와(田川孝三) 박사 및 모리타 요시오(森田芳夫) 북동아과 사무관에 대한 편의 제공을 요청하는 공문
주제어 문화재 반환

문서명	데라우치문고 조선본 조사 출장 보고(寺内文庫朝鮮本調査出張報告)

문서파일번호 1116
작성연월일 1965. 4. 14
구분 제7차 회담
세부항목 데라우치문고 반환
작성처 외무성 북동아시아과 모리타 사무관
매수 10
비밀등급 극비
문서종류 내부문서
공개구분 일부비공개
내용 한국이 요구하고 있는 문화재 중 데라우치문고에 관해 외무성이 야마구치현에서 추가 조사한 보고 기록. 한국의 요구 내용, 출장 일정에 이어, 조사 결과 알게 된 관련 문화재의 종류, 입수 경위, 가치 등에 관한 기록이 정리되어 있음.
주제어 문화재 반환

문서명	데라우치문고에 대하여(寺内文庫について)

문서파일번호 1116
작성연월일 1965. 4. 7
구분 제7차 회담
세부항목 데라우치문고 반환
작성처 야마구치 도서관 이시카와 타쿠미(石川卓美)
매수 13
비밀등급 일반
문서종류 내부자료(1965년 4월 14일 '데라우치문고 조선본 조사 출장 보고' 문서 첨부1)
공개구분 공개
내용 외무성의 의뢰로 야마구치현 도서관 관계자가 집필한 데라우치문고의 역사에 관한 기록. 문고의 역사적 경위, 종류, 도서관에서의 이용 형태 등에 관한 설명이 정리되어 있음.
주제어 문화재 반환

문서명	오호데라우치문고 조선본 조사 보고(櫻圃寺内文庫朝鮮本調査報告)

문서파일번호 1116
작성연월일 1965. 4. 5
구분 제7차 회담
세부항목 데라우치문고 반환
작성처 다가와 고조(田川孝三)
매수 64
비밀등급 일반
문서종류 내부자료
공개구분 공개
내용 오호데라우치문고(櫻圃寺内文庫)*의 한국 반환과 관련하여 다가와 고조(田川孝三) 박사가 작성한 조사보고서. 데라우치문고의 연혁, 현 소장 상황, 목록 등이 수록되어 있음.
주제어 문화재 반환

* 오호데라우치문고는 조선총독을 역임한 데라우치 마사다케(寺内 正毅)의 장서를 기초로 하여 설립된 사설 도서관

문서명	한일회담의 문화재 문제에 관한 협력방안 의뢰에 대하여(日韓会談の文化財問題について協力方依頼について)

문서파일번호 1116
작성연월일 1965. 5. 6
구분 제7차 회담
세부항목 데라우치문고 반환
작성처 외무성
매수 2
비밀등급 극비
문서종류 공문
공개구분 공개
내용 한국에 대한 문화재 기증 문제와 관련하여 추가 기증을 위한 협력을 야마구치현(山口縣) 지사에게 요청한 외무성의 공문
주제어 문화재 반환

문서명	다가와 고조 박사의 데라우치문고 조사보고(田川孝三博士の寺内文庫調査報告)

문서파일번호 1116
작성연월일 1965. 5. 17
구분 제7차 회담
세부항목 데라우치문고 반환
작성처 외무성 북동아시아과
매수 5
비밀등급 극비
문서종류 내부문서
공개구분 일부비공개
내용 다가와 고조 박사의 데라우치문고에 관한 조사 보고회 기록. 데라우치문고의 입수 경위, 학술적 가치, 소장 상황 등에 관한 설명이 이루어지고 있음.
주제어 문화재 반환

문서명	이홍식(한일회담 문화재 대표)의 야마구치여자단대의 데라우치본 및 치바시의 오쿠라 콜렉션(Collection) 시찰 희망에 대하여[李弘植氏(日韓会談文化財代表)の山口女子短大の寺内本および千葉市の小倉コレクション視察希望について]

문서파일번호 1116
작성연월일 1965. 5. 27
구분 제7차 회담
세부항목 데라우치문고 반환
작성처 외무성 북동아시아과
매수 9
비밀등급 극비
문서종류 내부문서
공개구분 일부비공개
내용 한일회담 문화재위원회 한국 대표 이홍식이 데라우치문고 및 오쿠라 Collection(小倉コレクション)의 시찰을 요망했다는 내용과 함께 시찰을 허용할 경우의 문제점을 정리한 문서
주제어 문화재 반환

문서명	데라우치문고(조선본) 목록[寺内文庫(朝鮮本)目録]

문서파일번호 1116
작성연월일 1965. 6. 15
구분 제7차 회담
세부항목 데라우치문고 반환
작성처 외무성 북동아시아과
매수 30
비밀등급 일반
문서종류 기타
공개구분 공개
내용 외무성 북동아시아과가 정리한 데라우치문고 목록집. 데라우치문고에 관한 간략한 설명과 함께 야마구치여자단대 도서관 소장 및 야마구치현립 도시관 소장 문고의 목록이 수록되어 있음.
주제어 문화재 반환

문서명	방 공사가 하시모토 야마구치현 지사에게 데라우치문고의 도서를 한국에 기증해 줄 것을 희망하고 있는 건에 대하여(方公使が橋本山口縣知事に対し寺内文庫の図書を韓国側に寄贈を希望している件について)

문서파일번호 1116
작성연월일 1965. 8. 17
구분 제7차 회담
세부항목 데라우치문고 반환
작성처 외무성 북동아시아과
매수 4
비밀등급 극비
문서종류 회의록
공개구분 공개
내용 야마구치현(山口縣) 도쿄사무소장이 하리가이 마사유키(針谷正之) 외무성 문화사업부장을 방문, 협의한 내용이 담긴 문서. 야마구치현 지사가 주일 김동조 대사에게 시모노세키 한국총영사관 개설과 방한을 희망한데 대해 방희 주일공사가 8월 16일 야마구치현 지사의 방한 시는 데라우치문고의 일부를 선물로 가지고 올 것을 요구하였음. 이에 대한 외무성의 견해를 물은 데 대해 외무성은 현으로서의 기증은 문제가 없으며 일부 목록의 제시도 가능하다는 점을 언급함.
주제어 문화재 반환

문화재 등에 관한 협정요령 등
(文化財等に関する協定要領等)

문서파일번호	1117
작성연월일	1952(월일 불명) - 1963. 7. 17
구분	한일회담 시작 전~제6차 회담
세부항목	문화재 반환
작성처	배상청, 외무성, 한국정부, 미국정부 등
매수	91
비밀등급	일반
문서종류	
공개구분	공개 또는 일부 비공개
내용	한일회담이 시작되기 전부터 제6차 한일회담까지 문화재 반환 문제와 관련하여 작성한 각종 문서 및 참고 자료 모음
주제어	문화재 반환

문서명	문화재 등에 관한 협정요령(안)[文化財等に関する協定要領(案)]

문서파일번호 1117
작성연월일 1952(월일 불명)
구분 한일회담 시작 전
세부항목 문화재 반환
작성처 배상청
매수 2
비밀등급 비(秘)
문서종류 협정안
공개구분 공개
내용 배상청이 1952년도에 작성한 문화재에 관한 협정안.

1. 일본과 한국은 양국의 문화적, 세습적 재산에 속하는 미술적, 역사적 혹은 고고학적 가치를 가지고 있는 물건으로 양국의 국유 또는 공공시설에 의해 보유되어 있는 것을 현지에서 현상 그대로 한국 또는 일본국에 각각 이전
2. 일본국은 전 참모본부, 육지측량부가 작성한 한국영역의 원도 및 지도 원판으로 현재 일본정부가 보유하고 있는 것을 사정이 허락하는 한 한국에 이전함.

주제어 문화재 반환

문서명	세습적 문화재에 대해서(世襲的文化財について)

문서파일번호 1117
작성연월일 1953. 2. 17
구분 제1~2차 회담 사이
세부항목 문화재 반환 문제
작성처 외무성 니시자와
매수 15
비밀등급 일반 비(秘)
문서종류 내부문서
공개구분 일부 비공개
내용 문화재위원회 회의 이후 일본이 세습적 문화재의 반환과 관련하여 검토한 내용이

담긴 문서. 한국의 발언(일본이 자발적으로 반환하기를 희망하고, 가져온 시기나 취득의 형태는 묻지 않겠지만 점령지의 양식으로 반환받고 싶으며, 정당한 매매에 의해 취득한 것은 대가를 지불하겠다는 취지)에 대해 일본이 입장을 제시하고 있음. 재물취득의 형태를 묻지 않는 것은 점령지의 양식으로 조선처럼 평화적인 영역의 경우에는 적용되지 않으며, 정당한 매매에 의해서 취득한 재물에 대해서 대가를 지불한다고 했지만, 여기에 대해서 본래 한국은 발언권이 없다고 지적함.

주제어 문화재 반환

문서명	문화적 세습재산 반환에 관한 선례(文化財世襲財産の返還に関する先例)

문서파일번호 1117
작성연월일 불명
구분 제1~2차 회담 사이
세부항목 문화재 반환 문제
작성처 외무성
매수 3
비밀등급 일반 일반
문서종류 내부자료
공개구분 공개
내용 1953년 2월 17일 니시자와가 작성한 내부문서의 첨부물로 보임. 문화적 세습재산의 반환에 관한 선례로서 1. 베르사유 조약의 특별규정 2. 이탈리아 대일평화조약 부속서 제14 3. 인도네시아·네덜란드 간 문화협정 4. 오스트리아 평화협정 조약문 등을 열거함.
주제어 문화재 반환

문서명	1947년 이탈리아 대일평화조약(TREATY OF PEACE WITH ITALY, 1947), 1956년 이탈리아와 에티오피아 간 대일평화조약의 경제, 재정 문제에 관한 규정 및 경제협력을 위한 조약 및 교환공문(AGREEMENT AND EXCHANGE OF NOTES FOR THE REGULATION OF ECONOMIC AND FINANCIAL QUESTIONS UNDER THE TREATY OF PEACE AND FOR THE ECONOMIC COLLABORATION BETWEEN ITALY AND ETHIOPIA, 1956)

문서파일번호 1117
작성연월일 불명
구분 제1~2차 회담 사이
세부항목 문화재 반환 문제
작성처 불명
매수 3
비밀등급 일반
문서종류 내부자료
공개구분 공개
내용 '문화적 세습재산 반환에 관한 선례' 문서의 첨부물. 이탈리아 대일평화조약의 제37조 및 제75조, 이탈리아와 에티오피아 간 대일평화조약 및 경제협력하에 경제재정 문제 합의문의 제6조가 수록된 자료(영문)
주제어 문화재 반환

문서명	부속 XIV 분할된 영토와 관련한 경제 및 재정적 사항에 관한 규정(ANNEX XIV Economic and Financial Provisions Relating to Ceded Territories)

문서파일번호 1117
작성연월일 불명
구분 제1~2차 회담 사이
세부항목 문화재 반환 문제
작성처 불명
매수 1
비밀등급 일반
문서종류 내부자료
공개구분 공개
내용 '문화적 세습재산 반환에 관한 선례' 문서의 첨부물. 이탈리아 대일평화조약 부속서 14의 양도된 영토의 경제적, 재정적 사항에 관한 규정. 4항에 이탈리아는 할양된 지역의 국가에 대해 예술적, 역사적 또는 고고학적 가치가 있는 물건을 돌려줘야 한다는 내용이 수록되어 있음(영문).
주제어 문화재 반환

문서명	1947년 헝가리 대일평화조약(TREATY OF PEACE WITH HUNGARY, 1947)

문서파일번호 1117
작성연월일 불명
구분 제1~2차 회담 사이
세부항목 문화재 반환 문제
작성처 불명
매수 2
비밀등급 일반
문서종류 내부자료
공개구분 공개
내용 '문화적 세습재산 반환에 관한 선례' 문서의 첨부물. 헝가리 대일평화조약 제11조(문화유산의 양도) 전문이 수록되어 있음.
주제어 문화재 반환

문서명	교육교환계획에 대한 자금 공급을 위한 대한민국정부와 미합중국 정부 사이의 협정(教育交換計画に対する資金供給のための大韓民国政府と合衆国政府との間の協定)

문서파일번호 1117
작성연월일 1950. 4. 28
구분 제1~2차 회담 사이
세부항목 문화재 반환 문제
작성처 한국정부, 미국정부
매수 7
비밀등급 일반
문서종류 내부자료
공개구분 공개
내용 '문화적 세습재산 반환에 관한 선례' 문서의 첨부물. 교육교환계획에 대한 자금 공급을 위한 대한민국정부와 미합중국 정부 사이의 협정(영문)
주제어 문화재 반환

문서명	인도네시아와 네덜란드 간 문화협정(CULTURAL AGREEMENT BETWEEN THE REPUBLIC OF THE UNITED STATES OF INDONESIA AND THE KINGDOM OF THE NETHERLANDS)

문서파일번호 1117
작성연월일 1950. 3. 11
구분 제1~2차 회담 사이
세부항목 문화재 반환 문제
작성처 불명
매수 5
비밀등급 일반
문서종류 내부자료
공개구분 공개
내용 '문화적 세습재산 반환에 관한 선례' 문서의 첨부물. 인도네시아와 네덜란드 간 문화협정 조문(영문)
주제어 문화재 반환

문서명	문화재 문제 건(文化財問題に関する件)

문서파일번호 1117
작성연월일 1960. 4. 21
구분 제4~5차 회담 사이
세부항목 문화재 반환 문제
작성처 외무성 북동아시아과
매수 3
비밀등급 비(秘)
문서종류 내부문서
공개구분 공개
내용 문화재 반환에 관한 검토 보고서. 조선에 있는 고적, 고분 등의 발굴자, 시기, 소재에 대해서 문화재보호위원회 사무국 서무과에 조사를 의뢰한 바, 박물관 및 고적연구회 등 공적기관에 의한 것은 조사할 수 있지만 2, 3일을 요하고, 회답이 있는 대로 다시 보고하겠다는 내용이 수록됨.
주제어 문화재 반환

문서명	문화재 양도에 관한 실례 조사 훈령 건(文化財の引渡しに関する実例調査方訓令の件)

문서파일번호 1117
작성연월일 1960. 4. 20
구분 제4~5차 회담 사이
세부항목 문화재 반환 문제
작성처 외무성 북동아시아과
매수 3
비밀등급 비(秘)
문서종류 전문(電文)
공개구분 공개
내용 한일회담 재개를 앞두고 문화재 양도 문제와 관련하여 주인도, 미얀마, 실론, 파키스탄, 말라야 대사관에 실례를 조사하라고 지시한 전문
주제어 문화재 반환

문서명	문화재 양도에 관한 실례 조사 훈령 건(文化財の引渡しに関する実例調査訓令方の件)

문서파일번호 1117
작성연월일 1960. 4. 20
구분 제4~5차 회담 사이
세부항목 문화재 반환 문제
작성처 외무성 북동아시아과
매수 2
비밀등급 비(秘)
문서종류 전문(電文)
공개구분 공개
내용 문화재 양도에 관해 조사 가능한 사례를 찾아보도록 주영국대사에 보낸 전문
주제어 문화재 반환

문서명	영국·인도·파키스탄 간 문화재 반환 교섭 건(英、印、パ間文化財返還交渉に関する件)

문서파일번호 1117
작성연월일 1960. 4. 23
구분 제4~5차 회담 사이
세부항목 문화재 반환 문제, 주파키스탄대사 보고
작성처 주파키스탄대사
매수 2
비밀등급 비(秘)
문서종류 전문(電文)
공개구분 공개
내용 주파키스탄(카라치)대사가 인도와 파키스탄 독립 이후 영국이 대가 지불 없이 가져간 문화재를 둘러싼 움직임에 대해 보고한 전문
주제어 문화재 반환

문서명	문화재 양도에 관한 실례 조사 건(文化財の引渡しに関する実例調査の件)

문서파일번호 1117
작성연월일 1960. 4. 26
구분 제4~5차 회담 사이
세부항목 문화재 반환 문제, 주말레이시아대사 보고
작성처 주말레이시아대사
매수 1
비밀등급 비(秘)
문서종류 전문(電文)
공개구분 공개
내용 주말레이시아대사의 전문 보고. 문화재 양도에 관한 선례는 없으며, 영국이 독립 이후 말라야 연방에 함선, 항공기, 해군 건설 보조비, 육군 건설 보조비를 지원했다고 보고함.
주제어 문화재 반환

문서명	문화재 양도에 관한 실례 조사 건(文化財の引渡しに関する実例調査方の件)

문서파일번호 1117
작성연월일 1960. 5. 6
구분 제4~5차 회담 사이
세부항목 문화재 반환 문제, 주미얀마대사 보고
작성처 주미얀마대사
매수 2
비밀등급 비(秘)
문서종류 전문(電文)
공개구분 공개
내용 미얀마의 독립 이후 영국과 미얀마의 문화재 반환 움직임(선례 없음)에 대한 주미얀마대사 보고 전문
주제어 문화재 반환

문서명	문화재 양도에 관한 실례 조사 건(文化財の引渡しに関する実例調査の件)

문서파일번호 1117
작성연월일 1960. 5. 18
구분 제4~5차 회담 사이
세부항목 문화재 반환 문제, 주스리랑카대사 보고
작성처 주스리랑카대사
매수 1
비밀등급 비(秘)
문서종류 전문(電文)
공개구분 공개
내용 영국과 스리랑카 간 문화재 반환 움직임(선례 없음)에 관한 주스리랑카대사 보고 전문
주제어 문화재 반환

문서명	문화재 인도에 관한 실례 조사 건(文化財の引渡しに関する実例調査の件)

문서파일번호 1117
작성연월일 1960. 6. 7
구분 제4~5차 회담 사이
세부항목 문화재 반환 문제, 주영국대사 보고
작성처 주영국대사
매수 2
비밀등급 비(秘)
문서종류 전문(電文)
공개구분 공개
내용 주영국대사의 문화재 반환 관련 전문 보고. 영국 외무성에 의하면 문화재 반환을 위한 양자 간 협정은 존재하지 않으며 선례가 너무 많아서 일괄적으로 정리할 수 없다고 함.
주제어 문화재 반환

문서명	문화재 반환 건(文化財返還に関する件)

문서파일번호 1117
작성연월일 1960. 6. 18
구분 제4~5차 회담 사이
세부항목 문화재 반환 문제, 주스리랑카대사 보고
작성처 주스리랑카대사
매수 3
비밀등급 비(秘)
문서종류 공문
공개구분 공개
내용 주스리랑카대사의 스리랑카·영국 간 타라 여신상 반환을 둘러싼 교섭 과정 보고 공문(스리랑카 외무성이 주스리랑카 일본대사관에 보낸 외교공한 첨부)
주제어 문화재 반환

문서명	문화재 인도 건(文化財引渡しに関する件)

문서파일번호 1117
작성연월일 1960. 7. 23
구분 제4~5차 회담 사이
세부항목 문화재 반환 문제, 주인도대사 보고
작성처 주인도대사
매수 2
비밀등급 비(秘)
문서종류 전문(電文)
공개구분 공개
내용 인도와 영국 간 문화재 반환 상황에 관한 주인도대사 보고 전문. 영국 소재 인도관리도서관(Indian Officer Library)의 인도 반환과 관련한 교섭이 진행 중이나 그 결과에 관한 코멘트를 하기는 시기상조이며, 영국의 개인이나 박물관 차원에서 자발적으로 미술품을 인도에 기증하는 예는 있다 함.
주제어 문화재 반환

문서명	인도네시아·네덜란드의 문화협정 건(インドネシア、オランダ間の文化協定に関する件)

문서파일번호 1117
작성연월일 1961. 1. 12
구분 제6차 회담
세부항목 문화재 반환 문제, 주네덜란드대사 보고
작성처 주네덜란드대사
매수 2
비밀등급 비(秘)
문서종류 전문(電文)
공개구분 공개
내용 인도네시아, 네덜란드의 문화협정의 비준, 폐기 과정에 대한 설명과 함께 협정 폐기로 인해 문화재 이양이 이루어지지 않았다는 내용의 주네덜란드대사 보고 전문
주제어 문화재 반환

문서명	인도네시아·네덜란드의 문화협정 건(インドネシア、オランダ間の文化協定に関する件)

문서파일번호 1117
작성연월일 1961. 12. 13
구분 제6차 회담
세부항목 문화재 반환 문제
작성처 외무성 북동아시아과
매수 2
비밀등급 일반
문서종류 전문(電文)
공개구분 공개
내용 한일회담의 문화재 반환 문제 교섭에 참고하기 위해 인도네시아·네덜란드 간 문화협정의 문화재 이양에 관한 규정(제19조)에 의거, 문화재 이양이 이루어졌는지와 이양된 문화재의 내용에 대해 조사하라고 지시하는 전문
주제어 문화재 반환

문서명	인도네시아·네덜란드의 문화협정 건(インドネシア、オランダ間の文化協定に関する件)

문서파일번호 1117
작성연월일 1961. 12. 20
구분 제6차 회담
세부항목 문화재 반환 문제, 주인도네시아대사 보고
작성처 주인도네시아대사
매수 1
비밀등급 비(秘)
문서종류 전문(電文)
공개구분 공개
내용 인도네시아, 네덜란드의 문화협정에 의해 아직 문화재가 이양되지 않았다는 주인도네시아대사의 보고 전문
주제어 문화재 반환

문서명	네덜란드·인도네시아 간 문화재 이양 건(オランダ、インドネシア間文化財移譲に関する件)

문서파일번호 1117
작성연월일 1961. 12. 29
구분 제6차 회담
세부항목 문화재 반환 문제, 주네덜란드대사 보고
작성처 주네덜란드대사
매수 1
비밀등급 비(秘)
문서종류 공문
공개구분 공개
내용 인도네시아, 네덜란드의 문화협정에 의해 약간의 문화재가 이양되었으나 이양 시기에 대해서는 조사에 시간이 필요하다고 보고하는 주네덜란드대사의 공문
주제어 문화재 반환

문서명	네덜란드·인도네시아 간 문화재 이양 건(オランダ、インドネシア間文化財移譲に関する件)

문서파일번호 1117
작성연월일 1962. 1. 11
구분 제6차 회담
세부항목 문화재 반환 문제, 주네덜란드대사 보고
작성처 주네덜란드대사
매수 8
비밀등급 비(秘)
문서종류 공문
공개구분 공개
내용 네덜란드와 인도네시아 간에 조인된 문화재협정 의정서 텍스트를 송부하는 주네덜란드대사 공문(의정서 첨부)
주제어 문화재 반환

문서명	아시아 지역, 유네스코 내 국내위원회 대표자 회의에서 문화재 문제의 결의 건 (アジア地域、ユネスコ内委員会代表者会議における文化財問題の決議に関する件)

문서파일번호	1117
작성연월일	1952. 3. 22(문서상의 작성일자는 오기로 추정됨)
구분	제3~4차 회담 사이
세부항목	문화재 반환 문제
작성처	외무성 북동아시아과
매수	5
비밀등급	일반
문서종류	내부문서
공개구분	공개
내용	1956년 2월 28일부터 5일간 도쿄에서 개최된 아시아 지역 유네스코 국내위원회 대표자 회의에서 문화재 문제가 결의된 경위와 의제 등에 대해서 정리한 문서
주제어	문화재 반환

문서명	문화재 인도 선례 조사 건(文化財の引渡しの先例調査の件)

문서파일번호	1117
작성연월일	1963. 7. 10
구분	제6차 회담
세부항목	문화재 반환 문제
작성처	외무성 북동아시아과
매수	2
비밀등급	비(秘)
문서종류	전문(電文)
공개구분	일부 비공개
내용	한일회담에서 문화재위원회 한국대표가 대영박물관이 그리스 콜렉션을 반환할 의향을 밝혔다고 발언한 것에 대해 주영국 및 그리스대사에게 사실관계 파악을 지시한 전문
주제어	문화재 반환

문서명	문화재 인도 선례 조사 건(文化財の引渡しの先例調査の件)

문서파일번호 1117
작성연월일 1963. 7. 10
구분 제6차 회담
세부항목 문화재 반환 문제
작성처 외무성 북동아시아과
매수 2
비밀등급 비(秘)
문서종류 전문(電文)
공개구분 일부 비공개
내용 한일회담에서 문화재위원회 한국대표가 벨기에가 콩고의 문화재를 반환할 의향을 밝혔다고 발언한 것에 대해 주벨기에 및 콩고대사에게 사실관계 파악을 지시한 전문
주제어 문화재 반환

문서명	문화재 인도 선례 조사 건(文化財の引渡しの先例調査の件)

문서파일번호 1117
작성연월일 1963. 7. 11
구분 제6차 회담
세부항목 문화재 반환 문제, 주영국대사 보고
작성처 주영국대사
매수 1
비밀등급 비(秘)
문서종류 전문(電文)
공개구분 공개
내용 대영박물관에 조회하여 그리스 콜렉션 반환 의향은 없다는 것을 확인했다고 보고한 주영국대사 전문
주제어 문화재 반환

문서명	문화재 인도 선례 조사 건(文化財の引渡しの先例調査の件)

문서파일번호 1117
작성연월일 1963. 7. 12
구분 제6차 회담
세부항목 문화재 반환 문제, 주그리스대사 보고
작성처 주그리스대사
매수 3
비밀등급 비(秘)
문서종류 전문(電文)
공개구분 공개
내용 대영 박물관의 그리스 콜렉션에 대해 그리스가 반환요구를 할 수 없으며 대영박물관이 수탁자로 명시되어 있다고 보고한 주그리스대사 전문
주제어 문화재 반환

문서명	문화재 인도 선례 조사 건(文化財の引渡しの先例調査の件)

문서파일번호 1117
작성연월일 1963. 7. 12
구분 제6차 회담
세부항목 문화재 반환 문제, 주벨기에대사 보고
작성처 주벨기에대사
매수 2
비밀등급 비(秘)
문서종류 전문(電文)
공개구분 공개
내용 벨기에 외무성의 콩고 담당관에게 문화재 반환에 대한 사실관계를 조사하여 보고한 주벨기에대사 전문. 콩고가 벨기에에 반출된 문화재의 반환을 요구하고 있는 것은 사실(독립이후 양국 현안)이나 양국 간 재정 문제의 극히 일부로서 검토되고 있는 사안임.
주제어 문화재 반환

문서명	문화재 인도 선례 조사 건(文化財の引渡しの先例調査の件)

문서파일번호	1117
작성연월일	1963. 7. 17
구분	제6차 회담
세부항목	문화재 반환 문제, 주콩고대사 보고
작성처	주콩고대사
매수	2
비밀등급	비(秘)
문서종류	전문(電文)
공개구분	공개
내용	주콩고대사의 문화재 반환 관련 전문 보고. 콩고 측이 벨기에 소재 중앙아프리카 박물관에 소장되어 있는 레오포르트 2세 콜렉션의 반환을 희망한다는 언론 보도가 있었으나 벨기에정부는 지금까지 동 건과 관련하여 어떠한 태도도 표명하지 않고 있음.
주제어	문화재 반환

일본국과 대한민국간의 문화상의 협력에 관한 합의문서(日本国と大韓民国との間の文化上の協力に関する合意文書)

문서파일번호	460
작성연월일	1962. 3. 7 - 1965. 6. 15
구분	제6~7차 회담
세부항목	문화협력에 관한 협정, 부속문서
작성처	외무성
매수	3
비밀등급	
문서종류	의정서안, 협정안
공개구분	공개
내용	1962년 3월 7일에 작성된 한일 문화상의 협력에 관한 의정서 1차안, 1965년 6월 15일 작성된 문화상의 협력에 관한 협정안, 1962년 12월 작성된 문화상의 협력에 관한 의정서 요강안 등이 수록됨.
주제어	문화재·문화협력

문서명	일본국과 대한민국 문화상 협력에 관한 의정서(제1차안) [日本国と大韓民国との間の文化上の協力に関する議定書(第1次案)]

문서파일번호 460
작성연월일 1962. 3. 7
구분 제6차 회담
세부항목 문화협력에 관한 의정서안
작성처 외무성
매수 3
비밀등급 극비
문서종류 의정서안
공개구분 공개
내용 한일 문화상의 협력에 관한 의정서 1차안. 총 4개 조문으로 일본정부 소유 문화재의 기증, 자국 자료편집시설 보유 문화재 연구에 대한 편의 제공, 비준으로 구성
주제어 문화재 · 문화협력

문서명	문화상의 협력에 관한 일본국과 대한민국의 협정(안) [文化上の協力に関する日本国と大韓民国との間の協定(案)]

문서파일번호 460
작성연월일 1965. 6. 15
구분 제7차 회담
세부항목 문화협력에 관한 협정안
작성처 외무성
매수 6
비밀등급 극비
문서종류 협정안
공개구분 공개
내용 문화상의 협력에 관한 한일 간 협정안. 문화, 학술, 과학, 기술, 예술, 교육 및 스포츠 분야에서 양국 국민간의 협력, 일본정부 소유 문화재의 양도, 자국 자료편집시설 이용에 대한 편의 제공, 비준 등의 총 4개 조문으로 구성
주제어 문화재 · 문화협력

문서명	일본국과 대한민국 문화상 협력에 관한 의정서 요강안[日本国政府と大韓民国政府との間の文化上の協力に関する議定書要綱(案)]

문서파일번호 460
작성연월일 1962. 12. 26
구분 제6차 회담
세부항목 문화협력에 관한 의정서 요강안
작성처 외무성
매수 2
비밀등급 극비
문서종류 의정서 요강안
공개구분 공개
내용 한일 간 문화상의 협력에 관한 의정서 요강안. 동년 3월 7일 자 의정서와 유사한 내용이나, 비준 부분이 생략되어 있음. 제6차 한일회담 예비교섭 제21회 회의에서 일본이 제시한 것임.
주제어 문화재 · 문화협력

문서명	문화재 및 문화협력에 관한 일본국과 대한민국의 협정에 대해 합의된 의사록(文化財及び文化協力に関する日本国と大韓民国との間の協定についての合意された議事録)

문서파일번호 460
작성연월일 1962(월일 불명)
구분 제7차 회담
세부항목 문화협력에 관한 합의의사록
작성처 외무성
매수 1
비밀등급 극비
문서종류 합의의사록
공개구분 공개
내용 문화재 및 문화협력 협정에 관해 합의된 의사록. 일본정부가 한국정부에게 양도한 문화재가 양국 문화협력관계 발전에 기여하는 방식으로 다뤄지며 일본국민의 문화재 기증이 문화협력 증진에 기여하는 것으로 환영한다는 취지 등 언급
주제어 문화재 · 문화협력

문화재 반환에 관한 한국 언론 보도
(文化財返還に關する韓國言論報道)

문서파일번호	598
작성연월일	1963. 2. 20 - 1964. 4. 7
구분	제6차 회담
세부항목	문화재 반환 언론 보도
작성처	외무성 북동아시아과
매수	54
비밀등급	
문서종류	내부자료
공개구분	공개
내용	일본의 한국문화재 반환과 관련하여 한국 언론에 보도된 기사 및 기고문 모음
주제어	문화재 반환

문서명	돌아올 한국 문화재 「조선일보」 4월 12일(戻ってくるであろう韓国文化財「朝鮮日報」4月12日)

문서파일번호 598
작성연월일 1963. 4. 12
구분 제6차 회담
세부항목 문화재 반환 한국 언론 보도
작성처 외무성 북동아시아과
매수 3
비밀등급 비(秘)
문서종류 내부자료
공개구분 공개
내용 1963년 4월 12일 자 조선일보 기사. 과거와 달리 일본이 한국이 제출한 반환문화재 목록을 성의를 가지고 정식으로 접수하였다는 이홍식 문화재소위원회 대표의 언급 등이 포함됨.
주제어 문화재 반환

문서명	이홍식 집필 '한일회담과 문화재 반환 문제: 그 경위의 진상과 일본의 야심'(한국잡지 『신세계』 1963년 2월호에서 번역)[李弘植執筆「日韓会談と文化財返還問題－その経緯の真相と日本側の野心－」(韓国雑誌『新世界』1963年2月号から翻訳)]

문서파일번호 598
작성연월일 1963. 2. 20
구분 제6차 회담
세부항목 문화재 반환 한국 언론 보도
작성처 외무성 북동아시아과
매수 35
비밀등급 비(秘)
문서종류 내부자료
공개구분 공개
내용 문화재소위원회 한국 위원인 이홍식 대표가 집필한 글로, 한일교섭 경위, 한국문화재 반출과 관련된 자료 등에 관한 내용이 수록되어 있음.
주제어 문화재 반환

문서명	문화재 문제에 관한 한국 신문 기사(文化財問題に関する韓国紙記事)

문서파일번호	598
작성연월일	1964. 4. 7
구분	제6차 회담
세부항목	문화재 반환 한국 언론 보도
작성처	외무성 북동아시아과
매수	16
비밀등급	일반
문서종류	내부자료
공개구분	공개
내용	1963년 한국일보, 3월 30일 서울신문, 4월 1일 한국일보 기사 내용이 번역됨.
주제어	문화재 반환

재개 제6차 한일회담 문화재 소위원회 제1회 회의
(再開第6次日韓全面会談文化財小委員会第1回会合)

문서파일번호	450
문서명	재개 제6차 한일회담 문화재 소위원회 제1회 회의(再開第6次日韓全面会談文化財小委員会第1回会合)
작성연월일	1964. 3. 21
구분	제6차 회담(재개) 문화재소위원회 제1회 회의
세부항목	
작성처	외무성 북동아시아과
매수	6
비밀등급	극비
문서종류	회의록
공개구분	공개
내용	재개 제6차 한일회담 문화재소위원회 제1회 회의기록. 일본은 동 문제를 문화협력의 일환으로서 해결할 방침임을 밝힌 데 대하여 한국은 결국은 그렇게 될 것이라고 답변하면서도 일본이 기증할 구체적인 품목을 제시할 것을 요구함.
주제어	문화재 반환

제10부

어업 관련 자료
(1961~1964)

직선기선 획정 방법에 관한 회의
(直線基線の引き方に関する会議)

문서파일번호	808
문서명	직선기선 획정 방법에 관한 회의(直線基線の引き方に関する会議)
작성연월일	1961. 9. 28
구분	제5~6차 회담 사이 어업 수역 기선 획정 관련 일본내부회의
세부항목	
작성처	외무성 북동아시아과
매수	4
비밀등급	비(秘)
문서종류	회의록
공개구분	공개
내용	어업 문제 중 기선 획정 문제에 관한 일본정부의 입장을 정리하기 위해 외무성, 해상보안청 등 관계 기관이 개최한 1961년 9월 28일 내부 회의기록
주제어	어업, 기선

직선기선 획선을 위한 실무그룹회의
(直線基線を引く作業会について)

문서파일번호	809
작성연월일	1961. 10. 7 - 1961. 10. 23
구분	제5~6차 회담 사이 기선획정 실무그룹회의
세부항목	
작성처	외무성, 수산청
매수	10
비밀등급	
문서종류	회의록, 내부자료
공개구분	공개
내용	한일 간 어업수역의 기선 획정을 위한 일본 실무그룹(working group) 회의기록 및 관련자료
주제어	어업, 기선

문서명	직선기선을 긋는 실무그룹에 대하여(直線基線を引く作業会について)

문서파일번호 809
작성연월일 1961. 10. 7
구분 제5~6차 회담 사이
세부항목 기선획정 작업회
작성처 외무성 북동아시아과
매수 3
비밀등급 비(秘)
문서종류 회의록
공개구분 공개
내용 외무성, 해상보안청, 수산청관계자들이 모여 어업수역 확정을 위한 한반도 주변 기선 설정 작업과 관련하여 진행한 회의기록. 제1안(영해 6해리, 전관수역 12해리)을 작성
주제어 어업, 기선 획정

문서명	내수 면적, 기선장 및 그 비율(内水面積·基線長およびその比率)

문서파일번호 809
작성연월일 1961. 10. 18
구분 제5~6차 회담 사이
세부항목 기선획정 작업회
작성처 수산청
매수 1
비밀등급 일반
문서종류 내부자료
공개구분 공개
내용 한국의 직선기선 설정을 위해 4개의 구역으로 나누어 A, B, C 3개의 기점에서 기선을 그을 경우 내수면적, 기선의 길이 및 그 비율을 산정한 자료
주제어 어업, 기선 획정

문서명	내수, 면적, 기선길이 및 그 비율(내만을 제외한 것) [内水面積·基線長およびその比率(内湾を控除したもの)]

문서파일번호 809
작성연월일 1961. 10. 23
구분 제5~6차 회담 사이
세부항목 기선획정 작업회
작성처 수산청
매수 1
비밀등급 일반
문서종류 내부자료
공개구분 공개
내용 한국의 직선기선 설정을 위한 4개 구역 기선 길이, 면적 및 기선 길이를 산정한 자료(내만 제외)
주제어 어업

문서명	한국직선기선용 기점 위치(韓国直線基線用基点位置)

문서파일번호 809
작성연월일 1961(월일 불명)
구분 제5~6차 회담 사이
세부항목 기선획정 작업회
작성처 외무성
매수 3
비밀등급 일반
문서종류 내부자료
공개구분 공개
내용 한국의 어업수역 직선기선용 기점 위치를 정리한 자료
주제어 어업

문서명	한국 직선기선용 기점 위치 등(韓国直線基線用基点位置etc)

문서파일번호 809
작성연월일 1961. 12(일자 불명)
구분 제5~6차 회담 사이
세부항목 기선획정 작업회
작성처 불명
매수 2
비밀등급 일반
문서종류 내부자료
공개구분 공개
내용 한국의 직선기선용 기점 위치, 기선 길이, 해안거리 등을 정리한 자료
주제어 어업

한국에 나포된 어선에 대한 국가의 구제조치
(韓国に拿捕された漁船に対する国の救済措置)

문서파일번호	810
작성연월일	1961. 10. 23
구분	제6차 회담
세부항목	나포 일본어선에 대한 일본정부 구제조치
작성처	불명
매수	2
비밀등급	
문서종류	내부자료
공개구분	공개
내용	한국에 나포된 어선에 대한 일본의 구제조치 내용을 적은 문서와 연도별 나포 어선 척수 및 인원 표
주제어	어업, 일본어선 나포

문서명	한국에 나포된 어선에 대한 국가의 구제조치에 대하여(1961년 10월 23일)[韓国に拿捕された漁船に対する国の救済措置について(昭和36年10月23日)]

문서파일번호 810
작성연월일 1961. 10. 23
구분 제6차 회담
세부항목 나포 일본어선에 대한 일본정부 구제조치
작성처 불명
매수 1
비밀등급 일반
문서종류 내부자료
공개구분 공개
내용 한국에 나포된 어선 피해에 대해 일본정부가 취한 구제 조치 등을 구체적인 수치로 정리한 문서
주제어 어업, 일본어선 나포

문서명	한국에 나포된 어선의 연도별 척 수 인원표(韓国に拿捕された漁船の年別隻数、人員表)

문서파일번호 810
작성연월일 1961. 10. 23
구분 제6차 회담
세부항목 나포 일본어선에 대한 일본정부 구제조치
작성처 불명
매수 1
비밀등급 일반
문서종류 내부자료
공개구분 공개
내용 한국에 나포된 어선, 어민 중의 귀환자, 미귀환자, 사망자 등 일람표
주제어 어업, 일본어선 나포

한일회담 어업 문제에 대한 고찰(미정고)
[日韓会談 漁業問題についての一考察(未決定)]

문서파일번호	812
문서명	한일회담 어업 문제에 대한 고찰(미정고)[日韓会談 漁業問題についての一考察(未決定)]
작성연월일	1962. 1. 12
구분	제6차 회담
세부항목	일본의 어업교섭 대책
작성처	외무성 북동아시아과
매수	12
비밀등급	극비
문서종류	내부문서
공개구분	공개
내용	제6차 회담의 한일어업교섭이 진행되고 있는 가운데, 제5차 회담까지의 교섭 경과(일본은 잠정어업협정안의 골자 제시, 한국은 어업 문제의 해결책에 관해서는 입장표명을 유보한 채, 자원론에 관한 논의를 주장)와 한국 입장을 고려한 향후 교섭 대책을 정리한 문서
주제어	어업

현 단계에서의 한일회담 어업위 대책 건
(現段階における日韓会談漁業委対策に関する件)

문서파일번호	813
문서명	현 단계에서의 한일회담 어업위 대책 건(現段階における日韓会談漁業委対策に関する件)
작성연월일	1962. 1. 24
구분	제6차 회담
세부항목	일본의 어업교섭 대책
작성처	외무성 우야마(宇山)
매수	5
비밀등급	극비
문서종류	내부문서
공개구분	공개
내용	외무성 우야마 참사관이 어업교섭 관련 1962년 1월 24일 수산청 무라타 도요소(村田豊三) 차장 협의에서 도출한 결론을 기술한 문서. 한국이 자원론 논의를 주장하는 의도(자원론 논의를 통해 어업협정에 제한조치의 확대를 포함시키고자 하는 의도)를 분석한 후, 자원론 논의만으로는 일본이 원하는 어업협정 체결을 통한 '이라인' 무력화, 폐지는 어렵기 때문에 어업 문제를 청구권 문제와 연계시켜 일본에 유리한 해결책을 도모해야 한다는 내용이 담김.
주제어	어업

한일회담 어업교섭의 향후 진행 방법에 대해서(논의용 자료)[日韓会談における漁業交渉の今後の進め方について(討議用資料)]

문서파일번호	814
문서명	한일회담 어업교섭의 향후 진행 방법에 대해서(논의용 자료)[日韓会談における漁業交渉の今後の進め方について(討議用資料)]
작성연월일	1962. 2. 22
구분	제6차 회담
세부항목	일본의 어업교섭 대책
작성처	외무성 북동아시아과
매수	9
비밀등급	극비
문서종류	내부문서
공개구분	공개
내용	향후 어업교섭의 진행에 관한 일본 입장을 정리한 논의용 자료. 한국이 '이 라인'의 유지를 주장하는 이유는 어업기술력이 떨어지기 때문에 우선적 어업권을 갖는 구역을 확보하기 위한 것이므로, 이러한 한국 입장을 어느 정도 수용할 수 있는 어업협정안을 준비할 필요가 있음.
주제어	어업

한일어업공동위원회의 대상수역(안)
[日韓漁業共同委員会の対象水域(案)]

문서파일번호	815
문서명	한일어업공동위원회의 대상수역(안)[日韓漁業共同委員会の対象水域(案)]
작성연월일	1962. 2. 27
구분	제6차 회담
세부항목	일본의 어업교섭 대책
작성처	외무성 조약국 법규과
매수	3
비밀등급	극비
문서종류	내부문서
공개구분	공개
내용	어업 문제와 관련해 향후 설치할 한일어업공동위원회의 대상수역 설정 문제점을 검토한 조약국 문서. 대상수역은 추상적으로 규정할 것, 양 체약국이 공통의 이해관계를 갖는 어족자원이 분포해 있는 양국의 주변수역으로 하는 것이 좋다는 의견이 담김.
주제어	어업

어업방침 사전협의
(漁業方針打合わせ)

문서파일번호	816
작성연월일	1962. 3. 1 - 1962. 3. 16
구분	제6차 회담
세부항목	일본의 어업교섭 대책
작성처	외무성
매수	55
비밀등급	
문서종류	회의록, 내부문서
공개구분	공개
내용	한일어업교섭과 관련한 일본 내부 협의 및 협정안 논의 자료 등을 모은 문서
주제어	어업

문서명	어업방침 내부 협의(漁業方針打合わせ)

문서파일번호 816
작성연월일 1962. 3. 1
구분 제6차 회담
세부항목 일본의 어업교섭 대책 사전협의
작성처 외무성 북동아시아과
매수 2
비밀등급 극비
문서종류 회의록
공개구분 공개
내용 어업교섭을 위한 외무성 내부(북동아과, 법규과)협의 기록. 영해 3해리 또는 6해리 설정 방침에 대해 논의함.
주제어 어업

문서명	한일어업협정 최종안의 골자(日韓漁業協力最終案の骨子)

문서파일번호 816
작성연월일 1962. 2. 24
구분 제6차 회담
세부항목 일본의 어업교섭 대책, 어업협정안 골자
작성처 외무성 조약국 법규과
매수 8
비밀등급 극비
문서종류 내부문서
공개구분 공개
내용 조약국에서 한국과의 교섭을 위해 일본정부의 최종 타협안 골자를 정리한 내부문서. 영해 3해리 또는 6해리를 기본 방침으로 함.
주제어 어업

문서명	한일회담에서 처음에 제안해야 할 어업협정안에 대하여(논의용 자료)[日韓会談において当初提案すべき漁業協定案について(討議用資料)]

문서파일번호 816
작성연월일 1962. 2. 28
구분 제6차 회담
세부항목 일본의 어업교섭 대책, 어업협정안 핵심내용
작성처 외무성 북동아시아과
매수 2
비밀등급 극비
문서종류 내부문서
공개구분 공개
내용 1965년 1월 31일 한일어업위원회 양측 수석위원 비공식회의에서 3월 15일 까지 양측이 협정문안을 교환할 수 있도록 준비하자는 데 합의함에 따라, 일본정부가 제출할 협정안의 핵심 내용을 정리한 문서
주제어 어업

문서명	어업방침 내부 협의(漁業方針打合わせ)

문서파일번호 816
작성연월일 1962. 3. 6
구분 제6차 회담
세부항목 일본의 어업교섭 대책
작성처 외무성 북동아시아과
매수 4
비밀등급 극비
문서종류 회의록
공개구분 공개
내용 1962년 2월 24일 자 한일어업협정 최종안의 골자(법규과 작성)를 바탕으로 그 실현 방안을 논의한 1962년 3월 6일 외무성 내부 협의 기록. 외무성은 영해 3해리 또는 6해리 설정 방침을 재확인하고 수산청과 협의하기로 함.
주제어 어업

문서명	한일어업 문제 해결책에 관한 사전 협의에 대하여(日韓漁業問題の解決策に関する打合せについて)

문서파일번호 816
작성연월일 1962. 3. 10
구분 제6차 회담
세부항목 일본의 어업교섭 대책, 사전협의
작성처 외무성 북동아시아과
매수 10
비밀등급 극비
문서종류 회의록
공개구분 공개
내용 한국과의 어업 문제 해결책 관련, 1962년 3월 9일 개최된 외무성과 수산청 협의 기록. 영해 3해리 또는 6해리 설정 방침을 중심으로 질의응답이 진행됨.
주제어 어업

문서명	한일회담에서 어업교섭의 향후 진행 방법에 대하여[日韓会談における漁業交渉の今後の進め方について(案)]

문서파일번호 816
작성연월일 1962. 3. 8
구분 제6차 회담
세부항목 일본의 어업교섭 향후 진행 방법
작성처 외무성
매수 6
비밀등급 극비
문서종류 내부문서
공개구분 공개
내용 외무성이 작성한 한일회담 어업교섭의 향후 진행방안안. 한국과의 어업교섭 진전을 위해 국제적 추세를 배경으로 영해 3해리 또는 6해리 설정을 허용할 방침임을 밝히고 있음.
주제어 어업

문서명	한국이 한국 주변수역의 어업에 대하여 자제 방식의 적용을 주장하는 경우의 반론에 대하여(韓国側が韓国周辺水域の漁業に対しAbstention方式の適用を主張した場合の反論について)

문서파일번호 816
작성연월일 1962. 3. 10
구분 제6차 회담
세부항목 일본의 어업교섭 대책, 어업수역
작성처 외무성 조약국 법규과
매수 5
문서종류 내부문서
비밀등급 극비
공개구분 공개
내용 한일어업교섭에서 한국정부가 한국 주변수역의 어업에 대하여 자제(Abstention) 방식의 적용을 주장할 것에 대비, 그것을 거부하기 위한 일본의 논리를 정리
주제어 어업

문서명	한일어업 문제의 해결책에 관한 협의에 대하여(日韓漁業問題の解決策に関する打合せについて)

문서파일번호 816
작성연월일 1962. 3. 13
구분 제6차 회담
세부항목 일본의 어업교섭 대책, 사전협의
작성처 외무성 북동아시아과
매수 8
비밀등급 극비
문서종류 회의록
공개구분 공개
내용 한일어업 문제의 해결책에 관한 외무성과 수산청 협의 기록. 협정안 제시 시기, 어업공동위원회 담당 수역, 자제(Abstention) 방식의 거부 등에 관해 협의
주제어 어업

문서명	한일어업 문제에 관한 성내 협의에 대하여(日韓漁業問題に関する省内打合せについて)

문서파일번호 816
작성연월일 1962. 3. 16
구분 제6차 회담
세부항목 일본의 어업교섭 대책, 내부 협의
작성처 외무성 북동아시아과
매수 3
비밀등급
문서종류 회의록
공개구분 공개
내용 어업 관련 수산청에 제시할 일본안을 검토한 외무성 내부 회의기록. 한국 남해에 직선기선을 적용하는 문제, 3해리의 전관수역과 6해리의 전관수역 문제를 내부적으로 검토함.
주제어 어업

문서명	한일어업협정 당초안 골자(논의용자료)[日韓漁業協定当初案骨子(討議用資料)]

문서파일번호 816
작성연월일 1962. 3. 1
구분 제6차 회담
세부항목 일본의 어업교섭 대책, 어업협정안 골자
작성처 외무성 조약국 법규과
매수 2
비밀등급 극비
문서종류 내부문서
공개구분 공개
내용 조약국이 정리한 한국에 제출할 협정안의 핵심 내용. 영해 3해리 또는 6해리 설정, 어업공동위원회 설치, 단속의 기국주의, 분쟁 대처 방안 등이 규정됨.
주제어 어업

문서명	한일회담에서 처음에 제안해야 할 어업협정안에 대하여(논의용 자료)[日韓会談において当初提案すべき漁業協定案について(討議用資料)]

문서파일번호 816
작성연월일 1962. 3. 12
구분 제6차 회담
세부항목 일본의 어업교섭 대책, 어업협정안 핵심내용
작성처 외무성 북동아시아과
매수 2
비밀등급 극비
문서종류 내부문서
공개구분 공개
내용 북동아과가 작성한 한국에 제출할 협정안의 핵심 내용. 제안의 의미, 구체적인 타협점
주제어 어업

문서명	한일어업협정 당초안 골자(논의용자료)[日韓漁業協定当初案骨子(討議用資料)]

문서파일번호 816
작성연월일 1962. 3. 16
구분 제6차 회담
세부항목 일본의 어업교섭 대책, 어업협정안 골자
작성처 외무성
매수 3
비밀등급 극비
문서종류 내부문서
공개구분 공개
내용 일본이 한국에 제출할 한일어업협정안 골자. 협정의 적용수역, 영해 12해리 내 어업전관수역 설정, 향후 10년간 6해리에서 12해리의 수역에서 일본어선의 조업허용, 어업공동위원회 설치, 공해 상에서의 관할권 등 명기
주제어 어업

한일어업조약의 문제점
(日韓漁業条約の問題点)

문서파일번호	817
문서명	한일어업조약의 문제점(日韓漁業条約の問題点)
작성연월일	1962. 3. 16
구분	제6차 회담
세부항목	일본의 어업교섭 대책
작성처	수산청
매수	6
비밀등급	일반
문서종류	내부문서
공개구분	공개
내용	한국 주장 어업전관수역을 인정할 경우 일본의 교섭방침에 대해 몇 가지 문제점을 지적하는 수산청 검토의견
주제이	어업

한국에 나포된 일본어선에 대해서
(韓国側に拿捕された日本漁船について)

문서파일번호	818
문서명	한국에 나포된 일본어선에 대해서(韓国側に拿捕された日本漁船について)
작성연월일	1962. 8. 31
구분	제6차 회담
세부항목	나포 일본어선 미귀환 현황
작성처	외무성 북동아시아과
매수	11
비밀등급	극비
문서종류	내부문서
공개구분	공개
내용	1962년 8월 31일 현재 한국에 나포되어 미귀환상태인 일본 어선 수와 배의 톤수, 손해액을 정리한 문서
주제어	어업, 어선 나포

한국이 만든 어업 문제에 관한 한일 쌍방 주장 요약(1962년 9월 10일 한국대표부에서 지참)[韓国側作製による漁業問題に関する日韓双方の主張の要約(昭和37年9月10日日韓代表部より持参)]

문서파일번호	819
문서명	한국이 만든 어업 문제에 관한 한일 쌍방 주장 요약(1962년 9월 10일 한국대표부에서 지참)[韓国側作製による漁業問題に関する日韓双方の主張の要約(昭和37年9月10日日韓代表部より持参)]
작성연월일	1962. 9. 10
구분	제6차 회담
세부항목	어업 문제에 관한 한일 입장(한국작성)
작성처	한국대표부(일본 가역)
매수	13
비밀등급	극비
문서종류	내부자료
공개구분	공개
내용	어업 문제에 관한 한일 쌍방 주장(제1~4차 회담 시 양측 제시)에 관해 한국이 작성한 문서와 이 문서를 가역한 일본문서
주제어	어업

한일어업교섭의 기초로서의 제네바 방식
(日韓漁業交渉の基礎としてのジュネーヴ方式)

문서파일번호	820
문서명	한일어업교섭의 기초로서의 제네바 방식(日韓漁業交渉の基礎としてのジュネーヴ方式)
작성연월일	1962. 9. 20
구분	제6차 회담
세부항목	일본의 어업교섭 대책, 제네바 방식
작성처	외무성 조약국 법규과
매수	2
비밀등급	비(秘)
문서종류	내부문서
공개구분	공개
내용	한국과의 어업교섭을 제네바 형식(1960년 제2차 유엔해양법회의 위원회 단계에서 미국, 캐나다가 제안, 채택된 방식으로 영해 6해리, 연안국의 포괄적 어업수역 12해리)으로 진행할 경우의 쟁점, 문제점 등을 정리한 문서
주제어	어업

한일 회담 어업위원회에 관한 협의회
(日韓会談漁業委員会に関する打合わせ)

문서파일번호	821
작성연월일	1962. 9. 19 - 1962. 10. 10
구분	제6차 회담
세부항목	어업위원회 대비 일본 자체 협의
작성처	
매수	44
비밀등급	
문서종류	내부문서, 회의록
공개구분	공개
내용	제6차 한일회담 어업위원회 교섭에 관하여 외무성 성내 또는 수산청 협의회 기록
주제어	어업

문서명	한일 회담 어업위원회에 관한 내부협의회에 대하여(日韓会談漁業委員会に関する省内打合わせについて)

문서파일번호 821
작성연월일 1962. 9. 19
구분 제6차 회담
세부항목 어업위원회 대비 외무성 내부협의회
작성처 외무성 북동아시아과
매수 6
비밀등급 극비
문서종류 내부문서
공개구분 공개
내용 한일회담 어업위원회 재개를 앞두고 1962년 9월 17일 개최된 외무성 내부협의회 기록. 1962년 3월 8일 작성한 '한일회담 어업교섭의 이후 진행방안에 관하여'(문서파일번호 816 6번째 문서)와, 같은 해 3월 16일 수산청과 검토한 '한일어업협정 당초 안 골자'(문서파일번호 816 마지막 문서)에 관하여 논의함. 이 두 가지 안에 대해 이론은 없음. 방위라인과 '이 라인', 남북한 문제에 관한 사항들이 제기됨.
주제어 어업

문서명	한일회담 어업위원회에 관한 수산청 협의에 대하여(日韓会談漁業委員会に関する水産庁との打合わせについて)

문서파일번호 821
작성연월일 1962. 9. 19
구분 제6차 회담
세부항목 어업위원회 대비 외무성-수산청 협의
작성처 외무성 북동아시아과
매수 5
비밀등급 극비
문서종류 내부문서
공개구분 공개
내용 1962년 9월 18일 개최된 수산청 협의 기록. 수산청은 1958년 11월 제안한 협정안보다 제네바 방식으로 대응하는 것이 좋으나, 우선 한국이 어떠한 생각을 갖고 있는지 들어본 후 일본의 생각을 밝히는 것이 좋겠다는 의견을 제시함.
주제어 어업

문서명	한일 회담 어업위원회에 관한 수산청 협의에 대하여(日韓会談漁業委員会に関する水産庁との打合せについて)

문서파일번호 821
작성연월일 1962. 9. 26
구분 제6차 회담
세부항목 어업위원회 대비 외무성 · 수산청 협의
작성처 외무성 북동아시아과
매수 14
비밀등급 극비
문서종류 내부문서
공개구분 공개
내용 1962년 9월 25일 외무성과 수산청의 협의회 기록. '한일어업협정 당초 안 골자(1962년 3월 16일 자)'에 관해 논의함. 어업수역과 관련하여 유럽 국가들의 조약 체결 선례 등에 관한 검토가 이루어짐.
주제어 어업

문서명	한일어업위원회에 관한 수산청 협의에 대하여(日韓漁業委員会に関する水産庁との打合せについて)

문서파일번호 821
작성연월일 1962. 10. 2
구분 제6차 회담
세부항목 어업위원회 대비 외무성-수산청 협의
작성처 외무성 북동아시아과
매수 9
비밀등급 극비
문서종류 내부문서
공개구분 공개
내용 외무성과 수산청의 한일어업교섭 관련 협의 기록. 9월 25일 협의회 논의내용을 반영하여 조약국이 작성한 한일어업협정 요강안(9월 27일 자)에 관해 논의함.
주제어 어업

문서명	한일어업협정 요강안(日韓漁業協定要綱案)

문서파일번호 821
작성연월일 1962. 9. 27
구분 제6차 회담
세부항목 어업협정 요강안
작성처 외무성 조약국 법규과
매수 5
비밀등급 극비
문서종류 내부문서
공개구분 공개
내용 외무성 조약국이 수산청 협의회에서 제기된 사항들을 반영하여 새로 작성한 한일어업협정 요강안. 한국의 12해리 어업수역 설정, 기선의 획정 방법, 협정에 따른 기선획정 전까지 직선기선으로 하는 내용을 부속서에 규정한다는 내용이 담김.
주제어 어업

문서명	한일어업협정 요강안 관련 수산청 검토(日韓漁業協定要綱案対水産庁検討)

문서파일번호 821
작성연월일 1962. 10. 8
구분 제6차 회담
세부항목 어업위원회 대비 외무성 · 수산청 협의
작성처 외무성 북동아시아과
매수 1
비밀등급 일반
문서종류 회의록
공개구분 공개
내용 1962년 10월 8일 '한일어업협정 요강안' 관련 수산청 협의 기록. 수산청은 6+6 해리가 걱정은 되나 대안이 없다는 입장을 밝힘.
주제어 어업

문서명	한일어업협정 요강안 검토(日韓漁業協定要綱案検討)

문서파일번호	821
작성연월일	1962. 10. 10
구분	제6차 회담
세부항목	어업협정 요강안
작성처	외무성 북동아시아과
매수	4
비밀등급	일반
문서종류	회의록
공개구분	공개
내용	1962년 10월 10일 '한일어업협정 요강안'에 관해 수산청과 재차 논의한 기록
주제어	어업

(어업)위원회에서 심의되어야 하는 사항
[委員会により審議さるべき事項]

문서파일번호	822
작성연월일	1962. 10. 8 - 1962. 10. 20
구분	제6차 회담
세부항목	일본의 어업교섭 대책
작성처	외무성 조약국 법규과
매수	10
비밀등급	
문서종류	내부문서
공개구분	공개
내용	한일어업교섭과 관련한 일본의 검토의견이 담긴 문서 모음
주제어	어업

문서명	(어업)위원회에서 심의할 사항(委員会により審議さるべき事項)

문서파일번호 822
작성연월일 1962. 10. 8
구분 제6차 회담
세부항목 일본의 어업교섭 대책
작성처 외무성 조약국 법규과
매수 2
비밀등급 극비
문서종류 내부문서
공개구분 공개
내용 한일어업위원회에서 심의해야 할 문제에 관해 정리한 내부문서. 규제방법, 대상 수역, 어종, 분쟁 해결방법 등이 정리됨.
주제어 어업

문서명	한국이 한국 주변 수역의 어업에 대하여 자제(Abstention) 방식의 적용을 주장하는 경우의 반론에 대하여(추가)[韓国側が韓国周辺水域の漁業に対しAbstention方式の適用を主張した場合の反論について(追加)]

문서파일번호 822
작성연월일 1962. 10. 9
구분 제6차 회담
세부항목 일본의 어업교섭 대책, 어업수역
작성처 외무성 조약국 법규과
매수 1
비밀등급 극비
문서종류 내부문서
공개구분 공개
내용 한국이 주변수역에서 일본의 어업 자제를 주장할 경우, 양국 공동의 보호 조치를 취한다는 취지로 반론
주제어 어업

문서명	한일어업협정 요강(안)[日韓漁業協定要綱(案)]

문서파일번호	822
작성연월일	1962. 10. 13
구분	제6차 회담
세부항목	어업협정 요강안
작성처	외무성 조약국 법규과
매수	3
비밀등급	극비
문서종류	협정 요강안
공개구분	공개
내용	일본이 작성한 한일어업협정 요강안
주제어	어업

문서명	1958년의 제네바 해양법회의에서의 '억지 원칙'에 관한 미국·캐나다 공동제안의 심의 개요(1958年のジュネーヴ海洋法会議における「抑止原則」に関する米加共同提案の審議概要)

문서파일번호	822
작성연월일	1962. 10. 20
구분	제6차 회담
세부항목	어업수역 국제적 선례 검토
작성처	외무성 조약국 법규과
매수	4
비밀등급	극비
문서종류	내부문서
공개구분	공개
내용	한국이 주변 수역에서의 일본의 조업 자제 방식을 주장할 경우, 이에 반대할 근거 마련을 위해 미국·캐나다 선례를 검토한 문서
주제어	어업

한일회담 어업 관계 회의 경위 통보 건
(日韓会談漁業関係会合の経緯通報の件)

문서파일번호	823
문서명	한일회담 어업 관계 회의 경위 통보 건(日韓会談漁業関係会合の経緯通報の件)
작성연월일	1962. 12. 6
구분	제6차 회담
세부항목	한일어업회의 결과 통보
작성처	외무성 북동아시아과
매수	1
비밀등급	극비
문서종류	전문(電文)
공개구분	공개
내용	1962년 12월 5일 한일어업 관계 회의에서 한국이 제시한 안('이 라인' 수역을 대부분 그대로 둔 채 한국 전관수역으로 하고, 한반도 동쪽의 '이 라인' 내 일부수역과 서쪽의 '이 라인'에 걸친 좁은 수역을 공동규제수역으로 설정)에 대해, 12월 6일 우시로쿠 도라오 아시아국장이 주일한국대표부 최규하 참사관에게 동 제안은 향후 교섭의 기초가 될 수 없다는 일본 입장을 전달하였다는 내용을 주미대사관에 통보하는 전문
주제어	어업

한국에 의한 나포 어선 문제에 대해서
(韓国によるだ捕漁船の問題について)

문서파일번호	824
문서명	한국에 의한 나포 어선 문제에 대해서(韓国によるだ捕漁船の問題について)
작성연월일	1962. 12. 13
구분	제6차 회담
세부항목	나포 일본어선 문제
작성처	대장성 법규과
매수	4
비밀등급	극비
문서종류	내부문서
공개구분	공개
내용	외무성이 한국이 나포한 일본어선에 대한 문제와 한국이 주장하는 선박 반환 문제의 동시해결 차원에서 상대방에 대한 청구권을 상호 포기하는 안을 마련한데 대해 대장성이 반대의견을 제시한 문서
주제어	어업, 어선 나포

기선저인망어업의 조업구역과 허가의 한계를 정하는 수표(機船底曳網漁業の操業区域と許可の定限数表)

문서파일번호	841
문서명	기선저인망어업의 조업구역과 허가의 한계를 정하는 수표(機船底曳網漁業の操業区域と許可の定限数表)
작성연월일	1963(월일 불명)
구분	제6차 회담
세부항목	저인망어업 조업구역, 어종별 어획량
작성처	외무성, 한국대표단
매수	4
비밀등급	일반
문서종류	내부자료
공개구분	공개
내용	한일 양측의 기선저인망어업 조역 구역별 허가의 한정수(限定數)를 정리한 표 및 어종별 어획량이 정리된 문서
주제어	어업

한일어업 세력의 비교
(日韓漁業勢力の比較)

문서파일번호	842
작성연월일	1963(월일 불명)
구분	제6차 회담
세부항목	한일어업세력 비교 등
작성처	불명
매수	3
비밀등급	
문서종류	내부자료, 내부문서
공개구분	공개
내용	한일어업세력 비교표, 어업 관련 지도, 어업협정에 포함되어야 할 규제조치 주요내용이 담긴 문서
주제어	어업

문서명	한일어업 세력의 비교(日韓漁業勢力の比較)

문서파일번호 842
작성연월일 1963(월일 불명)
구분 제6차 회담
세부항목 한일어업세력 비교
작성처 불명
매수 1
비밀등급 일반
문서종류 내부자료
공개구분 공개
내용 한일어업세력을 표로 정리한 문서(어업종사자, 어선수, 어획량 별 비교). 일본의 경우 '이승만 라인' 부근에 출어 중인 일본어선 현황도 기재함.
주제어 어업

문서명	제목 없음

문서파일번호 842
작성연월일 1963(월일 불명)
구분 제6차 회담
세부항목 한일어업관심 수역(지도)
작성처 불명
매수 1
비밀등급 일반
문서종류 내부자료
공개구분 공개
내용 어업 관련 한일양국 관심 수역이 표시된 지도
주제어 어업

문서명	별첨1. 어업협정에 들어가야 할 규제조치의 주요점(別添1.漁業協定に盛られるべき規制措置の主要点)

문서파일번호	842
작성연월일	1963(월일 불명)
구분	제6차 회담
세부항목	어업규제조치
작성처	불명
매수	1
비밀등급	일반
문서종류	내부문서
공개구분	공개
내용	어업협정에 포함되어야 할 주요 규제조치를 정리
주제어	어업

한일어업 문제의 문제점에 대해서
(日韓漁業問題の問題点について)

문서파일번호	825
문서명	한일어업 문제의 문제점에 대해서(日韓漁業問題の問題点について)
작성연월일	1963. 1. 5
구분	제6차 회담
세부항목	어업교섭 문제점
ㅍ작성처	외무성 북동아시아과
매수	17
비밀등급	극비
문서종류	내부문서
공개구분	공개
내용	1962년 12월 5일 제6차 한일회담 제2차 정치회담 예비교섭 어업 관계 회의 제6회 회의에서 한일 양국의 어업협정안 제시 후의 교섭 경위, 내용 등을 정리한 내부문서. 한국이 제시한 안은 '이 라인'을 대부분 그대로 존속시키고자 하는 것이나 한국은 자신들이 제시한 안을 논의의 기초로 삼고자 하지 않아 그 후 다섯 번에 걸친 어업 관계 회의는 일본의 제시한 안을 기초로 논의가 진행됨. 향후 한국이 '이 라인' 존속을 계속 주장('이 라인'을 방위라인으로 변경하는 등의 이유로)할 경우에 대비한 일본의 대응방침이 기술됨.
주제어	어업

한일어업 문제에 관한 수산청 협의에 대해서
(日韓漁業問題に関する水産庁との協議について)

문서파일번호	826
작성연월일	1963. 1. 31 - 1963. 2. 1
구분	제6차 회담
세부항목	어업 관련 외무성·수산청 협의
작성처	외무성 등
매수	10
비밀등급	
문서종류	회의록, 내부문서, 내부자료
공개구분	공개
내용	어업 문제에 관한 외무성과 수산청 협의 기록
주제어	어업

문서명	한일어업 문제에 관한 수산청 협의에 대해서(日韓漁業問題に関する水産庁との協議について)

문서파일번호 826
작성연월일 1963. 1. 31
구분 제6차 회담
세부항목 어업 관련 외무성·수산청 협의
작성처 외무성 북동아시아과
매수 7
비밀등급 극비
문서종류 회의록
공개구분 공개
내용 어업 문제에 관한 외무성과 수산청 협의 내용. 평화선을 철폐시키기 위한 교섭 전략 및 자원 보호 문제 등에 대해 논의
주제어 어업, 평화선

문서명	'이 라인' 부근의 어업 현황(李ライン付近の漁業現況)

문서파일번호 826
작성연월일 1963. 2(일자 불명)
구분 제6차 회담
세부항목 '이 라인' 부근 어업 현황
작성처 불명
매수 1
비밀등급 일반
문서종류 내부문서
공개구분 공개
내용 '이 라인' 부근 일본의 어업 현황을 정리
주제어 어업

문서명	원양 저인망어업 금지 구역(沖合底びき網漁業禁止区域)

문서파일번호 826
작성연월일 1963. 2. 1
구분 제6차 회담
세부항목 원양 저인망어업 금지구역
작성처 불명
매수 2
비밀등급 일반
문서종류 내부자료
공개구분 공개
내용 작성 주체 등은 불명이나 조업 금지 구역이 표시된 지도
주제어 어업

한일어업협정 중 전관수역과 공동규제구역 설정에 관한 한국 견해(韓日漁業協定中の專管水域と共同規制区域設定に関する韓国側見解)

문서파일번호	828
작성연월일	1963. 7. 5
구분	제6차 회담
세부항목	한일어업협정 한국안
작성처	한국대표단, 외무성 북동아시아과
매수	13
비밀등급	
문서종류	내부자료. 협정안, 내부문서
공개구분	공개
내용	1963년 7월 5일 제6차 한일회담 예비교섭 어업 관계 회의 제28회 회의에서 한국이 제시한 한일어업협정(안)
주제어	어업

문서명	(가역) 한일어업협정 중 전관수역과 공동규제구역 설정에 관한 한국 견해[(仮訳) 韓日漁業協定中の専管水域と共同規制区域設定に関する韓国側見解]

문서파일번호 828
작성연월일 1963. 7. 5
구분 제6차 회담
세부항목 한일어업협정 한국안
작성처 한국대표단
매수 2
비밀등급 극비
문서종류 내부자료
공개구분 공개
내용 한국이 제6차 한일회담 예비교섭 어업 관계 회의 제28회 회의에서 제시한 어업협정(안)의 전관수역과 공동규제수역에 관한 설명 자료를 일본이 가역한 문서
주제어 어업

문서명	(가역) 어업협정안[(仮訳) 漁業協定案]

문서파일번호 828
작성연월일 1963. 7. 5
구분 제6차 회담
세부항목 한일어업협정 한국안
작성처 한국대표단
매수 5
비밀등급 극비
문서종류 협정안
공개구분 공개
내용 한국이 어업협정(안). 전관수역 40해리, 직선기선 설정, 공동위원회 설치를 기초로 하고 있음(일본 가역).
주제어 어업

문서명	7월 5일 한국이 제안한 어업협정안 내용(7月5日韓国側提案の漁業協定要内容)

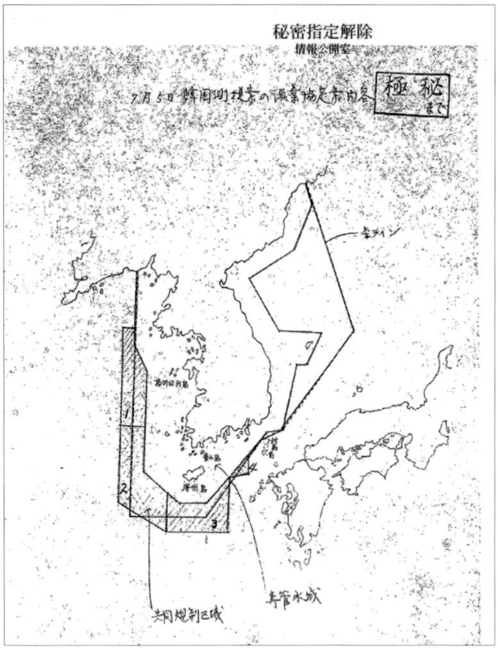

문서파일번호 828
작성연월일 1963. 7. 5
구분 제6차 회담
세부항목 한일어업협정 한국안
작성처 한국대표단
매수 2
비밀등급 극비
문서종류 협정안
공개구분 공개
내용 한국이 제안한 전관수역, 공동규제수역 및 '이 라인'이 그려진 지도
주제어 어업

문서명	어업협정에 관한 7월 5일 한국 제안의 요지(漁業協定に関する7月5日の韓国側提案の要旨)

문서파일번호 828
작성연월일 1963. 7. 5
구분 제6차 회담
세부항목 한일어업협정 한국안
작성처 외무성 북동아시아과
매수 4
비밀등급 극비
문서종류 내부문서
공개구분 공개
내용 한국 어업협정안의 요지를 일본이 정리
주제어 어업

한일어업협정 내용에 관한 수산청 와다 어정부장의 견해에 대해서(日韓漁業協定の内容に関する水産庁和田漁政部長の見解について)

문서파일번호	829
문서명	한일어업협정 내용에 관한 수산청 와다 어정부장의 견해에 대해서(日韓漁業協定の内容に関する水産庁和田漁政部長の見解について)
작성연월일	1963. 7. 10
구분	제6차 회담
세부항목	한일어업협정 한국안에 대한 수산청 견해
작성처	외무성 북동아시아과
매수	4
비밀등급	극비
문서종류	내부문서
공개구분	공개
내용	1963년 7월 10일 외무성 우라베 도시오 참사관이 수산청 와다 마사아키 어정부장에게 한국 어업협정안에 관해 청취한 내용을 기록한 문서. 직선기선 채용 문제(국제 선례에 따라 수용할 수밖에 없음), 전관수역 외측 6해리에서의 일본의 조업권(일본이 주장할 수 없어도 어쩔 수 없음) 등에 관한 수산청 측 검토의견
주제어	어업

한일어업 문제의 해결책에 관해서
(日韓漁業問題の解決策について)

문서파일번호	830
작성연월일	1963. 7. 11
구분	제6차 회담
세부항목	어업 문제 일본 대응책
작성처	외무성 북동아시아과, 한국대표단
매수	22
비밀등급	
문서종류	내부문서, 내부자료
공개구분	공개
내용	한국이 1963년 7월 5일 어업협정안을 제시한 이후 일본의 대응 방향을 정리한 문서
주제어	어업

문서명	한일어업 문제의 해결책에 대하여(日韓漁業問題の解決策について)

문서파일번호 830
작성연월일 1963. 7. 11
구분 제6차 회담
세부항목 어업 문제 일본 대응책
작성처 외무성 북동아시아과
매수 20
비밀등급 극비
문서종류 내부문서
공개구분 공개
내용 한국과의 어업교섭에 대비해 일본의 대응 방향을 정리한 문서. 제1단계는 한국의 전관수역을 12해리로 하며, 제2단계는 한국의 전관수역 외측 수역에서 한일이 평등한 입장을 확보하고, 일본의 이익 보호를 위해 공동규제는 가능한 한 적게 함.
주제어 어업

문서명	한국이 제안한 직선기선의 기점(韓国側提案の直線基線基点)

문서파일번호 830
작성연월일 1963. 7. 11
구분 제6차 회담
세부항목 한국 제안 직선기선의 기점
작성처 한국대표단(일본 가역)
매수 1
비밀등급 극비
문서종류 내부자료
공개구분 공개
내용 한국이 제시한 기선의 기점을 명시한 문서(한국 문서의 가역본)
주제어 어업

문서명	기선의 표시(基線の表示)

문서파일번호	830
작성연월일	1963(월일 불명)
구분	제6차 회담
세부항목	한국 직선기선의 기점
작성처	한국대표단
매수	1
비밀등급	극비
문서종류	내부자료
공개구분	공개
내용	한국이 제시한 기선의 기점 문서 한국어 원본
주제어	어업

한일어업 문제에 관한 수산청 협의에 대해서
(日韓漁業問題に関し水産庁との協議について)

문서파일번호	831
문서명	한일어업 문제에 관한 수산청 협의에 대해서(日韓漁業問題に関し水産庁との協議について)
작성연월일	1963. 7. 15
구분	제6차 회담
세부항목	외무성·수산청 협의, 어업 문제 일본 대응책
작성처	외무성 북동아시아과
매수	7
비밀등급	극비
문서종류	회의록
공개구분	공개
내용	1963년 7월 15일 어업 문제에 관한 외무성과 수산청 협의 내용. 전관수역, 어업 규제, 어업협력, 한국 수산물 수입 등이 논의됨.
주제어	어업

한국 직선기선 기점 위치
(韓国直線基線基点位置)

문서파일번호	832
작성연월일	1963. 7. 15 - 1963. 7. 23
구분	제6차 회담
세부항목	한국의 직선기선
작성처	외무성
매수	11
비밀등급	
문서종류	내부문서
공개구분	공개
내용	한국의 직선기선 기점 등과 관련한 일본 검토의견을 담은 문서 모음
주제어	어업

문서명	한국 직선기선 기점 위치(韓国直線基線基点位置)

문서파일번호 832
작성연월일 1963. 7. 15
구분 제6차 회담
세부항목 한국의 직선기선
작성처 외무성 북동아시아과
매수 1
비밀등급 극비
문서종류 내부사료
공개구분 공개
내용 한국이 1963년 7월 15일 개최된 어업 관련 와다 마사아키 · 김명년 제3회 비공식회담에서 제시한 직선기선 기점 위치가 적힌 문서(문서파일번호 699에 동일한 내용이 타이핑된 문서 있음)
주제어 어업

문서명	직선기선에 관한 조약국의 검토 결과(直線基線に関する條約局の検討結果)

문서파일번호 832
작성연월일 1963. 7. 17
구분 제6차 회담
세부항목 한국의 직선기선
작성처 외무성 조약국 법규과
매수 2
비밀등급 극비
문서종류 내부문서
공개구분 공개
내용 한국의 직선기선 설정에 관해 조약국이 검토한 내용이 담긴 문서. 한국 연안의 범위를 군사경계선으로 하고, 영해와 전관수역은 기선이 일치된다는 생각으로 교섭에 임할 필요가 있음.
주제어 어업

문서명	어업 문제에 관한 일본 입장(漁業問題に関する日本側の立場)

문서파일번호 832
작성연월일 1963. 7. 19
구분 제6차 회담
세부항목 한국의 직선기선
작성처 외무성 북동아시아과
매수 4
비밀등급 극비
문서종류 내부문서
공개구분 공개
내용 외무성이 어업협정(전관수역 및 공동수역에서의 어업규제, 공동위원회 설치 등)과 어업협력의 문제에 관한 입장을 정리한 문서
주제어 어업

문서명	직선기선에 대하여(直線基線について)

문서파일번호 832
작성연월일 1963. 7. 23
구분 제6차 회담
세부항목 한국의 직선기선
작성처 외무성 북동아시아과
매수 4
비밀등급 극비
문서종류 내부문서
공개구분 공개
내용 전관수역 및 직선기선에 관해 유엔해양법회의가 채택한 조약, 기타 국제적 선례를 검토한 문서
주제어 어업

외상회담 일본 발언내용(어업 관계)
[外相会談における日本側発言内容(漁業関係)]

문서파일번호	833
작성연월일	1963. 7. 24 - 1963. 7. 29
구분	제6차 회담
세부항목	오히라·김용식 외상 회담(제2차 정치회담)
작성처	외무성, 농림성
매수	23
비밀등급	
공개구분	공개
내용	1963년 7월 26일과 7월 29일 개최되는 김용식·오히라 마사요시 한일 외상회담(제2차 정치회담)에서 어업 관계에 관해 일본이 발언코자 하는 내용을 적은 문서 모음
주제어	어업, 오히라·김용식 외상 회담

문서명	외상회담 일본 발언내용(어업 관계)(제1차안)[外相会談における日本側発言内容(漁業関係)(第1次案)]

문서파일번호 833
작성연월일 1963. 7. 24
구분 제6차 회담
세부항목 오히라·김용식 외상 회담(제2차 정치회담), 어업 관련 일본 발언 내용(안)
작성처 외무성 북동아시아과
매수 5
비밀등급 극비
문서종류 내부문서
공개구분 공개
내용 1963년 7월 26일로 예정된 한일 외상회담 제1회 회의에 대비해 준비한 발언안. 전관수역 및 조업권, 어업협력 문제가 포함됨.
주제어 어업

문서명	외상회담에서의 논의사항(어업 관계)(안)[外相会談における討議事項(漁業関係)(案)]

문서파일번호 833
작성연월일 1963. 7. 25
구분 제6차 회담
세부항목 오히라·김용식 외상 회담(제2차 정치회담)
작성처 외무성 북동아시아과
매수 1
비밀등급 극비
문서종류 내부문서
공개구분 공개
내용 한일 외상회의 제1회 회의에서 논의할 내용을 정리한 문서. 전관수역, 공동수역에서의 어업규제, 어업협력 문제가 포함됨.
주제어 어업

문서명	외상회담 일본 발언내용(어업 관계)(안)[外相会談における日本側発言内容(漁業関係)(案)]

문서파일번호 833
작성연월일 1963. 7. 25
구분 제6차 회담
세부항목 오히라·김용식 외상 회담(제2차 정치회담), 어업 관련 일본 발언 내용(안)
작성처 외무성
매수 5
비밀등급 극비
문서종류 내부문서
공개구분 공개
내용 1963년 7월 24일 자 문서와 거의 동일함.
주제어 어업

문서명	한일어업 문제에 대한 농림성의 태도(日韓漁業問題に対する農林省の態度)

문서파일번호 833
작성연월일 1963. 7. 25
구분 제6차 회담
세부항목 오히라·김용식 외상 회담(제2차 정치회담), 어업 관련 농림성 태도
작성처 농림성
매수 6
비밀등급 비(秘)
문서종류 내부문서
공개구분 공개
내용 한일어업 문제에 대한 농림성의 입장을 정리한 문서. 전관수역의 범위, 기선 설정, 규제조치, 한국 수산물 수입 등에 관해 기술
주제어 어업

문서명	제2회 외상회담에서의 일본 발언 요지(어업 관계) [第2回外相会談における日本側発言要旨(漁業関係)]

문서파일번호	833
작성연월일	1963. 7. 29
구분	제6차 회담
세부항목	오히라·김용식 외상 회담(제2차 정치회담), 어업 관련 일본 발언 내용(안)
작성처	외무성
매수	6
비밀등급	극비
문서종류	내부문서
공개구분	공개
내용	1963년 7월 29일로 예정된 한일 외상회의 제2회 회의 준비 발언안. 어업협정에 규정할 전관수역 및 기선 설정, 어업규제, 어업협력 문제가 포함됨.
주제어	어업

한일어업 문제에 대해서 수산청 와다 부장 담화
(日韓漁業問題について水産庁和田部長と懇談の件)

문서파일번호	835
문서명	한일어업 문제에 대해서 수산청 와다 부장 담화(日韓漁業問題について水産庁和田部長と懇談の件)
작성연월일	1963. 9. 7
구분	제6차 회담
세부항목	외무성·수산청 협의
작성처	외무성 북동아시아과
매수	7
비밀등급	극비
문서종류	회의록
공개구분	공개
내용	1963년 9월 7일 어업 문제에 관한 외무성 우라베 도시오(卜部敏男) 참사관과 수산청 와다 마사아키(和田正明) 어정부장 협의 내용. 어업규제, 전관수역 문제에 관한 수산청의 견해를 밝힘.
주제어	어업

한일어업회담 대책안
(日韓漁業会談対策案)

문서파일번호	836
작성연월일	1963. 10. 14 - 1963. 10. 18
구분	제6차 회담
세부항목	어업 문제 일본 대응책
작성처	외무성 조약국 법규과
매수	7
비밀등급	
문서종류	협정안
공개구분	공개
내용	조약국 법규과에서 작성한 한일어업회담 관련 대책안
주제어	어업

문서명	한일어업회담 대책안(재판관할권,공동위원회,분쟁 처리,해난구조등)[日韓漁業会談対策案(裁判管轄権、共同委員会、紛争処理、海難救助等)]

문서파일번호 836
작성연월일 1963. 10. 14
구분 제6차 회담
세부항목 어업 문제 일본 대응책
작성처 외무성 조약국 법규과
매수 2
비밀등급 극비
문서종류 내부문서
공개구분 공개
내용 조약국 법규과가 작성한 한일어업협정의 재판관할권, 공동위원회, 분쟁 처리, 어업 규제, 해난사고 구제의 요지
주제어 어업

문서명	한일어업회담: 공동위원회, 조사, 단속, 해난에 관한 일본의 제안 요지(日韓漁業会談 - 共同委員会、調査、取締り、海難に関する日本側提案の要旨)

문서파일번호 836
작성연월일 1963. 10. 16
구분 제6차 회담
세부항목 어업 문제 일본 대응책, 일본의 제안 요지
작성처 외무성 조약국 법규과
매수 2
비밀등급 극비
문서종류 내부문서
공개구분 공개
내용 조약국 법규과가 작성한 것으로 보이는 한일어업 문제와 관련한 일본의 제안 요지. 재판관할권, 공동위원회, 어선의 통행, 해난사고 구제 문제 기술
주제어 어업

문서명	한일어업협정의 법적 문제점(日韓漁業協定の法的問題要点)

문서파일번호	836
작성연월일	1963. 10. 18
구분	제6차 회담
세부항목	어업 문제 일본 대응책, 법적문제 검토
작성처	외무성 조약국 법규과
매수	3
비밀등급	극비
문서종류	내부문서
공개구분	공개
내용	조약국 법규과가 작성한 한일어업협정의 직선기선, 일본연안의 전관수역, 어업규제, 분쟁 처리의 요지
주제어	어업

한일어업 문제에 관한 수산청 협의에 대해서
(日韓漁業問題に関する水産庁との打合わせについて)

문서파일번호	837
작성연월일	1963. 10. 18 - 1963. 10. 19
구분	제6차 회담
세부항목	어업 문제 일본 대응책
작성처	외무성, 수산청
매수	16
비밀등급	
문서종류	회의록, 내부문서
공개구분	공개
내용	한일어업 문제에 관한 외무성·수산청 협의 기록 및 수산청 입장이 담긴 문서
주제어	어업

문서명	한일어업 문제에 관한 수산청 협의에 대해서(日韓漁業問題に関する水産庁と、打合わせについて)

문서파일번호 837

작성연월일 1963. 10. 18

구분 제6차 회담

세부항목 어업 문제 일본 대응책, 외무성·수산청 협의

작성처 외무성 북동아시아과

매수 8

비밀등급 극비

문서종류 회의록

공개구분 공개

내용 1963년 10월 18일 개최된 어업 문제에 관한 외무성과 수산청 협의 기록. 주로 공동 수역의 어업규제에 대해 의견을 교환

주제어 어업

문서명	한일양국 간에 어업규제 조치에 관하여(안)[日韓両国間における漁業規制措置について(案)]

문서피일번호 837

작성연월일 1963. 10. 19

구분 제6차 회담

세부항목 어업 문제 일본 대응책, 어업규제조치안

작성처 수산청

매수 5

비밀등급 일반

문서종류 내부문서

공개구분 공개

내용 수산청이 한일 간 어업규제 조치와 관련해 해당 수역 및 규제 내용, 방법 등을 정리

주제어 어업

문서명	규제조치의 내용 및 방법에 대하여(規制措置の内容及び方法について)

문서파일번호 837
작성연월일 1963. 10. 19
구분 제6차 회담
세부항목 어업 문제 일본 대응책, 어업규제조치안
작성처 수산청
매수 3
비밀등급 일반
문서종류 내부문서
공개구분 공개
내용 수산청이 한일 간 어업규제 조치와 관련해 규제의 내용, 방법 등을 정리(지도 첨부)
주제어 어업

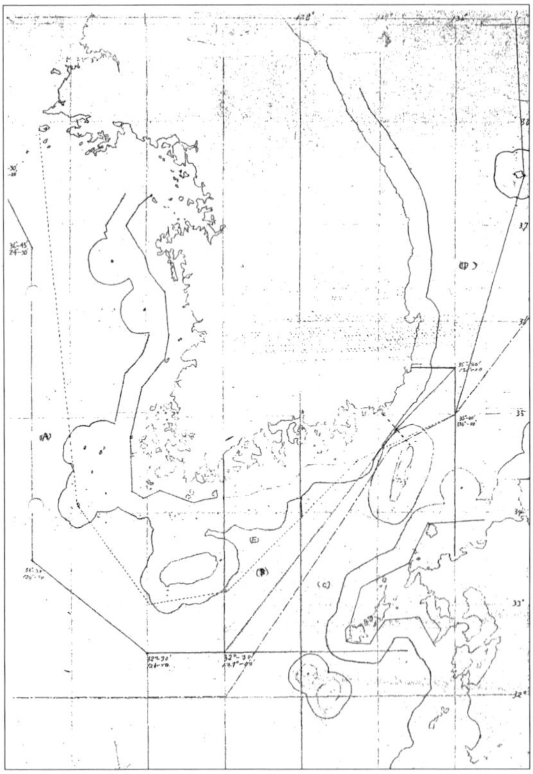

어업에 관한 일본국과 대한민국의 협정(안)
[漁業に関する日本国と大韓民国との間の協定(案)]

문서파일번호	838
문서명	어업에 관한 일본국과 대한민국의 협정(안)[漁業に関する日本国と大韓民国との間の協定(案)]
작성연월일	1963. 11. 1
구분	제6차 회담
세부항목	어업협정 일본안
작성처	가와카미 조사관(川上調査官)
매수	14
비밀등급	극비
문서종류	협정안
공개구분	공개
내용	외무성 조약국 가와카미 조사관이 작성한 한일어업협정안 및 공동보존 조치에 관한 부속서안
주제어	어업

일본에 직선기선 설정 건
(日本側に直線基線を設定する件について)

문서파일번호	839
문서명	일본에 직선기선 설정 건(日本側に直線基線を設定する件について)
작성연월일	1963. 11. 15
구분	제6차 회담
세부항목	일본 전관수역 기선 문제
작성처	외무성 북동아시아과
매수	3
비밀등급	극비
문서종류	회의록
공개구분	공개
내용	어업 문제에 관한 외무성, 수산청, 해상보안청 협의 기록. 일본 연해에 일본 전관수역을 설치할 경우의 직선기선안에 관해 논의함.
주제어	어업

한일어업 문제에 관한 한국 어업규제안의 제시에 대해서(日韓漁業問題に関する韓国側漁業規制案の提示について)

문서파일번호	840
작성연월일	1963. 12. 2
구분	제6차 회담
세부항목	전관수역 외측 수역의 규제조치
작성처	외무성 북동아시아과
매수	7
비밀등급	
문서종류	내부문서, 내부자료
공개구분	공개
내용	한일어업 문제 관련, 12해리 전관수역 밖의 수역에서의 어업규제에 관한 한국안의 내용과 이에 대한 일본의 평가를 정리한 문서와 관련 자료
주제어	어업

문서명	한일어업 문제에 관한 한국 어업규제안의 제시에 대해서(日韓漁業問題に関する韓国側漁業規制案の提示について)

문서파일번호 840
작성연월일 1963. 12. 2
구분 제6차 회담
세부항목 전관수역 외측 수역의 규제조치
작성처 외무성 북동아시아과
매수 5
비밀등급 극비
문서종류 내부문서
공개구분 공개
내용 한국이 제출한 전관수역 12해리 외측 수역에서의 어업규제 내용과 그에 대한 일본의 평가를 정리한 문서
주제어 어업

문서명	1963. 11. 29 한국 제안 규제구역(昭和38年11月29日の韓国側提案の規制区域)

문서파일번호 840
작성연월일 1963. 11. 29
구분 제6차 회담
세부항목 전관수역 외측 수역의 규제조치
작성처 외무성 북동아시아과
매수 1
비밀등급 극비
문서종류 내부자료
공개구분 공개
내용 한국이 제시한 규제구역 지도
주제어 어업

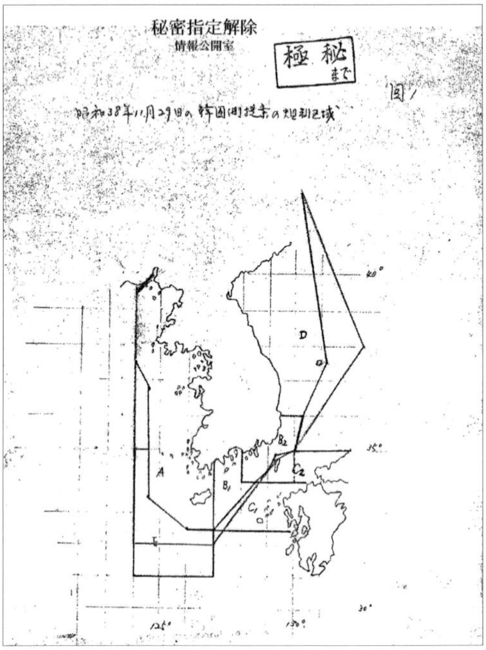

문서명	1963. 10. 22 일본 제안 규제구역(昭和38年10月22日の日本側提案の規制区域)

문서파일번호	840
작성연월일	1963. 10. 22
구분	제6차 회담
세부항목	전관수역 외측 수역의 규제 조치
작성처	외무성 북동아시아과
매수	1
비밀등급	극비
문서종류	내부자료
공개구분	공개
내용	일본이 제시한 규제구역 지도
주제어	어업

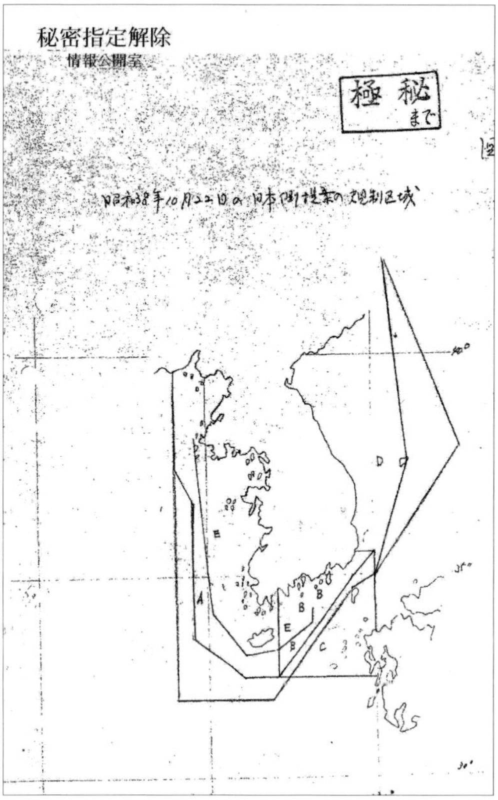

한국 견제조치 및 강경조치로서 상정될 수 있는 조치(시안)[対韓牽制措置および強硬措置として想定しうる手段(試案)]

문서파일번호	1144
문서명	한국 견제조치 및 강경조치로서 상정될 수 있는 조치(시안)[対韓牽制措置および強硬措置として想定しうる手段(試案)]
작성연월일	1962. 5. 31
구분	제5차 회담
세부항목	어선 나포 대응
작성처	외무성 북동아시아과
매수	13
비밀등급	극비
문서종류	내부문서
공개구분	일부비공개
내용	한국정부가 제6차 한일회담 기간 중 재차 '이 라인' 수역에서 일본어선 나포에 나서게 됨에 따라 이에 대한 대책을 검토한 내용이 기록된 문서. 견제조치와 강경조치를 ① 주일대표부에 대한 조치 ② 한국인 입국에 대한 조치 ③ 통상 상의 조치 ④ '이 라인'의 경비강화 조치 ⑤ 어업 문제 해결 조치로 나누어 검토함.
주제어	어업, 일본어선 나포 대응

한국 어업 대표의 일본 수산사정 시찰
(韓国漁業代表の日本水産事情視察)

문서파일번호	1830
문서명	한국 어업 대표의 일본 수산사정 시찰(韓国漁業代表の日本水産事情視察)
작성연월일	1963. 12. 16
구분	제6차 회담
세부항목	한국 어업시찰단 방일
작성처	외무성 가와카미 겐죠(川上健三)
매수	44
비밀등급	극비
문서종류	내부문서
공개구분	공개
내용	1962년 12월 1~8일까지 일본 와다 마사아키(和田正明) 수산청 어정부장의 안내로 진행된 어업위원회 한국대표 4명의 일본수산 사정 시찰에 동행한 외무성 가와카미 겐쥬 사무관의 동행 보고서. 시찰 경로 약도 및 시찰 일정이 첨부되어 있음.
주제어	어업

한일어업협력에 관한 일본의 기본 태도
(日韓漁業協力に関する日本側の基本的態度)

문서파일번호	1605
작성연월일	1963. 4. 12 - 1963. 7. 23
구분	제6차 회담
세부항목	한일어업협력 일본 입장
작성처	외무성, 한국대표단
매수	50
비밀등급	
문서종류	내부문서
공개구분	공개
내용	한일어업협력에 관한 일본 입장 등이 기술된 문서 모음
주제어	어업, 어업협력

문서명	한일어업협력에 관한 일본의 사고방식(日韓漁業協力に関する日本側の考え方)

문서파일번호 1605

작성연월일 1963. 4. 12

구분 제6차 회담

세부항목 한일어업협력 일본 입장

작성처 외무성

매수 3

비밀등급 극비

문서종류 내부문서

공개구분 공개

내용 1961년 1월 10일 우야마 아쓰시 참사관이 한국대표부 엄요섭 공사에게 제시한 어업협력구상을 정리한 문서. 어업협력의 목적, 방식에 관한 내용들이 담김.

주제어 어업, 어업협력

문서명	한일어업협력에 관한 일본의 기본 태도(日韓漁業協力に関する日本側の基本的態度)

문서피일번호 1605

작성연월일 1963. 5. 27

구분 제6차 회담

세부항목 한일어업협력 일본 입장

작성처 외무성

매수 3

비밀등급 극비

문서종류 내부문서

공개구분 공개

내용 대한어업협력 구상을 정리한 문서. 한국과의 어업협력에 참고할 수 있는 구체적인 사례들과 함께 양국 간 어업협정에서 연안국의 전관수역 12해리 합의가 이루어질 경우 어업협력의 구체적인 내용을 검토할 것이라는 내용이 담김.

주제어 어업, 어업협력

문서명	한일어업협력에 관한 일본의 기본 태도(우라베 참사관 발언안)[日韓漁業協力に関する日本側の基本的態度(卜部参事官発言振り案)]

문서파일번호 1605
작성연월일 1963. 5. 30
구분 제6차 회담
세부항목 한일어업협력 일본 입장
작성처 외무성
매수 3
비밀등급 극비
문서종류 내부문서
공개구분 공개
내용 한일어업협력에 관한 우라베 도시오 참사관의 발언안으로 작성한 문서. 1963년 5월 27일 자 '어업협력에 관한 일본의 기본 태도'와 내용은 동일
주제어 어업, 어업협력

문서명	한일어업협력에 대하여(日韓漁業協力について)

문서파일번호 1605
작성연월일 1963. 5. 31
구분 제6차 회담
세부항목 한일어업협력 일본 입장
작성처 우라베 도시오(卜部敏男) 참사관
매수 6
비밀등급 극비
문서종류 내부문서
공개구분 공개
내용 어업협력에 관해 한국과의 교섭에서 제시할 일본 입장을 우라베 도시오 참사관이 정리한 문서. 전관수역과 구체적인 협력 실시안, 한국이 평화선을 철폐할 경우의 수입규제 완화 조치 등 기술
주제어 어업, 어업협력

문서명	한일어업협력의 필요성에 대하여(日韓漁業協力の必要性について)

문서파일번호 1605
작성연월일 1963. 6(일자 불명)
구분 제6차 회담
세부항목 한일어업협력 일본 입장
작성처 외무성
매수 4
비밀등급 극비
문서종류 내부문서
공개구분 공개
내용 한국과의 어업협력 필요성을 기술한 문서. 한일회담 최대 현안인 어업 문제의 타결을 위해서는 한국이 '이 라인'을 철폐하고 합리적인 어업협정을 체결하는데 동의해야 하나 한국정부도 어민의 반발로 움직이기가 쉽지 않은 상황임. 적절한 시기에 어업교섭의 진전 상황을 보면서 대한어업협력구상을 한국에 적극적으로 전달하는 것이 필요함. 협력방안과 관련하여 한국 해산물의 수입, 일본 어선의 수출 등에 관한 내용도 함께 기술함.
주제어 어업, 어업협력

문서명	한일어업협력에 관한 일본의 기본 방침(안)[日韓漁業協力に関する日本側の基本方針(案)]

문서파일번호 1605
작성연월일 1963. 6. 1
구분 제6차 회담
세부항목 한일어업협력 일본 입장
작성처 외무성 북동아시아과
매수 4
비밀등급 극비
문서종류 내부문서
공개구분 공개
내용 한국이 12해리 수역에 합의할 경우 일본이 취할 수산물 수입 완화 조치 및 국교정상화 후의 협력 조치를 정리
주제어 어업, 어업협력

문서명	한일어업협력에 관한 일본 우라베 수석위원의 발언(안)[日韓漁業協力に関する日本側卜部主査の発言(案)]

문서파일번호 1605
작성연월일 1963. 6. 3
구분 제6차 회담
세부항목 한일어업협력 일본 입장
작성처 외무성 북동아시아과
매수 6
비밀등급 극비
문서종류 내부문서
공개구분 공개
내용 한국이 요청한 12해리 수역 수락 시 일본이 실시할 어업협력의 구체적 내용에 관한 우라베 도시오 일본 수석위원의 발언안. 수산물 수입과 국교정상화 후의 협력 조치 등이 기술됨.
주제어 어업, 어업협력

문서명	한국의 어업협력 희망 항목(韓国側漁業協力希望項目)

문서파일번호 1605
작성연월일 1963. 7. 12
구분 제6차 회담
세부항목 한일어업협력 한국 입장
작성처 한국대표단(일본 가역)
매수 1
비밀등급 극비
문서종류 내부문서
공개구분 공개
내용 한국이 제출한 어업협력 희망 항목. 대형, 중형 어선의 건조 및 도입 등 총 13개 항목이 기술됨.
주제어 어업, 어업협력

문서명	한국 어업협력의 일반적 희망(韓国側漁業協力の一般的希望)

문서파일번호 1605
작성연월일 1963. 7. 12
구분 제6차 회담
세부항목 한일어업협력 한국 입장
작성처 한국대표단(일본 가역)
매수 1
비밀등급 극비
문서종류 내부문서
공개구분 공개
내용 한국이 제출한 어업협력에 관한 일반적 희망이 기술된 문서. 어선, 어구 및 동 재료의 구매와 어선건조시설, 수산물 가공시설의 건설을 위한 무상공여 또는 장기저리 차관 등 5개 항목이 담김.
주제어 어업, 어업협력

문서명	한일어업협력에 관한 기본방안(韓日漁業協力に関する基本方案)

문서파일번호 1605
작성연월일 1963. 7. 12
구분 제6차 회담
세부항목 한일어업협력 한국 입장
작성처 한국대표단(일본 가역)
매수 3
비밀등급 극비
문서종류 내부문서
공개구분 공개
내용 한국이 제출한 어업협력에 관한 기본방안. 어업협력의 구체적인 조건, 방안 등이 기술됨.
주제어 어업, 어업협력

문서명	한일어업협력에 관한 기본방안(韓日漁業協力に関する基本法案)

문서파일번호 1605
작성연월일 1963. 7. 12
구분 제6차 회담
세부항목 한일어업협력 한국 입장
작성처 한국대표단
매수 2
비밀등급 일반
문서종류 내부문서
공개구분 공개
내용 한국이 제출한 어업협력에 관한 기본 방안 한글본
주제어 어업, 어업협력

문서명	어업협력안(漁業協力案)

문서파일번호 1605
작성연월일 1963. 7. 16
구분 제6차 회담
세부항목 한일어업협력 한국 입장
작성처 한국대표단(일본 가역)
매수 1
비밀등급 극비
문서종류 내부문서
공개구분 공개
내용 어업 관계 회의에서 한국이 제출한 것으로 보이는 무상, 정부차관, 민간차관 별 어업협력의 금액, 각 건설 시설에 대한 배당 액, 차관 조건 등을 표로 정리한 어업협력안
주제어 어업, 어업협력

문서명	한일어업협력 문제의 처리방침(안)[日韓漁業協力問題の処理方針(案)]

문서파일번호 1605
작성연월일 1963. 7. 23
구분 제6차 회담
세부항목 한일어업협력 일본 입장
작성처 외무성 북동아시아과
매수 8
비밀등급 일반
문서종류 내부문서
공개구분 공개
내용 한국이 12해리 수역 안에 합의할 경우 일본이 취할 구체적인 어업협력 내용을 정리한 문서. 오히라 마사요시·김종필 합의 틀에 추가하는 것은 불가능하다는 입장을 견지하면서, 한국이 국내대책 때문에 만족하지 않을 경우 기술협력을 위한 특별무상공여, 통상의 민간차관을 별도로 배정하는 조치, 민간상업차관 실시, 유상공여의 조기 실시 등의 방안을 검토함.
주제어 어업, 어업협력

문서명	어업협력에 관한 경제국 협의회(漁業協力に関する經濟局との打合わせ)

문서파일번호 1605
작성연월일 1963. 7. 23
구분 제6차 회담
세부항목 한일어업협력 일본 입장
작성처 외무성 북동아시아과
매수 3
비밀등급 일반
문서종류 회의록
공개구분 공개
내용 아시아국과 경제국이 개최한 한일어업협력에 관한 협의회 기록
주제어 어업, 어업협력

문서명	수산관계 기술협력(水産関係技術協力)

문서파일번호 1605
작성연월일 1963. 7. 5
구분 제6차 회담
세부항목 한일어업협력 일본 입장
작성처 불명
매수 2
비밀등급 일반
문서종류 내부문서
공개구분 공개
내용 한국에 실시할 어업협력과 관련하여 다른 국가와의 어업협력 사례(해외기술훈련센터, 연수자 초청, 기술자 파견, 해외연수자 수)를 표로 정리한 문서
주제어 어업, 어업협력

해산물 한국 수입 및 어선의 대한 수출 현상에 대하여(海産物の韓国より輸入および漁船の対韓輸出の現状について)

문서파일번호	1606
문서명	해산물 한국 수입 및 어선의 대한 수출 현상에 대하여(海産物の韓国より輸入および漁船の対韓輸出の現状について)
작성연월일	1963. 5. 25
구분	제6차 회담
세부항목	대한국 해산물 수입 및 어선 수출
작성처	외무성 북동아시아과
매수	7
비밀등급	극비
문서종류	내부문서
공개구분	공개
내용	한국 수산물 일본 수입 및 일본어선 한국 수출 문제의 현상에 관해 정리한 문서. 김, 한천, 선어 등 한국산 수산물은 제한적으로 수입중이나 한국이 제한을 풀어줄 것을 희망함. 어선의 한국 수출은 한국의 일본어선 나포로 중단되어 있다가 1953년 6월 각의 결정을 통해 일부 해제됨.
주제어	어업, 한국수산물 수입, 일본어선 수출

한일어업협력
(日韓漁業協力)

문서파일번호	1607
문서명	한일어업협력 건(日韓漁業協力に関する件)
작성연월일	1963. 7. 15
구분	제6차 회담
세부항목	한일어업협력 문제
작성처	외무성 경제협력과
매수	5
비밀등급	비(秘)
문서종류	내부문서
공개구분	공개
내용	요미우리신문(読売新聞)에 한일어업협력 관련 기사가 게재된 데 대한경제협력과의 대응 방향에 관한 검토의견서. 대한국 어업협력에 관한 교섭이 제대로 이루어지지도 않고 있는 상황에서 한국의 청구권·경제협력 틀 밖의 어업협력 요구에 관한 기사가 나오는 것은 바람직하지 않음.
주제어	어업, 어업협력

어업차관
(漁業借款)

문서파일번호	1608
작성연월일	1963. 7. 20 - 1963. 7. 29
구분	제6차 회담
세부항목	대한국 어업차관
작성처	외무성 등
매수	16
비밀등급	
문서종류	내부문서, 회의록
공개구분	공개 또는 일부비공개
내용	대한국 어업차관에 관한 검토의견이 담긴 문서 모음
주제어	어업, 어업차관

문서명	일본의 어선 연불수출의 실례(わが国の漁船延払い輸出の実例)

문서파일번호 1608
작성연월일 1963. 7. 20
구분 제6차 회담
세부항목 대한국 어업차관
작성처 외무성 북동아시아과
매수 4
비밀등급 비(秘)
문서종류 내부문서
공개구분 일부비공개
내용 일본이 외국에 대해 어선을 연불수출한 사례를 정리한 문서. 소련, 가나에 연불수출한 현황이 기술됨.
주제어 어업, 일본의 어선 연불수출

문서명	대한국 원양참치어업 차관에 관한 ▬ 3사 요청 건(韓国向け遠洋鮪漁業借款に関する▬3社申越しの件)

문서파일번호 1608
작성연월일 1963. 7. 26
구분 제6차 회담
세부항목 대한국 어업차관
작성처 외무성 북동아시아과
매수 1
비밀등급 비(秘)
문서종류 내부문서
공개구분 일부비공개
내용 1963년 7월 25일 일본 원양업계 3사 대표가 북동아과를 방문, 일본의 한국에 대한 참치 원양차관과 관련한 서한[오히라 마사요시 외상 앞]을 전달하고 일본정부의 배려를 요청
주제어 어업, 대한국 원양 참치어업 차관

문서명	첨부 한국에 대한 원양참치어업 차관 건(添附 韓国向け遠洋鮪漁業借款の件)

문서파일번호 1608
작성연월일 1963. 7. 24
구분 제6차 회담
세부항목 대한국 어업차관
작성처 일본 원양참치업계 3사
매수 3
비밀등급 일반
문서종류 내부문서
공개구분 일부 비공개
내용 1963년 7월 26일 '대한국 원양참치어업 차관에 관한 ▬ 3사요청 건' 문서 첨부물. 일본 원양참치업계 3사 대표가 공동명의로 오히라 마사요시 외상에게 보낸 서한. 한국의 참치 원양어업을 위해 일본이 한국에 대한 어업차관을 공여하도록 배려를 요청
주제어 어업, 대한국 원양 참치어업 차관

문서명	어업차관에 관한 대장성 견해(漁業借款に関する大蔵省見解)

문서파일번호 1608
작성연월일 1963. 7. 29
구분 제6차 회담
세부항목 대한국 어업차관
작성처 외무성 아시아국장
매수 6
비밀등급 극비
문서종류 회의록
공개구분 공개
내용 외무성 우시로쿠 도라오(後宮虎郎) 아시아국장과 대장성 요시오카 에이치(吉岡英一) 이재국장이 대한국 어업차관 공여문제와 관련하여 협의한 내용을 기록한 문서. 대장성측은 한국에 공여키로 한 무상 3억 달러를 담보로 민간 상업차관 1억 달러의

틀 내에서 실시해야 한다고 주장함. 이에 아시아국장은 김-오히라 합의 시 수출입 은행 차관의 금액은 무제한으로 한다는 합의가 있었으므로 1억 달러의 틀 내와 같은 조건은 붙이지 않는 게 좋겠다고 주장, 이재국장도 동의함. 아시아국장은 어업 차관의 금액과 관련하여 한국이 프랑스와 이태리에서 5,600만 달러의 차관을 들여오기로 했으므로 일본도 5천만 달러를 5~10년 기간으로 하는 것이 적당할 것이라고 언급함. 이에 이재국장은 3년에 걸친 3천만 달러가 적당할 것이라고 답함.

주제어	어업, 대한국 어업 차관

문서명	어획물을 가지고 어업 차관 변제로 충당한다는 한국 제안에 대한 반론(漁獲物をもって漁業借款返済に充てるという韓国側提案に対する反論)

문서파일번호	1608
작성연월일	1963. 7. 29
구분	제6차 회담
세부항목	대한국 어업차관
작성처	외무성 북동아시아과
매수	2
비밀등급	극비
문서종류	내부문서
공개구분	공개
내용	어획물로 어업차관을 변제하는 방식을 주장한 한국에 대한 외무성의 반대 논리를 정리한 문서. 어획물의 가격 불안정, 연불수출은 현금변제가 상식이라는 것이 논거
주제어	어업, 대한국 어업 차관

한일어업협력 문제의 해결책에 대해서(미정고)
[日韓漁業協力問題の解決策について(未定稿)]

문서파일번호	1609
문서명	한일어업협력 문제의 해결책에 대해서(미정고)[日韓漁業協力問題の解決策について(未定稿)]
작성연월일	1963. 10. 26
구분	제6차 회담
세부항목	한일어업협력 문제
작성처	외무성 북동아시아과
매수	8
비밀등급	극비
문서종류	내부문서
공개구분	공개
내용	외무성 북동아시아과가 한일어업협력 문제에 관한 해결책을 검토한 내용이 기술된 문서. 결론적으로 한국에 대한 어업협력은 청구권·경제협력의 '3억 달러+2억 달러+1억 달러 이상' 가운데 1억 달러 이상에 해당됨을 한국에 설명해야 한다는 내용이 담김.
주제어	어업, 어업협력

한일어업협력 문제의 이후 진행 방법에 대해서(미정고)[日韓漁業協力問題の今後の進め方について(未定稿)]

문서파일번호	1610
문서명	한일어업협력 문제의 이후 진행 방법에 대해서(미정고)[日韓漁業協力問題の今後の進め方について(未定稿)]
작성연월일	1963. 11. 12
구분	제6차 회담
세부항목	한일어업협력 문제
작성처	외무성 북동아시아과
매수	12
비밀등급	극비
문서종류	내부문서
공개구분	공개
내용	한일어업협력 문제와 관련해 북동아시아과가 검토한 해결 방침을 기록한 문서. 한국이 요구하고 있는 어업협력에 대한 대응들이 정리됨. 한국에 대한 어업협력은 청구권·경제협력의 '3억 달러+2억 달러+1억 달러 이상' 가운데 1억 달러 이상에 해당됨을 한국에 설명해야 함. 차관 이외에 선어 및 염장어 수입할당을 단계적으로 증대, 김 수입 할당량을 단계적으로 증대, 어선의 수출에 관한 한국 요망을 적극 고려함.
주제어	어업, 어업협력

어업협력의 금액에 관한 대한 절충의 참고사항
(漁業協力の金額に関する対韓折衝の参考事項)

문서파일번호	1611
문서명	어업협력의 금액에 관한 대한 절충의 참고사항(漁業協力の金額に関する対韓折衝の参考事項)
작성연월일	1963. 11. 19
구분	제6차 회담
세부항목	한일어업협력 문제
작성처	외무성 북동아시아과
매수	13
비밀등급	극비
문서종류	내부문서
공개구분	공개
내용	한국에 대한 어업협력 실시 시 금액 관련 참고해야 할 사항을 정리한 문서. 한국의 5개년 경제계획과 어업 관련 시설의 건설, 기타 한국 국내의 어업 사정 등이 기술됨.
주제어	어업, 어업협력

어업협력 문제에 관한 대한 발언에 대해서(안)
[漁業協力問題に関する対韓発言振りについて(案)]

문서파일번호	1612
문서명	어업협력 문제에 관한 대한(對韓) 발언에 대해서(안)[漁業協力問題に関する対韓発言振りについて(案)]
작성연월일	1963. 11. 19
구분	제6차 회담
세부항목	한일어업협력 문제
작성처	외무성 북동아시아과
매수	8
비밀등급	극비
문서종류	내부문서
공개구분	공개
내용	한일어업교섭에서 한국이 요구하고 있는 어업협력에 관한 일본의 발언 요령을 정리한 문서. 어업차관, 어업기술협력, 협정안, 한국 수산물 수입 등에 관한 일본 입장이 담겨 있음.
주제어	어업, 어업협력

어업협력 문제에 관한 일본 입장
(漁業協力問題に関する日本側の立場)

문서파일번호	1613
문서명	어업협력 문제에 관한 일본 입장(漁業協力問題に関する日本側の立場)
작성연월일	1963. 12. 12
구분	제6차 회담
세부항목	한일어업협력 문제
작성처	외무성 북동아시아과
매수	6
비밀등급	극비
문서종류	내부문서
공개구분	공개
내용	한국이 요구하고 있는 어업협력 문제에 관한 일본정부의 입장을 정리한 문서. 어업차관, 어업기술협력, 협정안, 한국 수산물 수입 등에 관한 일본 입장이 담겨있으며, 앞서 작성한 유사한 문서들과 내용은 대동소이함.
주제어	어업, 어업협력

한일어업교섭 현 단계
(日韓漁業交渉の現段階)

문서파일번호	1489
문서명	한일어업교섭 현 단계(日韓漁業交渉の現段階)
작성연월일	1964. 1. 18
구분	제6차 회담
세부항목	어업 문제 양국 입장
작성처	외무성
매수	8
비밀등급	극비
문서종류	내부문서
공개구분	공개
내용	어업규제 관련 한일 양국의 제안 내용을 정리한 문서. 규제수역, 세목, 광력, 총톤수, 어기, 저인금지구역, 기타 문제점 등에 관한 사항들이 기술되어 있음.
주제어	어업

우시로쿠·와다 협의 기록
(後宮·和田打合わせ記録)

문서파일번호	1490
작성연월일	1964. 1. 29
구분	제6차 회담
세부항목	우시로쿠·와다 협의
작성처	외무성 북동아시아과
매수	8
비밀등급	
문서종류	회의록
공개구분	공개
내용	어업 문제에 관한 우시로쿠 도라오 외무성 아시아국장과 수산청 와다 마사아키(和田正明) 부장 협의 기록
주제어	어업

문서명	1월 24일 우시로쿠·와다 협의 기록(1月24日後宮·和田打合せ記録)

문서파일번호 1490
작성연월일 1964. 1. 29
구분 제6차 회담
세부항목 우시로쿠 · 와다 협의
작성처 외무성 북동아시아과
매수 4
비밀등급 극비
문서종류 회의록
공개구분 공개
내용 1964년 1월 24일 우시로쿠 도라오 외무성 아시아국장과 수산청 와다 마사아키 부장 협의 기록. 우시로쿠 국장이 한일회담 예비교섭 결과를 설명, 와다 부장은 한국 김명년 위원과의 협의 결과에 대해 ① 조업 척수 제한 방식 ② 출어 척수 자료 문제 ③ '이 라인'과 관련한 실적 문제 등에 대한 한국 주장이 부당하다고 설명함.
주제어 어업

문서명	1월 29일 우시로쿠·와다 협의 기록(1月29日後宮·和田打合せ記録)

문서파일번호 1490
작성연월일 1964. 1. 29
구분 제6차 회담
세부항목 우시로쿠 · 와다 협의
작성처 외무성 북동아시아과
매수 4
비밀등급 극비
문서종류 회의록
공개구분 공개
내용 우시로쿠 도라오 외무성 아시아국장과 수산청 와다 마사아키 부장 협의 기록. 와다 부장으로부터 1월 28일 와다 · 김명년 회의 결과에 대한 설명이 있었음. 총 어획량, B구역 상대방 수역 조업 자제 등의 문제에 관해 한일 간 의견 차이가 있음.
주제어 어업

공동규제조치에 관한 일본 생각
(共同規制措置に関する日本側の考え方)

문서파일번호	1491
문서명	공동규제조치에 관한 일본 생각(共同規制措置に関する日本側の考え方)
작성연월일	1964. 1. 29
구분	제6차 회담
세부항목	공동규제조치에 대한 일본의 생각
작성처	외무성
매수	5
비밀등급	극비
문서종류	내부문서
공개구분	공개
내용	당초 한국에 전달하기 위해 작성했으나 교섭 진전 상황이 여의치 않아 사용하지 않은 어업 공동규제조치에 관한 일본의 생각이 기술된 문서
주제어	어업, 공동규제조치

수산청 제시 메모·요망사항
(水産庁提示メモ·要望事項)

문서파일번호	1492
작성연월일	1964. 1. 29 - 1964. 2. 10
구분	제6차 회담
세부항목	어업 관련 수산청 생각
작성처	수산청
매수	59
비밀등급	
문서종류	내부문서
공개구분	공개
내용	한일어업교섭과 관련하여 수산청이 작성한 메모, 문서 모음
주제어	어업

문서명	메모(メモ)

문서파일번호 1492
작성연월일 1964. 1. 29
구분 제6차 회담
세부항목 어업 관련 수산청 생각
작성처 수산청
매수 1
비밀등급 일반
문서종류 내부문서
공개구분 공개
내용 어획량과 관련한 수산청의 메모. 한국이 제시한 특정수역 이외에는 어획량 산출이 불가능하며, 특정수역도 어획량을 기준으로 한 척수 산출이 불가능함.
주제어 어업, 어획량, 출어 척수

문서명	제목 없음

문서파일번호 1492
작성연월일 1964. 2. 5
구분 제6차 회담
세부항목 어업 관련 수산청 생각
작성처 수산청
매수 13
비밀등급 일반
문서종류 내부문서
공개구분 공개
내용 12해리 수역과 관련한 문제점을 지적한 수산청 문서. 12해리를 계측한 기선의 문제점, 부산과 쓰시마 사이의 수역에 접속하는 규제수역(한국안의 B 해역), 척수 제한에 관한 사항들에 관한 검토의견
주제어 어업, 12해리 기선, 규제수역

문서명	별표(別表)

문서파일번호 1492
작성연월일 1964. 2. 5
구분 제6차 회담
세부항목 어업 관련 수산청 생각
작성처 수산청
매수 1
비밀등급 일반
문서종류 내부문서
공개구분 공개
내용 각 해역(A, B, C ,D해역)의 출어 척수에 관한 사항
주제어 어업, 수역별 출어 척수

문서명	한일어업교섭의 경과에 대하여(日韓漁業交渉の経過について)

문서파일번호 1492
작성연월일 1964. 2. 5
구분 제6차 회담
세부항목 어업 관련 수산청 생각
작성처 수산청
매수 16
비밀등급 일반
문서종류 내부문서
공개구분 공개
내용 한일어업교섭의 경과에 관해 정리한 수산청 문서. 한국은 40해리의 전관수역을 주장하고 일본은 12해리를 주장
주제어 어업, 전관수역

문서명	제목 없음

문서파일번호	1492
작성연월일	1964. 2. 10
구분	제6차 회담
세부항목	어업 관련 수산청 생각
작성처	수산청
매수	13
비밀등급	일반
문서종류	내부문서
공개구분	공개
내용	어업교섭에서 일본의 기본 태도를 기술한 수산청 문서. 전관 수역 12해리, 공동 규제 해역 내에서 규제 조치에 동의, 한국의 E해역(서해안 및 제주도 남부) 40해리 선에 반대, 일본 어선 출어 금지 구역(쓰시마 북동부 및 쓰시마 서부의 공해) 설정 반대, 협정 수역 내 공동 단속 반대, 공동위원회 기능 등에 관한 충분한 검토가 필요하다는 등의 의견 기술
주제어	어업

문서명	제3회 우시로쿠·최 회담에서 우시로쿠 국장이 발언해 주었으면 하는 요지(第三回後宮·崔会談において後宮局長に発言願いたき要旨)

문서파일번호	1492
작성연월일	1964. 2. 10
구분	제6차 회담
세부항목	어업 관련 수산청 생각
작성처	수산청
매수	15
비밀등급	일반
문서종류	내부문서
공개구분	공개
내용	우시로쿠 도라오·최규하 회담에서 우시로쿠 국장이 발언해 주기를 요망하는 사항을 기재한 수산청 문서. 한국이 제안한 B1, B2 해역 및 C해역과 관련하여 구체적 구역을 어떻게 설정할 것인지, 조정 조치는 해역이 설정된 이후에 협의 희망, 조정 조치에 관한 일본의 생각 등을 전달해 줄 것을 요청함.
주제어	어업, 우시로쿠·최규하 회담

한일어업협정의 문제점
(日韓漁業協定の問題点)

문서파일번호	1493
문서명	한일어업협정의 문제점(日韓漁業協定の問題点)
작성연월일	1964. 2. 14
구분	제6차 회담
세부항목	한일어업협정의 문제점
작성처	외무성
매수	8
비밀등급	극비
문서종류	내부문서
공개구분	공개
내용	한일어업협정의 문제점에 대해 ① 잠정적 단기협정을 요구하는 한국의 입장과 일본의 대응 ② 트롤 금지 구역 내 한국의 새우 트롤 조업 주장, 공동규제구역 내 일본의 유동망 조업 금지 요구, 봉수망 어업의 상호 금지 ③ 12해리 표기 및 일본의 전관수역 설정 여부 등 전관수역 관련 문제 ④ 공동규제 구역 내 어선수 제한 문제 등에 관한 사항이 정리된 문서
주제어	어업, 어업협정 문제점

한일협정의 척수 제한 문제
(日韓協定における隻数制限の問題)

문서파일번호	1494
작성연월일	1964. 2. 18 - 1964. 2. 20
구분	제6차 회담
세부항목	어선 출어 척수 제한 문제
작성처	외무성
매수	7
비밀등급	
문서종류	내부문서
공개구분	공개
내용	한일어업협정에서 척수 제한과 관련한 문제점을 검토한 내용을 담은 문서
주제어	어업

문서명	한일협정의 척수 제한 문제(日韓協定における隻数制限の問題)

문서파일번호 1494
작성연월일 1964. 2. 18
구분 제6차 회담
세부항목 어선 출어 척수 제한문제
작성처 외무성
매수 5
비밀등급 극비
문서종류 내부문서
공개구분 공개
내용 한일어업협정 교섭에서 척수 제한과 관련한 수산청의 의견(현 단계에서 공동규제조치를 취할 필요가 없으나 협정에는 어족보호조치로 이러한 규제조치가 포함되어 있음, 어족보존조치는 평등하게 적용될 필요가 있음)에 대한 외무성 검토의견이 담긴 문서. 수산청 견해에 문제가 있으며(평등과 관련하여 척수를 동등하게 하는 관례가 없음), 실적 존중의 국제관례가 있으므로 척수 동수가 아닌 쌍방이 현 상태에서 자제하고 한국에 대해서는 어느 정도 이후 확대를 허용하는 것이 필요함.
주제어 어업, 공동규제조치

문서명	공동규제구역 내의 어선수를 한일 동일한 척수로 하는 문제에 대하여(共同規制区域内の漁船数を日韓同隻数とする問題について)

문서파일번호 1494
작성연월일 1964. 2. 20
구분 제6차 회담
세부항목 어선 출어 척수 제한 문제
작성처 외무성 조약국 법규과
매수 2
비밀등급 극비
문서종류 내부문서
공개구분 공개

내용 공동규제수역내의 어선수를 한일 양국이 동일하게 하는 문제에 대한 법규과의 검토의견이 담긴 문서. 공해자유의 견해에서 보면 총 어획량에 대한 자유경쟁을 인정하는 방식이 가장 바람직하나, 한국연안수역은 어획 대상이 되는 어종이 복잡하고 회유하는 어종도 적지 않으므로 어획량으로 제한하는 것은 불가능함. 결국 세목, 광력, 어기, 어선의 규모 등을 제한하는 이외에 척수 제한방식도 필요함. 일본이 일방적으로 규제를 수용하는 것 아닌가 하는 비판을 면하기 위해서는 공동규제구역내에서 조업하는 양국의 어선은 주요 어업종류를 동수로 할 수밖에 없음.

주제어 어업, 공동규제조치

직선기선 문제의 처리(안)
[直線基線問題の取扱いについて(案)]

문서파일번호	1498
작성연월일	1964. 2. 18 - 1964. 3. 2
구분	제6차 회담
세부항목	직선기신 문제
작성처	외무성
매수	17
비밀등급	
문서종류	
공개구분	공개
내용	어업수역 설정을 위한 직선기선 문제에 관하여 검토한 의견을 담은 문서 모음
주제어	어업, 직선기선

문서명	직선기선 문제의 처리에 대하여(안)[直線基線問題の取扱いについて(案)]

문서파일번호	1498
작성연월일	1964. 3. 2
구분	제6차 회담
세부항목	직선기선 문제
작성처	외무성 북동아시아과
매수	8
비밀등급	극비
문서종류	내부문서
공개구분	공개
내용	한국은 제주도 및 대흑산, 소흑산 군도 구획을 위한 직선기선제 도입을 주장하고 있으나 일본은 이를 수용할 수 없음.
주제어	어업, 직선기선

문서명	한국 직선기선용 기점 위치(韓国直線基線用基点位置)

문서파일번호	1498
작성연월일	1964. 3. 2
구분	제6차 회담
세부항목	직선기선 문제
작성처	외무성 북동아시아과
매수	3
비밀등급	일반
문서종류	내부문서
공개구분	공개
내용	한국의 직선기선용 기점 위치가 기술된 문서
주제어	어업, 직선기선

문서명	제주도를 포함한 직선기선 채용을 인정하지 못하는 이유(済州島を含む如き直線基線の採用が認められない理由)

문서파일번호	1498
작성연월일	1964. 2. 18
구분	제6차 회담
세부항목	직선기선 문제
작성처	외무성
매수	6
비밀등급	극비
문서종류	내부문서
공개구분	공개
내용	한국이 주장하는 어업수역 설정을 위한 직선기선의 문제점을 검토
주제어	어업, 직선기선

한일어업교섭 중 중요사항에 관한 일본의 태도
(日韓漁業交渉中重要事項に関する日本側の態度)

문서파일번호	1495
문서명	한일어업교섭 중 중요사항에 관한 일본의 태도(日韓漁業交渉中重要事項に関する日本側の態度)
작성연월일	1964. 2. 19
구분	제6차 회담
세부항목	해역별 어업규제에 관한 일본의 태도
작성처	수산청
매수	3
비밀등급	일반
문서종류	내부문서
공개구분	공개
내용	일본의 B구역, 쓰시마 주변, 규슈 북쪽 연안, C해역에 대한 어업자주규제 입장을 정리한 문서
주제어	어업, 규제

동해안 기선에 관한 발언
(東海岸の基線に関する発言振り)

문서파일번호	1496
문서명	동해안 기선에 관한 발언(東海岸の基線に関する発言振り)
작성연월일	1964. 2. 28
구분	제6차 회담
세부항목	전관수역 설정을 위한 직선기선
작성처	외무성 북동아시아과
매수	3
비밀등급	극비
문서종류	내부문서
공개구분	공개
내용	전관수역 설정과 관련해 한반도 동해에 직선기선을 설정하는 문제에 대해 외무성의 입장을 한국에 제시하기 위해 정리한 발언 요령
주제어	어업, 직선기선

어업협력 문제의 해결안
(漁業協力問題の解決案)

문서파일번호	1497
작성연월일	1964. 2. 27 - 1964. 3. 5
구분	제6차 회담
세부항목	한일어업협력 문제
작성처	외무성
매수	14
비밀등급	
문서종류	내부문서
공개구분	공개
내용	한일어업협력 문제의 해결책에 관한 검토의견서 및 시안
주제어	어업협력

문서명	한일어업협력 문제의 해결책에 대해서(시안)(국장지시사항)[日韓漁業協力問題の解決策について(試案)(局長指示事項)]

문서파일번호 1497
작성연월일 1964. 2. 27
구분 제6차 회담
세부항목 한일어업협력 문제
작성처 외무성 북동아시아과
매수 12
비밀등급 극비
문서종류 내부문서
공개구분 공개
내용 어업협력과 관련, 한국이 요청하는 신용공여의 조건에 관한 검토의견서. 어선마다 건조비용과 시설비용이 다르므로 일괄적으로 적용하기가 곤란하나 중소형 선박 또는 대형 선박으로 구분하여 구체적인 조건을 제시. 중소형 선박과 대형 선박의 구분은 규모 100톤을 기준으로 함. 중소형어선의 건조에 2,500만 달러를 배당하도록 특별 배려함.
주제어 어업, 어업협력 문제

문서명	대한어업협력의 실시에 관한 시안(対韓漁業協力の実施に関する試案)

문서파일번호 1497
작성연월일 1964. 3. 5
구분 제6차 회담
세부항목 한일어업협력 문제
작성처 외무성 경제협력국
매수 2
비밀등급 극비
문서종류 내부문서
공개구분 공개
내용 한일어업협력 문제와 관련하여 경제협력국이 마련한 민간신용공여의 기본 입장 및 관련 상세시안
주제어 어업, 어업협력 문제

어업 각료회담 관계자료
(漁業閣僚会談関係資料)

문서파일번호	1499
작성연월일	1964. 3. 5 - 1964. 4. 7
구분	제6차 회담
세부항목	한일어업 각료회담
작성처	외무성, 수산청, 한국대표단
매수	161
비밀등급	
문서종류	내부문서, 회의록, 내부자료
공개구분	공개
내용	한일어업 각료회담과 관련한 일본 입장, 처리방침 등을 담은 문서 및 관련 자료 모음
주제어	어업, 한일어업 각료회담

문서명	한일회담 사전 협의(日韓会談打合わせ)

문서파일번호 1499
작성연월일 1964. 3. 5
구분 제6차 회담
세부항목 한일어업 각료회담
작성처 외무성 북동아시아과
매수 5
비밀등급 일반
문서종류 내부문서
공개구분 공개
내용 북동아과와 한국대표부 최 서기관 협의 기록. 최 서기관은 어업 각료회담과 한일회담 본회의에 관해 참석자, 개최 일자, 장소, 언론발표 등 사무적인 사항에 대한 한국 의견을 전달함.
주제어 어업, 어업 각료회담 행정사항 협의

문서명	한일어업 각료회담에서의 어업협력 문제의 처리방침(안)[日韓漁業閣僚会談における漁業協力問題の処理方針(案)]

문서파일번호 1499
작성연월일 1964. 3. 5
구분 제6차 회담
세부항목 한일어업 각료회담, 대한어업협력
작성처 외무성 아시아국
매수 4
비밀등급 극비
문서종류 내부문서
공개구분 공개
내용 한일어업 각료회담에서 어업협력 문제에 관한 처리방침안을 기술한 문서. 한국이 회담에서 일본의 전관수역 안을 수용한다는 전망이 보일 경우 일본이 제시할 어업협력을 단계별로 검토함. 제1단계 총액 3천만 달러, 제2단계 5천만 달러, 제3, 4단계 총액 추가 증액
주제어 어업, 대한어업협력

문서명	한일각료회담 사전협의 사항(日韓閣僚会談打合せ事項)

문서파일번호 1499
작성연월일 1964. 3. 6
구분 제6차 회담
세부항목 한일어업 각료회담 일본 내부협의회
작성처 수산청
매수 3
비밀등급 일반
문서종류 회의록
공개구분 공개
내용 한일어업 각료회담(1964년 3월 10일~4월 6일까지 개최)을 앞두고 열린 외무성, 농림성, 수산청 관계자들의 협의회 기록(수산청에서 작성한 것으로 보임). 어업 각료회담은 한일회담을 촉진시키기 위한 회담으로 일본의 주체는 농림성이며 외무성의 입장은 부차적이라는 생각을 전제로 회담 일시, 참석자, 식사문제 등 행정적인 사항에 관한 내용들이 논의됨.
주제어 어업, 각료회담

문서명	어업 각료회담 일본 입장(안) [漁業閣僚会談における日本側の立場(案)]

문서파일번호 1499
작성연월일 1964. 3. 7
구분 제6차 회담
세부항목 한일어업 각료회담, 어업 관련 일본 입장
작성처 외무성 북동아시아과
매수 14
비밀등급 극비
문서종류 내부문서
공개구분 공개
내용 한일어업 각료회담을 앞두고 일본 입장을 담은 문서. 전관수역문제, 전관수역 외측에서의 공동규제 문제, B구역의 구획 및 자주규제 문제, 재판관할권 및 단속권, 어업협정의 해석 및 적용에 관한 분쟁 등을 정리
주제어 어업, 각료회담

문서명	한일어업 각료회담에서 어업협력 문제의 처리방침(안)[日韓漁業閣僚会談における漁業協力問題の処理方針(案)]

문서파일번호 1499
작성연월일 1964. 3. 7
구분 제6차 회담
세부항목 한일어업 각료회담, 어업협력 처리방침
작성처 외무성 북동아시아과
매수 6
비밀등급 극비
문서종류 내부문서
공개구분 공개
내용 한일어업 각료회담에서 어업협력 문제에 관한 처리방침안을 기술한 문서. 한국에 무상 3억 달러, 유상 2억 달러 이상은 공여가 어려우며, 청구권 및 경제협력의 제3항목인 '상당액의 통상의 민간신용공여'의 일부로서 공여한다는 설명이 필요함. 최초 3천만 달러(매년 1천만 달러씩 3년에 걸쳐 공여) 제안에서 시작해 한국이 어업협력 방식(민간신용공여)에 동의할 경우 금액을 5천만 달러로 증액함.
주제어 어업, 각료회담, 어업협력

문서명	어업 문제에 관한 한일양국 농상회담에서 논의사항(漁業問題に関する日韓両国農相会談における討議事項)

문서파일번호 1499
작성연월일 1964. 3. 7
구분 제6차 회담
세부항목 한일어업 각료회담, 어업 관련 일본 입장
작성처 수산청
매수 13
비밀등급 극비
문서종류 내부문서
공개구분 공개
내용 한일어업 각료회담에서 논의할 사항을 수산청에서 정리한 문서. 전관수역, 12해리 전관수역을 계측하는 기선, 자주규제해역(B구역), 어업 척수의 규제 등 기술
주제어 어업, 각료회담, 논의사항

문서명	어업 각료회담에서 일본 입장(어업협력 문제에 대해서는 별도작성)[漁業閣僚会談における日本側の立場(漁業協力問題については別途作成)]

문서파일번호 1499
작성연월일 1964. 3. 9
구분 제6차 회담
세부항목 한일어업 각료회담, 어업 관련 일본 입장
작성처 외무성
매수 6
비밀등급 극비
문서종류 내부문서
공개구분 공개
내용 한일어업 각료회담에서 일본 입장에 관한 외무성 견해를 정리한 문서. 전관수역 문제, 전관수역 외측의 공동규제 문제, B구역의 구획 및 자주규제 문제, 재판관할권 및 단속권, 어업협정의 해석 및 적용에 관한 분쟁 등 기술
주제어 어업, 각료회담, 외무성 입장

문서명	한일어업 각료회담에서 어업협력 문제의 처리방침(日韓漁業閣僚会談における漁業協力問題の処理方針)

문서파일번호 1499
작성연월일 1964. 3. 9
구분 제6차 회담
세부항목 한일어업 각료회담, 어업협력 처리방침
작성처 외무성
매수 2
비밀등급 극비
문서종류 내부문서
공개구분 공개
내용 한일어업 각료회담에서 어업협력 문제 처리방침에 관해 기술한 문서. 앞서 정리한 내용들과 대동소이함.
주제어 어업, 각료회담, 어업협력 외무성 입장

문서명	어선, 어구, 수산물의 수출입(대한국)[漁船、漁具および水産物の輸出入(対韓国)]

문서파일번호 1499
작성연월일 1964. 3. 11
구분 제6차 회담
세부항목 한일어업 각료회담, 어업 관련 일본 입장
작성처 수산청
매수 2
비밀등급 일반
문서종류 내부문서
공개구분 공개
내용 한국에 대한 어선과 어구 수출 및 한국산 수산물의 수입에 관한 수산청안 견해 정리
주제어 어업, 어선, 어구 대한수출, 한국 수산물 수입

문서명	제주도 기선 문제에 대하여(済州島基線問題について)

문서파일번호 1499
작성연월일 1964. 3. 12
구분 제6차 회담
세부항목 한일어업 각료회담, 직선기선 관련 일본 입장
작성처 외무성
매수 2
비밀등급 극비
문서종류 내부문서
공개구분 공개
내용 한국이 제주도를 포함한 직선기선 설정 반대에 대한 일본의 대응 방안 기술
주제어 어업, 직선기선

문서명	3월 13일에 제시할 어업협력안에 대하여(3月13日(金)に提示する漁業協力案について)

문서파일번호 1499
작성연월일 1964. 3(일자 불명)
구분 제6차 회담
세부항목 한일어업 각료회담, 어업협력 처리방침
작성처 대장성
매수 3
비밀등급 극비
문서종류 내부문서
공개구분 공개
내용 1964년 3월 13일 한일어업 각료회담에서 한국에 제시할 어업협력안에 대한 대장성 검토의견서. 청구권 및 경제협력 무상 3억 달러, 유상 2억 달러에서 공여하는 것이 타당하며 그 외 민간베이스의 통상의 차관 일부로서 연불수출이 함께하는 신용공여로 함. 합의방식은 교환공문으로 하고 총액은 3천만 달러로 함.
주제어 어업, 대한어업협력

문서명	한일어업 각료회담에서의 주요문제점에 대한 일본 입장(日韓漁業閣僚会談における主要問題点についての日本側の立場)

문서파일번호 1499
작성연월일 1964. 3. 13
구분 제6차 회담
세부항목 한일어업 각료회담, 일본 입장
작성처 외무성
매수 13
비밀등급 극비
문서종류 내부문서
공개구분 공개
내용 어업 각료회담 제3회 회의 개최일에 작성한 한일어업 각료회담의 주요 문제점에 대한 일본 입장을 정리한 문서. 전관 수역을 계측하는 기선, 규제해역 및 조업 척수 규제, 어업협력, 공동위원회, 위반 단속 및 분쟁 처리에 대해 정리. 각료회담이 진행되면서 회담 전 작성했던 입장과는 항목들이 달라짐.
주제어 어업, 각료회담, 일본 입장

문서명	제주도 기선 문제의 처리방침(안) [済州島基線問題の処理方針(案)]

문서파일번호	1499
작성연월일	1964. 3. 14
구분	제6차 회담
세부항목	한일어업 각료회담, 직선기선 관련 일본 입장
작성처	외무성
매수	5
비밀등급	극비
문서종류	내부문서
공개구분	공개
내용	제주도를 포함한 직선기선 문제에 대한 일본의 처리방침(안)이 담긴 문서. 직선기선은 국제법상, 국회통과 상 문제가 되므로 수용하기 어려움.
주제어	어업, 직선기선

문서명	제주도 주변수역의 처리방침(안) [済州島周辺水域の処理方針(案)]

문서파일번호	1499
작성연월일	1964. 3. 14
구분	제6차 회담
세부항목	한일어업 각료회담, 직선기선 관련 일본 입장
작성처	외무성 조약국 법규과
매수	3
비밀등급	극비
문서종류	내부문서
공개구분	공개
내용	제주도를 포함한 직선기선 문제에 대한 조약국의 검토의견서
주제어	어업, 직선기선

문서명	한일어업 각료회담(제4회 3월 16일)에 어업협력 제안(제2회)[日韓漁業閣僚会談(第4回3月16日)に対する漁業協力提案(第2回)について]

문서파일번호 1499
작성연월일 1964. 3(일자 불명)
구분 제6차 회담
세부항목 한일어업 각료회담, 어업협력 처리방침
작성처 대장성
매수 3
비밀등급 극비
문서종류 내부문서
공개구분 공개
내용 한일어업 각료회담 제4회 회의(1964년 3월 16일)을 앞두고 대장성이 작성한 한국에 대한 어업협력 제안 검토의견서. 한국의 금리 3.5%, 상환기간 3년 이상 거치 후 7년 이상의 정부 간 차관 제안에 대해서는 청구권 경제협력의 틀 내에 있는 유상차관으로 하는 것이 타당하며 금액은 3천만 달러로 함.
주제어 어업, 대한어업협력 대장성 견해

문서명	제주도 주변수역의 처리방침(안)[済州島周辺水域の処理方針(案)]

문서파일번호 1499
작성연월일 1964. 3. 17
구분 제6차 회담
세부항목 한일어업 각료회담, 직선기선 관련 일본 입장
작성처 외무성 조약국 법규과
매수 3
비밀등급 극비
문서종류 내부문서
공개구분 공개
내용 제주도 주변수역의 직선기선 문제에 대한 조약국 검토의견서
주제어 어업, 직선기선

문서명	한국이 주장하는 제주도를 포함한 직선기선 아래서 우리측 어업권을 확보하려 할 경우의 문제점(韓国側の主張する済州島を含む直線基線の下でわが方の入漁権を確保しようとした場合の問題点)

문서파일번호 1499
작성연월일 1964. 3. 17
구분 제6차 회담
세부항목 한일어업 각료회담, 직선기선 관련 일본 입장
작성처 외무성 조약국 법규과
매수 5
문서종류 내부문서
공개구분 공개
내용 한국이 주장하는 제주도를 포함한 직선기선을 채택할 경우 일본 어업권 확보 시 발생하는 문제점을 검토
주제어 어업, 직선기선

문서명	제주도 및 소흑산군도, 대흑산군도 주변의 기선 처리안(済州島及び小黒山群島·大黒山群島周辺の基線の処理案)

문서파일번호 1499
작성연월일 1964. 3. 17
구분 제6차 회담
세부항목 한일어업 각료회담, 직선기선 관련 일본 입장
작성처 수산청
매수 5
비밀등급 극비
문서종류 내부문서
공개구분 공개
내용 제주도 및 소흑산 군도, 대흑산 군도 주변 기선 처리에 관한 수산청안
주제어 어업, 직선기선

문서명	한일어업협력 문제에 관한 일본의 기본 입장(日韓漁業協力問題に関する日本側の基本的立場)

문서파일번호	1499
작성연월일	1964. 3. 18
구분	제6차 회담
세부항목	한일어업 각료회담, 어업협력 처리방침
작성처	외무성 아시아국
매수	3
비밀등급	극비
문서종류	내부문서
공개구분	공개
내용	한일어업협력 문제에 관한 아시아국의 견해. 정부차관 형식은 일본정부에 새로운 부담을 주게 되므로 수용이 어려움.
주제어	어업, 대한어업협력

문서명	어업협력의 성격(漁業協力の性格)

문서파일번호	1499
작성연월일	1964. 3. 18
구분	제6차 회담
세부항목	한일어업 각료회담, 어업협력 처리방침
작성처	외무성
매수	1
비밀등급	극비
문서종류	내부문서
공개구분	공개
내용	한국에 대한 어업협력은 민간기업의 상업베이스를 기초로 한 연불수출이 동반되는 신용공여로 한다는 입장을 재확인
주제어	어업, 대한어업협력

문서명	어업협력에 대하여(漁業協力について)

문서파일번호 1499
작성연월일 1964. 3. 23
구분 제6차 회담
세부항목 한일어업 각료회담, 어업협력 처리방침
작성처 수산청
매수 2
비밀등급 일반
문서종류 내부문서
공개구분 공개
내용 한국에 대한 어업협력의 방식에 관한 수산청 의견서. 민간의 상업베이스로 할 것을 주장
주제어 어업, 대한어업협력

문서명	어업협력에 대하여(漁業協力について)

문서파일번호 1499
작성연월일 1964. 3. 21
구분 제6차 회담
세부항목 한일어업 각료회담, 어업협력 한국 입장
작성처 한국대표단(일본 가역)
매수 3
비밀등급 극비
문서종류 내부문서
공개구분 공개
내용 한일어업 각료회담 제6회 회의에서 한국이 어업협력의 필요성을 설명한 문서
주제어 어업, 대한어업협력

문서명	어업협력 차관에 대하여(漁業協力借款について)

문서파일번호 1499
작성연월일 1964. 3. 21
구분 제6차 회담
세부항목 한일어업 각료회담, 어업협력 한국 입장
작성처 한국대표단(일본 가역)
매수 3
비밀등급 극비
문서종류 내부문서
공개구분 공개
내용 한일어업 각료회담 제6회 회의에서 한국이 제시한 어업협력 차관에 관한 안. 일본이 한국에 대해 1억 1,400만 달러의 차관을 3년에 걸쳐 금리 3.5%, 3년 거치 7년간 균등 상환조건으로 제공하는 방안
주제어 어업, 대한어업협력

문서명	어업협력에 관한 한국의 대안(1964. 3. 21 제시)에 대하여[漁業協力に関する韓国側の対案(39.3.21提示)について]

문서파일번호 1499
작성연월일 1964. 3. 24
구분 제6차 회담
세부항목 한일어업 각료회담, 어업협력 일본 입장
작성처 외무성
매수 2
비밀등급 극비
문서종류 내부문서
공개구분 공개
내용 한국이 1964년 3월 21일 제6회 어업 각료회담에서 재차 정부간 차관방식의 어업협력안을 제시한 데 대한 일본의 검토의견서. 한국이 3월 16일과 19일 회의에서 일본의 민간상업베이스 신용공여 방식 원칙을 수용했다가 3월 21일 정부간 차관 방식을 제안한 것을 유감으로 생각한다는 내용과 함께 민간신용공여 방식을 밀고 나가야 한다는 견해 기술
주제어 어업, 대한어업협력

문서명	별지1: 한일어업 각료회담(제4회 3월 16일)에 대한 어업협력 제안(제2회) [日韓漁業閣僚会談(第4回3月16日)に対する漁業協力提案(第2回)について]

문서파일번호	1499
작성연월일	1964. 3. 24
구분	제6차 회담
세부항목	한일어업 각료회담, 어업협력 일본 제안
작성처	대장성
매수	2
비밀등급	극비
문서종류	내부문서
공개구분	공개
내용	'어업협력에 관한 한국의 대안(1964. 3. 21 제시)에 대하여' 문서 첨부물. 대장성이 한일어업 각료회담 제4회 회의(1964년 3월 16일)을 앞두고 작성한 한국에 대한 어업협력 제안 검토의견서로 3월 24일 문서에 첨부됨.
주제어	어업, 대한어업협력

문서명	북위38도선 이북의 '이 라인'의 장래에 대하여(北緯38°以北の李ラインの将来について)

문서파일번호	1499
작성연월일	1964. 3. 24
구분	제6차 회담
세부항목	북위 38도선 이북의 '이 라인'
작성처	외무성 조약국 법규과
매수	2
비밀등급	일반
문서종류	내부문서
공개구분	공개
내용	북위 38도선 이북의 '이 라인'의 장래에 관한 조약국 검토의견서. '이 라인'은 한일협정 체결로 폐지될 것이지만, 북위 38도선 이북(즉 북한 측 수역)에 관한 문제 발생을 피하기 위해 한국의 어업수역은 한국의 관할 영해에 접속하는 부분(38도 이남)에 해당한다는 점 등을 협정에 명기할 필요가 있음.
주제어	어업, 북위 38도선 이북의 '이 라인'

문서명	3월 26일 제8회 농상회담에서 제주도 기선 문제에 관하여 한국에 확인해야 하는 사항(3月26日の第8回農相会談において済州島基線問題につき韓国側に確認すべき事項)

문서파일번호 1499
작성연월일 1964. 3. 25
구분 제6차 회담
세부항목 한일어업 각료회담, 직선기선
작성처 외무성 북동아시아과
매수 1
비밀등급 극비
문서종류 내부문서
공개구분 공개
내용 1964년 3월 26일 제8회 한일어업 각료회담에서 제주도 기선 문제에 관해 한국에 확인해야 하는 사항
주제어 어업, 직선기선

문서명	제주도 부근의 직선기선을 보류할 경우의 문제점(済州島付近の直線基線を棚上げとする場合の問題点)

문서파일번호 1499
작성연월일 1964. 3. 25
구분 제6차 회담
세부항목 한일어업 각료회담, 직선기선
작성처 외무성 조약국 법규과
매수 2
비밀등급 극비
문서종류 내부문서
공개구분 공개
내용 제주도 부근의 직선을 보류할 경우 발생할 수 있는 문제점에 관해 조약국이 검토한 내용
주제어 어업, 직선기선

문서명	한일어업회담에서 어업협력 문제의 최종처리방침(안)[日韓漁業会談における漁業協力問題の最終処理方針(案)]

문서파일번호	1499
작성연월일	1964. 3. 26
구분	제6차 회담
세부항목	한일어업 각료회담, 어업협력 최종 처리방침
작성처	외무성
매수	3
비밀등급	극비
문서종류	내부문서
공개구분	공개
내용	한일어업 각료회담에서 어업협력 문제에 관한 일본의 최종 처리방침(안)이 기술된 문서. 청구권 및 경제협력의 제3항목인 통상의 민간신용공여(1억 달러 이상)의 틀 내에서 처리한다는 입장이 정리됨.
주제어	어업, 대한어업협력

문서명	어업협력(漁業協力)

문서파일번호	1499
작성연월일	1964. 3. 21
구분	제6차 회담
세부항목	한일어업 각료회담, 어업협력 한국 제시 금액
작성처	한국대표단
매수	1
비밀등급	극비
문서종류	내부자료
공개구분	공개
내용	한국대표단이 어업 각료회담 제6회 회의에서 일본에 제시한 어업협력 금액 및 항목 표
주제어	어업, 대한어업협력

문서명	한일어업협력에 관한 메모(日韓漁業協力に関するメモ)

문서파일번호	1499
작성연월일	1964. 3. 28
구분	제6차 회담
세부항목	한일어업 각료회담, 어업협력 일본안
작성처	외무성
매수	2
비밀등급	극비
문서종류	내부자료
공개구분	공개
내용	일본이 어업 각료회담 제9회 회의에서 한국에 제시한 대한어업협력에 관한 안. 플랜트와 선박, 자재로 나누어 세부사항을 정리
주제어	어업, 대한어업협력

문서명	공동위원회에 관하여(共同委員会について)

문서파일번호	1499
작성연월일	1964. 3. 28
구분	제6차 회담
세부항목	한일어업 각료회담, 어업공동위원회 일본안
작성처	외무성
매수	4
비밀등급	극비
문서종류	내부자료
공개구분	공개
내용	어업 각료회담 제9회 회의에서 일본이 제시한 공동위원회에 관한 안. 위원회 성격, 회의 개최 방식, 임무, 위원회 사업의 보고 등에 관해 정리
주제어	어업, 공동위원회

문서명	어업협력위원회에 대하여(漁業協力委員会について)

문서파일번호 1499
작성연월일 1964. 3. 28
구분 제6차 회담
세부항목 한일어업 각료회담, 어업협력위원회 일본안
작성처 외무성
매수 2
비밀등급 극비
문서종류 내부자료
공개구분 공개
내용 어업 각료회담 제9회 회의에서 일본이 제시한 한일 간 어업협력을 위한 어업협력위원회 구성안
주제어 어업, 어업협력위원회

문서명	협정위반의 단속 및 재판관할권에 대하여(協定違反の取締及び裁判管轄権について)

문서파일번호 1499
작성연월일 1964. 3. 28
구분 제6차 회담
세부항목 한일어업 각료회담, 협정위반의 단속 및 재판관할권
작성처 외무성
매수 4
비밀등급 극비
문서종류 내부자료
공개구분 공개
내용 어업 각료회담 제9회 회의에서 일본이 제시한 협정위반의 단속 및 재판관할권에 관한 안
주제어 어업, 협정위반의 단속 및 재판관할권

문서명	협정해석에 관한 분쟁 처리에 대하여(協定解釈に対する紛争の処理について)

문서파일번호 1499
작성연월일 1964. 3. 28
구분 제6차 회담
세부항목 한일어업 각료회담, 협정해석의 분쟁 처리
작성처 외무성
매수 1
비밀등급 극비
문서종류 내부자료
공개구분 공개
내용 어업 각료회담 제9회 회의에서 일본이 제시한 협정해석에 관한 분쟁 처리안
주제어 어업, 협정해석의 분쟁 처리

문서명	공동위원회에 관하여(共同委員会について)

문서파일번호 1499
작성연월일 1964. 3. 28
구분 제6차 회담
세부항목 한일어업 각료회담, 어업협력위 한국안
작성처 한국대표단
매수 2
비밀등급 일반
문서종류 내부자료
공개구분 공개
내용 어업 각료회담 제9회 회의에서 한국이 제시한 한일 간 어업협력을 위한 어업협력위원회 구성과 관련한 안
주제어 어업, 어업협력위원회

문서명	어업협력위원회에 관하여(漁業協力委員会について)

문서파일번호	1499
작성연월일	1964. 3. 28
구분	제6차 회담
세부항목	한일어업 각료회담, 협정 단속 및 재판관할권 한국안
작성처	한국대표단
매수	1
비밀등급	일반
문서종류	내부자료
공개구분	공개
내용	어업 각료회담 제9회 회의에서 한국이 제시한 협정위반의 단속 및 재판관할권에 관한 안
주제어	어업, 협정 단속 및 재판관할권 한국안

문서명	협정위반의 단속 및 재판관할권에 관하여(協定違反の団束及び裁判管轄权について)

문서파일번호	1499
작성연월일	1964. 3. 28
구분	제6차 회담
세부항목	한일어업 각료회담, 협정위반의 단속 및 재판관할권 한국안
작성처	한국대표단
매수	2
비밀등급	일반
문서종류	내부자료
공개구분	공개
내용	어업 각료회담 제9회 회의에서 한국이 제시한 협정해석에 관한 분쟁 처리안
주제어	어업, 협정위반의 단속 및 재판관할권 한국안

문서명	어업협력위원회(1964.3.28 한국 제안)에 대하여[漁業協力委員会(39.3.28韓国側提案)について]

문서파일번호 1499
작성연월일 1964. 3. 31
구분 제6차 회담
세부항목 한일어업 각료회담, 어업협력위원회
작성처 대장성
매수 1
비밀등급 극비
문서종류 내부문서
공개구분 공개
내용 어업협력위원회에 관해 한국이 제시한 안에 대한 대장성의 검토의견서. 협력위원회의 성격, 임무 등에 관한 견해가 담겨 있음.
주제어 어업, 어업협력위원회

문서명	농상회담의 진행방식에 관한 일본 입장(農相会談の進め方に関する日本側の立場)

문서파일번호 1499
작성연월일 1964. 4. 1
구분 제6차 회담
세부항목 한일어업 각료회담
작성처 외무성
매수 4
비밀등급 극비
문서종류 내부문서
공개구분 공개
내용 한일어업 각료회담 진행방식에 관한 일본 입장이 기술된 문서. 회담 기록은 정확해야 하며, 만일 한국이 회담에서 합의된 사항을 이행하지 않을 경우 어업협력자금 7천만 달러 제시와 일본이 양보한 사항도 기록에 그치고 말 것임. 어업 각료회담에서 어업 문제 합의가 이루어지지 않으면 한일회담 본회의에 이 문제를 상정해도 진척을 기대하기 어려우므로 다른 여러 현안에 관한 실질적 논의에 들어가는 것도 어렵다는 점을 한국이 인식하도록 해야 함.
주제어 어업, 한일어업 각료회담의 진행방식

문서명	어업협력 및 나포 어선 청구권에 관한 합의의사록 작성에 대하여(漁業協力及び拿捕漁船請求権に関する合意議事録の作成について)

문서파일번호 1499
작성연월일 1964. 4. 2
구분 제6차 회담
세부항목 한일어업 각료회담
작성처 대장성
매수 3
비밀등급 극비
문서종류 내부문서
공개구분 공개
내용 어업협력 및 나포 어선 청구권에 관한 합의 의사록 작성에 관해 별첨 방침에 따라 처리하도록 하며, 1964년 4월 3일 이후의 회담에서는 처리방침에 따라야 한다는 것을 수산청 및 외무성이 알기를 바란다는 대장성 문서. 합의의사록 처리방침이 첨부됨.
주제어 어업, 어업협력 및 어선 나포 청구권, 합의의사록

문서명	농상회담 의사록 정리에 관한 처리방침(農相会談の議事録整理に関する処理方針)

문서파일번호 1499
작성연월일 1964. 4. 3
구분 제6차 회담
세부항목 한일어업 각료회담
작성처 외무성
매수 2
비밀등급 극비
문서종류 내부문서
공개구분 공개
내용 한일어업 각료회담 의사록 정리에 관한 처리방침을 기술한 문서. 금번 어업 각료회담에서는 모든 주요 문제점에 관해 실질적 교섭이 이루어졌으므로 양 장관 간의 합의의사록에 모든 것이 기록되어야 함.
주제어 어업, 어업 각료회담 합의의사록

문서명	한일어업 각료회담 의사 내용 정리를 위한 회의기록(日韓漁業閣僚会談に際する議事内容整理のための会合記録)

문서파일번호 1499
작성연월일 1964. 4. 6
구분 제6차 회담
세부항목 한일어업 각료회담
작성처 외무성 북동아시아과
매수 4
비밀등급 극비
문서종류 회의록
공개구분 공개
내용 1964년 4월 5일과 6일 수산청 와다 어정부장과 이규성 참사관이 한일어업 각료회담 의사록 조정과 상대 측 의사록 확인을 위해 회의 개최
주제어 어업, 어업 각료회담 의사록 검토회의

문서명	한일어업 각료회담의 내용에 대하여(日韓漁業閣僚会談の内容について)

문서파일번호 1499
작성연월일 1964. 4. 7
구분 제6차 회담
세부항목 한일어업 각료회담
작성처 외무성 북동아시아과
매수 7
비밀등급 극비
문서종류 내부문서
공개구분 공개
내용 1964년 3월 10일~4월 6일까지 12차례에 걸쳐 아카기 무네노리 농림대신과 원용석 농림부장관이 개최한 어업 각료회담을 긍정적으로 평가
주제어 어업, 어업 각료회담 평가

한일어업 각료회담에서 어업협력 문제의 처리 방침(日韓漁業閣僚会談における漁業協力問題の処理方針)

문서파일번호	1614
작성연월일	1964. 3. 5
구분	제6차 회담
세부항목	한일어업협력 문제
작성처	외무성, 한국대표단
매수	14
비밀등급	
문서종류	내부문서, 내부자료
공개구분	공개
내용	한일어업 각료회담을 앞두고 작성한 어업협력 문제에 관한 처리방침, 협력실시에 관한 시안 등이 담긴 문서 및 관련자료 모음
주제어	어업, 각료회담, 어업협력

문서명	한일어업 각료회담에서 어업협력 문제의 처리방침(안)[日韓漁業閣僚会談における漁業協力問題の処理方針(案)]

문서파일번호 1614
작성연월일 1964. 3. 5
구분 제6차 회담
세부항목 한일어업협력 문제, 한일어업 각료회담
작성처 외무성 아시아국
매수 4
비밀등급 극비
문서종류 내부문서
공개구분 공개
내용 한일어업 각료회담에 대비하여 아시아국이 작성한 한국에 대한 어업협력 문제에 관한 처리방침 문서. 어업차관 제공 형식, 금액 등이 포함되어 있음.
주제어 어업, 어업협력

문서명	대한어업협력 실시에 관한 시안(対韓漁業協力の実施に関する試案)

문서파일번호 1614
작성연월일 1964. 3. 5
구분 제6차 회담
세부항목 한일어업협력 문제, 한일어업 각료회담
작성처 외무성 경제협력국
매수 4
비밀등급 극비
문서종류 내부문서
공개구분 공개
내용 한일어업 각료회담에 대비하여 외무성 경제협력국이 작성한 한국에 대한 어업협력 자금 제공 원칙, 조건 등에 관한 문서. 민간 사이의 상업베이스에 의한 연불 신용공여를 관계법령 범위에서 용이하게 한다는 일본안을 한국이 수용하지 않을 경우에 대한 대안이 제시됨.
주제어 어업, 어업협력

문서명	어업협력안(漁業協力案)

문서파일번호 1614
작성연월일 1963. 9. 26
구분 제6차 회담
세부항목 한일어업협력 문제
작성처 한국대표단(일본 가역)
매수 2
비밀등급 극비
문서종류 내부자료
공개구분 공개
내용 한국이 제6차 한일회담 예비교섭 제50회 회의에서 제시한 어업협력에 관한 안. 자금 제공 형식, 금액, 사용처 등이 명기됨.
주제어 어업, 어업협력

문서명	어선건조 및 도입 내역(漁船建造及び導入內訳)

문서파일번호 1614
작성연월일 1963. 9. 26
구분 제6차 회담
세부항목 한일어업협력 문제
작성처 한국대표단(일본 가역)
매수 1
비밀등급 일반
문서종류 내부자료
공개구분 공개
내용 한국이 어업협력과 관련하여 일본에 제시한 어선 건조 및 도입 내역
주제어 어업, 어업협력

문서명	연차별 어업협력안(年次別漁業協力案)

문서파일번호 1614
작성연월일 1963. 9. 26
구분 제6차 회담
세부항목 한일어업협력 문제
작성처 한국대표단(일본 가역)
매수 2
비밀등급 일반
문서종류 내부자료
공개구분 공개
내용 한국이 어업협력과 관련하여 일본에 제시한 연차별 어업협력안. 수산 관련 시설과 그 건설을 위해 도입할 연도별 자금 계획이 정리되어 있음.
주제어 어업, 어업협력

문서명	선박건조 프로그램(Boat Construction Programme)

문서파일번호 1614
작성연월일 1963. 9. 26
구분 제6차 회담
세부항목 한일어업협력 문제
작성처 한국대표단
매수 1
비밀등급 일반
문서종류 내부문서
공개구분 공개
내용 한국이 어업협력과 관련하여 일본에 제시한 어선 건조 계획(1964~1968년) 내역
주제어 어업, 어업협력

한일어업교섭의 기초가 되는 국제관행
(日韓漁業交渉の基礎となる国際慣行)

문서파일번호	1500
문서명	한일어업교섭의 기초가 되는 국제관행(日韓漁業交渉の基礎となる国際慣行)
작성연월일	1964. 3. 24
구분	제6차 회담
세부항목	전관수역 및 직선기선에 관한 국제관행
작성처	외무성
매수	3
비밀등급	일반
문서종류	내부문서
공개구분	공개
내용	일본정부가 한국과의 어업교섭과 관련해 전관수역, 직선기선 등의 문제에 관한 국제적 관행을 정리한 문서
주제어	어업, 전관수역, 직선기선

어선 나포에 따른 청구권
(漁船拿捕に伴う請求権)

문서파일번호	1501
문서명	어선 나포에 따른 청구권(漁船拿捕に伴う請求権)
작성연월일	1964. 3. 26
구분	제6차 회담
세부항목	나포 어선 청구권
작성처	대장성 이재국
매수	3
비밀등급	극비
문서종류	내부문서
공개구분	공개
내용	한국이 나포한 어선에 관한 청구권 문제를 대장성이 검토한 문서. 대장성은 한국이 강행한 나포 어선에 관한 청구권 요구는 국내 보상 문제 및 중화민국 관계를 고려하여 유지할 것을 주장함.
주제어	어업, 나포 어선 청구권

구상서
(Note Verbale)

문서파일번호	1615
문서명	구상서(Note Verbale)
작성연월일	1964. 4. 18
구분	제6차 회담
세부항목	한국에 대한 어선 수출금지 조치 해제요구
작성처	주일한국대표부
매수	2
비밀등급	일반
문서종류	외교공한(구상서)
공개구분	일부비공개
내용	주일한국대표부가 일본 외무성에게 한미 간 계약에 따라 일본에서 생산하는 어선의 한국 수출이 가능토록 수출허가 금지 조치의 해제를 요구하는 외교공한(영문)
주제어	어업, 어선 대한수출

어업수역 설정에 관한 국제선례
(漁業水域設定に関する国際先例)

문서파일번호	1503
작성연월일	1964. 8. 19
구분	제6차 회담
세부항목	어업수역
작성처	외무성 등
매수	11
비밀등급	
문서종류	내부자료, 내부문서
공개구분	공개
내용	어업수역 설정에 관한 국제선례를 정리한 문서
주제어	어업, 어업수역

문서명	제목 없음

문서파일번호 1503
작성연월일 1964(월일 불명)
구분 제6차 회담
세부항목 어업수역
작성처 불명
매수 2
비밀등급 극비
문서종류 내부자료
공개구분 공개
내용 한일 간 어업수역이 그려진 지도 2매
주제어 어업, 수역도

문서명	어업수역설정에 관한 국제선례(漁業水域設定に関する国際先例)

문서파일번호 1503
작성연월일 1964. 8. 19
구분 제6차 회담
세부항목 어업수역 국제선례
작성처 외무성 조약국 법규과
매수 9
비밀등급 일반
문서종류 내부문서
공개구분 공개
내용 어업수역 설정에 관한 국제선례를 정리한 문서. 제네바 방식, 영·덴마크 방식, 영·노르웨이 방식, 영·아이슬란드 방식, 소련·노르웨이 협정, 구주 어업협정 등에서 어업수역 설정 방식이 소개
주제어 어업

한일어업 문제 각료회담의 일본 의사록과 한국 요약 회의록 비교(日韓漁業問題閣僚会議の日本側議事録と韓国側要約会議録との比較)

문서파일번호	1505
문서명	한일어업 문제 각료회담의 일본 의사록과 한국 요약 회의록 비교(日韓漁業問題閣僚会議の日本側議事録と韓国側要約会議録との比較)
작성연월일	1964. 9. 14
구분	제6차 회담
세부항목	한일어업 각료회담
작성처	외무성 북동아시아과
매수	5
비밀등급	극비
문서종류	내부문서
공개구분	공개
내용	1964년 3월 10일부터 4월 6일까지 개최된 한일어업 각료회담의 일본 의사록과 한국 의사록을 대조한 문서. 기선 설정, 이업협력위원회, 어신수출, 신박 자유통행 문제 등 대조
주제어	어업 각료회담 회의록 비교

한국경비정에 의한 일본어선 나포 대책
(韓国警備艇による日本漁船拿捕に対する対策)

문서파일번호	1506
작성연월일	1964. 9. 21 - 1964. 11. 14
구분	제6차 회담
세부항목	일본어선 나포 문제
작성처	외무성 북동아시아과
매수	16
비밀등급	
문서종류	내부문서
공개구분	공개
내용	한국에 의한 일본어선 나포 문제 대책을 검토한 문서 및 관련자료
주제어	어업, 일본어선 나포 문제

문서명	한국경비정에 의한 일본어선 나포 대책에 대하여(韓国警備艇による日本漁船拿捕に対する対策について)

문서파일번호 1506
작성연월일 1964. 9. 21
구분 제6차 회담
세부항목 일본어선 나포 문제 대책
작성처 외무성 북동아시아과
매수 7
비밀등급 극비
문서종류 내부문서
공개구분 공개
내용 한국의 일본어선 나포 대책 문서. 제1안 ① 한국연안의 저조선(低潮線)으로부터 12해리 내 일본어선 조업 자제 행정지도, ② 한국연안 저조선으로부터 12해리 밖에서 일본어선 보호조치 강화(한국의 동조가 필요), 제2안 ① 제1안과 동일, ② 한국연안 저조선으로부터 12해리 밖에서는 한국이 나포하지 않기를 기대
주제어 어업, 일본어선 나포 대책

문서명	우리나라(일본) 어선 나포 방지 잠정조치와 한국산 구입 증가를 연결하여 처리하는 건의 경위와 문제점(本邦漁船拿捕防止の暫定措置と韓国産品買付増とを結びつけて処理する件の経緯と問題点)

문서파일번호 1506
작성연월일 1964. 9. 25
구분 제6차 회담
세부항목 일본어선 나포 문제 대책
작성처 외무성 북동아시아과
매수 5
비밀등급 극비
문서종류 내부문서
공개구분 공개
내용 한국의 일본어선 나포에 관한 미국 견해(소극적인 대처보다는 한국의 대일무역 확대 제안과 연계시키는 것이 좋겠다는 의견) 검토의견서. 관계 성청 협의 후 외무성 안으로 한국 농수산물수입 제한 완화와 원재료 등의 원조 구상을 제시함.
주제어 어업, 일본어선 나포 대책

문서명	한일어업 각료회담(1964. 3~4) 종료 시의 척수 문제의 상황[日韓漁業閣僚会議(昭和39年3月 ~4月)終了時における隻数問題の状況]

문서파일번호 1506
작성연월일 1964. 11. 14
구분 제6차 회담
세부항목 출어 어선 척수
작성처 외무성 북동아시아과
매수 4
비밀등급 극비
문서종류 내부문서
공개구분 공개
내용 한일어업 각료회담의 출어 어선 척수 논의 경과를 정리한 문서. 주로 A구역의 척수에 관해 논의가 이루어졌으며, 한국은 어획량 실적에 따라 척수를 환산하자고 주장하고, 일본은 한반도 주변에 출어중인 척수의 현 상황을 존중해야 한다고 주장함. 양측의 출어 척수에 관한 의견이 표로 정리되어 있음.
주제어 어업, 출어 척수

한일어업 문제에 관해 12월 22일 오전 수산청 와다 차장에게 접수한 정보(日韓漁業問題に関し12月22日午前水産庁和田次長より接受した情報)

문서파일번호	1507
문서명	한일어업 문제에 관해 12월 22일 오전 수산청 와다 차장에게 접수한 정보(日韓漁業問題に関し12月22日午前水産庁和田次長より接受した情報)
작성연월일	1964. 12. 22
구분	제7차 회담
세부항목	어업교섭에 관한 한국 생각
작성처	외무성
매수	8
비밀등급	극비
문서종류	내부문서
공개구분	공개
내용	한국과의 어업교섭에 관해 외무성이 수산청 와다 차장에게 전해들은 정보를 기록한 문서. 최근 한국이 통보해 온 내용 및 양국의 대립점 등을 담고 있음.
주제어	어업

한국이 생각하고 있다고 여겨지는 어업잠정협정안에 대한 조약국 코멘트(韓国側の考えているといわれる漁業暫定協定案に対する条約局コメント)

문서파일번호	1508
작성연월일	1964. 12. 22 - 1964. 12. 25
구분	제7차 회담
세부항목	한국 어업협정안에 대한 코멘트
작성처	외무성
매수	17
비밀등급	
문서종류	내부문서, 회의록
공개구분	공개
내용	한국이 고려 중인 것으로 보이는 어업협정안에 대한 조약국 코멘트가 담긴 문서 모음
주제어	어업

문서명	한국이 생각하고 있다고 여겨지는 어업 잠정협정안에 대한 조약국 코멘트(안) [韓国側の考えているといわれる漁業暫定協定案に対する条約局コメント(案)]

문서파일번호 1508
작성연월일 1964. 12. 22
구분 제7차 회담
세부항목 한국 어업협정안에 대한 코멘트
작성처 외무성 조약국 법규과
매수 2
비밀등급 극비
문서종류 내부문서
공개구분 공개
내용 한국이 고려 중인 것으로 보이는 어업협정안에 대한 조약국 코멘트가 담긴 문서. 일본은 한국과의 어업교섭에서 실익 확보뿐만 아니라 국제법상의 입장도 손상시키지 않아야 함. 한국이 주장하는 '이 라인'을 전제로 한 협정은 이러한 점에서 검토의 대상조차 되지 않음.
주제어 어업, 한국 협정안에 대한 코멘트

문서명	'잠정안'에 대한 조약국 코멘트(「暫定案」についての条約局コメント)

문서파일번호 1508
작성연월일 1964. 12. 23
구분 제7차 회담
세부항목 한국 어업협정안에 대한 코멘트
작성처 외무성 조약국
매수 7
비밀등급 극비
문서종류 내부문서
공개구분 공개
내용 한국이 고려 중인 것으로 보이는 어업협정안에 대한 조약국의 상세한 코멘트가 담긴 문서. ① 각국의 이익을 정당하게 보호하도록 확립된 국제법상의 제 원칙이 지켜져야 함. ② 어족자원 보호를 위한 공동규제수역의 제한조치는 평등하게 이루어져야 함. ③ 이러한 원칙이 동상이몽에 의한 해결로 이어져서는 안 됨. ④ 이러한 원칙에도 불구하고 해결해야 한다고 하면 국가의 이익을 지키는 입장이 필요함. 한국안은 '이 라인'을 기초로 '이 라인' 내 일본어선은 한국의 허가를 받아야 한다는 것으로 되어 있으며, 어업수역을 포함한 확대수역을 일괄적으로 한국 어업보호수역으로 설정하고 있음. 이는 국제관례에서 인정하고 있는 어업수역의 개념과 근본적으로 다름.

주제어 어업, 한국 협정안에 대한 코멘트

문서명	한국의 어업 신제안에 대한 코멘트(韓国側漁業新提案についてのコメント)

문서파일번호 1508
작성연월일 1964. 12. 24
구분 제7차 회담
세부항목 한국 어업협정안에 대한 코멘트
작성처 외무성 조약국
매수 2
비밀등급 극비
문서종류 내부문서
공개구분 공개
내용 한국 어업협정 신제안에 대한 일본의 코멘트를 기록한 문서. 한국의 신제안도 '이 라인'의 틀을 토대로 한 것이므로 일본은 받아들일 수 없음.
주제어 어업, 한국 협정안에 대한 코멘트

문서명	별첨. 법률상의 코멘트(別添 : 法律上のコメント)

문서파일번호	1508
작성연월일	1964. 12. 24
구분	제7차 회담
세부항목	한국 어업협정안에 대한 코멘트
작성처	외무성 조약국
매수	2
비밀등급	극비
문서종류	내부문서
공개구분	공개
내용	한국 어업협정 신제안에 대한 일본의 법률적인 코멘트를 기록한 문서. '이 라인'을 전제로 하여 동 라인 내의 일본어선은 한국의 허가를 받아야 한다는 것은 국제법상으로도 인정할 수 없음.
주제어	어업, 한국 협정안에 대한 코멘트

문서명	한국의 비공식 신제안에 대하여(韓国側非公式新提案について)

문서파일번호	1508
작성연월일	1964. 12. 25
구분	제7차 회담
세부항목	한국 어업협정안에 대한 코멘트
작성처	외무성 북동아시아과
매수	4
비밀등급	극비
문서종류	내부문서
공개구분	공개
내용	1964년 12월 24일 외무성 히로세 다쓰오(広瀬達夫) 참사관이 수산청 와다 마사아키 차장에게 한국이 새로이 제안한 협정안에 대한 외무성의 코멘트를 전달
주제어	어업, 한국 협정안에 대한 코멘트

한일어업교섭과 킹크랩 협정방식의 문제
(日韓漁業交渉とタラバガニ協定方式の問題)

문서파일번호	912
작성연월일	1964. 12. 25 - 1965. 1. 5
구분	제7차 회담
세부항목	미일 대게 어업 자주규제 합의 방식의 한일어업협정 적용 문제
작성처	외무성
매수	24
비밀등급	
문서종류	내부문서, 교환공문안
공개구분	공개
내용	1964년 미일 간 교환공문을 통한 동베링해(Eastern Bering Sea)에서의 대게(king crab) 자주규제 합의 방식을 한일어업협정에 적용하는 문제점을 정리한 문서와 미일 간 교환공문
주제어	어업

문서명	한일어업교섭과 대게(king crab) 협정방식의 문제(日韓漁業交渉とタラバガニ協定方式の問題)

문서파일번호 912
작성연월일 1965. 1. 5
구분 제7차 회담
세부항목 미일 대게 어업 자주규제 합의 방식의 한일어업협정 적용 문제
작성처 외무성 조약국 법규과
매수 8
비밀등급 일반
문서종류 내부문서
공개구분 공개
내용 조약국이 미일 대게 관련 교환공문 합의방식을 한일어업협정에 적용하는 문제점을 정리한 문서. 미일협정은 법률적 문제를 미루고 실질적 해결을 도모한 것으로 미일 간 법률적 문제와 '이 라인'을 둘러싼 한일 간 법률적 문제는 성격이 전혀 다름.
주제어 어업

문서명	대게에 관한 미일 교환공문(たらばかにに関する日米交換公文)

문서파일번호 912
작성연월일 1964. 12. 25
구분 제7차 회담
세부항목 미일 대게 어업 자주규제 합의 방식의 한일어업협정 적용 문제
작성처 외무성 북동아시아과
매수 3
비밀등급 일반
문서종류 내부문서
공개구분 공개
내용 대게에 관한 미일 교환공문에 관하여 북동아과가 북미과로부터 청취한 내용을 기록한 문서. 미국이 1964년 5월 소위 '배트렛법' 입법 후 대륙붕 자원의 배타적 관할권을 주장하면서 동베링해의 대게를 대륙붕 자원에 포함시킴. 이에 따라 동 수역에서 대게를 잡던 일본어선의 나포 우려가 발생하면서 미국의 제의로 미일 양국은 교환공문을 통해 일본이 2년간 동베링해 대게 어업을 규제하는 것으로 해결함.
주제어 어업

문서명	일본, 미국 교환공문안(Draft Japanese Note and Draft U. S. Note)

문서파일번호	912
작성연월일	1964(월일 불명)
구분	제7차 회담
세부항목	미일 대게 어업 자주규제 합의 방식의 한일어업협정 적용 문제
작성처	외무성
매수	6
비밀등급	일반
문서종류	교환공문안
공개구분	공개
내용	동베링해(Eastern Bering Sea) 대게 어업 자주규제에 관한 미일 양국의 교환공문(영문 초안)
주제어	어업

문서명	(번역문)일본 서한(안)및 미국측 서한(안)[(訳文)日本側書簡(案)及び合衆国側書簡(案)]

문서파일번호	912
작성연월일	1964(월일 불명)
구분	제7차 회담
세부항목	미일 대게 어업 자주규제 합의 방식의 한일어업협정 적용 문제
작성처	외무성
매수	1
비밀등급	일반
문서종류	교환공문(안)
공개구분	공개
내용	동베링해에서의 대게 어업 자주규제에 관한 미일 양국의 교환공문(일문 번역본)
주제어	어업

나포 어선 및 한국 치적선에 관한 자료 등
(拿捕漁船及び朝鮮置籍船に関する資料等)

문서파일번호	1504
작성연월일	1964. 3. 13 - 1964. 10(일자 불명)
구분	제6차 회담
세부항목	나포 어선 및 한국 치적선, 재일한국인 수, 한국군인 수
작성처	외무성
매수	7
비밀등급	
문서종류	내부자료
공개구분	공개
내용	나포 어선 및 한국 치적선에 관한 자료, 재일한국인 수, 한국 군인수, 연도별 일본어선 나포사건 통계표 등의 모음
주제어	한국관련 통계

문서명	나포 어선 및 한국 치적선에 관한 자료(拿捕漁船及び朝鮮置籍船に関する資料)

문서파일번호 1504
작성연월일 1964. 8. 22
구분 제6차 회담
세부항목 나포 어선, 한국 치적선
작성처 외무성
매수 4
비밀등급 극비
문서종류 내부자료
공개구분 공개
내용 나포 어선 및 한국 치적선에 관한 자료. ①나포 어선에 관한 손해액 ② 한국 치적선 ③ 한국수역 소재 선박에 관한 내용이 기술되어 있음.
주제어 나포 어선, 한국 치적선

문서명	재일한국인 수(在日朝鮮人數)

문서파일번호 1504
작성연월일 1964. 10(일자 불명)
구분 제6차 회담
세부항목 재일한국인 수
작성처 외무성
매수 1
비밀등급 일반
문서종류 내부자료
공개구분 공개
내용 1964년 10월 말 현재 재일한국인 수
주제어 재일한국인 수

문서명	한국의 군인수(韓國の軍人數)

문서파일번호	1504
작성연월일	1964. 10(일자 불명)
구분	제6차 회담
세부항목	한국군인 수
작성처	외무성
매수	1
비밀등급	일반
문서종류	내부자료
공개구분	공개
내용	한국군인 수에 관한 자료. 한국군은 육군(54만명), 해군(4만 2 300명, 해병대 2만 8천명 포함), 공군(1만 5천명) 합쳐 59만 7,300명
주제어	한국군인 수

문서명	연도별 나포 사건 통계표(歷年別だ捕事件統計表)

문서파일번호	1504
작성연월일	1964. 3. 13
구분	제6차 회담
세부항목	일본어선 나포 통계
작성처	외무성
매수	1
비밀등급	일반
문서종류	내부자료
공개구분	공개
내용	한국에 의해 나포된 일본어선의 통계가 정리된 표(1946년부터 기록)
주제어	일본어선 나포 통계

제11부

제6차 회담 어업 및 '평화선'위원회 및 어업 각료회담 (1961~1964)

제6차 한일회담 어업 및 '평화선'위원회 제1회 회의(第6次日韓全面会談における漁業および「平和ライン」委員会第1回会合)

문서파일번호	1005
문서명	제6차 한일회담 어업 및 '평화선'위원회 제1회 회의(第6次日韓全面会談における漁業および「平和ライン」委員会第1回会合)
작성연월일	1961. 10. 26
구분	제6차 회담 어업 및 '평화선'위원회 제1회 회의
세부항목	
작성처	외무성 북동아시아과
매수	9
비밀등급	극비
문서종류	회의록
공개구분	공개
내용	제6차 한일회담 어업 및 '평화선'위원회 제1회 회의기록. 일본 수석위원 수산청 무라타 도요조(村田豊三) 차장, 외무성 우야마 아쓰시 괸빙심의관, 한국 수석위원 김윤근 변호사. 양측 참석자를 소개 후, 향후 논의 진행 방법과 내용(한국이 제5차 한일회담 어업교섭에서 제시한 7개 항목 중 논의가 이루어지지 않은 3, 4 항목) 등을 조정함.
주제어	어업, 평화선

제6차 한일회담 어업 및 '평화선'위원회 제2회 회의(第6次日韓全面会談における漁業及び「平和ライン」委員会第2回会合)

문서파일번호	1006
문서명	제6차 한일회담 어업 및 '평화선'위원회 제2회 회의(第6次日韓全面会談における漁業及び「平和ライン」委員会第2回会合)
작성연월일	1961. 11. 1
구분	제6차 회담 어업 및 '평화선'위원회 제2회 회의
세부항목	
작성처	외무성 북동아시아과
매수	4
비밀등급	극비
문서종류	회의록
공개구분	공개
내용	제6차 한일회담 어업 및 '평화선'위원회 제2회 회의기록. 한국은 제5차 한일회담 어업교섭에서 한국이 제출한 어업 관련 7개 항목의 의제 가운데 제3(어종별로 일정단위의 어획 노력에 의한 어획량의 연도별 변화 검토) 및 제4 항목(자원에 대한 어획 노력의 과거 및 현재의 변천에 있어서 그 변동요소 중 결정적 요인 검토)에 관하여 설명함. 일본이 이에 대해 질문을 한 후 본격적인 논의는 차기 회의부터 진행하기로 함.
주제어	어업, 평화선

제6차 한일회담 어업 및 '평화선'위원회 제3회 회의(第6次日韓全面会談における漁業および「平和ライン」委員会第3回会合)

문서파일번호	1007
문서명	제6차 한일회담 어업 및 '평화선'위원회 제3회 회의(第6次日韓全面会談における漁業および「平和ライン」委員会第3回会合)
작성연월일	1961. 11. 14
구분	제6차 회담 어업 및 '평화선'위원회 제3회 회의
세부항목	
작성처	외무성 북동아시아과
매수	7
비밀등급	극비
문서종류	회의록
공개구분	공개
내용	제6차 한일회담 어업 및 '평화선'위원회 제3회 회의기록. 제2회 회의에서 이루이진 제3 항목 및 제4 항목에 관한 한국의 설명에 대해 일본이 견해를 피력. 이어 어업 자원 파악 방법에 관한 의견교환이 이루어짐.
주제어	어업, 평화선

제6차 한일회담 어업 및 '평화선'위원회 제4회 회의(第6次日韓全面会談における漁業および「平和ライン」委員会第4回会合)

문서파일번호	1008
문서명	제6차 한일회담 어업 및 '평화선'위원회 제4회 회의(第6次日韓全面会談における漁業および「平和ライン」委員会第4回会合)
작성연월일	1961. 11. 22
구분	제6차 회담 어업 및 '평화선'위원회 제4회 회의
세부항목	
작성처	외무성 북동아시아과
매수	8
비밀등급	극비
문서종류	회의록
공개구분	공개
내용	제6차 한일회담 어업 및 '평화선'위원회 제4회 회의기록. 한국 수석위원이 지철근으로 바뀜. 지철근 위원이 제6, 7 항목에 관한 취지를 설명한 후 어자원 조사 방법 및 향후 논의 진행 방법을 협의함.
주제어	어업, 평화선

7항목 논의 경과
(七項目討議の経過)

문서파일번호	811
문서명	7항목 논의 경과(七項目討議の経過)
작성연월일	1961. 11. 27
구분	제6차 회담
세부항목	어업교섭 7항목 논의 경과
작성처	불명
매수	3
비밀등급	일반
문서종류	내부문서
공개구분	공개
내용	한일어업교섭에 있어 양국이 7항목 논의에 이르게 된 경과 및 양국의 견해를 정리한 문서. ① 논의에 이르게 된 경위: 1961년 2월 7일 한일 수석대표의 비공식회담 결과 어업 문제와 '이승만 라인'에 대한 논의를 일시적으로 보류하고 자원론에서 어업의 실태면을 논의하기로 합의함. ② 양국의 견해를 항목별로 정리
주제어	어업

제6차 한일회담 어업 및 '평화선'위원회 제5회 회의(第6次日韓全面会談における漁業および「平和ライン」委員会第5回会合)

문서파일번호	1009
문서명	제6차 한일회담 어업 및 '평화선'위원회 제5회 회의(第6次日韓全面会談における漁業および「平和ライン」委員会第5回会合)
작성연월일	1961. 12. 1
구분	제6차 회담 어업 및 '평화선'위원회 제5회 회의
세부항목	
작성처	외무성 북동아시아과
매수	8
비밀등급	극비
문서종류	회의록
공개구분	공개
내용	1961년 12월 1일 제6차 한일회담 어업위원회 제5회 회의기록. 양측이 '7항목'을 전부 다시 한번 검토키로 합의한 후, 어자원 문제, 대상 해역 문제에 관해 의견을 교환함.
주제어	어업, 평화선

제6차 한일회담 어업 및 '평화선'위원회 제6회 회의(第6次日韓全面会談における漁業および「平和ライン」委員会第6回会合)

문서파일번호	1010
문서명	제6차 한일회담 어업 및 '평화선'위원회 제6회 회의(第6次日韓全面会談における漁業および「平和ライン」委員会第6回会合)
작성연월일	1961. 12. 11
구분	제6차 회담 어업 및 '평화선'위원회 제6회 회의
세부항목	
작성처	외무성 북동아시아과
매수	8
비밀등급	극비
문서종류	회의록
공개구분	공개
내용	제6차 한일회담 어업 및 '평화선'위원회 제6회 회의기록. 중요 어족(제2 항목), 자원량 표시 방법(제3 항목) 등에 대한 의견교환이 이루어짐. 일본으로부터 7항목에 걸친 의제를 상세히 논의할 경우 장시간 소요되어 7항목에 관한 양측의 의견을 정리하여 제출, 회담의 조기 타결을 위해 논의 방법의 변경을 검토할 필요가 있다는 의견이 제시됨.
주제어	어업, 평화선

제6차 한일회담 어업 및 '평화선'위원회 제7회 회의(第6次日韓全面会談における漁業および「平和ライン」委員会第7回会合)

문서파일번호	1011
문서명	제6차 한일회담 어업 및 '평화선'위원회 제7회 회의(第6次日韓全面会談における漁業および「平和ライン」委員会第7回会合)
작성연월일	1961. 12. 15
구분	제6차 회담 어업 및 '평화선'위원회 제7회 회의
세부항목	
작성처	외무성 북동아시아과
매수	7
비밀등급	극비
문서종류	회의록
공개구분	공개
내용	제6차 한일회담 어업 및 '평화선'위원회 제7회 회의기록. 주요 어종, 자원량 표시 방법을 어떻게 정리할지에 관해 의견을 나눈 후 한국이 차기 회의부터 각론에 관해 논의하기를 희망하자 일본은 회담의 조기 타결을 위해 문제점 중심으로 논의하기를 희망한다고 주장
주제어	어업, 평화선

제6차 한일회담 어업 및 '평화선'위원회 제8회 회의(第6次日韓全面会談における漁業および「平和ライン」委員会第8回会合)

문서파일번호	1012
작성연월일	1961. 12. 20
구분	제6차 회담 어업 및 '평화선'위원회 제8회 회의
세부항목	
작성처	외무성, 한국대표단
매수	13
비밀등급	
문서종류	회의록, 내부자료
공개구분	공개
내용	제6차 한일회담 어업 및 '평화선'위원회 제8회 회의기록
주제어	어업, 평화선

문서명	第6차 한일회담 어업 및 '평화선'위원회 제8회 회의(第6次日韓全面会談における漁業および「平和ライン」委員会第8回会合)

문서파일번호 1012
작성연월일 1961. 12. 20
구분 제6차 회담 어업 및 '평화선'위원회 제8회 회의
세부항목
작성처 외무성 북동아시아과
매수 7
비밀등급 극비
문서종류 회의록
공개구분 공개
내용 제6차 한일회담 어업 및 '평화선'위원회 제8회 회의기록. 양측은 7항목에 관한 자국의 견해 요록을 제출함. 일본은 어업, 청구권, 법적지위 및 기본관계 등 각 문제에 관한 협의가 마무리되어야 국교정상화가 이루어질 수 있으므로, 어업위원회도 다른 위원회와 보조를 맞추어 나갈 수 있도록 한국이 협력해 줄 것을 요청함.
주제어 어업, 평화선

문서명	한일회담 어업 및 '평화선'위원회 7항목에 관한 일본 견해 요록(日韓會談漁業及び「平和ライン」委員会における 7項目に關する日本側見解要錄)

문서파일번호 1012
작성연월일 1961. 12. 20
구분 제6차 회담 어업 및 '평화선'위원회 제8회 회의
세부항목
작성처 외무성 북동아시아과
매수 3
비밀등급 일반
문서종류 내부자료
공개구분 공개
내용 제6차 한일회담에서의 어업 및 '평화선'위원회 제8회 회의기록 첨부1. 제6차 한일회담 어업 및 '평화선'위원회 제8회 회의에서 일본이 제출한 7항목에 관한 견해 요록
주제어 어업, 평화선

문서명	한일회담 어업 및 '평화선'위원회 7항목에 관한 한국 견해 요록(韓日會談漁業及び「平和ライン」委員会における 7項目に關する韓國側見解要錄)

문서파일번호	1012
작성연월일	1961. 12. 20
구분	제6차 회담 어업 및 '평화선'위원회 제8회 회의
세부항목	
작성처	한국대표단(일본 가역)
매수	3
비밀등급	일반
문서종류	내부자료
공개구분	공개
내용	제6차 한일회담에서의 어업 및 '평화선'위원회 제8회 회의기록 첨부2. 제6차 한일회담 어업 및 '평화선'위원회 제8회 회의에서 한국이 제출한 7항목에 관한 견해 요록
주제어	어업, 평화선

어업위원회 비공식회담 기록
(漁業委員会非公式会談記録)

문서파일번호	1013
작성연월일	1962. 1. 31
구분	제6차 회담
세부항목	어업 비공식회담
작성처	외무성 북동아시아과
매수	10
비밀등급	
문서종류	회의록, 내부자료
공개구분	공개
내용	어업위원회 한일 양측 수석위원 및 소수 인원이 참석한 가운데 개최된 비공식 회담 기록
주제어	어업

문서명	어업위원회 비공식회담 기록(漁業委員会非公式会談記録)

문서파일번호	1013
작성연월일	1962. 1. 31
구분	제6차 회담
세부항목	어업 비공식회담
작성처	외무성 북동아시아과
매수	8
비밀등급	일반
문서종류	회의록
공개구분	공개
내용	어업 문제에 관한 한일 비공식회담 기록. 한국은 자원론과 어업협정 2단계로 나누어 회의 진행을 희망하였으나, 일본은 2단계 진행은 5월까지 마무리가 어렵기 때문에 반대함. 일본은 어업 문제에 관한 자국견해가 담긴 문서를 전달함. 향후 회의 진행은 2월 말까지 자원론 논의, 3월 15일까지 협정 초안 교환이 가능토록 준비해 나가기로 합의함.
주제어	어업, 평화선

문서명	어업 및 '평화선'위원회(漁業および「平和ライン」委員会)

문서파일번호	1013
작성연월일	1962. 1. 31
구분	제6차 회담
세부항목	어업 비공식회담
작성처	외무성 북동아시아과
매수	2
비밀등급	일반
문서종류	내부자료
공개구분	공개
내용	한일어업 비공식회담에서 일본이 제출한 어업 관련 요청안. 어업 문제 타결을 위한 일본정부의 입장을 설명하고 어업교섭의 진척을 촉구
주제어	어업, 평화선

제6차 한일회담 어업 및 '평화선'위원회 제9회 회의(第6次日韓全面会談における漁業および「平和ライン」委員会第9回会合)

문서파일번호	1014
문서명	제6차 한일회담 어업 및 '평화선'위원회 제9회 회의(第6次日韓全面会談における漁業および「平和ライン」委員会第9回会合)
작성연월일	1962. 2. 7
구분	제6차 회담 어업 및 '평화선'위원회 제9회 회의
세부항목	
작성처	외무성 북동아시아과
매수	4
비밀등급	극비
문서종류	회의록
공개구분	공개
내용	제6차 한일회담 어업 및 '평화선'위원회 제9회 회의기록. 어업 문제 중 어자원 보호에 대한 논의 진행 방법, 내용 등에 대해 양국이 의견을 표명하고 질의응답함. 일본은 자원에 관한 협의를 가급적 조속히 끝내기를 희망함.
주제어	어업, 평화선

한일회담 어업 및 '평화선'위원회 제10회 회의 (日韓全面会談における漁業及び「平和ライン」委員会第10回会合)

문서파일번호	1015
문서명	한일회담 어업 및 '평화선'위원회 제10회 회의(日韓全面会談における漁業及び「平和ライン」委員会第10回会合)
작성연월일	1962. 2. 15
구분	제6차 회담 어업 및 '평화선'위원회 제10회 회의
세부항목	
작성처	외무성 북동아시아과
매수	13
비밀등급	극비
문서종류	회의록
공개구분	공개
내용	제6차 한일회담 어업 및 '평화선'위원회 제10회 회의기록. 자원의 변화와 어법의 관계 등에 대해 한국이 설명함.
주제어	어업, 평화선

한일회담에서의 어업 및 '평화선'위원회 제11회 회의(日韓全面会談における漁業および「平和ライン」委員会第11回会合)

문서파일번호	1016
문서명	한일회담에서의 어업 및 '평화선'위원회 제11회 회의(日韓全面会談における漁業および「平和ライン」委員会第11回会合)
작성연월일	1962. 2. 20
구분	제6차 회담 어업 및 '평화선'위원회 제11회 회의
세부항목	
작성처	외무성 북동아시아과
매수	17
비밀등급	극비
문서종류	회의록
공개구분	공개
내용	제6차 한일회담 어업 및 '평화선'위원회 제11회 회의기록. 전회 회의에 이어 자원의 변화와 어법의 관계 등에 대해 한국이 계속 설명하고 일본이 질문하는 방식이 계속됨.
주제어	어업, 평화선

한일회담 어업 및 '평화선'위원회 제12회 회의에 대해서(日韓全面会談における漁業及び「平和ライン」委員会第12回会合について)

문서파일번호	1017
문서명	한일회담 어업 및 '평화선'위원회 제12회 회의에 대해서(日韓全面会談における漁業及び「平和ライン」委員会第12回会合について)
작성연월일	1962. 2. 24
구분	제6차 회담 어업 및 '평화선'위원회 제12회 회의
세부항목	
작성처	외무성 북동아시아과
매수	19
비밀등급	극비
문서종류	회의록
공개구분	공개
내용	제6차 한일회담 어업 및 '평화선'위원회 제12회 회의기록. 자원(조기)의 변화와 어법의 관계, 양국의 어획량 비교 등 한국의 설명
주제어	어업, 평화선

제6차 한일회담 어업 및 '평화선'위원회 제13회 회의(第6次日韓全面会談における漁業および「平和ライン」委員会第13回会合)

문서파일번호	1018
문서명	제6차 한일회담 어업 및 '평화선'위원회 제13회 회의(第6次日韓全面会談における漁業および「平和ライン」委員会第13回会合)
작성연월일	1962. 2. 28
구분	제6차 회담 어업 및 '평화선'위원회 제13회 회의
세부항목	
작성처	외무성 북동아시아과
매수	31
비밀등급	극비
문서종류	회의록
공개구분	공개
내용	제6차 한일회담 어업 및 '평화선'위원회 제13회 회의기록. 일본이 각 어종의 어법, 대상 해역, 어획량 등을 설명함.
주제어	어업, 평화선

제6차 한일회담 어업 및 '평화선'위원회 제14회 회의(第6次日韓全面会談における漁業および「平和ライン」委員会第14回会合)

문서파일번호	1019
문서명	제6차 한일회담 어업 및 '평화선'위원회 제14회 회의(第6次日韓全面会談における漁業および「平和ライン」委員会第14回会合)
작성연월일	1962. 3. 3
구분	제6차 회담 어업 및 '평화선'위원회 제14회 회의
세부항목	
작성처	외무성 북동아시아과
매수	15
비밀등급	극비
문서종류	회의록
공개구분	공개
내용	1962년 3월 2일 제6차 한일회담 어업 및 '평화선'위원회 제14회 회의기록. 자원 보호의 문제와 관련해 대상 어종마다 한국이 어획량의 변화, 어업 시기, 수역 등을 설명함.
주제어	어업, 평화선

제6차 한일회담 어업 및 '평화선'위원회 제15회 회의(第6次日韓全面会談における漁業および「平和ライン」委員会第15回会合)

문서파일번호	1020
문서명	제6차 한일회담 어업 및 '평화선'위원회 제15회 회의(第6次日韓全面会談における漁業および「平和ライン」委員会第15回会合)
작성연월일	1962. 3. 3
구분	제6차 회담 어업 및 '평화선'위원회 제15회 회의
세부항목	
작성처	외무성 북동아시아과
매수	14
비밀등급	극비
문서종류	회의록
공개구분	공개
내용	제6차 한일회담 어업 및 '평화선'위원회 제15회 회의기록. 전회 회의에 이어 자원 보호 문제와 관련해 대상 어종마다 한국이 어획량의 변화, 어업 시기, 수역 등을 설명함.
주제어	어업, 평화선

제6차 한일회담 어업 및 '평화선'위원회 제16회 회의(日韓全面会談における漁業および「平和ライン」委員会第16回会合)

문서파일번호	1021
문서명	제6차 한일회담 어업 및 '평화선'위원회 제16회 회의(日韓全面会談における漁業および「平和ライン」委員会第16回会合)
작성연월일	1962. 3. 6
구분	제6차 회담 어업 및 '평화선'위원회 제16회 회의
세부항목	
작성처	외무성 북동아시아과
매수	20
비밀등급	극비
문서종류	회의록
공개구분	공개
내용	1962년 3월 5일 제6차 한일회담 어업 및 '평화선'위원회 제16회 회의기록. 자원 보호의 문제와 관련해 대상 어종마다 일본이 어획량의 변화, 어업 시기, 수역 등을 설명함.
주제어	어업, 평화선

한일예비교섭 어업 관계 회의 제1~5회 회의
(日韓予備交渉漁業関係会合第1 ~ 5回会合)

문서파일번호	1022
작성연월일	1962. 10. 6 - 1962. 12. 5
구분	제6차 회담 예비교섭 어업 관계 회의(제1~5회)
세부항목	
작성처	외무성 북동아시아과, 한국대표단
매수	69
비밀등급	
문서종류	회의록, 내부자료
공개구분	공개
내용	1962년 10월 5일~12월 5일까지 개최된 제6차 한일회담 예비교섭 어업 관계 회의 제1~5회 회의기록
주제어	어업

문서명	한일예비교섭 어업 관계 회의 제1회 회의(日韓予備交渉漁業関係会合第1回会合)

문서파일번호 1022
작성연월일 1962. 10. 6
구분 제6차 회담 예비교섭 어업 관계 회의 제1회 회의
세부항목
작성처 외무성 북동아시아과
매수 9
비밀등급 극비
문서종류 회의록
공개구분 공개
내용 1962년 10월 5일 제6차 한일회담 예비교섭 어업 관계 제1회 회의기록. 회의 진행 방법, 논의 의제 등에 관해 의견교환. 일본이 평화선 의미에 관해 질의
주제어 어업

문서명	한일예비교섭 어업 관계 회의 제2회 회의(日韓予備交渉漁業関係会合第2回会合)

문서파일번호 1022
작성연월일 1962. 10. 12
구분 제6차 회담 예비교섭 어업 관계 회의 제2회 회의
세부항목
작성처 외무성 북동아시아과
매수 13
비밀등급 극비
문서종류 회의록
공개구분 공개
내용 제6차 한일회담 예비교섭 어업 관계 제2회 회의기록. 일본은 한국의 협정 구체안을 받을 수 있는지에 대해 문의함. 한국은 구체안 제시에 이르기까지는 여러 방법이 있으며, 협정에 포함시켜야 할 내용을 제시하고, 용이한 것부터 협의하거나 협의하고 싶은 것부터 협의하거나, 합의가 안 되는 것은 위 단계의 교섭에 넘겨야 한다고 답함. 양측은 협정에 포함시키고자 하는 항목들을 각각 제시함. 일본이 한국이 제시한 '관할수역' 의미를 질의함.
주제어 어업

문서명	10월12일 제2회 어업 관계 회의 우라베 주사 발언 요지(안)[10月12日の第2回漁業関係会合における卜部主査発言要旨(案)]

문서파일번호 1022
작성연월일 1962. 10. 12
구분 제6차 회담 예비교섭 어업 관계 회의 제2회 회의
세부항목
작성처 외무성 북동아시아과
매수 3
비밀등급 극비
문서종류 내부자료
공개구분 공개
내용 제6차 한일회담 예비교섭 어업 관계 제2회 회의 우라베 도시오 수석위원 발언안. 의제로 어업규제, 재판 관할권, 분쟁 해결 등을 제시함.
주제어 어업

문서명	한일예비교섭 어업 관계 회의 제3회 회의(日韓予備交渉漁業関係会合第3回会合)

문서파일번호 1022
작성연월일 1962. 11. 27
구분 제6차 회담 예비교섭 어업 관계 회의 제3회 회의
세부항목
작성처 외무성 북동아시아과
매수 8
비밀등급 극비
문서종류 회의록
공개구분 공개
내용 제6차 한일회담 예비교섭 어업 관계 제3회 회의기록. 협의 일정의 조정, 어업협정을 체결하는 데 유의해야할 점 및 협정사항 들에 관해 의견교환
주제어 어업

문서명	한일예비교섭 어업 관계 회의 제4회 회의(日韓予備交渉漁業関係会合第4回会合)

문서파일번호 1022
작성연월일 1962. 11. 29
구분 제6차 회담 예비교섭 어업 관계 회의 제4회 회의
세부항목
작성처 외무성 북동아시아과
매수 15
비밀등급 극비
문서종류 회의록
공개구분 공개
내용 제6차 한일회담 예비교섭 어업 관계 제4회 회의기록. 한국이 협정안의 내용과 관련하여 어업규제의 목적, 방법 등에 관한 견해를 밝히고 일본이 반론을 제기함.
주제어 어업

문서명	한일예비교섭 어업 관계 회의 제5회 회의(日韓予備交渉漁業関係会合第5回会合)

문서파일번호 1022
작성연월일 1962. 12. 5
구분 제6차 회담 예비교섭 어업 관계 회의 제5회 회의
세부항목
작성처 외무성 북동아시아과
매수 5
비밀등급 극비
문서종류 회의록
공개구분 공개
내용 제6차 한일회담 예비교섭 어업 관계 제5회 회의기록. 일본이 협정에 담겨야 할 사항을 밝히고 한국이 반론을 제기함.
주제어 어업

문서명	별첨1-1. 일본어업협정에 담겨야 할 규제조치에 관한 발언[別添 1(イ) : 日本側の漁業協定に盛られるべき規制措置に関する発言]

문서파일번호 1022
작성연월일 1962. 12. 5
구분 제6차 회담 예비교섭 어업 관계 회의 제5회 회의
세부항목
작성처 외무성 북동아시아과
매수 8
비밀등급 극비
문서종류 내부자료
공개구분 공개
내용 제6차 한일회담 예비교섭 어업 관계 제5회 회의기록 첨부1-1. 제6차 한일회담 예비교섭 어업 관계 제5회 회의에서 일본이 협정에 포함시켜야 할 규제조치의 내용을 밝히기 위해 준비한 발언안
주제어 어업

문서명	별첨1-2. 어업협정에 담겨져야 할 규제조치의 주요점[別添 1(ロ) : 漁業協定に盛られるべき規制措置の主要点]

문서파일번호 1022
작성연월일 1962. 12. 5
구분 제6차 회담 예비교섭 어업 관계 회의 제5회 회의
세부항목
작성처 외무성 북동아시아과
매수 2
비밀등급 극비
문서종류 내부자료
공개구분 공개
내용 제6차 한일회담 예비교섭 어업 관계 제5회 회의기록 첨부1-2. 제6차 한일회담 예비교섭 어업 관계 제5회 회의에서 일본이 협정 대상인 규제조치의 주된 사항들을 밝히기 위해 준비한 발언안
주제어 어업

문서명	별첨2. (가역)어업규제에 관한 한국안[別添 2(仮訳)漁業規制に関する韓国案]

문서파일번호	1022
작성연월일	1962. 12. 5
구분	제6차 회담 예비교섭 어업 관계 회의 제5회 회의
세부항목	
작성처	한국대표단(일본 가역)
매수	6
비밀등급	일반
문서종류	내부자료
공개구분	공개
내용	제6차 한일회담 예비교섭 어업 관계 제5회 회의기록 첨부2. 제6차 한일회담 예비교섭 어업 관계 제5회 회의에서 한국이 어업규제에 관한 입장을 밝히기 위해 제출한 안. 규제목적, 방법, 구역 등을 명시함.
주제어	어업

한일예비교섭 어업 관계 회의 제6~10회 회의
(日韓予備交渉漁業関係会合第6 ~ 10回会合)

문서파일번호	1023
작성연월일	1962. 12. 7 - 1962. 12. 27
구분	제6차 회담 예비교섭 어업 관계 회의(제6~10회)
세부항목	
작성처	외무성 북동아시아과, 한국대표단
매수	69
비밀등급	
문서종류	회의록, 내부자료
공개구분	공개
내용	1962년 12월 7일~12월 27일까지 개최된 제6차 한일회담 예비교섭 어업 관계 회의 제6~10회 회의기록
주제어	어업

문서명	한일예비교섭 어업 관계 회의 제6회 회의(日韓予備交渉漁業関係会合第6回会合)

문서파일번호 1023
작성연월일 1962. 12. 7
구분 제6차 회담 예비교섭 어업 관계 회의 제6회 회의
세부항목
작성처 외무성 북동아시아과
매수 12
비밀등급 극비
문서종류 회의록
공개구분 공개
내용 제6차 한일회담 예비교섭 어업 관계 제6회 회의기록. 일본은 한국이 제시한 수역안에 대해 이전과 다름없다며 회담 진전을 위해 보다 현실적인 태도를 취할 것을 요구함.
주제어 어업

문서명	12월 5일 한일예비교섭 어업 관계 제5회 회의에서 제안된 일본의 '어업협정에 담아야 할 규제조치에 관한 발언'에 대한 한국 의견(12月5日日韓予備折衝漁業関係第5回会合で提案された日本側の「漁業協定に盛られるべき規制措置に関する発言」に対する韓国側の意見)

문서파일번호 1023
작성연월일 1962. 12. 7
구분 제6차 회담 예비교섭 어업 관계 회의 제6회 회의
세부항목
작성처 한국대표단(일본 가역)
매수 5
비밀등급 극비
문서종류 내부자료
공개구분 공개
내용 제6차 한일회담 예비교섭 어업 관계 제5회 회의에서 일본 '어업협정에 담아야 할 규제조치에 관한 발언'에 대한 한국 의견을 모은 문서. 12해리 전관수역 안은 한국 어업이 타격을 받을 것임. 이해관계국으로서 한국정부는 어업자원 보존조치를 취할 것임.
주제어 어업

문서명	한일예비교섭 어업 관계 회의 제7회 회의(日韓予備交渉漁業関係会合第7回会合)

문서파일번호 1023
작성연월일 1962. 12. 12
구분 제6차 회담 예비교섭 어업 관계 회의 제7회 회의
세부항목
작성처 외무성 북동아시아과
매수 6
비밀등급 극비
문서종류 회의록
공개구분 공개
내용 제6차 한일회담 예비교섭 어업 관계 제7회 회의기록. 제6회 회의에서 한국이 제시한 어업규제조치 안에 대해 일본이 견해 제시
주제어 어업

문서명	'12월 7일 한일예비교섭 어업 관계 회의 제6회 회의에서의 한국 의견'에 대한 일본 견해(「12月7日の日韓予備折衝漁業関係第6回会合における韓国側の意見」に対する日本側見解)

문서파일번호 1023
작성연월일 1962. 12. 12
구분 제6차 회담 예비교섭 어업 관계 회의 제7회 회의
세부항목
작성처 외무성 북동아시아과
매수 10
비밀등급 극비
문서종류 내부자료
공개구분 공개
내용 제6차 한일회담 예비교섭 어업 관계 제7회 회의에서 일본이 제시한 견해. 전관수역 12해리 안은 한국의 사정을 고려하는 한편 국제 선례를 따른 것임. 어업자원 보호는 협력할 것임.
주제어 어업

문서명	한일예비교섭 어업 관계 회의 제8회 회의(日韓予備交渉漁業関係会合第8回会合)

문서파일번호 1023
작성연월일 1962. 12. 18
구분 제6차 회담 예비교섭 어업 관계 회의 제8회 회의
세부항목
작성처 외무성 북동아시아과
매수 2
비밀등급 극비
문서종류 회의록
공개구분 공개
내용 제6차 한일회담 예비교섭 어업 관계 제8회 회의기록. 제7회 회의에서 일본이 제시한 견해에 대해 한국이 견해 제시
주제어 어업

문서명	12월 12일 한일예비교섭 어업 관계 회의 제7회 회의 일본 견해에 대한 한국 의견 (12月12日の韓日予備交渉漁業関係第7回会合における日本側見解に対する韓国側の意見)

문서파일번호 1023
작성연월일 1962. 12. 18
구분 제6차 회담 예비교섭 어업 관계 회의 제8회 회의
세부항목
작성처 한국대표단(일본 가역)
매수 8
비밀등급 극비
문서종류 내부자료
공개구분 공개
내용 제6차 한일회담 예비교섭 어업 관계 제7회 회의에서 제시된 일본 견해에 대해 한국이 입장을 밝히기 위해 전달한 문서. 한국은 일본의 12해리 안은 한국의 사정을 고려한 것으로 판단할 수 없으며 어업자원 보호는 이해관계국에 인정된 국제적 권리로 12해리 밖의 규제는 분쟁 방지에 도움이 된다고 주장
주제어 어업

문서명	한일예비교섭 어업 관계 회의 제9회 회의(日韓予備交渉漁業関係会合第9回会合)

문서파일번호 1023
작성연월일 1962. 12. 21
구분 제6차 회담 예비교섭 어업 관계 회의 제9회 회의
세부항목
작성처 외무성 북동아시아과
매수 9
비밀등급 극비
문서종류 회의록
공개구분 공개
내용 제6차 한일회담 예비교섭 어업 관계 제9회 회의기록. 제8회 회의에서 한국이 제시한 의견에 대해 일본이 견해 제시
주제어 어업

문서명	'12월 18일 한일예비교섭 어업 관계 회의 제8회 회의 한국 의견'에 대한 일본 견해 (「12月18日の日韓予備交渉漁業関係第8回会合における韓国側の意見」に対する日本側見解)

문서파일번호 1023
작성연월일 1962. 12. 21
구분 제6차 회담 예비교섭 어업 관계 회의 제9회 회의
세부항목
작성처 외무성 북동아시아과
매수 6
비밀등급 극비
문서종류 내부자료
공개구분 공개
내용 제6차 한일회담 예비교섭 어업 관계 제8회 회의에서 한국이 제시한 의견에 대한 일본 입장을 밝히기 위해 전달한 문서. 일본은 전관수역 12해리 안은 한국 사정을 고려한 타협안이라는 점, 자원 보호는 과학적 조사에 의거해 실시해야 한다는 점, 분쟁방지를 위해 국제법을 무시할 수 없다는 점 등을 주장
주제어 어업

문서명	한일예비교섭 어업 관계 회의 제10회 회의(日韓予備交渉漁業関係会合第10回会合)

문서파일번호	1023
작성연월일	1962. 12. 27
구분	제6차 회담 예비교섭 어업 관계 회의 제10회 회의
세부항목	
작성처	외무성 북동아시아과
매수	11
비밀등급	극비
문서종류	회의록
공개구분	공개
내용	제6차 한일회담 예비교섭 어업 관계 제10회 회의기록. 수역, 한국 어민의 입장, 자원 보호, 수역에 관한 국제적 선례 등에 관해 논의
주제어	어업

한일예비교섭 어업 관계 회의 제11~15회 회의
(日韓予備交渉漁業関係会合第11 ~ 15回会合)

문서파일번호	1024
작성연월일	1963. 2. 6 - 1963. 3. 9
구분	제6차 회담 예비교섭 어업 관계 회의(제11~15회)
세부항목	
작성처	외무성 북동아시아과
매수	54
비밀등급	
문서종류	회의록
공개구분	공개
내용	1963년 2월 6일~3월 9일까지 개최된 제6차 한일회담 예비교섭 어업 관계 회의 제11~15회 회의기록(제1~10회 회의는 1962년에 개최됨)
주제어	어업

문서명	한일예비교섭 어업 관계 회의 제11회 회의(日韓予備交渉漁業関係会合第11回会合)

문서파일번호 1024
작성연월일 1963. 2. 6
구분 제6차 회담 예비교섭 어업 관계 회의 제11회
세부항목
작성처 외무성 북동아시아과
매수 5
비밀등급 극비
문서종류 회의록
공개구분 공개
내용 제6차 한일회담 예비교섭 어업 관계 제11회 회의기록. 한국 지철근 수석위원이 국회의원 선거 입후보 관계로 회의에 불참하고 김명년 위원이 수석위원 역할을 함. 향후 논의 진행은 어떠한 점에서 양측의 의견이 차이가 나는지 확인하고 그것을 하나하나 해결하는 방식으로 진행해 나가기로 함.
주제어 어업

문서명	한일예비교섭 어업 관계 회의 제12회 회의(日韓予備交渉漁業関係会合第12回会合)

문서파일번호 1024
작성연월일 1963. 2. 16
구분 제6차 회담 예비교섭 어업 관계 회의 제12회
세부항목
작성처 외무성 북동아시아과
매수 16
비밀등급 극비
문서종류 회의록
공개구분 공개
내용 제6차 한일회담 예비교섭 어업 관계 제12회 회의기록. 한국의 어종별 설명 및 자원에 대한 총괄적 견해 표명이 있은 후, 수역 12해리 설정, 어업 자원 보존 문제를 논의함.
주제어 어업

문서명	한일예비교섭 어업 관계 회의 제13회 회의(日韓予備交渉漁業関係会合第13回会合)

문서파일번호 1024
작성연월일 1963. 2. 22
구분 제6차 회담 예비교섭 어업 관계 회의 제13회
세부항목
작성처 외무성 북동아시아과
매수 11
비밀등급 극비
문서종류 회의록
공개구분 공개
내용 제6차 한일회담 예비교섭 어업 관계 제13회 회의기록. 한국의 어민 대책 등에 관한 입장 설명이 있은 후, 수역 12해리 설정 문제에 관한 논의가 이어짐.
주제어 어업

문서명	한일예비교섭 어업 관계 회의 제14회 회의(日韓予備交渉漁業関係会合第14回会合)

문서파일번호 1024
작성연월일 1963. 2. 28
구분 제6차 회담 예비교섭 어업 관계 회의 제14회
세부항목
작성처 외무성 북동아시아과
매수 8
비밀등급 극비
문서종류 회의록
공개구분 공개
내용 제6차 한일회담 예비교섭 어업 관계 제14회 회의기록. 자원 보호 문제와 관련해 한국이 자국의 어업조업 상황을 설명함.
주제어 어업

문서명	한일예비교섭 어업 관계 회의 제15회 회의(日韓予備交渉漁業関係会合第15回会合)

문서파일번호	1024
작성연월일	1963. 3. 9
구분	제6차 회담 예비교섭 어업 관계 회의 제15회
세부항목	
작성처	외무성 북동아시아과
매수	14
비밀등급	극비
문서종류	회의록
공개구분	공개
내용	제6차 한일회담 예비교섭 어업 관계 제15회 회의기록. 한국이 자국의 조업별 어획량의 추이 등을 자세히 설명함.
주제어	어업

한일예비교섭 어업 관계 회의 제16~20회 회의
(日韓予備交渉漁業関係会合第16 ~ 20回会合)

문서파일번호	1025
작성연월일	1963. 3. 16 - 1963. 4. 18
구분	제6차 회담 예비교섭 어업 관계 회의(제16~20회)
세부항목	
작성처	외무성 북동아시아과
매수	82
비밀등급	
문서종류	회의록, 내부자료
공개구분	공개
내용	1963년 3월 14일~4월 12일까지 개최된 제6차 한일회담 예비교섭 어업 관계 회의 제 16~20회 회의기록
주제어	어업

문서명	한일예비교섭 어업 관계 회의 제16회 회의(日韓予備交渉漁業関係会合第16回会合)

문서파일번호 1025
작성연월일 1963. 3. 16
구분 제6차 회담 예비교섭 어업 관계 회의 제16회
세부항목
작성처 외무성 북동아시아과
매수 9
비밀등급 극비
문서종류 회의록
공개구분 공개
내용 1963년 3월 14일 제6차 한일회담 예비교섭 어업 관계 제16회 회의기록. 한국의 자원 보호에 관해 어종별 어획량의 추이, 어법 등에 관한 설명이 있은 후 이에 관한 논의가 이어짐.
주제어 어업

문서명	한일예비교섭 어업 관계 회의 제17회 회의(日韓予備交渉漁業関係会合第17回会合)

문서파일번호 1025
작성연월일 1963. 3. 25
구분 제6차 회담 예비교섭 어업 관계 회의 제17회
세부항목
작성처 외무성 북동아시아과
매수 15
비밀등급 극비
문서종류 회의록
공개구분 공개
내용 1963년 3월 22일 제6차 한일회담 예비교섭 어업 관계 제17회 회의기록. 일본이 해역별, 어법별 어획량 표를 제출하고 그에 관해 설명함.
주제어 어업

문서명	한일예비교섭 어업 관계 회의 제18회 회의(日韓予備交渉漁業関係会合第18回会合)

문서파일번호 1025

작성연월일 1963. 4. 3

구분 제6차 회담 예비교섭 어업 관계 회의 제18회

세부항목

작성처 외무성 북동아시아과

매수 30

비밀등급 극비

문서종류 회의록

공개구분 공개

내용 1963년 3월 29일 제6차 한일회담 예비교섭 어업 관계 제18회 회의기록. 17회 회의에 이어 일본이 해역별, 어법별 어획량 표를 제출하고 그에 관해 설명함.

주제어 어업

문서명	해구별 어종별 어획량(海区別漁種別漁獲量)

문서파일번호 1025

작성연월일 1963. 3. 29

구분 제6차 회담 예비교섭 어업 관계 회의 제18회

세부항목

작성처 외무성 북동아시아과

매수 3

비밀등급 일반

문서종류 내부자료

공개구분 공개

내용 제6차 한일회담 예비교섭 어업 관계 제18회 회의기록 첨부물. 제6차 한일회담 예비교섭 어업 관계 제18회 회의에서 일본이 제출한 해구별, 어종별 어획량 표

주제어 어업

문서명	한일예비교섭 어업 관계 회의 제19회 회의(日韓予備交渉漁業関係会合第19回会合)

문서파일번호 1025
작성연월일 1963. 4. 11
구분 제6차 회담 예비교섭 어업 관계 회의 제19회
세부항목
작성처 외무성 북동아시아과
매수 11
비밀등급 극비
문서종류 회의록
공개구분 공개
내용 1963년 4월 4일 제6차 한일회담 예비교섭 어업 관계 제19회 회의기록. 한국이 제시한 어획량과 과거 한국 자료상의 어획량 간의 차이에 대한 질의응답, 일본이 제시한 어획량 표에 대한 질의응답이 진행됨.
주제어 어업

문서명	한일예비교섭 어업 관계 회의 제20회 회의(日韓予備交渉漁業関係会合第20回会合)

문서파일번호 1025
작성연월일 1963. 4. 18
구분 제6차 회담 예비교섭 어업 관계 회의 제20회
세부항목
작성처 외무성 북동아시아과
매수 14
비밀등급 극비
문서종류 회의록
공개구분 공개
내용 1963년 4월 12일 제6차 한일회담 예비교섭 어업 관계 제20회 회의기록. 한국 어업 실태에 관한 질의응답에 이어 자원 보호에 관한 공동조사, 어업협력에 관한 의견교환이 진행됨.
주제어 어업

한일예비교섭 어업 관계 회의 제21~25회 회의
(日韓予備交渉漁業関係会合第21 ~ 25回会合)

문서파일번호	1026
작성연월일	1963. 4. 20 - 1963. 6. 14
구분	제6차 회담 예비교섭 어업 관계 회의(제21~25회)
세부항목	
작성처	외무성
매수	59
비밀등급	
문서종류	회의록, 내부자료
공개구분	공개
내용	1963년 4월 18일~6월 14일까지 개최된 제6차 한일회담 예비교섭 어업 관계 회의 제 21~25회 회의기록
주제어	어업

문서명	한일예비교섭 어업 관계 회의 제21회 회의(日韓予備交渉漁業関係会合第21回会合)

문서파일번호 1026
작성연월일 1963. 4. 20
구분 제6차 회담 예비교섭 어업 관계 회의 제21회
세부항목
작성처 외무성 북동아시아과
매수 10
비밀등급 극비
문서종류 회의록
공개구분 공개
내용 1963년 4월 18일 제6차 한일회담 예비교섭 어업 관계 제21회 회의기록. 전관수역, 어업협력 실시, 자원에 관한 공동조사 문제 등이 논의됨.
주제어 어업

문서명	한일예비교섭 어업 관계 회의 제22회 회의(日韓予備交渉漁業関係会合第22回会合)

문서피일번호 1026
작성연월일 1963. 5. 23
구분 제6차 회담 예비교섭 어업 관계 회의 제22회
세부항목
작성처 외무성 북동아시아과
매수 12
비밀등급 극비
문서종류 회의록
공개구분 공개
내용 제6차 한일회담 예비교섭 어업 관계 제22회 회의기록. 한일 간 어업 능력 차이와 그에 따른 보호 조치 및 어업협력 등에 관한 논의가 진행됨.
주제어 어업

문서명	한일예비교섭 어업 관계 회의 제23회 회의(日韓予備交渉漁業関係会合第23回会合)

문서파일번호 1026
작성연월일 1963. 5. 30
구분 제6차 회담 예비교섭 어업 관계 회의 제23회
세부항목
작성처 외무성 북동아시아과
매수 10
비밀등급 극비
문서종류 회의록
공개구분 공개
내용 제6차 한일회담 예비교섭 어업 관계 제23회 회의기록. 전관수역 12해리 및 어업협력 문제에 관한 논의가 진행됨.
주제어 어업

문서명	별첨. 한일어업협력에 관한 일본의 기본 태도(우라베 참사관 발언안)[別添 日韓漁業協力に関する日本側の基本的態度(卜部参事官発言振り案)]

문서파일번호 1026
작성연월일 1963. 5. 30
구분 제6차 회담 예비교섭 어업 관계 회의 제23회
세부항목
작성처 외무성 북동아시아과
매수 3
비밀등급 일반
문서종류 내부자료
공개구분 공개
내용 제6차 한일회담 예비교섭 제23회 어업 관계 회의기록 첨부문서. 제6차 한일회담 예비교섭 어업 관계 제23회 회의에서 어업협력 문제에 관한 일본 입장을 밝히는 우라베 도시오 수석위원의 발언안. 일본의 협력 목적 및 구체적인 일부 사례를 제시
주제어 어업

문서명	한일예비교섭 어업 관계 회의 제24회 회의(日韓予備交渉漁業関係会合第24回会合)

문서파일번호 1026
작성연월일 1963. 6. 7
구분 제6차 회담 예비교섭 어업 관계 회의 제24회
세부항목
작성처 외무성 북동아시아과
매수 11
비밀등급 극비
문서종류 회의록
공개구분 공개
내용 제6차 한일회담 예비교섭 어업 관계 제24회 회의기록. 최근의 어선 나포 문제, 전관수역 문제, 일본이 실시하고 있는 다른 국가에 대한어업협력의 사례 등이 논의됨.
주제어 어업

문서명	한일어업협력에 대하여(日韓漁業協力について)

문서파일번호 1026
작성연월일 1963. 5. 31
구분 제6차 회담 예비교섭 어업 관계 회의 제24회
세부항목
작성처 외무성 우라베 참사관
매수 7
비밀등급 극비
문서종류 내부자료
공개구분 공개
내용 제6차 한일회담 예비교섭 어업 관계 제24회 회의기록 첨부문서. 한국이 제6차 한일회담 예비교섭 어업 관계 제23회 회의에서 12해리 안을 수락할 것을 전제로 일본이 실시할 어업협력의 구체적 내용을 요구한 것에 대한 일본의 회답. 수역과 어업협력은 별개 문제라는 점, 한국수산물의 수입, 국교정상화 후의 협력 조치 등을 설명함.
주제어 어업

문서명	한일예비교섭 어업 관계 회의 제25회 회의(日韓予備交渉漁業関係会合第25回会合)

문서파일번호	1026
작성연월일	1963. 6. 14
구분	제6차 회담 예비교섭 어업 관계 회의 제25회
세부항목	
작성처	외무성 북동아시아과
매수	6
비밀등급	극비
문서종류	회의록
공개구분	공개
내용	제6차 한일회담 예비교섭 어업 관계 제25회 회의기록. 최근의 어선 나포와 전관수역 문제가 논의됨.
주제어	어업

한일예비교섭 어업 관계 회의 제26~30회 회의
(日韓予備交渉漁業関係会合第26 ~ 30回会合)

문서파일번호	1027
작성연월일	1963. 6. 18 - 1963. 7. 12
구분	제6차 회담 예비교섭 어업 관계 회의(제26~30회)
세부항목	
작성처	외무성 북동아시아과, 한국대표단
매수	80
비밀등급	
문서종류	회의록, 내부자료, 협정안
공개구분	공개
내용	1963년 6월 18일~7월 12일까지 개최된 제6차 한일회담 예비교섭 어업 관계 회의 제26~30회 회의기록
주제어	어업

문서명	한일예비교섭 어업 관계 회의 제26회 회의(日韓予備交渉漁業関係会合第26回会合)

문서파일번호	1027
작성연월일	1963. 6. 18
구분	제6차 회담 예비교섭 어업 관계 회의 제26회
세부항목	
작성처	외무성 북동아시아과
매수	9
비밀등급	극비
문서종류	회의록
공개구분	공개
내용	제6차 한일회담 예비교섭 어업 관계 제26회 회의기록. 최근 발생한 어선(八幡丸)나포 문제의 처리와 교섭 진행 문제가 논의됨.
주제어	어업

문서명	한일예비교섭 어업 관계 회의 제27회 회의(日韓予備交渉漁業関係会合第27回会合)

문서파일번호	1027
작성연월일	1963. 6. 26
구분	제6차 회담 예비교섭 어업 관계 회의 제27회
세부항목	
작성처	외무성 북동아시아과
매수	6
비밀등급	극비
문서종류	회의록
공개구분	공개
내용	제6차 한일회담 예비교섭 어업 관계 제27회 회의기록. 어선 나포, 수산물 수입, 전관수역, 어업협력 등에 관해 의견교환
주제어	어업

문서명	제27회 어업 관계 회의 일본 우라베 주사의 발언(안)[第27回漁業関係会合における日本側卜部主査の発言(案)]

문서파일번호 1027
작성연월일 1963. 6. 25
구분 제6차 회담 예비교섭 어업 관계 회의 제27회
세부항목
작성처 외무성 북동아시아과
매수 6
비밀등급 극비
문서종류 내부자료
공개구분 공개
내용 제6차 한일회담 예비교섭 어업 관계 제27회 회의기록 첨부 자료. 제6차 한일회담 예비교섭 어업 관계 제27회 회의에서 우라베 도시오 일본 수석위원이 자국의 어업 문제에 관한 입장을 밝히기 위해 준비한 발언안
주제어 어업

문서명	한일 세부항목 예비교섭 어업 관계 회의 제28회 회의(日韓予備交渉漁業関係会合第28回会合)

문서파일번호 1027
작성연월일 1963. 7. 5
구분 제6차 회담 예비교섭 어업 관계 회의 제28회
세부항목
작성처 외무성 북동아시아과
매수 13
비밀등급 극비
문서종류 회의록
공개구분 공개
내용 제6차 한일회담 예비교섭 어업 관계 제28회 회의기록. 한국 어업규제 문제(40해리 어업전관수역, 전관수역과 영해에서의 동일한 권리, 직선기선) 에 대한 입장을 설명하고 그에 대한 질의응답이 진행됨.
주제어 어업

문서명	별지1. 7월 5일 제28회 어업 관계 회의에서의 어업기술협력에 관한 논의내용 (別紙 17月5日の第28回漁業関係会合における漁業技術協力に関する討議内容)

문서파일번호 1027
작성연월일 1963. 7. 5
구분 제6차 회담 예비교섭 어업 관계 회의 제28회
세부항목
작성처 외무성 북동아시아과
매수 5
비밀등급 일반
문서종류 내부자료
공개구분 공개
내용 제6차 한일회담 예비교섭 어업 관계 제28회 회의기록 첨부 자료. 한국에 대한 어업협력 실시와 관련해 다른 국가에 대해 실시한 어업협력의 사례를 정리
주제어 어업

문서명	7월 5일 한국 제안의 어업협정안 내용(7月5日韓国側提案の漁業協定案内容)

문서파일번호 1027
작성연월일 1963. 7. 5
구분 제6차 회담 예비교섭 어업 관계 회의 제28회
세부항목
작성처 한국대표단(일본 가역)
매수 1
비밀등급 극비
문서종류 내부자료
공개구분 공개
내용 제6차 한일회담 예비교섭 어업 관계 제28회 회의기록 첨부 자료. 한국이 제안한 어업전관수역 및 공동규제수역이 표시된 지도
주제어 어업

문서명	한일어업협정 중 전관수역과 공동규제구역 설정에 관한 한국 견해(韓日漁業協定中専管水域と共同規制区域設定に関する韓国側見解)

문서파일번호 1027
작성연월일 1963. 7. 5
구분 제6차 회담 예비교섭 어업 관계 회의 제28회
세부항목
작성처 한국대표단
매수 2
비밀등급 일반
문서종류 내부자료(제6차 한일회담 예비교섭 어업 관계 제28회 회의기록 첨부 자료)
공개구분 공개
내용 제6차 한일회담 예비교섭 어업 관계 제28회 회의 첨부 자료. 전관수역과 공동규제구역 설정 문제에 관한 입장을 설명하기 위해 한국이 준비한 문서
주제어 어업

문서명	어업협정안(漁業協定案)

문서파일번호 1027
작성연월일 1963. 7. 5
구분 제6차 회담 예비교섭 어업 관계 회의 제28회
세부항목
작성처 한국대표단
매수 4
비밀등급 극비
문서종류 협정(안)
공개구분 공개
내용 제6차 한일회담 예비교섭 어업 관계 제28회 회의기록 첨부 자료. 한국이 제안한 어업협정안. 어업전관수역, 공동규제수역, 공동위원회 설치 등에 관한 내용과 함께 40해리 전관수역과 공동규제수역의 표시가 첨부됨.
주제어 어업, 한국 어업협정안

문서명	한일예비교섭 어업 관계 회의 제29회 회의(日韓予備交渉漁業関係会合第29回会合)

문서파일번호 1027
작성연월일 1963. 7. 9
구분 제6차 회담 예비교섭 어업 관계 회의 제29회
세부항목
작성처 외무성 북동아시아과
매수 11
비밀등급 극비
문서종류 회의록
공개구분 공개
내용 제6차 한일회담 예비교섭 어업 관계 제29회 회의기록. 제28회 회의에서 한국이 제시한 어업협정안과 수역표시에 대한 질의응답이 이루어짐.
주제어 어업

문서명	7월 9일 제29회 어업 관계 회의 일본 우라베 주사의 발언(안)[7月9日第29回漁業関係会合における卜部主査の発言(案)]

문서파일번호 1027
작성연월일 1963. 7. 9
구분 제6차 회담 예비교섭 어업 관계 회의 제29회
세부항목
작성처 외무성 북동아시아과
매수 7
비밀등급 극비
문서종류 내부자료
공개구분 공개
내용 제6차 한일회담 예비교섭 어업 관계 제29회 회의기록 첨부 자료. 한국이 제안한 어업협정안과 수역표시에 대한 일본 우라베 도시오 수석위원 발언안. 수역, 직선기선 설정 등을 다루고 있음.
주제어 어업

문서명	한일예비교섭 어업 관계 회의 제30회 회의(日韓予備交渉漁業関係会合第30回会合)

문서파일번호 1027
작성연월일 1963. 7. 12
구분 제6차 회담 예비교섭 어업 관계 회의 제30회
세부항목
작성처 외무성 북동아시아과
매수 14
비밀등급 극비
문서종류 회의록
공개구분 공개
내용 제6차 한일회담 예비교섭 어업 관계 제30회 회의기록. 전관수역, 직선기선 설정, 어업협력 문제 등에 대한 논의가 이루어짐.
주제어 어업

문서명	제30회 어업 관계 회의에서의 일본 우라베 주사의 발언(안)[第30回漁業関係会合におけるト部主査の発言(案)]

문서파일번호 1027
작성연월일 1963. 7. 12
구분 제6차 회담 예비교섭 어업 관계 회의 제30회
세부항목
작성처 외무성 북동아시아과
매수 2
비밀등급 극비
문서종류 내부자료
공개구분 공개
내용 제6차 한일회담 예비교섭 어업 관계 제30회 회의기록 첨부 자료. 전관수역에 대한 일본의 입장을 밝히기 위해 준비한 우라베 도시오 수석위원 추가 발언안
주제어 어업

제24회 어업 관계 회의 우라베 수석위원의 발언(안)
[第24回漁業関係会合における卜部主査の発言(案)]

문서파일번호	827
문서명	제24회 어업 관계 회의 우라베 수석위원의 발언(안)[第24回漁業関係会合における卜部主査の発言(案)]
작성연월일	1963. 6. 4
구분	제6차 회담
세부항목	한일어업 관계 회의 일본 발언안
작성처	외무성 북동아시아과
매수	4
비밀등급	극비
문서종류	내부문서
공개구분	공개
내용	제6차 한일회담 예비교섭 어업 관계 제24회 회의에서 12해리 어업전관수역 안에 한국이 동의할 경우 일본이 실시할 어업협력에 관한 우라베 도시오(卜部敏男) 수석위원 발언안. 한국 수산물 수입 규제 완화, 기타 어업 관련 시설 건설 등이 포함됨.
주제어	어업

한일예비교섭 어업 관계 회의 제31~33회 회의
(日韓予備交渉漁業関係会合第31~33回会合)

문서파일번호	695
작성연월일	1963. 7. 16 - 1963. 7. 23
구분	제6차 회담 예비교섭 어업 관계 회의(제31~33회)
세부항목	
작성처	외무성 북동아시아과
매수	51
비밀등급	
문서종류	회의록, 내부자료
공개구분	공개
내용	제6차 한일회담 예비교섭 어업 관계 회의 제31~33회 회의기록
주제어	어업

문서명	한일예비교섭 어업 관계 회의 제31회 회의(日韓予備交渉漁業関係会合第31回会合)

문서파일번호 695
작성연월일 1963. 7. 16
구분 제6차 회담 예비교섭 어업 관계 회의 제31회 회의
세부항목
작성처 외무성 북동아시아과
매수 15
비밀등급 극비
문서종류 회의록
공개구분 공개
내용 제6차 한일회담 예비교섭 어업 관계 제31회 회의 내용. 일본은 한국 직선기선 문제, 제주도와 흑산도 등에의 적용문제, 북한에 대한 적용 문제, 동해안에 대한 문제 등을 제기함. 한국은 1억 7,800만 달러 가량의 협력안을 제출하였으나, 일본은 금액에 대해 이견을 보임. 또한 양국은 전관수역의 범위를 두고 대립함.
주제어 어업

문서명	(가역) 어업협력안[(仮訳)漁業協力案]

문서파일번호 695
작성연월일 1963. 7. 16
구분 제6차 회담 예비교섭 어업 관계 회의 제31회 회의
세부항목
작성처 외무성 북동아시아과
매수 2
비밀등급 일반
문서종류 내부자료
공개구분 공개
내용 제6차 한일회담 예비교섭 어업 관계 제31회 회의에서 한국이 제출한 어업협력안. 무상공여 액수, 무상공여 혹은 정부 간 장기저리차관 액수, 민간장기저리차관 액수가 명기됨.
주제어 어업

문서명	한일예비교섭 어업 관계 회의 제32회 회의(日韓予備交渉漁業関係会合第32回会合)

문서파일번호 695
작성연월일 1963. 7. 19
구분 제6차 회담 예비교섭 어업 관계 회의 제32회 회의
세부항목
작성처 외무성 북동아시아과
매수 11
비밀등급 극비
문서종류 회의록
공개구분 공개
내용 제6차 한일회담 예비교섭 어업 관계 제32회 회의 내용. 직선기선 문제, 전관수역문제, 외측 6해리 입어권 문제, 어업협력 문제 등에 관해 논의함. 한국은 일본이 '12해역+α'에서 'α'의 내용을 구체화할 것을 요구함. 일본은 한국해안 40해리 이내 수역에서 일본이 하고자 하는 어업종류와 규모에 대해 설명함.
주제어 어업

문서명	어업 문제에 관한 일본 입장(漁業問題に関する日本側の立場)

문서파일번호 695
작성연월일 1963. 7. 19
구분 제6차 회담 예비교섭 어업 관계 회의 제32회 회의
세부항목
작성처 외무성 북동아시아과
매수 4
비밀등급 극비
문서종류 내부자료
공개구분 공개
내용 제6차 한일회담 예비교섭 어업 관계 제32회 회의에서 일본이 제출한 입장문서. '전관수역을 12해리로 설정한다. 외측 6해리 내 수역의 입어권을 주장하지 않는다. 12해리 전관수역 외측에 대해 일본선박은 조업규칙 등이 존재하며, 한국의 규제에 대해 동의하기 어렵다. 한일 공동위원회를 설치하도록 한다' 등
주제어 어업

문서명	한일예비교섭 어업 관계 회의 제33회 회의(日韓予備交渉漁業関係会合第33回会合)

문서파일번호 695

작성연월일 1963. 7. 23

구분 제6차 회담 예비교섭 어업 관계 회의 제33회 회의

세부항목

작성처 외무성 북동아시아과

매수 19

비밀등급 극비

문서종류 회의록

공개구분 공개

내용 제6차 한일회담 예비교섭 어업 관계 제33회 회의 내용. 한국은 40해리의 전관수역을 주장한 반면, 일본은 12해리를 주장함. 한국은 40해리를 인정한다면 12해리 외측의 조업규칙에 대해 양보할 수 있다고 언급함. 북한과 관련해서는 일본이 한국 입장을 이해한다는 반응을 보임.

주제어 어업

한일예비교섭 어업 관계 회의 제34~35회 회의
(日韓予備交渉漁業関係会合第34~35回会合)

문서파일번호	696
작성연월일	1963. 7. 24 - 1963. 7. 29
구분	제6차 회담 예비교섭 어업 관계 회의(제34~35회)
세부항목	
작성처	외무성 북동아시아과
매수	28
비밀등급	
문서종류	회의록
공개구분	공개
내용	제6차 한일회담 예비교섭 어업 관계 회의 제34~35회 회의기록
주제어	어업

문서명	한일예비교섭 어업 관계 회의 제34회 회의(日韓予備交渉漁業関係会合第34回会合)

문서파일번호 696
작성연월일 1963. 7. 24
구분 제6차 회담 예비교섭 어업 관계 회의 제34회 회의
세부항목
작성처 외무성 북동아시아과
매수 17
비밀등급 극비
문서종류 회의록
공개구분 공개
내용 제6차 한일회담 예비교섭 어업 관계 제34회 회의 내용. 공동규제조치, 전관수역 및 직선기선 설정, 어업협력 문제에 관해 논의함.
주제어 어업

문서명	한일예비교섭 어업 관계 회의 제35회 회의(日韓予備交渉漁業関係会合第35回会合)

문서파일번호 696
작성연월일 1963. 7. 29
구분 제6차 회담 예비교섭 어업 관계 회의 제35회 회의
세부항목
작성처 외무성 북동아시아과
매수 11
비밀등급 극비
문서종류 회의록
공개구분 공개
내용 제6차 한일회담 예비교섭 어업 관계 제35회 회의 내용. 어업규제, 직선기선 설정 문제에 관해 논의함.
주제어 어업

한일예비교섭 어업 관계 회의 제36~40회 회의
(日韓予備交渉漁業関係会合第36 ~ 40回会合)

문서파일번호	697
작성연월일	1963. 9. 27 - 1963. 12. 10
구분	제6차 회담 예비교섭 어업 관계 회의(제36~40회)
세부항목	
작성처	외무성 북동아시아과
매수	34
비밀등급	
문서종류	회의록, 내부자료
공개구분	공개
내용	제6차 한일회담 예비교섭 어업 관계 회의 제36~40회 회의기록
주제어	어업

문서명	한일예비교섭 어업 관계 회의 제36회 회의(日韓予備交渉漁業関係会合第36回会合)

문서파일번호 697
작성연월일 1963. 9. 27
구분 제6차 회담 예비교섭 어업 관계 회의 제36회 회의
세부항목
작성처 외무성 북동아시아과
매수 10
비밀등급 극비
문서종류 회의록
공개구분 공개
내용 제6차 한일회담 예비교섭 어업 관계 제36회 회의 내용. 어업 문제를 둘러싼 한국의 국내정세 논의
주제어 어업

문서명	한일예비교섭 어업 관계 회의 제37회 회의(日韓予備交渉漁業関係会合第37回会合)

문서파일번호 697
작성연월일 1963. 10. 4
구분 제6차 회담 예비교섭 어업 관계 회의 제37회 회의
세부항목
작성처 외무성 북동아시아과
매수 2
비밀등급 극비
문서종류 회의록
공개구분 공개
내용 1963년 10월 4일 제6차 한일회담 예비교섭 어업 관계 제37회 회의 내용. 나포 어선 석방 관련의 정보 교환만이 이루어짐.
주제어 어업

문서명	한일예비교섭 어업 관계 회의 제38회 회의(日韓予備交渉漁業関係会合第38回会合)

문서파일번호	697
작성연월일	1963. 11. 25
구분	제6차 회담 예비교섭 어업 관계 회의 제38회 회의
세부항목	
작성처	외무성 북동아시아과
매수	6
비밀등급	극비
문서종류	회의록
공개구분	공개
내용	제6차 한일회담 예비교섭 어업 관계 제38회 회의 내용. 어업 문제를 둘러싼 한국 국내정세, 향후 교섭 전망 등을 논의함.
주제어	어업

문서명	한일예비교섭 어업 관계 회의 제39회 회의(日韓予備交渉漁業関係会合第39回会合)

문서파일번호	697
작성연월일	1963. 11. 29
구분	제6차 회담 예비교섭어업 관계 회의 제39회 회의
세부항목	
작성처	외무성 북동아시아과
매수	7
비밀등급	극비
문서종류	회의록
공개구분	공개
내용	제6차 한일회담 예비교섭 어업 관계 제39회 회의 내용. 어업협력, 어업규제 문제를 논의함.
주제어	어업

문서명	별첨. 중일 민간어업협정에 관한 한국 질문에 대한 회답(別添 日中民間漁業協定に関する韓国側質問に対する回答)

문서파일번호 697
작성연월일 1963. 11. 29
구분 제6차 회담 예비교섭 어업 관계 회의 제39회 회의
세부항목
작성처 외무성 북동아시아과
매수 3
비밀등급 일반
문서종류 내부자료
공개구분 공개
내용 제6차 한일회담 예비교섭 어업 관계 제39회 회의기록 첨부 자료. 중일어업협정에 관한 한국 질문에 일본이 제출한 답변. 어업규제 문제를 다룸.
주제어 어업

문서명	한일예비교섭 어업 관계 회의 제40회 회의(日韓予備交渉漁業関係会合第40回会合)

문서파일번호 697
작성연월일 1963. 12. 10
구분 제6차 회담 예비교섭 어업 관계 회의 제40회 회의
세부항목
작성처 외무성 북동아시아과
매수 6
비밀등급 극비
문서종류 회의록
공개구분 공개
내용 제6차 한일회담 예비교섭 어업 관계 제40회 회의 내용. 한국이 김명년 · 와다 비공식 회의 결과가 언론에 보도된 데 대해 항의함. 일본은 정부가 흘린 것이 아니라 내용을 숙지하고 있는 기자들이 추측기사를 쓴 것이라고 해명함.
주제어 어업

한일예비교섭 어업 관계 회의 제41~42회 회의
(日韓予備交涉漁業関係会合第41 ~ 42回会合)

문서파일번호	698
작성연월일	1963. 12. 26 - 1964. 1. 10
구분	제6차 회담 예비교섭 어업 관계 회의(제41~43회)
세부항목	
작성처	외무성 북동아시아과
매수	21
비밀등급	
문서종류	회의록, 내부문서
공개구분	공개
내용	제6차 한일회담 예비교섭 어업 관계 회의 제41~42회 회의기록
주제어	어업

문서명	한일예비교섭 어업 관계 회의 제41회 회의(日韓予備交渉漁業関係会合第41回会合)

문서파일번호 698
작성연월일 1963. 12. 26
구분 제6차 회담 예비교섭 어업 관계 회의 제41회 회의
세부항목
작성처 외무성 북동아시아과
매수 8
비밀등급 극비
문서종류 회의록
공개구분 공개
내용 제6차 한일회담 예비교섭 어업 관계 제41회 회의 내용. 향후 어업교섭 진행의 전망, 일정 등을 논의
주제어 어업

문서명	12월 26일 어업 관계 회의용 메모(12月26日の漁業関係会合用メモ)

문서파일번호 698
작성연월일 1963. 12. 26
구분 제6차 회담 예비교섭 어업 관계 회의 제41회 회의
세부항목
작성처 외무성 북동아시아과
매수 5
비밀등급 극비
문서종류 내부문서
공개구분 공개
내용 향후 서울에서 어업 문제에 관한 전문가 회의를 개최하는 안의 경위 등을 정리
주제어 어업

문서명	한일예비교섭어업 관계 회의 제42회 회의(日韓予備交渉漁業関係会合第42回会合)

문서파일번호	698
작성연월일	1964. 1. 10
구분	제6차 회담 예비교섭 어업 관계 회의 제42회 회의
세부항목	
작성처	외무성 북동아시아과
매수	8
비밀등급	극비
문서종류	회의록
공개구분	공개
내용	제6차 한일회담 예비교섭 어업 관계 제42회 회의 내용. 향후의 교섭 진행 문제, 어업규제, 어업협력 문제 등을 논의
주제어	어업

한일어업 문제에 관한 와다·김명년 비공식회의 제1~5회 회의기록(日韓漁業問題に関する和田·金命年非公式会合第1～5回会合記録)

문서파일번호	699
작성연월일	1963. 6. 6 - 1963. 7. 22
구분	제6차 회담 와다·김명년 비공식회의(제1~5회)
세부항목	
작성처	외무성 북동아시아과
매수	46
비밀등급	
문서종류	
공개구분	공개
내용	제6차 한일회담 기간 중 어업 관계위원회의 공식 회의와는 별도로 와다 마사아키 수산청 어정부장과 김명년 농수산부 수산국장을 각각 양국 수석대표로 하여 개최된 비공식회의 제1~5회 회의기록
주제어	어업

문서명	한일어업 문제에 관한 와다·김명년 비공식회의 제1회 회의기록(日韓漁業問題に関する和田·金命年非公式会合第1回会合記録)

문서파일번호 699
작성연월일 1963. 6. 6
구분 제6차 회담 와다 · 김명년 비공식회의 제1회
세부항목
작성처 외무성 북동아시아과
매수 9
비밀등급 극비
문서종류 회의록
공개구분 공개
내용 제1회 와다 마사아키 · 김명년 비공식 회의기록. 한국 어업에 관해 어법, 해역별 현황 및 어선, 어구 등을 설명
주제어 어업

문서명	한일어업 문제에 관한 와다·김명년 비공식회의 제2회 회의기록(日韓漁業問題に関する和田·金命年非公式会合第2回会合記録)

문서파일번호 699
작성연월일 1963. 6. 8
구분 제6차 회담 와다 · 김명년 비공식회의 제2회
세부항목
작성처 외무성 북동아시아과
매수 7
비밀등급 극비
문서종류 회의록
공개구분 공개
내용 제2회 와다 마사아키 · 김명년 비공식 회의기록. 어업 금지구역, 어업협력 등에 관해 질의응답
주제어 어업

문서명	한일어업 문제에 관한 와다·김명년 비공식회의 제3회 회의기록(日韓漁業問題に関する和田·金命年非公式会合第3回会合記録)

문서파일번호 699
작성연월일 1963. 7. 15
구분 제6차 회담 와다 · 김명년 비공식회의 제3회
세부항목
작성처 외무성 북동아시아과
매수 13
비밀등급 극비
문서종류 회의록
공개구분 공개
내용 제3회 와다 마사아키 · 김명년 비공식 회의기록. 직선기선 설정 및 전관수역 문제를 논의
주제어 어업

문서명	한국 직선기선 기점위치(韓国直線基線基点位置)

문서파일번호 699
작성연월일 1963. 7. 15
구분 제6차 회담 와다 · 김명년 비공식회의 제3회
세부항목
작성처 외무성 북동아시아과
매수 1
비밀등급 일반
문서종류 내부자료
공개구분 공개
내용 제3회 와다 · 김명년 비공식 회의기록 첨부물1963년 7월 15일 제3회 와다 마사아키 · 김명년 비공식 회의에서 한국이 제시한 직선기선 기점 위치
주제어 어업

문서명	한일어업 문제에 관한 와다·김명년 비공식회의 제4회 회의기록(日韓漁業問題に関する和田·金命年非公式会合第4回会合記録)

문서파일번호 699
작성연월일 1963. 7. 18
구분 제6차 회담 와다 · 김명년 비공식회의 제4회
세부항목
작성처 외무성 북동아시아과
매수 9
비밀등급 극비
문서종류 회의록
공개구분 공개
내용 제4회 와다 마사아키 · 김명년 비공식 회의기록. 직선기선 설정 문제를 논의
주제어 어업

문서명	한일어업 문제에 관한 와다·김명년 비공식회의 제5회 회의기록(日韓漁業問題に関する和田·金命年非公式会合第5回会合記録)

문서파일번호 699
작성연월일 1963. 7. 22
구분 제6차 회담 와다 · 김명년 비공식회의 제5회
세부항목
작성처 외무성 북동아시아과
매수 7
비밀등급 극비
문서종류 회의록
공개구분 공개
내용 제5회 와다 마사아키 · 김명년 비공식 회의기록. 직선기선 설정 문제를 논의
주제어 어업

한일어업 문제에 관한 와다·김명년 비공식회의 제6~10회 회의기록(日韓漁業問題に関する和田·金命年非公式会合第6～10回会合記録)

문서파일번호	700
작성연월일	1963. 7. 22 - 1963. 8. 21
구분	제6차 회담 와다·김명년 비공식회의(제6회~10회)
세부항목	
작성처	외무성 북동아시아과
매수	40
비밀등급	
문서종류	회의록
공개구분	공개
내용	어업 관련 와다 마사아키 수산청 어정부장·김명년 농수산부 수산국장 비공식 회의 제6~10회 회의기록
주제어	어업

문서명	한일어업 문제에 관한 와다·김명년 비공식회의 제6회 회의기록(日韓漁業問題に関する和田·金命年非公式会合第6回会合記録)

문서파일번호 700
작성연월일 1963. 7. 22
구분 제6차 회담 와다 · 김명년 비공식회의 제6회
세부항목
작성처 외무성 북동아시아과
매수 7
비밀등급 극비
문서종류 회의록
공개구분 공개
내용 제6회 와다 마사아키 · 김명년 비공식 회의기록. 직선기선, 어업규제 등을 논의
주제어 어업

문서명	한일어업 문제에 관한 와다·김명년 비공식회의 제7회 회의기록(日韓漁業問題に関する和田·金命年非公式会合第7回会合記録)

문서파일번호 700
작성연월일 1963. 7. 24
구분 제6차 회담 와다 · 김명년 비공식회의 제7회
세부항목
작성처 외무성 북동아시아과
매수 13
비밀등급 극비
문서종류 회의록
공개구분 공개
내용 제7회 와다 마사아키 · 김명년 비공식 회의기록. 어업규제, 직선기선 설정, 공동규제조치 등을 논의
주제어 어업

문서명	한일어업 문제에 관한 와다·김명년 비공식회의 제8회 회의기록(日韓漁業問題に関する和田·金命年非公式会合第8回会合記録)

문서파일번호 700
작성연월일 1963. 7. 27
구분 제6차 회담 와다 · 김명년 비공식회의 제8회
세부항목
작성처 외무성 북동아시아과
매수 11
비밀등급 극비
문서종류 회의록
공개구분 공개
내용 제8회 와다 마사아키 · 김명년 비공식 회의기록. 공동규제조치를 논의
주제어 어업

문서명	한일어업 문제에 관한 와다·김명년 비공식회의 제9회 회의기록(日韓漁業問題に関する和田·金命年非公式会合第9回会合記録)

문서파일번호 700
작성연월일 1963. 8. 14
구분 제6차 회담 와다 · 김명년 비공식회의 제9회
세부항목
작성처 외무성 북동아시아과
매수 7
비밀등급 극비
문서종류 회의록
공개구분 공개
내용 제9회 와다 마사아키 · 김명년 비공식 회의기록. 어장, 어선 매매 등을 논의
주제어 어업

문서명	한일어업 문제에 관한 와다·김명년 비공식회의 제10회 회의기록(日韓漁業問題に関する和田·金命年非公式会合第10回会合記録)

문서파일번호 700
작성연월일 1963. 8. 21
구분 제6차 회담 와다 · 김명년 비공식회의 제10회
세부항목
작성처 외무성 북동아시아과
매수 2
비밀등급 극비
문서종류 회의록
공개구분 공개
내용 제10회 와다 마사아키 · 김명년 비공식 회의기록. 잡담으로 일관된 회의였음.
주제어 어업

한일어업 문제에 관한 와다·김명년 비공식회의 제11~15회 회의기록(日韓漁業問題に関する和田·金命年非公式会合第11~15回会合記録)

문서파일번호	701
작성연월일	1963. 8. 30 - 1963. 10. 8
구분	제6차 회담 와다·김명년 비공식회의(제11~15회)
세부항목	
작성처	외무성 북동아시아과
매수	43
비밀등급	
문서종류	회의록
공개구분	공개
내용	어업 관련 와다 마사아키 수산청 어정부장 - 김명년 농수산부 수산국장 비공식회의 제11~15회 회의기록
주제어	어업

문서명	한일어업 문제에 관한 와다·김명년 비공식회의 제11회 회의기록(日韓漁業問題に関する和田、金命年非公式会合第11回会合記録)

문서파일번호 701
작성연월일 1963. 8. 30
구분 제6차 회담 와다 · 김명년 비공식회의 제11회
세부항목
작성처 외무성 북동아시아과
매수 7
비밀등급 극비
문서종류 회의록
공개구분 공개
내용 제11회 와다 마사아키 · 김명년 비공식 회의기록. 최근의 어선 나포 문제, 어업규제, 전관수역 문제 등을 논의
주제어 어업

문서명	한일어업 문제에 관한 와다·김명년 비공식회의 제12회 회의기록(日韓漁業問題に関する和田、金命年非公式会合第12回会合記録)

문서파일번호 701
작성연월일 1963. 9. 5
구분 제6차 회담 와다 · 김명년 비공식회의 제12회
세부항목
작성처 외무성 북동아시아과
매수 6
비밀등급 극비
문서종류 회의록
공개구분 공개
내용 제12회 와다 마사아키 · 김명년 비공식 회의기록. 어업협력, 향후 교섭 내용 등을 논의
주제어 어업

문서명	한일어업 문제에 관한 와다·김명년 비공식회의 제13회 회의기록(日韓漁業問題に関する和田、金命年非公式会合第13回会合記録)

문서파일번호 701
작성연월일 1963. 9. 13
구분 제6차 회담 와다 · 김명년 비공식회의 제13회
세부항목
작성처 외무성 북동아시아과
매수 7
비밀등급 극비
문서종류 회의록
공개구분 공개
내용 제13회 와다 마사아키 · 김명년 비공식 회의기록. 어업규제에 관한 기술적인 문제를 논의
주제어 어업

문서명	한일어업 문제에 관한 와다·김명년 비공식회의 제14회 회의기록(日韓漁業問題に関する和田、金命年非公式会合第14回会合記録)

문서파일번호 701
작성연월일 1963. 10. 4
구분 제6차 회담 와다 · 김명년 비공식회의 제14회
세부항목
작성처 외무성 북동아시아과
매수 10
비밀등급 극비
문서종류 회의록
공개구분 공개
내용 제14회 와다 마사아키 · 김명년 비공식 회의기록. 어업규제에 관한 기술적인 문제에 관한 논의가 이어짐.
주제어 어업

문서명	한일어업 문제에 관한 와다·김명년 비공식회의 제15회 회의기록(日韓漁業問題に関する和田、金命年非公式会合第15回会合記録)

문서파일번호	701
작성연월일	1963. 10. 8
구분	제6차 회담 와다 · 김명년 비공식회의 제15회
세부항목	
작성처	외무성 북동아시아과
매수	13
비밀등급	극비
문서종류	회의록
공개구분	공개
내용	제15회 와다 마사아키 · 김명년 비공식 회의기록. 어업규제에 관한 기술적인 문제를 논의
주제어	어업

한일어업 문제에 관한 와다·김명년 비공식회의 제16~20회 회의기록(日韓漁業問題に関する和田·金命年非公式会合第16~20回会合記録)

문서파일번호	702
작성연월일	1963. 10. 11 - 1963. 10. 29
구분	제6차 회담 와다·김명년 비공식회의(제16~20회)
세부항목	
작성처	외무성 북동아시아과
매수	55
비밀등급	
문서종류	회의록, 내부자료
공개구분	공개
내용	어업 관련 와다 마사아키 수산청 어정부장·김명년 농수산부 수산국장 비공식 회의 제16~20회 회의기록
주제어	어업

문서명	한일어업 문제에 관한 와다·김명년 비공식회의 제16회 회의기록(日韓漁業問題に関する和田·金命年非公式会合第16回会合記録)

문서파일번호 702
작성연월일 1963. 10. 11
구분 제6차 회담 와다 · 김명년 비공식회의 제16회
세부항목
작성처 외무성 북동아시아과
매수 15
비밀등급 극비
문서종류 회의록
공개구분 공개
내용 제16회 와다 마사아키 · 김명년 비공식 회의기록. 어업규제 문제에 관한 기술적인 논의가 계속 이어짐.
주제어 어업

문서명	한일어업 문제에 관한 와다·김명년 비공식회의 제17회 회의기록(日韓漁業問題に関する和田·金命年非公式会合第17回会合記録)

문서파일번호 702
작성연월일 1963. 10. 16
구분 제6차 회담 와다 · 김명년 비공식회의 제17회
세부항목
작성처 외무성 북동아시아과
매수 7
비밀등급 극비
문서종류 회의록
공개구분 공개
내용 제17회 와다 마사아키 · 김명년 비공식 회의기록. 어업단속, 공동위원회, 어업자원 조사, 분쟁 해결 등의 문제에 관해 일본이 입장 표명
주제어 어업

문서명	한일어업 문제에 관한 와다·김명년 비공식회의 제18회 회의기록(日韓漁業問題に関する和田·金命年非公式会合第18回会合記録)

문서파일번호 702
작성연월일 1963. 10. 22
구분 제6차 회담 와다 · 김명년 비공식회의 제18회
세부항목
작성처 외무성 북동아시아과
매수 11
비밀등급 극비
문서종류 회의록
공개구분 공개
내용 제18회 와다 마사아키 · 김명년 비공식 회의기록. 어업규제 문제에 관해 논의
주제어 어업

문서명	별첨. 전관 수역(12해리) 외의 규제수역[別添 専管水域(12カイリ)外の規制海域]

문서파일번호 702
작성연월일 1963. 10. 22
구분 제6차 회담 와다 · 김명년 비공식회의 제18회
세부항목
작성처 외무성 북동아시아과
매수 4
비밀등급 극비
문서종류 내부자료
공개구분 공개
내용 제18회 와다 마사아키 · 김명년 비공식 회의기록 첨부물. 회의에 제출된 일본 전관수역 12해리 외의 규제수역에 관한 안
주제어 어업

문서명	1963. 10. 22 일본이 제안한 내용[昭和38年10月22日の日本側(和田)提案の内容]

문서파일번호 702
작성연월일 1963. 10. 22
구분 제6차 회담 와다 · 김명년 비공식회의 제18회
세부항목
작성처 외무성 북동아시아과
매수 2
비밀등급 극비
문서종류 내부자료
공개구분 공개
내용 제18회 와다 마사아키 · 김명년 비공식 회의기록 첨부물. 회의에서 일본이 제출한 전관 수역 12해리 외의 규제수역 안을 지도에 표시
주제어 어업

<894쪽 지도 참조>

1963년 10월 22일 일본 측[와다(和田)] 제안 내용

〈요점〉

A, B, D …… 트롤, 저인, 선망, 고등어 외줄낚시에 대해 그물코, 어선 규모, 광력, 금어기, 척수를 정한다. 아울러 척수는 양국 모두 현 상황 정도로 한다.

B …… 일본 측은 4개 어업 종류 이외의 어업 종류에 대해 자주 규제의 형태로 척수를 제한한다.

C …… 한국 측은 4개 어업 종류 이외의 어업 종류에 대해 자주 규제를 하며, 또 4개 어업 종류에 대해서는 가능하면 출어하지 않기를 바란다.

E …… 일한 양국 공통의 저인, 트롤의 금지 구역으로 한다.

가 …… E1280 이동(以東)에서는 50톤 이상, 이서(以西)에서는 50톤 미만의 저인, 트롤 금지

나 …… 선망은 향후 1ㅁ(인쇄 불량)년간 외측 6해리에서의 조업을 인정한다.

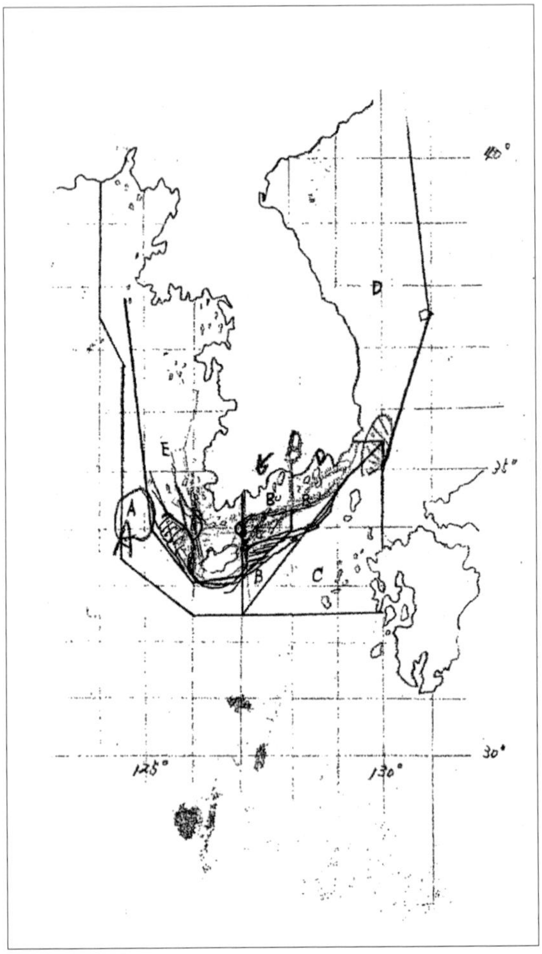

문서명	한일어업 문제에 관한 와다·김명년 비공식회의 제19회 회의기록(日韓漁業問題に関する和田·金命年非公式会合第19回会合記録)

문서파일번호 702
작성연월일 1963. 10. 25
구분 제6차 회담 와다·김명년 비공식회의 제19회
세부항목
작성처 외무성 북동아시아과
매수 10
비밀등급 극비
문서종류 회의록
공개구분 공개
내용 제19회 와다 마사아키·김명년 비공식 회의기록. 제18회 회의에서 일본이 제출한 규제수역 안에 대해 질의응답
주제어 어업

문서명	1963. 11. 29 한국 제안의 내용[昭和38年11月29日の韓国側(金命年)提案の内容]

문서파일번호 702
작성연월일 1963. 11. 29
구분 제6차 회담 와다·김명년 비공식회의 제18회
세부항목
작성처 한국대표단
매수 1
비밀등급 극비
문서종류 내부자료
공개구분 공개
내용 제18회 와다 마사아키·김명년 비공식 회의에서 일본이 제안한 것과 관련해 제24회 회의에서 한국이 제출한 전관수역 12해리 외의 규제수역 안. 지도에 수역이 표시됨.
주제어 어업

문서명	한일어업 문제에 관한 와다·김명년 비공식회의 제20회 회의기록(日韓漁業問題に関する和田·金命年非公式会合第20回会合記録)

문서파일번호 702
작성연월일 1963. 10. 29
구분 제6차 회담 와다 · 김명년 비공식회의 제20회
세부항목
작성처 외무성 북동아시아과
매수 1
비밀등급 극비
문서종류 회의록
공개구분 공개
내용 제20회 와다 마사아키 · 김명년 비공식 회의기록. 김명년 위원의 요청으로 와다 위원과 둘이서만 회의를 진행하기로 하고 전체회의는 별다른 논의 없이 종료됨.
주제어 어업

문서명	한일어업 문제에 관한 와다·김명년 비공식 회의에 관하여(日韓漁業問題に関する和田·金命年非公式会談について)

문서파일번호 702
작성연월일 1963. 10. 29
구분 제6차 회담 와다 · 김명년 비공식회의
세부항목
작성처 외무성 북동아시아과
매수 4
비밀등급 극비
문서종류 회의록
공개구분 공개
내용 와다 마사아키와 김명년 두 사람이 개최한 비공식 회의. 규제수역에 관해 논의
주제어 어업

한일어업 문제에 관한 와다·김명년 비공식회의 제21~25회 회의기록(日韓漁業問題に関する和田·金命年非公式会合第21～25回会合記録)

문서파일번호	703
작성연월일	1963. 11. 1 - 1963. 12. 12
구분	제6차 회담 와다·김명년 비공식회의(제21~25회)
세부항목	
작성처	외무성 북동아시아과, 한국대표단
매수	37
비밀등급	
문서종류	회의록, 내부자료
공개구분	공개
내용	어업 관련 와다 마사아키 수산청 어정(漁政)부장·김명년 농수산부 수산국장 비공식회의 제21~25회 회의기록
주제어	어업

문서명	한일어업 문제에 관한 와다·김명년 비공식회의 제21회 회의기록(日韓漁業問題に関する和田·金命年非公式会合第21回会合記録)

문서파일번호 703
작성연월일 1963. 11. 1
구분 제6차 회담 와다 · 김명년 비공식회의 제21회
세부항목
작성처 외무성 북동아시아과
매수 4
비밀등급 극비
문서종류 회의록
공개구분 공개
내용 제21회 와다 마사아키 · 김명년 비공식 회의기록. 어업규제에 대해 논의
주제어 어업

문서명	한일어업 문제에 관한 와다·김명년 비공식회의 제22회 회의기록(日韓漁業問題に関する和田·金命年非公式会合第22回会合記録)

문서파일번호 703
작성연월일 1963. 11. 8
구분 제6차 회담 와다 · 김명년 비공식회의 제22회
세부항목
작성처 외무성 북동아시아과
매수 3
비밀등급 극비
문서종류 회의록
공개구분 공개
내용 제22회 와다 마사아키 · 김명년 비공식 회의기록. 어업규제와 관련해 어업 별로 일본어선의 출어 선박 수에 관해 질의응답
주제어 어업

문서명	한일어업 문제에 관한 와다·김명년 비공식회담에 관하여(日韓漁業問題に関する和田·金命年非公式会談について)

문서파일번호 703
작성연월일 1963. 11. 8
구분 제6차 회담 와다·김명년 비공식회의
세부항목
작성처 외무성 북동아시아과
매수 2
비밀등급 극비
문서종류 회의록
공개구분 공개
내용 제22회 와다 마사아키·김명년 비공식회의 후 와다와 김명년 두 사람만이 전관수역 12해리 외의 일본 어업규제안에 대해 별도로 가진 회의기록. 어업규제 영역의 명시는 피하고 싶다는 한국 견해가 기술됨.
주제어 어업

문서명	한일어업 문제에 관한 와다·김명년 비공식회의 제23회 회의기록(日韓漁業問題に関する和田 金命年非公式会合第23回会合記録)

문서파일번호 703
작성연월일 1963. 11. 22
구분 제6차 회담 와다·김명년 비공식회의 제23회
세부항목
작성처 외무성 북동아시아과
매수 6
비밀등급 극비
문서종류 회의록
공개구분 공개
내용 제23회 와다 마사아키·김명년 비공식 회의기록. 어업규제에 관해 논의
주제어 어업

문서명	한일어업 문제에 관한 와다·김명년 비공식회의 제24회 회의기록(日韓漁業問題に関する和田·金命年非公式会合第24回会合記録)

문서파일번호 703
작성연월일 1963. 11. 29
구분 제6차 회담 와다 · 김명년 비공식회의 제24회
세부항목
작성처 외무성 북동아시아과
매수 7
비밀등급 극비
문서종류 회의록
공개구분 공개
내용 제24회 와다 마사아키 · 김명년 비공식 회의기록. 어업규제 및 규제해역에 관해 논의
주제어 어업

문서명	별첨. 1963. 11. 29 어업 관계 비공식회의에서 한국이 제시(規制海域 昭和38年11月29日漁業関係非公式会合において韓国側より提示)

문서파일번호 703
작성연월일 1963. 11. 29
구분 제6차 회담 와다 · 김명년 비공식회의 제24회
세부항목
작성처 한국대표단
매수 7
비밀등급 일반
문서종류 내부자료
공개구분 공개
내용 제24회 와다 마사아키 · 김명년 비공식 회의에서 한국이 제시한 규제해역 안
주제어 어업

문서명	1963. 11. 29 한국 제안의 내용[昭和38年11月29日の韓国側(金命年)提案の内容]

문서파일번호	703
작성연월일	1963. 11. 29
구분	제6차 회담 와다 · 김명년 비공식회의 제24회
세부항목	
작성처	한국대표단
매수	1
비밀등급	극비
문서종류	내부문서
공개구분	공개
내용	제24회 와다 마사아키 · 김명년 비공식 회의에서 한국이 제시한 규제해역 안. 지도에 명시하는 방식이 추가됨.
주제어	어업

<902쪽 지도 참조>

1963년 11월 29일 한국 측(김명년) 제안 내용

〈요점〉

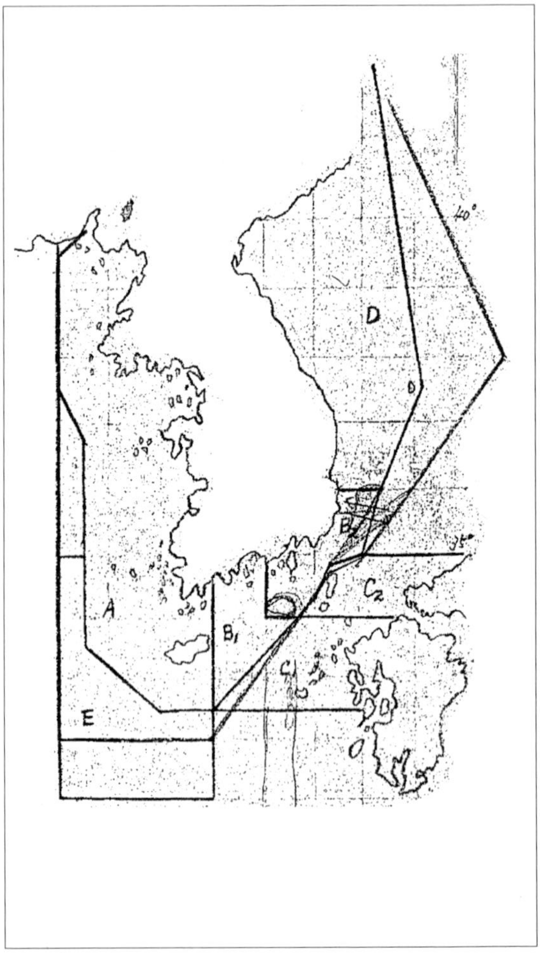

A, D …… 일본 측의 저인, 트롤, 유자망은 당분간 출어하지 않는다.

B1 …… 일본 측의 저인, 트롤, 유자망은 당분간 출어하지 않는다. 그 밖의 어업 종류에 대해서는 일본 측이 자주 규제한다.

C1 … 한국 측의 저인, 트롤, 유자망은 출어하지 않는다. 그 밖의 어업 종류에 대해서는 한국 측이 자주 규제한다.

B2, C2 …… B2는 한국 측, C2는 일본 측만 조업한다.

E …… 양국의 저인, 트롤은 12월~2월 사이에 어선 수를 제한한다.

가 …… A, B1, D에서의 선망, 고등어 외 줄낚시에 대한 규제는 공동위원회에서 따로 정한다.

나 …… E1280 이서(以西)에서는 50톤 이하, 이동(以東)에서는 50톤 이상, 30톤 미만의 저인, 트롤 어선의 조업을 금지한다.

다 …… 양국의 저인, 트롤 금지 구역은 상호 존중한다.

라 …… 전갱이, 고등어의 봉수망은 일한 쌍방 모두 전면 금지한다.

마 …… 일본 측은 한국 근해의 고래 자원의 유효 관리를 위해 자주적으로 협력한다.

문서명	한일어업 문제에 관한 와다·김명년 비공식회의 제25회 회의기록(日韓漁業問題に関する和田·金命年非公式会合第25回会合記録)

문서파일번호	703
작성연월일	1963. 12. 12
구분	제6차 회담 와다 · 김명년 비공식회의 제25회
세부항목	
작성처	외무성 북동아시아과
매수	7
비밀등급	극비
문서종류	회의록
공개구분	공개
내용	제25회 와다 마사아키 · 김명년 비공식 회의기록. 어업규제에 관해 논의
주제어	어업

한일어업 문제에 관한 와다·김명년 비공식회의 제26~30회 회의기록(日韓漁業問題に関する和田·金命年非公式会合第26 ~ 30回会合記録)

문서파일번호	704
작성연월일	1963. 12. 19 - 1964. 1. 22
구분	제6차 회담 와다·김명년 비공식회의(제26~30회)
세부항목	
작성처	외무성 북동아시아과
매수	39
비밀등급	
문서종류	회의록, 내부자료, 내부문서
공개구분	공개
내용	1963년 12월 19일~1964년 1월 22일 동안 개최된 어업 관련 와다 마사아키 수산청 어정부장·김명년 농수산부 수산국장 비공식회의 제26~30회 회의기록
주제어	어업

문서명	한일어업 문제에 관한 와다·김명년 비공식회의 제26회 회의기록(日韓漁業問題に関する和田·金命年非公式会合第26回会合記録)

문서파일번호 704
작성연월일 1963. 12. 19
구분 제6차 회담 와다 · 김명년 비공식회의 제26회
세부항목
작성처 외무성 북동아시아과
매수 9
비밀등급 극비
문서종류 회의록
공개구분 공개
내용 제26회 와다 마사아키 · 김명년 비공식 회의기록. 각 해역별 어업규제에 대해 논의가 이루어짐.
주제어 어업

문서명	한일어업 문제에 관한 와다·김명년 비공식회의 제27회 회의기록(日韓漁業問題に関する和田·金命年非公式会合第27回会合記録)

문서파일번호 704
작성연월일 1964. 1. 14
구분 제6차 회담 와다 · 김명년 비공식회의 제27회
세부항목
작성처 외무성 북동아시아과
매수 9
비밀등급 극비
문서종류 회의록
공개구분 공개
내용 제27회 와다 마사아키 · 김명년 비공식 회의기록. 어업규제에 대해 논의함.
주제어 어업

문서명	한일어업 문제에 관한 와다·김명년 비공식회의 제28회 회의기록(日韓漁業問題に関する和田·金命年非公式会合第28回会合記録)

문서파일번호 704
작성연월일 1964. 1. 17
구분 제6차 회담 와다 · 김명년 비공식회의 제28회
세부항목
작성처 외무성 북동아시아과
매수 8
비밀등급 극비
문서종류 회의록
공개구분 공개
내용 제28회 와다 마사아키 · 김명년 비공식 회의기록. 어업규제에 대해 논의
주제어 어업

문서명	별첨. 대한민국에 인접하는 투망 어업의 금지구역(別添 大韓民国に隣接するまき網漁業の禁止区域)

문서파일번호 704
작성연월일 1964. 1. 17
구분 제6차 회담 와다 · 김명년 비공식회의 제28회
세부항목
작성처 외무성 북동아시아과
매수 3
비밀등급 일반
문서종류 내부자료
공개구분 공개
내용 제28회 와다 · 김명년 비공식 회의기록 첨부물. 회의에서 일본이 제시한 투망어업 금지 구역이 정리된 문서
주제어 어업

문서명	별첨. 대한민국에 인접한 원양 저인망어업의 금지구역(別添 体感民国に隣接する沖合底びき網漁業の禁止区域)

문서파일번호 704
작성연월일 1964. 1. 17
구분 제6차 회담 와다 · 김명년 비공식회의 제28회
세부항목
작성처 외무성 북동아시아과
매수 5
비밀등급 일반
문서종류 내부자료
공개구분 공개
내용 제28회 와다 · 김명년 비공식 회의기록 첨부물. 제28회 와다 마사아키 · 김명년 비공식 회의에서 일본이 제시한 원양 저인망어업 금지 구역이 정리된 자료
주제어 어업

문서명	1월 20일 와다·김 회담 기록(1月20日和田·金会談記録)

문서파일번호 704
작성연월일 1964. 1. 21
구분 제6차 회담 와다 · 김명년 비공식회의 제29회
세부항목
작성처 외무성 북동아시아과
매수 2
비밀등급 극비
문서종류 회의록
공개구분 공개
내용 1964년 1월 20일 와다 마사아키 · 김명년, 최세황 회의 내용에 관한 기록(회의 회수는 기록되어 있지 않으나 제29회로 보는 것이 타당). 1월 22일 회의에서 논의된 내용을 다시 논의
주제어 어업

문서명	1월 22일 와다·김 회담 기록(1月22日和田·金会談記録)

문서파일번호	704
작성연월일	1964. 1. 22
구분	제6차 회담 와다 · 김명년 비공식회의 제30회
세부항목	
작성처	외무성 북동아시아과
매수	3
비밀등급	극비
문서종류	회의록
공개구분	공개
내용	와다 마사아키와 김명년 간의 회의기록(회의 회수는 기록이 없으나 제30회 회의로 보는 것이 타당). 어업규제 관련 교섭 진행 문제 논의
주제어	어업

한일어업 문제에 관한 와다·김명년 비공식회의 제32회 회의기록(日韓漁業問題に関する和田·金命年非公式会合第32回会合記録)

문서파일번호	705
작성연월일	1964. 1. 25 - 1964. 1. 28
구분	제6차 회담 와다·김명년 비공식회의(제31~32회)
세부항목	
작성처	외무성 북동아시아과
매수	10
비밀등급	
문서종류	회의록, 내부문서
공개구분	공개
내용	1964년 1월 25일~1월 28일까지 개최된 어업 관련 와다 마사아키(和田正明) 수산청 어정부장·김명년 농림부 수산국장 비공식회의 제32회 회의기록
주제어	어업

문서명	1월 24일 와다·김 회담 기록(1月24日 和田·金会談記録)

문서파일번호 705
작성연월일 1964. 1. 25
구분 제6차 회담 와다 · 김명년 비공식회의 제31회
세부항목
작성처 외무성 북동아시아과
매수 4
비밀등급 극비
문서종류 회의록
공개구분 공개
내용 와다 마사아키 · 김명년 비공식 회의기록(회의 회수는 기록되어 있지 않으나 제31회로 봐야 할 것임). 어업규제 구획에 대해 논의
주제어 어업

문서명	한일어업 문제에 관한 와다·김명년 비공식회의 제32회 회의기록(日韓漁業問題に関する和田·金命年非公式会合第32回会合記録)

문서파일번호 705
작성연월일 1964. 1. 28
구분 제6차 회담 와다 · 김명년 비공식회의 제32회
세부항목
작성처 외무성 북동아시아과
매수 4
비밀등급 극비
문서종류 회의록
공개구분 공개
내용 제32회 와다 마사아키 · 김명년 비공식 회의기록(당초 제31회로 타이핑 되어 있던 것을 32회로 정정함). 일본의 기선 문제와 B구획 논의 제의에 한국은 소극적 태도를 보임.
주제어 어업

문서명	한일어업 문제에 관한 와다·김명년 비공식회담에 대하여(日韓漁業問題に関する和田·金命年非公式会談について)

문서파일번호	705
작성연월일	1964. 1. 28
구분	제6차 회담 와다 · 김명년 비공식회의 제32회
세부항목	
작성처	외무성 북동아시아과
매수	2
비밀등급	극비
문서종류	내부문서
공개구분	공개
내용	제32회 와다 마사아키 · 김명년 비공식 회의에서 논의된 내용 가운데 규제구획과 관련하여 일본이 회담 후 한국 입장을 확인한 것을 정리
주제어	어업

한일어업 각료회담(제1~5회)
[日韓漁業閣僚会談(第1~5回)]

문서파일번호	1442
작성연월일	1964. 3. 10 - 1964. 3. 19
구분	제6차 회담
세부항목	어업 각료회담(제1~5회)
작성처	외무성 북동아시아과
매수	64
비밀등급	
문서종류	회의록, 내부자료
공개구분	공개
내용	제6차 한일회담 어업 각료회담 제1~5회 회의기록 및 관련 자료 모음
주제어	어업, 각료회담

문서명	한일어업 각료회담 제1회 회의기록(日韓漁業閣僚会談第1回会合記録)

문서파일번호 1442
작성연월일 1964. 3. 10
구분 제6차 회담 어업 각료회담 제1회 회의
세부항목
작성처 외무성 북동아시아과
매수 7
비밀등급 극비
문서종류 회의록
공개구분 공개
내용 한일어업 각료회담 제1회 회의기록. 의제 결정, 논의 순서 등의 조율이 이루어짐.
주제어 어업, 제1회 각료회담, 회의 운영 방식

문서명	별첨1. 3월 10일 한일어업 각료회담에서 아카기 농림대신 인사(三月十日の日韓漁業閣僚会談における赤城農林大臣挨拶)

문서파일번호 1442
작성연월일 1964. 3. 10
구분 제6차 회담 어업 각료회담 제1회 회의
세부항목
작성처 외무성 북동아시아과
매수 3
비밀등급 일반
문서종류 내부자료
공개구분 공개
내용 한일어업 각료회담 제1회 회의에서 아카기 무네노리 일본 농림대신 인사말
주제어 어업, 각료회담, 아카기 일본 농상 인사말

문서명	별첨2. 3월 10일 한일어업 각료회담에서 원용석 농림부장관 인사(三月十日の日韓漁業閣僚会談における元容奭農林部長官挨拶)

문서파일번호 1442
작성연월일 1964. 3. 10
구분 제6차 회담 어업 각료회담 제1회 회의
세부항목
작성처 외무성 북동아시아과
매수 3
비밀등급 일반
문서종류 내부자료
공개구분 공개
내용 한일어업 각료회담 제1회 회의에서 원용석 한국 농림부장관 인사말
주제어 어업, 각료회담, 원용석 장관 인사말

문서명	한일어업 각료회담 제2회 회의기록(日韓漁業閣僚会談第2回会合記録)

문서파일번호 1442
작성연월일 1964. 3. 12
구분 제6차 회담 어업 각료회담 제2회 회의
세부항목
작성처 외무성 북동아시아과
매수 12
비밀등급 극비
문서종류 회의록
공개구분 공개
내용 1964년 3월 11일 한일어업 각료회담 제2회 회의기록. 전관수역, 공동규제, 어업협력 문제 등이 논의됨.
주제어 어업, 제2회 각료회담

문서명	한일어업 각료회담 제3회 회의기록(日韓漁業閣僚会談第3回会合記録)

문서파일번호 1442
작성연월일 1964. 3. 13
구분 제6차 회담 어업 각료회담 제3회 회의
세부항목
작성처 외무성 북동아시아과
매수 8
비밀등급 극비
문서종류 회의록
공개구분 공개
내용 한일어업 각료회담 제3회 회의기록. 제주도 부근의 직선기선 설정, 공동규제 수역, 어업협력 문제 등이 논의됨.
주제어 어업, 제3회 각료회담

문서명	별첨1. 한국안(別添1 韓国側案)

문서파일번호 1442
작성연월일 1964. 3. 13
구분 제6차 회담 어업 각료회담 제3회 회의
세부항목
작성처 한국대표단(일본 가역)
매수 4
비밀등급 일반
문서종류 내부자료
공개구분 공개
내용 한일어업 각료회담 제3회 회의기록 첨부1. 한일어업 각료회담 제3회 회의에서 한국이 제시한 제주도 부근의 직선기선 설정, 어업규제, 어업협력에 관한 안
주제어 어업, 한국안

문서명	별첨2. 위반 단속 및 분쟁 처리에 대하여(別添2 違反取締り及び紛争処理について)

문서파일번호 1442
작성연월일 1964. 3. 13
구분 제6차 회담 어업 각료회담 제3회 회의
세부항목
작성처 외무성 북동아시아과
매수 3
비밀등급 일반
문서종류 내부자료
공개구분 공개
내용 한일어업 각료회담 제3회 회의기록 첨부2. 한일어업 각료회담 제3회 회의에서 일본이 제시한 위반 단속 및 분쟁 처리에 관한 안
주제어 어업, 일본안

문서명	한일어업 각료회담 제4회 회의기록(日韓漁業閣僚会談第4回会合記録)

문서파일번호 1442
작성연월일 1964. 3. 16
구분 제6차 회담 어업 각료회담 제4회 회의
세부항목
작성처 외무성 북동아시아과
매수 5
비밀등급 극비
문서종류 회의록
공개구분 공개
내용 한일어업 각료회담 제4회 회의기록. 제주도 부근의 직선기선 설정, 어업규제, 어업협력 문제 등이 논의됨.
주제어 어업, 제4회 각료회담

문서명	제4회 어업 각료회담 일본 입장(안)[第4回漁業閣僚会談における日本側の立場(案)]

문서파일번호 1442
작성연월일 1964. 3. 16
구분 제6차 회담 어업 각료회담 제4회 회의
세부항목
작성처 외무성 북동아시아과
매수 6
비밀등급 극비
문서종류 내부자료
공개구분 공개
내용 한일어업 각료회담 제4회 회의기록 첨부문서. 한일어업 각료회담 제4회 회의에서 일본이 준비한 발언안. 제주도 부근의 직선기선 설정, 공동규제 수역에의 출어 어선 수, 어업협력 문제 등 기술
주제어 어업, 일본안

문서명	한일어업 각료회담 제5회 회의기록(日韓漁業閣僚会談第5回会合記録)

문서파일번호 1442
작성연월일 1964. 3. 19
구분 제6차 회담 어업 각료회담 제5회 회의
세부항목
작성처 외무성 북동아시아과
매수 7
비밀등급 극비
문서종류 회의록
공개구분 공개
내용 한일어업 각료회담 제5회 회의기록. 제주도 부근의 직선기선 설정, 공동규제 수역, 어업협력 문제 논의
주제어 어업, 제5회 각료회담

문서명	별첨1. 제주도 및 소흑산군도, 대흑산군도 주변의 기선의 처리안(別添1 済州島及び小黒山群島·大黒山群島周辺の基線の処理案)

문서파일번호 1442
작성연월일 1964. 3. 19
구분 제6차 회담 어업 각료회담 제5회 회의
세부항목
작성처 외무성 북동아시아과
매수 2
비밀등급 극비
문서종류 내부자료
공개구분 공개
내용 한일어업 각료회담 제5회 회의기록 첨부1. 한일어업 각료회담 제5회 회의에서 일본이 제출한 제주도 부근 및 소흑산군도, 대흑산군도 주변의 기선 처리안. 설정 방법, 유효 기간 등
주제어 어업, 일본안

문서명	별첨2. 제주도 및 소흑산군도, 대흑산군도 주변의 기선 처리안(済州島及び小黒山群島·大黒山群島周辺の基線の処理案)

문서파일번호 1442
작성연월일 1964. 3. 19
구분 제6차 회담 어업 각료회담 제5회 회의
세부항목
작성처 외무성 북동아시아과
매수 4
비밀등급 극비
문서종류 내부자료
공개구분 공개
내용 한일어업 각료회담 제5회 회의기록 첨부문서. 한일어업 각료회담 제5회 회의에서 일본이 제출한 제주도 부근 및 소흑산군도, 대흑산군도 주변의 기선 처리안. 한일 양국의 의견 대립을 고려해 당분 간 미해결로 둘 것과 향후의 교섭, 국제사법재판소 활용 방안 등이 기술됨.
주제어 어업, 일본안

한일어업 각료회담(제6~12회)

[日韓漁業閣僚会談(第6~12回)]

문서파일번호	1443
작성연월일	1964. 3. 21 - 1964. 4. 6
구분	제6차 회담
세부항목	어업 각료회담(제6~12회)
작성처	외무성 북동아시아과, 한국대표단
매수	46
비밀등급	
문서종류	회의록, 내부자료
공개구분	공개
내용	제6차 한일회담 어업 각료회담 제6~12회 회의기록 및 관련 자료 모음
주제어	어업, 각료회담

문서명	한일어업 각료회담 제6회 회의기록(日韓漁業閣僚会談第6回会合記録)

문서파일번호 1443
작성연월일 1964. 3. 21
구분 제6차 회담 어업 각료회담 제6회 회의
세부항목
작성처 외무성 북동아시아과
매수 4
비밀등급 극비
문서종류 회의록
공개구분 공개
내용 한일어업 각료회담 제6회 회의기록. 기선 설정 및 어업규제에 관해 논의
주제어 어업, 제6회 각료회담

문서명	별첨1. 규제척수(別添1 規制隻数)

문서파일번호 1443
작성연월일 1964. 3. 21
구분 제6차 회담 어업 각료회담 제6회 회의
세부항목
작성처 외무성 북동아시아과
매수 1
비밀등급 일반
문서종류 내부자료
공개구분 공개
내용 한일어업 각료회담 제6회 회의기록 첨부1. 한일어업 각료회담 제6회 회의에서 한국이 제출한 어선규제안. 한일 어선 보유 수 및 규제 수에 관한 내용 기술
주제어 어업, 한국안

문서명	별첨2. 어업협력에 대하여(別添2 漁業協力について)

문서파일번호 1443
작성연월일 1964. 3. 21
구분 제6차 회담 어업 각료회담 제6회 회의
세부항목
작성처 한국대표단(일본 가역)
매수 4
비밀등급 일반
문서종류 내부자료
공개구분 공개
내용 한일어업 각료회담 제6회 회의기록 첨부2. 한일어업 각료회담 제6회 회의에서 한국이 제출한 어업협력안. 제공 금액, 금리, 사용처 등이 명기됨.
주제어 어업, 한국안

문서명	한일어업 각료회담 제7회 회의기록(日韓漁業閣僚会談第7回会合記録)

문서파일번호 1443
작성연월일 1964. 3. 24
구분 제6차 회담 어업 각료회담 제7회 회의
세부항목
작성처 외무성 북동아시아과
매수 5
비밀등급 극비
문서종류 회의록
공개구분 공개
내용 한일어업 각료회담 제7회 회의기록. 기선 설정 및 어업협력 문제 논의
주제어 어업, 제7회 각료회담

문서명	별첨. 어업협력에 관한 한국의 대안(1964. 3. 21)에 대하여[漁業協力に関する韓国側の対案(39.3.21提示)について]

문서파일번호 1443
작성연월일 1964. 3. 24
구분 제6차 회담 어업 각료회담 제7회 회의
세부항목
작성처 외무성 북동아시아과
매수 3
비밀등급 일반
문서종류 내부자료
공개구분 공개
내용 한일어업 각료회담 제7회 회의기록 첨부문서. 한일어업 각료회담 제6회 회의에서 한국이 제출한 어업협력안에 대한 일본의 대안(1964년 3월 24일 제7회 회의 시 제출). 금액, 조건 및 한국 수산물 수입 등 기술
주제어 어업, 일본안

문서명	한일어업 각료회담 제8회 회의기록(日韓漁業閣僚会談第8回会合記録)

문서파일번호 1443
작성연월일 1964. 3. 26
구분 제6차 회담 어업 각료회담 제8회 회의
세부항목
작성처 외무성 북동아시아과
매수 6
비밀등급 극비
문서종류 회의록
공개구분 공개
내용 한일어업 각료회담 제8회 회의기록. 기선 설정 및 어업규제 문제 논의
주제어 어업, 제8회 각료회담

문서명	별첨. 3월 24일 제7회 농상회담에서 제주도 기선 문제에 관한 논의내용(別添3月24日の第7回農相会談における済州島基線問題に関する討議内容)

문서파일번호 1443
작성연월일 1964. 3. 26
구분 제6차 회담 어업 각료회담 제8회 회의
세부항목
작성처 외무성 북동아시아과
매수 2
문서종류 내부자료
공개구분 공개
내용 한일어업 각료회담 제8회 회의기록 첨부문서. 1964년 3월 24일 한일어업 각료회담 제7회 회의에서 제주도 기선 문제에 관해 논의
주제어 어업, 제8회 각료회담

문서명	한일어업 각료회담 제9회 회의기록(日韓漁業閣僚会談第9回会合記録)

문서파일번호 1443
작성연월일 1964. 3. 28
구분 제6차 회담 어업 각료회담 제9회 회의
세부항목
작성처 외무성 북동아시아과
매수 7
비밀등급 극비
문서종류 회의록
공개구분 공개
내용 한일어업 각료회담 제9회 회의기록. 어업협력 및 제주도 부근 기선 설정 문제 논의
주제어 어업, 제9회 각료회담

문서명	별첨1. 한일어업협력에 관한 메모(日韓漁業協力に関するメモ)

문서파일번호	1443
작성연월일	1964. 3. 28
구분	제6차 회담 어업 각료회담 제9회 회의
세부항목	
작성처	외무성 북동아시아과
매수	3
비밀등급	일반
문서종류	내부자료
공개구분	공개
내용	한일어업 각료회담 제9회 회의기록 첨부문서. 한일어업 각료회담 제9회 회의에서 일본이 제시한 어업협력에 관한 설명
주제어	어업, 일본안

문서명	한일어업 각료회담 제10회 회의기록(日韓漁業閣僚会談第10回会合記録)

문서파일번호	1443
작성연월일	1964. 4. 1
구분	제6차 회담 어업 각료회담 제10회 회의
세부항목	
작성처	외무성 북동아시아과
매수	7
비밀등급	극비
문서종류	회의록
공개구분	공개
내용	한일어업 각료회담 제10회 회의기록. 기선 설정 및 어업협력 문제 논의
주제어	어업, 제10회 각료회담

문서명	한일어업 각료회담 제11회 회의기록(日韓漁業閣僚会談第11回会合記録)

문서파일번호 1443
작성연월일 1964. 4. 3
구분 제6차 회담 어업 각료회담 제11회 회의
세부항목
작성처 외무성 북동아시아과
매수 2
비밀등급 극비
문서종류 회의록
공개구분 공개
내용 한일어업 각료회담 제11회 회의기록. 회의 진행을 조정
주제어 어업, 제11회 각료회담

문서명	한일어업 각료회담 제12회 회의기록(日韓漁業閣僚会談第12回会合記録)

문서파일번호 1443
작성연월일 1964. 4. 6
구분 제6차 회담 어업 각료회담 제12회 회의
세부항목
작성처 외무성 북동아시아과
매수 2
비밀등급 극비
문서종류 회의록
공개구분 공개
내용 한일어업 각료회담 제12회 회의기록. 기선 설정 및 어업협력 문제 논의
주제어 어업, 제12회 각료회담

어업 각료회담 일본 의사록
(業閣僚会談 日本側議事録)

문서파일번호	1444
문서명	한일어업 문제 각료회담 일본 의사록(日韓漁業問題閣僚会談日本側議事録)
작성연월일	1964. 4. 6
구분	제6차 회담
세부항목	한일어업 각료회담
작성처	외무성 북동아시아과
매수	43
비밀등급	극비
문서종류	회의록
공개구분	공개
내용	1964년 3월 10일부터 4월 3일까지 개최된 한일어업 각료회담(제1~12회) 및 그에 부속된 관련 교섭의 경위, 내용 등을 정리한 문서. 기선 설정, 어업규제, 어업협력, 공동위원회의 기능, 단속 및 재판관할권, 분쟁 처리 방안 등의 문제에 관한 양국의 주장 등이 정리됨. 별지로 1964년 3월 10일 개최된 한일어업 각료회담 제1회 회의 일본 농림대신과 한국 농림부장관 인사말이 첨부됨.
주제어	어업각료회담 일본 의사록

어업 각료회담 한국 의사록(가역)
(漁業閣僚会談 韓国側議事録)

문서파일번호	1445
작성연월일	1964. 4. 6
구분	제6차 회담
세부항목	한일어업 각료회담
작성처	한국대표단(일본 가역)
매수	64
비밀등급	
문서종류	회의록, 내부자료
공개구분	공개
내용	1964년 3월 10일부터 4월 3일까지 개최된 한일어업 각료회담 회의록 및 회의 시 양측이 제출한 안을 별첨으로 첨부한 문서집(일문 가역본)
주제어	어업, 각료회담

문서명	한일어업 각료회담 한국 요약 회의록(韓日間漁業問題に関する閣僚会談韓国側要約会議録)

문서파일번호 1445
작성연월일 1964. 4. 6
구분 제6차 회담
세부항목 한일어업 각료회담
작성처 한국대표단(일본 가역)
매수 14
비밀등급 극비
문서종류 회의록
공개구분 공개
내용 1964년 3월 10일부터 4월 3일까지 개최된 한일어업 각료회담 한국 회의록(일문 가역본)
주제어 어업 각료회담 한국 회의록

문서명	한일어업 각료회담 한국 의사록 별첨 자료(韓日間漁業問題に関する閣僚会談韓国側要約会議録別紙資料)

문서파일번호 1445
작성연월일 1964. 4. 6
구분 제6차 회담
세부항목 한일어업 각료회담
작성처 한국대표단(일본 가역)
매수 3
비밀등급 극비
문서종류 내부자료
공개구분 공개
내용 한일어업 각료회담 한국 의사록 별첨 문서 모음(일문 가역본)
별첨1. 한국 연안 직선기선에 관한 한국 입장
별첨2. 홍도(鴻島) · 상백도(上白島) 간의 기선에 관한 일본안
별첨3. 제주도 주변의 기선에 관한 한국안
별첨4. 제주도 주변의 기선에 관한 일본안
별첨5. 제주도 및 소흑산군도, 대흑산군도 주변의 기선에 대한 일본안(1964.3.19)
별첨. 제주도 동북부, 서북부 기점

별첨6: 제주도 및 소흑산군도, 대흑산군도 주변의 기선에 대한 일본안 (1964.3.19)
별첨7: 규제해역의 표시(ABCD)
별첨8: 한국 제안 E 해역
별첨9: 규제해역 출어 척수에 관한 일본안
별첨10: 규제척수(한국안, 1964.3.21)
별첨11: 규제연구위원회(가칭)에 대하여
별첨12: 어업협력 명세(1964.3.27)
별첨13: 어업협력에 관한 한국안(1964.3.21)
별첨14: 어업협력에 대하여(1964.3.13, 3.19)
별첨15: 한일어업협력에 관한 일본의 메모(1964.3.28)
별첨16: 협정위반 단속 및 재판관할권에 관한 한국안(1964.3.28)
별첨17: 위반 단속 및 분쟁 처리에 대하여(1964.3.13)
별첨18: 협정 해석에 대한 분쟁의 처리에 관한 한국안(1964.3.28)
별첨19: 공동위원회에 대하여(1964.3.28)
별첨20: 공동위원회에 대한 일본안(1964.3.13)
별첨. 한일어업 문제에 관한 각료회담 쌍방 참석자명부

주제어 어업 각료회담 한국 회의록 별첨 문서

한일어업 각료회담 전문가 회의(제1~5회)
[日韓漁業閣僚会談 専門家会合(第1~5回)]

문서파일번호	1446
작성연월일	1964. 3. 16 - 1964. 3. 31
구분	제6차 회담 와다·김명년 회의(1964년 제1~5회)
세부항목	
작성처	외무성 북동아시아과
매수	17
비밀등급	
문서종류	회의록
공개구분	공개
내용	한일어업 각료회담 기간 중에 개최된 와다 마사아키(和田正明)·김명년 회의 제1~5회 회의기록
주제어	어업

문서명	와다·김명년 회의기록(和田·金命年会合記録)

문서파일번호 1446
작성연월일 1964. 3. 16
구분 제6차 회담 제1~2회 와다 · 김명년 회의
세부항목
작성처 외무성 북동아시아과
매수 3
비밀등급 극비
문서종류 회의록
공개구분 공개
내용 어업 각료회담 기간 중인 1964년 3월 14일과 15일에 개최된 와다 마사아키 · 김명년 제1, 2회 회의기록. 어업규제 문제 논의
주제어 어업, 전문가 회의

문서명	한일어업 각료회담 와다·김명년 제3회 회의기록(日韓漁業閣僚会談における和田·金命年第3回会合記録)

문서파일번호 1446
작성연월일 1964. 3. 26
구분 제6차 회담 제3회 와다 · 김명년 회의
세부항목
작성처 외무성 북동아시아과
매수 4
비밀등급 극비
문서종류 회의록
공개구분 공개
내용 와다 마사아키 · 김명년 제3회 회의기록. 기선 설정 문제 논의
주제어 어업, 전문가 회의

문서명	한일어업 각료회담 전문가 회의(와다·김명년) 제4회 회의기록[日韓漁業閣僚会談における専門家会合(和田·金)第4回会合記録]

문서파일번호 1446
작성연월일 1964. 3. 30
구분 제6차 회담 제4회 와다 · 김명년 회의
세부항목
작성처 외무성 북동아시아과
매수 3
비밀등급 극비
문서종류 회의록
공개구분 공개
내용 와다 마사아키 · 김명년 제4회 회의기록. 기선 설정 및 어업규제 문제 논의
주제어 어업, 전문가 회의

문서명	한일어업 각료회담 전문가 회의(와다·김명년) 5회 회의[日韓漁業閣僚会談における専門家会合(和田·金)第5回会合]

문서파일번호 1446
작성연월일 1964. 3. 31
구분 제6차 회담 제5회 와다 · 김명년 회의
세부항목
작성처 외무성 북동아시아과
매수 7
비밀등급 극비
문서종류 회의록
공개구분 공개
내용 와다 마사아키 · 김명년 회의 제5회 회의기록. 기선 설정 및 어업규제 문제 논의
주제어 어업, 전문가 회의

한일어업 각료회담 전문가 회의(제6~10회)
[日韓漁業閣僚会談 専門家会合(第6~10回)]

문서파일번호	1447
작성연월일	1964. 4. 3 - 1964. 5. 1
구분	제6차 회담 와다·김명년 회의(1964년 제6~10회)
세부항목	
작성처	외무성 북동아시아과, 한국대표단
매수	46
비밀등급	
문서종류	회의록, 내부자료
공개구분	공개
내용	한일어업 각료회담 하의 전문가 회의 제6~10회 회의기록
주제어	어업

문서명	한일어업 각료회담 개최에 따른 전문가 회의(와다·김) 제6회 회의기록[日韓漁業閣僚会談に際する専門家会合(和田·金)第6回会合記録]

문서파일번호	1447
작성연월일	1964. 4. 3
구분	제6차 회담 제6회 와다·김명년 회의
세부항목	
작성처	외무성 북동아시아과
매수	8
비밀등급	극비
문서종류	회의록
공개구분	공개
내용	어업 각료회담 개최에 따른 와다 마사아키·김명년 전문가 회의 제6회 회의기록. 공동위원회, 어업협력위원회, 재판관할권, 분쟁 처리, 어업규제 문제 등 논의
주제어	어업, 전문가 회의

문서명	별첨1. 공동위원회에 대하여(일본안)[別添1 共同委員会について]

문서파일번호	1447
작성연월일	1964. 4. 3
구분	제6차 회담 제6회 와다·김명년 회의
세부항목	
작성처	외무성 북동아시아과
매수	3
비밀등급	일반
문서종류	내부자료
공개구분	공개
내용	제6회 와다·김명년 전문가 회의기록 첨부1. 어업 각료회담 개최에 따른 전문가 회의 제6회 회의에서 일본이 제출한 공동위원회 기능에 관한 안
주제어	어업, 전문가 회의

문서명	별첨2. 공동위원회 등에 대하여(한국안) [別添2 共同委員会等について]

문서파일번호 1447
작성연월일 1964. 4. 3
구분 제6차 회담 제6회 와다 · 김명년 회의
세부항목
작성처 한국대표단(일본 가역)
매수 6
비밀등급 일반
문서종류 내부자료
공개구분 공개
내용 제6회 와다 · 김명년 전문가 회의기록 첨부2. 어업 각료회담 개최에 따른 전문가 회의 제6회 회의에서 한국이 제출한 공동위원회, 어업협력위원회, 협정위반의 단속 및 재판관할권, 협정해석에 관한 분쟁의 처리 등에 관한 안
주제어 어업, 전문가 회의

문서명	한일어업 각료회담 전문가 회의(와다·김) 제7회 회의기록[日韓漁業閣僚会談の下における専門家会合(和田·金)第7回会合記録]

문서파일번호 1447
작성연월일 1964. 4. 14
구분 제6차 회담 제7회 와다 · 김명년 회의
세부항목
작성처 외무성 북동아시아과
매수 9
비밀등급 극비
문서종류 회의록
공개구분 공개
내용 어업 각료회담 와다 마사아키 · 김명년 전문가 회의 제7회 회의기록. 다루어야할 의제를 확인하고 분쟁 처리, 단속 문제 등을 논의
주제어 어업, 전문가 회의

문서명	한일어업 각료회담 전문가 회의(와다·김) 제8회 회의기록[日韓漁業閣僚会談の下における専門家会合(和田·金)第8回会合記録]

문서파일번호 1447
작성연월일 1964. 4. 17
구분 제6차 회담 제8회 와다·김명년 회의
세부항목
작성처 외무성 북동아시아과
매수 7
비밀등급 극비
문서종류 회의록
공개구분 공개
내용 어업 각료회담 와다 마사아키·김명년 전문가 회의 제8회 회의기록. 어업규제에 관해 논의
주제어 어업, 전문가 회의

문서명	한일어업 각료회담 회의(와다·김) 제9회 회의기록[日韓漁業閣僚会談の下における専門家会合(和田·金)第9回会合記録]

문서파일번호 1447
작성연월일 1964. 4. 24
구분 제6차 회담 제9회 와다·김명년 회의
세부항목
작성처 외무성 북동아시아과
매수 7
비밀등급 극비
문서종류 회의록
공개구분 공개
내용 어업 각료회담 와다 마사아키·김명년 전문가 회의 제9회 회의기록. 공동위원회의 역할, 단속 권한, 분쟁 처리 방안 등 논의
주제어 어업, 전문가 회의

문서명	한일어업 각료회담 전문가 회의(와다·김) 제10회 회의기록[日韓漁業閣僚会談の下における専門家会合(和田、金)第10回会合記録]

문서파일번호 1447
작성연월일 1964. 5. 1
구분 제6차 회담 제10회 와다·김명년 회의
세부항목
작성처 외무성 북동아시아과
매수 6
비밀등급 극비
문서종류 회의록
공개구분 공개
내용 어업 각료회담 와다 마사아키·김명년 전문가 회의 제10회 회의기록. 어업규제 문제 논의
주제어 어업, 전문가 회의

한일어업 각료회담 어업협력에 관한 전문가 회의(제1~2회)[日韓漁業閣僚会談における漁業協力に関する専門家会合(第1~2回)]

문서파일번호	1448
작성연월일	1964. 3. 25 - 1964. 3. 31
구분	제6차 회담 어업협력에 관한 전문가 회의(제1~2회)
세부항목	
작성처	외무성 북동아시아과
매수	14
비밀등급	
문서종류	회의록
공개구분	공개
내용	한일어업 각료회담 어업협력에 관한 전문가 회의 제1~2회 회의기록
주제어	어업, 어업협력

문서명	한일어업 각료회담 어업협력에 관한 전문가 회의 제1회 회의기록(日韓漁業閣僚会談における漁業協力に関する専門家会合第1回会合記録)

문서파일번호	1448
작성연월일	1964. 3. 25
구분	제6차 회담 제1회 어업협력에 관한 전문가 회의
세부항목	
작성처	외무성 북동아시아과
매수	7
비밀등급	극비
문서종류	회의록
공개구분	공개
내용	한일어업 각료회담 어업협력에 관한 전문가 회의 제1회 회의기록. 어업협력 문제 중 특히 자금 제공의 조건을 논의
주제어	어업, 어업협력

문서명	한일어업 각료회담 어업협력에 관한 전문가 회의 제2회 회의기록(日韓漁業閣僚会談における漁業協力に関する専門家会合第2回会合記録)

문서파일번호	1448
작성연월일	1964. 3. 31
구분	제6차 회담 제2회 어업협력에 관한 전문가 회의
세부항목	
작성처	외무성 북동아시아과
매수	7
비밀등급	극비
문서종류	회의록
공개구분	공개
내용	한일어업 각료회담 어업협력에 관한 전문가 회의 제2회 회의기록. 제1회 회의에 이어 어업협력 자금 제공의 조건을 논의
주제어	어업, 어업협력

어업협력자금 문제에 관한 한일의 입장(제1회 한일어업 각료회담)[漁業協力資金問題に関する日韓の立場(第1回日韓漁業閣僚会議)]

문서파일번호	1502
문서명	어업협력자금 문제에 관한 한일의 입장(제1회 한일어업 각료회담)[漁業協力資金問題に関する日韓の立場(第1回日韓漁業閣僚会議)]
작성연월일	1964. 3(일자 불명)
구분	제6차 회담
세부항목	어업협력자금에 관한 양국 입장
작성처	외무성
매수	3
비밀등급	일반
문서종류	내부자료
공개구분	공개
내용	제1회 어업 각료회담에서 제시된 어업협력자금과 관련한 한일 양국 입장을 표로 정리한 문서. 어업협력자금의 총액, 이자, 조건, 상환, 성격, 표현등과 관련한 사항이 담김.
주제어	어업, 어업협력자금

제6차 한일회담 어업 6자 회담(제1~5회)
[第6次日韓會談 漁業六者会談(第1~5回)]

문서파일번호	1159
작성연월일	1964. 2. 4 - 1964. 2. 18
구분	제6차 회담 어업 6자회의(제1~5회)
세부항목	
작성처	외무성 북동아시아과
매수	47
비밀등급	
문서종류	
공개구분	공개
내용	제6차 한일회담 어업 6자 회담(제1~5회) 기록 및 관련자료 모음
주제어	

문서명	제1회 어업6자 회담 개요(第1回漁業六者会談概要)

문서파일번호 1159
작성연월일 1964. 2. 4
구분 제6차 회담 제1회 어업 6자회의
세부항목
작성처 외무성 북동아시아과
매수 4
비밀등급 극비
문서종류 회의록
공개구분 공개
내용 제6차 한일회담 어업 관련 문제 논의를 위해 한일 간에 개최된 제1회 실무자 회의 기록. 어업규제 문제가 논의됨.
주제어 어업

문서명	제2회 어업6자 회담 개요(第2回漁業六者会談概要)

문서파일번호 1159
작성연월일 1964. 2. 8
구분 제6차 회담 제2회 어업 6자회의
세부항목
작성처 외무성 북동아시아과
매수 6
비밀등급 극비
문서종류 회의록
공개구분 공개
내용 제6차 한일회담 어업 관련 문제 논의를 위해 한일 간에 개최된 제2회 실무자 회의 기록. 어업규제 문제가 논의됨.
주제어 어업

문서명	제3회 어업6자 회담 개요(第3回漁業六者会談概要)

문서파일번호 1159
작성연월일 1964. 2. 13
구분 제6차 회담 제3회 어업 6자회의
세부항목
작성처 외무성 북동아시아과
매수 8
비밀등급 극비
문서종류 회의록
공개구분 공개
내용 제6차 한일회담 어업 관련 문제 논의를 위해 한일 간에 개최된 제3회 실무자 회의 기록. 일본이 어업규제에 관한 입장을 발표하고 그에 대한 논의가 진행됨.
주제어 어업

문서명	별첨. 2월 12일 제3회 한일어업 6자회의에서의 발언 요령(2月12日の第2回日韓漁業六者会談における発言要領)

문서파일번호 1159
작성연월일 1964. 2. 13
구분 제6차 회담 제3회 어업 6자회의
세부항목
작성처 외무성 북동아시아과
매수 4
비밀등급 극비
문서종류 내부자료
공개구분 공개
내용 제6차 한일회담 어업 문제 제3회 실무자 회의기록 첨부 문서. 실무자회의에서 일본이 어업규제와 관련하여 준비한 발언안. 어업 단속의 기국주의, 각 해역별 규제 내용 등에 관해 언급함.
주제어 어업

문서명	제4회 어업6자 회담 개요(第4回漁業六者会談概要)

문서파일번호 1159
작성연월일 1964. 2. 15
구분 제6차 회담 제4회 어업 6자회의
세부항목
작성처 외무성 북동아시아과
매수 6
비밀등급 극비
문서종류 회의록
공개구분 공개
내용 제6차 한일회담 어업 관련 문제 논의를 위해 한일 간에 개최된 제4회 실무자 회의 기록. 규제해역 설정, 자주 규제 표현 방법, 기선 설정 방법, 어업협력 등이 논의됨.
주제어 어업

문서명	제5회 어업6자 회담 개요(第5回漁業六者会談概要)

문서파일번호 1159
작성연월일 1964. 2. 18
구분 제6차 회담 제5회 어업 6자회의
세부항목
작성처 외무성 북동아시아과
매수 7
비밀등급 극비
문서종류 회의록
공개구분 공개
내용 제6차 한일회담 어업 관련 문제 논의를 위해 한일 간에서 개최된 제5회 실무자 회의기록. 직선기선 설정, 어업규제의 원칙, 자주 규제의 내용 등에 관한 일본 입장이 제시됨.
주제어 어업

문서명	2월 18일 제5회 한일어업 6자 회담에서 발언 요령[別添(1) 2月18日の第5回日韓漁業六者会談における発言要領]

문서파일번호 1159
작성연월일 1964. 2. 18
구분 제6차 회담 제5회 어업 6자회의
세부항목
작성처 외무성 북동아시아과
매수 6
비밀등급 일반
문서종류 내부자료
공개구분 공개
내용 제6차 한일회담 어업 문제 제5회 실무자 회의기록 첨부1. 실무자회의에서 일본이 어업규제 문제와 관련하여 준비한 발언안. 전관수역과 직선기선 설정 방안, 어업규제 원칙, 자주 규제를 언급함.
주제어 어업

문서명	제주도를 포함한 직선기선 채용을 인정하지 못하는 이유(濟州島を含む如き直線基線の採用が認められない理由)

문서파일번호 1159
작성연월일 1964. 2. 18
구분 제6차 회담 제5회 어업 6자회의
세부항목
작성처 외무성 북동아시아과
매수 6
비밀등급 극비
문서종류 회의록
내용 문서 작성의 주체는 명확하지 않으나 일본정부가 한국의 수역 설정과 관련해 제주도를 직선기선 설정의 기점으로 포함시키는 것에 반대하는 근거를 제시
주제어 어업

제6차 한일회담 어업 6자회담(제6~9회)
[第6次日韓會談 漁業六者会談(第6 ~ 9回)]

문서파일번호	1160
작성연월일	1964. 2. 21 - 1964. 3. 7
구분	제6차 회담 어업 6자회의(제6~9회)
세부항목	
작성처	외무성 북동아시아과
매수	23
비밀등급	
문서종류	회의록, 내부자료
공개구분	공개
내용	제6차 한일회담 어업 6자회담(제6~9회) 기록 및 관련자료 모음
주제어	어업

문서명	제6회 어업 6자회담 개요(第6回漁業六者会談概要)

문서파일번호 1160
작성연월일 1964. 2. 21
구분 제6차 회담 제6회 어업 6자회의
세부항목
작성처 외무성 북동아시아과
매수 7
비밀등급 극비
문서종류 회의록
공개구분 공개
내용 제6차 한일회담 어업 문제에 관한 한일 간 제6회 실무자 회의기록. 일본이 자주 규제의 내용을 설명하고 제주도를 포함한 직선기선 설정에 반대하는 입장을 밝힘.
주제어 어업

문서명	별첨. 2월 21일 제6회 한일어업 6자회의 발언 요령(2月21日の第6回日韓漁業六者会談発言要領)

문서파일번호 1160
작성연월일 1964. 2. 21
구분 제6차 회담 제6회 어업 6자회의
세부항목
작성처 외무성 북동아시아과
매수 2
비밀등급 일반
문서종류 내부자료
공개구분 공개
내용 제6차 한일회담 어업 제6회 실무자 회의기록 첨부문서. 실무자회의에서 일본이 각 해역에 대한 자주 규제의 내용을 설며하기 위해 준비한 발언안
주제어 어업

문서명	제7회 어업 6자회담 개요(第7回漁業六者会談概要)

문서파일번호 1160
작성연월일 1964. 2. 25
구분 제6차 회담 제7회 어업 6자회의
세부항목
작성처 외무성 북동아시아과
매수 3
비밀등급 극비
문서종류 회의록
공개구분 공개
내용 제6차 한일회담 어업 문제에 관한 한일 간 제7회 실무자 회의기록. 규제 구역 설정, 직선기선 설정, 어업협력 등이 논의됨.
주제어 어업

문서명	제8회 어업 6자회담 개요(第8回漁業六者会談概要)

문서파일번호 1160
작성연월일 1964. 2. 29
구분 제6차 회담 제8회 어업 6자회의
세부항목
작성처 외무성 북동아시아과
매수 3
비밀등급 극비
문서종류 회의록
공개구분 공개
내용 제6차 한일회담 어업 문제에 관한 한일 간 제8회 실무자 회의기록. 직선기선 설정, 자주 규제 문제 등이 논의됨.
주제어 어업

문서명	제9회 어업 6자회담 개요(第9回漁業六者会談概要)

문서파일번호 1160
작성연월일 1964. 3. 3
구분 제6차 회담 제9회 어업 6자회의
세부항목
작성처 외무성 북동아시아과
매수 4
비밀등급 극비
문서종류 회의록
공개구분 공개
내용 제6차 한일회담 어업 문제에 관한 한일 간 제9회 실무자 회의기록. 직선기선 설정, 향후 논의를 위한 일본안에 대해 논의함.
주제어 어업

문서명	제10회 어업 6자회담 개요(第10回漁業六者会談概要)

문서파일번호 1160
작성연월일 1964. 3. 7
구분 제6차 회담 제10회 어업 6자회의
세부항목
작성처 외무성 북동아시아과
매수 2
비밀등급 극비
문서종류 회의록
공개구분 공개
내용 제6차 한일회담 어업 문제에 관한 한일 간 제10회 실무자 회의기록. 향후 논의 진행 방안, 어업규제 문제 등이 거론됨.
주제어 어업

문서명	(3월 7일의 제10회 6자회담에서 한국으로부터 제시하는 것)직선기선의 확정에 관하여[(3月7日の第10回六者会談において韓国側より提示せるもの)直線基線の確定に関して]

문서파일번호	1160
작성연월일	1964. 3. 7
구분	제6차 회담 제10회 어업 6자회의
세부항목	
작성처	외무성 북동아시아과
매수	2
비밀등급	일반
문서종류	내부자료
공개구분	공개
내용	제6차 한일회담 어업 문제 제10회 실무자 회의기록 첨부문서. 실무자회의에서 한국이 제시한 직선기선 설정에 관한 원칙
주제어	어업

제6차 한일회담 예비교섭 어업 관계 회의 어업협력분과회 제1회 회의(第6次日韓會談予備交渉漁業関係会合漁業協力分科会第1回会合)

문서파일번호	1161
문서명	제6차 한일회담 예비교섭 어업 관계 회의 어업협력분과회 제1회 회의(第6次日韓會談予備交渉漁業関係会合漁業協力分科会第1回会合)
작성연월일	1963. 7. 18
구분	제6차 회담 어업분과위원회(제1회 회의)
세부항목	
작성처	외무성 북동아시아과
매수	8
비밀등급	극비
문서종류	회의록
공개구분	공개
내용	한일 양국의 과장급에서 이루어진 한일예비교섭 어업 관계 회의 어업협력분과회 제1회 회의 내용. 어업협력 문제에 관해 질의응답
주제어	어업, 어업협력

제6차 한일회담 예비교섭 어업 관계 회의 한일 수석위원 비공식 회의에 대해서(第6次日韓會談予備交渉漁業関係会合日韓主査間の非公式会合について)

문서파일번호	1162
작성연월일	1962. 10. 15 - 1964. 2. 19
구분	제6차 회담 어업위원회 한일수석위원 비공식회의
세부항목	
작성처	외무성 북동아시아과
매수	105
비밀등급	
문서종류	회의록
공개구분	공개
내용	제6차 한일회담 예비교섭 어업 관계 회의 한일 수석위원 비공식 회의기록
주제어	어업

문서명	예비교섭 어업 관계 회의 한일 수석위원 비공식 회의에 대해서(予備交渉漁業関係会合日韓主査間の非公式会合について)

문서파일번호	1162
작성연월일	1962. 10. 15
구분	제6차 회담 어업위원회 한일 수석위원 비공식회의
세부항목	
작성처	외무성 북동아시아과
매수	5
비밀등급	극비
문서종류	회의록
공개구분	공개
내용	어업 문제에 관한 제6차 한일회담 어업위원회 양국 수석위원 비공식 회의기록. 오히라 마사요시·김종필 회담을 앞두고 일본이 한국에 구체적인 협정안을 제출하도록 요구하고 그렇지 않을 경우, 회담에 악 영향을 줄 수 있다고 언급함.
주제어	어업

문서명	한일예비교섭 어업 관계 회의 비공식 회의에 대해서(日韓予備交渉漁業関係会合非公式会合について)

문서파일번호	1162
작성연월일	1962. 12. 24
구분	제6차 회담 어업위원회 한일 수석위원 비공식회의
세부항목	
작성처	외무성 북동아시아과
매수	6
비밀등급	극비
문서종류	회의록
공개구분	공개
내용	어업 문제에 관한 제6차 한일회담 어업위원회 양국 수석위원 회의기록. 평화선의 처리에 관해 논의
주제어	어업

문서명	한일예비교섭 어업 관계 회의 수석위원 비공식 회의에 대해서(日韓予備交渉漁業関係会合主査間の非公式会合について)

문서파일번호 1162
작성연월일 1963. 2. 11
구분 제6차 회담 어업위원회 한일 수석위원 비공식회의
세부항목
작성처 외무성 북동아시아과
매수 4
비밀등급 극비
문서종류 회의록
공개구분 공개
내용 어업 문제에 관한 제6차 한일회담 어업위원회 양국 수석위원 비공식 회의기록. 국내 사정 등에 관해 의견교환
주제어 어업

문서명	어업 대표와의 비공식회담(漁業代表との非公式会談)

문서파일번호 1162
작성연월일 1963. 4. 20
구분 제6차 회담 어업위원회 한일수석위원 비공식회의
세부항목
작성처 외무성 북동아시아과
매수 6
비밀등급 극비
문서종류 회의록
공개구분 공개
내용 어업 문제에 관한 제6차 한일회담 어업위원회 양국 수석위원 비공식 회의기록. 평화선 문제와 관련해 수역 12해리 안을 논의
주제어 어업

문서명	한일어업협정 문제에 대하여(日韓漁業協定問題について)

문서파일번호 1162
작성연월일 1963. 5. 21
구분 제6차 회담 어업위원회 한일수석위원 비공식회의
세부항목
작성처 외무성 북동아시아과
매수 8
비밀등급 극비
문서종류 회의록
공개구분 공개
내용 어업 문제에 관한 제6차 한일회담 어업위원회 양국 수석위원 비공식 회의기록. 평화선, 수역 12해리, 어획량 문제, 기타 교섭 진행 방법 등 논의
주제어 어업

문서명	어업 비공식회담(漁業非公式会談)

문서파일번호 1162
작성연월일 1963. 6. 24
구분 제6차 회담 어업위원회 한일수석위원 비공식회의
세부항목
작성처 외무성 북동아시아과
매수 6
비밀등급 극비
문서종류 회의록
공개구분 공개
내용 어업 문제에 관한 제6차 한일회담 어업위원회 양국 수석위원 비공식 회의기록. 일본어선 나포, 회담 진행 방법, 어업협력 등 논의
주제어 어업

문서명	최 대사와 어업 문제(崔大使と漁業問題)

문서파일번호 1162
작성연월일 1963. 6. 28
구분 제6차 회담 어업위원회 한일수석위원 비공식회의
세부항목
작성처 외무성 북동아시아과
매수 4
비밀등급 극비
문서종류 회의록
공개구분 공개
내용 어업 문제에 관한 제6차 한일회담 어업위원회 양국 수석위원 비공식 회의기록. 한국이 어업협정과 어업협력 협정 등을 체결하고 문제를 해결한다는 견해 표명
주제어 어업

문서명	한일어업회담 건(日韓漁業会談に関する件)

문서파일번호 1162
작성연월일 1963. 7. 3
구분 제6차 회담 어업위원회 한일수석위원 비공식회의
세부항목
작성처 외무성 북동아시아과
매수 5
비밀등급 극비
문서종류 회의록
공개구분 공개
내용 어업 문제에 관한 제6차 한일회담 어업위원회 양국 수석위원 비공식 회의기록. 어업협정 체결을 위한 절차 등을 확인함.
주제어 어업

문서명	한일어업교섭의 건(日韓漁業交渉の件)

문서파일번호 1162
작성연월일 1963. 7. 11
구분 제6차 회담 어업위원회 한일수석위원 비공식회의
세부항목
작성처 외무성 북동아시아과
매수 6
비밀등급 극비
문서종류 회의록
공개구분 공개
내용 어업 문제에 관한 제6차 한일회담 어업위원회 양국 수석위원 비공식 회의기록. 한국이 12해리 수역의 처리 및 어업협력 금액 등에 대해 의견을 제시
주제어 어업

문서명	한일어업교섭의 건(日韓漁業交渉の件)

문서파일번호 1162
작성연월일 1963. 7. 16
구분 제6차 회담 어업위원회 한일수석위원 비공식회의
세부항목
작성처 외무성 북동아시아과
매수 8
비밀등급 극비
문서종류 회의록
공개구분 공개
내용 어업 문제에 관한 제6차 한일회담 어업위원회 양국 수석위원 비공식 회의기록. 직선기선, 수역, 어업협력 금액 등 논의
주제어 어업

문서명	한일어업교섭에 대하여(日韓漁業交渉について)

문서파일번호 1162
작성연월일 1963. 7. 27
구분 제6차 회담 어업위원회 한일수석위원 비공식회의
세부항목
작성처 외무성 북동아시아과
매수 8
비밀등급 극비
문서종류 회의록
공개구분 공개
내용 어업 문제에 관한 제6차 한일회담 어업위원회 양국 수석위원 비공식 회의기록. 12해리 수역, 직선기선 설정 문제 등에 관해 논의
주제어 어업

문서명	한일어업회담 건(日韓漁業会談の件)

문서파일번호 1162
작성연월일 1963. 9. 23
구분 제6차 회담 어업위원회 한일수석위원 비공식회의
세부항목
작성처 외무성 북동아시아과
매수 11
비밀등급 극비
문서종류 회의록
공개구분 공개
내용 어업 문제에 관한 제6차 한일회담 어업위원회 양국 수석위원 비공식 회의기록. 한국이 12해리 전관수역을 전제로 교섭을 진행하는 것에 동의하고 다만 한국 국내정세를 살피면서 논의하자고 함.
주제어 어업

문서명	한일어업교섭의 건(日韓漁業交渉の件)

문서파일번호 1162
작성연월일 1963. 9. 25
구분 제6차 회담 어업위원회 한일수석위원 비공식회의
세부항목
작성처 외무성 북동아시아과
매수 8
비밀등급 극비
문서종류 회의록
공개구분 공개
내용 어업 문제에 관한 제6차 한일회담 어업위원회 양국 수석위원 비공식 회의기록. 12해리 수역으로 교섭을 진행하기 위해 관련 방법 등을 논의
주제어 어업

문서명	한일어업교섭에 대하여(日韓漁業交渉について)

문서파일번호 1162
작성연월일 1963. 10. 1
구분 제6차 회담
세부항목 어업 관련 외무성·수산청 협의
작성처 외무성 북동아시아과
매수 5
비밀등급 극비
문서종류 회의록
공개구분 공개
내용 외무성·수산청 전화 협의 기록. 수산청이 한국과 논의한 내용을 전달하고 향후 일정 등을 전달
주제어 어업

문서명	한일어업 문제에 관한 비공식회담에 대하여(日韓漁業問題に関する非公式会談について)

문서파일번호 1162
작성연월일 1963. 10. 23
구분 제6차 회담 어업위원회 한일수석위원 비공식회의
세부항목
작성처 외무성 북동아시아과
매수 4
비밀등급 극비
문서종류 회의록
공개구분 공개
내용 어업 문제에 관한 제6차 한일회담 어업위원회 양국 수석위원 비공식 회의기록. 수역 12해리, 어업협력에 관해 논의
주제어 어업

문서명	최 어업 대표 회담 건(崔漁業代表との会談の件)

문서파일번호 1162
작성연월일 1963. 11. 29
구분 제6차 회담 어업위원회 한일수석위원 비공식회의
세부항목
작성처 외무성 북동아시아과
매수 7
비밀등급 극비
문서종류 회의록
공개구분 공개
내용 어업 문제에 관한 제6차 한일회담 어업위원회 양국 수석위원 비공식 회의기록. 어업교섭 관련 전반적인 한일 양국 정세 전망 등 논의
주제어 어업

문서명	최규하 대사 회담 요지(崔圭夏大使との会談要旨)

문서파일번호	1162
작성연월일	1964. 2. 19
구분	제6차 회담
세부항목	아시아국장 · 최규하 대사 간 회담
작성처	외무성 북동아시아과
매수	4
비밀등급	극비
문서종류	회의록
공개구분	공개
내용	외무성 아시아국장과 최규하 대사의 어업 관련 회담 내용. 교섭 진행 방법, 과제 등에 관해 의견교환
주제어	어업

제12부

재일한국인 법적지위원회 관계자료
(1962~1964)

한일회담에 관한 의견
(日韓会談に関する意見)

문서파일번호	1573
문서명	한일회담에 관한 의견(日韓会談に関する意見)
작성연월일	1962. 1(일자 불명)
구분	제6차 회담
세부항목	재일한인 생활보호조치
작성처	후생성
매수	3
비밀등급	
문서종류	내부문서
공개구분	공개
내용	재일한국인 법적지위 문제 중 생활보호조치에 관해 후생성이 작성한 문서. 생활보호 수급자의 범위를 제한한다는 입장을 밝히고 있음.
주제어	재일한국인 법적지위

재일한국인의 법적지위에 관한 위원회의 향후 진행 방법(시안)[在日韓国人の法的地位に関する委員会の今後の進め方について(試案)]

문서파일번호	1575
문서명	재일한국인의 법적지위에 관한 위원회의 향후 진행 방법(시안)[在日韓国人の法的地位に関する委員会の今後の進め方について(試案)]
작성연월일	1962. 9. 1
구분	제6차 회담
세부항목	재일한국인 법적지위
작성처	외무성 북동아시아과
매수	33
비밀등급	극비
문서종류	내부문서
공개구분	공개
내용	청구권 교섭 등의 진척에 맞추어 북동아과가 재일한국인 법적지위 문제에 관해 정리한 문서. 영주권 범위 및 부여 방법, 대우, 반출 재산 문제에 대해 한국과 논의한 내용, 일본 입장 등이 정리되어 있음.
주제어	재일한국인 법적지위

재일한국인의 법적지위 문제 중 영주권 해결방법(논의용 자료)[在日韓国人の法的地位問題中永住権の解決方法について(討議用資料)]

문서파일번호	1576
문서명	재일한국인의 법적지위 문제 중 영주권 해결방법(논의용 자료)[在日韓国人の法的地位問題中永住権の解決方法について(討議用資料)]
작성연월일	1962. 9. 18
구분	제6차 회담
세부항목	재일한국인 법적지위
작성처	외무성 북동아시아과
매수	8
비밀등급	극비
문서종류	내부문서
공개구분	공개
내용	외무성 북동아과가 재일한국인 법적지위 문제에 관해 논의용으로 정리한 문서. 재일한국인에 대한 영주권 부여문제 및 귀화 등 검토
주제어	재일한국인 법적지위

귀화로 인한 재일한국인의 동화정책
(帰化による在日朝鮮人の同化政策)

문서파일번호	1577
작성연월일	1962. 9. 26 - 1962. 10. 3
구분	제6차 회담
세부항목	재일한국인 동화정책
작성처	외무성
매수	25
비밀등급	
문서종류	내부문서, 내부자료
공개구분	공개
내용	재일한국인의 일본 귀화(동화)정책을 검토한 의견이 담긴 문서
주제어	재일한국인 법적지위

문서명	귀화한 재일한국인의 동화정책에 대하여(帰化による在日朝鮮人の同化政策について)

문서파일번호 1577
작성연월일 1962. 9. 26
구분 제6차 회담
세부항목 재일한국인 동화정책
작성처 외무성 북동아시아과
매수 17
비밀등급 극비
문서종류 내부문서
공개구분 공개
내용 재일한국인 법적지위 문제와 관련해 협정 체결 후 재일한국인이 귀화하지 않고 그대로 남게 될 경우 일본 내에서 소수민족 문제가 발생할 것을 우려하고 그에 대한 대책을 검토
주제어 재일한국인 법적지위, 동화정책

문서명	재일한국인의 동태 통계(在日朝鮮人の動態統計)

문서파일번호 1577
작성연월일 1962. 9. 26
구분 제6차 회담
세부항목 재일한인 동화정책
작성처 외무성 북동아시아과
매수 3
비밀등급
문서종류 내부자료
공개구분 공개
내용 귀화, 출생 및 사망에 따른 재일한국인의 증가 추세를 정리
주제어 재일한국인 법적지위, 재일한국인 동태

문서명	귀화한 재일한국인의 동화정책에 대하여(帰化による在日朝鮮人の同化政策について)

문서파일번호	1577
작성연월일	1962. 10. 3
구분	제6차 회담
세부항목	재일한국인 동화정책
작성처	외무성
매수	5
비밀등급	극비
문서종류	내부문서
공개구분	공개
내용	한국과 협정 체결 후 재일한국인의 정주에 따른 소수민족 문제를 피하기 위해 따로 입법조치를 취하고 귀화를 촉진시킬 필요가 있음.
주제어	재일한국인 법적지위, 동화정책

한일협정에 기초한 재일한국인에 대한 영주허가 방법에 대하여 - 10월 12일 국 간부회 결정
(日韓協定に基づく在日韓国人に対する永住許可の方法について―十月十二日局幹部会決定)

문서파일번호	1578
문서명	한일협정에 기초한 재일한국인에 대한 영주허가 방법에 대하여 - 10월 12일 국 간부회 결정(日韓協定に基づく在日韓国人に対する永住許可の方法について―十月十二日局幹部会決定)
작성연월일	1962. 10. 15
구분	제6차 회담
세부항목	재일한국인 영주허가
작성처	법무성 입국관리국
매수	10
비밀등급	극비
문서종류	내부문서
공개구분	공개
내용	법무성 입국관리국이 간부회의에서 재일한국인 영주허가 문제에 관해 결정한 내용을 기술한 문서. 영주허가 방침, 이유, 방법, 기타 문제점 등 정리
주제어	재일한국인 법적지위

재일한국인 법적지위 문제에 관한 한일 쌍방 주장의 일치점, 불일치점 정리 확인 결과(在日韓国人の法的地位問題に関し日韓間で行った双方主張の一致点不一致点の整理確認の結果)

문서파일번호	1579
문서명	재일한국인 법적지위 문제에 관한 한일 쌍방 주장의 일치점, 불일치점 정리 확인 결과(在日韓国人の法的地位問題に関し日韓間で行った双方主張の一致点不一致点の整理確認の結果)
작성연월일	1962. 10. 16
구분	제6차 회담
세부항목	재일한국인 법적지위 문제의 한일 주장
작성처	외무성 북동아시아과
매수	41
비밀등급	극비
문서종류	내부자료
공개구분	공개
내용	재일한국인 법적지위 문제와 관련해, 각 주제별로 지금까지의 한일 양국 입장 및 합의 여부를 정리한 문서. 영주허가자의 범위, 영주허가 방법, 강제퇴거, 재산권 및 직업권, 교육, 생활보호, 귀환자 반출 재산, 국적확인, 귀환 빈곤자에 대한 지원 문제 등
주제어	재일한국인 법적지위

법적지위위원회 논의 중 문제점 등 자료
(法的地位委員会討議中の問題点等資料)

문서파일번호	1580
작성연월일	1962. 2. 28 - 1962. 12. 19
구분	제6차 회담
세부항목	재일한국인 법적지위위원회
작성처	법무성 입국관리국, 외무성
매수	45
비밀등급	
문서종류	내부문서, 교환공문안
공개구분	공개
내용	제6차 한일회담 재일한국인 법적지위위원회 개최를 통해 제기된 문제점을 기록한 문서 및 관련 자료 모음
주제어	재일한국인 법적지위

문서명	3월 2일 법적지위위, 제8회 비공식회의용 메모(1962.2.28)[三月二日法的地位委、第八回非公式会議用メモ(三七、二、二八)]

문서파일번호 1580
작성연월일 1962. 2. 28
구분 제6차 회담
세부항목 재일한국인 법적지위위원회 현안
작성처 법무성 입국관리국
매수 3
비밀등급 극비
문서종류 내부문서
공개구분 공개
내용 재일한국인 법적지위위원회 제8회 비공식회의용으로 작성한 메모. 영주권, 재산권, 교육, 생활보호, 국적 등에 대한 견해 정리
주제어 재일한국인 법적지위

문서명	재일한국인의 법적지위에 관한 위원회 논의 중 문제점에 대해서(在日韓国人の法的地位に関する委員会討議中の問題点について)

문서파일번호 1580
작성연월일 1962. 3. 6
구분 제6차 회담
세부항목 재일한국인 법적지위 관련 현안
작성처 법무성 입국관리국
매수 12
비밀등급 극비
문서종류 내부문서
공개구분 공개
내용 재일한국인 법적지위 문제에 관한 입국관리국의 입장을 정리한 문서. 국적, 영주허가, 강제퇴거, 생활보호, 반출 재산 등의 문제에 관한 내용들 기술
주제어 재일한국인 법적지위

문서명	재일한국인의 법적지위 및 한일협정 처리상의 문제점과 그 대책에 대하여(在日韓国人の法的地位及び日韓協定処理上の問題点とその対策について)

문서파일번호 1580
작성연월일 1962. 7. 17
구분 제6차 회담
세부항목 재일한국인 영주권 부여
작성처 법무성 입국관리국
매수 6
비밀등급 극비
문서종류 내부문서
공개구분 공개
내용 영주권 부여를 둘러싼 법적 논리, 문제점 등에 관해 입국관리국이 검토한 의견서
주제어 재일한국인 법적지위

문서명	재일한국인 법적지위위 재개 시 문제점(法的地位委再開に当っての問題点)

문서파일번호 1580
작성연월일 1962. 9. 17
구분 제6차 회담
세부항목 재일한국인 영주허가, 강제퇴거
작성처 법무성 입국관리국
매수 4
비밀등급 극비
문서종류 내부문서
공개구분 공개
내용 영주허가 및 강제퇴거 문제에 관한 교섭 상황을 정리하고 이에 관한 입국관리국의 입장을 정리
주제어 재일한국인 법적지위

문서명	영주 한국인의 자손(의 거주)에 관한 교환공문안[永住韓国人の子(の在留)に関する交換公文案]

문서파일번호	1580
작성연월일	1962. 9. 25
구분	제6차 회담
세부항목	재일한국인 자손에 관한 교환공문안
작성처	법무성 입국관리국
매수	3
비밀등급	극비
문서종류	교환공문(안)
공개구분	공개
내용	입국관리국이 작성한 영주한국인의 자손(의 재류)에 관한 교환공문(안)
주제어	재일한국인 법적지위

문서명	재일한국인의 법적지위에 관한 위원회 논의 중 문제점에 대하여(在日韓国人の法的地位に関する委員会討議中の問題点について)

문서파일번호	1580
작성연월일	1962. 10. 6
구분	제6차 회담
세부항목	재일한국인 국적, 영주허가, 강제퇴거
작성처	법무성 입국관리국
매수	9
비밀등급	극비
문서종류	내부자료
공개구분	공개
내용	국적, 영주허가, 강제퇴거에 관한 과거 교섭 내용을 정리하고 이에 관한 입국관리국의 입장을 정리한 국장회의 자료
주제어	재일한국인 법적지위

문서명	재일한국인의 영주허가 시 한국정부가 발급한 국적증명서의 첨부를 요구하는 경우의 문제점에 대하여(在日韓国人の永住許可に際し、韓国政府発給の国籍証明書の添付を要求する場合の問題点について)

문서파일번호 1580
작성연월일 1962. 10. 15
구분 제6차 회담
세부항목 재일한국인 영주허가
작성처 법무성 입국관리국
매수 2
비밀등급 극비
문서종류 내부문서
공개구분 공개
내용 영주허가 시 한국정부가 발급한 국적증명서의 첨부를 요구할 경우의 문제점을 입국관리국이 검토한 의견서
주제어 재일한국인 법적지위

문서명	재일한국인의 법적지위에 관한 한일협정(요강)[在日韓国人の法的地位に関する日韓協定(要綱)]

문서파일번호 1580
작성연월일 1962. 11. 30
구분 제6차 회담
세부항목 재일한국인 법적지위, 협정 요강
작성처 외무성, 법무성
매수 5
비밀등급 극비
문서종류 내부문서
공개구분 공개
내용 일본이 작성한 재일한국인 법적지위에 관한 한일협정 요강
주제어 재일한국인 법적지위, 협정 요강

문서명	영주자의 퇴거 강제 사유(永住者の退去強制事由)

문서파일번호 1580
작성연월일 1962. 12. 19
구분 제6차 회담
세부항목 재일한국인 법적지위위원회, 영주자 강제퇴거 사유
작성처 외무성, 법무성
매수 1
비밀등급 극비
문서종류 내부문서
공개구분 공개
내용 재일한국인 법적지위에 관한 협정 요강 중 영주자의 퇴거사유를 수정
주제어 재일한국인 법적지위

재일한국인의 법적지위 문제에 관한 법무·외무 양성 4국장회의 논의개요(在日韓国人の法的地位問題に関する法務·外務両省4局長会議の討議概要)

문서파일번호	1581
문서명	재일한국인의 법적지위 문제에 관한 법무·외무 양성 4국장회의 논의개요(在日韓国人の法的地位問題に関する法務·外務両省4局長会議の討議概要)
작성연월일	1963. 1. 11
구분	제6차 회담
세부항목	재일한국인 법적지위 외무성·법무성 4국장 회의
작성처	외무성 북동아시아과
매수	11
비밀등급	극비
문서종류	회의록
공개구분	공개
내용	재일한국인 법적지위 문제에 관해 외무성 우시로쿠 도라오 아시아국장, 나카가와 도루(中川融) 조약국장, 법무성 오가와 세시로(小川清四郎)입국관리국장, 히라가 겐타(平賀健太) 민사국장이 개최한 회의기록. 제4차 한일회담 이후 일본정부는 한국을 남한 지역만을 지배하고 있는 정권으로 처리하는 방침을 취해 왔으므로 법적지위 문제의 처리도 그 방침을 따를 필요가 있다는 점을 확인함. 영주허가에 관해 국적 증명 절차의 필요성 등에 대해 협의함.
주제어	재일한국인 법적지위

재일한국인의 법적지위에 관한 문제점
(在日韓国人の法的地位に関する問題点)

문서파일번호	1582
작성연월일	1963. 1. 31 - 1963. 2. 8
구분	제6차 회담
세부항목	재일한국인 법적지위 법무성 내부회의 자료
작성처	법무성
매수	31
비밀등급	
문서종류	내부문서, 내부자료
공개구분	공개
내용	재일한국인 법적지위 문제에 관한 법무성 내부회의용으로 입국관리국과 민사국이 작성한 자료 모음
주제어	재일한국인 법적지위

문서명	재일한국인의 법적지위에 관한 문제점(在日韓国人の法的地位に関する問題点)

문서파일번호 1582
작성연월일 1963. 1. 31
구분 제6차 회담
세부항목 재일한국인 법적지위 법무성 내부회의 자료
작성처 법무성 입국관리국
매수 5
비밀등급 극비
문서종류 내부문서
공개구분 공개
내용 재일한국인 법적지위 문제에 관한 법무성 내부 협의를 위해 입국관리국이 작성한 문서. 재일한국인의 국적 확인 문제, 영주허가 방법, 영주허가 신청을 하지 않는 자에 대한 대응 등이 정리됨.
주제어 재일한국인 법적지위

문서명	한일교섭과 재일한국인의 처리에 대하여(日韓交渉と在日朝鮮人の取扱について)

문서파일번호 1582
작성연월일 1963. 1. 31
구분 제6차 회담
세부항목 재일한국인 법적지위 법무성 내부회의 자료
작성처 법무성 입국관리국
매수 3
비밀등급 극비
문서종류 내부문서
공개구분 공개
내용 재일한국인 법적지위 문제에 관한 법무성 내부 협의를 위해 입국관리국이 작성한 보충설명 문서. 영주권 허가에 관해 재일한국인과 재일조선인을 처리하는 방법, 식별 기준 문제 등이 기술됨.
주제어 재일한국인 법적지위

문서명	재일한국인의 처우 방침 기타에 대하여(在日朝鮮人の処遇方針その他について)

문서파일번호 1582
작성연월일 1963. 2. 7
구분 제6차 회담
세부항목 재일한국인 법적지위 법무성 내부회의 자료
작성처 법무성 민사국
매수 16
비밀등급 극비
문서종류 내부문서
공개구분 공개
내용 재일한국인 법적지위 문제에 관한 법무성 내부 협의를 위해 법무성 민사국이 작성한 문서. 재일조선인을 재일한국인과 구별하는 문제점, 한일협정 시 재일조선인의 법적지위에 대한 대응을 어떻게 할 것인지 등이 기술됨.
주제어 재일한국인 법적지위, 재일조선인 문제

문서명	재일한국인의 처우 방침 등에 대한 요지(在日朝鮮人の処遇方針等について要旨)

문서파일번호 1582
작성연월일 1963. 2. 8
구분 제6차 회담
세부항목 재일한국인 법적지위 법무성 내부회의 자료
작성처 법무성 민사국
매수 3
비밀등급 극비
문서종류 내부문서
공개구분 공개
내용 재일한국인 법적지위 문제에 관한 법무성 내부 협의를 위해 법무성 민사국이 작성한 문서. 역사적인 배경을 고려해 처우 문제에서 재일한국인과 재일조선인을 구별하는 문제점을 검토함.
주제어 재일한국인 법적지위, 재일조선인 문제

문서명	마약 단속법 주요 벌칙 개정안 일람표(麻薬取締法主要罰則改正案一覧表)

문서파일번호 1582
작성연월일 1963. 2. 6
구분 제6차 회담
세부항목 재일한국인 법적지위 법무성 내부회의 자료
작성처 법무성
매수 1
비밀등급 일반
문서종류 내부자료
공개구분 공개
내용 마약단속법의 주요 벌칙 개정안 일람표
주제어 재일한국인 법적지위

문서명	아편법 주요 벌칙 개정안 일람표(あへん法主要罰則改正案一覧表)

문서파일번호 1582
작성연월일 1963. 2. 6
구분 제6차 회담
세부항목 재일한국인 법적지위 법무성 내부회의 자료
작성처 법무성
매수 1
비밀등급 일반
문서종류 내부자료
공개구분 공개
내용 아편법 주요 벌칙 개정안 일람표
주제어 재일한국인 법적지위

문서명	재일한국인 마약관계 범죄형 언도 상황(在日韓国人麻薬関係犯罪刑言渡状況)

문서파일번호 1582
작성연월일 1963(월일 불명)
구분 제6차 회담
세부항목 재일한국인 법적지위 법무성 내부회의 자료
작성처 법무성
매수 1
비밀등급 일반
문서종류 내부자료
공개구분 공개
내용 재일한국인 마약관계 범죄형 언도 상황 표
주제어 재일한국인 법적지위

문서명	재일한국인 제1심형 언도 상황(在日韓国人第一審刑言渡状況)

문서파일번호 1582
작성연월일 1963(월일 불명)
구분 제6차 회담
세부항목 재일한국인 법적지위 법무성 내부회의 자료
작성처 법무성
매수 1
비밀등급 일반
문서종류 내부자료
공개구분 공개
내용 재일한국인 제1심형 언도 상황 표
주제어 재일한국인 법적지위

재일한국인의 법적지위에 관한 협정 골자(제1차 시안)
[在日韓国人の法的地位に関する協定骨子(第1次試案)]

문서파일번호	1583
문서명	재일한국인의 법적지위에 관한 협정 골자(제1차 시안)[在日韓国人の法的地位に関する協定骨子(第1次試案)]
작성연월일	1963. 6. 21
구분	제6차 회담
세부항목	재일한국인 법적지위 협정 골자 시안
작성처	외무성 북동아시아과
매수	10
비밀등급	극비
문서종류	내부문서
공개구분	공개
내용	외무성이 작성한 재일한국인의 법적지위에 관한 협정 골자 제1차 시안. 영주권 허가 범위, 허가 방법, 영주권자의 강제퇴거, 생활보호, 교육, 반출 재산 등에 대한 사항들이 규정됨.
주제어	재일한국인 법적지위 협정 골자 시안

한일교섭 법적지위 관계 참고 메모(교섭 경위)
[日韓交渉法的地位関係参考メモ(交渉経緯)]

문서파일번호	1584
문서명	한일교섭 법적지위 관계 참고 메모(교섭 경위)[日韓交渉法的地位関係参考メモ(交渉経緯)]
작성연월일	1963. 7. 17
구분	제6차 회담
세부항목	재일한국인 법적지위 문제 교섭 경위
작성처	외무성 조약국 법규과
매수	6
비밀등급	일반
문서종류	내부문서
공개구분	공개
내용	재일한국인 법적지위 문제 중 재일한국인의 한국 국적 확인 문제에 관해 제1차 한일회담부터 제6차 회담까지의 교섭 경위를 정리한 문서
주제어	재일한국인 법적지위

재일한국인의 재류자격 및 강제퇴거에 관한 협정 골자(在日韓国人の在留資格及び退去強制に関する協定骨子)

문서파일번호	1585
문서명	재일한국인의 재류자격 및 강제퇴거에 관한 협정 골자(在日韓国人の在留資格及び退去強制に関する協定骨子)
작성연월일	1963. 7. 19
구분	제6차 회담
세부항목	재일한국인 재류자격 협정 골자
작성처	법무성 민사국
매수	5
비밀등급	일반
문서종류	내부문서
공개구분	공개
내용	재일한국인 법적지위 협정 중 재일한국인의 재류자격 및 강제퇴거에 관한 골자로 법무성 민사국이 작성
주제어	재일한국인 법적지위

재일한국인 및 타이완인 국적 및 처우에 대한 기본 태도(在日韓人及び台湾人国籍及び処遇についての基本的態度)

문서파일번호	1586
문서명	재일한국인 및 타이완인 국적 및 처우에 대한 기본 태도(在日韓人及び台湾人国籍及び処遇についての基本的態度)
작성연월일	1963. 7. 19
구분	제6차 회담
세부항목	재일한인국의 법적 정의와 처우
작성처	외무성 조약국 법규과
매수	6
비밀등급	비(秘)
문서종류	내부문서
공개구분	공개
내용	법적지위 문제와 관련해 외무성이 '중화민국국민'과 더불어 '한국인'의 법적 정의와 처우에 대해 검토한 내용을 담은 문서
주제어	재일한국인 법적지위

재일한국인의 법적지위에 관한 협정안
(在日韓国人の法的地位に関する協定案)

문서파일번호	1587
작성연월일	1963. 11. 11
구분	제6차 회담
세부항목	재일한국인 법적지위 협정 및 부속 합의의사록 골자(안)
작성처	외무성 북동아시아과
매수	14
비밀등급	
문서종류	
공개구분	공개
내용	외무성 북동아시아과가 작성한 재일한국인 법적지위협정안 초안 및 부속 합의의사록 골자(안)
주제어	재일한국인 법적지위

문서명	재일한국인의 법적지위에 관한 협정안(미정고) [在日韓国人の法的地位に関する協定案(未定稿)]

문서파일번호 1587
작성연월일 1963. 11. 11
구분 제6차 회담
세부항목 재일한국인 법적지위 협정 및 부속 합의의사록 골자(안)
작성처 외무성 북동아시아과
매수 7
비밀등급 극비
문서종류 협정안
공개구분 공개
내용 외무성 북동아시아과가 작성한 재일한국인 법적지위협정안 자 초안
주제어 재일한국인 법적지위, 협정

문서명	합의의사록 등 부속문서의 골자(안) [合意議事録等付属文書の骨子(案)]

문서파일번호 1587
작성연월일 1963. 11. 11
구분 제6차 회담
세부항목 재일한국인 법적지위 협정 및 부속 합의의사록 골자(안)
작성처 외무성 북동아시아과
매수 7
비밀등급 극비
문서종류 내부문서
공개구분 공개
내용 외무성 북동아시아과가 재일한국인 법적지위협정 부속 합의의사록 내용을 정리한 문서. 영주허가 방법, 강제퇴거, 영주권자 자손의 처리, 생활보호, 교육, 반출 재산, 귀화, 협정대상 이외의 사람에 대한 재류 허가 문제 등이 포함됨.
주제어 재일한국인 법적지위, 협정 부속 합의의사록 골자

한일회담 재일한국인의 법적지위 문제에 관한 법무성 태도(日韓会談在日韓国人の法的地位問題に臨む法務省としての態度)

문서파일번호	1588
작성연월일	1964. 1. 23 - 1964. 2. 26
구분	제6차 회담
세부항목	재일한국인 법적지위 협정 및 부속 합의의사록안 골자
작성처	법무성 입국관리국
매수	20
비밀등급	
문서종류	협정안, 합의의사록안(골자)
공개구분	공개
내용	외무성이 작성한 재일한국인 법적지위에 관한 협정안에 대한 법무성의 검토의견서 및 법무성이 논의자료로 작성한 것으로 보이는 협정안 및 부속문서안(골자) 모음
주제어	재일한국인 법적지위

문서명	한일회담 재일한국인의 법적지위 문제에 관한 법무성의 태도에 대하여: 외무성 협정안을 중심으로 하여(日韓会談在日韓国人の法的地位問題に臨む当省としての態度について－外務省協定案を中心として－)

문서파일번호 1588
작성연월일 1964. 1. 23
구분 제6차 회담
세부항목 재일한국인 법적지위 협정 및 부속 합의의사록안 골자
작성처 법무성 입국관리국
매수 8
비밀등급 극비
문서종류 협정안, 합의의사록안(골자)
공개구분 공개
내용 외무성이 작성한 재일한국인 법적지위에 관한 협정안 및 부속 합의의사록안 골자에 대한 법무성의 검토의견서
주제어 재일한국인 법적지위, 협정안, 합의의사록안 골자

문서명	(논의용 자료)일본국에 거주하는 특정 대한민국 국민의 법적지위에 관한 협정안 [(討議用資料)日本国に在留する特定の大韓民国国民の法的地位に関する協定案]

문서파일번호 1588
작성연월일 1964(월일 불명)
구분 제6차 회담
세부항목 재일한국인 법적지위 협정 및 부속 합의의사록안 골자
작성처 불명
매수 4
비밀등급 극비
문서종류 협정안, 합의의사록안(골자)
공개구분 공개
내용 논의용 자료로 작성된 '일본국에 거주하는 특정 대한민국 국민의 법적지위에 관한 협정안' 및 합의의사록안 골자. 작성일자는 불명이며 수기로 여러 군데에 수정한 부분이 남아 있음.
주제어 재일한국인 법적지위, 협정안, 부속 합의의사록안 골자

문서명	(논의용 자료)일본국에 거주하는 특정 대한민국 국민의 법적지위에 관한 협정안 [(討議用資料)日本国に在留する特定の大韓民国国民の法的地位に関する協定案]

문서파일번호 1588
작성연월일 1964(월일 불명)
구분 제6차 회담
세부항목 재일한국인 법적지위 협정 및 부속 합의의사록안 골자
작성처 불명
매수 3
비밀등급 극비
문서종류 협정안, 합의의사록안(골자)
공개구분 공개
내용 논의용 자료로 작성된 '일본국에 거주하는 특정 대한민국 국민의 법적지위에 관한 협정안' 및 부속문서 골자 안의 수기로 수정한 부분을 타이핑한 문서
주제어 재일한국인 법적지위, 협정안, 부속 합의의사록안 골자

문서명	일본국에 거주하는 특정 대한민국 국민의 법적지위에 관한 협정안(日本国に在留する特定の大韓民国国民の法的地位に関する協定案)

문서파일번호 1588
작성연월일 1964. 2. 26
구분 제6차 회담
세부항목 재일한국인 법적지위 협정 및 부속 합의의사록안 골자
작성처 불명
매수 3
비밀등급
문서종류 협정안, 합의의사록안(골자)
공개구분 공개
내용 수기로 수정된 '일본국에 거주하는 특정 대한민국 국민의 법적지위에 관한 협정안' 및 부속문서 골자 안
주제어 재일한국인 법적지위, 협정안, 부속 합의의사록안 골자

한국안에 대한 일본의 질문사항 등
(勧告案に対する日本側質問事項等)

문서파일번호	1589
작성연월일	1964. 4. 22 - 1964. 5. 6
구분	제6차 회담
세부항목	한국 재일한국인 법적지위 협정 및 합의의사록(안)에 대한 일본 검토의견
작성처	한국대표단, 외무성
매수	11
비밀등급	
문서종류	협정안, 내부문서
공개구분	공개
내용	한국이 작성한 재일한국인 법적지위 및 처우에 관한 협정(안) 및 합의의사록에 대한 일본의 검토의견과 한국안에 대한 질문사항이 담긴 문서 모음
주제어	재일한국인 법적지위, 협정안, 합의의사록안

문서명	일본국에 거주하는 대한민국 국민의 법적지위 및 처우에 관한 협정(안)[日本国に居住する大韓民国国民の法的地位及び処遇に関する協定(案)]

문서파일번호 1589
작성연월일 1964. 4. 22
구분 제6차 회담
세부항목 한국 재일한국인 법적지위 협정 및 합의의사록(안)에 대한 일본 검토의견
작성처 한국대표단(일본 가역)
매수 4
비밀등급 극비
문서종류 협정안, 합의의사록안
공개구분 공개
내용 한국이 작성한 재일한국인 법적지위 및 처우에 관한 협정안 및 합의의사록안에 대해 일본이 수기로 수정한 내용이 표시된 문서. 협정 이름에 '특정'이 들어간 것을 비롯하여 많은 부분에 수정이 가해짐.
주제어 재일한국인 법적지위협정안, 합의의사록안

문서명	한국안에 대한 일본의 질문사항(韓国案に対する日本側質問事項)

문서파일번호 1589
작성연월일 1964. 5. 6
구분 제6차 회담
세부항목 한국 재일한국인 법적지위 협정 및 합의의사록(안)에 대한 일본 검토의견
작성처 외무성 조약국 법규과
매수 4
비밀등급 비(秘)
문서종류 내부문서
공개구분 공개
내용 재일한국인 법적지위 및 처우에 관한 한국 협정안 및 합의의사록안의 조문마다 일본이 질문사항을 기입한 문서
주제어 재일한국인 법적지위협정안, 합의의사록안

문서명	한국 제안의 법적지위협정안에 관한 메모(韓国側提案の法的地位協定案に関するメモ)

문서파일번호	1589
작성연월일	1964. 5. 6
구분	제6차 회담
세부항목	한국 재일한국인 법적지위 협정 및 합의의사록(안)에 대한 일본 검토의견
작성처	외무성 북동아시아과
매수	3
비밀등급	극비
문서종류	내부문서
공개구분	공개
내용	한국의 재일한국인 법적지위 및 처우 협정안에 대해 북동아시아과가 문제점을 정리한 메모 문서. 영주권자의 자손, 강제퇴거, 패전 후 입국자의 처리 문제를 기술함.
주제어	재일한국인 법적지위협정안, 합의의사록안

제13부

제6차 회담 재일한국인 법적지위위원회 회의록
(1961. 10. 27~1964. 4. 22)

제6차 한일회담 재일한국인 법적지위에 관한 위원회 제1회 회의(第6次日韓全面会談における在日韓国人の法的地位に関する委員会の第1回会合)

문서파일번호	936
문서명	제6차 한일회담 재일한국인 법적지위에 관한 위원회 제1회 회의(第6次日韓全面会談における在日韓国人の法的地位に関する委員会の第1回会合)
작성연월일	1961. 10. 27
구분	제6차 회담 재일한국인 법적지위위원회 제1회 회의
세부항목	
작성처	외무성 북동아시아과
매수	6
비밀등급	극비
문서종류	회의록
공개구분	공개
내용	개최된 제6차 한일회담 법적지위위원회 제1회 회의기록. 향후 회의 진행 방법 등을 조정함.
주제어	재일한국인 법적지위

제6차 한일회담 재일한국인 법적지위에 관한 위원회 제2회 회의(第6次日韓全面会談における在日韓国人の法的地位に関する委員会第2回会合)

문서파일번호	937
문서명	제6차 한일회담 재일한국인 법적지위에 관한 위원회 제2회 회의(第6次日韓全面会談における在日韓国人の法的地位に関する委員会第2回会合)
작성연월일	1961. 11. 2
구분	제6차 회담 재일한국인 법적지위위원회 제2회 회의
세부항목	
작성처	외무성 북동아시아과
매수	3
비밀등급	극비
문서종류	회의록
공개구분	공개
내용	제6차 한일회담 법적지위위원회 제2회 회의기록. 한국이 새로운 견해를 제시하기로 하였으나 사무상(clerically) 이유로 준비되지 않아 구체적인 논의는 이루어지지 않음.
주제어	재일한국인 법적지위

제6차 한일회담 재일한국인 법적지위에 관한 위원회 제3회 회의(第6次日韓全面会談における在日韓国人の法的地位に関する委員会第3回会合)

문서파일번호	938
작성연월일	1961. 12. 19
구분	제6차 회담 재일한국인 법적지위위원회 제3회 회의
세부항목	
작성처	외무성, 한국대표단
매수	17
비밀등급	
문서종류	회의록, 내부자료
공개구분	공개
내용	제6차 한일회담 법적지위위원회 제3회 회의기록
주제어	재일한국인 법적지위위원회

문서명	제6차 한일회담 재일한국인 법적지위에 관한 위원회 제3회 회의(第6次日韓全面会談における在日韓国人の法的地位に関する委員会第3回会合)

문서파일번호 938
작성연월일 1961. 12. 19
구분 제6차 회담 재일한국인 법적지위위원회 제3회 회의
세부항목
작성처 외무성 북동아시아과
매수 4
비밀등급 극비
문서종류 회의록
공개구분 공개
내용 제6차 한일회담 법적지위위원회 제3회 회의기록. 한국 이천상 수석위원은 재일한국인 법적지위 관련 금년 중 공식, 비공식회의를 통해 밝힌 한국 입장과 상호 협의된 내용을 정리함. 이에 대해 일본 다카세 지로(高瀬侍郎) 수석위원은 내년 첫 회의에서 한국 입장에 대한 일본의 정리된 견해를 제시하겠다고 함. 한국이 영주권 부여 범위에 관하여 발언함.
주제어 재일한국인 법적지위

문서명	제3회 법적지위위원회 한국 일반 발언(가역)[第3回法的地位委員会における韓国側一般発言(仮訳)]

문서파일번호 938
작성연월일 1961. 12. 19
구분 제6차 회담 재일한국인 법적지위위원회 제3회 회의
세부항목
작성처 한국대표단
매수 5
비밀등급 일반
문서종류 내부자료
공개구분 공개
내용 제6차 한일회담 법적지위위원회 제3회 회의에서 한국 수석위원이 발언한 내용을 기록한 문서(일본어 가역본). 영주권 범위(상세는 별도 발언), 강제퇴거, 처우, 재산권 및 직업권, 교육, 생활보호, 재산반출 및 송금 문제, 국적, 극빈 귀환자 지원 문제 등 언급
주제어 재일한국인 법적지위

문서명	제3회 법적지위위원회에서 한국이 영주권 부여의 범위에 관하여 발언(가역) [第3回法的地位委員会における永住権付与の範囲に関する韓国側発言(仮訳)]

문서파일번호	938
작성연월일	1961. 12. 19
구분	제6차 회담 재일한국인 법적지위위원회 제3회 회의
세부항목	
작성처	한국대표단
매수	8
비밀등급	일반
문서종류	내부자료
공개구분	공개
내용	제6차 한일회담 법적지위위원회 제3회 회의에서 한국 수석위원이 영주권 범위에 관한 한국입장을 설명
주제어	재일한국인 법적지위

제6차 한일회담에서 재일한국인의 법적지위에 관한 위원회 제4회 회의(第6次日韓全面会談における在日韓国人の法的地位に関する委員会の第4回会合)

문서파일번호	939
작성연월일	1962. 3. 7
구분	제6차 회담 재일한국인 법적지위위원회 제4회 회의
세부항목	
작성처	외무성 북동아시아과
매수	12
비밀등급	
문서종류	회의록, 내부자료
공개구분	공개
내용	제6차 한일회담 법적지위위원회 제4회 회의기록(제1~3회 회의는 1961년 10월 27일 ~12월 19일 사이에 개최됨)
주제어	재일한국인 법적지위

문서명	제6차 한일회담 재일한국인의 법적지위에 관한 위원회 제4회 회의(第6次日韓全面会談における在日韓国人の法的地位に関する委員会の第4回会合)

문서파일번호 939
작성연월일 1962. 3. 7
구분 제6차 회담 재일한국인 법적지위위원회 제4회 회의
세부항목
작성처 외무성 북동아시아과
매수 5
비밀등급 극비
문서종류 회의록
공개구분 공개
내용 제6차 한일회담 법적지위위원회 제4회 회의기록. 1961년 12월 19일 한국 수석위원의 재일한국인 법적지위에 관한 발언에 대해 일본 수석위원이 견해를 표명. 이에 대해 한국 대표는 강제퇴거, 재산권 및 직업권에 관한 한국 입장을 재차 주장
주제어 재일한국인 법적지위

문서명	제목 없음

문서파일번호 939
작성연월일 1962. 3. 7
구분 제6차 회담 재일한국인 법적지위위원회 제4회 회의
세부항목
작성처 외무성 북동아시아과
매수 7
비밀등급 일반
문서종류 내부자료
공개구분 공개
내용 전회 회의 한국 수석위원 발언에 대해 일본 수석위원이 견해 표명. 영주허가, 재산권 및 직업권, 교육, 생활보호 및 재산권 반출, 국적확인 등을 다룸.
주제어 재일한국인 법적지위

재일한국인 법적지위에 관한 위원회 제1회 비공식회담(在日韓国人の法的地位に関する委員会第1回非公式会談)

문서파일번호	940
문서명	재일한국인 법적지위에 관한 위원회 제1회 비공식회담(在日韓国人の法的地位に関する委員会第1回非公式会談)
작성연월일	1961. 11. 7
구분	제6차 회담 재일한국인 법적지위위원회 제1회 비공식회의
세부항목	
작성처	외무성 북동아시아과
매수	7
비밀등급	극비
문서종류	회의록
공개구분	공개
내용	제6차 한일회담 법적지위위원회 제1회 비공식 회의기록. 위원회 공식회의와 달리 회의 참석자를 소수로 하여 보다 효율적인 논의를 진행하고자 함. 영주권, 퇴거 강제, 생활보호, 반출재산 등에 대해 양국이 입장을 표명함.
주제어	재일한국인 법적지위

재일한국인 법적지위에 관한 위원회 제2회 비공식 회담(在日韓国人の法的地位に関する委員会第2回非公式会談)

문서파일번호	941
문서명	재일한국인 법적지위에 관한 위원회 제2회 비공식회담(在日韓国人の法的地位に関する委員会第2回非公式会談)
작성연월일	1961. 11. 15
구분	제6차 회담 재일한국인 법적지위위원회 제2회 비공식회의
세부항목	
작성처	외무성 북동아시아과
매수	6
비밀등급	극비
문서종류	회의록
공개구분	공개
내용	제6차 한일회담 법적지위위원회 제2회 비공식 회의기록. 법적지위위원회의 운영, 영주허가의 범위와 방법, 귀화, 강제퇴거, 국적 확인조항 등에 대한 의견교환이 이루어짐.
주제어	재일한국인 법적지위

재일한국인 법적지위에 관한 위원회 제3회 비공식회담(在日韓国人の法的地位に関する委員会第3回非公式会談)

문서파일번호	942
문서명	재일한국인 법적지위에 관한 위원회 제3회 비공식회담(在日韓国人の法的地位に関する委員会第3回非公式会談)
작성연월일	1961. 11. 21
구분	제6차 회담 재일한국인 법적지위위원회 제3회 비공식회의
세부항목	
작성처	외무성 북동아시아과
매수	8
비밀등급	극비
문서종류	회의록
공개구분	공개
내용	제6차 한일회담 법적지위위원회 제3회 비공식 회의기록. 영주허가 범위, 강제퇴거 문제에 대한 의견교환이 이루어짐.
주제어	재일한국인 법적지위

재일한국인 법적지위에 관한 위원회 제4회 비공식 회담(在日韓国人の法的地位に関する委員会第4回非公式会談)

문서파일번호	943
문서명	재일한국인 법적지위에 관한 위원회 제4회 비공식회담(在日韓国人の法的地位に関する委員会第4回非公式会談)
작성연월일	1961. 11. 27
구분	제6차 회담 재일한국인 법적지위위원회 제4회 비공식회의
세부항목	
작성처	외무성 북동아시아과
매수	14
비밀등급	극비
문서종류	회의록
공개구분	공개
내용	제6차 한일회담 법적지위위원회 제4회 비공식 회의기록. 재산, 직업권, 교육, 생활보호, 반출 재산 문제 등에 대한 의견이 교환됨.
주제어	재일한국인 법적지위

재일한국인 법적지위에 관한 위원회 제5회 비공식 회담(在日韓国人の法的地位に関する委員会第5回非公式会談)

문서파일번호	944
문서명	재일한국인 법적지위에 관한 위원회 제5회 비공식회담(在日韓国人の法的地位に関する委員会第5回非公式会談)
작성연월일	1961. 12. 14
구분	제6차 회담 재일한국인 법적지위위원회 제5회 비공식회의
세부항목	
작성처	외무성 북동아시아과
매수	5
비밀등급	극비
문서종류	회의록
공개구분	공개
내용	제6차 한일회담 법적지위위원회 제5회 비공식 회의기록. 처우, 퇴거 강제, 영주권 범위 등에 대한 의견교환이 이루어짐.
주제어	재일한국인 법적지위

재일한국인 법적지위에 관한 위원회 제6회 비공식 회담(在日韓国人の法的地位に関する委員会第6回非公式会談)

문서파일번호	945
문서명	재일한국인 법적지위에 관한 위원회 제6회 비공식회담(在日韓国人の法的地位に関する委員会第6回非公式会談)
작성연월일	1962. 2. 2
구분	제6차 회담 재일한국인 법적지위위원회 제6회 비공식 회의
세부항목	
작성처	외무성 북동아시아과
매수	3
비밀등급	극비
문서종류	회의록
공개구분	공개
내용	제6차 한일회담 법적지위위원회 제6회 비공식 회의기록. 향후 논의 일정을 조정함.
주제어	재일한국인 법적지위

재일한국인 법적지위에 관한 위원회 제7회 비공식 회담(在日韓国人の法的地位に関する委員会第7回非公式会談)

문서파일번호	946
문서명	재일한국인 법적지위에 관한 위원회 제7회 비공식회담(在日韓国人の法的地位に関する委員会第7回非公式会談)
작성연월일	1962. 2. 20
구분	제6차 회담 재일한국인 법적지위위원회 제7회 비공식 회의
세부항목	
작성처	외무성 북동아시아과
매수	9
비밀등급	극비
문서종류	회의록
공개구분	공개
내용	제6차 한일회담 법적지위위원회 제7회 비공식 회의기록. 국적 문제에 대한 양국의 의견 표명 및 질의응답이 진행됨.
주제어	재일한국인 법적지위

재일한국인 법적지위에 관한 위원회 제8회 비공식 회담(在日韓国人の法的地位に関する委員会第8回非公式会談)

문서파일번호	947
문서명	재일한국인 법적지위에 관한 위원회 제8회 비공식회담(在日韓国人の法的地位に関する委員会第8回非公式会談)
작성연월일	1962. 3. 2
구분	제6차 회담 재일한국인 법적지위위원회 제8회 비공식 회의
세부항목	
작성처	외무성 북동아시아과
매수	10
비밀등급	극비
문서송듀	회의록
공개구분	공개
내용	제6차 한일회담 법적지위위원회 제8회 비공식 회의기록. 영주권, 재산권, 교육, 국적 등에 관한 일본정부의 입장 표명과 그에 대한 한국의 의견 개진이 이루어짐.
주제어	재일한국인 법적지위

법적지위위원회의 강제퇴거에 관한 전문가 회의(제1회)[法的地位委員会の退去強制に関する専門家会議(第1回)]

문서파일번호	948
문서명	법적지위위원회의 강제퇴거에 관한 전문가 회의(제1회)[法的地位委員会の退去強制に関する専門家会議(第1回)]
작성연월일	1961. 11. 29
구분	제6차 회담 재일한국인 법적지위위원회 제1회 강제퇴거 전문가 회의
세부항목	
작성처	외무성 북동아시아과
매수	4
비밀등급	극비
문서종류	회의록
공개구분	공개
내용	제6차 한일회담 법적지위위원회 강제퇴거에 관한 제1회 전문가 회의기록. 강제퇴거 관련 출입국 관리령 24조에 대한 의견교환이 이루어짐.
주제어	재일한국인 법적지위

법적지위위원회의 강제퇴거에 관한 전문가 회의(제2회)[法的地位委員会の退去強制に関する専門家会議(第2回)]

문서파일번호	949
문서명	법적지위위원회의 강제퇴거에 관한 전문가 회의(제2회)[法的地位委員会の退去強制に関する専門家会議(第2回)]
작성연월일	1961. 12. 12
구분	제6차 회담 재일한국인 법적지위위원회 제2회 강제퇴거 전문가 회의
세부항목	
작성처	외무성 북동아시아과
매수	5
비밀등급	극비
문서종류	회의록
공개구분	공개
내용	제6차 한일회담 법적지위위원회 강제퇴거에 관한 제2회 전문가 회의기록. 출입국 관리령 24조의 적용과 관련해 마약범의 처리에 대한 양국의 의견교환이 이루어짐.
주제어	재일한국인 법적지위

법적지위위원회의 강제퇴거에 관한 전문가 회의(제3회)[法的地位委員会の退去強制に関する専門家会議(第3回)]

문서파일번호	950
문서명	법적지위위원회의 강제퇴거에 관한 전문가 회의(제3회)[法的地位委員会の退去強制に関する専門家会議(第3回)]
작성연월일	1962. 2. 27
구분	제6차 회담 재일한국인 법적지위위원회 제3회 강제퇴거 전문가 회의
세부항목	
작성처	외무성 북동아시아과
매수	6
비밀등급	극비
문서종류	회의록
공개구분	공개
내용	제6차 한일회담 법적지위위원회 강제퇴거에 관한 제3회 전문가 회의기록. 강제퇴거 대상자 중 마약, 형사범, 파괴범 등에 관한 의견교환이 이루어짐.
주제어	재일한국인 법적지위

법적지위위원회의 강제퇴거에 관한 전문가 회의(제4회)[法的地位委員会の退去強制に関する専門家会議(第4回)]

문서파일번호	951
문서명	법적지위위원회의 강제퇴거에 관한 전문가 회의(제4회)[法的地位委員会の退去強制に関する専門家会議(第4回)]
작성연월일	1962. 3. 5
구분	제6차 회담 재일한국인 법적지위위원회 제4회 강제퇴거 전문가 회의
세부항목	
작성처	외무성 북동아시아과
매수	9
비밀등급	극비
문서종류	회의록
공개구분	공개
내용	제6차 한일회담 법적지위위원회 강제퇴거에 관한 제4회 전문가 회의기록. 퇴거대상자 중의 마약, 형사범, 파괴범에 관해 의견교환
주제어	재일한국인 법적지위

법적지위위원회 쌍방 수석위원 비공식 협의 회의
(法的地位委員会双方主査非公式打合せ会議)

문서파일번호	952
문서명	법적지위위원회 쌍방 수석위원 비공식 협의 회의(法的地位委員会双方主査非公式打合せ会議)
작성연월일	1962. 1. 26
구분	제6차 회담 재일한국인 법적지위위원회 양측 수석위원 협의회
세부항목	
작성처	외무성 북동아시아과
매수	3
비밀등급	극비
문서종류	회의록
공개구분	공개
내용	제6차 한일회담 법적지위위원회 양측 수석위원 비공식 협의 기록. 2월 중 구체적 문제를 정리하고, 3월 중 문안작성과 관련한 논의를 진행하여 4월에 들어서면 양측이 협정문안을 제출, 협정을 매듭짓기로 함. 회의는 향후 2~3회 비공식 회의 후 공식 위원회 회의를 개최하고, 강제퇴거 전문가 회의는 문인구 대표의 일본 도착 후, 재산반출문제 전문가 회의는 3월 이후 개최키로 함.
주제어	재일한국인 법적지위

법적지위 문제에 관한 법무·외무 양 성 사전협의 건
(法的地位問題に関し法務、外務両省打合せの件)

문서파일번호	1158
문서명	법적지위 문제에 관한 법무·외무 양 성 사전협의 건(法的地位問題に関し法務、外務両省打合せの件)
작성연월일	1961. 11. 17
구분	제5차 회담 재일한국인 법적지위 외무성·법무성 협의회
세부항목	
작성처	외무성 북동아시아과
매수	15
비밀등급	극비
문서종류	회의록
공개구분	공개
내용	재일한국인 법적지위 문제 중 특히 영주권 부여의 범위에 관한 일본정부의 입장을 정하기 위해 외무, 법무성이 협의한 기록. 한국이 자손에 대한 영주권 부여 문제를 향후 재협의하자고 제안한 것에 대해 집중 논의함.
주제어	재일한국인 법적지위

한일예비교섭 법적지위관계회의 제1~5회 회의
(日韓予備交渉法的地位関係会合第1 ~ 5回会合)

문서파일번호	669
작성연월일	1962. 10. 5 - 1962. 11. 14
구분	제6차 회담 예비교섭 재일한국인 법적지위위원회(제1~5회)
세부항목	
작성처	외무성 북동아시아과
매수	46
비밀등급	
문서종류	회의록, 내부자료
공개구분	공개
내용	1962년 10월 5일~11월 14일까지 개최된 제6차 한일회담 예비교섭 재일한국인 법적지위위원회 제1~5회 회의기록(제4회 회의기록은 빠져 있음)
주제어	재일한국인 법적지위

문서명	한일예비교섭 법적지위관계 회의 제1회 회의(日韓予備交渉法的地位関係会合第1回会合)

문서파일번호 669
작성연월일 1962. 10. 5
구분 제6차 회담 예비교섭 재일한국인 법적지위위원회 제1회 회의
세부항목
작성처 외무성 북동아시아과
매수 13
비밀등급 극비
문서종류 회의록
공개구분 공개
내용 제6차 한일회담 예비교섭 제1회 법적지위위원회 회의기록. 진전이 있는 법적지위 문제를 집중 논의키로 하고 앞으로는 비공식·공식 두 가지 방식으로 진행할 것을 결정함. 재일한국인의 영주허가부여의 범위, 강제퇴거 등을 논의함. 특히 일본은 재일한국인에 대한 영주권이 특수한 영주권이라고 강조함. 한국은 앞으로 재일한국인이 귀화할 경우, 그 요건의 완화를 요청함.
주제어 재일한국인 법적지위

문서명	(가역) 재일한국인의 법적지위위원회[(仮訳)在日韓人の法的地位委員会]

문서파일번호 669
작성연월일 1962. 10. 5
구분 제6차 회담
세부항목 재일한국인 법적지위위원회 합의, 협의사항
작성처 외무성 북동아시아과
매수 6
비밀등급 극비
문서종류 내부자료
공개구분 공개
내용 재일한국인 법적지위위원회가 재개되면서 한국이 그간의 합의, 협의사항 등을 정리하여 일본에 전달한 문서. 재일한국인의 영주허가부여의 범위, 강제퇴거, 재산권 및 직업권의 요건들 명기
주제어 재일한국인 법적지위

문서명	한일예비교섭 법적지위관계 회의 제2회 회의(日韓予備交渉法的地位関係会合第2回会合)

문서파일번호 669
작성연월일 1962. 10. 11
구분 제6차 회담 예비교섭 재일한국인 법적지위위원회 제2회 회의
세부항목
작성처 외무성 북동아시아과
매수 10
비밀등급 극비
문서종류 회의록
공개구분 공개
내용 제6차 한일회담 예비교섭 제2회 법적지위위원회 회의기록. 한일 양국 주장의 일치점과 불일치점을 재확인함. 일본에서는 영토 변경에 따라 국적 선택을 해야 했지만, 이미 늦었기 때문에 다음 세대는 귀화로 문제를 해결하자고 제안함. 한국은 영주권과 귀화를 연관시키면 심리적 저항이 생긴다고 주장
주제어 재일한국인 법적지위

문서명	한일예비교섭 법적지위관계 회의 제3회 회의(日韓予備交渉法的地位関係会合第3回会合)

문서파일번호 669
작성연월일 1962. 10. 16
구분 제6차 회담 예비교섭 재일한국인 법적지위위원회 제3회 회의
세부항목
작성처 외무성 북동아시아과
매수 12
비밀등급 극비
문서종류 회의록
공개구분 공개
내용 제6차 한일회담 예비교섭 제3회 법적지위위원회 회의기록. 법적지위 문제에서 강제퇴거에 관해 양국이 합의함. 귀화에 관해 일본은 재일한국인 2세가 20세에 이르렀을 때, 귀화, 영주, 일반적인 재류, 귀국인에 대한 의사표시를 하는 선택권을 부여하는 방안을 제안
주제어 재일한국인 법적지위

문서명	한일예비교섭 법적지위관계 회의 제5회 회의(日韓予備交渉法的地位関係会合第5回会合)

문서파일번호	669
작성연월일	1962. 11. 14
구분	제6차 회담 예비교섭 재일한국인 법적지위위원회 제5회 회의
세부항목	
작성처	외무성 북동아시아과
매수	5
비밀등급	극비
문서종류	회의록
공개구분	공개
내용	제6차 한일회담 예비교섭 제5회 법적지위위원회 회의기록. 강제퇴거의 요건으로 파괴활동, 마약범, 흉악범, 일본의 이익이나 공안을 해치는 자 등에 관해 논의
주제어	재일한국인 법적지위

한일예비교섭 법적지위관계 회의 제6~10회 회의(日韓予備交渉法的地位関係会合第6 ~ 10回会合)

문서파일번호	670
작성연월일	1962. 11. 21 - 1962. 12. 11
구분	제6차 회담 예비교섭 재일한국인 법적지위위원회(제6~10회)
세부항목	
작성처	외무성 북동아시아과
매수	59
비밀등급	
문서종류	회의록, 내부자료
공개구분	공개
내용	1962년 11월 21일~12월 11일까지 개최된 제6차 회담 예비교섭 재일한국인 법적지위위원회 제6~10회 회의기록
주제어	재일한국인 법적지위

문서명	한일예비교섭 법적지위관계 회의 제6회 회의(日韓予備交渉法的地位関係会合第6回会合)

문서파일번호 670
작성연월일 1962. 11. 21
구분 제6차 회담 예비교섭 재일한국인 법적지위위원회 제6회 회의
세부항목
작성처 외무성 북동아시아과
매수 13
비밀등급 극비
문서종류 회의록
공개구분 공개
내용 제6차 한일회담 예비교섭 제6회 법적지위위원회 회의기록. 일본은 샌프란시스코 대일평화조약 발효 시까지 태어난 재일한국인 1세에게 영주권을 주고, 2세 등은 부모와 같은 지위를 부여하지만 20세 때 귀화 아니면 한국인으로서 일본에 남을 지 선택권을 줌. 강제퇴거 사유 중 빈곤이나 정신병자는 제외함. 이에 한국은 한일협정 전에 태어난 자에게 영주권을 부여해야 한다고 주장함.
주제어 재일한국인 법적지위

문서명	한일예비교섭 법적지위관계 회의 제7회 회의(日韓予備交渉法的地位関係会合第7回会合)

문서파일번호 670
작성연월일 1962. 11. 30
구분 제6차 회담 예비교섭 재일한국인 법적지위위원회 제7회 회의
세부항목
작성처 외무성 북동아시아과
매수 9
비밀등급 극비
문서종류 회의록
공개구분 공개
내용 제6차 한일회담 예비교섭 제7회 법적지위위원회 회의기록. 영주권의 기준 시점을 1945년 9월 2일로 할지 여부, 한국과 일본 간의 이산가족 문제, 영주권자의 배우자, 국적 증명서에 관해 논의
주제어 재일한국인 법적지위

문서명	제목 없음

문서파일번호	670
작성연월일	1962. 11. 30
구분	제6차 회담 예비교섭 재일한국인 법적지위위원회 제7회 회의
세부항목	
작성처	외무성 북동아시아과
매수	4
비밀등급	극비
문서종류	내부자료
공개구분	공개
내용	제6차 한일회담 예비교섭 제7회 법적지위위원회 회의 일본 논의 자료. 영주권의 정의, 강제퇴거 사유, 영주한국인 자손의 영주허가 조건, 절차 등을 정리
주제어	재일한국인 법적지위

문서명	한일예비교섭 법적지위관계 회의 제8회 회의(日韓予備交渉法的地位関係会合第8回会合)

문서파일번호	670
작성연월일	1962. 12. 4
구분	제6차 회담 예비교섭 재일한국인 법적지위위원회 제8회 회의
세부항목	
작성처	외무성 북동아시아과
매수	10
비밀등급	극비
문서종류	회의록
공개구분	공개
내용	제6차 한일회담 예비교섭 제8회 법적지위위원회 회의기록. 일본이 제시한 법적지위 문제에 관해 논의. 용어의 문제로서 한인과 한국 국민은 동일하다는 것을 확인함. 강제퇴거 사유 중에서 마약법 및 흉악범, 재일한국인 1세의 자식과 자손의 지위에 대해 논의. 귀화에 관해 일본은 20세가 아니라 그 이전에도 귀화할 수 있다고 제안
주제어	재일한국인 법적지위

문서명	한일예비교섭 법적지위관계 회의 제9회 회의(日韓予備交渉法的地位関係会合第9回会合)

문서파일번호 670
작성연월일 1962. 12. 7
구분 제6차 회담 예비교섭 재일한국인 법적지위위원회 제9회 회의
세부항목
작성처 외무성 북동아시아과
매수 10
비밀등급 극비
문서종류 회의록
공개구분 공개
내용 제6차 한일회담 예비교섭 제9회 법적지위위원회 회의기록. 법적지위 문제의 쟁점을 재정리. 강제퇴거 중에 마약범에 관해 한국은 범죄를 범해도 강제퇴거하면 안 된다고 반박함. 한국은 강제퇴거에 관한 새로운 개념을 만들 것을 제안하였으나, 일본은 현행 입국관리법을 바탕으로 하자고 주장함.
주제어 재일한국인 법적지위

문서명	(가역)영구권부여의 범위, 신청방법, 신청기간 및 퇴거사유[(仮訳)永住権付与の範囲、申請方法、申請期間および退去事由]

문서파일번호 670
작성연월일 1962. 12. 7
구분 제6차 회담 예비교섭 재일한국인 법적지위위원회 제3회 회의
세부항목
작성처 외무성 북동아시아과
매수 2
비밀등급 극비
문서종류 내부자료
공개구분 공개
내용 제6차 한일회담 예비교섭 제9회 법적지위위원회 회의 한국 제안. 태평양전쟁 종료 이전부터 일본에 거주하는 재일한국인과 협정 체결 이후 20년 이내에 출생한 자손들에게는 영주권을 부여함. 일본 헌법을 부정하거나 일본정부에 대한 폭력, 강도, 방화 등을 한 경우 강제퇴거를 적용
주제어 재일한국인 법적지위

문서명	한일예비교섭 법적지위관계 회의 제10회 회의(日韓予備交渉法的地位関係会合第10回会合)

문서파일번호 670

작성연월일 1962. 12. 11

구분 제6차 회담 예비교섭 재일한국인 법적지위위원회 제10회 회의

세부항목

작성처 외무성 북동아시아과

매수 11

비밀등급 극비

문서종류 회의록

공개구분 공개

내용 제6차 한일회담 예비교섭 제10회 법적지위위원회 회의기록. 한국이 재일한인의 법적지위 문제에서 부모와 자식의 지위 차이를 제기. 이와 더불어 재일한국인이라는 표현 문제 및 영주허가의 절차, 북한계 사람들의 강제퇴거 사유에 관해 논의

주제어 재일한국인 법적지위

한일예비교섭 법적지위관계 회의 제11~15회 회의(日韓予備交渉法的地位関係会合第11～15回会合)

문서파일번호	671
작성연월일	1962. 12. 13 - 1963. 2. 6
구분	제6차 회담 예비교섭 재일한국인 법적지위위원회(제11~15회)
세부항목	
작성처	외무성 북동아시아과
매수	31
비밀등급	
문서종류	회의록
공개구분	공개
내용	1962년 12월 13일~1963년 2월 3일까지 개최된 세6차 회담 예비교섭 재일한국인 법적지위위원회 제11~15회 회의기록
주제어	재일한국인 법적지위

문서명	한일예비교섭 법적지위관계 회의 제11회 회의(日韓予備交渉法的地位関係会合第11回会合)

문서파일번호 671
작성연월일 1962. 12. 13
구분 제6차 회담 예비교섭 재일한국인 법적지위위원회 제11회 회의
세부항목
작성처 외무성 북동아시아과
매수 7
비밀등급 극비
문서종류 회의록
공개구분 공개
내용 제6차 한일회담 예비교섭 제11회 법적지위위원회 회의기록. 일본은 일본 국내법을 재일한국인에 적용하여 강제로 국외에 퇴거시키는 것은 한계가 있으며, 폭력적인 자를 퇴거시키지 못하는 것은 문제가 있다고 발언함. 한국은 마약범과 일반 조항(General Clause) 문제에 집중하여 논의
주제어 재일한국인 법적지위

문서명	한일예비교섭 법적지위관계 회의 제12회 회의(日韓予備交渉法的地位関係会合第12回会合)

문서파일번호 671
작성연월일 1962. 12. 15
구분 제6차 회담 예비교섭 재일한국인 법적지위위원회 제12회 회의
세부항목
작성처 외무성 북동아시아과
매수 5
비밀등급 극비
문서종류 회의록
공개구분 공개
내용 제6차 한일회담 예비교섭 제12회 법적지위위원회 회의기록. 일본은 강제퇴거 요건 중에서 폭력 활동의 내용을 설명했고, 한국은 종전 시점부터 대일평화조약 발효 사이에 일본에 온 한국인에게 영주권 부여와 사회보장 문제로서 생활보호, 국민건강보험, 아동복지법 적용을 검토해줄 것을 일본에 요청함.
주제어 재일한국인 법적지위

문서명	한일예비교섭 법적지위관계 회의 제13회 회의(日韓予備交渉法的地位関係会合第13回会合)

문서파일번호 671
작성연월일 1962. 12. 19
구분 제6차 회담 예비교섭 재일한국인 법적지위위원회 제13회 회의
세부항목
작성처 외무성 북동아시아과
매수 9
비밀등급 극비
문서종류 회의록
공개구분 공개
내용 제6차 한일회담 예비교섭 제13회 법적지위위원회 회의기록. 강제퇴거에 관해 집중 논의. 일본은 입국관리법 제24조 4호 내용을 설명하며 흉악범과 마약범에 관해서는 인도주의적 운영을 하는 완화적 조치의 규정을 마련한다고 언급함. 한국은 일본의 파괴활동방지법에 규정된 파괴활동을 한 자와 폭력으로 정부를 전복하려고 하는 자는 개념상 다르다고 주장함. 이어서 한국은 강제퇴거가 한일 쌍방의 협의가 아니라 일본이 결정하여 시행할 수 있는 것은 문제라고 주장
주제어 재일한국인 법적지위

문서명	한일예비교섭 법적지위관계 회의 제14회 회의(日韓予備交渉法的地位関係会合第14回会合)

문서파일번호 671
작성연월일 1962. 12. 22
구분 제6차 회담 예비교섭 재일한국인 법적지위위원회 제14회 회의
세부항목
작성처 외무성 북동아시아과
매수 8
비밀등급 극비
문서종류 회의록
공개구분 공개
내용 제6차 한일회담 예비교섭 제14회 법적지위위원회 회의기록. 강제퇴거 요건에 관해

서 한일 양국 주장의 차이점을 정리. 범죄자의 재판심리의 결과에 따라 한일 양국이 협의해 강제퇴거를 결정하면, 한일 양국이 조총련계 사람을 추방시킨다는 오해가 생긴다고 우려. 재일한국인이 생활보호 문제 등에 관한 시위를 한 경우, 평화적으로 했다면 문제가 되지 않을 것임.

주제어 재일한국인 법적지위

문서명	한일예비교섭 법적지위관계 회의 제15회 회의(日韓予備交渉法的地位関係会合第15回会合)

문서파일번호 671
작성연월일 1963. 2. 6
구분 제6차 회담 예비교섭 재일한국인 법적지위위원회 제15회 회의
세부항목
작성처 외무성 북동아시아과
매수 2
비밀등급 극비
문서종류 회의록
공개구분 공개
내용 제6차 한일회담 예비교섭 제15회 법적지위위원회 회의기록. 앞으로의 논의 방식에 관해 협의. 영주권 문제와 강제퇴거 문제를 병렬적으로 진행하는 것으로 결정.
주제어 재일한국인 법적지위

한일예비교섭 법적지위관계회의 제16~20회 회의
(日韓予備交渉法的地位関係会合第16 ~ 20回会合)

문서파일번호	672
작성연월일	1963. 2. 13 - 1963. 3. 4
구분	제6차 회담 예비교섭 재일한국인 법적지위위원회(제16~20회)
세부항목	
작성처	외무성 북동아시아과
매수	29
비밀등급	
문서종류	회의록
공개구분	공개
내용	1963년 2월 13일~1963년 3월 4일까지 개최된 제6차 회담 예비교섭 재일한국인 법적지위위원회 제16~20회 회의기록(제1~15회 회의는 1962년 개최됨.)
주제어	제6차 한일회담 예비교섭 재일한국인 법적지위위원회 회의

문서명	한일예비교섭 법적지위관계회의 제16회 회의(日韓予備交渉法的地位関係会合第16回会合)

문서파일번호 672
작성연월일 1963. 2. 13
구분 제6차 회담 예비교섭 재일한국인 법적지위위원회 제16회 회의
세부항목
작성처 외무성 북동아시아과
매수 7
비밀등급 극비
문서종류 회의록
공개구분 공개
내용 제6차 회담 예비교섭 제16회 법적지위위원회 회의기록. 영주권자의 가족에 관해 논의. 한국은 영주권자와 한국인의 결혼을 상정할 경우, 동일한 자격 부여 필요성을 주장했으나, 일본은 해당 영역의 확대를 우려함. 이어서 일본은 재한일본인 문제를 제기함.
주제어 재일한국인 법적지위

문서명	한일예비교섭 법적지위관계회의 제17회 회의(日韓予備交渉法的地位関係会合第17回会合)

문서파일번호 672
작성연월일 1963. 2. 20
구분 제6차 회담 예비교섭 재일한국인 법적지위위원회 제17회 회의
세부항목
작성처 외무성 북동아시아과
매수 8
비밀등급 극비
문서종류 회의록
공개구분 공개
내용 제6차 한일회담 예비교섭 제17회 법적지위위원회 회의기록. 일본은 영주권자의 자식이 20세가 되었을 때, 소행선량(素行善良)이라면 영주권을 부여한다고 언급. 이에 한국은 소행선량의 기준이 애매하다고 주장함.
주제어 재일한국인 법적지위

문서명	한일예비교섭 법적지위관계회의 제18회 회의(日韓予備交渉法的地位関係会合第18回会合)

문서파일번호 672
작성연월일 1963. 2. 22
구분 제6차 회담 예비교섭 재일한국인 법적지위위원회 제18회 회의
세부항목
작성처 외무성 북동아시아과
매수 3
비밀등급 극비
문서종류 회의록
공개구분 공개
내용 제6차 한일회담 예비교섭 제18회 법적지위위원회 회의기록. 강제퇴거에 관해 집중 논의. 일본정부에 대한 폭력주의적 파괴활동을 한 자에게 한일 양국은 파괴활동방지법 제4조 1항 적용하기로 합의했으나, 2항에 관해서는 불일치
주제어 재일한국인 법적지위

문서명	한일예비교섭 법적지위관계회의 제19회 회의(日韓予備交渉法的地位関係会合第19回会合)

문서파일번호 672
작성연월일 1963. 2. 28
구분 제6차 회담 예비교섭 재일한국인 법적지위위원회 제19회 회의
세부항목
작성처 외무성 북동아시아과
매수 7
비밀등급 극비
문서종류 회의록
공개구분 공개
내용 제6차 한일회담 예비교섭 제19회 법적지위위원회 회의기록. 강제퇴거에 관한 요건으로서 파괴활동방지법 제4조 1항 2호가 쟁점이 됨. 마약범에 관해서는 한일양국 합의. 영주허가부여 방법에 관해서도 논의. 특히 북한 관계를 고려한 한국 국민의 범위가 논의됨.
주제어 재일한국인 법적지위

문서명	한일예비교섭 법적지위관계회의 제20회 회의(日韓予備交渉法的地位関係会合第20回会合)

문서파일번호 672

작성연월일 1963. 3. 4

구분 제6차 회담 예비교섭 재일한국인 법적지위위원회 제20회 회의

세부항목

작성처 외무성 북동아시아과

매수 4

비밀등급 극비

문서종류 회의록

공개구분 공개

내용 제6차 한일회담 예비교섭 제20회 법적지위위원회 회의기록. 영주권자가 한국에 귀국할 경우의 재산 반입 한도액에 관해 논의함.

주제어 재일한국인 법적지위

한일예비교섭 법적지위관계회의 제21~25회 회의
(日韓予備交渉法的地位関係会合第21 ~ 25回会合)

문서파일번호	673
작성연월일	1963. 3. 15 - 1963. 4. 23
구분	제6차 회담 예비교섭 재일한국인 법적지위위원회(제21~25회)
세부항목	
작성처	외무성 북동아시아과
매수	20
비밀등급	
문서종류	회의록
공개구분	공개
내용	1963년 3월 15일~1963년 4월 23일까지 개최된 제6차 회담 예비교섭 재일한국인 법적지위위원회 제21~25회 회의기록
주제어	제6차 한일회담 예비교섭 재일한국인 법적지위위원회 회의

문서명	한일예비교섭 법적지위관계회의 제21회 회의(日韓予備交渉法的地位関係会合第21回会合)

문서파일번호 673
작성연월일 1963. 3. 15
구분 제6차 회담 예비교섭 재일한국인 법적지위위원회 제21회 회의
세부항목
작성처 외무성 북동아시아과
매수 5
비밀등급 극비
문서종류 회의록
공개구분 공개
내용 제6차 한일회담 예비교섭 제21회 법적지위위원회 회의기록. 강제퇴거된 재일한국인이 원칙적으로 한국으로 송환되는지에 관해 논의함. 마약범중 집행유예자에 대한 검토가 진행됨.
주제어 재일한국인 법적지위

문서명	한일예비교섭 법적지위관계회의 제22회 회의(日韓予備交渉法的地位関係会合第22回会合)

문서파일번호 673
작성연월일 1963. 3. 18
구분 제6차 회담 예비교섭 재일한국인 법적지위위원회 제22회 회의
세부항목
작성처 외무성 북동아시아과
매수 2
비밀등급 극비
문서종류 회의록
공개구분 공개
내용 제6차 한일회담 예비교섭 제22회 법적지위위원회 회의기록. 한국의 국내 상황, 영주권자의 한국에의 재산 반입, 영주권 부여 범위에 관해 논의함.
주제어 재일한국인 법적지위

문서명	한일예비교섭 법적지위관계회의 제23회 회의(日韓予備交渉法的地位関係会合第23回会合)

문서파일번호 673
작성연월일 1963. 3. 29
구분 제6차 회담 예비교섭 재일한국인 법적지위위원회 제23회 회의
세부항목
작성처 외무성 북동아시아과
매수 7
비밀등급 극비
문서종류 회의록
공개구분 공개
내용 제6차 한일회담 예비교섭 제23회 법적지위위원회 회의기록. 강제퇴거 요건들에 관해 논의. 방화, 살인, 폭파, 강도, 공무집행방해 등 형기를 기준으로 요건을 구체화함.
주제어 재일한국인 법적지위

문서명	한일예비교섭 법적지위관계회의 제24회 회의(日韓予備交渉法的地位関係会合第24回会合)

문서파일번호 673
작성연월일 1963. 4. 2
구분 제6차 회담 예비교섭 재일한국인 법적지위위원회 제24회 회의
세부항목
작성처 외무성 북동아시아과
매수 3
비밀등급 극비
문서종류 회의록
공개구분 공개
내용 제6차 한일회담 예비교섭 제24회 법적지위위원회 회의기록. 영주자격 부여 범위에서 한일 양국의 주장 차이가 부각됨. 한국은 협정 체결 후 20년 후까지 태어난 자에게도 영주자격 부여를 주장하는 한편, 일본은 평화조약 발효 시까지 태어난 자에게 영주자격 부여를 주장함. 이와 더불어 영주권자의 자손에 대한 법적지위 문제가 논의됨.
주제어 재일한국인 법적지위

문서명	한일예비교섭 법적지위관계회의 제25회 회의(日韓予備交渉法的地位関係会合第25回会合)

문서파일번호 673
작성연월일 1963. 4. 23
구분 제6차 회담 예비교섭 재일한국인 법적지위위원회 제25회 회의
세부항목
작성처 외무성 북동아시아과
매수 3
비밀등급 극비
문서종류 회의록
공개구분 공개
내용 제6차 한일회담 예비교섭 제25회 법적지위위원회 회의기록. 재일한국인의 진학, 언어, 역사 교육 문제 등에 관해 논의. 일본은 한국인 학교를 일본의 정규 학교로서 인정하기 어렵다고 언급함.
주제어 재일한국인 법적지위

한일예비교섭 법적지위관계회의 제26~30회 회의
(日韓予備交渉法的地位関係会合第26~30回会合)

문서파일번호	674
작성연월일	1963. 4. 30 - 1963. 5. 28
구분	제6차 회담 예비교섭 재일한국인 법적지위위원회(제26~30회)
세부항목	
작성처	외무성 북동아시아과
매수	23
비밀등급	
문서종류	회의록
공개구분	공개
내용	1963년 4월 30일~1963년 5월 28일까지 개최된 제6차 회담 예비교섭 재일한국인 법적지위위원회 제26~30회 회의기록
주제어	제6차 한일회담 예비교섭 재일한국인 법적지위위원회 회의

문서명	한일예비교섭 법적지위관계회의 제26회 회의(日韓予備交渉法的地位関係会合第26回会合)

문서파일번호 674
작성연월일 1963. 4. 30
구분 제6차 회담 예비교섭 재일한국인 법적지위위원회 제26회 회의
세부항목
작성처 외무성 북동아시아과
매수 4
비밀등급 극비
문서종류 회의록
공개구분 공개
내용 제6차 한일회담 예비교섭 제26회 법적지위위원회 회의기록. 강제퇴거 관련 파괴활동방지법에서 재일한국인에 적용시키는 범위가 논의됨. 이와 아울러 파괴활동방지법은 우익과 공산주의를 규제하는데, 재일한국인에게도 작용될지에 관한 논의의 필요성이 제기됨.
주제어 재일한국인 법적지위

문서명	한일예비교섭 법적지위관계회의 제27회 회의(日韓予備交渉法的地位関係会合第27回会合)

문서파일번호 674
작성연월일 1963. 5. 8
구분 제6차 회담 예비교섭 재일한국인 법적지위위원회 제27회 회의
세부항목
작성처 외무성 북동아시아과
매수 5
비밀등급 극비
문서종류 회의록
공개구분 공개
내용 제6차 한일회담 예비교섭 제27회 법적지위위원회 회의기록. 한국이 일본 내에 있는 한국 고등학교를 졸업한 한국 학생들에게 일본의 대학교에 진학할 수 있도록 자격부여를 요청함. 일본은 이에 부정적인 반응을 보임.
주제어 재일한국인 법적지위

문서명	한일예비교섭 법적지위관계회의 제28회 회의(日韓予備交渉法的地位関係会合第28回会合)

문서파일번호 674
작성연월일 1963. 5. 17
구분 제6차 회담 예비교섭 재일한국인 법적지위위원회 제28회 회의
세부항목
작성처 외무성 북동아시아과
매수 5
비밀등급 극비
문서종류 회의록
공개구분 공개
내용 제6차 한일회담 예비교섭 제28회 법적지위위원회 회의기록. 일본이 폭력적 파괴활동을 한 재일한국인의 강제퇴거를 언급했고, 이에 한국은 강제퇴거 요건 사항들이 많아진다고 우려함. 강제퇴거 사유 인정은 일본의 주권에 속한다는 주장에 대해 한국은 일본이 일방적으로 결정하는 것에 반발함.
주제이 재일한국인 법적지위

문서명	한일예비교섭 법적지위관계회의 제29회 회의(日韓予備交渉法的地位関係会合第29回会合)

문서파일번호 674
작성연월일 1963. 5. 22
구분 제6차 회담 예비교섭 재일한국인 법적지위위원회 제29회 회의
세부항목
작성처 외무성 북동아시아과
매수 4
비밀등급 극비
문서종류 회의록
공개구분 공개
내용 제6차 한일회담 예비교섭 제29회 법적지위위원회 회의기록. 한일 양국 간 의견 차이가 있는 영주허가 부여의 범위, 영주권자의 자식들의 지위에 관해 논의. 한국은 영주자격 부여 관련 일본이 주장하는 대로 될 경우 이는 앞으로 재일한국인들을 귀화하도록 하는 게 될 것이라고 주장함.
주제어 재일한국인 법적지위

문서명	한일예비교섭 법적지위관계회의 제30회 회의(日韓予備交渉法的地位関係会合第30回会合)

문서파일번호 674

작성연월일 1963. 5. 28

구분 제6차 회담 예비교섭 재일한국인 법적지위위원회 제30회 회의

세부항목

작성처 외무성 북동아시아과

매수 5

비밀등급 극비

문서종류 회의록

공개구분 공개

내용 제6차 한일회담 예비교섭 제30회 법적지위위원회 회의기록. 한국이 폭력주의적 파괴활동을 한 재일한국인 범위로 소요(騷擾)만을 대상으로 해줄 것을 일본에 요청함. 강제퇴거 요건 중에서 '외교상의 이익을 해치는 자'라는 문구의 의미를 논의함.

주제어 재일한국인 법적지위

한일예비교섭 법적지위관계회의 제31~35회 회의
(日韓予備交渉法的地位関係会合第31 ~ 35回会合)

문서파일번호	675
작성연월일	1963. 6. 5 - 1963. 7. 3
구분	제6차 회담 예비교섭 재일한국인 법적지위위원회(제31~35회)
세부항목	
작성처	외무성 북동아시아과
매수	31
비밀등급	
문서종류	회의록
공개구분	공개
내용	1963년 6월 5일~1963년 7월 3일까지 개최된 제6차 회담 예비교섭 재일한국인 법적지위위원회 제31~35회 회의기록
주제어	제6차 한일회담 예비교섭 재일한국인 법적지위위원회 회의

문서명	한일예비교섭 법적지위관계회의 제31회 회의(日韓予備交渉法的地位関係会合第31回会合)

문서파일번호 675
작성연월일 1963. 6. 5
구분 제6차 회담 예비교섭 재일한국인 법적지위위원회 제31회 회의
세부항목
작성처 외무성 북동아시아과
매수 7
비밀등급 극비
문서종류 회의록
공개구분 공개
내용 제6차 한일회담 예비교섭 제31회 법적지위위원회 회의기록. 영주허가부여의 기준 시점에 관해 일본은 대일평화조약 발효 시점부터를 고려하고, 한국은 한일협정 체결 후부터를 고려함. 또 재일한국인 귀화 요건에서 생계능력과 재일한국인의 개별 가족구성도 고려하는 문제가 논의됨.
주제어 재일한국인 법적지위

문서명	한일예비교섭 법적지위관계회의 제32회 회의(日韓予備交渉法的地位関係会合第32回会合)

문서파일번호 675
작성연월일 1963. 6. 11
구분 제6차 회담 예비교섭 재일한국인 법적지위위원회 제32회 회의
세부항목
작성처 외무성 북동아시아과
매수 5
비밀등급 극비
문서종류 회의록
공개구분 공개
내용 제6차 한일회담 예비교섭 제32회 법적지위위원회 회의기록. 강제퇴거 요건, 특히 파괴활동방지법의 재일한국인 적용에 관해서 논의함.
주제어 재일한국인 법적지위

문서명	한일예비교섭 법적지위관계회의 제33회 회의(日韓予備交渉法的地位関係会合第33回会合)

문서파일번호 675
작성연월일 1963. 6. 19
구분 제6차 회담 예비교섭 재일한국인 법적지위위원회 제33회 회의
세부항목
작성처 외무성 북동아시아과
매수 10
비밀등급 극비
문서종류 회의록
공개구분 공개
내용 제6차 한일회담 예비교섭 제33회 법적지위위원회 회의기록. 영주권 부여 신청방법에 관해 한국은 한일협정 발효 후부터 20년까지를 철회하고 5년 후까지를 주장함. 영주권자의 자식은 부모와 같은 지위에 해당되고, 자식이 귀화를 희망할 경우, 생계능력은 요건으로 하지 않음을 확인함. 또한 재일한국인의 재산권 및 직업권과 관련, 일본은 일본 국민에게만 권리가 있음을 주장함.
주제어 재일한국인 법적지위

문서명	한일예비교섭 법적지위관계회의 제34회 회의(日韓予備交渉法的地位関係会合第34回会合)

문서파일번호 675
작성연월일 1963. 6. 26
구분 제6차 회담 예비교섭 재일한국인 법적지위위원회 제34회 회의
세부항목
작성처 외무성 북동아시아과
매수 5
비밀등급 극비
문서종류 회의록
공개구분 공개
내용 제6차 한일회담 예비교섭 제34회 법적지위위원회 회의기록. 강제퇴거에 관해 집중 논의. '일본국의 중대한 외교상의 이익을 해치는 행위'라는 문구가 추상적이므로 앞으로 이 문구 내용에 관해서 구체화시켜 나가기로 함.
주제어 재일한국인 법적지위

문서명	한일예비교섭 법적지위관계회의 제35회 회의(日韓予備交渉法的地位関係会合第35回会合)

문서파일번호 675

작성연월일 1963. 7. 3

구분 제6차 회담 예비교섭 재일한국인 법적지위위원회 제35회 회의

세부항목

작성처 외무성 북동아시아과

매수 4

비밀등급 극비

문서종류 회의록

공개구분 공개

내용 제6차 한일회담 예비교섭 제35회 법적지위위원회 회의기록. 1957년에 협의한 약정에 관한 내용과 재일한국인에게 영주권을 부여하는 시기에 관한 논의가 이루어짐.

주제어 재일한국인 법적지위

한일예비교섭 법적지위관계회의 제36~40회 회의
(日韓予備交渉法的地位関係会合第36 ~ 40回会合)

문서파일번호	676
작성연월일	1963. 11. 8 - 1963. 12. 5
구분	제6차 회담 예비교섭 재일한국인 법적지위위원회(제36~40회)
세부항목	
작성처	외무성 북동아시아과
매수	26
비밀등급	
문서종류	회의록
공개구분	공개
내용	1963년 11월 8일~1963년 12월 5일까지 개최된 제6차 회담 예비교섭 새일한국인 법적지위위원회 제36~40회 회의기록
주제이	제6차 한일회담 예비교섭 재일한국인 법적지위위원회

문서명	한일예비교섭 법적지위관계회의 제36회 회의(日韓予備交渉法的地位関係会合第36回会合)

문서파일번호 676
작성연월일 1963. 11. 8
구분 제6차 회담 예비교섭 재일한국인 법적지위위원회 제36회 회의
세부항목
작성처 외무성 북동아시아과
매수 3
비밀등급 극비
문서종류 회의록
공개구분 공개
내용 제6차 한일회담 예비교섭 제36회 법적지위위원회 회의기록. 한국이 한국 국내 상황과 관련, 민주공화당이 국회에서 과반수를 차지하지 못해도 신헌법에서는 대통령이 강력한 권한이 있다는 것을 일본에 설명함.
주제어 재일한국인 법적지위

문서명	한일예비교섭 법적지위관계회의 제37회 회의(日韓予備交渉法的地位関係会合第37回会合)

문서파일번호 676
작성연월일 1963. 11. 15
구분 제6차 회담 예비교섭 재일한국인 법적지위위원회 제37회 회의
세부항목
작성처 외무성 북동아시아과
매수 6
비밀등급 극비
문서종류 회의록
공개구분 공개
내용 제6차 한일회담 예비교섭 제37회 법적지위위원회 회의기록. 강제퇴거에 관해 정리, 확인함. 일본은 일본 국내법상 내란, 외환(外患), 소요(騷擾)의 형벌을 받은 재일한국인을 강제퇴거 시킨다고 했으나, 한국은 형기 2년 이상의 형벌을 받은 자로 제한해야 한다고 주장함. 마약범 및 흉악범에 관해서도 형기를 집중적으로 논의함.
주제어 재일한국인 법적지위

문서명	한일예비교섭 법적지위관계회의 제38회 회의(日韓予備交渉法的地位関係会合第38回会合)

문서파일번호 676
작성연월일 1963. 11. 19
구분 제6차 회담 예비교섭 재일한국인 법적지위위원회 제38회 회의
세부항목
작성처 외무성 북동아시아과
매수 6
비밀등급 극비
문서종류 회의록
공개구분 공개
내용 제6차 한일회담 예비교섭 제38회 법적지위위원회 회의기록. 재일한국인의 반출 가능 재산 한도에 관해 논의함. 또한 영주권 부여 범위, 한일회담에 반대하는 재일조선인을 협정 대상에 포함할지에 대해서도 논의함.
주제어 재일한국인 법적지위

문서명	한일예비교섭 법적지위관계회의 제39회 회의(日韓予備交渉法的地位関係会合第39回会合)

문서파일번호 676
작성연월일 1963. 11. 29
구분 제6차 회담 예비교섭 재일한국인 법적지위위원회 제39회 회의
세부항목
작성처 외무성 북동아시아과
매수 6
비밀등급 극비
문서종류 회의록
공개구분 공개
내용 제6차 한일회담 예비교섭 제39회 법적지위위원회 회의기록. 1957년에 협의한 약정에 관해 논의함. 일본 국내법에 따라 처벌받은 자는 형기를 기준으로 고려하는 문제를 논의함. 재일조선인 등 좌파세력의 한일회담 반대 선전에 이용당하지 않도록 재일한국인이 일본에서 추방당하는 것처럼 보이는 것을 막아야 한다는 주장이 거론됨. 강제퇴거 수속 미완료 재수감자 조사 결과가 첨부됨.
주제어 재일한국인 법적지위

문서명	한일예비교섭 법적지위관계회의 제40회 회의(日韓予備交渉法的地位関係会合第40回会合)

문서파일번호 676

작성연월일 1963. 12. 5

구분 제6차 회담 예비교섭 재일한국인 법적지위위원회 제40회 회의

세부항목

작성처 외무성 북동아시아과

매수 4

비밀등급 극비

문서종류 회의록

공개구분 공개

내용 제6차 한일회담 예비교섭 제40회 법적지위위원회 회의기록. 재일한국인의 사회보장과 관련, 한국은 일본인과 같은 처리를 요구하고, 일본은 각 지역 행정에 맡길 것을 제안함.

주제어 재일한국인 법적지위

한일예비교섭 법적지위관계회의 제41~45회 회의
(日韓予備交渉法的地位関係会合第41 ~ 45回会合)

문서파일번호	677
작성연월일	1963. 12. 13 - 1964. 1. 17
구분	제6차 회담 예비교섭 재일한국인 법적지위위원회(제41~45회)
세부항목	
작성처	외무성 북동아시아과
매수	26
비밀등급	
문서종류	회의록
공개구분	공개
내용	1963년 12월 13일~1964년 1월 17일까지 개최된 제6차 회담 예비교섭 재일한국인 법적지위위원회 제41~45회 회의기록
주제어	제6차 한일회담 예비교섭 재일한국인 법적지위위원회 회의

문서명	한일예비교섭 법적지위관계회의 제41회 회의(日韓予備交渉法的地位関係会合第41回会合)

문서파일번호 677
작성연월일 1963. 12. 13
구분 제6차 회담 예비교섭 재일한국인 법적지위위원회 제41회 회의
세부항목
작성처 외무성 북동아시아과
매수 4
비밀등급 극비
문서종류 회의록
공개구분 공개
내용 제6차 한일회담 예비교섭 제41회 법적지위위원회 회의기록. 한국에서 영주권자 자식의 강제퇴거 요건 중에서 빈곤이나 질병을 제외하도록 요청함. 일본도 그러한 요건을 적용하지 않을 것이라고 답함.
주제어 재일한국인 법적지위

문서명	한일예비교섭 법적지위관계회의 제42회 회의(日韓予備交渉法的地位関係会合第42回会合)

문서파일번호 677
작성연월일 1963. 12. 19
구분 제6차 회담 예비교섭 재일한국인 법적지위위원회 제42회 회의
세부항목
작성처 외무성 북동아시아과
매수 9
비밀등급 극비
문서종류 회의록
공개구분 공개
내용 제6차 한일회담 예비교섭 제42회 법적지위위원회 회의기록. 재일한국인이 한국에 귀국할 경우, 한국에 가져갈 수 있는 재산에 관해 논의함. 일본은 1세대(世帶) 5천 달러까지를 주장. 한국은 1만 달러까지를 주장하고, 재일한국인이 일반 외국인과 다르게 처리된다는 것을 강조함.
주제어 재일한국인 법적지위

문서명	한일예비교섭 법적지위관계회의 제43회 회의(日韓予備交渉法的地位関係会合第43回会合)

문서파일번호 677
작성연월일 1963. 12. 26
구분 제6차 회담 예비교섭 재일한국인 법적지위위원회 제43회 회의
세부항목
작성처 외무성 북동아시아과
매수 2
비밀등급 극비
문서종류 회의록
공개구분 공개
내용 제6차 한일회담 예비교섭 제43회 법적지위위원회 회의기록. 영주권 부여 범위의 기준점에 관해 재정리함.
주제어 재일한국인 법적지위

문시명	한일예비교섭 법적지위관계회의 제44회 회의(日韓予備交渉法的地位関係会合第44回会合)

문서파일번호 677
삭성연월일 1964. 1. 14
구분 제6차 회담 예비교섭 재일한국인 법적지위위원회 제44회 회의
세부항목
작성처 외무성 북동아시아과
매수 7
비밀등급 극비
문서종류 회의록
공개구분 공개
내용 제6차 한일회담 예비교섭 제44회 법적지위위원회 회의기록. 1945년 이후 일본에 건너간 재일한국인의 영주권 문제, 마약범에 관해 논의함. 귀화의 요건 중에서 재일한국인의 사상적 측면이 논의되었고, 일본은 공산당이나 조총련에 소속하고 있는 자에게는 귀화를 허용하지 않을 것이라고 설명함.
주제어 재일한국인 법적지위

문서명	한일예비교섭 법적지위관계회의 제45회 회의(日韓予備交渉法的地位関係会合第45回会合)

문서파일번호	677
작성연월일	1964. 1. 17
구분	제6차 회담 예비교섭 재일한국인 법적지위위원회 제35회 회의
세부항목	
작성처	외무성 북동아시아과
매수	4
비밀등급	극비
문서종류	회의록
공개구분	공개
내용	제6차 한일회담 예비교섭 제45회 법적지위위원회 회의기록. 재일한국인이 한국에 귀국할 경우의 반출재산 한도에 대해 논의함. 특히 수출 승인이 필요 없는 휴대품, 이사짐, 직업용구 등이 거론됨.
주제어	재일한국인 법적지위

한일예비교섭 법적지위관계회의 제46~48회 회의
(日韓予備交渉法的地位関係会合第46 ~ 48回会合)

문서파일번호	678
작성연월일	1964. 1. 21 - 1964. 1. 29
구분	제6차 회담 예비교섭 재일한국인 법적지위위원회(제46~48회)
세부항목	
작성처	외무성 북동아시아과
매수	26
비밀등급	
문서종류	회의록, 협정안
공개구분	공개
내용	1964년 1월 21일~29일까지 개최된 제6차 회담 예비교섭 재일한국인 법적지위 위원회 제46~48회 회의기록
주제어	재일한국인 법적지위

문서명	한일예비교섭 법적지위관계회의 제46회 회의(日韓予備交渉法的地位関係会合第46回会合)

문서파일번호 678
작성연월일 1964. 1. 21
구분 제6차 회담 예비교섭 재일한국인 법적지위위원회 제46회 회의
세부항목
작성처 외무성 북동아시아과
매수 10
비밀등급 극비
문서종류 회의록
공개구분 공개
내용 제6차 한일회담 예비교섭 제46회 법적지위위원회 회의기록. 재일한국인의 한국 귀국 시 일본 내 재산의 반출 한도액에 관해 한국은 재일한국인의 특수적인 역사적 배경 설명과 함께 한도액을 10,000달러로 주장했으나, 일본은 이에 대해 부정적 입장을 보임.
주제어 재일한국인 법적지위, 귀국 시 재산 반출 한도액

문서명	한일예비교섭 법적지위관계회의 제47회 회의(日韓予備交渉法的地位関係会合第47回会合)

문서파일번호 678
작성연월일 1964. 1. 24
구분 제6차 회담 예비교섭 재일한국인 법적지위위원회 제47회 회의
세부항목
작성처 외무성 북동아시아과
매수 6
비밀등급 극비
문서종류 회의록
공개구분 공개
내용 제6차 한일회담 예비교섭 제47회 법적지위위원회 회의기록. 한국이 1961년부터 한국에 귀국한 재일한국인 인원수를 보고함. 재일한국인의 일본 내 재산 반출 한도액이 많아지면, 귀국자가 늘어날 것인지에 관해 논의함.
주제어 재일한국인 법적지위, 귀국 시 재산 반출 한도액

문서명	한일예비교섭 법적지위관계회의 제48회 회의(日韓予備交渉法的地位関係会合第48回会合)

문서파일번호 678
작성연월일 1964. 1. 29
구분 제6차 회담 예비교섭 재일한국인 법적지위위원회 제48회 회의
세부항목
작성처 외무성 북동아시아과
매수 4
비밀등급 극비
문서종류 회의록
공개구분 공개
내용 제6차 한일회담 예비교섭 제48회 법적지위위원회 회의기록. 영주권자 및 자식의 문제, 귀국 시 재산 반출 문제, 귀화 문제 등이 논의됨.
주제어 재일한국인 법적지위

문서명	논의용 자료 : 일본국에 거주하는 특정 대한민국 국민의 법적지위에 관한 협정안[(討議用資料)(日本国に在留する特定の多感民国国民の法的地位に関する協定案)]

문서파일번호 678
작성연월일 1964. 1. 29
구분 제6차 회담 예비교섭 재일한국인 법적지위위원회 제48회 회의
세부항목
작성처 외무성 북동아시아과
매수 4
비밀등급 극비
문서종류 협정안
공개구분 공개
내용 일본이 제6차 한일회담 예비교섭 제48회 법적지위위원회 회의 시 제출한 재일한국인의 법적지위에 관한 협정안
주제어 재일한국인 법적지위

문서명	부속문서 골자(안) [附属文書の骨子(案)]

문서파일번호	678
작성연월일	1964. 1. 29
구분	제6차 회담 예비교섭 재일한국인 법적지위위원회 제48회 회의
세부항목	
작성처	외무성 북동아시아과
매수	2
비밀등급	극비
문서종류	부속 합의의사록안(골자)
공개구분	공개
내용	일본이 제6차 한일회담 예비교섭 제48회 법적지위위원회 회의 시 제출한 재일한국인의 법적지위에 관한 협정 부속문서안 골자. 영주허가 방법, 강제퇴거, 영주권자의 자식 문제 등이 기술됨.
주제어	재일한국인 법적지위

한일예비교섭 법적지위관계회의 제49~52회 회의
(日韓予備交渉法的地位関係会合第49 ~ 52回会合)

문서파일번호	679
작성연월일	1964. 2. 10 - 1964. 3. 10
구분	제6차 회담 예비교섭 재일한국인 법적지위위원회(제49~52회)
세부항목	
작성처	외무성 북동아시아과
매수	25
비밀등급	
문서종류	회의록, 협정안
공개구분	공개
내용	1964년 2월 10일~1964년 3월 10일까지 개최된 제6차 회담 예비교섭 재일한국인 법적지위위원회 제49~52회 회의기록
주제어	재일한국인 법적지위

문서명	한일예비교섭 법적지위관계회의 제49회 회의(日韓予備交渉法的地位関係会合第49回会合)

문서파일번호 679
작성연월일 1964. 2. 10
구분 제6차 회담 예비교섭 재일한국인 법적지위위원회 제49회 회의
세부항목
작성처 외무성 북동아시아과
매수 7
비밀등급 극비
문서종류 회의록
공개구분 공개
내용 제6차 한일회담 예비교섭 제49회 법적지위위원회 회의기록. 일본이 제시한 법적지위협정안에 관해 논의함. 한국은 본부에서 아직 훈령을 받지 못해 이동호(李垌鎬) 수석위원이 개인적 견해를 말함.
주제어 재일한국인 법적지위

문서명	한일예비교섭 법적지위관계회의 제50회 회의(日韓予備交渉法的地位関係会合第50回会合)

문서파일번호 679
작성연월일 1964. 2. 18
구분 제6차 회담 예비교섭 재일한국인 법적지위위원회 제50회 회의
세부항목
작성처 외무성 북동아시아과
매수 5
비밀등급 극비
문서종류 회의록
공개구분 공개
내용 제6차 한일회담 예비교섭 제50회 법적지위위원회 회의기록. 협정안 제4조 영주권자의 자식 문제와 협정안 부속문서안(골자)에 관해 집중 논의함.
주제어 재일한국인 법적지위

문서명	한일예비교섭 법적지위관계회의 제51회 회의(日韓予備交渉法的地位関係会合第51回会合)

문서파일번호 679
작성연월일 1964. 2. 27
구분 제6차 회담 예비교섭 재일한국인 법적지위위원회 제51회 회의
세부항목
작성처 외무성 북동아시아과
매수 4
비밀등급 극비
문서종류 회의록
공개구분 공개
내용 제6차 한일회담 예비교섭 제51회 법적지위위원회 회의기록. 한국 정부의 훈령이 오지 않은 상태에서 강제퇴거 요건에 관해 집중 논의함.
주제어 재일한국인 법적지위, 강제퇴거

문서명	한일예비교섭 법적지위관계회의 제52회 회의(日韓予備交渉法的地位関係会合第52回会合)

문서파일번호 679
작성연월일 1964. 3. 10
구분 제6차 회담 예비교섭 재일한국인 법적지위위원회 제52회 회의
세부항목
작성처 외무성 북동아시아과
매수 3
비밀등급 극비
문서종류 회의록
공개구분 공개
내용 제6차 한일회담 예비교섭 제52회 법적지위위원회 회의기록. 협정안의 내용 확인과 부속문서 구절에 관한 세부 조정이 이루어짐.
주제어 재일한국인 법적지위, 협정안, 부속문서안(골자)

문서명	일본국에 거주하는 특정 대한민국 국민의 법률상의 지위에 관한 협정(안)[日本国に在留する特定の大韓民国国民の法律上の地位に関する協定(案)]

문서파일번호 679
작성연월일 1964. 3. 6
구분 제6차 회담
세부항목 재일한국인 법적지위협정안
작성처 외무성 북동아시아과
매수 4
비밀등급 극비
문서종류 협정안
공개구분 공개
내용 일본이 논의용 자료로 제시한 1964년 3월 6일 자 재일한국인 법적지위협정안에 관한 수정안
주제어 재일한국인 법적지위, 협정안

문서명	부속문서의 골자(안)[付属文書の骨子(案)]

문서파일번호 679
작성연월일 1964. 3. 6
구분 제6차 회담
세부항목 재일한국인 법적지위협정안 부속문서
작성처 외무성 북동아시아과
매수 2
비밀등급 극비
문서종류 협정안
공개구분 공개
내용 일본이 논의용 자료로 제시한 재일한국인 법적지위협정 부속문서안 골자. 영주권자 등의 출입국에 관한 일본 국내법 적용, 영주허가 방법, 강제퇴거, 영주권자의 자식 문제 등이 기술됨.
주제어 재일한국인 법적지위, 합의의사록안(골자)

제6차 한일회담 예비교섭(제26~30회 회의)
[第6次日韓會談予備交渉(第26 ~ 30回会合)]

문서파일번호	1166
작성연월일	1963. 2. 8 - 1963. 3. 14
구분	제6차 회담 예비교섭 제26~30회 회의
세부항목	
작성처	
매수	37
비밀등급	
문서종류	회의록
공개구분	공개
내용	제6차 한일회담 예비교섭 제26~30회 회의기록
주제어	제6차 한일회담 예비교섭 회의

문서명	한일예비교섭 제26회 회의기록(日韓予備交渉第26回会合記録)

문서파일번호 1166
작성연월일 1963. 2. 8
구분 제6차 회담 예비교섭 제26회 회의
세부항목
작성처 외무성 북동아시아과
매수 7
비밀등급 극비
문서종류 회의록
공개구분 공개
내용 제6차 한일회담 예비교섭 제26회 회의록. 모두에서 한국은 회담에 적극성을 보인 반면 일본은 한국의 강경한 자세를 문제시함. 이후 청구권, 문화재, 선박 및 어업 등 각 회의의 진행방식에 대해 협의함.
주제어 청구권, 문화재 반환, 선박 반환, 어업

문서명	한일예비교섭 제27회 회의기록(日韓予備交渉第27回会合記録)

문서파일번호 1166
작성연월일 1963. 2. 14
구분 제6차 회담 예비교섭 제27회 회의
세부항목
작성처 외무성 북동아시아과
매수 7
비밀등급 극비
문서종류 회의록
공개구분 공개
내용 제6차 한일회담 예비교섭 제27회 회의록. 동 회의에서 청구권 문제 해결을 위한 전문가 회의의 명칭, 개최 시기, 선박 문제 관련 회의 개최 등에 관해 논의
주제어 청구권

문서명	한일예비교섭 제28회 회의기록(日韓予備交渉第28回会合記録)

문서파일번호 1166
작성연월일 1963. 2. 21
구분 제6차 회담 예비교섭 제28회 회의
세부항목
작성처 외무성 북동아시아과
매수 7
비밀등급 극비
문서종류 회의록
공개구분 공개
내용 제6차 한일회담 예비교섭 제28회 회의록. 한국은 박정희 의장의 정치적 거취와 한일회담에 대한 입장을 설명함. 이에 대해 일본은 한일회담에 대한 이케다 하야토 총리의 입장을 강조하고 국회 심의 양상에 대해 설명함.
주제어 한일양국 정세

문서명	한일예비교섭 제29회 회의기록(日韓予備交渉第29回会合記録)

문서파일번호 1166
작성연월일 1963. 3. 7
구분 제6차 회담 예비교섭 제29회 회의
세부항목
작성처 외무성 북동아시아과
매수 5
비밀등급 극비
문서종류 회의록
공개구분 공개
내용 제6차 한일회담 예비교섭 제29회 회의록. 한일회담을 둘러싼 한국 당파들의 움직임, 한국에 대한 일본의 연불수출 문제 등에 관해 논의
주제어 청구권

문서명	한일예비교섭에서 대한 연불문제에 관한 논의 요지(日韓予備交渉における対韓延払問題に関する論議の要旨)

문서파일번호 1166
작성연월일 1963. 3. 9
구분 제6차 회담 예비교섭 제29회 회의
세부항목
작성처 외무성 북동아시아과
매수 4
비밀등급 극비
문서종류 회의록
공개구분 공개
내용 제6차 한일회담 예비교섭 제29회 회의에서 이루어진 한국에 제공할 연불수출에 관한 논의내용을 정리한 기록. 동 연불수출이 김종필·오히라 마사요시 합의에 있던 민간 1억 달러 이상에 포함되는지, 연불 기간, 제공 제품의 종류, 지불 보장 기관의 선정 등에 관해 논의
주제어 청구권, 연불수출

문서명	한일예비교섭 제30회 회의기록(日韓予備交渉第30回会合記録)

문서파일번호 1166
작성연월일 1963. 3. 14
구분 제6차 회담 예비교섭 제30회 회의
세부항목
작성처 외무성 북동아시아과
매수 7
비밀등급 극비
문서종류 회의록
공개구분 공개
내용 제6차 한일회담 예비교섭 제30회 회의록. 한국정세, 회담 진행방식, 연불수출, 한일 문제간담회 등에 관해 논의
주제어 청구권, 한일 문제간담회, 연불수출

제6차 한일회담 예비교섭(제31~40회 회의)
[第6次日韓會談予備交渉(第31 ~ 40回会合)]

문서파일번호	1167
작성연월일	1963. 3. 22 - 1963. 5. 30
구분	제6차 회담 예비교섭 제31~40회 회의
세부항목	
작성처	외무성 북동아시아과
매수	80
비밀등급	
문서종류	회의록
공개구분	공개 또는 일부비공개
내용	제6차 한일회담 예비교섭 제31~40회 회의기록
주제어	제6차 한일회담 예비교섭 회의

문서명	한일예비교섭 제31회 회의기록(日韓予備交渉第31回会合記録)

문서파일번호 1167
작성연월일 1963. 3. 22
구분 제6차 회담 예비교섭 제31회 회의
세부항목
작성처 외무성 북동아시아과
매수 6
비밀등급 극비
문서종류 회의록
공개구분 공개
내용 제6차 한일회담 예비교섭 제31회 회의기록. 한국은 군정의 연장 가능성 등 한국정세에 대해 설명하고 한일회담의 진행에 대한 한국정부의 생각을 밝힘.
주제어 한국정세

문서명	한일예비교섭 제32회 회의기록(日韓予備交渉第32回会合記録)

문서파일번호 1167
작성연월일 1963. 3. 28
구분 제6차 회담 예비교섭 제32회 회의
세부항목
작성처 외무성 북동아시아과
매수 5
비밀등급 극비
문서종류 회의록
공개구분 공개
내용 제6차 한일회담 예비교섭 제32회 회의기록. 한국은 군정연장을 둘러싼 한국정세에 대해 설명함. 이후 회담의 진행방식, 현안의 우선순위에 대해 협의함.
주제어 한국정세, 회의 운영

문서명	한일예비교섭 제33회 회의기록(日韓予備交渉第33回会合記録)

문서파일번호 1167
작성연월일 1963. 4. 4
구분 제6차 회담 예비교섭 제33회 회의
세부항목
작성처 외무성 북동아시아과
매수 4
비밀등급 극비
문서종류 회의록
공개구분 공개
내용 제6차 한일회담 예비교섭 제33회 회의기록. 문화재, 청구권, 어업의 진행방식에 대해 협의
주제어 문화재 반환, 청구권, 어업

문서명	한일예비교섭 제34회 회의기록(日韓予備交渉第34回会合記録)

문서파일번호 1167
작성연월일 1963. 4. 11
구분 제6차 회담 예비교섭 제34회 회의
세부항목
작성처 외무성 북동아시아과
매수 5
비밀등급 극비
문서종류 회의록
공개구분 공개
내용 제6차 한일회담 예비교섭 제34회 회의기록. 청구권 관련 논의만 진행되었음. 한일간에 남은 주된 문제인 차관 상환기간 및 대일무역 채무 변제기간 문제에 관해 일본이 한국에 대해 일본 입장을 수락하지 않으면 진전이 어려울 것이라고 주장
주제어 청구권

문서명	한일예비교섭 제35회 회의기록(日韓予備交渉第35回会合記録)

문서파일번호	1167
작성연월일	1963. 4. 18
구분	제6차 회담 예비교섭 제35회 회의
세부항목	
작성처	외무성 북동아시아과
매수	17
비밀등급	극비
문서종류	회의록
공개구분	공개
내용	제6차 한일회담 예비교섭 제35회 회의기록. 전번 회의에서 일본이 강조한 차관 상환기간 및 대일무역 채무 변제기간 문제에 관해 한국이 본국에 문의했다고 밝힌 데 대하여 일본은 동 문제에 관해서는 그 이상 타협 여지가 없음을 다시 강조
주제어	청구권

문서명	한일예비교섭 제36회 회의기록(日韓予備交渉第36回会合記録)

문서파일번호	1167
작성연월일	1963. 4. 25
구분	제6차 회담 예비교섭 제36회 회의
세부항목	
작성처	외무성 북동아시아과
매수	9
비밀등급	극비
문서종류	회의록
공개구분	공개
내용	제6차 한일회담 예비교섭 제36회 회의기록. 한국이 일본이 차관 상환기간 및 대일무역 채무 변제기간 문제를 민간의 경제협력 문제와 연결시키는 것은 부당하다고 주장한 데 대하여 일본은 난색을 표함.
주제어	청구권

문서명	한일예비교섭 제37회 회의기록(日韓予備交渉第37回会合記録)

문서파일번호 1167
작성연월일 1963. 5. 9
구분 제6차 회담 예비교섭 제37회 회의
세부항목
작성처 외무성 북동아시아과
매수 7
비밀등급 극비
문서종류 회의록
공개구분 일부비공개
내용 제6차 한일회담 예비교섭 제37회 회의기록. 일본은 차관 상환기간 및 대일무역 채무 변제 기간 문제에 대해 한국의 타협이 필요하다고 재차 강조
주제어 청구권

문서명	한일예비교섭 제38회 회의기록(日韓予備交渉第38回会合記録)

문서파일번호 1167
작성연월일 1963. 5. 17
구분 제6차 회담 예비교섭 제38회 회의
세부항목
작성처 외무성 북동아시아과
매수 8
비밀등급 극비
문서종류 회의록
공개구분 공개
내용 제6차 한일회담 예비교섭 제38회 회의기록. 차관 상환기간 및 대일무역 채무 변제 기간 문제에 관해 한국은 본국 훈령이 아직 나오지 않았음을 전달. 일본은 무상자금 공여를 앞당길 수 있으므로 일본 입장에 타협할 것을 재차 요구함.
주제어 청구권

문서명	한일예비교섭 제39회 회의기록(日韓予備交渉第39回会合記録)

문서파일번호 1167
작성연월일 1963. 5. 23
구분 제6차 회담 예비교섭 제39회 회의
세부항목
작성처 외무성 북동아시아과
매수 6
비밀등급 극비
문서종류 회의록
공개구분 공개
내용 제6차 한일회담 예비교섭 제39회 회의기록. 일본은 별도 서류를 통해 차관 상환 기간 및 대일무역 채무 변제기간 문제에 관해 무상자금 공여를 앞당길 수 있으므로 한국이 일본 입장에 접근할 것을 재차 요구했으며, 한국은 그 안을 본국에 전달하겠다고 밝힘.
주제어 청구권

문서명	예비교섭 제39회 회의에서의 설명(予備交渉第39回会合における説明)

문서파일번호 1167
작성연월일 1963. 5. 21
구분 제6차 회담 예비교섭 제39회 회의
세부항목
작성처 외무성 북동아시아과
매수 7
비밀등급 극비
문서종류 회의록
공개구분 공개
내용 제6차 한일회담 예비교섭 제39회 회의에서 일본이 차관 상환기간 및 대일무역 채무 변제기간 문제 해결을 위해 제시한 무상자금 공여에 관한 세부 조건 및 설명
주제어 청구권

문서명	한일예비교섭 제40회 회의기록(日韓予備交渉第40回会合記録)

문서파일번호	1167
작성연월일	1963. 5. 30
구분	제6차 회담 예비교섭 제40회 회의
세부항목	
작성처	외무성 북동아시아과
매수	6
비밀등급	극비
문서종류	회의록
공개구분	공개
내용	제6차 한일회담 예비교섭 제40회 회의기록. 일본은 한국의 다른 관계자가 차관 상환기간 및 대일무역 채무 변제기간 문제에 관해 일본 입장을 수락할 의사를 표시했다고 언급했으나, 배 수석대표는 자신은 아직 그러한 훈령을 받지 않았다고 답함.
주제어	청구권

제6차 한일회담 예비교섭(제61~65회 회의)
[第6次日韓會談予備交渉(第61～65回会合)]

문서파일번호	1172
작성연월일	1964. 1. 9 - 1964. 2. 6
구분	제6차 회담 예비교섭 제61~65회 회의
세부항목	
작성처	외무성 북동아시아과
매수	29
비밀등급	
문서종류	회의록
공개구분	공개
내용	제6차 한일회담 예비교섭 제61~65회 회의기록
주제어	제6차 한일회담 예비교섭 회의

문서명	한일예비교섭 제61회 회의기록(日韓予備交渉第61回会合記録)

문서파일번호	1172
작성연월일	1964. 1. 9
구분	제6차 회담 예비교섭 제61회 회의
세부항목	
작성처	외무성 북동아시아과
매수	9
비밀등급	극비
문서종류	회의록
공개구분	공개
내용	제6차 한일회담 예비교섭 제61회 회의기록. 어업 및 법적지위 교섭의 향후 일정, 교섭 촉진 등을 확인함.
주제어	회의 운영

문서명	한일예비교섭 제62회 회의기록(日韓予備交渉第62回会合記録)

문서파일번호	1172
작성연월일	1964. 1. 16
구분	제6차 회담 예비교섭 제62회 회의
세부항목	
작성처	외무성 북동아시아과
매수	5
비밀등급	극비
문서종류	회의록
공개구분	공개
내용	제6차 한일회담 예비교섭 제62회 회의기록. 전문가 회의의 어업규제 논의내용을 확인하고 향후 교섭 진행에 대해 논의함.
주제어	어업

문서명	한일예비교섭 제63회 회의기록(日韓予備交渉第63回会合記録)

문서파일번호 1172
작성연월일 1964. 1. 23
구분 제6차 회담 예비교섭 제63회 회의
세부항목
작성처 외무성 북동아시아과
매수 4
비밀등급 극비
문서종류 회의록
공개구분 공개
내용 제6차 한일회담 예비교섭 제63회 회의기록. 한국이 전문가 회의의 어업규제 논의 관련 자료를 요구함.
주제어 어업

문서명	한일예비교섭 제64회 회의기록(日韓予備交渉第64回会合記録)

문서파일번호 1172
작성연월일 1964. 1. 30
구분 제6차 회담 예비교섭 제64회 회의
세부항목
작성처 외무성 북동아시아과
매수 5
비밀등급 극비
문서종류 회의록
공개구분 공개
내용 제6차 한일회담 예비교섭 제64회 회의기록. 최근의 어선 나포, 어업규제 문제에 대해 논의함.
주제어 어업

문서명	한일예비교섭 제65회 회의기록(日韓予備交渉第65回会合記録)

문서파일번호	1172
작성연월일	1964. 2. 6
구분	제6차 회담 예비교섭 제65회 회의
세부항목	
작성처	외무성 북동아시아과
매수	6
비밀등급	극비
문서종류	회의록
공개구분	공개
내용	제6차 한일회담 예비교섭 제65회 회의기록. 향후의 교섭 전망 및 해역 설정을 위한 직선기선 채용 문제가 논의됨.
주제어	어업

재개 제6차 한일회담 재일한국인 법적지위에 관한 위원회 회의(再開第6次日韓全面会談在日韓国人の法的地位に関する委員会会合)

문서파일번호	449
작성연월일	1964. 4. 22 - 1964. 5. 14
구분	제6차 회담 재일한국인 법적지위위원회 회의(제1~3회)
세부항목	
작성처	외무성 북동아시아과
매수	26
비밀등급	
문서종류	회의록, 협정안
공개구분	공개
내용	1964년 4월 22일~5월 14일까지 3차례에 걸쳐 개최된 재개 제6차 한일회담 재일한국인의 법적지위에 관한 위원회 회의기록
주제어	재일한국인 법적지위

문서명	재개 제6차 한일회담 재일한국인 법적지위에 관한 위원회 제1회 회의(再開第6次日韓全面会談在日韓国人の法的地位に関する委員会第1回会合)

문서파일번호 449
작성연월일 1964. 4. 22
구분 제6차 회담 재일한국인 법적지위위원회 회의 제1회 회의
세부항목
작성처 외무성 북동아시아과
매수 2
비밀등급 극비
문서종류 회의록
공개구분 공개
내용 재개 제6차 한일회담 법적지위위원회 제1회 회의기록. 한국이 협정안을 제출함.
주제어 재일한국인 법적지위

문서명	일본국에 거주하는 대한민국 국민의 법적지위 및 처우에 관한 협정(안)[日本国に居住する大韓民国国民の法的地位及び処遇に関する協定(案)]

문서파일번호 449
작성연월일 1964. 4. 22
구분 제6차 회담 재일한국인 법적지위위원회 회의 제1회 회의
세부항목
작성처 외무성 북동아시아과
매수 4
비밀등급 극비
문서종류 협정안
공개구분 공개
내용 재개 제6차 한일회담 법적지위위원회 제1회 회의에서 한국이 제출한 협정안 일본어 가역본
주제어 재일한국인 법적지위, 한국 협정안

문서명	합의의사록(안)[合意議事録(案)]

문서파일번호 449
작성연월일 1964. 4. 22
구분 제6차 회담 재일한국인 법적지위위원회 회의 제1회 회의
세부항목
작성처 외무성 북동아시아과
매수 3
비밀등급 극비
문서종류 합의의사록안
공개구분 공개
내용 재개 제6차 한일회담 법적지위위원회 제1회 회의에서 한국이 제출한 협정 부속 합의의사록안
주제어 재일한국인 법적지위, 한국의 부속 합의의사록안

문서명	재개 제6차 한일회담 재일한국인 법적지위에 관한 위원회 제2회 회의(再開第6次日韓全面会談在日韓国人の法的地位に関する委員会第2回会合)

문서파일번호 449
작성연월일 1964. 5. 6
구분 제6차 회담 재일한국인 법적지위위원회 회의 제2회 회의
세부항목
작성처 외무성 북동아시아과
매수 11
비밀등급 극비
문서종류 회의록
공개구분 공개
내용 재개 제6차 한일회담 법적지위위원회 제2회 회의기록. 한국 협정안에 대한 일본의 의견이 개진됨.
주제어 재일한국인 법적지위

문서명	재개 제6차 한일회담 재일한국인 법적지위에 관한 위원회 제3회 회의(再開第6次日韓全面会談在日韓国人の法的地位に関する委員会第3回会合)

문서파일번호	449
작성연월일	1964. 5. 14
구분	제6차 회담 재일한국인 법적지위위원회 회의 제3회 회의
세부항목	
작성처	외무성 북동아시아과
매수	6
비밀등급	극비
문서종류	회의록
공개구분	공개
내용	재개 제6차 한일회담 법적지위위원회 제3회 회의기록. 한국 협정안에 대한 일본의 의견 개진이 이어짐.
주제어	재일한국인 법적지위

제14부

속개 제6차 회담 예비교섭 및 본회의
(1962. 8. 21~)

한일예비교섭 제1~10회 회의기록
(日韓予備交渉第1~10回会合記録)

문서파일번호	650
작성연월일	1962. 8. 21 - 1962. 10. 10
구분	제6차 회담 예비교섭(제1~10회)
세부항목	
작성처	외무성 북동아시아과
매수	99
비밀등급	
문서종류	회의록, 내부자료
공개구분	공개
내용	1962년 8월 21일~10월 10일까지 개최된 제6차 회담 예비교섭 제1~10회 회의기록
주제어	제6차 한일회담 예비교섭

문서명	한일예비교섭 제1회 회의기록(日韓予備交渉第1回会合記録)

문서파일번호 650
작성연월일 1962. 8. 21
구분 제6차 회담 예비교섭 제1회 회의
세부항목
작성처 외무성 북동아시아과
매수 13
비밀등급 극비
문서종류 회의록
공개구분 공개
내용 제6차 한일회담 제1회 예비교섭 기록. 일본은 청구권 문제의 기본입장으로, 청구권이라는 명목을 사용하지 말고, 무상원조라는 명목으로 청구권 문제를 해결하자면서, 한국이 청구권을 '폐기한다' 혹은 '주장하지 않는다', '해결했다고 인정한다'라는 표현을 써줄 것을 제안함. 이에 대해 한국은 법적 근거가 있는 청구권을 폐기하는 것은 전혀 생각할 수 없는 일이라고 주장함.
주제어 청구권

문서명	8월 21일 회담 스기 수석대표 인사(8月21日の会談における杉首席代表の挨拶)

문서파일번호 650
작성연월일 1962. 8. 21
구분 제6차 회담 예비교섭 제1회 회의
세부항목
작성처 외무성 북동아시아과
매수 3
비밀등급 비(秘)
문서종류 내부자료
공개구분 공개
내용 제6차 한일회담 제1회 회의 스기 미치스케(杉道助) 대표의 인사말. 지난 10개월간 각 의제의 실체를 파악하는 것이 가능했고, 한일회담 조기 타결 방법을 논의하여 한일 양국이 만족할 결과를 위해 전력을 다해 가고 싶다고 함.
주제어 스기 대표 인사말, 한일회담 조기 타결

문서명	배 대표 인사(裵代表挨拶)

문서파일번호 650
작성연월일 1962. 8. 21
구분 제6차 회담 예비교섭 제1회 회의
세부항목
작성처 외무성 북동아시아과
매수 2
비밀등급 비(秘)
문서종류 내부자료
공개구분 공개
내용 제6차 한일회담 예비교섭 제1회 회의 배의환 대표의 인사말. 지난 1개월간 논의를 통해 제6차 회담을 마지막으로 하려 했으나 그러지 못했고 양국의 과거 청산을 위한 현안 해결과 국교정상화를 위해 노력해야 한다고 함.
주제어 배의환 대표 인사말, 과거청산, 국교정상화

문서명	8월 21일 회담 스기 수석대표의 발언(8月21日の会談における杉首席代表の発言)

문서파일번호 650
작성연월일 1962. 8. 21
구분 제6차 회담 예비교섭 제1회 회의
세부항목
작성처 외무성 북동아시아과
매수 7
비밀등급 극비
문서종류 내부자료
공개구분 공개
내용 제6차 한일회담 예비교섭 제1회 회의 스기 미치스케 대표 발언 요지. 일본은 한국이 요구한 청구권 해결로는 수천만 달러밖에 지불할 수 없지만, 한국이 청구권을 폐기, 혹은 청구권을 주장하지 않는다면, 한국의 독립 축하, 한국의 민생안정과 경제발전에 기여할 수 있는 유상, 무상의 경제원조 형태로 상당한 금액을 제공할 수 있다고 함.
주제어 청구권, 경협

문서명	한일예비교섭 제2회 회의기록(日韓予備交渉第2回会合記録)

문서파일번호 650
작성연월일 1962. 8. 24
구분 제6차 회담 예비교섭 제2회 회의
세부항목
작성처 외무성 북동아시아과
매수 10
비밀등급 극비
문서종류 회의록
공개구분 공개
내용 제6차 한일회담 제2회 예비교섭 기록. 한국은 청구권 명목을 유지하지만, 일본의 국내사정을 고려하여, 청구권+무상원조를 제안함. 일본은 유상원조로 상당한 금액을 생각하고 있었으나, 한국이 이에 흥미가 없는 것 같으니, 한국이 논의하지고 할 때 금액을 제시하겠다고 말함. 청구권 금액에 대해 한국은 청구권 3억 달러+무상원조 3억 달러를 제시하였으나, 일본은 청구권만이 아닌 무상원조로 3억 달러를 제시하는 것은 전혀 설득력이 없다고 말함.
주제어 청구권, 어업, 재일한국인 법적지위, 선박 반환, 문화재 반환, 기본관계, 독도

문서명	8월 24일 회담 배 수석대표의 발언(8月24日の会談における杉首席代表の発言)

문서파일번호 650
작성연월일 1962. 8. 24
구분 제6차 회담 예비교섭 제2회 회의
세부항목
작성처 외무성 북동아시아과
매수 8
비밀등급 극비
문서종류 내부자료
공개구분 공개
내용 제6차 한일회담 예비교섭 제2회 회의 시 배의환 대표 발언 요지. 일본이 한국에 제

시한 청구권 금액이 수천만 달러에 지나지 않는 것은 의외의 이야기였고, 한국의 대일청구액은 법적 근거에 의한 합리적이며 타당한 것이라는 점을 강조함. 청구권 문제에서 가장 중요한 것은 명목과 금액이고, 이것을 분리하여 논의할 성질은 아니며, 동시에 검토하는 것이 이 문제의 해결을 촉진하는 방법임.

주제어 청구권

문서명	한일예비교섭 제3회 회의기록(日韓予備交渉第3回会合記録)

문서파일번호 650
작성연월일 1962. 8. 29
구분 제6차 회담 예비교섭 제3회 회의
세부항목
작성처 외무성 북동아시아과
매수 10
비밀등급 극비
문서종류 회의록
공개구분 공개
내용 제6차 회담 제3회 예비교섭 기록. 한국은 일본의 사정을 고려해 일본이 "한국이 요구하는 청구권을 해결할 목적으로, 순변제와 무상원조를 포함하여, 금액을 지불한다"라는 취지로 말을 해 주면, 한국은 "금액을 수령했으므로, 청구권은 해결하였다"라고 답하는 것으로 청구권과 무상원조를 합쳐 하나의 금액으로 해도 된다는 안을 제시함. 일본은 이에 대해 한국의 표현을 쓴다면, "청구권을 지불하였다"라는 의미가 되므로 한국의 의견을 그대로 받아들일 수 없으나, 조약국에 의뢰하여 문구 수정을 검토해 보겠다고 답변함.
주제어 청구권

문서명	한일예비교섭 제4회 회의기록(日韓予備交渉第4回会合記録)

문서파일번호 650
작성연월일 1962. 9. 3
구분 제6차 회담 예비교섭 제4회 회의
세부항목
작성처 외무성 북동아시아과
매수 6
비밀등급 극비
문서종류 회의록
공개구분 공개
내용 제6차 한일회담 제4회 예비교섭 기록. 일본은 이케다 하야토 수상의 의뢰라며, 한국이 경제개발 5개년 계획에서 일본이 어느 정도 규모로 협력하는 것을 기대하고 있는지, 특히 어떤 부문의 협력을 기대하는지 본국 정부에 시급히 문의해 달라고 하였으며, 한국도 이를 받아들임.
주제어 청구권, 어업, 재일한국인 법적지위, 독도

문서명	한일예비교섭 제5회 회의기록(日韓予備交渉第5回会合記録)

문서파일번호 650
작성연월일 1962. 9. 6
구분 제6차 회담 예비교섭 제5회 회의
세부항목
작성처 외무성 북동아시아과
매수 4
비밀등급 극비
문서종류 회의록
공개구분 공개
내용 제6차 한일회담 제5회 예비교섭 기록. 한국은 전 회의에서 제기된 일본의 질문에 대해 현 단계의 계획에서 일본의 협력을 고려하고 있지는 않기 때문에 그 금액을 말할 수는 없으며, 현재의 계획이 완전한 것이 아니므로 국교정상화가 되면 일본의 협력이라는 견지에서 조정이 가능하다고 답변함.
주제어 청구권

문서명	한일예비교섭 제5회 회의기록 추가(북동아시아과 기록용)[日韓予備交渉第5回会合記録追補(記録用)]

문서파일번호 650

작성연월일 1962. 9. 6

구분 제6차 회담 예비교섭 제5회 회의

세부항목

작성처 외무성 북동아시아과

매수 3

비밀등급 극비

문서종류 회의록

공개구분 공개

내용 제6차 한일회담 제5회 예비교섭 추가 기록. 한국이 청구권 이외의 문제들을 어떻게 할 것인지 묻자, 일본은 언제든지 그 논의를 시작할 용의가 있으므로, 한국이 좋다면 언제든지 논의하겠다고 답함.

주제어 청구권 이외의 문제

문서명	한일예비교섭 제6회 회의기록(日韓予備交渉第6回会合記録)

문시파일빈호 650

작성연월일 1962. 9. 13

구분 제6차 회담 예비교섭 제6회 회의

세부항목

작성처 외무성 북동아시아과

매수 9

비밀등급 극비

문서종류 회의록

공개구분 공개

내용 제6차 한일회담 제6회 예비교섭 기록. 한국은 청구권 금액을 1억 달러 내리고, 그 형식도 청구권+무상원조로 양보했으나, 일본이 금액을 0.8억 달러라고만 했다고 하며 이에 대해 법적 근거를 인정하는 청구권 금액을 0.7억 달러에서 1.5억 달러로 올린 것은 큰 양보이며, 유상원조 방침을 정한 것도 더 큰 양보라고 대응함.

주제어 청구권, 어업

문서명	한일예비교섭 제7회 회의기록(日韓予備交渉第7回会合記録)

문서파일번호	650
작성연월일	1962. 9. 20
구분	제6차 회담 예비교섭 제7회 회의
세부항목	
작성처	외무성 북동아시아과
매수	7
비밀등급	극비
문서종류	회의록
공개구분	공개
내용	한일회담 제7회 예비교섭 기록. 한국은 청구권 금액을 6억 달러에서 5억 달러로 내린 것에 대해 일본이 1.5억 달러에서 2억 달러까지 올려야 하며, 제6회 회의에서 거론된 비공식적 숫자를 공식화하는 것을 제안함. 일본은 거절하고, 한국이 방침을 바꿀 때까지 기다리겠다고 응수함.
주제어	청구권, 어업, 재일한국인 법적지위, 선박 반환, 문화재 반환, 기본관계, 독도

문서명	한일예비교섭 제8회 회의기록(日韓予備交渉第8回会合記録)

문서파일번호	650
작성연월일	1962. 9. 26
구분	제6차 회담 예비교섭 제8회 회의
세부항목	
작성처	외무성 북동아시아과
매수	6
비밀등급	극비
문서종류	회의록
공개구분	공개
내용	제6차 회담 제8회 예비교섭 기록. 한국은 김종필 중앙정보부장의 방일을 계기로 이케다 하야토 수상, 오히라 마사요시 외상과 각각 회담을 갖고 싶다고 제안함. 일본은 청구권 문제가 진전되지 않는 상황에서 김종필이 이케다 수상과 회담 타결 방식을 논의하는 것은 매우 좋을 것이라고 답변함.
주제어	김종필 방일, 청구권

문서명	한일예비교섭 제9회 회의기록(日韓予備交渉第9回会合記録)

문서파일번호 650
작성연월일 1962. 10. 2
구분 제6차 회담 예비교섭 제9회 회의
세부항목
작성처 외무성 북동아시아과
매수 3
비밀등급 극비
문서종류 회의록
공개구분 공개
내용 제6차 한일회담 제9회 예비교섭 기록. 어업 문제와 재일한국인의 법적지위 문제를 논의하는 위원회의 명칭을 '예비교섭 어업관계회의'. '예비교섭 법적지위관계회의'로 하기로 함.
주제어 어업, 재일한국인 법적지위

문서명	한일예비교섭 제10회 회의기록(日韓予備交渉第10回会合記録)

문서파일번호 650
작성연월일 1962. 10. 10
구분 제6차 회담 예비교섭 제10회 회의
세부항목
작성처 외무성 북동아시아과
매수 8
비밀등급 극비
문서종류 회의록
공개구분 공개
내용 제6차 한일회담 제10회 예비교섭 기록. 한국은 김종필 · 오히라 마사요시 회담 전에 청구권 금액의 차이를 줄이는 것이 어떤지 묻자, 일본은 그것은 의미가 없으며, 회담 시 최종적으로 금액을 논의하는 것이 좋다고 답변함. 한편, 한국이 김종필 · 오히라 회담에서 청구권 문제 이외의 현안을 논의할 것인지 묻자, 일본은 구체적인 논의를 하지는 않을 것이라고 답변함.
주제어 청구권, 어업

한일예비교섭 제11~20회 회의기록
(日韓予備交渉第11~20回会談記録)

문서파일번호	651
작성연월일	1962. 10. 18 - 1962. 12. 21
구분	제6차 회담 예비교섭(제11~20회)
세부항목	
작성처	외무성 북동아시아과
매수	99
비밀등급	
문서종류	회의록, 내부문서, 내부자료
공개구분	공개
내용	1962년 10월 18일~12월 21일까지 개최된 제6차 한일회담 예비교섭 제11~20회 회의기록
주제어	제6차 한일회담 예비교섭

문서명	한일예비교섭 제11회 회의기록(日韓予備交渉第11回会談記録)

문서파일번호 651
작성연월일 1962. 10. 18
구분 제6차 회담 예비교섭 제11회 회의
세부항목
작성처 외무성 북동아시아과
매수 6
비밀등급 극비
문서종류 회의록
공개구분 공개
내용 제6차 한일회담 제11회 예비교섭 기록. 김종필 중앙정보부장의 일본 방문과 일본 어선 나포 사건에 대해 논의함.
주제어 김종필 방일, 어업

문서명	한일예비교섭 제12회 회의기록(日韓予備交渉第12回会談記録)

문서파일번호 651
작성연월일 1962. 10. 25
구분 제6차 회담 예비교섭 제12회 회의
세부항목
작성처 외무성 북동아시아과
매수 4
비밀등급 극비
문서종류 회의록
공개구분 공개
내용 제6차 한일회담 제12회 예비교섭 기록. 아시아국장 교체 예정 통보, 나카가와 조약국장 일행 방한 예정 통보, 김 · 오히라 회담(1962년 10월 20일 개최)에 대해서 논의함. 한일 양국은 쌍방의 해석이 다르다는 것을 확인하는 작업을 10월 26일 진행하기로 합의함.
주제어 나카가와 조약국장 일행 방한, 제1차 김종필 · 오히라 회담

문서명	한일예비교섭 제13회 회의기록(日韓予備交渉第13回会談記録)

문서파일번호 651
작성연월일 1962. 10. 31
구분 제6차 회담 예비교섭 제13회 회의
세부항목
작성처 외무성 북동아시아과
매수 9
비밀등급 극비
문서종류 회의록
공개구분 공개
내용 제6차 한일회담 제13회 예비교섭 기록. 일본 아시아국장이 이세키 유지로에서 우시로쿠 도라오로 교체됨. 김종필 · 오히라 마사요시 회담, 김종필 · 이케다 하야토 회담의 내용에 대해 논의하는 한편, 청구권 문제, 어업 문제는 곧바로 처리하기 어려우므로, 법적지위 문제 논의를 촉진하기로 합의함.
주제어 김종필 방일, 청구권, 재일한국인 법적지위

문서명	한일예비교섭 14회 회의기록(日韓予備交渉第14回会談記録)

문서파일번호 651
작성연월일 1962. 11. 9
구분 제6차 회담 예비교섭 제14회 회의
세부항목
작성처 외무성 북동아시아과
매수 8
비밀등급 극비
문서종류 회의록
공개구분 공개
내용 제6차 한일회담 제14회 예비교섭 기록. 제2차 김종필 · 오히라 마사요시 회담의 진행 방법에 대해 논의함.
주제어 제2차 김종필 · 오히라 회담

문서명	한일예비교섭 제15회 회의기록(日韓予備交渉第15回会談記録)

문서파일번호 651
작성연월일 1962. 11. 16
구분 제6차 회담 예비교섭 제15회 회의
세부항목
작성처 외무성 북동아시아과
매수 8
비밀등급 극비
문서종류 회의록
공개구분 공개
내용 제6차 한일회담 제15회 예비교섭 기록. 제2차 김종필 · 오히라 마사요시 회담(1962년 11월 12일) 이후, 향후 회담의 전반적인 진행 방법에 대해 논의함. 청구권 액수는 이케다 하야토 총리와 박정희 의장의 결단을 기다리는 단계이고, 청구권 방식은 전문가와 함께 논의하기로 함.
주제어 청구권, 어업, 재일한국인 법적지위, 선박 반환, 문화재 반환, 기본관계, 독도

문서명	한일예비교섭 제16회 회의기록(日韓予備交渉第16回会談記録)

문서파일번호 651
작성연월일 1962. 11. 22
구분 제6차 회담 예비교섭 제16회 회의
세부항목
작성처 외무성 북동아시아과
매수 9
비밀등급 극비
문서종류 회의록
공개구분 공개
내용 제6차 한일회담 제16회 예비교섭 기록. 제2차 김종필 · 오히라 마사요시 회담에서 한일 양국이 제시한 문안을 바탕으로 청구권 방식에 대해 구체적인 표현 등을 논의함.
주제어 청구권

문서명	한일예비교섭 제17회 회의기록(日韓予備交渉第17回会談記録)

문서파일번호 651
작성연월일 1962. 11. 28
구분 제6차 회담 예비교섭 제17회 회의
세부항목
작성처 외무성 북동아시아과
매수 5
비밀등급 극비
문서종류 회의록
공개구분 공개
내용 제6차 한일회담 제17회 예비교섭 기록. 제16회 회의에 이어 청구권 방식의 표현 방법에 대해 논의함.
주제어 청구권

문서명	한일예비교섭 제18회 회의기록(日韓予備交渉第18回会談記録)

문서파일번호 651
작성연월일 1962. 12. 4
구분 제6차 회담 예비교섭 제18회 회의
세부항목
작성처 외무성 북동아시아과
매수 6
비밀등급 극비
문서종류 회의록
공개구분 공개
내용 제6차 한일회담 제18회 예비교섭 기록. 차관의 지불기간, 금리 등에 대해 논의하는 한편, 어업관계회의의 진행 방법, 오노 반보쿠 부총재의 방한에 대해 논의함.
주제어 청구권, 어업, 오노 부총재 방한

문서명	한일예비교섭 제19회 회의기록(日韓予備交渉第19回会談記録)

문서파일번호 651
작성연월일 1962. 12. 18
구분 제6차 회담 예비교섭 제19회 회의
세부항목
작성처 외무성 북동아시아과
매수 12
비밀등급 극비
문서종류 회의록
공개구분 공개
내용 제6차 한일회담 제19회 예비교섭 기록. 오히라 마사요시 외상이 김종필에게 보내는 서한을 전달하고, 서한 내용 중 회수불가(焦付) 채권 처리 방법, 장기저리차관의 조건에 대해 논의함.
주제어 청구권, 외상 무역 채권, 어업, 독도

문서명	한일예비교섭 제20회 회의기록(日韓予備交渉第20回会談記録)

문서파일번호 651
작성연월일 1962. 12. 21
구분 제6차 회담 예비교섭 제20회 회의
세부항목
작성처 외무성 북동아시아과
매수 8
비밀등급 극비
문서종류 회의록
공개구분 공개
내용 제6차 한일회담 제20회 예비교섭 기록. 오노 반보쿠 방한(1962년 12월 10~13일)에 동행했던 이세키 유지로 대사가 비공식으로 제시한 일본 입장에 대해, 한국이 자신들의 입장을 제시함. 회수불가 채권 처리 방법, 장기저리차관의 조건 등 청구권 문제와 어업 문제에 대해 논의함.
주제어 청구권, 어업

문서명	제목 없음

문서파일번호 651
작성연월일 1962. 12. 21
구분 第6차 회담
세부항목 오노 부총재 방한 시 지참 문서
작성처 외무성 북동아시아과
매수 11
비밀등급 극비
문서종류 내부문서
공개구분 공개
내용 오노 반보쿠 부총재 방한 시 한국에 전달한 한일 현안 관련 문서. 청구권 처리의 명목은 '청구권 해결 및 경제협력에 관한 협정 요강(안)'으로 하고, 청구권 문제에 관한 협정에 선박 문제도 포함하는 것이 적당. 문화재 문제는 문화학술상 협력 일환으로 국유문화재 일부를 증여 가능함. 어업 문제, 독도 문제에 대한 일본의 입장 주장
주제어 청구권, 선박 반환, 문화재 반환, 어업, 독도, 오노 부총재 방한

문서명	1962년 12월 21일 한일예비교섭 20회 회의에서 한국이 제출(37年12月21日の日韓予備交渉第20回会合において韓国側より提出)

문서파일번호 651
작성연월일 1962. 12. 21
구분 제6차 회담 예비교섭 제20회 회의
세부항목
작성처 외무성 북동아시아과
매수 13
비밀등급 극비
문서종류 내부자료
공개구분 공개
내용 제6차 한일회담 제20회 예비교섭 회의에서 한국이 제시한 입장 문서. 제2차 김종필 · 오히라 마사요시 회담에서 합의한 대로 청구권 문제를 처리해야 함. 선박 문제는 별도로 처리해야 함. 문화재 문제는 양도(turn over) 명목으로 반환할 수 있음. 이외에도 어업 문제, 법적지위 문제에 관한 한국의 입장이 기술되어 있음.
주제어 청구권, 어업, 재일한국인 법적지위, 선박 반환, 문화재 반환, 기본관계, 독도

한일예비교섭 제21~25회 회의기록
(日韓予備交渉第21~25回会合記録)

문서파일번호	652
작성연월일	1962. 12. 26 - 1963. 2. 1
구분	제6차 회담 예비교섭(제21~25회)
세부항목	
작성처	외무성 북동아시아과, 김종필
매수	69
비밀등급	
문서종류	회의록, 내부자료, 서한
공개구분	공개 또는 일부비공개
내용	1962년 12월 26일~1963년 2월 1일까지 개최된 제6차 한일회담 예비교섭 제21~25회 회의기록
주제어	제6차 한일회담 예비교섭

문서명	한일예비교섭 제21회 회의기록(日韓予備交渉第21回会合記録)

문서파일번호 652
작성연월일 1962. 12. 26
구분 제6차 회담 예비교섭 제21회 회의
세부항목
작성처 외무성 북동아시아과
매수 10
비밀등급 극비
문서종류 회의록
공개구분 일부비공개
내용 제6차 한일회담 제21회 예비교섭 기록. 일본은 한국이 제시한 청구권 문제 처리안에 대해 자국안을 제시하고 설명함. 또한 청구권 이외의 문제에 대한 일본의 입장이 기술된 문서를 제시하고 설명
주제어 청구권, 선박 반환, 어업, 독도

문서명	제목 없음

문서파일번호 652
작성연월일 1962. 12. 26
구분 제6차 회담 예비교섭 제21회 회의
세부항목
작성처 외무성 북동아시아과
매수 2
비밀등급 극비
문서종류 내부자료
공개구분 공개
내용 제6차 한일회담 제21회 예비교섭 회의에서 제시된 청구권 문제에 대한 일본의 견해가 담긴 문서. 무상경제협력 3억 달러, 대한채권의 상환, 유상경제원조, 상업베이스에 의한 통상 차관에 대해 설명
주제어 청구권

문서명	보충 설명(補足説明)

문서파일번호 652
작성연월일 1962. 12. 26
구분 제6차 회담 예비교섭 제21회 회의
세부항목
작성처 외무성 북동아시아과
매수 3
비밀등급 극비
문서종류 내부자료
공개구분 공개
내용 제6차 한일회담 제21회 예비교섭 회의에서 제시된 일본 입장의 보충 설명
주제어 청구권

문서명	12월 26일 한일예비교섭 제21회 회의에서의 일본 발언 요지(12月26日の日韓予備交渉第21回会合における日本側の発言要旨)

문서파일번호 652
작성연월일 1962. 12. 26
구분 제6차 회담 예비교섭 제21회 회의
세부항목
작성처 외무성 북동아시아과
매수 9
비밀등급 극비
문서종류 내부자료
공개구분 공개
내용 제6차 한일회담 제21회 예비교섭 회의 시 일본 발언 요지. 청구권 문제, 선박 문제는 일본의 요강안으로 해결할 것, 문화재 문제는 '한일 간 문화상 협력에 관한 의정서요강안'을 검토해 줄 것, 어업 문제는 한국이 보다 현실적이고 합리적인 제안을 해 줄 것, 독도 문제는 국교정상화 이후 1년 이내에 국제사법재판소에 회부할 것, 법적지위 문제는 어느 정도 진전이 있으니 좀 더 노력하면 타결될 것으로 생각됨, 기본관계 문제는 한국의 입장에 대해 조만간 일본의 의견을 밝히겠음.
주제어 청구권, 선박 반환, 재일한국인 법적지위, 문화재 반환, 어업, 독도

문서명	한일예비교섭 제22회 회의기록(日韓予備交渉第22回会合記録)

문서파일번호 652
작성연월일 1963. 1. 11
구분 第6차 회담 예비교섭 第22회 회의
세부항목
작성처 외무성 북동아시아과
매수 6
비밀등급 극비
문서종류 회의록
공개구분 일부비공개
내용 第6차 한일회담 第22회 예비교섭 기록. 앞으로의 회담 진행방향에 대해 논의하는 한편, 오노 반보쿠 자민당 부총재의 독도 공유론 등 독도 문제를 논의함.
주제어 회담 진행방향, 독도

문서명	한일예비교섭 제23회 회의기록(日韓予備交渉第23回会合記録)

문서파일번호 652
작성연월일 1963. 1. 23
구분 第6차 회담 예비교섭 第23회 회의
세부항목
작성처 외무성 북동아시아과
매수 6
비밀등급 극비
문서종류 회의록
공개구분 공개
내용 第6차 한일회담 第23회 예비교섭 기록. 한국은 오히라 마사요시 외상에게 보내는 김종필의 서한을 전달함. 이어 第21회 회의에서 일본이 설명한 입장에 대해 한국의 입장이 담긴 문서를 제시하고 설명함. 그리고 회담의 형식을 지금의 예비회담에서 본회담으로 변경할 것을 요구함.
주제어 청구권

문서명	한일예비교섭 제23회 회의 한국 발언 요지(日韓予備交渉第23回会議における韓国側発言要旨)

문서파일번호 652
작성연월일 1963. 1. 23
구분 제6차 회담 예비교섭 제23회 회의
세부항목
작성처 외무성 북동아시아과
매수 6
비밀등급 극비
문서종류 내부자료
공개구분 공개
내용 제6차 한일회담 제23회 예비교섭 회의 시 한국 발언 요지. 청구권 문제에서 공여액 3억 달러 청산계정 채무는 7년 거치 후 20년간 균등분할상환, 수출입은행 차관은 새로운 표현을 넣을 것. 어업 문제는 새로운 안을 제시할 것. 선박 문제는 한국이 전 회의 때 제시한 대로 할 것, 인도적 명목으로 국유·사유 문화재를 반환할 것, 독도 문제는 제3국의 조정이 되는 방식을 제안한 것이며, 그 이상은 생각할 수 없음.
주제어 청구권, 어업, 선박 반환, 독도

문서명	제목 없음

문서파일번호 652
작성연월일 1963. 1. 23
구분 제6차 회담
세부항목 김종필이 오히라 외상에게 보낸 서한
작성처 김종필(일본 가역)
매수 6
비밀등급 극비
문서종류 서한
공개구분 공개
내용 김종필이 1963년 1월 21일 자로 오히라 마사요시 외상에게 보낸 서한. 청구권 문제는 오히라 외상 합의안에 따라 세부내용을 구체화시켜야 하며, 특히 청산 계정(외상무역 부채) 채무상환 문제, 정부 간 차관 조건, 수출입은행 차관 등은 수정이 필요함.
주제어 청구권

문서명	제목 없음

문서파일번호 652
작성연월일 1963. 1. 21
구분 제6차 회담
세부항목 김종필이 오히라 외상에게 보낸 서한
작성처 김종필
매수 3
비밀등급 일반
문서종류 서한
공개구분 공개
내용 김종필이 오히라 마사요시 외상에게 보낸 서한 한글 원본
주제어 청구권

문서명	한일예비교섭 제24회 회의기록(日韓予備交渉第24回会合記録)

문서파일번호 652
작성연월일 1963. 1. 28
구분 제6차 회담 예비교섭 제24회 회의
세부항목
작성처 외무성 북동아시아과
매수 9
비밀등급 극비
문서종류 회의록
공개구분 공개
내용 제6차 한일회담 제24회 예비교섭 기록. 일본은 예비회담을 본회담으로 변경시키자는 한국의 제안에 대해 지금 당장 변경하는 것은 시기상조이며, 오히라 마사요시 외상도 각 현안에 대해 대강의 윤곽을 만드는 노력을 계속하여 진전이 있은 후에 본회담으로 변경하자는 말을 했다고 전함. 한편, 일본은 한국이 장기저리차관 조건에 대해 새로운 주장을 한 것은 김종필·오히라 회담의 합의안을 수정한 것이므로 받아들일 수 없다고 하자, 한국은 해석의 차이가 있는 것 같으므로 본국 정부에게 보고하겠다고 말함.
주제어 청구권, 회담방식, 한국정세

문서명	한일예비교섭 제25회 회의기록(日韓予備交渉第25回会合記録)

문서파일번호 652
작성연월일 1963. 2. 1
구분 제6차 회담 예비교섭 제25회 회의
세부항목
작성처 외무성 북동아시아과
매수 9
비밀등급 극비
문서종류 회의록
공개구분 공개
내용 제6차 한일회담 제25회 예비교섭 기록. 일본은 예비교섭에서 청구권 문제, 선박 반환 문제, 문화재 반환 문제는 기본적 원칙을 어느 정도 좁힌 후에 전문가 회의를 하는 것이 좋으며, 재일한국인의 법적지위 문제, 어업 문제, 청구권 문제의 경제협력에 관한 기술적 문제는 전문가 회의를 재개 혹은 개최해도 좋다고 말함. 결국 재일한국인의 법적지위 문제, 어업 문제, 청구권 문제의 경제협력에 관한 기술적 문제는 다음 주에 논의하기로 하고, 문화재 반환 문제는 상부에 보고한 후 다시 논의하기로 함.
주제어 청구권, 선박 반환, 문화재 반환, 재일한국인 법적지위

제6차 한일회담 예비교섭(제41~48회 회의)
[第6次日韓會談予備交渉(第41 ~ 48回会合)]

문서파일번호	1168
작성연월일	1963. 6. 7 - 1963. 8. 22
구분	제6차 회담 예비교섭 제41~48회 회의
세부항목	
작성처	외무성 북동아시아과
매수	44
비밀등급	
문서종류	회의록
공개구분	공개
내용	제6차 한일회담 예비교섭 제41~48회 회의기록
주제어	제6차 한일회담 예비교섭 회의

문서명	한일예비교섭 제41회 회의기록(日韓予備交渉第41回会合記録)

문서파일번호 1168
작성연월일 1963. 6. 7
구분 제6차 회담 예비교섭 제41회 회의
세부항목
작성처 외무성 북동아시아과
매수 5
비밀등급 극비
문서종류 회의록
공개구분 공개
내용 제6차 한일회담 예비교섭 제41회 회의기록. 어업회담의 진척도, 어업협력을 청구권 금액에 포함시키는지 여부, 회담 진전에 대한 일본의 태도 등을 논의
주제어 어업

문서명	한일예비교섭 제42회 회의기록(日韓予備交渉第42回会合記録)

문서파일번호 1168
작성연월일 1963. 6. 13
구분 제6차 회담 예비교섭 제42회 회의
세부항목
작성처 외무성 북동아시아과
매수 7
비밀등급 극비
문서종류 회의록
공개구분 공개
내용 제6차 한일회담 예비교섭 제42회 회의기록. 청구권에 관해서 한국이 무상자금을 앞당겨 제공할 수 있는지에 대한 입장을 물었으나 일본은 대장성의 반대로 인해 합의를 보지 못하고 있다고 밝힘.
주제어 청구권

문서명	한일예비교섭 제43회 회의기록(日韓予備交渉第43回会合記録)

문서파일번호 1168
작성연월일 1963. 6. 20
구분 제6차 회담 예비교섭 제43회 회의
세부항목
작성처 외무성 북동아시아과
매수 5
비밀등급 극비
문서종류 회의록
공개구분 공개
내용 제6차 한일회담 예비교섭 제43회 회의기록. 나포된 일본어선 석방이후 어업 문제의 협의 방향에 대해서 논의
주제어 어업

문서명	한일예비교섭 제44회 회의기록(日韓予備交渉第44回会合記録)

문서파일번호 1168
작성연월일 1963. 7. 11
구분 제6차 회담 예비교섭 제44회 회의
세부항목
작성처 외무성 북동아시아과
매수 7
비밀등급 극비
문서종류 회의록
공개구분 공개
내용 제6차 한일회담 예비교섭 제44회 회의기록. 한국은 대일무역 채무상환 기간을 3년으로 하되 무상제공을 매년 4,500만 달러로 할 것, 또 정부차관의 상환기간은 거치기간을 포함해 20년으로 하되 양국 합의로 연장할 수 있다고 할 것 등의 안을 냈으나 일본은 부정적으로 대응함.
주제어 청구권, 대일무역 채무

문서명	한일예비교섭 제45회 회의기록(日韓予備交渉第45回会合記録)

문서파일번호 1168
작성연월일 1963. 7. 18
구분 제6차 회담 예비교섭 제45회 회의
세부항목
작성처 외무성 북동아시아과
매수 6
비밀등급 극비
문서종류 회의록
공개구분 공개
내용 제6차 한일회담 예비교섭 제45회 회의기록. 전회 회의에서 한국이 제시한 안에 대해 일본은 타협하기 어렵다는 입장을 내놓았으며, 앞으로 동 문제를 해결할 교섭 방법에 대해 의견교환
주제어 청구권, 대일무역 채무

문서명	한일예비교섭 제46회 회의기록(日韓予備交渉第46回会合記録)

문서파일번호 1168
작성연월일 1963. 7. 25
구분 제6차 회담 예비교섭 제46회 회의
세부항목
작성처 외무성 북동아시아과
매수 4
비밀등급 극비
문서종류 회의록
공개구분 공개
내용 제6차 한일회담 예비교섭 제46회 회의기록. 어업 문제, 청구권, 나포 어선, 한국적 선박, 법적지위 문제 등 논의할 현안의 우선순위에 대해 협의하고, 외상 회담에 대해 의견을 교환함. 한편 한국은 어업협력의 중요성을 강조함.
주제어 어업, 청구권, 선박 반환, 재일한국인 법적지위, 외상회담

문서명	한일예비교섭 제47회 회의기록(日韓予備交渉第47回会合記録)

문서파일번호 1168
작성연월일 1963. 8. 8
구분 제6차 회담 예비교섭 제47회 회의
세부항목
작성처 외무성 북동아시아과
매수 6
비밀등급 극비
문서종류 회의록
공개구분 공개
내용 제6차 한일회담 예비교섭 제47회 회의기록. 오히라 마사요시·김종필 회담에서 어업 문제에 관해 어떠한 논의가 있었는지 복기하고 어업협력과 규제조치에 대해 의견을 교환
주제어 어업

문서명	한일예비교섭 제48회 회의기록(日韓予備交渉第48回会合記録)

문서파일번호 1168
작성연월일 1963. 8. 22
구분 제6차 회담 예비교섭 제48회 회의
세부항목
작성처 외무성 북동아시아과
매수 4
비밀등급 극비
문서종류 회의록
공개구분 공개
내용 제6차 한일회담 예비교섭 제48회 회의기록. 수역해리를 구체적으로 표명할지 여부와 어업차관에 관해서 논의
주제어 어업

제6차 한일회담 예비교섭(제49~50회 회의)
[第6次日韓會談予備交渉(第49 ~ 50回会合)]

문서파일번호	1170
작성연월일	1963. 9. 19 - 1963. 9. 26
구분	제6차 회담 예비교섭 제49~50회 회의
세부항목	
작성처	외무성, 한국대표단
매수	13
비밀등급	
문서종류	회의록, 내부자료
공개구분	공개 또는 일부비공개
내용	제6차 한일회담 예비교섭 제49~50회 회의기록
주제어	어업

문서명	한일예비교섭 제49회 회의기록(日韓予備交渉第49回会合記録)

문서파일번호 1170
작성연월일 1963. 9. 19
구분 제6차 회담 예비교섭 제49회 회의
세부항목
작성처 외무성 북동아시아과
매수 5
비밀등급 극비
문서종류 회의록
공개구분 공개
내용 제6차 한일회담 예비교섭 제49회 회의기록. 어선 나포, 어업협력 금액, 향후 논의 과제 등을 논의
주제어 어업

문서명	한일예비교섭 제50회 회의기록(日韓予備交渉第50回会合記録)

문서파일번호 1170
작성연월일 1963. 9. 26
구분 제6차 회담 예비교섭 제50회 회의
세부항목
작성처 외무성 북동아시아과
매수 3
비밀등급 극비
문서종류 회의록
공개구분 일부비공개
내용 제6차 한일회담 예비교섭 제50회 회의기록. 향후 전망에 관한 질의응답을 진행하고 한국이 어업협력안을 제출
주제어 어업

문서명	별첨. 어업협력안(漁業協力案)

문서파일번호 1170
작성연월일 1963. 9. 26
구분 제6차 회담 예비교섭 제50회 회의
세부항목
작성처 한국대표단(일본 가역)
매수 2
비밀등급 일반
문서종류 내부자료
공개구분 공개
내용 제6차 한일회담 예비교섭 제50회의기록 첨부문서. 제6차 한일회담 예비교섭 제50회 회의에서 한국이 제출한 어업협력안. 총액, 자금 제공 방식, 각 구체적인 사용처 등이 명시됨.
주제어 어업

문서명	별첨. 연차별 어업협력안(年次別漁業協力案)

문서파일번호 1170
작성연월일 1963. 9. 26
구분 제6차 회담 예비교섭 제50회 회의
세부항목
작성처 한국대표단(일본 가역)
매수 2
비밀등급 일반
문서종류 내부자료
공개구분 공개
내용 제6차 한일회담 예비교섭 제50회의기록 첨부문서. 제6차 한일회담 예비교섭 제50회 회의에서 한국이 제출한 연차별 어업협력안. 연차별 어업 시설 자금 투입 계획이 명시됨.
주제어 어업

문서명	별첨. 어선 건조 및 도입 내역(漁船建造及び導入内訳)

문서파일번호 1170
작성연월일 1963. 9. 26
구분 제6차 회담 예비교섭 제50회 회의
세부항목
작성처 한국대표단(일본 가역)
매수 1
비밀등급 일반
문서종류 내부자료
공개구분 공개
내용 제6차 한일회담 예비교섭 제50회의기록 첨부문서. 제6차 한일회담 예비교섭 제50회 회의에서 한국이 제출한 어업협력안. 어선 수, 톤수, 금액 등 선박 건조 내역이 명시됨.
주제어 어업

제6차 한일회담 예비교섭(제51~60회 회의)
[第6次日韓會談予備交渉(第51 ~ 60回会合)]

문서파일번호	1171
작성연월일	1963. 10. 4 - 1963. 12. 12
구분	제6차 회담 예비교섭 제51~60회 회의
세부항목	
작성처	외무성 북동아시아과, 한국대표단
매수	66
비밀등급	
문서종류	회의록
공개구분	공개
내용	제6차 한일회담 예비교섭 제51~60회 회의기록
주제어	어업

문서명	한일예비교섭 제51회 회의(日韓予備交渉第51回会合記録)

문서파일번호 1171
작성연월일 1963. 10. 4
구분 제6차 회담 예비교섭 제51회 회의
세부항목
작성처 외무성 북동아시아과
매수 6
비밀등급 극비
문서종류 회의록
공개구분 공개
내용 제6차 한일회담 예비교섭 제51회 회의기록. 한국이 12해리 수용에 부정적인 모습을 보이면서 논쟁이 벌어짐. 이후 공동규제에 대해서도 협의함.
주제어 어업

문서명	10월 4일의 예비교섭 제51회 회의 스기 대표의 발언(10月4日の予備交渉第51回会合における杉代表の発言)

문서파일번호 1171
작성연월일 1963. 10. 4
구분 제6차 회담 예비교섭 제51회 회의
세부항목
작성처 외무성 북동아시아과
매수 4
비밀등급 극비
문서종류 회의록
공개구분 공개
내용 제6차 한일회담 예비교섭 제51회 회의에서 일본 스기 미치스케(杉道助) 수석대표가 한 발언. 일본은 한국이 12해리를 수용하는 것을 전제로 회담 진행을 계획했다고 함.
주제어 어업

문서명	한일예비교섭 제52회 회의(日韓予備交渉第52回会合記録)

문서파일번호 1171
작성연월일 1963. 10. 17
구분 제6차 회담 예비교섭 제52회 회의
세부항목
작성처 외무성 북동아시아과
매수 4
비밀등급 극비
문서종류 회의록
공개구분 공개
내용 제6차 한일회담 예비교섭 제52회 회의기록. 한국 대통령 선거 이후 한일회담의 진행방식에 대해 협의함. 한국은 스기 미치스케(杉道助) 대표의 발언에 대해 답변함. 이후 어업 문제 협력의 지원액과 그 방식에 대해 논의함.
주제어 어업

문서명	1963. 10. 17 제52회 한일예비교섭 배 수석대표의 발언[(別添(仮訳) 1963年10月17日の第52回日韓予備交渉で行なった裵首席代表の発言)]

문서파일번호 1171
작성연월일 1963. 10. 17
구분 제6차 회담 예비교섭 제52회 회의
세부항목
작성처 한국대표단(일본 가역)
매수 3
비밀등급 일반
문서종류 내부자료
공개구분 공개
내용 제6차 한일회담 예비교섭 제52회 회의기록 첨부문서. 제6차 한일회담 예비교섭 제51회 회의에서 스기 미치스케(杉道助) 대표가 한 발언에 대한 답변으로 제52회 회의에서 배의환 수석대표가 한국의 입장에 대해 발언
주제어 어업

문서명	한일예비교섭 제53회 회의(日韓予備交渉第53回会合記録)

문서파일번호 1171
작성연월일 1963. 10. 25
구분 제6차 회담 예비교섭 제53회 회의
세부항목
작성처 외무성 북동아시아과
매수 5
비밀등급 극비
문서종류 회의록
공개구분 공개
내용 제6차 한일회담 예비교섭 제53회 회의기록. 양국의 국내정치적 상황에 대해 의견을 교환한 후 한일회담의 진행방식에 대해 협의함. 일본은 한국이 12해리를 수용할 것을 촉구함.
주제어 어업

문서명	한일예비교섭 제54회 회의(日韓予備交渉第54回会合記録)

문서파일번호 1171
작성연월일 1963. 10. 31
구분 제6차 회담 예비교섭 제54회 회의
세부항목
작성처 외무성 북동아시아과
매수 4
비밀등급 극비
문서종류 회의록
공개구분 공개
내용 제6차 한일회담 예비교섭 제54회 회의기록. 어업공동규제안, 어업협력에 대해 의견교환
주제어 어업

문서명	한일예비교섭 제55회 회의(日韓予備交渉第55回会合記録)

문서파일번호 1171
작성연월일 1963. 11. 7
구분 제6차 회담 예비교섭 제55회 회의
세부항목
작성처 외무성 북동아시아과
매수 3
비밀등급 극비
문서종류 회의록
공개구분 공개
내용 제6차 한일회담 예비교섭 제55회 회의기록. 일본은 한국이 제안한 어업협력안을 일본의 전문가들이 검토하였음을 언급. 어업협력 금액을 논의
주제어 어업

문서명	한일예비교섭 제56회 회의(日韓予備交渉第56回会合記録)

문서파일번호 1171
작성연월일 1963. 11. 14
구분 제6차 회담 예비교섭 제56회 회의
세부항목
작성처 외무성 북동아시아과
매수 5
비밀등급 극비
문서종류 회의록
공개구분 공개
내용 제6차 한일회담 예비교섭 제56회 회의기록. 양측은 어업 문제협의를 실무레벨에서 최대한 진행하고 정치회담을 개최하자는데 의견을 같이함. 이후 어업차관의 조건, 어업협력의 내용에 대해 논의
주제어 어업

문서명	한일예비교섭 제57회 회의(日韓予備交渉第57回会合記録)

문서파일번호 1171
작성연월일 1963. 11. 21
구분 제6차 회담 예비교섭 제57회 회의
세부항목
작성처 외무성 북동아시아과
매수 4
비밀등급 극비
문서종류 회의록
공개구분 공개
내용 제6차 한일회담 예비교섭 제57회 회의기록. 한국은 청구권 문제 관련 정부차관의 상환기간 및 무상공여를 매년 2,550만 달러 제공할 것을 요구하는 것에 대한 일본 입장을 제시할 것을 요구함. 일본은 어업 문제 해결 후에 가능하다고 밝힘.
주제어 청구권, 어업

문서명	한일예비교섭 제58회 회의(日韓予備交渉第58回会合記録)

문서파일번호 1171
작성연월일 1963. 11. 28
구분 제6차 회담 예비교섭 제58회 회의
세부항목
작성처 외무성 북동아시아과
매수 6
비밀등급 극비
문서종류 회의록
공개구분 공개
내용 제6차 한일회담 예비교섭 제58회 회의기록. 1963년 12월 10일경으로 예정되어 있는 오히라 마사요시·김용식 장관 회담을 앞두고 실무 차원에서 어업 문제의 금액 및 방식에 대해 논의
주제어 어업

문서명	11월 28일 예비교섭에서 어업협력 문제에 관한 스기 대표의 발언 요지[(11月28日の予備交渉のおける漁業協力問題に関する杉代表の発言要旨(案)]

문서파일번호 1171
작성연월일 1963. 11. 26
구분 제6차 회담 예비교섭 제58회 회의
세부항목
작성처 외무성 북동아시아과
매수 8
비밀등급 극비
문서종류 회의록
공개구분 공개
내용 제6차 한일회담 예비교섭 제58회 회의에서 일본 스기 미치스케(杉道助) 대표가 한국에 설명할 내용을 정리. 동 발언에서 청구권 문제 중 민간차관의 일부를 어업협력으로 하는 것에 관한 교환공문안을 제시
주제어 어업, 청구권

문서명	한일예비교섭 제59회 회의(日韓予備交渉第59回会合記録)

문서파일번호 1171
작성연월일 1963. 12. 5
구분 제6차 회담 예비교섭 제59회 회의
세부항목
작성처 외무성 북동아시아과
매수 6
비밀등급 극비
문서종류 회의록
공개구분 공개
내용 제6차 한일회담 예비교섭 제59회 회의기록. 어업 문제에 관한 한국의 제안에 대해 일본은 부정적인 입장을 표명
주제어 어업

문서명	한일예비교섭 제60회 회의(日韓予備交渉第60回会合記録)

문서파일번호 1171
작성연월일 1963. 12. 12
구분 제6차 회담 예비교섭 제60회 회의
세부항목
작성처 외무성 북동아시아과
매수 4
비밀등급 극비
문서종류 회의록
공개구분 공개
내용 제6차 한일회담 예비교섭 제60회 회의기록. 어업협력에 대해 일본이 구두로 표명해왔던 내용을 정리해서 공문형식으로 제시하고, 이에 대해 한국이 의견을 표명
주제어 어업

문서명	어업협력 문제에 관한 일본 입장(漁業協力問題に関する日本側の立場)

문서파일번호 1171
작성연월일 1963. 12. 12
구분 제6차 회담 예비교섭 제60회 회의
세부항목
작성처 외무성 북동아시아과
매수 4
비밀등급 일반
문서종류 내부자료
공개구분 공개
내용 제6차 한일회담 예비교섭 제60회 회의에서 제시한 어업협력 문제에 관한 일본 입장
주제어 어업

이후 진행방식
(今後の進め方)

문서파일번호	1341
작성연월일	1963. 1. 24 - 1963. 3. 6
구분	제6차 회담
세부항목	한일회담 대책
작성처	
매수	45
비밀등급	
문서종류	내부문서, 담화문
공개구분	공개
내용	한일회담의 당면대책, 이후 진행 방법 등에 관하여 정리한 문서 모음
주제어	한일회담 대책

문서명	외교사상에서 본 교섭 개시 또는 촉진을 위한 측면적 노력을 한 몇 가지 사례 (外交史上本交渉の開始ないし促進のため側面的努力が行われた若干の先例)

문서파일번호 1341
작성연월일 1963(월일 불명)
구분 제6차 회담
세부항목 한일회담 대책, 측면교섭 사례
작성처 외무성 북동아시아과
매수 6
비밀등급 일반
문서종류 내부문서
공개구분 공개
내용 1차 세계대전 이후 일소 국교조정, 삼국동맹, 일본의 개전회피 노력, 태평양전쟁 종전을 위한 대 소련 공작 등을 중심으로 특사 파견과 같은 일본 외교에서 있었던 측면적 노력의 사례를 검토
주제어 한일회담 대책

문서명	당면 대책(当面の対策)

문서파일번호 1341
작성연월일 1963. 1. 24
구분 제6차 회담
세부항목 한일회담 당면대책
작성처 외무성 북동아시아과
매수 8
비밀등급 극비
문서종류 내부문서
공개구분 공개
내용 한일회담 관련 일본의 현안 문제에 관한 입장을 정리한 문서. 청구권에 관해 정부차관의 거치 기간 문제 및 한국의 대일 무역채무의 처리 문제에 관해서 일본 입장을 고수할 것을 정하고 있음.
주제어 한일회담 대책

문서명	한일회담의 향후 진행 방법(日韓会談に今後の進め方について)

문서파일번호 1341
작성연월일 1963. 1. 26
구분 제6차 회담
세부항목 한일회담 향후 진행 방법
작성처 외무성 북동아시아과
매수 8
비밀등급 극비
문서종류 내부문서
공개구분 공개
내용 한일회담의 향후 진행 방법을 검토한 내용이 담긴 문서. 한국이 어업, 독도에 관해 기존의 입장을 반복하고 장기저리차관에 관해 오히라 마사요시·김종필 합의에서 벗어나는 내용을 주장한다고 평가함. 그리고 군부정권의 내부대립, 민정이관 등 한국 정계가 불안정하다고 보고, 이러한 정세를 감안하여 본회의 및 각 분과 위원회의 재개에 응하는 것은 적절하지 않다고 판단함.
주제어 한일회담 대책

문서명	한일예비교섭 당분간의 진행 방법(日韓予備交渉当面の進め方)

문서파일번호 1341
작성연월일 1963. 1. 31
구분 제6차 회담
세부항목 한일회담 향후 진행 방법
작성처 외무성 북동아시아과
매수 4
비밀등급 극비
문서종류 내부문서
공개구분 공개
내용 제6차 한일회담 예비교섭에서의 각 현안 진행 방법을 검토한 내용이 담긴 문서. 청구권 및 문화재에 관해서 한일 수석대표 회담에서 조정할 것이라고 기술
주제어 한일회담 대책

문서명	당면의 한일회담 대처 요령(当面の日韓会談対処要領)

문서파일번호 1341
작성연월일 1963. 2. 6
구분 제6차 회담
세부항목 한일회담 대처요령
작성처 외무성 아시아국
매수 2
비밀등급 극비
문서종류 내부문서
공개구분 공개
내용 아시아국 간부회에서 결정한 청구권, 어업 및 법적지위 문제 대처요령
주제어 한일회담 대책

문서명	한일예비교섭에서 양 수석대표가 현재까지 대략 의견일치를 본 청구권 문제의 해결방식(日韓予備交渉において両首席代表間に現在までに大綱につき意見一致をみた請求権問題解決方式)

문서파일번호 1341
작성연월일 1963. 1. 30
구분 제6차 회담
세부항목 청구권 문제 해결방식
작성처 외무성
매수 1
비밀등급 일반
문서종류 내부문서
공개구분 공개
내용 청구권 문제 중, 수석대표 예비교섭에서 합의를 본 내용을 정리한 문서. 무상 경협, 장기저리차관, 다액의 통상의 민간신용공여 관련 합의내용과 함께, 무·유상의 경제협력으로 청구권 문제가 최종적으로 해결되는 것으로 하는 것으로 합의가 이루어졌음.
주제어 청구권

문서명	김종필 씨 은퇴 성명과 관련하여 발표한 대신 담화(金鍾泌氏引退声明に関連に出した大臣談話)

문서파일번호 1341
작성연월일 1963. 2. 20
구분 제6차 회담
세부항목 김종필 은퇴에 대한 오히라 담화
작성처 정보문화국 보도과
매수 3
비밀등급 일반
문서종류 담화문
공개구분 공개
내용 오히라 마사요시 외상이 기자회견을 통해 김종필 씨의 은퇴 등에 관해 발표한 담화. 한국이 민정이관의 과정에서 곤란을 겪고 있지만 일본정부는 한일회담을 지속해 나갈 방침임.
주제어 김종필 은퇴에 대한 오히라 담화

문서명	당분간의 한일회담 진행 방법에 대한 고찰(当面の日韓会談の進め方についての考案)

문서파일번호 1341
작성연월일 1963. 3. 4
구분 제6차 회담
세부항목 한일회담 향후 진행 방법
작성처 외무성 아시아국
매수 6
비밀등급 극비
문서종류 내부문서
공개구분 공개
내용 한일회담 진행 방법에 관한 검토의견이 담긴 문서. 한일회담 현황을 한일 수석대표의 예비교섭, 전문가 회의를 중심으로 정리하고, 한국정세를 감안한 어업 문제에 관한 대처 방침을 제시함.
주제어 한일회담 대책

문서명	당분간의 한일회담 진행 방법에 대하여(当面の日韓会談の進め方について)

문서파일번호 1341
작성연월일 1963. 3. 6
구분 제6차 회담
세부항목 한일회담 향후 진행 방법
작성처 외무성 아시아국
매수 7
비밀등급 극비
문서종류 내부문서
공개구분 공개
내용 1962년 3월 4일 자 '당분간의 한일회담 진행 방법에 대한 고찰'이라는 제목의 문서 수정본
주제어 한일회담 대책

한일회담 여러 현안 현황
(日韓会談諸懸案の現状)

문서파일번호	1342
작성연월일	1963. 3. 8 - 1963. 9. 20
구분	제6차 회담
세부항목	한일회담 현안 현황
작성처	
매수	73
비밀등급	
문서종류	
공개구분	일부비공개
내용	한일회담 여러 현안 현황에 관하여 정리한 문서 모음
주제어	

문서명	한일회담 주요 안건 현황(日韓会談主要案件の現状)

문서파일번호	1342
작성연월일	1963. 3. 8
구분	제6차 회담
세부항목	한일회담 현안 현황
작성처	외무성
매수	9
비밀등급	극비
문서종류	내부문서
공개구분	공개
내용	한일회담 주요 안건에 관한 교섭 상황을 정리한 문서. 청구권에 관해 무상, 유상의 제공액 증 합의를 본 부분과 상환 기간 등 합의를 보지 못하고 있는 부분의 정리, 문화재에 관해 한일 간에 반환이냐 기증이냐의 문제로 대립하고 있음을 기술
주제어	청구권, 문화재 반환, 어업

문서명	한일회담 여러 현안의 현상(日韓会談諸懸案の現状)

문서파일번호	1342
작성연월일	1963. 5. 31
구분	제6차 회담
세부항목	한일회담 현안 현황
작성처	외무성 북동아시아과
매수	10
비밀등급	극비
문서종류	내부문서
공개구분	공개
내용	아시아태평양지역 공관장 회의 배포 자료. 청구권에 관해서는 무상, 유상의 제공액 증 합의를 본 부분과 상환 기간 등 합의를 보지 못하고 있는 부분의 정리, 문화재에 관해서는 한국과 국유문화재의 기증이라는 형식으로 현재 구체적으로 무엇을 기증하는가의 조정을 진행하고 있음을 밝히고 있음.
주제어	어업, 청구권, 선박 반환, 재일한국인 법적지위, 독도 문제

문서명	한일회담에 대하여(日韓会談について)

문서파일번호 1342
작성연월일 1963. 6. 27
구분 제6차 회담
세부항목 한일회담 현안 현황
작성처 외무성
매수 4
비밀등급 극비
문서종류 내부문서
공개구분 공개
내용 한일회담 관련 진행 현황을 정리한 문서. 한국이 한일회담에 대한 적극적인 자세를 보이고 있다고 평가한 뒤, 청구권, 어업, 법적지위문제를 중심으로 예비교섭의 현황에 대해 정리함. 최규하 대사, 김용식 외무부장관의 방일 이후 한국이 합리적인 제안을 하면 일본도 그에 응할 것이라는 입장을 기술
주제어 어업, 청구권, 선박 반환, 재일한국인 법적지위

문서명	한일회담에 관한 니시무라 전 주불 대사의 견해(日韓会談に関する西村前駐仏大使の見解)

문서파일번호 1342
작성연월일 1963. 7. 3
구분 제6차 회담
세부항목 한일회담 현안 현황
작성처 외무성 우시로쿠 아시아국장
매수 5
비밀등급 극비
문서종류 내부문서
공개구분 일부비공개
내용 1963년 7월 3일 우시로쿠 도라오 아시아국장과 니시무라 구마오 전 주프랑스대사의 회의기록으로 2쪽에 걸쳐 비공개 부분이 있음. 공개된 부분에서는 한국이 '청구권의 변제'가 아니라 '청구권의 해결'이라고 타협할 태도를 보이므로 일본으로서도 '경제협력'만을 언급하는 것을 고집할 필요가 없다고 언급
주제어 청구권

문서명	한일회담 각 현안의 논의 진척 상황(日韓会談各懸案の討議進捗状況)

문서파일번호 1342
작성연월일 1963. 7. 9
구분 제6차 회담
세부항목 한일회담 현안 현황
작성처 외무성 아시아국
매수 12
비밀등급 극비
문서종류 내부문서
공개구분 공개
내용 외무성 아시아국이 한일 간 의제별 교섭 경위 및 전망에 관해 정리한 문서. 청구권 문제 관련, 양측이 합의를 이루지 못한 차관 상환기간 및 대일무역 채무의 상환기간에 관해 한국이 무상자금 제공을 앞당기는 조건으로 차관 상환기간에 대한 일본 입장을 수락할 의사를 보이고 있다는 점, 문화재에 관해서는 문화협력으로서 해결하는 것으로 타결될 전망이 보인다는 점, 기본관계 문제에 관해 북한의 처리 문제는 피해야 할 것이라는 점 등을 기술
주제어 청구권, 선박 반환, 문화재 반환, 기본관계, 재일한국인 법적지위, 독도 문제

문서명	한일회담 여러 현안에 관하여 북한 문제와 관련된 여러 문제의 협정상 처리에 관하여(日韓会談の諸懸案につき北鮮問題が関連してくる諸点の協定上の取扱振りについて)

문서파일번호 1342
작성연월일 1963. 8. 1
구분 제6차 회담
세부항목 한일회담 현안 현황, 북한에 대한 관할권
작성처 외무성 북동아시아과
매수 10
비밀등급 극비
문서종류 내부문서
공개구분 공개
내용 외무성이 한일 간 교섭에 관해 북한 문제를 어떻게 다룰지를 정리한 내부 방침 문서. 기본관계 문제에 관해서는 북한 문제를 피하는 의미에서 공동선언 형식으로 할 것, 청구권 문제에 관해서는 일본의 무상, 유상 지원으로 남한 지역 문제가 해결됨

으로써 북한 지역 문제는 백지로 남을 것, 문화재에 관해서는 문화협력으로 해결하기 때문에 북한 출토 문화재를 한국에 기증하는 것은 적절하지 않다고 지적하고 있음.

주제어 북한에 대한 관할권

문서명	한일회담의 현상(日韓会談の現状)

문서파일번호 1342

작성연월일 1963. 8. 5

구분 제6차 회담

세부항목 한일회담 현상

작성처 외무성

매수 10

비밀등급 극비

문서종류 내부문서

공개구분 공개

내용 한일회담 현상에 관한 문서. 작년 말에 청구권 교섭이 진전되어 무상공여 3억 달러, 장기저리차관 2억 달러를 한국에게 경제협력으로 제공하는 방법으로 해결하기로 대체로 합의하고 이후 일본이 가장 중요시하는 어업 문제 교섭에 들어감. 일본은 어업전관수역 12해리를 제시하고 한국은 전관수역을 40해리로 하는 제안을 하여 입장차가 확연하게 드러남.

주제어 한일회담 현상

문서명	한일 문제(日韓問題)

문서파일번호	1342
작성연월일	1963. 9. 20
구분	제6차 회담
세부항목	한일회담 현안, 한국 국내정세
작성처	외무성
매수	13
비밀등급	극비
공개구분	공개
내용	동남아시아 방문을 앞둔 이케다 하야토 총리에게 한일 문제에 관해 설명하기 위해 작성한 문서. 한일회담에 관해 어업 교섭을 중심으로 설명. 일본은 어업전관수역 12해리를 제시하였으나 한국은 전관수역을 40해리로 하는 제안을 함. 민정 이관을 앞둔 한국의 국내정세도 보고
주제어	어업, 한국국내정세
문서종류	내부문서

당면한 한일회담 진행방식 건
(日韓会談当面の進め方)

문서파일번호	1343
작성연월일	1963. 10. 28 - 1963. 10. 29
구분	제6차 회담
세부항목	한일회담 진행방식
작성처	외무성 북동아시아과
매수	20
비밀등급	
문서종류	내부문서
공개구분	공개
내용	한일회담 진행방식 등에 관하여 정리한 문서
주제어	한일회담 진행방식

문서명	당면의 한일회담 진행방식 건(日韓会談当面の進め方に関する件)

문서파일번호 1343
작성연월일 1963. 10. 28
구분 제6차 회담
세부항목 한일회담 진행방식
작성처 외무성 북동아시아과
매수 15
비밀등급 극비
문서종류 내부문서
공개구분 공개
내용 한일회담 진행방식에 관한 문서
주제어 한일회담 진행방식

문서명	현 시점에서 한국의 요청에 응하여 법적지위, 문화재, 청구권 등 한일회담의 각 관계 회의를 전면적으로 재개하는 것의 장단점(現時点において韓国側の要請に応じ法的地位、文化財、請求権等日韓会談の各関係会合を全面的に再開することの可否)

문서파일번호 1343
작성연월일 1963. 10. 29
구분 제6차 회담
세부항목 한일회담 재개에 관한 장단점 검토
작성처 외무성 북동아시아과
매수 5
비밀등급 극비
문서종류 내부문서
공개구분 공개
내용 외무성 간부회의용 자료. 현 시점에서 한국의 요청에 응하여 법적지위, 문화재, 청구권 등 한일회담의 각 관계 회의를 전면적으로 재개하는 것의 장단점을 검토함.
주제어 한일회담 재개

한일회담 이후 진행방식에 대해서
(日韓会談の今後の進め方について)

문서파일번호	1336
문서명	한일회담 이후 진행방식에 대해서(日韓会談の今後の進め方について)
작성연월일	1962. 4. 25
구분	第6次 회담
세부항목	한일회담 진행방식
작성처	외무성 아시아국장
매수	10
비밀등급	극비
문서종류	내부문서
공개구분	공개
내용	第6次 한일회담 향후 진행방식에 관하여 이세키 유지로 아시아국장이 작성한 문서
주제어	한일회담 진행방식

한일회담 수석대표 비공식 회의기록(제1~5회)
[日韓会談首席代表非公式会合記録(第1～5回)]

문서파일번호	451
작성연월일	1964. 3. 26 - 1964. 5. 14
구분	제6차 회담(재개)한일 수석대표 비공식회의(제1~5회)
세부항목	
작성처	외무성 북동아시아과
매수	38
비밀등급	
문서종류	회의록
공개구분	공개
내용	1964년 3월 26일~5월 14일까지 개최된 스기 미치스케(杉道助) 일본 수석대표와 배의환 한국 수석대표 비공식 회의기록
주제어	재개 제6차 한일회담 수석대표 비공식 회의

문서명	한일회담 수석대표 제1회 비공식 회의기록(日韓会談首席代表第1回非公式会合記録)

문서파일번호 451
작성연월일 1964. 3. 26
구분 제6차 회담(재개) 한일 수석대표 제1회 비공식 회의
세부항목
작성처 외무성 북동아시아과
매수 6
비밀등급 극비
문서종류 회의록
공개구분 공개
내용 스기 미치스케일본 수석대표와 배의환 한국 수석대표 제1회 비공식 회의기록. 동석한 우시로쿠 도라오 국장은 어업 문제가 해결되지 않으면 청구권 문제 해결 전망이 서지 않을 것이라고 주장함. 그리고 문화재위원회의 '반환'과 '인도'를 둘러싼 입장 차이가 논의됨.
주제어 어업, 문화재 반환

문서명	한일회담 수석대표 제2회 비공식 회의기록(日韓会談首席代表第2回非公式会合記録)

문서파일번호 451
작성연월일 1964. 4. 9
구분 제6차 회담(재개) 한일 수석대표 제2회 비공식회의
세부항목
작성처 외무성 북동아시아과
매수 11
비밀등급 극비
문서종류 회의록
공개구분 공개
내용 스기 미치스케 일본 수석대표와 배의환 한국 수석대표 제2회 비공식 회의기록. 청구권 문제에 관해 일본은 어업교섭이 해결되지 않으면 진전이 어려우나 기본관계에 관한 교섭은 가능하다고 밝힘.
주제어 어업, 청구권, 기본관계, 재일한국인 법적지위

문서명	한일회담 수석대표 제3회 비공식 회의기록(日韓会談首席代表第3回非公式会合記録)

문서파일번호 451
작성연월일 1964. 4. 16
구분 제6차 회담(재개) 한일 수석대표 제3회 비공식회의
세부항목
작성처 외무성 북동아시아과
매수 8
비밀등급 극비
문서종류 회의록
공개구분 공개
내용 스기 미치스케 일본 수석대표와 배의환 한국 수석대표 제3회 비공식 회의기록. 재일한국인 법적지위, 어업협력, 일본의 경제협력 방식에 관해 논의함.
주제어 어업, 재일한국인 법적지위, 청구권 · 경협

문서명	한일회담 수석대표 제4회 비공식 회의기록(日韓会談首席代表第4回非公式会合記録)

문서파일번호 451
작성연월일 1964. 5. 7
구분 제6차 회담(재개) 한일 수석대표 제4회 비공식회의
세부항목
작성처 외무성 북동아시아과
매수 8
비밀등급 극비
문서종류 회의록
공개구분 공개
내용 스기 미치스케 일본 수석대표와 배의환 한국 수석대표의 제4회 비공식 회의기록. 일본어선 나포, 한일회담 반대 학생데모, 어업교섭의 진행방식, 법적지위, PVC 플랜트의 연체 지불 및 선박의 한국 수출 등에 관해 논의함.
주제어 어업, 재일한국인 법적지위, 경제협력

문서명	한일회담 수석대표 제5회 비공식 회의기록(日韓会談首席代表第5回非公式会合記録)

문서파일번호	451
작성연월일	1964. 5. 14
구분	제6차 회담(재개) 한일 수석대표 제5회 비공식회의
세부항목	
작성처	외무성 북동아시아과
매수	5
비밀등급	극비
문서종류	회의록
공개구분	공개
내용	스기 미치스케 일본 수석대표와 배의환 한국 수석대표 제5회 비공식 회의기록. 일본어선 나포, 한일회담에 대한 한국의 국내사정, 청구권 문제, 재일한국인 법적지위에 대해 의견을 나눔. 일본은 어업 문제가 80퍼센트 이상 진전되어야 청구권 문제에서 진전을 볼 수 있을 것이라고 강조함.
주제어	어업, 청구권·경협, 재일한국인 법적지위

한일회담 수석대표 비공식 회의기록(제6~10회)
[日韓会談首席代表非公式会合記録(第6 ~ 10回)]

문서파일번호	452
작성연월일	1964. 5. 21 - 1964. 7. 9
구분	제6차 회담(재개) 한일 수석대표 비공식회의(제6~10회)
세부항목	
작성처	외무성 북동아시아과
매수	47
비밀등급	
문서종류	회의록
공개구분	공개
내용	1964년 5월 21일~7월 9일까지 개최된 제6차 한일회담(재개) 양국 수석대표 비공식 회의기록
주제어	재개 제6차 한일회담 수석대표 비공식 회의

문서명	한일회담 수석대표 제6회 비공식 회의기록(日韓会談首席代表第6回非公式会合記録)

문서파일번호 452
작성연월일 1964. 5. 21
구분 제6차 회담(재개) 한일 수석대표 제6회 비공식회의
세부항목
작성처 외무성 북동아시아과
매수 6
비밀등급 극비
문서종류 회의록
공개구분 공개
내용 제6차 한일회담(재개) 양국 수석대표 제6회 비공식 회의기록. 청구권 문제 관련, 일본의 한국에 대한 플랜트 수출이 1962년 11월 김종필 · 오히라 외상 합의의 민간신용공여에 포함되는지 여부를 두고 한국은 국내 대책상 관련이 없다고 말해 줄 것을 요청함. 이에 대해 일본은 난색을 표함.
주제어 어업, 청구권 · 경협

문서명	한일회담 수석대표 제7회 비공식 회의기록(日韓会談首席代表第7回非公式会合記録)

문서파일번호 452
작성연월일 1964. 5. 28
구분 제6차 회담(재개) 한일 수석대표 제7회 비공식 회의
세부항목
작성처 외무성 북동아시아과
매수 5
비밀등급 극비
문서종류 회의록
공개구분 공개
내용 제6차 한일회담(재개) 양국 수석대표 제7회 비공식 회의기록. 청구권 관련 지난 회의에 이어 한국에 대한 플랜트 수출이 1962년 11월 김종필 · 오히라 외상 합의 중 민간신용공여에 포함되는지 여부에 대해 일본은 무상 3억 달러, 정부차관 2억 달러로 청구권 문제가 해결된다는 의미에서 관련 없다고 말하는 것은 괜찮다고 답함.
주제어 어업, 청구권 · 경협, 재일한국인 법적지위

문서명	한일회담 수석대표 제8회 비공식 회의기록(日韓会談首席代表第8回非公式会合記録)

문서파일번호 452
작성연월일 1964. 6. 11
구분 제6차 회담(재개) 한일 수석대표 제8회 비공식회의
세부항목
작성처 외무성 북동아시아과
매수 7
비밀등급 극비
문서종류 회의록
공개구분 공개
내용 제6차 한일회담(재개) 양국 수석대표 제8회 비공식 회의기록. 일본 언론이 보도한 청구권과 어업 문제를 보류하는 방식의 부분적 국교정상화에 관해 우시로쿠 도라오 국장은 부분적 국교정상화를 해도 청구권, 어업, 법적지위 문제 해결 노력을 한다는 점에서 지금까지의 방식과 모순되지 않는다고 주장
주제어 국교정상화 방식

문서명	한일회담 수석대표 제9회 비공식 회의기록(日韓会談首席代表第9回非公式会合記録)

문서파일번호 452
작성연월일 1964. 6. 24
구분 제6차 회담(재개) 한일 수석대표 제9회 비공식회의
세부항목
작성처 외무성 북동아시아과
매수 8
비밀등급 극비
문서종류 회의록
공개구분 공개
내용 제6차 한일회담(재개) 양국 수석대표 제9회 비공식 회의기록. 한국대표단이 본국 정부의 훈령 및 경제협력 요청을 전달함. 배의환 수석대표는 북일 간 인적왕래가 실현되면 한일관계에 나쁜 영향을 미칠 것이라고 경고. 또한 한일무역의 불균형 시정, 일본어선 및 어구 금수조치 해제, 기계 및 부품의 연체 지불허가 등을 요청함.
주제어 어업, 경제협력

문서명	한국원조 문제에 관한 한국의 요망 내용(韓国援助問題に関する韓国側要望内容)

문서파일번호 452
작성연월일 1964. 6. 25
구분 제6차 회담(재개) 대한 경제원조 실무자 회의
세부항목
작성처 외무성 북동아시아과
매수 13
비밀등급 극비
문서종류 회의록
공개구분 공개
내용 제6차 한일회담(재개) 양국 수석대표 제9회 비공식 회의에서 한국이 개략적으로 설명한 경제원조 문제를 추가 협의하기 위해 실무레벨의 회의가 6월 25일에 개최됨. 무역관계, 보세가공수출관계, 경제협력 관계 등을 중심으로 논의가 진행됨.
주제어 경제협력

문서명	한일회담 수석대표 제10회 비공식 회의기록(日韓会談首席代表第10回非公式会合記録)

문서파일번호 452
작성연월일 1964. 7. 9
구분 제6차 회담(재개) 한일 수석대표 제10회 비공식회의
세부항목
작성처 외무성 북동아시아과
매수 8
비밀등급 극비
문서종류 회의록
공개구분 공개
내용 제6차 한일회담(재개) 양국 수석대표 제10회 비공식 회의기록. 한국이 요청한 경제협력 문제를 추가 논의함. 또한 한국은 대통령의 사견이라면서 현안 일괄해결이 어려운 경우 어업과 독도 문제는 보류하고, 법적지위, 문화재, 선박을 해결하고, 청구권 중에 무상은 보류, 유상을 실시하여 대사를 교환하는 부분적 국교정상화(partial normalization) 구상을 제시함.
주제어 경제협력, 국교정상화 방식

한일회담 수석대표 비공식 회의기록(제11~15회)
[日韓会談首席代表非公式会合記録(第11 ~ 15回)]

문서파일번호	453
작성연월일	1964. 7. 16 - 1964. 8. 27
구분	제6차 회담(재개) 한일 수석대표 비공식회의(제11~14회)
세부항목	
작성처	외무성 북동아시아과
매수	43
비밀등급	
문서종류	회의록
공개구분	일부비공개
내용	1964년 7월 16일~8월 27일까지 개최된 한일회담 양국 수석대표 비공식 회의 기록
주제어	재개 제6차 한일회담 수석대표 비공식 회의

문서명	한일회담 수석대표 제11회 비공식 회의기록(日韓会談首席代表第11回非公式会合記録)

문서파일번호	453
작성연월일	1964. 7. 16
구분	제6차 회담(재개) 한일 수석대표 제11회 비공식회의
세부항목	
작성처	외무성 북동아시아과
매수	9
비밀등급	극비
문서종류	회의록
공개구분	공개
내용	제6차 한일회담(재개) 양국 수석대표 제11회 비공식 회의기록. 한국산 김, 쌀의 일본 수입 문제, 비료도입 장기계약 문제 등이 협의됨. 한국은 재일조선인의 북한 올림픽선수 선발을 위한 북한방문 후 일본 재입국을 허가하지 말 것을 요구, 일본은 이를 인정하고자 하는 목소리는 나오지 않고 있다고 대응함.
주제어	통상, 경협, 재일조선인 방북

문서명	한일회담 수석대표 제12회 비공식 회의기록(日韓会談首席代表第12回非公式会合記録)

문서파일번호	453
작성연월일	1964. 7. 23
구분	제6차 회담(재개) 한일 수석대표 제12회 비공식회의
세부항목	
작성처	외무성 북동아시아과
매수	11
비밀등급	극비
문서종류	회의록
공개구분	공개
내용	제6차 한일회담(재개) 양국 수석대표 제12회 비공식 회의기록. 대한경협 2천만 달러 지원 건이 한국 언론에 보도되자 대장성이 이를 취소하려 한다는 지적에 한국은 본국에서 보도가 잘못되었다고 외무성에 설명하라는 지시가 있었다고 답변함. 무역확대 문제, 한일회담 재개 문제 등에 대해서도 논의함.
주제어	경협, 통상확대, 한일회담 재개

문서명	한일회담 수석대표 제13회 비공식 회의기록(日韓会談首席代表第13回非公式会合記録)

문서파일번호 453
작성연월일 1964. 8. 13
구분 제6차 회담(재개) 한일 수석대표 제13회 비공식회의
세부항목
작성처 외무성 북동아시아과
매수 10
비밀등급 극비
문서종류 회의록
공개구분 일부비공개
내용 제6차 한일회담(재개) 양국 수석대표 제13 비공식 회의기록. 한국에 대한 일본의 긴급 상품원조 문제, 연불수출 문제, 삼성의 4천만 달러 비료공장 건, 보세가공 문제 등 경협문제가 주로 논의됨. 한국은 북송협정이 1년 연장되었으나 북송 희망 인원이 줄고 있고, 간첩 왕래에 이용되는 만큼 중단을 요구함.
주제어 경협, 북송 문제

문서명	한일회담 수석대표 제14회 비공식 회의기록(日韓会談首席代表第14回非公式会合記録)

문서파일번호 453
작성연월일 1964. 8. 20
구분 제6차 회담(재개) 한일 수석대표 제14회 비공식회의
세부항목
작성처 외무성 북동아시아과
매수 6
비밀등급 극비
문서종류 회의록
공개구분 일부비공개
내용 제6차 한일회담(재개) 양국 수석대표 제14회 비공식 회의기록. 한국은 2천만 달러 대한경협 건이 잘 진행되면 한국 내에서 한일회담 재개를 위한 우호적인 분위기가 조성될 것이라고 설명함. 대한 연불수출, 냉동운반선 수출 문제 등도 논의함.
주제어 경협, 무역, 한일회담 재개

문서명	한일회담 수석대표 제15회 비공식 회의기록(日韓会談首席代表第15回非公式会合記録)

문서파일번호	453
작성연월일	1964. 8. 27
구분	제6차 회담(재개) 한일 수석대표 제15회 비공식회의
세부항목	
작성처	외무성 북동아시아과
매수	7
비밀등급	극비
문서종류	회의록
공개구분	공개
내용	제6차 한일회담(재개) 양국 수석대표 제15회 비공식 회의기록. 일본어선 나포사건, 2천만 달러 대한경협, 플랜트 연불수출 등이 논의됨.
주제어	어선 나포, 경협

한일회담 수석대표 비공식 회의기록(제16~19회)
[日韓会談首席代表非公式会合記錄(第16 ~ 19回)]

문서파일번호	454
작성연월일	1964. 9. 10 - 1964. 10. 1
구분	제6차 회담(재개) 한일 수석대표 비공식회의(제16~19회)
세부항목	
작성처	외무성 북동아시아과
매수	31
비밀등급	
문서종류	회의록
공개구분	공개
내용	1964년 9월 10일~10월 1일까지 개최된 제6차 한일회담(재개) 양국 수석대표 비공식 회의기록
주제어	재개 제6차 한일회담 수석대표 회의

문서명	한일회담 수석대표 제16회 비공식 회의기록(日韓会談首席代表第16回非公式会合記録)

문서파일번호 454
작성연월일 1964. 9. 10
구분 제6차 회담(재개) 한일 수석대표 제16회 비공식회의
세부항목
작성처 외무성 북동아시아과
매수 10
비밀등급 극비
문서종류 회의록
공개구분 공개
내용 제6차 한일회담(재개) 양국 수석대표 제16회 비공식 회의기록. 최근의 일본어선 나포 문제에 관해 논의함.
주제어 어업, 경제협력

문서명	한일회담 수석대표 제17회 비공식 회의기록(日韓会談首席代表第17回非公式会合記録)

문서파일번호 454
작성연월일 1964. 9. 17
구분 제6차 회담(재개) 한일 수석대표 제17회 비공식회의
세부항목
작성처 외무성 북동아시아과
매수 9
비밀등급 극비
문서종류 회의록
공개구분 공개
내용 제6차 한일회담(재개) 양국 수석대표 제17회 비공식 회의기록. 한반도 근해에서 조업하고 있는 일본어선에 관한 문제를 논의함.
주제어 어업, 경제협력

문서명	한일회담 수석대표 제18회 비공식 회의기록(日韓会談首席代表第18回非公式会合記録)

문서파일번호 454
작성연월일 1964. 9. 25
구분 제6차 회담(재개) 한일 수석대표 제18회 비공식회의
세부항목
작성처 외무성 북동아시아과
매수 3
비밀등급 극비
문서종류 회의록
공개구분 공개
내용 제6차 한일회담(재개) 양국 수석대표 제18회 비공식 회의기록. 어업협력 문제 등을 논의함.
주제어 어업, 경제협력

문서명	한일회담 수석대표 제19회 비공식 회의기록(日韓会談首席代表第19回非公式会合記録)

문서파일번호 454
작성연월일 1964. 10. 1
구분 제6차 회담(재개) 한일 수석대표 제19회 비공식회의
세부항목
작성처 외무성 북동아시아과
매수 9
비밀등급 극비
문서종류 회의록
공개구분 공개
내용 제6차 한일회담(재개) 양국 수석대표 제19회 비공식 회의기록. 한국 근해에서의 일본어선의 조업 및 한국의 단속 문제를 논의함.
주제어 어업, 경제협력

한일회담 스기·김 양 수석대표 비공식 회의기록
(日韓会談杉·金両首席代表非公式会合記録)

문서파일번호	455
작성연월일	1964. 10. 29 - 1964. 11. 5
구분	제6~7차 회담 사이 한일 수석대표 비공식 회의
세부항목	
작성처	외무성 북동아시아과
매수	17
비밀등급	
문서종류	회의록
공개구분	공개 또는 일부비공개
내용	1964년 10월 29일과 11월 5일 개최된 스기 미치스케(杉道助)·김동조 수석대표 비공식 회의기록
주제어	한일 수석대표 비공식회의

문서명	한일회담 스기·김 양 수석대표 제1회 비공식 회의기록(日韓会談杉·金両首席代表第1回非公式会合記録)

문서파일번호	455
작성연월일	1964. 10. 29
구분	제6~7차 회담 사이 한일 수석대표(스기·김동조) 제1회 비공식회의
세부항목	
작성처	외무성 북동아시아과
매수	12
비밀등급	극비
문서종류	회의록
공개구분	공개
내용	스기 미치스케·김동조 수석대표 제1회 비공식 회의기록. 회담 재개 문제, 어업 문제 등에 관해 주로 논의함.
주제어	한일회담 재개, 경협, 어업

문서명	한일회담수석 스기·김 양수석대표 제2회 비공식 회의기록(日韓会談杉·金両首席代表第2回非公式会合記録)

문서파일번호	455
작성연월일	1964. 11. 5
구분	제6~7차 회담 사이 한일 수석대표(스기·김동조) 제2회 비공식회의
세부항목	
작성처	외무성 북동아시아과
매수	5
비밀등급	극비
문서종류	회의록
공개구분	일부비공개
내용	1964년 11월 5일 스기 미치스케·김동조 수석대표 제2회 비공식 회의기록. 회담 재개 시기, 2천만 달러 대한경협, 냉동선 수출, 어선 나포, 한국산의 대일수출 문제 등 논의함.
주제어	한일회담 재개, 경협, 통상

스기·배 양 수석대표 회담
(杉·裵両主席代表會談)

문서파일번호	1709
작성연월일	1962. 1. 17 - 1962. 6. 22
구분	제6차 회담
세부항목	스기·배의환 양국 수석대표 회담
작성처	외무성 북동아시아과
매수	25
비밀등급	
문서종류	내부문서, 내부자료, 회의록
공개구분	공개 또는 일부비공개
내용	1962년 1월 17일~6월 22일까지 개최된 스기 미치스케(杉道助) 일본 수석대표와 배의환 한국 수석대표 공식, 비공식회담 기록
주제어	한일교섭 관련 협의

문서명	스기·배 양 수석대표 협의 사항(杉·裵両主席代表申合わせ事項)

문서파일번호 1709
작성연월일 1962. 1. 17
구분 제6차 회담
세부항목 스기·배의환 양국 수석대표 회담
작성처 외무성 북동아시아과
매수 1
비밀등급 극비
문서종류 내부문서
공개구분 공개
내용 스기 미치스케·배의환 양 수석대표 협의에서 합의한 사항을 정리한 문서. 정치교섭에 대해 중의원 예산심의가 끝난 직후 개시할 것, 개시 후 1개월 안에 타결할 것, 협정조인은 5월 중으로 하도록 노력할 것, 각 위원회의 실무교섭은 정치교섭이 개시되는 대로 실시할 것 등
주제어 한일교섭 관련 합의사항

문서명	중요현안 처리 월보 1962년 1월분(重要懸案処理月報37年1月分)

문서파일번호 1709
작성연월일 1962. 1(일자 불명)
구분 제6차 회담
세부항목 스기·배의환 양국 수석대표 회담
작성처 외무성 북동아시아과
매수 1
비밀등급 극비
문서종류 내부자료
공개구분 공개
내용 1962년 1월 17일 자 스기 미치스케·배의환 협의에서 합의한 사항을 중요 현안처리 월보 1962년 1월분에 기재한 내용
주제어 한일교섭 관련 합의사항

문서명	스기 수석대표와 배 수석대표 양해사항(Understanding between Chief Delegate Sugi and Chief Delegate Pei)

문서파일번호	1709
작성연월일	1962. 1. 17
구분	제6차 회담
세부항목	스기 · 배의환 양국 수석대표 회담
작성처	외무성 북동아시아과
매수	1
비밀등급	일반
문서종류	내부문서
공개구분	공개
내용	스기 미치스케 · 배의환 양 수석대표 합의사항의 영문 문서
주제어	한일교섭 관련 합의사항

문서명	수석대표 오찬회 기록(首席代表昼餐会記録)

문서파일번호	1709
작성연월일	1962. 2. 13
구분	제6차 회담
세부항목	스기 · 배의환 양국 수석대표 회담
작성처	외무성 북동아시아과
매수	3
비밀등급	극비
문서종류	회의록
공개구분	공개
내용	한국 초청으로 개최된 양국 수석대표 회식에서 협의한 내용을 기록한 문서. 한국은 증빙서류를 요구하는 일본의 자세를 비판하고, 남북한 문제를 거론하지 않을 것을 요구한 데 대해 일본은 청구권을 포기할 것을 요구
주제어	청구권

문서명	스기·배 양 수석대표 회담(제1회)기록[杉·裵両首席代表会談(第1回)記録]

문서파일번호 1709
작성연월일 1962. 3. 13
구분 제6차 회담
세부항목 스기 · 배의환 양국 수석대표 회담
작성처 외무성 북동아시아과
매수 4
비밀등급 극비
문서종류 회의록
공개구분 공개
내용 1962년 3월 12일 개최된 스기 미치스케 · 배의환 양국 수석대표 회담 제1회 회의기록. 한국은 최덕신 · 고사카 젠타로(小坂善太郎) 외상 회담에서 일본이 독도와 주한일본대표부 설치를 거론한 것을 비판함. 동석한 이세키 유지로(伊関佑二郎) 국장은 회담 종료 후 한국이 청구권, 무상원조, 유상경제원조 3가지 방식을 생각하고 있었던 것에 대해 놀랍다는 반응을 보임.
주제어 고사카 · 최덕신 외상회담 결과 평가, 청구권

문서명	스기·배 양 수석대표 회담(제2회)기록[杉·裵両首席代表会談(第2回)記録]

문서파일번호 1709
작성연월일 1962. 3. 14
구분 제6차 회담
세부항목 스기 · 배의환 양국 수석대표 회담
작성처 외무성 북동아시아과
매수 2
비밀등급 극비
문서종류 회의록
공개구분 공개
내용 스기 미치스케 · 배의환 양국 수석대표 회담 제2회 회의기록. 한국이 청구권 금액 제시를 요구한 데 대해 일본은 최소한 한일 양국이 동시에 제시할 필요가 있다는 입장을 취함.
주제어 청구권, 청구권 금액

문서명	스기·배 양 수석대표 회담 요지(杉·裵両首席代表会談要旨)

문서파일번호 1709
작성연월일 1962. 6. 6
구분 제6차 회담
세부항목 스기 · 배의환 양국 수석대표 회담
작성처 외무성 북동아시아과
매수 6
비밀등급 극비
문서종류 회의록
공개구분 일부비공개
내용 스기 미치스케 · 배의환 양국 수석대표 회담 요지가 기록된 문서. 일본은 한일 양국 간의 분위기를 좋게 하기 위해서 한국에게 어선 나포 중지를 요구하고, 한국은 아다치(足立) 씨와 오노 반보쿠(大野伴睦) 자민당 부총재의 방한을 요구함. 한국은 정치 회담은 8월 서울에서 열 것을 요구하고, 일본은 대강의 해결 조짐이 보인 후에 정치 회담을 열 것을 주장함.
주제어 어선 나포, 정치회담

문서명	스기·배 양 수석대표 회담 요지(杉·裵両首席代表会談要旨)

문서파일번호 1709
작성연월일 1962. 6. 6
구분 제6차 회담
세부항목 스기 · 배의환 양국 수석대표 회담
작성처 외무성 북동아시아과
매수 5
비밀등급 극비
문서종류 회의록
공개구분 일부비공개
내용 스기 미치스케 · 배의환 회담 요지를 타이핑한 문서
주제어 어선 나포, 정치회담

문서명	한일회담 수석대표 비공식회담(日韓会談首席代表非公式会談)

문서파일번호	1709
작성연월일	1962. 6. 22
구분	제6차 회담
세부항목	스기 · 배의환 양국 수석대표 회담
작성처	외무성 북동아시아과
매수	2
비밀등급	극비
문서종류	회의록
공개구분	공개
내용	스기 미치스케 · 배의환 양국 수석대표 비공식회담 기록. 일본은 제2차 정치회담은 내각 개편 후에 실시할 문제이고, 사전에 실무선의 협의를 한 후에 정치회담을 열고 싶다고 말함.
주제어	정치회담

이세키 아시아국장과 배의환 대사 회담 요지
(伊関局長、裵義煥大使会談要旨)

문서파일번호	1710
작성연월일	1962. 3. 2 - 1962. 5. 23
구분	제6차 회담
세부항목	이세키 국장·배의환 대사 회담
작성처	외무성 북동아시아과
매수	13
비밀등급	
문서종류	회의록
공개구분	공개
내용	1962년 3월 2일~5월 23일까지 개최된 이세키 유지로 아시아국장과 배의환 대사 회담 기록
주제어	한일 현안 협의

문서명	이세키 국장·배의환 대사 회담 요지(伊関局長、裵義煥大使会談要旨)

문서파일번호	1710
작성연월일	1962. 3. 2
구분	제6차 회담
세부항목	이세키 국장 · 배의환 대표 회담
작성처	외무성 북동아시아과
매수	5
비밀등급	극비
문서종류	회의록
공개구분	공개
내용	이세키 유지로 · 배의환 회담 기록. 한국은 외무장관 회의를 서울에서 개최할 것을 요구함. 일본은 청구권 문제에 대해 짧은 방한 기간 중에 구체적인 액수를 제시하는 것은 국내정치 사정상 어렵다는 입장을 밝힘.
주제어	청구권

문서명	이세키·배 회담 요지(伊関 裵会談要旨)

문서파일번호	1710
작성연월일	1962. 5. 14
구분	제6차 회담
세부항목	이세키 국장 · 배의환 대표 회담
작성처	외무성 북동아시아과
매수	4
비밀등급	비(秘)
문서종류	회의록
공개구분	공개
내용	이세키 유지로 · 배의환 회담 기록. 일본이 한국의 일본어선 나포에 대해 항의한 뒤, 양측은 회담의 진행 방법에 대해 협의함. 동 회담 개최 사실에 관한 아사히신문 5월 15일 자 기사가 첨부됨.
주제어	어선 나포, 회담 진행 방법

문서명	이세키 국장·배 대사 회담 요지(伊関局長·裵大使会談要旨)

문서파일번호	1710
작성연월일	1962. 5. 23
구분	제6차 회담
세부항목	이세키 국장 · 배의환 대표 회담
작성처	외무성 북동아시아과
매수	4
비밀등급	극비
문서종류	회의록
공개구분	공개
내용	이세키 유지로 · 배의환 회담 기록. 일본은 한국의 일본어선 나포에 대해 항의하고 빠른 해결을 요구함. 이후 한국 쌀 4만 톤 수입, 외무성 직원의 방한에 관한 논의가 이어짐.
주제어	어선 나포, 한국산 쌀 수입, 외무성 직원 방한 문제

이세키 아시아국장과 최영택 참사관 회담
(伊関アジア局長と崔英沢参事官との会談)

문서파일번호	1711
작성연월일	1962. 4. 5 - 1962. 8. 14
구분	제6차 회담
세부항목	이세키 국장·최영택 참사관 회담
작성처	외무성 북동아시아과
매수	19
비밀등급	
문서종류	회의록
공개구분	공개
내용	1962년 4월 5일~8월 14일까지 개최된 이세키 유지로 아시아국장과 최영택 주일한국대표부 참사관 회담 기록
주제어	한일 현안 협의

문서명	이세키 국장·최 참사관 회담 건(伊関局長、崔参事官会談の件)

문서파일번호 1711
작성연월일 1962. 4. 5
구분 제6차 회담
세부항목 이세키 국장 · 최영택 참사관 회담
작성처 외무성 북동아시아과
매수 9
비밀등급 극비
문서종류 회의록
공개구분 공개
내용 이세키 유지로 · 최영택 회담 기록. 일시귀국 후 귀임한 최 참사관이 한국정세에 관해 설명함. 양측은 제1차 정치회담 결과에 대한 평가, 한국의 혁명 1주년 기념행사(일본은 다른 나라들의 반응을 보고 검토하겠다는 입장), 한국산 쌀 수입 문제, 일본 외무성 직원 한국 파견 문제 등에 관해 논의함.
주제어 한국정세, 한국산 쌀 수입 문제, 일본 외무성 직원 한국 파견 문제

문서명	5월 16일 혁명 1주년 기념 경축사절 건(5月16日革命1周年記念慶祝使節に関する件)

문서파일번호 1711
작성연월일 1962. 4. 18
구분 제6차 회담
세부항목 이세키 국장 · 최영택 참사관 회담
작성처 외무성 북동아시아과
매수 5
비밀등급 극비
문서종류 회의록
공개구분 공개
내용 이세키 유지로 · 최영택 회담 기록. 최영택 참사관은 5월로 예정된 혁명 1주년 기념행사에 일본 참석 여부를 타진함. 이세키 국장은 다른 나라들의 반응을 보면서 검토하겠다고 말함. 최 참사관은 일본에 정식 초청장을 보내지 못하는 이유는 거절당할지 모른다는 우려가 있기 때문이라고 함.
주제어 혁명 1주년 행사 일본 참석 문제

문서명	이세키 국장·최 참사관 회담 건(伊関·崔会談に関する件)

문서파일번호 1711
작성연월일 1962. 8. 3
구분 제6차 회담
세부항목 이세키 국장 · 최영택 참사관 회담
작성처 외무성 북동아시아과
매수 3
비밀등급 극비
문서종류 회의록
공개구분 공개
내용 이세키 유지로 · 최영택 회담 기록. 이세키 국장은 예비교섭의 중요성을 강조하였으며, 최 참사관의 일시귀국 시 김종필 부장에게 이러한 일본의 뜻을 전해 줄 것을 요청함.
주제어 한일회담 예비교섭의 중요성

문서명	이세키·최 회담 건(伊関·崔会談に関する件)

문서파일번호 1711
작성연월일 1962. 8. 14
구분 제6차 회담
세부항목 이세키 국장 · 최영택 참사관 회담
작성처 외무성 북동아시아과
매수 2
비밀등급 극비
문서종류 회의록
공개구분 공개
내용 이세키 유지로 · 최영택 회담 기록. 일시귀국 후 귀임한 최 참사관이 한국정세에 관해 설명함. 최 참사관은 한국정부 지도자들이 이케다 하야토 총리, 오히라 외상, 특히 총리의 한일회담에 대한 열의에 대해 의구심을 갖고 있어 본인이 이를 불식시키기 위해 열심히 설명하였다고 함.
주제어 한국정세, 이케다 총리의 한일회담에 대한 태도

우시로쿠 아시아국장과 배 한국대사 회담
(後宮 アジア局長と裵韓国大使との会談)

문서파일번호	1713
문서명	우시로쿠 아시아국장과 배 한국대사 회담(後宮 アジア局長と裵韓国大使との会談)
작성연월일	1962. 12. 10
구분	제6차 회담
세부항목	우시로쿠 국장·배의환 대사 회담
작성처	외무성 북동아시아과
매수	4
비밀등급	극비
문서종류	회의록
공개구분	공개
내용	우시로쿠 도라오 아시아국장·배의환 대사 회담 기록. 오히라 마사요시·김종필 합의 이후 관련 사항들에 대한 논의가 이루어짐. 청구권의 명목 문제(배 대사는 일본 문안에 대체적으로 이견 없다고 함), 선박 문제(배 대사는 선박이 중요하지 않다고 함), 어업 문제(배 대사는 평화선과 12해리 간에 공동규제수역을 만들자고 제의), 독도 문제(한국이 일본의 신 제안에 어떤 반향을 보일지 알 수 없지만 국민감정에 관계 되는 문제이며, 김종필 부장이 제3국 조정에 관해 언급한 것은 당분간 미뤄 두고 시간을 벌자고 한 이야기) 등에 관해 협의함.
주제어	오히라·김종필 합의 후속 논의, 청구권, 선박 반환, 어업, 독도

우시로쿠 아시아국장과 최 한국대표부 참사관 회담(後宮局長と崔韓国代表部参事官との会談要旨)

문서파일번호	1714
문서명	우시로쿠 아시아국장과 최 한국대표부 참사관 회담(後宮局長と崔韓国代表部参事官との会談要旨)
작성연월일	1962. 12. 29
구분	제6차 회담
세부항목	우시로쿠 국장·최영택 참사관 회담
작성처	외무성 북동아시아과
매수	8
비밀등급	극비
문서종류	회의록
공개구분	공개
내용	우시로쿠 도라오 국장·최영택 참사관 회담 기록. 오히라 마사요시·김종필 합의 후속 조치에 관해 협의함. 한국은 정부차관의 조건 등에 관해서 일본안에 동의한다는 방침을 전하는 한편, 대일무역 채무(오픈 어카운트)상환에 관해서는 한국의 요구를 수락할 것을 요구함.
주제어	오히라·김종필 합의 후속 논의, 청구권, '이 라인'

우시로쿠 국장과 최 참사관 회담 요지
(後宮局長と崔参事官との会談要旨)

문서파일번호	1716
문서명	우시로쿠 국장과 최 참사관 회담 요지(後宮局長と崔参事官との会談要旨)
작성연월일	1963. 3. 19
구분	제6차 회담
세부항목	우시로쿠 국장·최영택 참사관 회담
작성처	외무성 아시아국장
매수	6
비밀등급	극비
문서종류	회의록
공개구분	공개
내용	우시로쿠 도라오 아시아국장과 한국대표부 최영택 참사관 회담 기록. 최 참사관은 김용식의 외무장관 임명이 한일회담을 추진하고자 하는 한국정부의 열의를 나타내는 것이라고 함. 그리고 민정이양 연기 배경 등 한국정세에 관한 자신의 의견을 전달함.
주제어	김용식 외무장관 임명, 한국정세

우시로쿠 아시아국장과 이창희 참사관 회담
(後宮アジア局長 と李昌熙参事官との会談)

문서파일번호	1719
문서명	우시로쿠 아시아국장과 이창희 참사관 회담(後宮アジア局長 と李昌熙参事官との会談)
작성연월일	1963. 3. 29
구분	제6차 회담
세부항목	우시로쿠 국장·이창희 참사관 면담
작성처	외무성 아시아국장
매수	4
비밀등급	극비
문서종류	회의록
공개구분	공개
내용	우시로쿠 도라오 국장이 한국의 이창희 전 차관대리(주미대사관 참사관 발령)와 면담한 내용을 기록한 문서. 이 참사관이 박정희 의장의 한일회담에 대한 열의, 지도력, 군정 연장 등에 관해 언급한 내용이 기술됨.
주제어	한국정세

한일회담에 대해서 - 우라베 아시아국 참사관과 황 외무부 정무국장 회담(日韓会談について)

문서파일번호	1720
문서명	한일회담에 대해서 - 우라베 아시아국 참사관과 황 외무부 정무국장 회담(日韓会談について)
작성연월일	1963. 5. 14
구분	제6차 회담
세부항목	우라베 참사관·황호을 정무국장 회담
작성처	외무성 아시아국 우라베 참사관
매수	11
비밀등급	극비
문서종류	내부분서
공개구분	일부비공개
내용	1963년 5월 6일~10일까지 한국을 방문한 우라베 도시오(卜部敏男) 아시아국 참사관이 방한 기간 중 한국 외무부 황호을 정무국장과 협의한 내용을 정리한 보고서. 정부 차관의 상환기간 및 대일무역 채무 상환기간 문제에 관해 논의. 한국은 정부차관 상환기간은 일본 제안을 받아들이는 태도를 보였으나, 무역채무 상환기간에는 반대하는 태도를 유지함. 우라베 참사관은 주한일본대표부문제와 독도 문제에 대해서도 언급함. 황 국장은 주한일본대표부 설치 문제는 시기상조이며, 독도 문제는 국교정상화 후 4~5년 지나서 협의하면 그때는 분위기가 개선될 것이므로 간단히 해결될 것이라고 함.
주제어	청구권·경제협력, 어업, 주한일본 대표부문제, 독도 문제

중앙정보부장 김재춘 및 외무부장관 김용식 회담 기록(中央情報部長金在春および外務部長官金溶植との会談記録)

문서파일번호	1721
문서명	중앙정보부장 김재춘 및 외무부장관 김용식 회담 기록(中央情報部長金在春および外務部長官金溶植との会談記録)
작성연월일	1963. 5. 29
구분	제6차 회담
세부항목	우야마 배상부장·한국 요인 회담
작성처	외무성 우야마 배상부장
매수	5
비밀등급	극비
문서종류	내부문서
공개구분	일부비공개
내용	1963년 5월 21일~25일까지 한국을 방문한 우야마 아쓰시 외무성 배상부장이 1963년 5월 21일 김재춘 중앙정보부장, 김용식 외무장관, 박종철 친위대장과 회담한 내용을 정리한 보고서. 한국은 청구권 문제에 대해 정부차관의 상환기간은 일본안을 수락하되, 대일무역 채무의 3년 상환은 어렵다고 함. 또한 일본이 무역 채무를 외화로 상환하지 않아도 된다고 하자 한국은 이를 검토하겠다고 함. 어업 문제 관련 김용식 장관은 본인이 직접 오히라 마사요시 외상을 만나 문제 해결을 시도하겠다고 함. 일본은 파면당한 최영택 전 주일참사관의 복직을 요망하는 오노 반보쿠(大野伴睦), 고노 이치로(河野 一郎), 오히라 마사요시 3씨의 서명이 담긴 서한을 전달함.
주제어	청구권·경제협력, 어업 문제, 최영택 참사관 복직문제

우야마 배상부장과 황 외무부 정무국장 회담
(宇山賠償部長と黄外務部政務局長官との会談)

문서파일번호	1722
작성연월일	1963. 5. 29 - 1963. 7. 31
구분	제6차 회담
세부항목	우야마 배상부장·황호을 국장, 김용식 장관 회담
작성처	외무성 우야마 배상부장
매수	19
비밀등급	
문서종류	회의록
공개구분	공개
내용	우야마 배상부장과 황호을 정무국장, 김용식 장관 회담 기록
주제어	한일 현안 협의

문서명	외무부 황 정무국장 회담 요지(外務部黄政務局長との会談要旨)

문서파일번호 1722
작성연월일 1963. 5. 29
구분 제6차 회담
세부항목 우야마 배상부장 · 황호을 국장 회담
작성처 외무성 우야마 배상부장
매수 13
비밀등급 극비
문서종류 내부문서
공개구분 공개
내용 1963년 5월 21~25일까지 한국을 방문한 우야마 아쓰시 배상부장과 황호을 정무국장의 1963년 5월 22일과 5월 24일 회담 내용. 한국이 한국 어민의 지지를 얻기 위해서라도 어업협력을 실시할 것을 요청함.
주제어 청구권 · 경제협력, 어업, 회담 타결시기, 김용식 장관 방일문제, 일본 외무성 직원 한국 파견

문서명	한국 김 외무부 장관의 담화 건(韓国金外務部長官の談話に関する件)

문서파일번호 1722
작성연월일 1963. 7. 31
구분 제6차 회담
세부항목 우야마 배상부장 · 김용식 장관 회담
작성처 외무성 우야마 배상부장
매수 6
비밀등급 극비
문서종류 내부문서
공개구분 공개
내용 방일한 김용식 외무부장관과 우야마 아쓰시 배상부장의 회담 내용(우야마 부장이 황호을 국장과 만나던 중 황 국장의 제의로 인사차 김용식 장관과 만남). 김 장관이 한국의 정세를 감안해 수역 문제를 다뤄야 한다는 점을 언급하였으며, 향후 교섭 일정 등에 관해 의견교환
주제어 어업, 향후 교섭일정

우시로쿠 아시아국장과 배 한국대표부 대사 회담
(後宮アジア局長 と裵韓国代表部大使との会談)

문서파일번호	1724
작성연월일	1963. 6. 18 - 1963. 9. 5
구분	제6차 회담
세부항목	우시로쿠 국장·배의환 대사 회담
작성처	외무성 아시아국장
매수	23
비밀등급	
문서종류	회의록
공개구분	일부비공개
내용	1963년 6월 18일~9월 5일까시 우시로구 도리오 아시아국장과 배의환 주일한국대표부 대사 회담 기록
주제어	청구권·경제협력, 어업

문서명	한국대표부 배 대사 회담 요지(韓国代表部裵大使との会談要旨)

문서파일번호 1724
작성연월일 1963. 6. 18
구분 제6차 회담
세부항목 우시로쿠 국장·배의환 대사 회담
작성처 외무성 아시아국장
매수 7
비밀등급 극비
문서종류 회의록
공개구분 일부비공개
내용 우시로쿠 도라오·배의환 회담 기록. 청구권 문제와 관련하여 배 대표는 대일무역 채무 상환기간 문제에 대해 무상공여를 8년 반으로 할 것, 또는 500만 달러를 10년으로 앞당겨 지급할 것으로 타협하라는 훈령이 왔음을 일본에 알리는 한편, 일본이 구체안을 제시해 줄 것을 요청함.
주제어 청구권·경제협력

문서명	배 대사 회담 요지(裵大使会談要旨)

문서파일번호 1724
작성연월일 1963. 8. 13
구분 제6차 회담
세부항목 우시로쿠 국장·배의환 대사 회담
작성처 외무성 아시아국장
매수 7
비밀등급 극비
문서종류 회의록
공개구분 일부비공개
내용 우시로쿠 도라오·배의환 회담 기록. 배 대표는 어업협력 문제와 관련하여 구체적인 숫자를 제시할 수 있도록 준비해 주었으면 좋겠고, 그 조건으로는 프랑스·이탈리아 간의 어업차관 보다도 표면상 유리해 보이고, 금리에 대해서 표면상의 이율은 프·이 차관 이하로 해주었으면 한다고 말함.
주제어 어업, 어업협력

문서명	배 대사와 아시아 국장 회담 요지(裵大使·アジア局長 会談要旨)

문서파일번호	1724
작성연월일	1963. 9. 5
구분	제6차 회담
세부항목	우시로쿠 국장·배의환 대사 회담
작성처	외무성 아시아국장
매수	9
비밀등급	극비
문서종류	회의록
공개구분	일부비공개
내용	우시로쿠 도라오·배의환 회담 기록. 배 대표는 어업 문제 중, 어업량과 관련하여 일본은 23만 톤을 제시하고 있으나 한국은 그보다 적은 양을 생각하고 있으며, 어획량의 제한을 위한 규제방법에 대해 일본의 생각을 비공식적으로 알려 줬으면 한다고 말함.
주제어	어업

오히라 대신·최규하 대사 회담
(大平大臣·崔圭夏大使会談)

문서파일번호	1725
작성연월일	1963. 6. 27
구분	제6차 회담
세부항목	오히라 외상·최규하 대사 회담
작성처	외무성
매수	15
비밀등급	
문서종류	회의록, 내부자료
공개구분	공개
내용	오히라 마사요시 외상과 최규하 대사 회담 기록 및 관련 자료
주제어	한일 현안 협의, 김용식 외무장관 방일 문제

문서명	오히라 대신·최규하 대사 회담 요지(大平大臣·崔圭夏大使会談要旨)

문서파일번호 1725
작성연월일 1963. 6. 27
구분 제6차 회담
세부항목 오히라 외상 · 최규하 대사 회담
작성처 외무성 북동아시아과
매수 6
비밀등급 극비
문서종류 회의록
공개구분 공개
내용 오히라 마사요시 외상과 최규하 대사 회담 기록. 최 대사는 청구권 문제 관련 정부차관 상환기간 및 대일무역 채무 상환기간을 일본이 구두로 전한 것을 수락할 수 있다는 점과 7월 21, 22일경 김용식 외무장관의 방일을 언급함.
주제어 청구권 · 경제협력, 김용식 장관 방일

문서명	오히라 대신·최규하 대사 회담용 자료(大平大臣·崔圭夏大使会談用資料)

문서파일번호 1725
작성연월일 1963. 6. 27
구분 제6차 회담
세부항목 오히라 외상 · 최규하 대사 회담
작성처 외무성 아시아국
매수 9
비밀등급 극비
문서종류 내부자료
공개구분 공개
내용 오히라 마사요시 외상과 최규하 대사 회담 시, 오히라 대신이 밝힐 일본 입장을 외무성이 정리한 문서. 청구권 문제에 대해 정부차관 상환을 20년으로 할 것, 대일무역 채무 상환 문제는 무상 자금을 앞당겨서 제공함으로써 대응할 것, 문화재는 일부 국유문화재를 증여, 독도 문제는 우선 조정에 맡기고 그 다음 국제사법재판소에 회부하는 안에 대해 한국의 동의 희망 등이 기술됨.
주제어 어업, 청구권 · 경제협력, 선박 반환, 문화재 반환, 재일한국인 법적지위, 독도 문제

이케다 총리와 박 의장 왕복 서한
(池田総理と朴議長との往復書簡)

문서파일번호	1726
작성연월일	1963. 7. 4 - 1963. 7. 29
구분	제6차 회담
세부항목	박정희·이케다 왕복 서한
작성처	한국정부, 외무성
매수	9
비밀등급	
문서종류	외교공한(친서)
공개구분	공개
내용	1963년 7월 4일 자 박정희 의장이 이케다 하야토 총리에게 보낸 서한 및 이에 대한 이케다 총리의 7월 29일 자 답신 서한
주제어	박정희·이케다 왕복 서한

문서명	이케다 총리에게 박 의장이 보낸 서한(가역) [池田総理あて朴議長書簡(仮訳)]

문서파일번호	1726
작성연월일	1963. 7. 4
구분	제6차 회담
세부항목	박정희의 이케다 앞 친서
작성처	한국정부 (일본 가역)
매수	4
비밀등급	일반
문서종류	외교공한(친서)
공개구분	공개
내용	박정희 의장이 이케다 하야토 총리에게 보낸 친서. 한일회담의 진전 및 일본적십자사의 한국에 대한 식량지원에 사의를 표명
주제어	한일회담 진전, 일본의 대한국 식량지원 사의표명

문서명	제목 없음

문서파일번호	1726
작성연월일	1963. 7. 4
구분	제6차 회담
세부항목	박정희의 이케다 앞 친서
작성처	한국정부
매수	2
비밀등급	일반
문서종류	외교공한(친서)
공개구분	공개
내용	박정희 의장이 이케다 하야토 총리에게 보낸 친서 영문본
주제어	한일회담 진전, 일본의 대한국 식량지원 사의표명

문서명	제목 없음

문서파일번호	1726
작성연월일	1963. 7. 29
구분	제6차 회담
세부항목	이케다의 박정희 앞 친서
작성처	외무성
매수	3
비밀등급	일반
문서종류	외교공한(친서)
공개구분	공개
내용	박정희 의장의 친서에 대한 이케다 하야토 총리의 답신 친서
주제어	한일회담 진전

한일회담에 대해서
(日韓会談について)

문서파일번호	1727
문서명	한일회담에 대해서(日韓会談について)
작성연월일	1963. 6. 27
구분	第6차 회담
세부항목	최근 한일회담 진전 상황 평가
작성처	외무성
매수	4
비밀등급	극비
문서종류	내부문서
공개구분	공개
내용	용도 불명이나 최규하 대사의 방일, 김용식 장관의 방일 추진 등을 통해 한국이 한일회담 진전을 위해 노력하고 있음을 일본이 높이 평가하는 내용이 담긴 문서
주제어	최근 한일회담 진전 상황 평가

우시로쿠 아시아국장·최규하 대사 회담
(後宮アジア局長·崔圭夏大使会談)

문서파일번호	1728
작성연월일	1963. 7. 1 - 1963. 11. 7
구분	제6차 회담
세부항목	우시로쿠 국장·최규하 대사 회담
작성처	외무성
매수	45
문서종류	회의록, 내부문서
공개구분	공개
내용	1963년 7월 1일~11월 7일까지 개최된 우시로쿠 아시아국장과 최규하 대사 회담 기록
주제어	한일 현안 협의

문서명	우시로쿠 아시아국장·최규하 대사 회담 요지(後宮アジア局長 ·崔圭夏大使会談要旨)

문서파일번호 1728
작성연월일 1963. 7. 1
구분 제6차 회담
세부항목 우시로쿠 국장 · 최규하 대사 회담
작성처 외무성 북동아시아과
매수 9
비밀등급 극비
문서종류 회의록
공개구분 공개
내용 우시로쿠 도라오 아시아국장과 최규하 대사 회담 기록. 김용식 장관 방일 시 어업 문제에 대한 한국내 반응, 청구권 무상공여 연장과 민간신용공여 변재 능력, 법적지위 문제와 기본관계 등을 협의함. 특히 일본은 ICJ에 독도 문제를 제소하는 것에 반대하는 근거를 제시한다면 대안을 모색할 수 있다고 함.
주제어 어업, 청구권 · 경제협력, 선박 · 문화재 반환, 재일한국인 법적지위, 독도 문제

문서명	최 대사 회담 요지(崔大使会談要旨)

문서파일번호 1728
작성연월일 1963. 7. 3
구분 제6차 회담
세부항목 우시로쿠 국장 · 최규하 대사 회담
작성처 외무성 아시아국장
매수 4
비밀등급 극비
문서종류 내부문서
공개구분 공개
내용 최규하 대사가 1963년 7월 2일 외무차관 주최 연회석상에서 한일 문제를 언급한 내용을 기록한 문서. 최 대사는 독도 문제를 국제사법재판소에 제소할 경우 북한도 참가를 요구할 수 있으므로 개입 가능성이 없는 방식이 필요, 어업차관 조건은 프랑스 · 이탈리아 수준으로, 청구권 명목은 '청구권 변제'가 아닌 '청구권 해결'을 원함.
주제어 독도, 어업협력차관

문서명	최 대사 회담 요지(崔大使との会談要旨)

문서파일번호	1728
작성연월일	1963. 7. 4
구분	제6차 회담
세부항목	우시로쿠 국장·최규하 대사 회담
작성처	외무성 아시아국장
매수	10
비밀등급	극비
문서종류	회의록
공개구분	공개
내용	우시로쿠 도라오 국장과 최규하 대사 오찬 협의 기록. 향후 회담의 진행방식, 한국에 의한 '이승만 라인'의 실질적 철폐 제안 이후의 어업 회담과 어업협력에 관해 논의
주제어	한일회담 진행방식, '이 라인', 어업

문서명	최 대사 회담 요지(崔大使との会談要旨)

문서파일번호	1728
작성연월일	1963. 7. 17
구분	제6차 회담
세부항목	우시로쿠 국장·최규하 대사 회담
작성처	외무성 아시아국장
매수	11
비밀등급	극비
문서종류	회의록
공개구분	공개
내용	1963년 7월 16일 우시로쿠 도라오 국장과 최규하 대사 만찬(최 대사 주최) 협의 기록. 어업 문제와 선박 문제에 관련하여 기선 문제, 전관어업구역에 대한 플러스 알파, 어업협력, 한국적 선박 문제 논의
주제어	어업, 선박 반환 문제

문서명	최 대사 회담 요지(2) [崔大使との会談要旨(2)]

문서파일번호 1728
작성연월일 1963. 7. 17
구분 제6차 회담
세부항목 우시로쿠 국장·최규하 대사 회담
작성처 외무성 아시아국장
매수 5
비밀등급 극비
문서종류 회의록
공개구분 공개
내용 1963년 7월 16일 우시로쿠 도라오 국장과 최규하 대사 만찬(최 대사 주최)시 한일회담 진행방식에 관해 협의한 내용을 기록한 문서. 김용식 · 오히라 마사요시 회담, 비준 시기 항목을 중심으로 향후 회담의 진행방식에 대해 의견을 교환. 한국은 김용식 · 오히라 회담에 모든 미해결 현안을 해결할 입장인 데 반해 일본은 신중한 태도를 견지함.
주제어 김용식 · 오히라 회담

문서명	최규하 대사 회담 요지(崔圭夏大使との会談要旨)

문서파일번호 1728
작성연월일 1963. 11. 7
구분 제6차 회담
세부항목 우시로쿠 국장·최규하 대사 회담
작성처 외무성 아시아국장
매수 6
비밀등급 극비
문서종류 회의록
공개구분 공개
내용 유엔 총회 참석 도중에 도쿄에 들린 최규하 대사가 우시로쿠 도라오 아시아 국장과 오찬을 함께 하며 언급한 내용을 기록한 문서. 최 대사는 어업 문제와 회담 전반의 진척 문제에 관해 비공식 발언을 함.
주제어 어업, 한일회담 진척사항

시마 외무차관·배 대사회담
(島外務次官·裵大使会談)

문서파일번호	1729
작성연월일	1963. 7. 24 - 1963. 10. 23
구분	제6차 회담
세부항목	시마 차관·배의환 대사 회담
작성처	외무성
매수	10
비밀등급	
문서종류	회의록
공개구분	공개
내용	1963년 7월 24일과 10월 23일 개최된 시마 시게노부(島重信) 외무차관과 배의환 대사 회담 기록
주제어	어업

문서명	시마 차관·배 대사 회담 요지(島次官·裵大使会談要旨)

문서파일번호	1729
작성연월일	1963. 7. 24
구분	제6차 회담
세부항목	시마 차관 · 배의환 대사 회담
작성처	외무성 아시아국장
매수	6
비밀등급	극비
문서종류	회의록
공개구분	공개
내용	시마 시게노부(島重信) 차관과 배의환 대사 회담 기록. 전관수역 및 기선, 어업 차관 문제에 대해 논의
주제어	어업

문서명	배 대사·시마 차관 회담 요지(裵大使·島次官会談要旨)

문서파일번호	1729
작성연월일	1963. 10. 23
구분	제6차 회담
세부항목	시마 차관 · 배의환 대사 회담
작성처	외무성 북동아시아과
매수	4
비밀등급	극비
문서종류	회의록
공개구분	공개
내용	배의환 대사와 시마 시게노부(島重信)차관 회담 기록. 배 대사는 전관수역 외의 규제 조치 등은 한일 간 어업 능력의 차이를 고려해야 한다고 요구
주제어	어업

황 정무국장 회담 요지
(黄政務局長との会談要旨)

문서파일번호	1730
문서명	황 정무국장 회담 요지(黄政務局長との会談要旨)
작성연월일	1963. 7. 29
구분	제6차 회담
세부항목	우시로쿠·황호을 회담
작성처	외무성
매수	7
비밀등급	극비
문서종류	회의록
공개구분	공개
내용	우시로쿠 도라오 아시아국장과 김용식 장관 수행원으로 방일한 황호을 한국 외무부 정무국장의 회담 요지. 어업 차관, 전관수역, 어업규제 문제 논의
주제어	어업

한국대표부의 항의 건
(韓国代表部の抗議申入れの件)

문서파일번호	1731
문서명	한국대표부의 항의 건(韓国代表部の抗議申入れの件)
작성연월일	1963. 8. 29
구분	제6차 회담
세부항목	우라베 참사관·이규성 참사관 회담
작성처	외무성 아시아국 우라베 참사관
매수	3
비밀등급	극비
문서종류	회의록
공개구분	공개
내용	주일한국대표부 이규성 참사관이 우라베 도시오(卜部敏男) 아시아국장대리를 면담, 사회당 의원의 북한 방문에 대해 항의한 내용을 기록한 문서. 어업에 관해서도 협의
주제어	사회당 의원 방북 항의, 어업

오히라 외무대신·배 대사 회담 요지
(大平外務大臣·裵大使会談要旨)

문서파일번호	1732
문서명	오히라 외무대신·배 대사 회담 요지(大平外務大臣·裵大使会談要旨)
작성연월일	1963. 8. 24
구분	제6차 회담
세부항목	오히라·배의환 회담
작성처	외무성 아시아국장
매수	9
비밀등급	극비
문서종류	회의록
공개구분	공개
내용	오히라 마사요시 대신과 배의환 대사 회담 기록. 어업 문제에 관한 한국 국내정세, 어업협력 금액, 조건 등을 논의함.
주제어	어업, 어업협력

우라베 아시아국 참사관과 배 대사 회담
(裵大使との会談の件)

문서파일번호	1733
문서명	우라베 아시아국 참사관과 배 대사 회담(裵大使との会談の件)
작성연월일	1963. 10. 28
구분	제6차 회담
세부항목	우라베 참사관·배의환 대사 회담
작성처	외무성 아시아국 우라베 참사관
매수	4
비밀등급	극비
문서종류	회의록
공개구분	공개
내용	1963년 10월 28일 우라베 도시오(卜部敏男) 참사관과 배의환 대사 회담 기록. 우라베 참사관은 12월 17일 민정 이양까지 타결을 위해서는 법적지위, 문화재, 청구권의 각 위원회를 모두 제개할 필요가 있다고 함. 이에 배 대사는 법적지위 위원회에 관해서는 훈령도 있어 조기 개최하고 싶다고 말함. 어업, 청구권 문제에 관해 협의함.
주제어	회담 각 위원회 재개 문제, 청구권, 어업

우시로쿠 국장·배 대표 회담 요지
(後宮局長·裵代表会談要旨)

문서파일번호	1169
문서명	우시로쿠 국장·배 대표회담 요지(後宮局長·裵代表会談要旨)
작성연월일	1963. 9. 13
구분	제6차 회담
세부항목	우시로쿠·배의환 회담
작성처	외무성 북동아시아과
매수	6
비밀등급	극비
문서종류	회의록
공개구분	공개
내용	우시로쿠 도라오 아시아국장, 배의환 대사 회담 요지. 일본어선의 평화선 내 조업, 전관수역, 어업협력 문제를 논의함.
주제어	어업

오히라 대신·김종필 당의장 회담 건
(大平大臣·金鍾泌黨議長會見に関する件)

문서파일번호	1831
문서명	오히라 대신·김종필 당의장 회담 건(大平大臣·金鍾泌黨議長會見に関する件)
작성연월일	1964. 3. 23
구분	제6차 회담
세부항목	오히라·김종필 회담
작성처	외무성 북동아시아과
매수	26
비밀등급	극비
문서종류	회의록
공개구분	공개
내용	방일한 김종필 당의장과 오히라 마사요시 외상의 회담 기록. 기본관계 문제에 관해서 김종필은 공동선언이 아니라 조약 형식을 취할 것을 요구했으나 일본의 내답 기록은 없음.
주제어	기본관계, 어업, 한국정세

우시바 심의관·정 총리 회견록
(牛場審議官·丁総理会見録)

문서파일번호	524
작성연월일	1964. 12. 14
구분	제7차 회담
세부항목	우시바 외무심의관 방한 출장
작성처	외무성
매수	17
비밀등급	
문서종류	회의록, 내부문서
공개구분	공개
내용	1964년 12월 11일~16일까지 방한한 우시바 노부히코(牛場信彦) 외무심의관의 정일권 총리 예방면담 기록 및 방한 일정(안)
주제어	우시바 외무심의관 방한 출장

문서명	우시바 심의관·정 총리 회담록(牛場審議官·丁総理会談録)

문서파일번호	524
작성연월일	1964. 12. 14
구분	제7차 회담
세부항목	우시바·정일권 조찬 협의
작성처	외무성
매수	13
비밀등급	극비
문서종류	회의록
공개구분	공개
내용	1964년 12월 13일 우시바 노부히코 외무심의관이 정일권 총리와 조찬에서 협의한 내용. 정 총리는 한국 야당이 한일교섭의 타결 필요성은 인정하나 현 정부에 의한 타결에는 반대한다고 언급함. 우시바 심의관은 어업 문제, 특히 '이 라인' 내 일본어선의 조업이 격감하면서 업자들의 압력이 거세다면서 교섭 촉진이 필요함을 강조함. 정 총리는 한일 간 무역자유화가 이루어질 경우 교섭 촉진이 도움이 될 것이라 언급함.
주제어	한일회담 교섭 촉진, 어업, 통상

문서명	우시바 심의관 일행의 일정(안)[牛場審議官一行の日程(案)]

문서파일번호	524
작성연월일	1964(월일 불명)
구분	
세부항목	우시바 외무심의관 방한 출장 일정
작성처	외무성
매수	4
비밀등급	
문서종류	내부문서
공개구분	공개
내용	우시바 노부히코 외무심의관 방한 일정 안
주제어	우시바 방한 일정 안

제15부

미국 및 제3국과 한일관계

이케다 총리·라이샤워 대사 회담
(池田総理·ライシャワー大使会談)

문서파일번호	1795
문서명	이케다 총리·라이샤워 대사 회담(池田総理·ライシャワー大使会談)
작성연월일	1962. 1. 5
구분	제6차 회담
세부항목	이케다·라이샤워 회담
작성처	외무성 북동아시아과
매수	8
비밀등급	극비
문서종류	회의록
공개구분	공개
내용	이케다 하야토 총리와 라이샤워(Edwin O. Reischauer) 주일미대사 회담 기록. 라이샤워 대사가 이케다 총리에게 지금이 한일회담 타결을 위해 중요한 시기임을 강조한 데 대해, 이케다 총리는 미국이 한국에 어떤 지원을 할 것인지를 분명히 할 것을 요구함.
주제어	한일회담

한일관계에 관한 주일미대사관원의 비공식 언급 내용(日韓関係に関する在京米大使館の内話)

문서파일번호	1796
작성연월일	1962. 1. 5 - 1962. 7. 13
구분	제6차 회담
세부항목	한일 문제 관련 일미 협의
작성처	외무성 북동아시아과
매수	93
비밀등급	
문서종류	회의록, 내부문서
공개구분	공개
내용	1962년 1월 5일~7월 13일까지 진행된 한일 문제 관련 일미 간 협의 기록 모음
주제어	한일 문제 관련 일미 협의

문서명	이케다 총리·라이샤워 대사 회담에 관한 미대사관원의 비공식 언급 건(池田総理、ライシャワー大使会談に関する米大使館員の内話の件)

문서파일번호 1796
작성연월일 1962. 1. 5
구분 제6차 회담
세부항목 한일 문제 관련 일미 협의
작성처 외무성 북동아시아과
매수 9
비밀등급 극비
문서종류 회의록
공개구분 공개
내용 마에다 도시카즈 북동아시아과장과 글라이스틴(William H. Gleysteen, Jr.) 주일미국대사관 서기관 협의 기록. 라이샤워 대사와 이케다 하야토 총리 회담 관련, 미국은 지금이 한일교섭을 타결할 적기라 생각하고 일본과 한국에서 동시에 양국 정상에게 이러한 이야기를 하였음. 청구권은 일본이 어느 정도 숫자를 제시하면 미국은 한국에게 5억 달러 이하로 하라고 말할 수 있으며, 어업 문제 해결 없이는 청구권 문제 해결도 어렵다고 이야기할 것임.
주제어 청구권, 어업

문서명	한일관계에 관한 주일미대사관의 비공식 언급 건(日韓関係に関する在京米大使館の内話の件)

문서파일번호 1796
작성연월일 1962. 1. 12
구분 제6차 회담
세부항목 한일 문제 관련 일미 협의
작성처 외무성 북동아시아과
매수 5
비밀등급 극비
문서종류 회의록
공개구분 공개
내용 마에다 도시카즈 북동아시아과장과 글라이스틴 주일미국대사관 서기관의 한일관계 관련 협의 기록[동 서기관은 해밀턴(Fowler Hamilton) 미 국제개발국 장관과 함께 방한 후 1월 11일 도쿄로 귀임]. 글라이스틴 서기관은 한일 문제에 대한 버거 주한미대사의 생각을 전달하면서 한일, 한미, 일미 간 정상회담을 통해 이케다 하야토 총리가 한일회담 타결의 의지를 보였음에도(청구권 문제 관련) 일본이 최근 시간 보내기와 같은 인상을 줄 경우 한국이 어선 나포 등 강경 대응으로 나설 가능성이 있다고 말함.

주제어 한일 문제에 대한 일본의 태도 비판

문서명	한국 문제에 관한 미 대사관원의 비공식 언급 건(韓国問題に関する米大使館員の内話に関する件)

문서파일번호 1796

작성연월일 1962. 2. 7

구분 제6차 회담

세부항목 한일 문제 관련 일미 협의

작성처 외무성 북동아시아과

매수 8

비밀등급 극비

문서종류 내부문서

공개구분 공개

내용 주일미국대사관 글라이스틴 서기관이 북동아과에 언급한 내용 중 주의할 점을 기록한 문서. 글라이스틴 서기관은 김유택 원장이 1962년 3월 초 미국의 대한원조 문제 협의차 방미 길에 일본에 들릴 가능성을 언급한 뒤, 최근 한국정세에 관해 설명함.

주제어 김유택 방일 가능성, 한국정세

문서명	한일정치교섭 등에 관한 미 대사관원의 비공식 언급 건(日韓政治折衝等に関する米大使館員の内話の件)

문서파일번호 1796
작성연월일 1962. 3. 19
구분 제6차 회담
세부항목 한일 문제 관련 일미 협의
작성처 외무성 북동아시아과
매수 11
비밀등급 극비
문서종류 회의록
공개구분 공개
내용 마에다 도시카즈 과장과 주일미국대사관 글라이스틴 서기관의 한일정치교섭 관련 협의 기록. 글라이스틴은 3월 16일 최덕신과 하리만의 회담 결과를 소개함. 최 장관은 고사카 외상 정치회담에 대해 일본이 성의가 있는지 강한 의문을 제기하면서 회담 의제가 아닌 독도 문제를 꺼내고, 청구권 문제에도 사무적으로 접근하였으며, 북한의 청구권을 제외한다는 데 크게 실망하였다고 함.
주제어 최덕신 장관 · 하리만 차관보 회담 결과, 독도 문제, 청구권

문서명	주일미대사관원 비공식 언급 건(在京米大使館員内話に関する件)

문서파일번호 1796
작성연월일 1962. 3. 23
구분 제6차 회담
세부항목 한일 문제 관련 일미 협의
작성처 외무성 북동아시아과
매수 11
비밀등급 극비
문서종류 회의록
공개구분 공개
내용 마에다 도시카즈 과장과 주일미국대사관 글라이스틴 서기관의 한국 정정 관련 협의 기록. 글라이스틴은 한국의 정치활동정화법과 윤보선 대통령의 사임을 설명하면서, 미국은 한국의 동 법 제정에 비판적인 입장이라고 언급함.
주제어 한국정세

문서명	주일미대사관원 비공식 언급 건(在京米大使館員の内話に関する件)

문서파일번호 1796
작성연월일 1962. 4. 6
구분 제6차 회담
세부항목 한일 문제 관련 일미 협의
작성처 외무성 북동아시아과
매수 5
비밀등급 극비
문서종류 회의록
공개구분 공개
내용 마에다 도시카즈 과장과 주일미국대사관 글라이스틴 서기관의 한일관계 협의 기록. 지난 주 초 최덕신 외무장관과 버거 주한미국대사의 회담에서 최 장관은 제1차 정치회담 결과에 불만과 인내를 보였음. 현재는 일본의 양보를 기다리고 있으나 이대로 시간이 경과한다면 최 장관의 인내가 한계에 달할 것임.
주제어 최덕신-버거 대사 회담, 제1차 정치회담에 대한 한국 반응

문서명	한일관계에 관한 미 대사관원 비공식 언급 건(日韓関係に関する米大使館員の内話に関する件)

문서파일번호 1796
작성연월일 1962. 4. 20
구분 제6차 회담
세부항목 한일 문제 관련 일미 협의
작성처 외무성 북동아시아과
매수 6
비밀등급 극비
문서종류 회의록
공개구분 공개
내용 마에다 도시카즈 과장과 주일미국대사관 글라이스틴 서기관의 한일관계 협의 기록. 글라이스틴은 방한 후 일본에 들린 예거 미 국무부 동아시아국장이 한일관계에 매우 비관적인 인상을 갖고 있다면서, 한국이 일본에 강경조치할 경우를 대비해 미국이 한국의 자제를 요청 중이라고 언급함.
주제어 예거 미 국무부 동아시아국장 방한 결과

문서명	한일 문제에 관한 주일미대사관원의 비공식 언급 건(日韓問題に関する在京米大使館員の内話の件)

문서파일번호 1796
작성연월일 1962. 4. 26
구분 제6차 회담
세부항목 한일 문제 관련 일미 협의
작성처 외무성 북동아시아과
매수 4
비밀등급 극비
문서종류 회의록
공개구분 공개
내용 마에다 도시카즈 과장과 주일미국대사관 글라이스틴 서기관의 한일관계 협의 기록. 글라이스틴은 주한미대사관 보고(최덕신 장관과 버거 대사 회담 결과)라면서, 한국에서 한일 문제 검토가 이루어져 일본 참의원 선거가 끝나기 전까지는 진전을 이루기 어려울 것이라고 전망함.
주제어 한일 문제, 최덕신-버거 대사 회담 결과

문서명	한국정세에 관한 도쿄 미대사관원의 비공식 언급(韓国情勢に関する在京米大使館員の内話)

문서파일번호 1796
작성연월일 1962. 6. 15
구분 제6차 회담
세부항목 한일 문제 관련 일미 협의
작성처 외무성 북동아시아과
매수 11
비밀등급 극비
문서종류 회의록
공개구분 공개
내용 1962년 6월 14일 주일미국대사관 글라이스틴 서기관이 북동아과 야나이 사무관에게 한국정세 관련 전달한 부분을 기록한 문서. 한국 최고회의 내부에서 김종필파와 반김종필파(누군지 확실치 않으나 송요찬도 그중 한 명)의 대립이 격화되는 모양새임. 김종필은 유능하나 권력이 너무 세고 중앙정보부에 대해 국민들이 공포심을 느끼고 있음.
주제어 한국정세, 김종필에 대한 평가

문서명	한국정세에 관한 도쿄미대사관원의 비공식 언급 건(韓国情勢に関する在京米大使館員の内話の件)

문서파일번호 1796
작성연월일 1962. 6. 20
구분 제6차 회담
세부항목 한일 문제 관련 일미 협의
작성처 외무성 북동아시아과
매수 8
비밀등급 극비
문서종류 회의록
공개구분 공개
내용 마에다 도시카즈 과장과 주일미국대사관 글라이스틴 서기관의 한국정세 관련 협의 기록. 송요찬 수반의 사임 문제를 둘러싸고 한국 군부정권 지도자들 간에 긴장이 고조되고 있으며, 그 초점은 김종필임. 김종필에 대한 일반 국민, 군인(육사 동기생 포함)들의 불안과 불만이 점차 높아지고 있음.
주제어 한국정세, 김종필에 대한 평가

문서명	주일미대사관원 비공식 언급 건(在京米大使館員の内話に関する件)

문서파일번호 1796
작성연월일 1962. 7. 5
구분 제6차 회담
세부항목 한일 문제 관련 일미 협의
작성처 외무성 북동아시아과
매수 7
비밀등급 극비
문서종류 회의록
공개구분 공개
내용 마에다 도시카즈 과장과 주일미국대사관 글라이스틴 서기관의 한국정세 관련 협의 기록. 한국의 통화 개혁에 국민들은 비판적임. 최근 통화·금융 완화 조치로 변화의 징후가 보이기 시작함. 김종필은 자기 행동에 신중을 기하고 있으며, 박정희도 김종필파와 반김종필파 간에 타협을 모색하고 있음.
주제어 한국정세

문서명	한국관료 경질 및 최고회의 의원의 사임에 대하여(韓国閣僚の更迭および最高会議議員の辞任について)

문서파일번호 1796
작성연월일 1962. 7. 10
구분 제6차 회담
세부항목 한일 문제 관련 일미 협의
작성처 외무성 북동아시아과
매수 4
비밀등급 일반
문서종류 내부문서
공개구분 공개
내용 한국 각료 교체 및 최고회의 의원 사임과 관련하여 북동아과가 1962년 7월 10일 주일미국대사관 글라이스틴 서기관에게 청취한 내용을 기록한 문서. 각료 교체 및 최고의원 사임 배경, 이에 대한 미국 시각 등에 관해 설명함.
주제어 한국정세, 개각 및 최고의원 사임

문서명	김동하 외무국방위원장의 입장 건(金東河外務国防委員長の立場に関する件)

문서파일번호 1796
작성연월일 1962. 7. 13
구분 제6차 회담
세부항목 한일 문제 관련 일미 협의
작성처 외무성 북동아시아과
매수 4
비밀등급 극비
문서종류 내부문서
공개구분 공개
내용 김동하 신임 최고회의 외무국방위원장에 대해 주일미국대사관 글라이스틴 서기관이 언급한 내용을 기록한 문서. 김동하가 반 김종필파 내 리더격이라는 점을 언급하면서도, 최고회의 내에서 한일 문제가 논쟁의 주제가 된 적이 없다며 위원장 교체로 한국의 대일태도에 변화가 있지는 않을 것이라는 점을 시사함.
주제어 김동하 신임 최고회의 외무국방위원장

이케다 하야토 총리·하리만 국무차관보 회담
(池田総理·ハリマン国務次官補会談)

문서파일번호	1798
작성연월일	1962. 3. 14 - 1962. 3. 19
구분	제6차 회담
세부항목	이케다 하야토 총리·하리만(William A. Harriman) 미 국무부 차관보 회담
작성처	외무심의관
매수	11
비밀등급	극비
문서종류	회의록, 내부자료
공개구분	공개
내용	1962년 3월 19일 이케다 하야토 총리와 하리만 미 국무부 차관보 회담 기록
주제어	한일 문제 관련 일미 간 협의

문서명	이케다 하야토 총리·하리만 국무차관보 회담 건(池田総理ハリマン国務次官補会談に関する件)

문서파일번호 1798
작성연월일 1962. 3. 19
구분 제6차 회담
세부항목 이케다 총리·하리만 미 국무부 차관보 회담
작성처 외무심의관
매수 7
비밀등급 극비
문서종류 회의록
공개구분 공개
내용 이케다 하야토 총리와 하리만(William A. Harriman) 미 국무부 차관보 회담 기록. 하리만 차관보는 한일 문제와 관련해 대국인 일본의 우호적 제스처와 회담 조기 타결이 바람직하다고 말함. 이케다 총리도 참의원 선거 전에 타결 짓기를 바란다고 답함. 하리만 차관보는 주한미대사관 정보에 따르면 한국은 청구권으로 4억 달러 정도를 생각하고 있는 것 같다고 말함.
주제어 한일회담 조기 타결, 청구권

문서명	하리만 국무차관보와의 회담용 자료(ハリマン国務次官補との会談用資料)

문서파일번호 1798
작성연월일 1962. 3. 14
구분 제6차 회담
세부항목 이케다 총리·하리만 미 국무부 차관보 회담
작성처 외무성 북동아시아과
매수 4
비밀등급 극비
문서종류 내부자료
공개구분 공개
내용 이케다 하야토 총리의 하리만 미 국무부 차관보 회담용 자료. 청구권 문제에 관해 한국이 합리적인 태도를 취한다면 일본은 무상, 유상의 경제 원조를 제공할 의사가 있으며, 한국이 이를 수용하도록 설득하고 있음.
주제어 이케다·하리만 차관보 회담 자료, 청구권

한일 문제에 관한 라이샤워 대사의 내화
(日韓問題に関するライシャウァー大使の内話)

문서파일번호	1799
문서명	한일 문제에 관한 라이샤워 대사의 내화(日韓問題に関するライシャウァー大使の内話)
작성연월일	1962. 4. 17
구분	제6차 회담
세부항목	니시보리·라이샤워, 레인하트 공사 간 환담
작성처	외무성 아메리카국 북미과
매수	5
비밀등급	극비
문서종류	회의록
공개구분	공개
내용	1962년 4월 16일 데이(J. Edward Day) 미국 우정장관을 위한 라이샤워(Edwin O. Reischauer) 대사 만찬석상에서 외무성 니시보리 마사히로(西堀正弘)(직책 불명), 라이샤워 대사, 레인하트(Frederick G. Reinhardt) 주일미국대사관 공사가 환담 내용을 기록한 문서. 라이샤워 대사가 한일 문제로 이케다 하야토 총리에게 면담을 신청했으나 고사카 젠타로 외상 회담 일정이 잡힌 데 대한 뒷이야기(레인하트 공사가 니시보리에게 반농담조로 총리와 외무성 간 의견 차이가 있는 건 아닌지 언급), 청구권 금액(라이샤워 대사는 일본이 주장하는 7천 5백만 달러는 한국이 수용하지 않을 것이며, 최소 2억 달러는 되어야 한다는 견해 피력) 등에 관한 의견교환 내용이 기술됨.
주제어	청구권

한일관계에 관한 고사카 대신·라이샤워 대사 회담
(日韓関係に関する小坂大臣·ライシャワー大使会談記録)

문서파일번호	1800
문서명	한일관계에 관한 고사카 대신·라이샤워 대사 회담(日韓関係に関する小坂大臣·ライシャワー大使会談記録)
작성연월일	1962. 4. 17
구분	제6차 회담
세부항목	고사카·라이샤워 회담
작성처	외무성 북동아시아과
매수	9
비밀등급	극비
문서종류	회의록
공개구분	공개
내용	고사카 젠타로 외상·라이샤워 주일미국대사 간 회담 결과 중 한일관계 부분. 고사카 대신은 제1차 정치회담 결과를 설명하고, 최덕신 장관이 박정희 의장이나 김종필 부장과 달리 일본에 대해 너무 강경한 입장이라고 말함(미국은 동 회담 결과에 낙담하였다고 언급). 이어 양측은 청구권 금액에 관해 의견을 교환함. 라이샤워 대사는 식민통치를 받은 한국 국민들의 심리로 미루어 7천만 달러는 너무 적고, 수억 달러는 되어야 할 것이라 말함. 이에 고사카 대신도 일본인의 심리도 있다면서 재한일본 사유재산의 몰수 등을 고려하면 청구권 문제가 일미 간에도 영향을 미칠 수 있다고 언급함.
주제어	청구권

다케우치 차관과 미 AID 극동국장 회담
(武内次官と米AID 極東局長との会談)

문서파일번호	1801
작성연월일	1962. 6. 8
구분	제6차 회담
세부항목	제너 미 AID 극동국장·다케우치 차관 회담
작성처	외무성
매수	29
비밀등급	
문서종류	회의록
공개구분	일부비공개
내용	제너(Seymour J. Janow) 미국 국제개발처(AID)* 극동국장과 다케우치 류지 차관 회담, 경협국장 등 간부진 회담 기록
주제어	한국에 대한 경제협력

* USAID(United States Agency for International Development): 미국 국제개발처, 미국의 비군사적 해외원조를 담당하는 정부조직의 하나

문서명	다케우치 차관과 제너 미국 AID 극동국장 회담 건(武内次官と米国 AID Janow極東局長との会談に関する件)

문서파일번호 1801
작성연월일 1962. 6. 8
구분 제6차 회담
세부항목 제너 미 AID 극동국장·다케우치 차관 회담
작성처 외무성 경제협력국 경제협력과
매수 19
비밀등급 극비
문서종류 회의록
공개구분 일부비공개
내용 1962년 6월 8일 오전 다케우치 류지 차관과 제너(Seymour J. Janow) 미 국제개발처(AID) 극동국장이 한국 문제에 관해 회담한 기록. 제너 국장은 방한기간 중 한국의 주요인사 들과 회담을 가졌다면서, 한국의 5개년 경제개발계획에 대한 열의, 구체 내용, 유럽 민간기업들의 관심 등에 관해 설명함. 이에 대해 다케우치 차관은 일본도 한국의 경제개발에 큰 관심을 갖고 있으나 협력 수단이 없다면서 한국이 (일본) 대표부 설치, 외교관의 장기 한국 체류 등을 승인하지 않고 경협도 국교회복 이전에는 수용하지 않겠냐는 태도를 보이고 있다고 함. 이에 제너 국장은 청구권에 얽매이지 않고 경제협력의 이름하에 한일 양국이 일체화된 형태로 해결해 나가면 되지 않겠느냐는 의견을 제시함.
주제어 한국에 대한 경제협력

문서명	한국 문제에 관한 제너 미국 국제개발처 부장관보 담화 건(韓口問題に関するジェノー米ロロ際開発局副長官補の談話の件)

문서파일번호 1801
작성연월일 1962. 6. 8
구분 제6차 회담
세부항목 제너 미 AID 극동국장·외무성 간부 회담
작성처 외무성 북동아시아과
매수 10
비밀등급 극비

문서종류 회의록

공개구분 일부비공개

내용 1962년 6월 8일 오후 다케우치 류지 차관 회담에 이어 개최된 제너(Seymour J. Janow) 미 국제개발처(AID) 극동국장과 외무성 가이 후미히코(甲斐文比古) 경협국장, 우야마 아쓰시 아시아국 심의관, 우라베 도시오 참사관 등 회담 기록. 제너 국장은 밴 플리트(James A. Van Fleet 전 미8군 사령관)를 단장으로 하는 미국 실업계 한국 시찰단의 한국 경제, 특히 미국 민간자본의 시장조사 결과 매우 의욕적인 결론이 나왔다고 밝히고, 한국에서의 가장 중요한 프로젝트는 울산 계획이라고 언급함. 그는 방한 중 박정희 의장과 만났는데, 박 의장은 청구권이나 무상경제협력 뭐라고 불러도 좋으며, 중요한 것은 문제를 해결하는 것이라면서, 한국은 준비되어 있고 모든 것은 일본에 달려 있다고 했다고 소개함.

주제어 한국에 대한 경제협력

오히라 대신·라이샤워 대사 회담(한일관계)
[大平大臣、ライシャウァー大使会談の件(日韓関係)]

문서파일번호	1802
문서명	오히라 대신·라이샤워 대사 회담(한일관계)[大平大臣、ライシャウァー大使会談の件(日韓関係)]
작성연월일	1962. 7. 31
구분	제6차 회담
세부항목	오히라 외상·라이샤워 대사 회담
작성처	외무성 아메리카국
매수	6
비밀등급	극비
문서종류	회의록
공개구분	공개
내용	오히라 마사요시 외상·라이샤워 주일미국대사 회담 기록. 라이샤워 대사는 한일회담의 일정, 청구권 액수(일본이 제시한 7천만 달러는 40여 년간에 걸친 일본의 식민지 역사로 미루어 너무 적음) 등에 대한 본인의 생각을 언급하고, 회담의 조기 타결의 중요성을 강조함. 이에 대해 오히라 외상은 일본도 그간의 상황을 잘 알고 있고, 아무렇게나 일을 처리할 생각은 없다면서 미국이 한국을 설득하는 노력을 해 달라고 당부함.
주제어	한일교섭

주한미대사의 비공식 언급 건
(駐韓米大使の内話に関する件)

문서파일번호	1803
문서명	주한미대사의 비공식 언급 건(駐韓米大使の内話に関する件)
작성연월일	1962. 8. 17
구분	제6차 회담
세부항목	다케우치 차관·버거 주한미대사 환담
작성처	외무성 북동아시아과
매수	4
비밀등급	극비
문서종류	회의록
공개구분	공개
내용	방일 중인 버거(Samuel D. Berger) 주한미국대사와 다케우치 류지 차관의 한국정세 관련 환담 기록(라이샤워 주일미국대사 동석). 버거 대사는 박정희 의장의 한일 문제 해결 의지는 변함이 없으나 일반 국민들의 대일 감정이 점차 냉각되고 있으며, 자칫 일본어선 나포로 이어질 가능성이 있다고 언급함. 동 대사는 이어 한국의 화폐 개혁, 경제개발 계획 추진 현황 등에 관해 설명함.
주제어	한일관계, 한국정세

다케우치 차관·라이샤워 대사 회담
(武内次官、ライシャワー大使会談)

문서파일번호	1804
작성연월일	1962. 8. 24 - 1962. 9. 6
구분	제6차 회담
세부항목	다케우치 차관·라이샤워 주일미국대사 회담
작성처	외무성 북동아시아과
매수	9
비밀등급	
문서종류	회의록, 전문, 내부문서
공개구분	공개
내용	1962년 8월 24일 및 9월 6일 다케우치 류지 차관과 라이샤워 주일미국대사의 한일 문제 관련 회담 기록
주제어	청구권

문서명	다케우치 차관·라이샤워 대사 회담 요지(武内次官、ライシャワー大使会談要旨)

문서파일번호	1804
작성연월일	1962. 8. 24
구분	제6차 회담
세부항목	다케우치 차관·라이샤워 대사 회담
작성처	외무성 북동아시아과
매수	3
비밀등급	극비
문서종류	회의록
공개구분	공개
내용	다케우치 류지 차관과 라이샤워 주일미국대사 회담 기록. 라이샤워 대사는 한일회담 예비교섭 제1회 회의결과에 대한 한국 최고회의의 반응은 매우 부정적이라면서, 한국은 증거가 있는 것은 청구권으로, 증거가 없어도 청구권이 있음이 확실한 것은 무상, 그 외의 기타는 원조로 요구할 입장이라는 것을 일본에 전달함.
주제어	청구권

문서명	케네디 대통령 서한 통보 건(「ケ」大統領書簡通報の件)

문서파일번호	1804
작성연월일	1962. 8. 28
구분	제6차 회담
세부항목	다케우치 차관·라이샤워 대사 회담
작성처	외무성 북동아시아과장
매수	3
비밀등급	일반
문서종류	전문(電文)
공개구분	공개
내용	1962년 8월 24일 라이샤워 대사가 다케우치 류지 차관을 내방한 석상에서 케네디(John F. Kennedy) 대통령이 이케다 하야토 총리에게 보내는 친서를 전달하였음을 주미대사에게 통보. 별전으로 보낸 친서 사본(한일회담 재개를 평가하는 내용)이 첨부돼 있음.
주제어	케네디 대통령의 이케다 총리 앞 친서, 미국의 한일회담 재개 평가

문서명	한일회담에 관한 라이샤워 대사의 다케우치 차관에 대한 비공식 언급(日韓会談に関するライシャワー大使の武内次官に対する内話)

문서파일번호	1804
작성연월일	1962. 9. 6
구분	제6차 회담
세부항목	다케우치 차관 · 라이샤워 대사 회담
작성처	외무성 북동아시아과
매수	3
비밀등급	극비
문서종류	내부문서
공개구분	공개
내용	파티석상에서 라이샤워 대사가 다케우치 류지 차관에게 전달한 주한대사로부터 취득한 정보. 한국은 무상 3억, 유상 2억 달러로 청구권 문제를 타결할 것이 확실하며, 일본은 신속히 2.5억 달러까지 금액을 올려 대응하는 것이 가장 중요함. 한국은 현금으로 받겠다는 생각은 아니며, 한국경제 건설에 필요한 자재로 받기를 희망하고 있음.
주제어	청구권

이케다 총리·케네디 대통령 간의 서간 교환
(池田総理、ケネディー大統領間の書簡交換)

문서파일번호	1807
작성연월일	1962. 8. 25 - 1962. 9. 14
구분	제6차 회담
세부항목	이케다 하야토·케네디 서한 교환 등
작성처	외무성
매수	20
비밀등급	
문서종류	전문(電文)
공개구분	공개
내용	한일회담 현황 및 이케다 하야토 총리·케네디 대통령 친서 교환과 관련하여 주미대사에게 보내는 전문 모음
주제어	한일회담 관련 일미 협의

문서명	한일회담의 현상 통보 건(日韓会談の現状通報の件)

문서파일번호 1807
작성연월일 1962. 8. 25
구분 제6차 회담
세부항목 한일회담 진행 방침 주미, 영국대사 통보
작성처 외무성 북동아시아과
매수 6
비밀등급 극비
문서종류 전문(電文)
공개구분 공개
내용 한일회담 경위를 주미·주영대사에게 통보. 8월 하순부터 스기 미치스케·배의환 예비교섭을 개최하고 이 자리에서 의견이 정리되면 10월 말경 제2차 정치회담 추진, 한국이 청구권 명칭을 포기하고 국교정상화 축하 및 한국경제발전과 경협 명목으로 무상원조·장기 저리 유상원조를 수용할 경우 무상 1.5억 달러, 유상 1.5억 달러 한도로 공여, 청구권 문제는 어업 문제 해결과 동시에 추진.
주제어 한일회담 진행 방침

문서명	케네디 대통령 서한 통보 건(「ケ」大統領書簡通報の件)

문서파일번호 1807
작성연월일 1962. 8. 28
구분 제6차 회담
세부항목 케네디의 이케다 앞 친서
작성처 외무성 북동아시아과장
매수 1
비밀등급 극비
문서종류 전문(電文)
공개구분 공개
내용 1962년 8월 24일 라이샤워 대사가 다케우치 류지 차관을 내방한 자리에서 케네디 대통령이 이케다 하야토 총리에게 보내는 친서를 전달했다는 것을 주미대사에게 통보. 문서파일번호 1804에 수기로 작성한 같은 내용의 전문이 포함됨.
주제어 케네디·이케다 친서, 미국의 한일회담 재개 평가

문서명	케네디 대통령 서한 통보 건(「ケ」大統領書簡通報の件)

문서파일번호 1807
작성연월일 1962. 8. 28
구분 제6차 회담
세부항목 케네디의 이케다 앞 친서 주미대사 통보
작성처 외무성 북동아시아과장
매수 2
비밀등급 극비
문서종류 전문(電文)
공개구분 공개
내용 1962년 8월 24일 라이샤워 대사가 다케우치 류지 차관에게 전달한 케네디 대통령이 이케다 하야토 총리에게 보낸 친서 내용을 주미대사에게 전달
주제어 케네디·이케다 친서

문서명	이케다 총리의 케네디 대통령에 대한 회신 송부 통보 건(池田総理発「ケ」大統領宛返簡送付通報の件)

문서파일번호 1807
작성연월일 1962. 8. 31
구분 제6차 회담
세부항목 이케다의 케네디 앞 답회신 송부 주미대사 통보
작성처 외무성 북동아시아과
매수 2
비밀등급 일반
문서종류 전문(電文)
공개구분 공개
내용 케네디 대통령 친서에 대한 이케다 하야토 총리의 회신을 보내는 주미대사 앞 전문
주제어 이케다·케네디 친서

문서명	이케다 하야토 총리가 케네디 대통령에게 보내는 서한 송부 통보 건(池田総理発「ケ」大統領宛書簡送付通報の件)

문서파일번호 1807
작성연월일 1962. 8. 31
구분 제6차 회담
세부항목 이케다의 케네디 앞 회신 송부 주미대사 통보
작성처 외무성 북동아시아과
매수 3
비밀등급 극비
문서종류 전문(電文)
공개구분 공개
내용 케네디 대통령 친서에 대한 이케다 하야토 총리의 1962년 8월 31일 자 회신 내용을 타전하는 주미대사 앞 전문. 한일 간 현안은 국내사정과 국민감정으로 타결이 쉽지 않지만, 해결을 위해 모든 노력을 다하겠다는 내용이 담김.
주제어 이케다 · 케네디 친서

문서명	이케다 하야토 총리의 케네디 대통령에 대한 회신의 건(池田総理発「ケ」大統領宛返簡の件)

문서파일번호 1807
작성연월일 1962. 9. 2
구분 제6차 회담
세부항목 이케다의 케네디 앞 회신 송부 주미대사 통보
작성처 외무성 북동아시아과장
매수 2
비밀등급 일반
문서종류 전문(電文)
공개구분 공개
내용 이케다 하야토 총리와 케네디 대통령의 친서교환이 외부로 알려지지 않도록 주의하라는 내용의 주미대사 앞 전문
주제어 이케다 · 케네디 친서

문서명	한일회담 현상 통보 건(日韓会談の現状通報の件)

문서파일번호 1807

작성연월일 1962. 9. 14

구분 제6차 회담

세부항목 제6차 회담 예비교섭, 청구권

작성처 외무성 북동아시아과

매수 4

비밀등급 일반

문서종류 전문(電文)

공개구분 공개

내용 1962년 9월 13일(예비교섭 제6회 회의) 현재까지의 한일교섭 현황을 주미영국대사에게 통보. 청구권 금액에 대한 양국 간 교섭 내용이 담김.

주제어 제6차 회담 예비교섭, 청구권

주일미대사관으로부터의 정보
(在京米大使館からの情報)

문서파일번호	1806
작성연월일	1962. 8. 28 - 1962. 12. 20
구분	제6차 회담
세부항목	한일교섭 관련 일미 협의
작성처	외무성 북동아시아과
매수	23
비밀등급	
문서종류	회의록, 내부문서
공개구분	공개 또는 일부비공개
내용	1962년 8월 28일~12월 20일까지 이루어진 한일교섭 관련 일미 간 협의 기록
주제어	한일교섭 관련 일미 협의

문서명	한일예비교섭에 관한 미국 정보(日韓予備交渉に関する米側情報)

문서파일번호 1806
작성연월일 1962. 8. 28
구분 제6차 회담
세부항목 한일교섭 관련 일미 협의
작성처 외무성 북동아시아과
매수 3
비밀등급 극비
문서종류 회의록
공개구분 일부비공개
내용 북동아과와 주일미국대사관 ■ 서기관의 한일예비교섭 관련 협의 기록. ■ 서기관은 한국이 이미 밝힌 6억 달러를 고집하지 않고 청구권과 무상을 합친 액수로 타결할 방침으로 돌아서고 있다는 점을 언급, 이에 대해 일본도 액수를 늘릴 필요가 있다는 방침을 가지고 있음을 미국에 전달함.
주제어 청구권, 청구권 액수

문서명	한일회담에 관한 미국 정보(日韓会談に関する米側情報)

문서파일번호 1806
작성연월일 1962. 9. 1
구분 제6차 회담
세부항목 한일교섭 관련 일미 협의
작성처 외무성 북동아시아과
매수 2
비밀등급 극비
문서종류 회의록
공개구분 공개
내용 북동아과와 주일미국대사관 담당관의 한일회담 관련 협의 기록. 한국은 일본이 상당한 정도로 증액할 것을 기대하고, 그것을 전제로 청구권 문제를 생각하고 있다는 서울로부터의 정보를 전달함.
주제어 청구권, 청구권 액수

문서명	한일회담에 관한 미국 정보(日韓会談に関する米側情報)

문서파일번호 1806
작성연월일 1962. 9. 4
구분 제6차 회담
세부항목 한일교섭 관련 일미 협의
작성처 외무성 북동아시아과
매수 3
비밀등급 극비
문서종류 회의록
공개구분 일부비공개
내용 북동아과와 주일미국대사관 ▬ 서기관의 한일회담 관련 협의 기록. 9월 1일 최덕신 외무장관과 버거 주한미국대사 회담에서 한국은 청구권과 무상을 합친 총액으로 청구권 문제 해결을 정식 훈령했음을 미국에 전달함.
주제어 청구권

문서명	한일교섭에 관하여 주일미대사관원의 비공식 언급 건(日韓交渉に関し在京米大使館員の内話に関する件)

문서파일번호 1806
작성연월일 1962. 9. 26
구분 제6차 회담
세부항목 한일교섭 관련 일미 협의
작성처 외무성 북동아시아과
매수 10
비밀등급 극비
문서종류 회의록
공개구분 일부비공개
내용 마에다 도시카즈 북동아시아과장과 주일미국대사관 2명의 서기관의 한일회담 관련 협의 기록. 미국은 버거 대사의 견해라며, 한국은 일본이 무상으로 2억 달러까지 올리면, 4억 달러까지 요구 액수를 줄일 것이며, 최종적으로는 3억 또는 3.5억 달러 정도가 될 것이라고 미국에게 전달했다고 함. 또한 김종필 방일 소식을 들었으나 현재로서 타결을 이끌어 낼 수 있는 유일한 인물이라고 함.
주제어 청구권

문서명	버거 주한미국대사의 정세판단 등에 관한 주일미대사관으로부터의 통보(バーガー駐韓米大使の情勢判断等に関する在京米大使館よりの通報)

문서파일번호 1806
작성연월일 1962. 10. 16
구분 제6차 회담
세부항목 한일교섭 관련 일미 협의
작성처 외무성 북동아시아과
매수 3
비밀등급 극비
문서종류 회의록
공개구분 일부비공개
내용 주일미국대사관 ▬ 서기관의 한일회담 관련 통보내용을 기록한 문서. 한국은 최종적인 타협액수로 3억 또는 3.5억 달러를 생각 중이며, 3억 달러 이하에서는 타결하지 않을 것이고, 기타 최소 1.5억 달러 이상의 유상지원을 생각하고 있다고 함.
주제어 청구권

문서명	어업 문제에 대한 한국 태도(漁業問題に対する韓国側の態度)

문서파일번호 1806
작성연월일 1962. 12. 20
구분 제6차 회담
세부항목 한일교섭 관련 일미 협의
작성처 외무성 북동아시아과
매수 2
비밀등급 극비
문서종류 내부문서
공개구분 일부비공개
내용 주일미국대사관 ▬ 서기관이 주한미국대사관이 한국에게 취득한 어업 문제 관련 정보를 북동아과에 전달한 내용. 어업 문제와 관련하여 한일 양국이 '이승만 라인' 중간에 잠정적 타협선을 긋고, 10년간 전문가의 조사를 통해 그 결과를 바탕으로 잠정선을 이동하는 것이 최종타결 내용임.
주제어 어업

오히라 대신·러스크장관 회담
(大平大臣、ラスク長官会談)

문서파일번호	1805
작성연월일	1962. 9. 24 - 1962. 12. 5
구분	제6차 회담
세부항목	오히라 외상·러스크 국무장관 회담
작성처	외무성, 주미대사, 주유엔대사
매수	29
비밀등급	
문서종류	회의록, 내부자료, 전문
공개구분	공개 또는 일부비공개
내용	1962년 9월 24일 및 12월 5일 오히라 외상과 러스크 미 국무장관 회담 기록
주제어	오히라·러스크 회담

문서명	오히라 대신·러스크 장관 회담록(大平大臣、ラスク長官会談録)

문서파일번호 1805
작성연월일 1962. 9. 25
구분 제6차 회담
세부항목 오히라 외상 · 러스크 국무장관 회담
작성처 외무성 아메리카국 다케우치 참사관
매수 18
비밀등급 극비
문서종류 회의록
공개구분 일부비공개
내용 1962년 9월 24일 유엔총회 참석차 뉴욕을 방문 중인 오히라 마사요시 외상과 러스크 미 국무장관 회담 기록. 오히라 외상은 청구권 명목이 아닌 다른 명목으로 하는 방향으로 타결할 수 있다는 전망을 전달함. 이에 대해 러스크 장관은 한국의 부탁을 받은 것은 아니지만, 3억 달러로 청구권 문제가 타결 가능하다는 인식을 드러냄.
주제어 청구권

문서명	(별첨) 오히라 대신·러스크 장관 회담 의제[(別添)大平大臣、ラスク長官会談議題]

문서파일번호 1805
작성연월일 1962. 9(일자 불명)
구분 제6차 회담
세부항목 오히라 외상 · 러스크 국무장관 회담
작성처 외무성
매수 1
비밀등급 일반
문서종류 내부자료
공개구분 공개
내용 1962년 9월 24일 일미 외상회담 의제. 정치 관련 문제(한일회담이 포함됨), 경제 문제, 국제정세 등 오히라 마사요시 외상과 러스크 장관 회담에서 논의될 의제들이 담김.
주제어 일미 외상회담 의제

문서명	오히라 대신·러스크 장관 회담 건(한일·오키나와 문제)[大平大臣、ラスク長官会談の件(日韓·沖縄問題)]

문서파일번호 1805
작성연월일 1962. 9. 24
구분 제6차 회담
세부항목 오히라 외상 · 러스크 국무장관 회담
작성처 주유엔대사
매수 6
비밀등급 극비
문서종류 전문(電文)
공개구분 공개
내용 오히라 마사요시 · 러스크 회담 결과(한일, 오키나와 문제 관련 부분)를 본성에 보고. 러스크 장관은 미국은 한일관계 조정을 중요시하고 있으며, 일본이 액수를 약간 높이면 전망이 밝다고 말하고 3억 달러 정도라면 해결 가능하다고 말함.
주제어 청구권

문서명	오히라 대신과 러스크 국무장관 회담 건(大平大臣とラスク国務長官との会談の件)

문서파일번호 1805
작성연월일 1962. 12. 5
구분 제6차 회담
세부항목 오히라 외상 · 러스크 국무장관 회담
작성처 주미대사
매수 4
비밀등급 극비
문서종류 전문(電文)
공개구분 공개
내용 1962년 12월 4일 오히라 마사요시과 러스크의 오찬 회담 내용을 보고. 러스크 장관이 한일회담의 진전을 위해 미국이 대응할 필요성이 있는지를 질문한 데 대해, 오히라 외상은 한일 간에 조정이 가능할 것 같지만, 혹시 대립이 있을 경우 한국 설득 작업을 의뢰할지도 모른다고 답변함.
주제어 한일교섭, 미국의 관여

북베트남 당 기관지의 한일회담 반대 논평에 관한 보고 건(北越党機関紙の日韓会談反対の論評に関し報告の件)

문서파일번호	667
문서명	북베트남 당 기관지의 한일회담 반대 논평에 관한 보고 건(北越党機関紙の日韓会談反対の論評に関し報告の件)
작성연월일	1962. 12. 20
구분	제6차 회담
세부항목	한일회담 베트남 반응, 주베트남일본대사 보고
작성처	주베트남대사
매수	2
비밀등급	
문서종류	공문
공개구분	공개
내용	북베트남 당 기관지가 1962년 12월 18일 자로 한일회담을 반대하는 기사를 게재하였음을 보고
주제어	한일회담 베트남 반응

오히라 외상과 주미한국대사 회담
(太平外務大臣と駐米韓国大使との会談)

문서파일번호	1712
문서명	오히라 외상과 주미한국대사 회담(太平外務大臣と駐米韓国大使との会談)
작성연월일	1962. 11. 5
구분	제6차 회담
세부항목	오히라 대신·정일권 주미한국대사 회담
작성처	오히라 대신(주미대사관)
매수	5
비밀등급	특비(特秘)
문서종류	전문(電文)
공개구분	공개
내용	워싱턴에서 개최된 오히라 마사요시 외상·정일권 주미한국대사 회담 결과를 주미일본대사관 전문을 통해 본성에 보고한 기록. 정일권 대사가 김종필 중앙정보부장의 훈령에 따른 것이라며 두 가지 문제를 거론함(김종필 부장이 방미 전 1962년 10월 20일 오히라 대신 제1차 회담 시 제안, 오히라가 이케다 하야토 총리와 협의해 보겠다고 한 내용). 첫째는 한국의 대일 오픈 어카운트(무역부채)를 일본의 무상공여에 포함하는 문제이며, 두 번째는 차관의 조건에 관한 것임. 오히라는 이케다 총리가 첫 번째 문제에 대해서는 동의하였으며, 두 번째 문제는 차관 금액 2억 달러, 이율 3.5%로 함이 가능하나, 한국이 희망하는 전액 해외협력기금방식은 총리나 대장성이 난색을 표명하였다면서 한국의 프로젝트별 수출입은행 방식 처리를 우선적으로 고려하고 그것이 어려운 부분은 해외협력기금으로 처리하는 방안이 검토 가능하다고 말함.
주제어	청구권

이케다 총리와 흄 영국 외상 회담 요지
(池田総理とヒューム英外相との会談要旨)

문서파일번호	1872
문서명	이케다 총리와 흄 영국 외상 회담 요지(池田総理とヒューム英外相との会談要旨)
작성연월일	1963. 4. 2
구분	제6차 회담
세부항목	이케다 총리·흄 영국 외상 회담
작성처	외무성 구아국 영연방과
매수	4
비밀등급	일반
문서종류	회의록
공개구분	공개
내용	이케다 총리와 영국 흄 외상 회담 기록. 이케다 총리가 한국정세에 대해 설명. 박정희 의장에 대한 평가와 함께 한일교섭이 꽤 진전을 이루었으나 최근 정세로 보아 조기 타결은 어려울 것으로 보인다는 견해 표명
주제어	한국정세

당지(스웨덴) 주재 한국대사의 한일회담에 관한 비공식 언급(当地駐在韓国大使の日韓会談に関する内話)

문서파일번호	1723
문서명	당지(스웨덴) 주재 한국대사의 한일회담에 관한 비공식 언급(当地駐在韓国大使の日韓会談に関する内話)
작성연월일	1963. 6. 11
구분	제6차 회담
세부항목	한일회담 관련 주스웨덴 한국 대사 언급사항
작성처	주스웨덴 대사
매수	7
비밀등급	극비
문서종류	서한
공개구분	공개
내용	주스웨덴 일본대사가 1963년 6월 8일 주재국 유재흥 한국대사에게 청취한 한일회담 관련 사항을 아시아국장에게 보고. 어업 관련 한국 야당은 어업수역 40마일(해리)을 주장하나 문제의 원만한 해결을 위해서는 한국이 평화선을 철폐하고 12마일로 선을 그어야 함. 단 일본은 현재 평화선의 수역가운데 12마일을 넘는 부분에 대해 한국어민의 현재 실적을 존중하여 한국에 양보하여야 함.
주제어	어업, 어업전관수역

오히라·러스크 회담 자료
(大平·ラスク会談資料)

문서파일번호	1677
작성연월일	1964. 1. 27
구분	제6차 회담
세부항목	오히라·러스크 회담 자료
작성처	외무성
매수	7
비밀등급	
문서종류	내부문서
공개구분	공개
내용	오히라 마사요시·러스크(David D. Rusk) 회담용으로 작성한 한일교섭 관련 자료
주제어	오히라·러스크 회담 자료

문서명	오히라·러스크 회담 자료(한일교섭) [大平·ラスク会談資料(日韓交渉)]

문서파일번호 1677
작성연월일 1964. 1. 27
구분 제6차 회담
세부항목 오히라 · 러스크 회담 자료
작성처 외무성
매수 5
비밀등급 일반
문서종류 내부문서
공개구분 공개
내용 오히라 마사요시 · 러스크(David D. Rusk) 회담용으로 작성한 한일교섭 관련 자료. 1962년 이래 일본이 청구권 문제를 양보(무상 3억 달러, 장기저리차관 2억 달러 경제협력으로 한국에 공여키로 합의)함에 따라 1963년부터는 교섭 중점이 어업 문제가 되고 있으며, 한국이 강경한 입장을 바꾸어 합리적인 어업협정 체결에 응하는 것이 교섭 조기 타결의 열쇠가 되고 있음. 어업교섭 현황에 관한 설명 기술
주제어 어업, 오히라 · 러스크 회담용 자료

문서명	오히라·러스크 회담용 메모(한일회담)(미국을 통해 한국에 전달하고 싶은 사항) [大平·ラスク会談用メモ(日韓会談)(米国をなして韓国側に伝達して貰いたき事項)]

문서파일번호 1677
작성연월일 1964. 1. 27
구분 제6차 회담
세부항목 오히라 · 러스크 회담 자료
작성처 외무성
매수 2
비밀등급 극비
문서종류 내부문서
공개구분 공개
내용 오히라 마사요시 · 러스크 회담에서 일본이 미국에게 한국에 전달할 것을 요청한 어업 문제 방침안. 전관수역, 어업규제, 어업협력 문제 등 기술
주제어 어업, 오히라 · 러스크 회담용 자료

주일미국대사관 서기관의 정보 전달
(在京米大使館書記官の情報傳達)

문서파일번호	1678
작성연월일	1964. 2. 4 - 1964. 11. 28
구분	제6차 회담
세부항목	주일미국대사관 서기관 정보 전달
작성처	외무성 북동아시아과
매수	66
비밀등급	
문서종류	내부문서
공개구분	일부비공개
내용	1964년 2월 4일~11월 28일까지 주일미국대사관 ▬ 서기관이 한일 문제 관련 북동아과에 전달한 내용들을 기록한 문서 모음
주제어	주일미국대사관 서기관 한일 문제 관련 정보 전달

문서명	러스크·박 회담 건(ラスク·朴会談に関する件)

문서파일번호	1678
작성연월일	1964. 2. 4
구분	제6차 회담
세부항목	주일미국대사관 서기관 정보 전달
작성처	외무성 북동아시아과
매수	3
비밀등급	극비
문서종류	내부문서
공개구분	일부비공개
내용	주일미국대사관 ■ 서기관이 북동아시아과장에게 전달한 내용을 기록한 문서. 1월 29일 방한한 러스크 미 국무장관과 박정희 대통령 회담 내용 전달. 한일 문제에 관해서는 한일회담의 조기 타결을 위해 노력해 나가야 한다는 점에 한미 간 의견이 일치됨.
주제어	박정희 · 러스크 회담 결과

문서명	김종필 방일 예정에 관한 주일미대사관의 내보(金鍾泌の来日予定に関する在京米大使館員の内報)

문서파일번호	1678
작성연월일	1964. 3. 13
구분	제6차 회담
세부항목	주일미국대사관 서기관 정보 전달
작성처	외무성 북동아시아과
매수	2
비밀등급	극비
문서종류	내부문서
공개구분	일부비공개
내용	주일미국대사관 ■ 서기관이 북동아과에 전달한 내용을 기록한 문서. 주한미국대사관의 전보를 인용, 김종필의 방일 일정이 3월 18일에서 20일로 연기되었음을 알려 줌.
주제어	김종필 방일, 스기 대표 방한, 박정희 · 이케다 정상회담

문서명	학생 데모 사건에 관한 미측 정보(学生デモ事件に関する米側情報)

문서파일번호	1678
작성연월일	1964. 3. 25
구분	제6차 회담
세부항목	주일미국대사관 서기관 정보 전달
작성처	외무성 북동아시아과
매수	2
비밀등급	극비
문서종류	내부문서
공개구분	일부비공개
내용	주일미국대사관 ■ 서기관 간의 북동아과에 대한 언급 내용을 정리한 문서. 주한미국대사관 정보에 따르면 3월 24일 한국의 학생데모는 젊은 바람회(Young Wind Society)가 조직한 것으로 이 모임은 야당인 민정당이 학생들을 시켜 결성한 것임.
주제어	한국정세

문서명	이 라인 강화에 관한 한국 국회 결의에 관하여(李ライン強化に関する韓国国会決意について)

문서파일번호	1678
작성연월일	1964. 4. 6
구분	제6차 회담
세부항목	주일미국대사관 서기관 정보 전달
작성처	외무성 북동아시아과
매수	4
비밀등급	극비
문서종류	내부문서
공개구분	일부비공개
내용	일본 순시선의 '이 라인' 침범과 관련한 한국 국회 결의안 등 한국 반응(주한미국대사관 보고)에 대해 주일미국대사관 ■ 서기관이 북동아과에 알려 준 내용을 정리한 문서. 정일영 외무차관이 4월 1일 주한미국대사관에 언급한 바에 따르면 박정희 대통령은 군에 국회 결의를 무시하라고 했다 함.
주제어	'이 라인', 한국 국회 결의안

문서명	한국정세에 관한 주일미국대사관으로부터의 정보에 대하여(韓国情勢に関する在京米大使館よりの情報について)

문서파일번호 1678
작성연월일 1964. 4. 10
구분 제6차 회담
세부항목 주일미국대사관 서기관 정보 전달
작성처 외무성 북동아시아과
매수 9
비밀등급 극비
문서종류 내부문서
공개구분 일부비공개
내용 주일미국대사관 ▬ 서기관이 한국정세(주한미국대사관 보고)에 관해 북동아과에 알려 준 내용을 정리한 문서. 최근 한국의 학생데모는 국민들 사이에 넓게 확대되고 있는 일본의 재지배에 대한 우려가 반영된 것임. 야당은 학생데모를 계기로 정부의 대일교섭방식에 대해 계속 공격하고 있음.
주제어 한국정세

문서명	한국정세에 대한 주일미국대사관원의 내화 건(韓国情勢につき在京米大使館の内話に関する件)

문서파일번호 1678
작성연월일 1964. 4. 21
구분 제6차 회담
세부항목 주일미국대사관 서기관 정보 전달
작성처 외무성 북동아시아과
매수 6
비밀등급 극비
문서종류 내부문서
공개구분 일부비공개
내용 주일미국대사관 ▬ 서기관이 한국정세(주한미국대사관 보고)에 관해 북동아시아과장에게 알려 준 내용을 정리한 문서. 한국 정부는 학생데모가 평화적 의사표명으로 진행될 경우 계속하도록 놔 둘 것이나 일반시민을 포함시켜 폭동화할 기미가 보이거나 정권 전복의 슬로건을 내세울 경우 강경 대응할 것이라 함.
주제어 한국정세

문서명	한국정세에 관하여 주일미국대사관으로부터 정보 입수에 대하여(韓国情勢に関し在京米大使館より情報入手について)

문서파일번호 1678

작성연월일 1964. 6. 4

구분 제6차 회담

세부항목 주일미국대사관 서기관 정보 전달

작성처 외무성 북동아시아과

매수 7

비밀등급 극비

문서종류 내부문서

공개구분 일부비공개

내용 주일미국대사관 ■■ 서기관이 한국정세(주한미국대사관 보고)에 관해 북동아시아과장에게 알려 준 내용을 정리한 문서. 1964년 6월 3일 박정희 대통령이 버거(Samuel D. Berger) 주한미국대사와 하우즈(Hamilton H. Howze) 유엔군사령관을 초치, 계엄확대 가능성을 통보하고, 6사단과 28사단을 유엔군 지휘로부터 해제시켜 줄 것을 요청함. 버거 대사는 학생시위를 방치할 경우 1960년 4월 학생혁명과 같이 될 가능성에 대해 우려를 표명하면서 박 대통령이 불만 해소를 위한 조치를 발표해 줄 것을 요망함. 하우즈 사령관은 6사단과 28사단의 유엔군 지휘를 해제하는 데 동의함.

주제어 한국정세

문서명	한국정세에 관한 미대사관으로부터의 정보 입수에 대하여(韓国情勢に関する米大使館よりの情報入手について)

문서파일번호 1678

작성연월일 1964. 6. 6

구분 제6차 회담

세부항목 주일미국대사관 서기관 정보 전달

작성처 외무성 북동아시아과

매수 4

비밀등급 극비

문서종류 내부문서

공개구분 일부 비공개

내용	1964년 6월 4일 주일미국대사관 ▬ 서기관이 한국정세(주한미국대사관 보고)에 관해 북동아과에 알려 준 내용을 정리한 문서. 6월 6일 민주공화당 지도부가 박정희 대통령에게 사태 수습을 위해 국가재건국민운동본부 해체, 중앙정보부 폐지, 민주공화당 사무국 폐지, 김종필 배제, 한일회담 관련 광범위한 의견 청취 등을 건의함. 군부도 김종필 퇴임과 민주공화당 개혁을 요구하였다 함. 주한미국대사관은 사태 수습책으로 조기 계엄령 해제, 민주공화당 개혁, 각 분야 지도자와 협의, 정부정책 설명 등을 제언했다 함.
주제어	한국정세

문서명	▬ 서기관의 통보(▬書記官よりの通報)

문서파일번호	1678
작성연월일	1964. 6. 8
구분	제6차 회담
세부항목	주일미국대사관 서기관 정보 전달
작성처	외무성 북동아시아과
매수	2
비밀등급	극비
문서종류	내부문서
공개구분	일부비공개
내용	주일미국대사관 ▬ 서기관이 한국정세(주한미국대사관 보고)에 관해 북동아과에 알려 준 내용을 정리한 문서. 박정희 대통령이 6월 6일 버거 주한미국대사와 하우즈 유엔군사령관을 초치, 사태 안정을 위한 조치(국가재건국민운동본부 폐지, 민주공화당 사무당원 축소, 정치자금원 공개를 위한 입법조치, 김종필 사표 수리, 가까운 시일 내 수백 명에 달하는 오직 공무원 추방)에 관해 설명함. 버거 대사는 이 조치들을 공개하고 야당 지도자, 지식인, 언론인들과 협의토록 권고함.
주제어	한국정세

문서명	한국 국민의 대일감정 완화책에 관한 미국 제안(韓国民の対地に感情緩和策に関する米国側のsuggestions)

문서파일번호 1678
작성연월일 1964. 6. 9
구분 제6차 회담
세부항목 주일미국대사관 서기관 정보 전달
작성처 외무성 북동아시아과
매수 5
비밀등급 극비
문서종류 내부문서
공개구분 일부비공개
내용 1964년 6월 8일 주일미국대사관 ▬ 서기관이 한국 국민의 대일감정 완화책으로 사견을 전제로 제시한 내용들을 기록한 문서. 한국인에 대한 장학금 지급 확대 및 문화교류(무용단 파견 증진), 방문자 교환, 한국산의 수입제한 완화, 과거 대한국 정책에 대한 어떤 형태로든 사죄 등을 제시함.
주제어 한국인의 대일감정 완화책

문서명	한일 문제에 관한 미국 언급사항 문서의 성격에 관해 주일미국대사관원이 설명한 건(日韓問題に関する米国側トーキングペーパの性質に関する在京米大使館員の説明に関する件)

문서파일번호 1678
작성연월일 1964. 10. 7
구분 제6차 회담
세부항목 주일미국대사관 서기관 정보 전달
작성처 외무성 북동아시아과
매수 3
비밀등급 극비
문서종류 내부문서
공개구분 일부비공개
내용 주일미국대사관 ▬ 서기관이 9월 26일 에머슨(John K. Emmerson)공사가 요코다 다키오 차관에게 전달한 언급사항 문서(talking paper)의 성격 등에 관해 마에다 도시카즈 북동아시아과장에게 설명한 내용. 동 문서는 한국에는 전달되지 않았으며, 당초 주한미국대사관이 작성하여 국무부의 검토를 받으려 한 것인데, 그 전에 일본의 견해를 반영하고자 일본에 전달하게 된 것임. 일본이 문서에 적힌 조치들을 취하라고 하는 것은 아님.

주제어 한일 문제에 관한 미국 언급사항 문서(talking paper)

문서명	번디 국무차관보와 한국의 회담 내용 건(バンディ国務次官補と韓国側との話合い内容に関する件)

문서파일번호 1678

작성연월일 1964. 10. 7

구분 제6차 회담

세부항목 주일미국대사관 서기관 정보 전달

작성처 외무성 북동아시아과

매수 15

비밀등급 극비

문서종류 내부문서

공개구분 일부비공개

내용 주일미국대사관 ■ 서기관이 마에다 도시카즈 과장에게 번디(William P. Bundy) 미 국무부 차관보와 한국의 협의 결과(번디 차관보의 미국 귀로 하네다 공항 비행기 환승 시 주일미국대사관 자렌 참사관에게 언급한 내용)를 알려 준 내용을 정리한 내용. 번디 차관보는 한국에게 요시다 시게루 전 총리의 방한이 곤란하다는 점, 주한일본상사 활동자유화, 주한일본대표부 설치 가능성(한국의 반응은 부정적), 일본어선 나포 자제(한국은 일본어선이 한국 해안에 너무 근접해서 조업) 등을 언급하였고, 한국은 김 등 한국산의 일본 수입자유화를 요청함. 한국정부는 한일회담의 타결을 정말로(genuinely) 원하고 있는 것으로 보이며, 문제는 회담 타결이 정부 전복을 불러일으키지 않도록 하는 데 있음.

주제어 번디 미 국무부 차관보 방한 결과

문서명	김종필 귀국설에 관한 주일미국대사관원의 비공식 언급(金鍾泌帰国説に関する在京米大使館員の内話)

문서파일번호 1678

작성연월일 1964. 11. 28

구분 제6차 회담

세부항목 주일미국대사관 서기관 정보 전달

작성처 외무성 북동아시아과

매수 4

비밀등급 극비

문서종류 내부문서

공개구분 일부비공개

내용 주일미국대사관 ▬ 서기관이 김종필의 귀국 관련(일본이 관련 정보를 입수, 11월 25일 주일미국대사관에 통보) 마에다 도시카즈 북동아시아과장에게 언급한 내용을 정리한 문서. 주한미국대사관과 미 국무부에 확인결과 미국은 가까운 시일 내 또는 한일회담 타결 전에 김종필이 한국으로 귀국할 가능성은 없는 것으로 생각한다 함. 김종필 귀국 시 한일회담이 망가질 것이라는 일본의 생각을 박정희 대통령에게 전하면 그의 귀국과 관련한 박 대통령의 현재 생각이 지속될 것으로 보임.

주제어 김종필 귀국 관련 정보

한일교섭에 관한 대미 협의
(日韓交渉に関する対米折衝)

문서파일번호	1687
작성연월일	1964. 2. 27 - 1964. 12. 31
구분	제6~7차 회담
세부항목	미국 측 회담 관련 주미일본대사 보고
작성처	주미대사
매수	33
비밀등급	
문서종류	전문(電文)
공개구분	공개
내용	1964년 2월 27일~12월 31일까지의 한일관계, 한일회담과 관련한 미국의 교섭 또는 협의 내용을 본성에 보고하는 주미대사(대사대리) 전문 모음
주제어	한일 문제 일미 간 협의

문서명	한일교섭 건(日韓交渉に関する件)

문서파일번호 1687
작성연월일 1964. 2. 27
구분 제6차 회담
세부항목 미국 회담 관련 주미일본대사 보고
작성처 주미대사
매수 1
비밀등급 극비
문서종류 전문(電文)
공개구분 공개
내용 러스크 국무장관에게 1964년 2월 28일에 한일교섭과 관련하여 회담하자는 요청이 있다면서, 이와 관련한 자료를 보내 달라고 요청
주제어 한일관계, 일미 협의

문서명	대사·러스크 장관과 회견 건(大使·ラスク長官と会見の件)

문서파일번호 1687
작성연월일 1964. 2. 27
구분 제6차 회담
세부항목 미국 측 회담 관련 주미일본대사 보고
작성처 주미대사
매수 1
비밀등급 극비
문서종류 전문(電文)
공개구분 공개
내용 러스크 국무장관 회담이 1964년 2월 28일 오후 6시로 정해졌다고 보고
주제어 한일관계, 일미 협의

문서명	한일교섭에 관한 다케우치·러스크 회담 건(日韓交渉に関する武内·ラスク会談の件)

문서파일번호 1687
작성연월일 1964. 2. 29
구분 제6차 회담
세부항목 미국 측 회담 관련 주미일본대사 보고
작성처 주미대사
매수 3
비밀등급 극비
문서종류 전문(電文)
공개구분 공개
내용 1964년 2월 28일 다케우치 류지 주미일본대사와 러스크 국무장관의 회담 결과를 보고. 러스크 장관은 한일회담 조기 타결을 기대한다는 입장을 오히라 마사요시 외상에게 전해 달라고 요청함. 한국 대사에게도 동일한 입장을 전달했다 함.
주제어 한일관계, 일미 협의

문서명	한일회담 건(日韓会談に関する件)

문서파일번호 1687
작성연월일 1964. 3. 3
구분 제6차 회담
세부항목 미국 측 회담 관련 주미일본대사 보고
작성처 주미대사
매수 1
비밀등급 극비
문서종류 전문(電文)
공개구분 공개
내용 쓰루미 기요히코(鶴見清彦) 공사가 미 국무부 바네트(Robert W. Barnett) 차관보 대리에게 본성에서 발송한 내용을 문서로 작성하여 전달하였음을 보고. 미 국무부 측은 한일회담 촉진과 관련 좋은 소식이라며 장관에게도 보고하겠다고 함.
주제어 한일관계, 일미 협의

문서명	한일회담 건(日韓会談に関する件)

문서파일번호 1687
작성연월일 1964. 3. 10
구분 제6차 회담
세부항목 미국 측 회담 관련 주미일본대사 보고
작성처 주미대사
매수 2
비밀등급 극비
문서종류 전문(電文)
공개구분 공개
내용 1964년 3월 8일 자 일본 신문의 서울 발 기사로 러스크 장관이 주미한일대사에게 한일회담의 조기 타결을 요청한 것의 대응책을 보고. 기자들 질문 시 일시 귀국 후 귀임 인사차 러스크 장관을 만난 자리에서 미국이 잡담으로 한일교섭에 관심을 표명했다는 선에서 대응할 예정임.
주제어 한일관계, 일미 협의

문서명	한일교섭 건(日カン交渉に関する件)

문서파일번호 1687
작성연월일 1964. 3. 25
구분 제6차 회담
세부항목 미국 측 회담 관련 주미일본대사 보고
작성처 주미대사
매수 1
비밀등급 극비
문서종류 전문(電文)
공개구분 공개
내용 미일 정례 회담 시 논의한 한국정세 관련 사항을 보고. 쓰루미 기요히코 공사의 한국 내 반정부 데모에 관한 질의에 대해, 스키아리 동아시아국 차장은 데모가 예상보다 크게 확대되고 있으나 한국정부는 기본 방침대로 한일교섭 타결을 위해 노력하겠다고 한다고 답함.
주제어 한일관계, 일미 협의

문서명	한국정세에 관한 국무성 담당관의 담화(韓国情勢に関する国務省係官の談話の件)

문서파일번호 1687
작성연월일 1964. 3. 29
구분 제6차 회담
세부항목 미국 측 회담 관련 주미임시대리대사 보고
작성처 주미임시대리대사
매수 4
비밀등급 극비
문서종류 전문(電文)
공개구분 공개
내용 미 국무부 노렛(Christopher A. Norred, Jr.) 한국과장이 주미대사관 가나자와(金沢)에게 한국정세에 관해 설명한 내용을 보고
주제어 한일정세, 일미 협의

문서명	북한에 억류 중인 미 비행사 석방 건(北せん抑留中の米飛行し釈放の件)

문서파일번호 1687
작성연월일 1964. 4. 10
구분 제6차 회담
세부항목 미국 측 회담 관련 주미일본대사 보고
작성처 주미대사
매수 1
비밀등급 극비
문서종류 전문(電文)
공개구분 공개
내용 미 국무부 노렛 한국과장이 4월 11일 북한과의 정전위원회 부속위원회에서 북한 억류 중인 미 비행사 2명의 석방 건에 관한 통지가 있을 것으로 생각한다고 언급한 내용을 보고
주제어 북한 억류 미조종사 석방 문제

문서명	북한에 억류 중인 미 비행사 석방 건(北せん抑留中の米飛行し釈放の件)

문서파일번호 1687
작성연월일 1964. 5. 15
구분 제6차 회담
세부항목 미국 측 회담 관련 주미일본대사 보고
작성처 주미대사
매수 1
비밀등급 극비
문서종류 전문(電文)
공개구분 공개
내용 미 국무부 베콘(Leonard L. Bacon) 동아시아국장 대리의 "미 헬리콥터 조종사 2명이 5월 15일 오후 10시 석방되며, 그간 일본의 협력에 감사한다"는 통보 내용을 보고
주제어 북한 억류 미조종사 석방 문제

문서명	한일 문제에 대한 바네트 국무차관보 대리의 담화(日韓問題に対するバーネット国務省次官補代理の談話)

문서파일번호 1687
작성연월일 1964. 9. 18
구분 제6차 회담
세부항목 미국 측 회담 관련 주미일본대사 보고
작성처 주미대사
매수 3
비밀등급 극비
문서종류 전문(電文)
공개구분 공개
내용 바네트(Robert W. Barnett) 미 국무부차관보대리에게 한일 문제에 관한 일본의 우려를 전달한 데 대한 미국의 설명내용(한국의 정일권 총리가 번디 차관보 방한 시 회담에서 언급한 내용)을 보고. 한국이 방한을 원하는 일본 요인은 반드시 요시다 시게루 전 총리가 아니어도 됨. 일본 요인 방한 후 한국 외무장관이 방일, 국교정상화 교섭에 임할 예정임. '이 라인' 내 일본어선의 조업관련 한국군부는 이들을 격침시키자는 강경 입

장이므로 국교정상화까지는 어선수를 줄이기를 요망함. 일본의 2천만 달러 긴급원조가 1억 달러 수출입은행 차관에 포함되는지 여부는 문제가 되지 않으므로 일본이 이점을 언급하지 않기를 희망함. 청구권 금액과 관련해서는 6억 달러로 타결이 된 것으로 확인하면서도 김종필의 이미지를 불식시킬 수 있는 방도로 7억 6천만 달러가 가능하다고 야당 측에 설명하기 위해 6억 달러 플러스 7천만 달러(어업차관)는 일본으로부터 나머지는 미국의 개발차관으로 충당하는 방안을 언급한 바 있음.

주제어 한일관계, 일미 협의

문서명	한일 문제에 관한 번디 차관보 회담(日韓問題に関するバンディー次官補代との会談)

문서파일번호 1687

작성연월일 1964. 9. 25

구분 제6차 회담

세부항목 미국 측 회담 관련 주미일본대사 보고

직싱서 주미대시

매수 2

비밀등급 극비

문서종류 전문(電文)

공개구분 공개

내용 1964년 6월 25일 번디 미 국무부 차관보와 한국 문제 관련 회담한 결과를 보고. 다케우치 류지 대사는 한국은 국내정세에 따라 회담에 임하는 태도가 수시로 변하는 상대이며, 어느 정도 타결을 본 사항에 대해 미국을 통해 교섭내용을 뒤집으려 하면 한일교섭은 타결되기 어렵다는 입장을 피력함. 번디 차관보는 자신도 그러한 내용을 잘 알고 있다고 답함.

주제어 한일관계, 일미 협의

문서명	다케우치 대사·번디 차관보 회담(한일 문제) [タケウチ大使·バンディー次官補会談(日韓問題)]

문서파일번호 1687
작성연월일 1964. 10. 9
구분 제6차 회담
세부항목 미국 측 회담 관련 주미일본대사 보고
작성처 주미대사
매수 3
비밀등급 극비
문서종류 전문(電文)
공개구분 공개
내용 다케우치 류지 주미대사와 번디 차관보 회담 결과를 보고. 번디 차관보는 주로 자신의 일본 방문과 관련한 설명을 함. 한일교섭과 관련해서는 한국이 이후 일본과의 교섭에는 확실한 담당책임자(외상, 차관, 국장 등)가 나서서 협의를 진행해 나가겠다는 의사표명이 있었다고 설명함.
주제어 한일관계, 일미 협의

문서명	러스크 장관 회담(ラスク長官との会談)

문서파일번호 1687
작성연월일 1964. 12. 30
구분 제7차 회담
세부항목 미국 측 회담 관련 주미일본대사 보고
작성처 주미대사
매수 3
비밀등급 극비
문서종류 전문(電文)
공개구분 공개
내용 일시귀국 출발 전 다케우치 류지 대사가 러스크 국무장관을 방문, 회담한 내용을 보고. 러스크 장관은 사토 에사쿠 총리와 존슨 대통령의 1965년 1월 12일 정상회담에서 미국이 언급할 요지(taling paper)(미일관계, 중공 문제, 베트남 문제, 한일관계 등에 관한 내용)를 대사에게 전달한 후, 미국은 동 문서를 토대로 미국의 입장문서(position paper)를 수정하고자 한다고 말함. 다케우치 대사는 일본 총리의 발언 요지도 일시귀국에서 돌아오는 길에 가져오겠다고 말함.

주제어 사토·존슨 정상회담, 미일관계, 중공 문제, 베트남 문제, 한일관계

문서명	러스크 장관 회담(ラスク長官との会談)

문서파일번호 1687

작성연월일 1964. 12. 30

구분 제7차 회담

세부항목 사토·존슨 정상회담 관련 주미대사 보고

작성처 주미대사

매수 5

비밀등급 극비

문서종류 전문(電文)

공개구분 공개

내용 러스크 장관으로부터 입수한 존슨·사토 정상회담용 미국 비망록(aide-memoire talking points) 내용을 보고. 한일관계에 관해서는 한일국교정상화가 모든 자유진영 국가의 안보와 발전에 도움이 된다고 생각하며, 교섭의 진전사항을 사토총리로부터 듣기를 원한다는 내용이 기술됨.

주제어 사토·존슨 정상회담, 미일관계, 중공 문제, 베트남 문제, 한일관계

문서명	총리방미(코뮈니케 안)[総理訪米(コミュニケ案)]

문서파일번호	1687
작성연월일	1964. 12. 31
구분	제7차 회담
세부항목	사토·존슨 정상회담 관련 주미대사 보고
작성처	주미대사
매수	2
비밀등급	일반
문서종류	전문(電文)
공개구분	공개
내용	존슨·사토 정상회담용 미국 발언 요지에는 한일관계가 포함되어 있음에 비추어 일본 발언 요지에도 이와 관련한 문구를 준비할 것을 건의. 대사가 건의한 문구는 "대통령은 한일국교가 가급적 조속히 정상화되는 데 관심을 보임. 총리는 한일교섭의 조기 타결에 관한 일본의 결의가 변함없음을 언급함."
주제어	사토·존슨 정상회담, 한일관계

한일회담에 관한 대미 협의
(日韓会談に関する対米折衝)

문서파일번호	1688
작성연월일	1964. 2. 28 - 1964. 12. 22
구분	제6~7차 회담
세부항목	한일회담 관련 주미대사 통보
작성처	외무성 북동아시아과
매수	55
비밀등급	
문서종류	전문(電文)
공개구분	공개
내용	1964년 2월 28일~12월 22일까지 주미대사에게 발송된 한일회담에 관한 본성의 전문 모음
주제어	한일회담 관련 주미대사 통보

문서명	한일회담 건(日韓会談に関する件)

문서파일번호 1688
작성연월일 1964. 2. 28
구분 제6차 회담
세부항목 한일회담 진전사항 주미대사 통보
작성처 외무성 북동아시아과
매수 7
비밀등급 극비
문서종류 전문(電文)
공개구분 공개
내용 주미대사의 2월 27일 보고에 대한 본성의 회신. 한일회담의 진척 상황과 일본의 방침을 통보함.
주제어 한일회담 진전사항

문서명	한일회담 건(日韓会談に関する件)

문서파일번호 1688
작성연월일 1964. 3. 3
구분 제6차 회담
세부항목 한일회담 진전사항 주미대사 통보
작성처 외무성 북동아시아과
매수 3
비밀등급 극비
문서종류 전문(電文)
공개구분 공개
내용 주미대사의 2월 28일 보고에 대한 본성의 한일회담 진전사항 관련 회신. 한국의 어업에 관한 각료회담 개최와 예비회담의 정식회담의 변경 제안에 일본이 동의하였으며, 각료회담에서 실무급 회담에서 타결되지 못했던 기선 문제와 관할수역 밖의 공동규제에 대해 논의할 예정임.
주제어 한일회담 진전사항

문서명	한일회담 건(日韓会談に関する件)

문서파일번호 1688
작성연월일 1964. 3. 5
구분 제6차 회담
세부항목 한일회담 진전사항 주미대사 통보
작성처 외무성 북동아시아과
매수 2
비밀등급 극비
문서종류 전문(電文)
공개구분 공개
내용 주미대사의 3월 3일 보고에 대한 본성의 회신. 1964년 3월 10일부터 도쿄에서 어업에 관한 한일 각료급회담을 개최하기로 하고 3월 12일부터 정식회담을 열기로 결정함. 어업 각료회담에서 한국이 대폭 양보하여 어업 문제 해결에 대략 합의가 성립하지 않을 경우 정식회담에서 기타 현안의 논의는 기대하기 어려울 것임.
주제어 한일회담 진전사항

문서명	한일회담 건(日韓会談に関する件)

문서파일번호 1688
작성연월일 1964. 3. 11
구분 제6차 회담
세부항목 한일회담 관련 주미대사 통보
작성처 외무성 북동아시아과
매수 1
비밀등급 극비
문서종류 전문(電文)
공개구분 공개
내용 주미대사가 3월 10일 건의(러스크 장관의 한일회담 조기 타결 기대 요청관련 언론 보도에 대한 대응)한 내용을 승인
주제어 한일관계, 일미 협의

문서명	한일회담 건(日韓会談に関する件)

문서파일번호	1688
작성연월일	1964. 3. 23
구분	제6차 회담
세부항목	한일회담 관련 주미대사 통보
작성처	외무성 북동아시아과
매수	6
비밀등급	극비
문서종류	전문(電文)
공개구분	공개
내용	1964년 3월 10일부터 21일까지 6회에 걸친 한일어업농상회담의 진척상황을 주미대사 및 주영대사에게 통보
주제어	한일어업 각료회담

문서명	한일회담 건(日韓会談に関する件)

문서파일번호	1688
작성연월일	1964. 3. 31
구분	제6차 회담
세부항목	한일회담 관련 주미대사 통보
작성처	외무성 북동아시아과
매수	5
비밀등급	극비
문서종류	전문(電文)
공개구분	공개
내용	1964년 3월 28일까지 3회 더 개최된 한일어업농상회담의 진척상황을 주미, 주영대사에게 통보
주제어	한일어업 각료회담

문서명	한일회담 건(日韓会談に関する件)

문서파일번호 1688
작성연월일 1964. 4. 6
구분 제6차 회담
세부항목 한일회담 관련 주미, 영국대사 통보
작성처 외무성 북동아시아과
매수 5
비밀등급 극비
문서종류 전문(電文)
공개구분 공개
내용 제12회 회의를 마지막으로 휴회에 들어간 한일어업농상회담의 상황을 주미, 주영 대사에게 통보
주제어 한일어업 각료회담

문서명	요시다 전 총리 방한 문제에 관한 시나 대신과 라이샤워 대사의 회담 내용[吉田前総理訪韓問題に対する椎名大臣とライシャワー大使との会談内容(通報)]

문서파일번호 1688
작성연월일 1964. 8. 29
구분 제6차 회담
세부항목 시나·라이샤워 회담, 요시다 전 총리 방한 문제, 주미대사 통보
작성처 외무성 북동아시아과
매수 2
비밀등급 극비
문서종류 전문(電文)
공개구분 공개
내용 1964년 8월 27일 시나 에쓰사부로 대신과 라이샤워 주일미국대사 회담에서 요시다 시게루 전 총리 방한 문제와 관련하여 협의한 내용을 주미대사에게 통보. 요코다 다키오 차관 지시로 폐안됨. 라이샤워 대사가 일본에 대한 한국 국민들의 나쁜 이미지를 개선하기 위해 요시다 전 총리의 방한 가능성에 대해 묻자, 시나 대신이 그렇게 되면 한국은 외교적인 선물을 기대할 것이며, 그것이 없을 경우 도리어 악용될 수 있다는 취지로 답변함.
주제어 시나·라이샤워 회담, 요시다 전 총리 방한 문제

문서명	우시로쿠 아시아 국장과 바네트 국무차관보대리 회담 요지 통보(後宮アジア局長とバーネット国務次官補代理との会談要旨通報)

문서파일번호 1688
작성연월일 1964. 9. 16
구분 제6차 회담
세부항목 한일관계 일미 협의 결과 주미대사 통보
작성처 외무성 북동아시아과
매수 8
비밀등급 극비
문서종류 전문(電文)
공개구분 공개
내용 방한한 바네트 미 국무차관보대리가 귀국 중 도쿄 방문, 1964년 9월 15일 우시로쿠 아시아국장을 내방해 박 대통령과 한일회담에 관해 논의한 내용을 주미대사에게 통보. 바네트 차관보대리는 요시다 전 총리가 방한해 사죄하면 한국은 어업회담을 재개하고, 대강의 합의 후 각료급 전면회담을 개시할 것이라고 설명함. 이에 대해 우시로쿠 아시아국장은 요시다 전 총리의 사죄는 정부에 치명적 타격이며, 한국의 어선 나포 등 불법행위는 회담 촉진 무드를 저해할 뿐이라고 답함.
주제어 한일관계, 일미 협의

문서명	한일 문제에 관한 미국측 소견 통보(日韓問題に関する米側所見通報)

문서파일번호 1688
작성연월일 1964. 9. 26
구분 제6차 회담
세부항목 한일관계 일미 협의 결과 주미대사 통보
작성처 외무성 북동아시아과
매수 2
비밀등급 극비
문서종류 전문(電文)
공개구분 공개
내용 에머슨 주일미국공사가 한일회담 타결한 방책(talking paper)을 요코다 다키오 차관에게 전달하였음을 주미대사에게 통보
주제어 한일관계, 일미 협의

문서명	한일 문제에 관한 우시로쿠·에머슨 회담(日韓問題に関する後宮、エマーソン会談)

문서파일번호 1688
작성연월일 1964. 9. 26
구분 제6차 회담
세부항목 한일관계 일미 협의 결과 주미대사 통보
작성처 외무성 북동아시아과
매수 2
비밀등급 극비
문서종류 전문(電文)
공개구분 공개
내용 주미대사의 9월 25일 보고에 대한 회신. 우시로쿠 도라오 아시아국장이 1964년 9월 21일 에머슨 주일미국공사에게 청구권 문제의 액수에 대한 오해가 생기지 않도록 해명하는 설명을 하였음.
주제어 청구권, 일미 협의

문서명	한일회담 재개 문제 등 현상(통보)[日韓会談再開問題等の現状(通報)]

문서파일번호 1688
작성연월일 1964. 11. 17
구분 제6차 회담
세부항목 시나 대신 · 김동조 대사 회담 결과 주미대사 통보
작성처 외무성 북동아시아과
매수 5
비밀등급 극비
문서종류 전문(電文)
공개구분 공개
내용 1964년 10월 20일 부임한 김동조 주일한국대표가 11월 12일 시나 에쓰사부로 외상과 회담, 한일회담 재개를 위한 한국의 요망사항을 전달했음을 주미 · 주영대사에게 통보. 한국은 회담 재개의 '정지작업'으로 2,000만 달러 긴급원조, 플랜트 연불수출 허가, 어선 수출 허가, 한국산 수입 증대 등을 요망함. 이에 대해 일본은 회담 재개의 최대 장애는 한국의 일본어선 나포 또는 추방이라고 답함.
주제어 한일회담 재개

문서명	한일회담 재개 문제 등에 관한 대한절충(통보) [日韓会談再開問題等に関する対韓折衝(通報)]

문서파일번호 1688
작성연월일 1964. 11. 26
구분 제6차 회담
세부항목 시나 대신 · 김동조 대사 회담 결과 주미대사 통보
작성처 외무성 북동아시아과
매수 2
비밀등급 극비
문서종류 전문(電文)
공개구분 공개
내용 일시귀국 후 1964년 11월 23일 도쿄로 귀임한 김동조 대표가 11월 25일 시나 에쓰사부로 외상과 회담한 내용을 주미, 주영대사에게 통보. 한국은 11월 중 억류 중인 일본어선 3척, 어부 16명을 석방할 것이라 하였으며, 양측은 한일회담을 제7차 회담으로 명명, 12월 3일 재개하기로 합의함. 시나 대신이 양국 우호관계 증진을 위해 1965년 2월 중순 적당한 기회에 방한하기로 함.
주제어 한일회담(제7차) 재개합의

문서명	제7차 한일회담의 개시(통보) [第七次日韓会談の開始(通報)]

문서파일번호 1688
작성연월일 1964. 12. 3
구분 제7차 회담
세부항목 한일회담(제7차) 재개 주요공관장 통보
작성처 외무성 북동아시아과
매수 2
비밀등급 극비
문서종류 전문(電文)
공개구분 공개
내용 한국정부의 어선, 어민 석방, 한일 제7차 회담 개최 사실을 주미, 주영, 유엔 대사에게 통보
주제어 한일회담(제7차) 재개

문서명	제7차 한일회담(통보)[第7次日韓会談(通報)]

문서파일번호	1688
작성연월일	1964. 12. 22
구분	제7차 회담
세부항목	제7차 한일회담 진행상황 주미, 영국대사 통보
작성처	외무성 북동아시아과
매수	3
비밀등급	극비
문서종류	전문(電文)
공개구분	공개
내용	제7차 한일회담 진행상황을 주미, 영국대사에게 통보
주제어	제7차 한일회담 진행상황

주일미국대사관 서기관으로부터의 정보
(在京米大使館書記官からの情報)

문서파일번호	1679
작성연월일	1964. 4. 15 - 1964. 8. 20
구분	제6차 회담
세부항목	한국 정정 관련 주일미국대사관 정보 전달
작성처	외무성 북동아시아과
매수	12
비밀등급	
문서종류	내부문서
공개구분	일부비공개
내용	1964년 4월 15일~8월 20일까지 북동아과(장)가 주일미국대사관 ■ 서기관에게 입수한 정보를 기록한 문서 모음
주제어	한국 정정 관련 주일미국대사관 정보 전달

문서명	한국정세에 관한 주일미국대사관원의 내화(韓国情勢に関する在京米大使館員の内話)

문서파일번호 1679
작성연월일 1964. 4. 15
구분 제6차 회담
세부항목 한국 정정 관련 주일미국대사관 정보 전달
작성처 외무성 북동아시아과
매수 5
비밀등급 일반
문서종류 내부문서
공개구분 일부비공개
내용 주일미국대사관 ▬ 서기관이 한국회담에 관한 한국인들의 생각에 관해 마에다 도시카즈 북동아시아과장에게 전달한 내용을 정리한 문서. 한국정부 여당 내에서는 약간의 냉각기간을 둔 후에 반대를 누르고 조기 타결을 모색하자는 것이 다수 의견임. 젊은이들 사이에서 반일감정이 강하나, 이보다 한국정부의 한일회담 진행방식에 대한 불만이 더 큰 것으로 보임.
주제어 한국정세, 한일회담에 대한 한국 생각

문서명	김종필의 외유에 대하여(金鍾泌の外遊について)

문서파일번호 1679
작성연월일 1964. 6. 18
구분 제6차 회담
세부항목 한국 정정 관련 주일미국대사관 정보 전달
작성처 외무성 북동아시아과
매수 3
비밀등급 일반
문서종류 내부문서
공개구분 일부비공개
내용 주일미국대사관 ▬ 서기관이 6월 17일 워싱턴에서 개최된 국무부와 미국대사관 협의 결과(김종필 외유 관련)를 북동아과에 알려 준 내용을 정리한 문서. 최근 한국 내

김종필 세력이 현저하게 후퇴하고 있으며, 민주공화당의 대부분이 김종필 반대로 돌아섬. 일반 국민도 김종필을 비난함. 박정희 대통령 측근에 따르면 김종필이 미국에서 공부할 수 있도록 미국이 어떤 형태로든 비용을 마련해 도움을 주기를 원하며 미국이 이에 응함. 김종필은 하버드 대학 국제관계론 세미나에 6~7주 동안 참석할 예정이며, 적어도 1년간 미국에서 공부하는 것으로 이해하고 있음.

주제어 김종필 외유

문서명	주한미국대사 브라운·한국외무부장관 이동원 공동성명에 대하여(在韓米大使ブラウン·韓国外務部長官李東元共同声明について)

문서파일번호 1679

작성연월일 1964. 8. 20

구분 제6차 회담

세부항목 한국 정정 관련 주일미국대사관 정보 전달

작성처 외무성 북동아시아과

매수 4

비밀등급 일반

문서종류 내부문서

공개구분 일부비공개

내용 주일미국대사관 ■ 서기관이 8월 17일 발표된 브라운(Winthrop G. Brown) 주한미국대사와 이동원 외무장관 공동성명의 의의 및 동 성명 가운데 '한일 간 여러 현안의 해결을 위해 적절한 방법으로 지원한다'는 문구의 의미에 관해 북동아과에 설명한 내용을 기록한 문서. 공동성명은 한미회담에 대해 어느 한쪽의 일방적 해석을 방지하기 위해 발표되었으며, 동 성명의 '적절한 방법으로 지원한다'는 특별한 조치를 시사함이 아닌 한일 양국에 대해 미국이 좋은 의도(good intention)를 가지고 있음을 보여 주기 위한 것이라 함. 동 공동성명에 관한 1964년 8월 18일 자 산케이신문(産經新聞) 기사와 8월 19일 닛케이신문(日本經濟新聞) 기사가 첨부됨.

주제어 한미 공동성명

아시아국장과 주일미국대사관 공사 회담
(アジア局長 と在京米大使館公使との会談)

문서파일번호	1680
작성연월일	1964. 4. 28 - 1964. 9. 22
구분	제6차 회담
세부항목	우시로쿠 국장·에머슨 주일미국 공사 회담
작성처	주일미국대사관, 외무성 북동아시아과
매수	15
비밀등급	
문서종류	비공식문서, 회의록
공개구분	공개
내용	1964년 4월 28일~9월 22일까지 개최된 외무성 아시아국장과 주일미국대사관 에머슨 공사의 회담 기록
주제어	한일 문제 일미 협의

문서명	언급사항 문서(Talking Paper)

문서파일번호 1680
작성연월일 1964. 4. 28
구분 제6차 회담
세부항목 우시로쿠 국장 · 에머슨 주일미국 공사 회담
작성처 주일미국대사관
매수 3
비밀등급 극비
문서종류 비공식 문서(non-paper)
공개구분 공개
내용 주일미국대사관 에머슨 공사가 우시로쿠 도라오 아시아국장에게 전달한 북한인 일본 방문 관련 언급사항 문서(talking paper). 일본정부가 북한 적십자사 요원들의 일본 방문을 허가해 준 것에 대해 재고를 요청
주제어 북한적십자사 요원 방일허가 재고요청

문서명	한국의 요시다 전 총리 방한의 희망표명에 대하여(韓国側の吉田元総理訪韓の希望表明について)

문서파일번호 1680
작성연월일 1964. 8. 22
구분 제6차 회담
세부항목 우시로쿠 국장 · 에머슨 주일 미공사 회담
작성처 외무성 북동아시아과
매수 4
비밀등급 일반
문서종류 회의록
공개구분 공개
내용 1964년 8월 21일 우시로쿠 도라오 아시아국장 · 에머슨 주일미국 공사 회담 기록. 이동원 장관 · 브라운 주한미국대사 회담에서 한국이 요시다 시게루 전 총리의 방한을 희망, 미국으로 하여금 일본에 이러한 생각을 전달토록 요청하였음. 이에 에머슨 공사가 우시로쿠 국장에게 일본의 의견을 문의함. 우시로쿠 국장은 상부에 보

고하겠다고 한 뒤, 자신의 견해라며 한국은 요인 방한 시 선물을 기대하는데 일본으로서는 한국이 만족할 만한 선물을 준비하기 어렵고 방한 타이밍도 한국이 연불수출 2천만 달러를 요구하고 있는 상황이라 적절치 않다고 밝힘.

주제어	요시다 전 총리 방한

문서명	어선 나포 문제에 관한 한국 정부 주요인사의 태도에 관하여 주일미국대사관으로부터 내보의 건(漁船拿捕問題に関する韓国政府要人の態度につき在京米大使館よりの内報の件)

문서파일번호	1680
작성연월일	1964. 9. 22
구분	제6차 회담
세부항목	우시로쿠 국장·에머슨 주일 미공사 회담
작성자	외무성 북동아시아과
매수	8
비밀등급	일반
문서종류	회의록
공개구분	공개
내용	우시로쿠 도라오 아시아국장·에머슨 주일미국 공사 회담 기록. 에머슨 공사는 워싱턴에서 일미 협의 시 청구권 문제와 관련 미국이 6억 7천만 달러라는 숫자를 언급하였으나 이는 미국이 일본으로 하여금 새로운 교섭을 하라는 뜻이 아니라고 설명함. 에머슨은 최근 브라운 주한미국대사가 일본어선 나포 문제와 관련하여 한국 요인들과 협의하였다면서, 한국 언론과 야당정치가들은 강력한 조치를 요구하고 있으나 한국정부는 한일회담의 조기 재개를 위해 노력한다는 기본입장에 아무런 변화가 없다고 함.
주제어	청구권, 일본어선 나포 문제

한국정세에 관한 주한미국대사관 도허티 공사의 비공식 대화(韓國情勢に関する在韓米大使館ドハティ公使の内話)

문서파일번호	1681
문서명	한국정세에 관한 주한미국대사관 도허티 공사의 비공식 대화(韓國情勢に関する在韓米大使館ドハティ公使の内話)
작성연월일	1964. 5. 27
구분	제6차 회담
세부항목	우시로쿠 국장·도허티 주한미국 공사 회담
작성처	외무성 북동아시아과
매수	10
비밀등급	극비
문서종류	회의록
공개구분	공개
내용	방일 중인 주한미국대사관 도허티(Edward W. Doherty) 공사가 에머슨(John K. Emmerson) 주일미국 공사와 함께 우시로쿠 도라오 아시아국장을 방문, 한국정세에 관해 언급한 내용을 기록한 문서. 한국정부, 여당 내 동향, 국민들의 박 정권에 대한 신뢰 저하 등에 관해 언급함.
주제어	한국정세

전 주한 버거 미국대사의 비공식 대화 건
(前駐韓バーガー米大使の内話に関する件)

문서파일번호	1682
문서명	전 주한 버거 미국대사의 비공식 대화 건(前駐韓バーガー米大使の内話に関する件)
작성연월일	1964. 7. 13
구분	제6차 회담
세부항목	요코다 차관·버거 전 주한대사 오찬 환담
작성처	외무성 북동아시아과
매수	16
비밀등급	극비
문서종류	회의록
공개구분	공개
내용	1964년 7월 10일 버거(Samuel D. Berger) 전 주한미국대사가 귀국 도중 일본에 들려 요코다 다키오(横田多喜夫) 사무차관과 오찬을 하면서 한국정세 및 한일 문제에 관해 언급한 내용을 기록한 문서(차관과의 오찬 전 아시아국장과 환담한 내용도 포함). 한국의 학생데모는 일부 학생의 움직임에 그치고 있으며 5월 들어 데모에 다수를 동원하는 것이 곤란해지고 있음. 야당정치가들이 학생들을 선동하고 있는 것으로 보임. 김종필이 언론 보도대로 9월에 귀국하는 일은 없을 것임. 박정희는 김종필의 영향력에서 해방되어 안도의 숨을 쉬고 있음. 계엄령은 몇 주 후 해제될 것으로 보임. 그간 일본은 한국인의 대일감정 완화를 위해 별다른 조치를 취하지 않았음. 한국산의 수입완화 등이 필요함.
주제어	한국정세, 한일 문제

외무대신과 미 대사 회담
(外務大臣と米大使との会談)

문서파일번호	1683
작성연월일	1964. 8. 27
구분	제6차 회담
세부항목	시나 외상·라이샤워 주일미국대사 회담
작성처	외무성
매수	14
비밀등급	
문서종류	회의록
공개구분	공개
내용	시나 에쓰사부로(椎名悅三郎) 외상과 라이샤워(Edwin O. Reischauer) 주일미국대사 요시다 시게루(吉田茂) 전 총리 방한과 관련하여 회담한 기록
주제어	요시다 전 총리 방한 관련 일미 협의

문서명	요시다 전 총리 방한 문제 관련 시나 대신과 라이샤워 미 대사의 회담 내용 (吉田元総理訪韓問題に関する椎名大臣とライシャワー米大使と会談内容)

문서파일번호	1683
작성연월일	1964. 8. 27
구분	제6차 회담
세부항목	시나 외무대신 · 라이샤워 주일미국대사 회담
작성처	외무성 북동아시아과
매수	5
비밀등급	극비
문서종류	회의록
공개구분	공개
내용	시나 에쓰사부로 외상과 라이샤워 주일미국대사의 한일 문제에 관한 회담 기록. 라이샤워 대사는 한국인의 일본에 대한 좋은 인상을 만드는 방안의 하나로 요시다 전 총리의 방한이 어떠지 문의함. 이에 대해 시나 대신은 8월 26일 한국 경비함의 일본 어선 나포 사건으로 한국에 약한 모습을 보인다고 국회에서 공격당하고 있어 시기가 적절치 않으며, 요시다 전 총리는 일본에게 '회심의 카드'인데 별다른 효과를 얻지 못하는 상황에 투입함은 적절치 않다고 말함.
주제어	요시다 전 총리 방한

문서명	제목 없음

문서파일번호	1683
작성연월일	1964. 8. 27
구분	제6차 회담
세부항목	시나 외무대신 · 라이샤워 주일미국대사 회담
작성처	외무성 아메리카국 북미과 아리마(有馬)
매수	9
비밀등급	극비
문서종류	회의록
공개구분	공개
내용	시나 에쓰사부로 외상과 라이샤워 주일미국대사의 회담 내용을 북미과에서 기록. 북동아과 기록과 대동소이함.
주제어	요시다 전 총리 방한

바네트 국무차관보 대리의 비공식 대화
(バーネット国務次官補代理の内話)

문서파일번호	1684
문서명	바네트 국무차관보 대리의 비공식 대화(バーネット国務次官補代理の内話)
작성연월일	1964. 9. 15
구분	제6차 회담
세부항목	우시로쿠 국장·바네트 미 국무부 차관보대리 회담
작성처	외무성 북동아시아과
매수	7
비밀등급	극비
문서종류	회의록
공개구분	공개
내용	방한 후 귀국길에 일본에 들른 바네트(Robert W. Barnett) 미 국무부 차관보대리가 1964년 9월 15일 우시로쿠 도라오 아시아국장을 방문, 의견교환한 내용을 기록한 문서. 한국정부는 야당 관계 등을 고려, 김종필의 이미지가 강한 청구권 금액 6억 달러(무상 3억 달러, 장기저리차관 2억 달러, 상업차관 1억 달러 이상)을 덮을 수 있는 무언가의 안이 있으면 좋겠다는 생각임. 고사카 젠타로 전 외상이 한국에 군사정변 이전 언급한 7억 6천만 달러를 살리는 것을 강하게 희망하고 있음(우시로쿠는 고사카 외상이 어느 시점에 그러한 언급을 하였는지 바네트에 문의함). 이것은 완전히 새로운 것이 아니라 기존의 6억에 어업차관 7천만 달러를 포함, 새로운 안처럼 보이게 하는 방식으로 생각됨. 일본어선 나포와 관련해서는 12해리 전관수역 밖이라면 나포하지 않을 것이라는 입장임. 한국은 미국이 상대하기 어려운 나라이나 한국을 근대화시키고 국제사회의 일원으로 만들 필요가 있음. 이를 위해서는 미국의 원조가 아니라 일본과의 국교정상화가 필요함.
주제어	한일교섭에 대한 한국 생각

한일 문제에 관한 미국 언급사항 문서
(日韓問題に関する米側トーキングペーパー)

문서파일번호	1686
작성연월일	1964. 9. 26 - 1964. 10. 14
구분	제6차 회담
세부항목	한일회담 관련 미국 작성 문서 및 일본 검토의견
작성처	주한미국대사관, 외무성
매수	94
비밀등급	
문서종류	내부문서
공개구분	공개
내용	1964년 9월 주한미국대사관이 작성하고 9월 26일 주일미국대사관 에머슨 공사가 요코다 다키오 차관에게 전달한 한일회담 현황과 한국의 회담 전략에 관한 보고서. 미국이 생각하는 한일교섭 타결을 위해 취해야 할 조치(courses of action)를 담은 언급사항 문서(Talking Paper), 이에 대한 일본의 검토의견 등이 담긴 문서 모음
주제어	한일회담 관련 미국 견해

문서명	제목 없음

문서파일번호 1686
작성연월일 1964. 9. 26
구분 제6차 회담
세부항목 한일회담 현황 및 한국의 회담전략 보고서
작성처 주한미국대사관
매수 5
비밀등급 극비
문서종류 내부문서
공개구분 공개
내용 1964년 9월 주한미국대사관이 작성하고 9월 26일 주일미국대사관 에머슨 공사가 요코다 다키오 차관에게 전달한 한일회담 현황과 한국의 회담 전략에 관한 보고서(영문). 결론 부분에 현 상황 타개를 위해 요시다 시게루 전 총리의 방한이 필요하다는 내용이 기술되어 있음.
주제어 한일회담 타결책

문서명	언급사항 문서(Talking Paper)

문서파일번호 1686
작성연월일 1964. 9. 26
구분 제6차 회담
세부항목 미국의 한일회담 타결책
작성처 주한미국대사관
매수 5
비밀등급 극비
문서종류 내부문서
공개구분 공개
내용 1964년 9월 주한미국대사관이 작성하고 9월 26일 주일미국대사관 에머슨 공사가 요코다 다키오 차관에 전달한 미국이 생각하는 한일교섭 타결을 위한 조치(courses of action)가 기술된 언급사항 문서(Talking Paper, 영문). 10월 7일 주일미국대사관 ▬ 서기관은 마에다 도시카즈 북동아시아과장에게 동 문서의 성격과 관련, 일본의 조치를 요구하기 위해 작성한 것이 아니라 이에 대한 검토의견을 원하는 것이라고 설명

한 바 있음(문서파일번호 1678에 관련 기록 포함). 미국은 한국에 대한 원조 감소에 따른 한국의 우려를 줄일 필요가 있으며 한국 국민이 일본과의 관계개선이 한국의 이해에 도움이 된다는 사실을 알도록 해야 함. 일본은 한국이 민감하게 생각하는 수역에서의 어업을 자제할 필요가 있음. 회담 재개를 위해 요시다 시게루 전 총리의 방한을 고려할 필요가 있음. 회담 타결 전 한일 간 경제관계의 확대가 도움이 될 것임.

주제어 한일회담 타결책

문서명	9월 26일 미측으로부터 수교된 한일 문제에 관한 언급사항 문서(Talking Paper)(가역)[9月26日米側より手交のあった日韓問題に関するトーキングペーパー(仮駅)]

문서파일번호 1686

작성연월일 1964. 9(일자 불명)

구분 제6차 회담

세부항목 미국의 한일회담 타결책

작성처 외무성 북동아시아과

매수 14

비밀등급 극비

문서종류 내부문서

공개구분 공개

내용 1964년 9월 26일 에머슨 공사가 요코다 다키오 차관에게 전달한 언급사항 문서(Talking Paper)의 일문 번역본

주제어 한일회담 타결책

문서명	한일 문제에 관한 미국 언급사항 문서의 외무성 코멘트(안)[日韓問題に関する米側トーキングペーパーに対する外務省のコメント(案)]

문서파일번호 1686
작성연월일 1964. 9. 29
구분 제6차 회담
세부항목 미국의 한일회담 타결책에 대한 일본의 검토의견
작성처 외무성 북동아시아과
매수 8
비밀등급 극비
문서종류 내부문서
공개구분 공개
내용 미국으로부터 1964년 9월 26일 전달받은 언급사항 문서(Talking Paper)에 대한 일본의 코멘트(안). 전체적으로 유보적인 입장을 담고 있음. 한국의 대일감정 개선이나 회담 의의에 대한 홍보 필요성은 타당하나 단시일에 이루어질 수 있는 것이 아니며, 요시다 전 총리 방한은 일본이 한국에 식민지배에 대한 사죄를 해야 하는지에 대한 일본 국내 반감 및 기대 효과 측면 등을 고려할 때 추진하기 곤란, '이 라인'에 대한 한국 생각이 바뀌지 않는 한 어업교섭 진전은 기대하기 어렵고, 주한일본대표부 설치는 한국이 거부하고 있다는 내용들이 기술되어 있음.
주제어 한일회담 타결책

문서명	한일 문제에 관한 미국 언급사항 문서에 대한 일본의 코멘트(첫 번째 안)[Japanese Comments on the US Talking Paper Concerning the Japan - Korean Question(Draft First)]

문서파일번호 1686
작성연월일 1964(월일 불명)
구분 제6차 회담
세부항목 미국의 한일회담 타결책에 대한 일본의 검토의견
작성처 외무성 북동아시아과
매수 7
비밀등급 극비
문서종류 내부문서
공개구분 공개
내용 미국의 언급사항 문서(Talking Paper)에 대한 일본의 코멘트 첫 번째 안(영문)
주제어 한일회담 타결책

문서명	한일 문제에 관한 미국 언급사항 문서에 대한 일본의 코멘트(두 번째 안)[Japanese Comments on the US Talking Paper Concerning the Japan - Korean Question(Draft Second)]

문서파일번호 1686
작성연월일 1964(월일 불명)
구분 제6차 회담
세부항목 미국의 한일회담 타결책에 대한 일본의 검토의견
작성처 외무성 북동아시아과
매수 7
비밀등급 극비
문서종류 내부문서
공개구분 공개
내용 미국의 언급사항 문서(Taling Paper)에 대한 일본의 코멘트 두 번째 안(영문)
주제어 한일회담 타결책

문서명	한일 문제에 관한 미국 언급사항 문서에 대한 일본의 코멘트(세 번째 안)[Japanese Comments on the US Talking Paper Concerning the Japan - Korean Question(Draft Third)]

문서파일번호 1686
작성연월일 1964(월일 불명)
구분 제6차 회담
세부항목 미국의 한일회담 타결책에 대한 일본의 검토의견
작성처 외무성 북동아시아과
매수 8
비밀등급 극비
문서종류 내부문서
공개구분 공개
내용 미국의 언급사항 문서(Talking Paper)에 대한 일본의 코멘트 세 번째 안(영문)
주제어 한일회담 타결책

문서명	한일 문제에 관한 미국 언급사항 문서에 대한 일본의 코멘트(최종 안)[Japanese Comments on the US Talking Paper Concerning the Japan - Korean Question(Final)]

문서파일번호	1686
작성연월일	1964. 10. 8
구분	제6차 회담
세부항목	미국의 한일회담 타결책에 대한 일본의 검토의견
작성처	외무성 북동아시아과
매수	8
비밀등급	극비
문서종류	내부문서
공개구분	공개
내용	미국의 언급사항 문서(Talking Paper)에 대한 일본의 코멘트 1964년 10월 8일 자 최종 안(영문). 수기로 된 이 문서는 한일관계에 관한 일본정부의 전체적인 의견이 아니라 미국의 언급사항 문서(Talking Paper)에 포함된 몇 가지 중요한 사항에 대한 일본의 코멘트라는 문구가 기재됨.
주제어	한일회담 타결책

문서명	한일 문제에 관한 미국 언급사항 문서에 대한 일본의 코멘트(두 번째 최종 안)[Japanese Comments on the US Talking Paper Concerning the Japan - Korean Question(Second Final)]

문서파일번호	1686
작성연월일	1964. 10. 12
구분	제6차 회담
세부항목	미국의 한일회담 타결책에 대한 일본의 검토의견
작성처	외무성 북동아시아과
매수	8
비밀등급	극비
문서종류	내부문서
공개구분	공개
내용	미국의 언급사항 문서(Talking Paper)에 대한 일본의 코멘트 1964년 10월 12일 자 두 번째 최종 안(영문)
주제어	한일회담 타결책

문서명	한일 문제에 관한 미국 언급사항 문서에 대한 일본의 코멘트(세 번째 최종 안) [Japanese Comments on the US Talking Paper Concerning the Japan - Korean Question (Third Final)]

문서파일번호 1686
작성연월일 1964. 10. 12
구분 제6차 회담
세부항목 미국의 한일회담 타결책에 대한 일본의 검토의견
작성처 외무성 북동아시아과
매수 8
비밀등급 극비
문서종류 내부문서
공개구분 공개
내용 미국의 언급사항 문서(Talking Paper)에 대한 일본의 코멘트 1964년 10월 12일 자 세 번째 최종 안(영문)
주제어 한일회담 타결책

문서명	한일 문제에 관한 미국 언급사항 문서에 대한 일본의 코멘트(세 번째 최종 안) [Japanese Comments on the US Talking Paper Concerning the Japan - Korean Question (Final Final)

문서파일번호 1686
작성연월일 1964. 10. 14
구분 제6차 회담
세부항목 미국의 한일회담 타결책에 대한 일본의 검토의견
작성처 외무성 북동아시아과
매수 9
비밀등급 극비
문서종류 내부문서
공개구분 공개
내용 미국의 언급사항 문서(Taling Paper)에 대한 일본의 코멘트 1964년 10월 14일 자 최종 안(영문). 9월 29일 일본어로 작성한 코멘트 내용과 크게 다르지 않음.
주제어 한일회담 타결책

문서명	한일회담 미해결 주요 안건(Major issues still unsettled at the Japan - Korea Talks)

문서파일번호	1686
작성연월일	1964. 10. 8
구분	제6차 회담
세부항목	한일회담 양국별 주장 및 문제점
작성처	외무성
매수	4
비밀등급	극비
문서종류	내부문서
공개구분	공개
내용	문서 작성의 주체는 명기되어 있지 않으나 한일회담 각 의제별 양국 주장을 정리하고 남은 문제들을 밝히고 있는 문서. 영어로 작성된 점으로 미루어 외무성이 미국에게 설명하기 위해 작성한 문서로 추정됨. 어업에 관해 기선 설정, 공동규제수역, 어업협력, 단속, 재판관할권, 분쟁 처리방안 문제가 정리되고 있음. 법적지위에 관해서는 영주허가 대상자, 허가 절차, 강제퇴거 대상자, 영주권자 자손의 처리, 국적 확인, 귀환자의 반출재산 문제 등이 기술되어 있음.
주제어	기본관계, 청구권 · 경협, 선박 반환, 문화재 반환, 어업, 재일한국인 법적지위

문서명	한일회담 미해결 주요 안건[Major issues still unsettled at the Japan - Korea Talks(Draft)]

문서파일번호	1686
작성연월일	1964(월일 불명)
구분	제6차 회담
세부항목	한일회담 양국별 주장 및 문제점
작성처	외무성
매수	3
비밀등급	극비
문서종류	내부문서
공개구분	공개
내용	1964년 10월 8일 자 문서(한일회담 각 의제별 양국 주장이 정리된 문서)의 초안(영문)
주제어	기본관계, 청구권 · 경협, 선박 반환, 문화재 반환, 어업, 재일한국인 법적지위

한일 문제에 관한 미국 소견
(日韓問題に関する米側所見)

문서파일번호	1690
문서명	한일 문제에 관한 미국 소견 통보(日韓問題に関する米側所見通報)
작성연월일	1964. 9. 26
구분	제6차 회담
세부항목	한일회담 타결책 관련 미국 견해
작성처	외무성 북동아시아과
매수	11
비밀등급	극비
문서종류	전문(電文)
공개구분	공개
내용	주일미국대사관에서 받은 한일 문제 타결책에 관한 언급사항 문서(Talking Paper)를 주미대사에게 통보. 한일회담 현황과 한국의 회담 전략에 관한 보고서(영문) 및 미국이 생각하는 한일교섭 타결을 위해 취해야 할 조치(courses of action)를 담은 언급사항 문서(Talking Paper)가 첨부됨.
주제어	한일회담 타결책

번디 미국무차관보 회담
(バンディ米国務次官補との会談)

문서파일번호	1685
작성연월일	1964. 9. 29
구분	제6차 회담
세부항목	시나 외무대신·번디 차관보, 요코다 차관·번디 차관보 회담
작성처	외무성 아메리카국 북미과
매수	13
비밀등급	
문서종류	회의록
공개구분	공개 또는 일부비공개
내용	한국 방문에 앞서 일본을 방문 중인 번디(William P. Bundy) 미 국무부 차관보(취임 후 첫 번째 일본, 한국 방문)가 시나 에쓰사부로 외상 및 요코다 다키오 사무차관과 회담한 내용을 기록한 문서
주제어	한일관계

문서명	시나 대신과 번디 미국무차관보 회담 요지(椎名大臣、バンディ国務次官補会談要旨)

문서파일번호 1685
작성연월일 1964. 9. 29
구분 제6차 회담
세부항목 시나 외무대신 · 번디 차관보 회담
매수 7
비밀등급 극비
문서종류 회의록
공개구분 일부비공개
내용 1964년 9월 29일 11시 30분부터 30분간 시나 에쓰사부로 외상과 번디 미 국무부 차관보 회담 기록. 일미관계 의견을 교환한 뒤, 번디 차관보가 미국의 국익에도 도움이 되는 한일 국교정상화를 위해 지원을 아끼지 않겠다고 하자, 시나 외상은 한국에 2,000만 달러 차관을 공여키로 했다고 언급함.
주제어 한일관계

문서명	요코다 차관과 번디 국무부차관보 회담 기록(黄田次官とバンディ国務次官補との会談記録)

문서파일번호 1685
작성연월일 1964. 9. 29
구분 제6차 회담
세부항목 요코다 차관 · 번디 차관보 회담
매수 6
비밀등급 극비
문서종류 회의록
공개구분 공개
내용 1964년 9월 29일 10시 반부터 30분간 진행된 요코다 차관과 번디 미 국무부 차관보 회담 기록. 번디 차관보는 방한하여 한국의 국익을 위해 일본과 조기에 국교정상화를 해야 한다고 말할 것이라 함. 요코다 차관은 한일관계 회복을 위해 자신과 요시다 전 총리의 방한을 검토하고 있으나, 요시다 전 총리의 방한은 추진할 수는 없다고 말함. 번디 차관보는 관계 개선을 위한 일본의 제스처가 필요하다고 하자, 요코다 차관은 한국에 2,000만 달러 차관을 공여키로 하였다고 함.
주제어 한일관계

미 번디국무차관보 방한에 관한 보고
(米バンディ國務次官補 訪韓に關する報告)

문서파일번호	288
문서명	미 번디국무차관보 방한에 관한 보고(米バンディ國務次官補 訪韓に關する報告)
작성연월일	1964. 10. 1 - 1964. 10. 3
구분	제6~7차 회담 사이
세부항목	번디 미국무차관보 방한
작성처	모리타 사무관(서울 파견)
매수	6
비밀등급	
문서종류	전문(電文)
공개구분	공개 또는 일부비공개
내용	주한일본사무소 모리타 요시오(森田芳夫) 사무관이 번디(William P. Bundy) 미 국무차관 방한 관련 내용 보고
주제어	번디 미국무차관보 방한

문서명	번디 국무차관보의 방한에 대한 신문 사설 요지(バンディ国務次官の来韓に対する新聞社説要旨)

문서파일번호 288
작성연월일 1964. 10. 1
구분 제6~7차 회담 사이
세부항목 번디 미국무차관보 방한
작성처 모리타 사무관(서울 파견)
매수 2
비밀등급 일반
문서종류 전문(電文)
공개구분 공개
내용 번디 미 국무부 차관보 방한 관련 1964년 10월 1일 자 한국일보, 동아일보, 조선일보의 사설 내용을 보고
주제어 번디 미국무차관보 방한 한국 신문 사설

문서명	이 외무부장관과 번디 국무차관보의 공동성명에 관한 보도(李外務部長官とバンディ国務次官補との共同声明に関する報道)

문서파일번호 288
작성연월일 1964. 10. 3
구분 제6~7차 회담 사이
세부항목 번디 미국무차관보 방한
작성처 모리타 사무관(서울 파견)
매수 2
비밀등급 일반
문서종류 전문(電文)
공개구분 공개
내용 1964년 10월 3일 번디 미국무차관보 방한 시 이동원 외무장관과 발표한 공동성명문 내용을 보고. 한국정부가 헌정 및 민주주의 유지발전을 위해 노력하고 있다는 점을 미국이 높이 평가함.
주제어 이동원 · 번디 공동성명 평가

문서명	이 외무부장관과 번디 국무차관보의 공동성명에 관한 보도에 대하여(李外務部長官とバンディ国務次官補との共同声明に関する報道について)

문서파일번호 288

작성연월일 1964. 10. 3

구분 제6~7차 회담 사이

세부항목 번디 미국무차관보 방한

작성처 모리타 사무관(서울 파견)

매수 2

비밀등급 극비

문서종류 전문(電文)

공개구분 일부비공개

내용 이동원·번디 공동성명 후 한국 언론관계자들로부터 청취한 평가 내용을 보고. 군사정권 이후 경제에 중점을 두어 왔으나 지금은 중공 문제를 중심으로 하는 국제정세의 변화가 한일회담의 타결을 서두르게 하고 있음. 한국은 미국의 조정을 등에 업고 회담을 진행해 나갈 것으로 보임.

주제어 이동원·번디 공동성명 한국 언론 평가

한국의 한일회담 작전에 관한 주일캐나다대사 언급 건(韓国側の日韓会談作戦に関する在京カナダ大使内話の件)

문서파일번호	1874
문서명	한국의 한일회담 작전에 관한 주일캐나다대사 언급 건(韓国側の日韓会談作戦に関する在京カナダ大使内話の件)
작성연월일	1964. 1. 10
구분	제6차 회담
세부항목	시마 차관·주일캐나다 대사 회담
작성처	외무성 시마 외무사무차관
매수	5
비밀등급	극비
문서종류	회의록
공개구분	공개
내용	1963년 1월 9일 시마 시게노부(島重信) 외무차관과 바우어(Bauer) 주일캐나다 대사 회담 기록. 바우어 대사는 작년 11월 20일 한국 외무부 대외경제담당관과 주한캐나다대사관 대한원조담당관 회의에서, 한국은 서구국가들의 원조 컨소시움 구성(캐나다도 포함)을 추진 중인데, 이는 경제적 필요뿐만 아니라 일본과의 교섭에서 유리한 입장을 차지하기 위한 것이 목적이라고 언급했다고 함.
주제어	대한 원조 컨소시움

독일 경제성 다니엘 국장 회담
(獨逸經濟省Daniel局長との會談)

문서파일번호	1875
문서명	독일 경제성 다니엘 국장 회담(獨逸經濟省Daniel局長との會談)
작성연월일	1964. 7. 16
구분	제6차 회담
세부항목	우시바 외무심의관·다니엘 독일 경제성 국장 회담
작성처	우시바 외무심의관
매수	6
비밀등급	극비
문서종류	회의록
공개구분	공개
내용	우시바 노부히코(牛場信彦) 외무심의관과 독일 경제성 다니엘 국장(일독 통상교섭 대표) 회담 기록(다니엘 국장은 일본 체재 중 7월 14~16일 방한). 다니엘 국장은 한국의 신정부가 매우 개선되어 있다고 한 뒤, 독일의 한국에 대한경협 현황을 설명함.
주제어	독일의 대한국 경제협력

한일회담 등에 관한 재외공관의 보고
(日韓会談等に関する在外公館からの報告)

문서파일번호	1876
작성연월일	1954. 7. 10 - 1964. 12. 21
구분	제3차 회담 종료 후~제6차 회담
세부항목	한일회담 등 관련 재외공관장 보고 전문
작성처	재외공관장
매수	99
비밀등급	
문서종류	전무(電文)
공개구분	공개 또는 일부비공개
내용	한일회담, 한일관계, 한국 쿠데타에 대한 각국 반응 등과 관련한 재외공관장의 본성 앞 보고 전문 모음
주제어	한일관계, 한일정세

문서명	장 총통의 국제 문제에 대한 견해(蔣総統の国際問題についての見解の件)

문서파일번호	1876
작성연월일	1954. 7. 10
구분	제3~4차 회담 사이
세부항목	한일관계, 장제스·후지야마 환담 관련 주중화민국대사 보고
작성처	주중화민국대사
매수	3
비밀등급	극비
문서종류	전문(電文)
공개구분	공개
내용	1954년 7월 9일 장제스(蔣介石) 중화민국 총통 주최 후지야마 아이치로(藤山愛一郎)* 씨를 위한 오찬에서 한국 관련 환담한 내용을 보고하는 주중화민국대사 전문. 장제스의 한일관계 중재를 요청하는 후지야마 씨에게 장 총통은 자신도 동 문제에 관심이 있다고 대응함.
주제어	한일관계, 장제스·후지야마 환담

문서명	불명(먹칠로 가려짐)

문서파일번호	1876
작성연월일	1954. 9. 10
구분	제3~4차 회담 사이
세부항목	한일관계 관련 주프랑스대사 보고
작성처	주프랑스대사
매수	3
비밀등급	극비
문서종류	전문(電文)
공개구분	일부비공개
내용	1954년 5월 주프랑스 전(全) 한국공사 이임 전 동인과 한일관계에 관해 의견 교환한 내용을 보고하는 주프랑스대사 전문. 전 공사는 이 대통령의 반일감정이 극도로 심하다면서 이 대통령이 건재하는 한 한국의 양보는 없을 것이라 언급함.
주제어	한일관계

* 재계 2세로 40대에 일본 상공회의소 회장을 지냈으며, 기시 내각에서 민간인으로 외무대신에 발탁되어 1957년 7월~1960년 7월까지 재임하였다. 1958년 중의원 의원으로 선출되었으며, 경제기획청 장관도 역임하였다.

문서명	한일회담 건(日韓会談に関する件)

문서파일번호 1876
작성연월일 1954. 10. 26
구분 제3~4차 회담 사이
세부항목 한일관계 관련 주멕시코 대사 보고
작성처 주멕시코대사
매수 1
비밀등급 극비
문서종류 전문(電文)
공개구분 공개
내용 본성의 전문 지시에 따라 한일간계 관련 응수하겠다는 내용의 주멕시코대사 보고 전문
주제어 한일관계

문서명	북한 귀환 문제 및 어부 석방 문제 건(北鮮帰還問題および魚夫釈放問題に関する件)

문서파일번호 1876
작성연월일 1959. 12. 16
구분 제4차 회담
세부항목 북송, 어부 석방 문제 관련 주유엔대사 보고
작성처 주유엔대사
매수 2
비밀등급 극비
문서종류 전문(電文)
공개구분 공개
내용 한국 국회의 유엔에 대한 진정(재일한인 북송 문제로 추정)에 대해 유엔사무국 측 반응을 보고하는 주유엔대사 전문. 유엔사무국 측은 아직 한국 국회의 진정서를 받지 못했으며, 만일 받더라도 정부가 아닌 국회이므로 어떤 대응도 하지 않을 것이라 함.
주제어 재일한인 북송, 어부 석방 문제

문서명	한일회담에 관하여서 유엔안보리에 설명(日韓会談に関し国連安保理に説明方の件)

문서파일번호 1876
작성연월일 1960. 3. 9
구분 제4차 회담
세부항목 한일회담 관련 주유엔대사 보고
작성처 주유엔대사
매수 1
비밀등급 극비
문서종류 전문(電文)
공개구분 공개
내용 유엔 사무총장 및 안보리 이사국 대표에 대해 한일회담 관련 내용을 비망록(aide-memoire) 형식으로 전달하겠다고 보고하는 주유엔대사 전문
주제어 한일회담

문서명	한일회담에 관하여서 유엔안보리에 설명(日韓会談に関し国連安保理に説明方の件)

문서파일번호 1876
작성연월일 1960. 3. 9
구분 제4차 회담
세부항목 한일회담 관련 주유엔대사 보고
작성처 주유엔대사
매수 1
비밀등급 극비
문서종류 전문(電文)
공개구분 공개
내용 한일회담 관련 유엔사무총장 등에게 전달한 비망록(aide-memoire) 내용을 보고하는 주유엔대사 전문. 한일 문제 해결을 위한 일본의 노력이 성과가 없을 시에는 이 문제를 유엔에 상정하겠다는 내용임.
주제어 한일회담

문서명	한일회담에 관하여 영국정부에 설명(日韓会談に関し英国政府に説明方の件)

문서파일번호 1876
작성연월일 1960. 3. 10
구분 제4차 회담
세부항목 한일회담 관련 주영국대사 보고
작성처 주영국대사
매수 1
비밀등급 극비
문서종류 전문(電文)
공개구분 공개
내용 영국 외무성에 한일 문제와 관련해 설명하였음을 보고하는 주영대사 전문
주제어 한일회담

문서명	한일회담에 관하여 스위스정부에 설명하는 훈령 건(日韓会談に関し任国政府に説明方訓令の件)

문서파일번호 1876
작성연월일 1960. 3. 11
구분 제4차 회담
세부항목 북송, 어부 석방 문제 관련 주제네바공사 보고
작성처 주제네바공사
매수 2
비밀등급 극비
문서종류 전문(電文)
공개구분 공개
내용 한국 억류 일본어부 석방 및 재일한인 북송 문제 관련 주제네바대표부 가와사키(河崎一郎) 공사와 국제적십자사 보와시에 위원장 간 회담 결과를 보고하는 주제네바공사 전문. 보와시에 위원장은 한국이 국제적십자사가 재일한인 북송 문제에서 손을 떼지 않는 한 일본어부 문제에 적십자사가 개입하는 것을 거부하는 태도를 견지 중이라고 함.
주제어 재일한인 북송, 어부 석방 문제

문서명	한일회담에 관하여서 하마숄드 사무총장 회담(日韓会談に関しハ事務総長と会談の件)

문서파일번호 1876
작성연월일 1960. 3. 11
구분 제4차 회담
세부항목 한일회담 관련 주유엔대사 보고
작성처 주유엔대사
매수 1
비밀등급 극비
문서종류 전문(電文)
공개구분 공개
내용 마쓰히라(松平康東) 주유엔대사와 하마숄드(Hammarskjöld) 유엔사무총장 간 한일회담 관련 회담 내용을 보고하는 주유엔대사 전문. 앞서 보고한 비망록(aide-memoire)을 전달하자 사무총장은 일본 사정을 잘 알겠다면서 문서를 검토하겠다고 함.
주제어 한일회담

문서명	김 한국 특사의 타이완 방문 건(金韓国特使の台湾訪問に関する件)

문서파일번호 1876
작성연월일 1960. 3. 12
구분 제4차 회담
세부항목 김동조 특사 중화민국 방문, 아시아 반공국가 연대 관련 주중화민국대사 보고
작성처 주중화민국대사
매수 2
비밀등급 극비
문서종류 전문(電文)
공개구분 공개
내용 1960년 3월 8일~11일간 타이페이를 방문한 김동조 한국 특사가 중화민국 외교부장과 공동성명을 발표하였음을 보고하는 주중화민국대사 전문. 아시아 반공국가 간 수시협의 필요성에 동의했으며, 김 특사는 동 협의체에의 일본 참가와 관련, 한일 간 관계조정이 선결 문제라고 언급했다는 내용이 담김.
주제어 김동조 특사 중화민국 방문, 아시아 반공국가 연대

문서명	김 한국 특사의 타이완 방문 건(金韓国特使の台湾訪問に関する件)

문서파일번호 1876
작성연월일 1960. 3. 14
구분 제4차 회담
세부항목 일본의 아시아반공연맹 가입 문제 관련 주중화민국대사 보고
작성처 주중화민국대사
매수 2
비밀등급 극비
문서종류 전문(電文)
공개구분 공개
내용 1960년 3월 12일 아시아반공연맹 중국총회 사무국장 파오후아구오(包華國)가 김동조 특사의 방문 결과를 설명한 내용을 보고하는 주중화민국대사 전문. 일본의 아시아반공국가연맹 참가 문제와 관련 김 특사는 현재로서는 논의하고 싶지 않다고 대응했다 함.
주제어 일본의 아시아반공연맹 가입 문제

문서명	한일 문제 건(日韓問題に関する件)

문서파일번호 1876
작성연월일 1960. 3. 14
구분 제4차 회담
세부항목 한일 문제에 대한 중화민국의 중재 관련 주중화민국대사 보고
작성처 주중화민국대사
매수 2
비밀등급 극비
문서종류 전문(電文)
공개구분 일부비공개
내용 주중화민국대사가 1960년 3월 13일 중화민국 측 모 인사와 회담한 결과를 보고하는 전문. 일본인어부 석방 등 한일 문제에 대한 주선을 요청하자 ■씨는 김홍일 주중화민국대사에게 측면에서 이야기해 보겠다 함.
주제어 한일 문제에 대한 중화민국의 중재

문서명	한일 문제 건(日韓問題に関する件)

문서파일번호 1876
작성연월일 1960. 3. 15
구분 제4차 회담
세부항목 한일 문제에 대한 중화민국의 중재 관련 주중화민국대사 보고
작성처 주중화민국대사
매수 2
비밀등급 극비
문서종류 전문(電文)
공개구분 공개
내용 중화민국 외교부 아동국장으로부터 한일 문제에 대해 청취한 내용을 보고하는 주중화민국대사 전문. 아동국장은 한일 간 현안 해결과 관련하여 외교부장으로 하여금 김홍일 대사에게 한국의 선처방안을 요청토록 하겠다고 함.
주제어 한일 문제에 대한 중화민국의 중재

문서명	이승만 3선에 관한 논평(李承晩三選に関する論評の件)

문서파일번호 1876
작성연월일 1960. 3. 17
구분 제4차 회담
세부항목 이승만 대통령 3선에 대한 영국 언론 반응 관련 주영대사 보고
작성처 주영국대사
매수 4
비밀등급 일반
문서종류 전문(電文)
공개구분 공개
내용 이승만 대통령의 3선과 관련한 영국 소재 주요 언론 반응을 보고하는 주영국대사 전문. 3·15 대통령 선거에 대해 비판적인 내용이 다수임.
주제어 이승만 대통령 3선에 대한 영국 언론 반응

문서명	주중화민국 미 대사의 언급 건(在華米大使の談話に関する件)

문서파일번호 1876
작성연월일 1960. 4. 7
구분 제4차 회담
세부항목 한일관계 관련 주중화민국대사 보고
작성처 주중화민국대사
매수 4
비밀등급 극비
문서종류 전문(電文)
공개구분 공개
내용 한일관계 관련 드럼라이트(Everett E. Drumright) 주중화민국 미국대사의 언급 내용을 보고하는 주중화민국대사 전문. 한국에서 참사관 근무 경험이 있는 드럼라이트 대사는 한일교섭의 성공을 바라지만 이승만 대통령의 일본에 대한 불신과 반감으로 동인이 사라지지 않는 한 일본은 인내심을 갖고 대응해야 할 것이라고 함.
주제어 한일관계, 주중화민국 미국대사의 언급 내용

문서명	한국 쿠데타 건(韓国クーデターに関する件)

문서파일번호 1876
작성연월일 1961. 5. 17
구분 제5차 회담
세부항목 한국 군부쿠데타에 대한 중화민국 반응 관련 중화민국 대사 보고
작성처 주중화민국대사
매수 1
비밀등급 극비
문서종류 전문(電文)
공개구분 공개
내용 한국의 군부쿠데타 관련, 중화민국 왕 외교부 차장의 언급 내용을 보고하는 주중화민국대사 전문. 쿠데타를 주도한 혁명위원회 일원들이 반공, 친서방인 것으로 보여 일단 안심하고 있다는 내용임.
주제어 한국 군부쿠데타에 대한 중화민국 반응

문서명	한국 쿠데타에 대한 영국 외무성 극동부장의 언급(韓国クーデターに関する英外務省極東部長の内話の件)

문서파일번호 1876
작성연월일 1961. 5. 17
구분 제5차 회담
세부항목 한국 군부쿠데타에 대한 영국 반응 관련 주영대사 보고
작성처 주영국대사
매수 2
비밀등급 비(秘)
문서종류 전문(電文)
공개구분 공개
내용 한국의 군부쿠데타 관련 영국 외무성 극동부장이 주영국일본대사관에 언급한 내용을 보고한 주영국대사 전문. 영국으로서는 쿠데타 관련 정보가 부족해 미국과 같은 성명을 발표할 입장은 아니며, 정당하게 선출된 장면 내각을 지지한다는 입장임.
주제어 한국 군부쿠데타에 대한 영국 반응

문서명	한국 쿠데타 건(韓国クーデターに関する件)

문서파일번호 1876
작성연월일 1961. 5. 18
구분 제5차 회담
세부항목 한국 군부쿠데타에 대한 주중화민국 한국대사 평가 관련 주중화민국대사 보고
작성처 주중화민국대사
매수 3
비밀등급 극비
문서종류 전문(電文)
공개구분 공개
내용 주중화민국 한국대사가 한국의 쿠데타 관련 언급한 내용을 보고한 주중화민국대사 전문. 금번 쿠데타는 성공한 것으로 보인다면서 장면 총리, 윤보선 대통령에 대해 평가한 내용을 담음.
주제어 한국 군부쿠데타에 대한 주중화민국 한국대사 평가

문서명	한국 신정부의 성격 건(韓国新政府の性格に関する件)

문서파일번호 1876
작성연월일 1963. 5. 24
구분 제5~6차 회담 사이
세부항목 한국 신정부에 대한 영국의 대응 관련 주영국임시대리대사 보고
작성처 주영국임시대리대사
매수 2
비밀등급 극비
문서종류 전문(電文)
공개구분 공개
내용 본성의 지시에 의거, 영국 외무성 트렌치 극동부차장으로부터 청취한 한국의 신정부 성격에 대한 내용을 보고한 주영국임시대리대사의 전문. 한국 신정부에 대한 승인 문제는 불필요한 것으로 보고 있으며, 당분간 사태 추이를 살펴볼 것임.
주제어 한국 신정부에 대한 영국의 대응

문서명	한국 신정부의 성격 건(韓国新政府の性格に関する件)

문서파일번호 1876
작성연월일 1961. 5. 25
구분 제5~6차 회담 사이
세부항목 한국 신정부에 대한 오스트렐리아 반응 주오스트렐리아임시대리대사 보고
작성처 주오스트렐리아 임시대리대사
매수 2
비밀등급 극비
문서종류 전문(電文)
공개구분 공개
내용 본성의 지시에 의거, 오스트렐리아 외무성으로부터 청취한 한국 신정부의 성격에 관한 내용을 보고한 주오스트렐리아임시대리대사 전문. 대통령이 유임되고 장면 내각이 군의 조치를 사후 승인하여 혁명이라 하기도 그렇고, 군인이 각료가 되는 상황이라 합법적이라고 보기도 어려운 상황임. 당분간 사태 추이를 살펴볼 생각임.
주제어 한국 신정부에 대한 오스트렐리아 반응

문서명	한국정부에 관한 영국 측 견해 조회(韓国政府に関する英側見解照会の件)

문서파일번호 1876
작성연월일 1963. 2. 26
구분 제6차 회담
세부항목 한국정세 관련 주영국대사 보고
작성처 주영국대사
매수 2
비밀등급 극비
문서종류 전문(電文)
공개구분 공개
내용 영국 외무성 극동부장으로부터 청취한 한국정세 관련 내용을 보고한 주영국대사 전문. 최근 한국으로부터는 일반 정세 이외에는 새로운 정보가 없음.
주제어 한국정세

문서명	한국 외무장관에 임명된 김 대사의 귀국(韓国外務長官へ新任の金大使の帰国の件)

문서파일번호 1876
작성연월일 1963. 3. 21
구분 제6차 회담
세부항목 김용식 주필리핀대사의 한국 외무부장관 임명 관련 주필리핀대사 보고
작성처 주필리핀대사
매수 2
비밀등급 극비
문서종류 전문(電文)
공개구분 공개
내용 주필리핀 김용식 한국대사가 신임 외무장관이 되면서 귀국길에 일본에서 1박 예정임을 보고하는 주필리핀대사 전문. 김 대사는 최근 주필리핀일본대사에게 자신의 외무장관 임명은 한일교섭 촉진을 위한 것으로 보고 있다고 언급한 바 있음.
주제어 김용식 주필리핀 대사의 한국 외무부 장관 임명

문서명	한일회담의 현상에 대해 영국 측에 설명(日韓会談の現状につき英側への説明に関する件)

문서파일번호 1876
작성연월일 1963. 7. 4
구분 제6차 회담
세부항목 한일회담 자료 요청 주영국대사 전문
작성처 주영국대사
매수 2
비밀등급 극비
문서종류 전문(電文)
공개구분 공개
내용 주영국대사가 1963년 7월 8일 흄 외상 회담이 잡혔다면서 한일회담 관련 정보를 보내 달라고 요청하는 전문
주제어 한일회담

문서명	한일회담의 현상에 대해 영국 측에 설명(日韓会談の現状につき英側への説明に関する件)

문서파일번호 1876
작성연월일 1963. 7. 8
구분 제6차 회담
세부항목 흄 외상 회담 결과에 관한 주영국대사 보고
작성처 주영국대사
매수 3
비밀등급 극비
문서종류 전문(電文)
공개구분 공개
내용 주영국일본대사와 흄 외상 간 회담 내용을 보고하는 주영국대사 전문. 일본대사는 흄 외상에게 최근 한일회담 관련 상황을 설명하고 한국의 외무장관 방영 기회에 한국이 일본안을 수용토록 설득해 줄 것을 요청함. 흄 외상은 잘 알았다고 답하면서 일본의 어업협정안이 영국이 최근 아이슬란드와 체결한 협정을 본으로 삼은 것 같다고 함.
주제어 한일교섭, 어업

문서명	한일회담에 관한 흄 외상·김 외무부장관의 담화 건(日韓会談に関するヒューム外相·金外務部長官の談話に関する件)

문서파일번호 1876
작성연월일 1963. 7. 12
구분 제6차 회담
세부항목 흄 외상 · 김용식 외무장관 오찬 회담 내용에 관한 주영국대사 보고
작성처 주영국대사
매수 2
비밀등급 극비
문서종류 전문(電文)
공개구분 공개
내용 영국 외무성 극동부장으로부터 청취한 12일 흄 외상 · 김용식 외무장관 간 오찬 회담 내용을 보고한 주영국대사 전문. 흄 외상은 한일교섭이 원만히 타결되기를 기대한다고 하였으며, 김 장관은 귀국길에 일본에 들려 교섭 촉진을 위한 조치를 취하고자 한다면서 어업 문제가 핵심이라고 함.
주제어 한일교섭, 어업

문서명	오노 특사 타이완 방문 건(大野特使訪台に関する件)

문서파일번호 1876
작성연월일 1963. 10. 31
구분 제6차 회담
세부항목 한일관계에 관한 주중화민국대사 보고
작성처 주중화민국대사
매수 3
비밀등급 극비
문서종류 전문(電文)
공개구분 공개
내용 1963년 10월 30일 장제스 총통과 오노(大野伴睦) 특사의 회담 결과를 보고하는 주중화민국대사 전문. 오노 특사는 (일본) 총리가 타이완 관계, 한국 관계를 중요하게 여기고 있다며, 타이완, 한국 방문을 실현시킬 생각을 갖고 있다고 말함. 이에 대해 장 총통은 한일, 일 · 타이완 관계의 연계가 매우 중요하다면서 한일관계의 신속한 수립을 위해 노력하기를 희망한다고 함.
주제어 한일관계

문서명	한일회담 건(日韓会談に関する件)

문서파일번호 1876
작성연월일 1963. 12. 10
구분 제6차 회담
세부항목 김용식 외무장관 회담 결과를 보고하는 주유엔대사 전문
작성처 주유엔대사
매수 3
비밀등급 극비
문서종류 전문(電文)
공개구분 공개
내용 1963년 12월 9일 주유엔일본대사·김용식 외무장관 간 회담 결과를 보고하는 주유엔대사 전문. 김 장관은 어업 문제 관련 양국이 가까운 시일 내에 의견이 접근되기를 기대한다고 말하고, 다음 한일 외무장관 회담은 일본 이외의 장소에서 개최하는 방안을 병행해서 검토하겠다고 말함.
주제어 한일회담

문서명	프랑스의 중공 승인에 관한 일본 보도(フランスの中共承認に関する新聞報道の件)

문서파일번호 1876
작성연월일 1964. 1. 23
구분 제6차 회담
세부항목 프랑스의 중공 승인 언론 보도에 관한 주프랑스대사 보고
작성처 주프랑스대사
매수 2
비밀등급 일반
문서종류 전문(電文)
공개구분 공개
내용 프랑스의 중공 승인 문제에 관한 프랑스외상 발언에 대한 언론 보도 동향을 보고하는 주프랑스대사 전문
주제어 프랑스의 중공 승인, 언론 보도

문서명	프랑스의 북한에 대한 태도(フランスの北鮮に対する態度に関する件)

문서파일번호 1876
작성연월일 1964. 2. 5
구분 제6차 회담
세부항목 프랑스의 대북한 태도에 관한 주프랑스대사 보고
작성처 주프랑스대사
매수 3
비밀등급 극비
문서종류 전문(電文)
공개구분 공개
내용 주프랑스 일본대사가 한국대사로부터 청취한 북한 관련 내용을 보고한 주프랑스 대사 전문. 백 대사는 1월 29일 쿠브 외상과 회담 시 프랑스의 대한정책을 변경할 의사가 없다는 언급이 있었다면서 이는 북한을 승인하거나 한반도 전체의 중립화를 언급할 의사가 없다는 뜻으로 받아들이고 있다고 함.
주제어 프랑스의 대북한 태도

문서명	쿠브 외무부장관 회담(クーブ外相の会談の件)

문서파일번호 1876
작성연월일 1964. 2. 14
구분 제6차 회담
세부항목 프랑스 쿠브 외상 회담 결과에 관한 주프랑스대사 보고
작성처 주프랑스대사
매수 2
비밀등급 극비
문서종류 전문(電文)
공개구분 공개
내용 주프랑스 일본대사 · 쿠브 외상 회담 시 쿠브 외상이 한국정부와의 관계에 아무런 변화가 없으며, 북한을 승인하지 않을 것이라고 언급한 내용을 보고한 주프랑스대사 전문
주제어 프랑스의 대북한 태도

문서명	김 한국 대통령 특사의 발언 건(金韓国大統領特使の発言に関する件)

문서파일번호 1876
작성연월일 1964. 3. 19
구분 제6차 회담
세부항목 김종필 특사 타이완 방문 시 발언에 관한 주중화민국대사 보고
작성처 주중화민국대사
매수 2
비밀등급 극비
문서종류 전문(電文)
공개구분 공개
내용 타이페이(台北) 체재 중인 일화협력위 위원이 타니(谷正綱) 씨로부터 청취한 김종필 대통령특사의 발언 내용을 보고한 주중화민국대사 전문. 김 특사는 한국과 타이완이 손을 잡고 일본 흔들기를 하자고 제안했으며, 과거 일·타이완 관계가 수립되기 전에는 한일 간 교섭이 타결되지 않아도 괜찮다는 생각을 하였다고 함.
주제어 김종필 특사 타이완 방문 시 발언, 한일관계

문서명	김 한국 대통령 특사의 발언 건(金韓国大統領特使の発言に関する件)

문서파일번호 1876
작성연월일 1964. 3. 26
구분 제6차 회담
세부항목 김종필 특사 타이완 방문 목적에 관한 주중화민국대사 보고
작성처 주중화민국대사
매수 3
비밀등급 극비
문서종류 전문(電文)
공개구분 공개
내용 김종필 특사의 타이완 방문 목적에 대해 보고한 주중화민국대사 전문. 김 특사는 한국과 같은 입장인 타이완, 베트남과 반공동맹과 같은 것을 결성하여 미국의 움직임도 공동대처, 견제하는 것이 목적이었다 함.
주제어 김종필 특사 타이완 방문 목적

문서명	한일회담에 관한 대독일 요청(훈령) [日韓会談に関する対独申入れ(訓令)]

문서파일번호 1876
작성연월일 1964. 12. 5
구분 제7차 회담
세부항목 한일교섭 관련 주독일대사 보고
작성처 주독일대사
매수 2
비밀등급 극비
문서종류 전문(電文)
공개구분 공개
내용 주독일대사의 본성 훈령에 대한 조치 결과보고 전문. 한국 대통령의 독일 방문 시 한일교섭 관련 일본안의 한국 수용과 관련한 독일의 알선을 요청한 데 대해 카르스텐 독일 외무성차관이 자신이 한국 대통령 일행에게 전달토록 하겠다고 하였음.
주제어 한일교섭

문서명	박 한국 대통령의 서독 방문에 관한 논평(朴韓国大統領の西独訪問に関する論評)

문서파일번호 1876
작성연월일 1964. 12. 7
구분 제7차 회담
세부항목 박정희 대통령 독일 방문 관련 주독일대사 보고
작성처 주독일대사
매수 3
비밀등급
문서종류 전문(電文)
공개구분 공개
내용 박정희 대통령의 독일 방문에 대한 독일 언론의 논평 기사를 보고한 주독일대사 전문
주제어 박정희 대통령 독일 방문

문서명	박 한국 대통령의 서독 방문의 동정(朴韓国大統領西独訪問の動静)

문서파일번호 1876
작성연월일 1964. 12. 11
구분 제7차 회담
세부항목 박정희 대통령 독일 방문 관련 주독일대사 보고
작성처 주독일대사
매수 4
비밀등급
문서종류 전문(電文)
공개구분 공개
내용 박정희 대통령의 독일 방문과 관련하여 언론에 보도된 동정을 보고한 주독일대사 전문
주제어 박정희 대통령 독일 방문

문서명	독·한 수뇌회담 중 한일관계에 관한 부분 요지(独、韓首脳会談中、日韓関係に関する部分要旨)

문서파일번호 1876
작성연월일 1964. 12. 10
구분 제7차 회담
세부항목 박정희 대통령 독일 방문 관련 주독일대사 보고
작성처 주독일대사
매수 5
비밀등급 극비
문서종류 전문(電文)
공개구분 공개
내용 1964년 12월 7~9일간 총 4회에 걸쳐 개최된 독·한 정상 및 외상회담(양 대통령 간 2회, 박 대통령·독일 수상 간 1회, 양 외상 간 1회) 중 한일관계 부분에 관해 독일 측으로부터 청취한 외상회담 내용을 보고한 주독일대사 전문. 한국은 일본과의 관계 개선 및 정상화를 바라고 있지만, 그 성사 여부는 협정 체결이 아니라 일본의 한국에 대한 성의와 성실에 달려 있는 것이라고 함.
주제어 박정희 대통령 독일 방문

문서명	한독 수뇌회담 중 한일관계에 관한 부분 요지(独､韓首脳会談中､日韓関係に関する部分要旨)

문서파일번호 1876
작성연월일 1964. 12. 11
구분 제7차 회담
세부항목 한·독 정상회담 관련 주독일대사 보고
작성처 주독일대사
매수 6
비밀등급 극비
문서종류 전문(電文)
공개구분 공개
내용 독일 측으로부터 청취한 한·독 정상회담 중 한일관계 부분에 관한 내용을 보고한 주독일대사 전문. 뤼브케(Karl Heinrich Lübke) 독일 대통령은 한일관계의 조기 회복을 희망한 바, 박 대통령은 즉답을 피한 채 한국은 일본 점령하에서 많은 손해를 입었고 공산 침략으로 국민 재산의 80%가 파괴되어 어려운 경제상황이 계속되고 있다고 함. 뤼브케 대통령은 경제난 극복을 위해 일본의 협력이 필요하다고 생각하며, 전후 독불관계가 과거를 잊고 미래만을 생각했다면서 한국도 과거에 얽매이지 말고 미래를 생각하는 방향으로 나가라고 조언함. 박 대통령도 이에 동의함.
주제어 박정희 대통령 독일 방문

문서명	한독 수뇌회담 중 한일관계에 관한 부분에 대하여(独, 韓首脳会談中 日韓関係に関する部分について)

문서파일번호 1876
작성연월일 1964. 12. 14
구분 제7차 회담
세부항목 박정희 대통령 독일 방문 관련 주독일대사 보고
작성처 주독일대사
매수 1
비밀등급 극비
문서종류 전문(電文)
공개구분 공개
내용 한독 정상회담에서 독일 측이 상당 부분을 한일관계에 대해 할애한 점에 대해 적절한 사의표명이 필요하다면서 이에 대한 본성의 의견을 묻는 주독일대사 전문
주제어 박정희 대통령 독일 방문

문서명	박 한국 대통령의 방독에 대해서(공동성명 발표)[朴韓国大統領訪独について(共同コミュニケ発表)]

문서파일번호 1876
작성연월일 1964. 12. 15
구분 제7차 회담
세부항목 박정희 대통령 독일 방문 관련 주독일대사 보고
작성처 주독일대사
매수 2
비밀등급
문서종류 전문(電文)
공개구분 공개
내용 1964년 12월 14일 박정희 대통령의 독일 방문 마지막 날 발표된 한독 공동 코뮈니케 내용을 보고한 주독일대사 전문
주제어 박정희 대통령 독일 방문

문서명	한독 공동 코뮈니케에 대해서(独韓共同コミュニケについて)

문서파일번호 1876
작성연월일 1964. 12. 15
구분 제7차 회담
세부항목 박정희 대통령 독일 방문 관련 주독일대사 보고
작성처 주독일대사
매수 2
비밀등급 극비
문서종류 전문(電文)
공개구분 공개
내용 1964년 12월 14일 발표된 한독 공동 코뮈니케의 내용 가운데 '한국의 1965년부터 시작하는 경제협력 3개년 계획안에 대해 독일 측이 깊은 이해를 표했다'는 표현은 새로운 내용을 의미하는 것이 아니라 박 대통령의 요청에 의해 한국 국내용으로 포함시킨 것이라는 내용의 주독일대사 전문 보고
주제어 박정희 대통령 독일 방문

문서명	한국 외무부장관의 영국 방문에 대해서(韓国外相訪英について)

문서파일번호 1876
작성연월일 1964. 12. 17
구분 제7차 회담
세부항목 이동원 외무장관 영국 방문 관련 주영국대사 보고
작성처 주영국대사
매수 3
비밀등급 극비
문서종류 전문(電文)
공개구분 공개
내용 1964년 12월 13일부터 영국을 방문한 이동원 외무장관과 주영일본대사의 환담 내용, 이 장관의 방영 결과에 대한 영국 측 설명내용 등을 보고한 주영국대사 전문. 12월 14일 리셉션에서 이 장관은 주영일본대사에게 한일교섭의 조기 타결을 위해 노력할 예정이니 일본도 이에 동등한 대응을 해주기 바란다고 함.
주제어 이동원 외무장관 영국 방문

문서명	한일 문제 관련 독일정부에 대한 사의표명에 대해서(日韓問題に関し独政府に対する謝意表明について)

문서파일번호 1876
작성연월일 1964. 12. 21
구분 제7차 회담
세부항목 박정희 대통령 독일 방문 관련 주독일대사 보고
작성처 주독일대사
매수 2
비밀등급 극비
문서종류 전문(電文)
공개구분 공개
내용 주독일일본대사가 뤼브케(Karl Heinrich Lübke) 대통령 및 칼스텐스 외상을 방문, 박정희 대통령 방독 시 독일 측이 한일관계에 관해 많은 발언을 해준 데 대한 사의를 표명했음을 보고하는 주독일대사 전문
주제어 박정희 대통령 독일 방문

한일회담 등에 관한 재외공관 훈령 등
(日韓会談等に関する在外公館への訓令等)

문서파일번호	1877
작성연월일	1953. 11. 6 - 1965. 6. 23
구분	제3~7차 회담
세부항목	한일회담 등 관련 재외공관에 대한 훈령 및 정보 송부
작성처	외무성
매수	149
비밀등급	
문서종류	전문(電文)
공개구분	공개 또는 일부비공개
내용	1953년 11월 6일~1965년 6월 23일간 한일회담, 인도 개치 국제적십자사 회의 등과 관련하여 외무성이 재외공관장에게 보낸 전문 모음
주제어	한일회담 관련 재외공관에 대한 훈령, 정보 송부

문서명	한일회담 건(日韓会談の件)

문서파일번호 1877
작성연월일 1953. 11. 6
구분 제3~4차 회담 사이
세부항목 한일회담 재개 동향 주영대사 통보
작성처 외무성 아시아국 제2과
매수 2
비밀등급 극비
문서종류 전문(電文)
공개구분 공개
내용 제3차 한일회담 결렬 후 회담 재개 움직임에 관해 주영국대사관 마쓰모토(松本俊一) 대사(제1차 한일회담 일본 수석대표)에게 통보하는 전문. 미국이 옵서버로 참가하는 형식의 회담 재개 기운이 보이고 있으나 한국의 태도는 아직 잘 모르겠음. 청구권 문제에 관해 일본으로서는 상호 포기를 원칙으로 은급, 미불 임금 등에 관해 지불할 용의가 있으며, 한국 미술품 약간을 반환하고, 어업은 양측이 만족하는 형태의 조치에 관해 협의할 것이라는 성명을 발표하고 한국은 억류어부, 어선의 반환을 발표하는 모양새를 취할 것임.
주제어 한일회담 재개, 청구권, 어업, 문화재

문서명	한일예비회담 건(日韓予備会談に関する件)

문서파일번호 1877
작성연월일 1957. 5. 27
구분 제3~4차 회담 사이
세부항목 한일교섭 진행상황 주파키스탄 대사 통보
작성처 외무성 아시아국 제1과
매수 2
비밀등급 극비
문서종류 전문(電文)
공개구분 공개

내용 주파키스탄 대사 경유 나카가와(中川融) 아시아국장에게 한일교섭 진행상황에 관해 알려주는 전문. 국장과 김용식 공사 간 회담을 통해 일치된 점을 점검하고 불일치점을 해결하고자 안도(安藤), 미야케(三宅喜二郎)가 주일한국대표부 유태하 공사 및 최규하 참사관과 협의했으나 문제점, 특히 '이 라인'에 관해 한국이 강경자세를 고수 중임.

주제어 한일회담 재개교섭

문서명	한일교섭 건(日韓交渉に関する件)

문서파일번호 1877

작성연월일 1957. 6. 27

구분 제3~4차 회담 사이

세부항목 한일회담 재개교섭 상황 통보

작성처 외무성 아시아국 제1과

매수 10

비밀등급 극비

문서종류 전문(電文)

공개구분 공개

내용 주로스엔젤레스 총영사관을 통해 치바(千葉皓) 국장에게 한일회담 재개 교섭 경과를 알려주는 전문. 김유택 대사가 양측 간에 합의된 문안의 수정을 요구하여 이를 거절했다는 내용이 담겨 있음.

주제어 한일회담 재개교섭

문서명	부산 및 조선인 문제의 신문기사 건(釜山及び朝鮮人問題の新聞記事に関する件)

문서파일번호 1877
작성연월일 1957. 10. 22
구분 제3~4차 회담 사이
세부항목 적십자사 국제회의 관련 주인도대사 앞 지시 전문
작성처 외무성 아시아국 제1과
매수 2
비밀등급 일반
문서종류 전문(電文)
공개구분 공개
내용 일본적십자사 시마(島津) 사장이 뉴델리 회의에 참가 중인 이노우에(井上) 외사부장에게 통보하는 내용이 담긴 주인도대사 앞 전문. 주필리핀대사를 통해 보고한 내용이 언론에 보도되었으므로 당분간 정관(靜觀)하고 있을 필요가 있다는 내용임.
주제어 적십자사 국제회의

문서명	제19회 적십자 국제회의 건(第十九回赤十字国際会議に関する件)

문서파일번호 1877
작성연월일 1957. 10. 25
구분 제3~4차 회담 사이
세부항목 적십자사 국제회의관련 주인도대사 앞 지시 전문
작성처 외무성 아시아국 제1과
매수 2
비밀등급 극비
문서종류 전문(電文)
공개구분 공개
내용 일본적십자사 시마 사장이 뉴델리 회의에 참가중인 가사이(葛西) 부사장(일적 회의 대표)에게 통보하는 내용이 담긴 주인도대사 앞 전문. 재일한국인의 국내석방은 원칙적 성명도 실제 문제로서도 시간을 맞출 수 없기 때문에 어렵다는 내용임.
주제어 적십자사 국제회의

문서명	한국 억류어부 가족대표 건의 건(韓国抑留漁夫留守家族代表の建議の件)

문서파일번호 1877
작성연월일 1957. 10. 28
구분 제3~4차 회담 사이
세부항목 적십자사 국제회의 관련 주인도대사 앞 지시 전문
작성처 외무성 아시아국 제1과
매수 2
비밀등급 비(秘)
문서종류 전문(電文)
공개구분 일부비공개
내용 뉴델리에서 개최 중인 적십자사 국제회의에 한국 억류 일본어부 가족 대표 ○○명이 석방 문제의 인도적 해결에 대한 조력을 요청하기 위해 현지로 출발할 예정임을 주인도대사에게 통보하는 전문
주제어 적십자사 국제회의, 억류 일본인어부 석방 문제

문서명	국제적십자회의 건(国際赤十字会議に関する件)

문서파일번호 1877
작성연월일 1957. 10. 30
구분 제3~4차 회담 사이
세부항목 적십자사 국제회의 관련 주인도대사 앞 지시 전문
작성처 외무성 아시아국 제1과
매수 2
비밀등급 일반
문서종류 전문(電文)
공개구분 공개
내용 국제적십자회의에 참석하는 일본적십자사 대표와 일본적십자사의 연락을 공전으로 하지 말 것과 일적(日赤) 대표의 언동 및 회의 내외의 정황에 관해서는 본성 앞 대사의 정보로서 전보로 보낼 것을 지시하는 주인도대사 앞 전문
주제어 적십자사 국제회의

문서명	일한교섭에 관한 이노우에 외사부장의 언사 건(日韓交渉に関する井上外事部長の言詩に関する件)

문서파일번호 1877
작성연월일 1957. 10. 31
구분 제3~4차 회담 사이
세부항목 적십자사 국제회의관련 주인도대사 앞 지시 전문
작성처 외무성 아시아국 제1과
매수 7
비밀등급 극비
문서종류 전문(電文)
공개구분 공개
내용 적십자 국제회의에 참석하는 일본적십자사 대표단에 대한 주의환기를 요구하는 주인도대사 앞 전문. 이번 국제적십자회의와 관련해 오무라(大村) 수용소 관련 일본적십자 대표의 언동에 대해 일본정부는 일체 모르는 것을 원칙으로 하며, (주인도)대사는 가사이(葛西) 일본적십자대표와 이노우에(井上) 외사부장에게 언동에 신중을 기할 것을 환기시켜 주기 바란다는 내용
주제어 적십자사 국제회의

문서명	한국의 일본 비방투서 건(韓国側のわが国誹謗投書に関する件)

문서파일번호 1877
작성연월일 1957. 11. 1
구분 제3~4차 회담 사이
세부항목 오무라 수용 재일한국인 한국 비방 관련 주영국대사 앞 전문
작성처 외무성 아시아국 제1과
매수 3
비밀등급 비(秘)
문서종류 전문(電文)
공개구분 공개
내용 재일한국인 오무라수용소 수용 관련 한국 비방에 관한 주영국대사의 보고에 대한 본성의 입장을 통보하는 전문. 대사의 보고가 적절하므로 그대로 시행하라는 내용과 함께 기고내용과 관련해 형을 마친 재일한국인 전원에 대해 재외퇴거를 명하는 것이 아니라 특히 범죄가 악질이거나 누범자에 한하고 있다는 점, '이 라인'의 거리

는 최대 199해리에 달하고 있다는 점, 청구권 문제에 관해 새로운 대상(代償)을 요구한 것이 아니라 새로운 요구를 대상으로 제기했다 등으로 정정하도록 지시함.

주제어 재일한국인 강제퇴거, '이 라인', 청구권

문서명	한일교섭 타결에 대한 국제적십자위원회에 대한 감사전보(日韓交渉妥結に付国際赤十字委員会に対する謝電)

문서파일번호 1877
작성연월일 1958. 1. 4
구분 제3~4차 회담 사이
세부항목 국제적십자사에 대한 사의 표명
작성처 외무성 미야케 심의관
매수 3
비밀등급 일반
문서종류 전문(電文)
공개구분 공개
내용 뉴델리에서 개최된 적십자사 국제회의에서 한일 간 교섭이 타결되도록 역할을 해준 국제적십자위원회에 감사의 뜻을 전하는 전문
주제어 적십자사 국제회의

문서명	다카노 총영사 귀국 건(高野総領事帰朝に関する件)

문서파일번호 1877
작성연월일 1958. 2. 14
구분 제3~4차 회담 사이
세부항목 한일회담 일본 대표 내정 통보
작성처 외무성 아시아국 제1과
매수 2
비밀등급 극비
문서종류 전문(電文)
공개구분 공개
내용 다카노(高野藤吉) 주캘커타총영사에게 한일회담 대표대리로 내정되었으니 귀국하라고 지시하는 전문
주제어 한일회담 일본 대표

문서명	한국 억류 어부의 제4차 송환 건(韓国抑留魚夫の第四次送還に関する件)

문서파일번호 1877
작성연월일 1958. 5. 13
구분 제4차 회담
세부항목 억류 일본어부 송환 관련 통보
작성처 외무성 북동아시아과
매수 1
비밀등급 일반
문서종류 전문(電文)
공개구분 공개
내용 주홍콩영사관을 통해 이타가키(板垣修) 아시아국장에게 일본어부 송환 관련 정보를 통보하는 전문. 1958년 5월 13일 유태하 공사가 차관에게 억류어부 122명을 2, 3일 내에 송환할 것임을 알려왔으며 명단은 5월 14일 개최되는 연락위원회 회의에서 전달할 것이라 함.
주제어 억류 일본어부 송환

문서명	소련 측으로부터 조선인 귀환 문제에 관한 남일 외상의 성명서 전달 건(ソ連より朝鮮人歸還問題に関する南日外相聲明書手交の件)

문서파일번호 1877
작성연월일 1958. 9. 20
구분 제4차 회담
세부항목 재일한국인 북송 문제, 남일 북한 외상 성명 관련 주소련대사 앞 전문
작성처 외무성 구아국 동구과
매수 1
비밀등급 일반
문서종류 전문(電文)
공개구분 공개
내용 1958년 9월 19일 주일소련대사관 참사관이 북한 측 의뢰로 재일한국인의 북한 귀환 문제에 관한 남일 외상의 성명서를 전달해 왔음을 주소련대사에게 통보하는 전문
주제어 재일한국인 북송 문제, 남일 북한 외상 성명

문서명	소련 측으로부터 전달받은 조선인 북한 귀환 문제에 관한 남일 외상의 성명서 건(ソ連より手交せる朝鮮人歸還問題に関する南日外相声明書の件)

문서파일번호 1877
작성연월일 1958. 9. 22
구분 제4차 회담
세부항목 재일한국인 북송 문제, 남일 북한 외상 성명 관련 주소련대사 앞 전문
작성처 외무성 구아국 동구과
매수 1
비밀등급 극비
문서종류 전문(電文)
공개구분 공개
내용 주소련대사에게 남일 외상 성명서를 후일 문제의 발단이 되지 않도록 소련 측에 반환했음을 통보하는 전문
주제어 재일한국인 북송 문제, 남일 북한 외상 성명

문서명	한일회담 및 북한 귀환 문제 건(日韓会談及び北鮮歸還問題に関する件)

문서파일번호 1877
작성연월일 1959. 7. 30
구분 제4차 회담
세부항목 재일한국인 북송 문제 관련 주스위스대사 앞 전문
작성처 외무성 북동아시아과
매수 2
비밀등급 일반
문서종류 전문(電文)
공개구분 공개
내용 주스위스대사에게 재일한국인 북송 문제 관련, 한국의 국제적십자사를 대상으로 한 움직임이 예상되므로 동 위원장을 만나 문제에 관한 일본입장을 설명하라고 지시하는 전문
주제어 재일한국인 북송 문제

문서명	한일회담 및 북한 귀환 문제 건(日韓会談及び北鮮歸還問題に関する件)

문서파일번호 1877
작성연월일 1959. 7. 30
구분 제4차 회담
세부항목 재일한국인 북송 문제 관련 주교황청대사 앞 전문
작성처 외무성 북동아시아과
매수 1
비밀등급 일반
문서종류 전문(電文)
공개구분 공개
내용 주교황청대사에게 재일한국인 북한 귀환 문제에 대해 설명하라고 지시하는 전문
주제어 재일한국인 북송 문제

문서명	한일회담 및 북한 귀환 문제 건(日韓会談及び北鮮歸還問題に関する件)

문서파일번호 1877
작성연월일 1959. 7. 30
구분 제4차 회담
세부항목 재일한국인 북송 문제 관련 주요공관장 앞 전문
작성처 외무성 북동아시아과
매수 2
비밀등급 일반
문서종류 전문(電文)
공개구분 공개
내용 주미대사 등 13개국 공관장에게 재일한국인 북한 귀환 문제와 관련 뉴델리 적십자사 국제회의에서의 한국 움직임 등을 통보하는 전문
주제어 재일한국인 북송 문제

문서명	한일회담 재개 건(日韓会談再開に関する件)

문서파일번호 1877
작성연월일 1959. 8. 1
구분 제4차 회담
세부항목 한일회담 재개 관련 주멕시코대사 앞 전문
작성처 외무성 북동아시아과
매수 1
비밀등급 일반
문서종류 전문(電文)
공개구분 공개
내용 기시(岸信介) 총리에게 제4차 한일회담 재개 관련 내용을 전달할 것을 지시하는 주멕시코대사 앞 전문
주제어 한일회담 재개

문서명	한일회담 재개 건(日韓会談再開に関する件)

문서파일번호 1877
작성연월일 1959. 8. 1
구분 제4차 회담
세부항목 한일회담 재개 관련 주요공관장 앞 통보 전문
작성처 외무성 북동아시아과
매수 1
비밀등급 일반
문서종류 전문(電文)
공개구분 공개
내용 주미대사 등 13개국 공관장에게 제4차 한일회담이 1959년 8월 12일 재개됨을 통보하는 전문
주제어 한일회담 재개

문서명	한일회담의 현상통보 건(日韓会談の現状通報の件)

문서파일번호 1877
작성연월일 1960. 3. 8
구분 제4차 회담
세부항목 한일회담 현 상황 관련 주요공관장 앞 전문
작성처 외무성 북동아시아과
매수 8
비밀등급 일반
문서종류 전문(電文)
공개구분 공개
내용 13개국 공관장에게 한일회담의 현 상황에 대해 통보하는 전문. 오무라 수용 한인 송환 문제, 한국 쌀의 대일 수출에 관한 한일교섭, 억류어부 문제에 관한 일본 국내(국회, 어부 가족, 수산업계 등) 움직임 등에 관한 내용이 기술되어 있음.
주제어 한일회담 현 상황, 억류자 상호 송환 문제, 한국 쌀 대일 수출

문서명	한일회담에 관한 주재국정부에 설명 훈령 건(日韓会談に関し任国政府に説明訓令の件)

문서파일번호 1877
작성연월일 1960. 3. 8
구분 제4차 회담
세부항목 한일회담 현 상황 관련 주요공관장 앞 전문
작성처 외무성 북동아시아과
매수 3
비밀등급 일반
문서종류 전문(電文)
공개구분 공개
내용 일본이 한일회담을 위해 최선을 다하고 있으며 회담이 성사되지 않을 경우의 계몽 선전을 위해 별전으로 한일회담 현 상황에 관해 통보한 내용을 11개국 정부와 유엔사무총장, 안보리 상임이사국 멤버, 적십자사 국제위원회 등에 설명하라는 전문.
주제어 한일회담 현 상황, 억류자 상호 송환 문제, 한국 쌀 대일 수출

문서명	한일회담 관련 유엔사무총장에의 제소에 관한 의견 훈령 건(日韓会談に関し国連事務総長に申入れ方訓令の件)

문서파일번호 1877
작성연월일 1960. 3. 8
구분 제4차 회담
세부항목 한일 문제 유엔 제소 관련 주유엔대사 앞 전문
작성처 외무성 북동아시아과
매수 2
비밀등급 일반
문서종류 전문(電文)
공개구분 공개
내용 국회 및 국내 여론의 요청에 의해 금후 상황에 따라 한일 문제의 유엔 제소 가능성이 적지 않은 상태이므로 이에 관한 주유엔대표부의 검토의견을 보고할 것을 지시하라는 주유엔대사 앞 전문
주제어 한일 문제 유엔 제소

문서명	한일회담에 관한 정보 송부 건(日韓会談に関する情報送付の件)

문서파일번호 1877
작성연월일 1960. 3. 11
구분 제4차 회담
세부항목 제4차 한일회담 진전 상황에 관한 주요공관장 앞 전문
작성처 외무성 북동아시아과
매수 3
비밀등급 일반
문서종류 전문(電文)
공개구분 공개
내용 16개국 공관장에게 한일회담 진전 상황을 통보하는 전문.
① 유태하 주일대표부 대사는 1960년 3월 9일 귀임하여 10일 이세키 국장과 만나 다음과 같이 언급함. (1) 형을 만료한 일본인어부와 오무라수용소의 한국인 불법 밀입국자의 상호 송환을 3월 말까지 실시함. (2) 한국 쌀의 대일 수출은 무역재개

문제와 관련해 별도 협의함. (3) 아직 형을 만료하지 않은 억류어부의 송환에 대해 문서로 약속할 수 없음.

② 일본으로서는 과거의 경우에 비추어 상호 송환이 실시될 때까지 한국의 태도를 지켜볼 것임. 한국 쌀은 한국이 상호 송환을 문서로 약속하고 실시하면 매입함.

③ 주일미국대사관의 내보에 따르면 미국이 최대한 한국을 설득하는 데 노력할 것이라고 함.

④ 이상의 정보를 적절히 계몽하기 바람.

주제어 제4차 한일회담 진전 상황

문서명	한일회담 관련 유엔 설명 건(日韓会談に関し国連へ説明の件)

문서파일번호 1877

작성연월일 1960. 3. 11

구분 제4차 회담

세부항목 한일 문제 유엔 설명 관련 주유엔대사 앞 전문

작성처 외무성 북동아시아과

매수 2

비밀등급 극비

문서종류 전문(電文)

공개구분 공개

내용 유엔 측에 대한 한일 문제 설명과 관련한 추가사항을 통보하는 주유엔대사 앞 전문. 한국 억류 일본인어부가 총 214명에 달한다는 내용이 기술됨.

주제어 한일 문제 유엔 설명

문서명	한일 문제 건(日韓問題に関する件)

문서파일번호 1877
작성연월일 1960. 3. 12
구분 제4차 회담
세부항목 한일 문제 중화민국 중재 관련 주중화민국대사 앞 전문
작성처 외무성 북동아시아과
매수 2
비밀등급 일반
문서종류 전문(電文)
공개구분 공개
내용 주중화민국 대사에게 한일 문제 관련 훈령을 보내는 전문. 1960년 3월 11일 이세키(伊關佑二郎) 국장은 오세영(吳世英) 주일중화민국공사에게 한일 문제의 상황을 설명하였으며, 이번에는 한국도 어부송환을 실행할 것으로 보이나 만일 실행하지 않으면 중화민국 측의 알선을 의뢰하라는 내용이 담김.
주제어 한일 문제 중화민국 중재

문서명	한일회담에 관한 정보 송부 건(日韓会談に関する情報送付の件)

문서파일번호 1877
작성연월일 1960. 3. 15
구분 제4차 회담
세부항목 한일 문제 진전 상황 공관 통보
작성처 외무성 북동아시아과
매수 3
비밀등급 일반
문서종류 전문(電文)
공개구분 공개
내용 주미 대사 등 4개국 공관장에게 한일 문제 진전 상황[1960년 3월 14일 이세키 · 유태하 비공식회담 및 제1차 한일연락위원회 회담 결과]을 통보하는 전문.
1. 오무라수용소의 한국인 송환은 3차에 걸쳐 실시, 제1차 수송선은 늦어도 월말까

지 한국에 도착. 한국은 확정 기일을 통보함.

2. 부산억류어부의 송환은 월말까지 실시, 송환선은 오무라 수용한국인 제1차 송환선이 부산에 도착한 날 출항.
3. 제2차 연락위원회 회담은 19일 개최, 송환자 명부 교환과 송환일시를 발표함. 한국은 3월 23일까지 한국쌀 대일 수출 문제에 대해 협의하고 싶다고 표명함.

주제어 한일 문제 진전 상황 공관 통보

문서명	한일회담에 관한 정보 송부 건(日韓会談に関する情報送付の件)

문서파일번호 1877

작성연월일 1960. 3. 19

구분 제4차 회담

세부항목 억류자 상호 송환 관련 주요공관장 앞 전문

작성처 외무성 북동아시아과

매수 3

비밀등급

문서종류 전문(電文)

공개구분 공개

내용 억류자 상호 송환에 관한 제2차 한일연락위원회의 발표내용을 16개국 공관장에 통보하는 전문.

① 한국은 형을 완료한 일본인어부 167명의 송환을 3월 31일 실시함.

② 일본은 오무라(大村) 한국인 불법입국자의 송환을 3차에 걸쳐 실시하고 제1차(344명)는 1960년 3월 28일, 제2차(344명)는 3월 31일, 제3차(미정)는 준비되는 대로 출항함.

③ 한국은 형기 미완료 일본인어부는 형이 완료되는 대로 송환하는 데 동의함.

주제어 억류자 상호 송환

문서명	한국 폭동 사건에 관한 정세판단 통보 건(韓国暴動事件に関する情勢判断通報の件)

문서파일번호 1877
작성연월일 1960. 4. 25
구분 제4~5차 회담 사이
세부항목 한국정세 관련 주요공관장 앞 전문
작성처 외무성 북동아시아과
매수 4
비밀등급 극비
문서종류 전문(電文)
공개구분 공개
내용 1960년 3월 15일 대통령선거 이후 한국의 국내정세, 이에 대한 미국의 반응, 북한의 움직임, 한일회담 관련 일본정부의 입장(한국정세가 안정된 이후 새로운 각도에서 회담의 재개를 고려) 등을 19개국 공관장에게 통보하는 전문
주제어 한국정세

문서명	한국정세 통보 건(韓国情勢通報の件)

문서파일번호 1877
작성연월일 1960. 4. 28
구분 제4~5차 회담 사이
세부항목 한국정세, 이승만 사임 관련 주요공관장 앞 전문
작성처 외무성 북동아시아과
매수 4
비밀등급 극비
문서종류 전문(電文)
공개구분 공개
내용 19개국 공관장에게 이승만 대통령의 사임 등 한국정세 추이 및 향후 전망 등에 관한 내용을 통보하는 전문
주제어 한국정세, 이승만 사임

문서명	제5차 한일전면회담 예비회담의 현황 및 전망 통보 건(第5次日韓全面会談予備会談の現況及び見通し通報の件)

문서파일번호 1877
작성연월일 1961. 3. 8
구분 제5차 회담
세부항목 제5차 한일회담 예비회담 경위, 전망 관련 주요공관장 앞 전문
작성처 외무성 북동아시아과
매수 3
비밀등급 극비
문서종류 전문(電文)
공개구분 공개
내용 16개국 공관장에게 제5차 한일회담 예비회담 경위 및 향후 전망에 관한 내용을 통보하는 전문
주제어 제5차 한일회담 예비회담 경위, 전망

문서명	한국에서의 군부쿠데타에 관한 정보판단 통보 건(韓国における軍部クーデターに関する情報判断通報の件)

문서파일번호 1877
작성연월일 1961. 5. 18
구분 제5차 회담
세부항목 한국 군부쿠데타 관련 주요공관장 앞 전문
작성처 외무성 북동아시아과
매수 5
비밀등급 비(秘)
문서종류 전문(電文)
공개구분 공개
내용 32개국 공관장에게 한국의 1961년 5월 16일 군부쿠데타에 관한 정보판단 내용(미국의 장면 정권 지지 입장 등)을 통보하는 전문
주제어 한국 군부쿠데타

문서명	한국정세 통보 건(韓国情勢通報の件)

문서파일번호 1877
작성연월일 1961. 5. 25
구분 제5~6차 회담 사이
세부항목 한국 군부쿠데타 이후 정세 관련 주요공관장 앞 전문
작성처 외무성 북동아시아과
매수 4
비밀등급 비(秘)
문서종류 전문(電文)
공개구분 공개
내용 31개국 공관장에게 한국의 군부쿠데타 이후 추이에 관한 내용을 통보하는 전문. 쿠데타는 일단 성공한 것으로 보이며, 향후 쿠데타 주동세력이 군사정권을 수립할 것인가 아니면 민간정부에 정권을 이양할 것인가가 주목됨. 미국은 한국에 대한 영향력을 고려, 금후의 정권이 민주주의의 원칙에 기초하여 온건중도의 선에서 크게 벗어나지 않을 것을 기대하면서 이러한 입장을 한국에 전달하고 있는 것으로 보임. 신 정권의 대일정책은 조각 직후 외무장관이 "대일관계의 정상화가 필요하다고 생각하며, 한일회담을 조기에 재개하고 싶다"는 뜻을 표명한 것 이외에는 없으니 신 정권이 이승만 시대와 마찬가지인 반일정책으로 돌아가지는 않을 것으로 판단됨. 일본으로서 아직 사태가 유동적이므로 당분간 "사태가 하루속히 정상화되기를 희망한다"는 입장을 표명함.
주제어 한국 군부쿠데타 이후 정세

문서명	그 후의 한국정세 통보 건(その後の韓国情勢通報の件)

문서파일번호 1877
작성연월일 1961. 6. 17
구분 제5~6차 회담 사이
세부항목 한국 군부쿠데타 이후 정세 관련 주요공관장 앞 전문
작성처 외무성 북동아시아과
매수 4

비밀등급 극비
문서종류 전문(電文)
공개구분 공개
내용 31개국 공관장에게 한국 군부쿠데타 이후의 정세에 관해 통보하는 전문. 1961년 6월 6일 국가재건비상조치법 제정, 6월 9일 최고회의상임위원장에 박정희 소장이 취임, 박 소장을 중심으로 한 지도체제가 확립된 것으로 보임. 경제면에서는 아직 구체적인 시책이 나오지 않고 있음. 한일관계에 있어서는 앞서 통보한 내용 이후 별다른 변화가 없는 상황임.
주제어 한국 군부쿠데타 이후 정세

문서명	한국에 관한 정세판단 통보 건(韓国に関する情勢判断通報の件)

문서파일번호 1877
작성연월일 1961. 8. 15
구분 제5~6차 회담 사이
세부항목 한국 군부쿠데타 이후 정세 관련 주요공관장 앞 전문
작성처 외무성 북동아시아과
매수 4
비밀등급 극비
문서종류 전문(電文)
공개구분 공개
내용 31개국 공관장에게 한국정세 추이를 통보하는 전문. 미국이 한국에 대해 조기 민정이양을 촉구하고 있는 것으로 보임. 한일회담에 관해서는 일본으로서는 '한국이 재개 신청을 하면 응한다'는 기본입장을 유지하고 있음. 한국으로부터 곧 재개의사 표시가 있을 것으로 보임.
주제어 한국 군부쿠데타 이후 정세

문서명	한일회담 건(日韓会談に関する件)

문서파일번호 1877
작성연월일 1961. 9. 22
구분 제5~6차 회담 사이
세부항목 한일회담 재개 관련 주미, 유엔대사 앞 전문
작성처 외무성 북동아시아과
매수 2
비밀등급 극비
문서종류 전문(電文)
공개구분 공개
내용 주미, 주유엔대사에게 한일회담 재개에 관해 통보하는 전문. 1961년 9월 21일 이세키 국장·이동환 주일공사 간 회담에서 한일회담은 10월 10일 재개하기로 하고 9월 25일 이세키·이동환 회담이 끝난 후 공식 발표키로 함. 9월 25일 회담 시 일본은 박정희 의장이 방미 길에 이케다(池田勇人) 총리 회담을 위해 일본에 들를 의사가 있다면 정식 초청장을 보내겠다는 뜻을 전달할 예정임.
주제어 한일회담 재개

문서명	최근의 한일관계 통보 건(最近の日韓関係通報の件)

문서파일번호 1877
작성연월일 1961. 11. 7
구분 제6차 회담
세부항목 최근 한일관계
작성처 외무성 북동아시아과
매수 4
비밀등급 극비
문서종류 전문(電文)
공개구분 공개
내용 31개국 공관장에게 최근 한일관계에 관한 내용을 통보하는 전문. 1961년 9월 상순 김유택 경제기획원장 방일, 10월 20일부터 제6차 한일회담 시작, 10월 말 김종필 중앙정보부장 방일(박정희 의장 방일을 위해 일본에서 총리를 대신한 확실한 인물이 방한, 박·이케다 회담을 성공적으로 이끌 수 있도록 사전 정지작업 희망 표명), 11월 2~4일 스기(杉道助) 수

석대표를 서울에 파견, 박정희 의장은 11월 11일 하네다 도착, 1박 후 12일 미국향발 예정임.

주제어 최근 한일관계

문서명	한일회담의 최근 정세통보 건(日韓会談の最近の情勢通報の件)

문서파일번호 1877
작성연월일 1962. 1. 23
구분 제6차 회담
세부항목 제6차 한일회담 진전사항 관련 주요공관장 앞 전문
작성처 외무성 북동아시아과
매수 3
비밀등급 극비
문서종류 전문(電文)
공개구분 공개
내용 31개국 공관장에게 최근 한일회담 현황을 통보하는 전문. 1962년 1월 17일 양국 수석대표 비공식회담을 통해 일본 중의원 예산심의 종료 직후 한일 현안 타결을 위한 정치회담(교섭)을 개최하고, 각 위원회별 실무협의는 계속 진행하기로 함.
주제어 제6차 한일회담 진전사항

문서명	오히라 대신·김 정보부장 회담 개요 통보 건(大平大臣、金情報部長会談概要通報の件)

문서파일번호 1877
작성연월일 1962. 11. 13
구분 제6차 회담
세부항목 오히라·김종필 회담결과 보고 전문(주영대사 경유)
작성처 외무성 우라베참사관(卜部參事官)
매수 4
비밀등급 특비(特秘)
문서종류 전문(電文)
공개구분 공개
내용 주영대사를 통해 영국 방문 중인 이케다 총리에게 오리하(大平正芳) 외상과 김종필 한국 중앙정보부장 간 1962년 11월 12일 개최된 회담내용을 특급비밀로 통보하는

전문. 청구권 문제는 한국의 금액 제시가 있었으며, 한국안이 성의 있는 것으로 보이나 아직 일본과 입장차가 있어 양국 정상의 지시를 받기로 함(금액은 보고내용에 포함되지 않음). 어업은 한국도 신속히 협정안을 제시하기로 함. 기본관계, 어업, 법적지위, 선박의 각 문제에 대해 한국의 기본적인 견해 표명이 있었으나, 추상적인 단계라 금후 구체안 협의가 필요함. 독도 문제에 관해서는 김 부장은 국제사법재판소에 제출하면 2, 3년 후 승패가 확실한 판결이 나오겠지만 양국 국교상 적절하지 못하며, 제3국(미국을 염두에 둔 것으로 보임)의 조정에 맡기기를 희망함. 제3국은 한일 간 구체적 관계를 고려하면서 조정의 타이밍 및 내용을 탄력적으로 검토할 수 있을 것이라 말함. 향후 진행방식과 관련, 청구권관계 처리의 금액 이외의 사항은 모두 예비교섭에서 논의를 촉진, 연내에 모든 문제의 대략적인 합의에 도달한다는 것을 목표로 하기로 함.

주제어 오히라·김종필 회담 결과

문서명	한일회담 현상에 대해 영국 측에의 설명 건(日韓会談の現状につき英側への説明に関する件)

문서파일번호 1877
작성연월일 1963. 7. 2
구분 제6차 회담
세부항목 김용식 장관 영국방문, 한일회담 현황, 한일관계 관련 주영대사 앞 전문
작성처 외무성 북동아시아과
매수 4
비밀등급 극비
문서종류 전문(電文)
공개구분 일부비공개
내용 주영대사에게 한일회담 현 상황에 대한 내용을 통보하는 전문.

① 주일영국대사관 ▬서기관은 1963년 7월 1일 아시아국 참사관을 내방해 흄 외상이 방영하는 김용식 한국 외무부장관을 오찬에 초대했다며 한일회담의 현황에 대해 질문함.

② 주영대사는 흄 외상에게 한일회담의 상황을 충분히 인식시키고 김 장관 방영 시 한일관계의 조기 정상화를 위해 국제적 경향을 반영하고 있는 일본 제안을 받아들이도록 알선을 의뢰하기 바람.

주제어 김용식 장관 영국 방문, 한일회담 현황, 한일관계

문서명	한일회담 현상에 대해 영국에 설명하는 건(日韓会談の現状につき英側への説明に関する件)

문서파일번호 1877
작성연월일 1963. 7. 5
구분 제6차 회담
세부항목 어업 관련 주영대사 앞 전문
작성처 외무성 북동아시아과
매수 5
비밀등급 일반
문서종류 전문(電文)
공개구분 공개
내용 주영대사의 문의(어업 문제로 추정)에 대해 최근 어업교섭 현황을 통보하는 전문. 어업위원회 회의에서 어업전관수역을 놓고 40해리를 주장하는 한국에 대해 일본은 12해리 원칙 입장은 절대 물러설 수 없다고 강조. 어업 문제가 김 장관의 방일시점까지 타결될지는 한국이 일본의 입장에 크게 양보하느냐에 달려 있음.
주제어 어업

문서명	김 특사의 발언 건(金特使の発言に関する件)

문서파일번호 1877
작성연월일 1963. 3. 23
구분 제6차 회담
세부항목 특정인의 발언에 관한 사항 관련 주중화민국대사 앞 전문
작성처 외무성 북동아시아과
매수 1
비밀등급 특비(特秘)
문서종류 전문(電文)
공개구분 공개
내용 주중화민국대사의 김 특사(누군지 불분명) 발언 관련 보고에 대한 본성의 지시 전문. 이 건은 중화민국 측의 일본에 대한 신경전의 일부이거나, 또는 일본 일부의 의도적 책동에 다름 아닌 것으로 생각되니, 다니 마사오카(谷正綱)가 일본 누구에게 말했는지를 포함, 추가 정보를 보고하라는 내용임.
주제어 특정인의 발언에 관한 사항

문서명	한일회담에 관한 대 독일 신청(훈령)[日韓会談に関する対独申入れ(訓令)]

문서파일번호 1877
작성연월일 1964. 12. 4
구분 제7차 회담
세부항목 박정희 독일 방문, 한일회담 조기 타결 독일 알선 관련 주독일대사 앞 지시전문
작성처 외무성 북동아시아과
매수 4
비밀등급 극비
문서종류 전문(電文)
공개구분 공개
내용 박정희 대통령의 독일 방문 시 독일정부 수뇌가 박 대통령에게 "독일정부의 희망의 형태로" 한일회담의 조기 타결 희망 발언을 해줄 것을 요청하라고 주독일대사에게 지시하는 전문
주제어 박정희 독일 방문, 한일회담 조기 타결, 독일 알선

문서명	한일 문제에 관한 독일정부에 대한 사의 표명에 대해서(日韓問題に関し独政府に対する謝意表明について)

문서파일번호 1877
작성연월일 1964. 12. 17
구분 제7차 회담
세부항목 독일정부의 협조에 대한 사의 표명 지시 전문
작성처 외무성 북동아시아과
매수 2
비밀등급 극비
문서종류 전문(電文)
공개구분 공개
내용 박대통령의 독일 방문 시 독일 측이 협조해 준 데 대한 사의 표명을 지시하는 주독일대사 앞 전문
주제어 박정희 독일 방문, 한일회담 조기 타결, 독일 알선

문서명	기시 특사파견 관련 한일교섭의 현황에 대한 브리핑에 대해서(훈령) [岸特派大使に対する日韓交渉の現状についてのブリーフィングについて(訓令)]

문서파일번호 1877
작성연월일 1965. 1. 28
구분 제7차 회담
세부항목 정일권·기시 회담 한일회담 현황 관련 주영국대사 앞 전문
작성처 외무성 북동아시아과
매수 2
비밀등급 극비
문서종류 전문(電文)
공개구분 공개
내용 처칠 씨의 장례식 참석을 위해 방영하는 정일권 국무총리가 일본 기시(岸信介) 특사와 회담을 희망하고 있으므로, 기시 특사에게 한일회담 현황을 잘 설명하라고 지시하는 주영대사 앞 전문
주제어 정일권·기시 회담, 한일회담 현황

문서명	한일어업 농림장관 회담의 진척상황(통보) [日韓漁業農相会談の進捗状況(通報)]

문서파일번호 1877
작성연월일 1965. 3. 8
구분 제7차 회담
세부항목 2차 한일농상회담 결과 주요공관장 통보 전문
작성처 외무성 북동아시아과
매수 4
비밀등급 극비
문서종류 전문(電文)
공개구분 공개
내용 주미, 영 대사 및 마에다(前田利一) 서울주재 조사관에게 1965년 3월 3일 개최된 제2차 한일어업 농상회담 내용을 통보하는 전문
주제어 어업, 제2차 한일농상회담

문서명	한일회담의 청구권, 어업, 법적지위에 관한 합의사항의 이니셜에 대해서(日韓会談の請求権、漁業、法的地位に関する合意事項のイニシャルについて)

문서파일번호 1877
작성연월일 1965. 4. 3
구분 제7차 회담
세부항목 청구권, 어업, 재일한국인 법적지위 합의사항 이니셜 관련 주요공관장 통보 전문
작성처 외무성 북동아시아과
매수 2
비밀등급 일반
문서종류 전문(電文)
공개구분 공개
내용 주미, 영, 독, 불, 유엔대사 및 서울주재 조사관에게 1965년 4월 3일 시나(椎名悦三郎) 외무대신·이동원 외무장관 간 청구권, 어업, 법적지위에 관한 합의사항에 이니셜이 이루어졌음을 통보하는 전문
주제어 청구권, 어업, 재일한국인 법적지위에 관한 합의사항 이니셜

문서명	한일교섭의 준비(日韓交渉の段取り)

문서파일번호 1877
작성연월일 1965. 6. 4
구분 제7차 회담
세부항목 한일회담 진전사항 관련 주요공관장 통보 전문
작성처 외무성 북동아시아과
매수 2
비밀등급 극비
문서종류 전문(電文)
공개구분 공개
내용 주미, 영 대사 및 마에다 서울주재 조사관에게 한일교섭의 진척사항을 통보하는 전문. 외무대신의 알제리 출발일인 6월 22일 이전에 타결을 목표로 교섭에 임하고 있으며, 어업, 재일한국인 법적지위, 청구권 및 경제협력, 문화재 반환 문제에 대한 교섭 진전사항이 기술되어 있음.
주제어 한일회담 진전사항, 어업, 재일한국인 법적지위, 청구권 및 경제협력, 문화재 반환

문서명	한일어업교섭(통보)[日韓漁業交渉(通報)]

문서파일번호	1877
작성연월일	1965. 6. 9
구분	제7차 회담
세부항목	어업 관련 주요공관장 통보 전문
작성처	외무성 북동아시아과
매수	2
비밀등급	극비
문서종류	전문(電文)
공개구분	공개
내용	주미, 영 대사 및 마에다 서울주재 조사관에게 어업교섭 진척사항을 통보하는 전문. 한일어업교섭은 1965년 6월 6~8일까지 하코네(箱根)에서 열려 협정 유효기간, 직선기선 문제 등 정치적 해결을 요하는 점을 제외하고 협정안 작성 작업을 거의 완료함.
주제어	어업

문서명	한일어업교섭 현황의 미국 통보[日韓漁業交渉の現状の米側への通報(通報)]

문서파일번호	1877
작성연월일	1965. 6. 11
구분	제7차 회담
세부항목	어업 관련 주요공관장 통보 전문
작성처	외무성 북동아시아과
매수	3
비밀등급	극비
문서종류	전문(電文)
공개구분	공개
내용	주미, 영 대사 및 마에다 서울주재 조사관에게 1965년 6월 11일 우시로쿠(後宮虎郎) 국장과 주일미국대사관 에머슨(John K. Emmerson) 공사 간 회담결과를 통보하는 전문. 우시로쿠 국장은 에머슨에게 한일교섭의 현황, 특히 어업 문제에 관해 설명함.
주제어	어업

문서명	한일 제 협정의 조인에 대해서(日韓諸協定の調印について)

문서파일번호 1877
작성연월일 1965. 6. 22
구분 제7차 회담
세부항목 한일협정 조인 관련 주요공관장 통보 전문
작성처 외무성 북동아시아과
매수 2
비밀등급 일반
문서종류 전문(電文)
공개구분 공개
내용 주미, 영, 독, 불, 유엔대사 및 서울주재 조사관에게 1965년 6월 22일 한일 간 기본관계조약 및 4개 협정에 조인이 이루어졌음을 통보하는 전문
주제어 한일협정 조인

문서명	한일회담 타결에 즈음하여 사의 표명(日韓会談妥結にあたり謝意表明)

문서파일번호 1877
작성연월일 1965. 6. 23
구분 한일협정 체결 후
세부항목 한일교섭 노고 사의 표명 관련 주요공관장 앞 전문
작성처 외무성 북동아시아과
매수 2
비밀등급
문서종류 전문(電文)
공개구분 공개
내용 주이태리(나카가와)대사, 네덜란드(이세키)대사, 인도(이타가키)대사, 이집트(와지마)대사(한일회담 교섭에 참여한 역대 아시아국장 출신 대사)에게 한일교섭 노고에 사의를 표명하는 전문
주제어 한일교섭 노고 사의 표명

제16부

고노 라인을 통한 한일 비공식 교섭
(1965. 1)

한일 비공식 절충 건(고노 라인의 접촉에 대하여)[日韓非公式折衝に関する件(河野ラインのコンタクトについて)]

문서파일번호	추가 2
문서명	한일 비공식 절충 건(고노 라인의 접촉에 대하여)[日韓非公式折衝に関する件(河野ラインのコンタクトについて)]
작성연월일	1965. 1. 6
구분	제7차 회담
세부항목	고노 라인을 통한 비공식 교섭
작성처	외무성 북동아시아과
매수	5
비밀등급	극비
문서종류	내부문서
공개구분	공개
내용	한일 비공식 교섭(고노 라인 접촉)에 관하여 우노 소스케(宇野宗佑) 의원이 우시로쿠 도라오(後宮虎郎) 국장에게 언급한 사항을 정리한 문서. 한국은 시나 에쓰사부로(椎名悅三郞) 외상 방한 전에 고노 이치로(河野一郞) 국무대신이 방한, 정일권 총리가 방일하여 도쿄에서 사토 에사쿠(佐藤榮作) - 정일권 회담을 개최할 생각이었음. 하지만 이는 성사되지 않았고, 김종락*이 일본을 방문하여 고노를 두 번 만났으며 오노 의원에게 한일회담에 관한 정 총리의 안을 설명함.
주제어	어업

* 김종락(1920~2013)

한일 비공식 절충 건(고노 라인의 접촉에 대하여) [日韓非公式折衝に関する件(河野ラインのコンタクトについて)]

문서파일번호	추가 3
문서명	한일 비공식 절충 건(고노 라인의 접촉에 대하여)[日韓非公式折衝に関する件(河野ラインのコンタクトについて)]
작성연월일	1965. 1. 13
구분	제7차 회담
세부항목	고노 라인을 통한 비공식 교섭, 우노 방한
작성처	외무성 북동아시아과
매수	10
비밀등급	극비
문서종류	내부문서
공개구분	공개
내용	우노 소스케 의원이 1965년 1월 12일 히로세 다쓰오(広瀬達夫) 아시아국장 대리에게 자신의 최근 방한 결과에 관해 설명한 내용을 정리한 문서. 1965년 1월 10일에 방한하여 당일과 12일에 정일권 총리 등 한국과 기본관계 문제, 어업 문제를 비롯한 한일회담 의제에 관한 일본의 입장을 설명함. 김종락이 1월 13일 고노 이치로 대신을 만날 예정이라 함.
주제어	기본관계, 어업, 청구권, 문화재 반환, 선박 반환, 독도 문제, 재일한국인 법적 지위

고노 대신이 요코다 차관에게 비공식 언급(한일교섭에 관한 부분)[河野大臣の横田次官に対する内話(日韓交渉に 關する部分)]

문서파일번호	추가 4
문서명	고노 대신이 요코다 차관에게 비공식 언급(한일교섭에 관한 부분)[河野大臣の横田次官に対する内話(日韓交渉に 關する部分)]
작성연월일	1965. 1. 13
구분	제7차 회담
세부항목	고노 라인을 통한 비공식 교섭, 김종락 일본 방문
작성처	외무성 북동아시아과
매수	2
비밀등급	극비
문서종류	내부문서
공개구분	일부비공개
내용	고노 이치로 대신이 요코다 다키오(横田多喜夫) 차관에게 언급한 내용 중 한일교섭에 관한 부분을 기록한 문서. 김종락이 가져온 한국의 어업 관련 회답이 납득이 갈 만한 것이라면, 호시지마 니로(星島二郎) 의원을 방한시킬 생각임.
주제어	어업

한일 비공식 절충 건(고노 라인의 접촉에 대하여) [日韓非公式折衝に関する件(河野ラインのコンタクトについて)]

문서파일번호	추가 5
문서명	한일 비공식 절충 건(고노 라인의 접촉에 대하여)[日韓非公式折衝に関する件(河野ラインのコンタクトについて)]
작성연월일	1965. 1. 13
구분	제7차 회담
세부항목	고노 라인을 통한 비공식 교섭, 우노 방한
작성처	외무성 북동아시아과
매수	6
비밀등급	극비
문서종류	내부문서
공개구분	공개
내용	우노 소스케 의원이 히로세 다쓰오 아시아국장 대리에게 자신의 최근 방한 결과에 관해 설명한 내용을 정리한 문서의 타이핑본. 문서파일번호 추가 2와 동일함.
주제어	기본관계, 어업, 청구권, 문화재 반환, 선박 반환, 독도 문제, 재일한국인 법적 지위

한일 비공식 절충 건(고노 라인의 접촉에 대하여)(3)[日韓非公式折衝に関する件(河野ラインのコンタクトについて)(3)]

문서파일번호	추가 6
작성연월일	1965. 1. 14
구분	제7차 회담
세부항목	고노 라인을 통한 비공식 교섭, 김종락 일본 방문
작성처	외무성 북동아시아과
매수	9
비밀등급	
문서종류	내부문서, 내부자료
공개구분	공개
내용	우노 소스케 의원에게 청취한 김종락 방일 협의 결과를 기록한 문서와 김종락이 지참한 한일회담 관련 한국 입장이 담긴 문서(별첨)
주제어	기본관계, 어업, 청구권, 문화재 반환, 선박 반환, 독도 문제, 재일한국인 법적지위

문서명	한일 비공식 절충 건(고노 라인의 접촉에 대하여)(3)[日韓非公式折衝に関する件(河野ラインのコンタクトについて)(3)]

문서파일번호 추가 6
작성연월일 1965. 1. 14
구분 제7차 회담
세부항목 고노 라인을 통한 비공식 교섭, 김종락 일본 방문
작성처 외무성 북동아시아과
매수 7
비밀등급 극비
문서종류 내부문서
공개구분 공개
내용 우노 소스케 의원에게 청취한 김종락 방일 협의 결과를 기록한 문서. 한국의 회담 의제에 관한 입장이 담긴 메모를 가지고 1월 13일 일본을 방문한 김종락이 우노 의원에게 한일회담 의제별 한국 입장을 설명하였음. 고노 이치로 대신은 전화로 김종락과 통화하였음. 김동조 대사가 방한하여 대통령과 총리에게 자신을 건너뛰어 별도의 비공식 채널로 일본과 교섭하는 문제에 이의를 제기하였으나, 정일권 총리가 대사는 훈령에 따라 교섭에 임하면 된다는 식으로 이야기하였다고 함. 한편, 고노 대신은 호시지마 니로(星島二郎) 의원을 단장으로 한 의원단을 방한시킬 생각임.
주제어 기본관계, 어업, 청구권, 문화재 반환

문서명	별지(別紙)

문서파일번호 추가 6
작성연월일 1965. 1. 14
구분 제7차 회담
세부항목 고노 라인을 통한 비공식 교섭, 김종락 일본 방문
작성처 외무성 북동아시아과
매수 2
비밀등급 일반
문서종류 내부자료
공개구분 공개
내용 김종락이 지참한 메모를 타이핑한 문서
주제어 기본관계, 어업, 청구권, 재일한국인 법적지위

한일 비공식 절충 건(4)
[日韓非公式折衝に関する件(4)]

문서파일번호	추가 7
문서명	한일 비공식 절충 건(4)[日韓非公式折衝に関する件(4)]
작성연월일	1965. 1. 22
구분	제7차 회담
세부항목	고노 라인을 통한 비공식 교섭, 김종락 일본 방문
작성처	외무성 북동아시아과
매수	6
비밀등급	극비
문서종류	내부문서
공개구분	공개
내용	우노 소스케 의원이 1965년 1월 21일 김종락의 방일과 관련한 진전사항을 우시로쿠 도라오 국장에게 설명한 내용이 기록된 문서. 한국이 일본이 만족할 만한 안을 제시한다면, 일본이 한국에게 연락하여 호시지마 니로 의원의 방한 초대장을 부탁할 것이고, 이것이 실현된다면 이후의 한일회담은 자동적으로 진전될 것임. 이로써 김종락은 임무를 마치고 귀국하는 것이 됨. 고노 이치로 대신이 1월 21일 김종락을 만날 것이므로 그전에 외무성이 한국안을 검토하여 결과를 알려 주기 바람.
주제어	어업

제목 없음(김종락과 우노 소스케의 비공식회담)

문서파일번호	추가 8
문서명	제목 없음
작성연월일	1965. 1. 13
구분	제7차 회담
세부항목	고노 라인을 통한 비공식 교섭, 김종락 일본 방문
작성처	김종락
매수	5
비밀등급	일반
문서종류	내부문서
공개구분	공개
내용	김종락이 방일하여 1965년 1월 13일 우노 소스케 의원을 만났을 때 전달한 한일회담 의제별 한국 입장이 담긴 메모
주제어	어업, 독도 문제, 청구권, 재일한국인 법적지위

한일 비공식 절충 건
(日韓非公式折衝に関する件)

문서파일번호	추가 9
문서명	한일 비공식 절충 건(日韓非公式折衝に関する件)
작성연월일	1965. 1. 26
구분	제7차 회담
세부항목	고노 라인을 통한 비공식 교섭, 김종락 방일
작성처	외무성 북동아시아과
매수	26
비밀등급	극비
문서종류	내부문서
공개구분	공개
내용	우노 소스케 의원이 시나 에쓰사부로 외상에게 고노 라인을 통한 한국과의 비공식 교섭 경위와 그 결과를 설명한 내용이 담긴 문서. 어업, 독도 문제(김종락은 제3국에 의한 조정 방안을 일본이 검토해 줄 것 을 요청) 등에 관한 교섭 내용이 담겨 있음.
주제어	어업, 독도 문제, 문화재 반환, 재일한국인 법적지위

제목 없음(비공식 라인에 전달된 의제별 일본 입장)

문서파일번호	추가 10
작성연월일	1965. 1(일자 불명)
구분	제7차 회담
세부항목	김종락 방일, 한일회담 의제별 일본 입장
작성처	외무성 북동아시아과
매수	36
비밀등급	
문서종류	내부문서
공개구분	공개 또는 일부비공개
내용	김종락의 일본 방문 시 한국에 전달하기 위하여 작성한 것으로 보이는 한일회담 의제별 일본 입장이 담긴 문서. 총 4차례에 걸쳐 주요 의제별 입장이 수기로 정리되어 있음.
주제어	한일 비공식 교섭

문서명	기본관계(1. 基本関係)

문서파일번호 추가 10
작성연월일 1965. 1(일자 불명)
구분 제7차 회담
세부항목 한일회담 의제별 일본 입장
작성처 외무성 북동아시아과
매수 1
비밀등급 극비
문서종류 내부문서
공개구분 공개
내용 기본관계, 구 조약 무효, 평화선, 한국정부의 행정관할권 문제, 독도에 관한 일본의 기본적인 입장이 간략하게 서술됨. 독도에 관해서는 국교정상화 전에 최종 해결을 위한 앞으로의 과정을 문서화할 방침임을 제시함.
주제어 기본관계

문서명	어업 문제(2. 漁業問題)

문서파일번호 추가 10
작성연월일 1965. 1(일자 불명)
구분 제7차 회담
세부항목 한일회담 의제별 일본 입장
작성처 외무성 북동아시아과
매수 2
비밀등급 극비
문서종류 내부문서
공개구분 공개
내용 아카기 무네노리(赤城宗徳) 농림대신 · 원용석 농림장관 회담의 합의사항을 출발점으로 한다는 방침을 제시하고 한국의 일방적 관할권, 공동규제수역, 도쿄도선(東經度線) 문제, 공동규제 선박 수, E수역, 어업협력에 대한 일본의 입장을 간략하게 정리
주제어 어업

문서명	(별지) 공동규제 척수[(別紙) 共同規制隻数]

문서파일번호 추가 10
작성연월일 1965. 1(일자 불명)
구분 제7차 회담
세부항목 한일회담 의제별 일본 입장
작성처 외무성 북동아시아과
매수 1
비밀등급 극비
문서종류 내부문서
공개구분 공개
내용 저인예망, 그물망, 고등어 및 농어잡이, 기타 항목에 따라 한일 간 공동규제 선박 척수 기술
주제어 어업

문서명	청구권 문제(3. 請求権問題)

문서파일번호 추가 10
작성연월일 1965. 1(일자 불명)
구분 제7차 회담
세부항목 한일회담 의제별 일본 입장
작성처 외무성 북동아시아과
매수 1
비밀등급 극비
문서종류 내부문서
공개구분 공개
내용 청구권 문제는 오히라 마사요시(大平正芳)·김종필 합의를 확인하고 한국 대일청구권은 이걸로 완전히 해결됨. 한국에 대한 일본의 청구권으로서 나포 선박에 관한 청구권, 국유 선박의 반환에 관한 청구권이 있음. 문화재에 관해서는 한일문화협력으로서 일본정부가 국유문화재를 증여하고 민간이 기부하는 형식으로 대처
주제어 청구권·경제협력

문서명	재일한국인의 법적지위(4. 在日韓国人の法的地位)

문서파일번호	추가 10
작성연월일	1965. 1(일자 불명)
구분	제7차 회담
세부항목	한일회담 의제별 일본 입장
작성처	외무성 북동아시아과
매수	1
비밀등급	극비
문서종류	내부문서
공개구분	공개
내용	재일한국인 법적지위 문제는 이미 계획한 내용으로 합의를 보고자 함.
주제어	재일한국인 법적지위

문서명	어업 문제(2. 漁業問題)

문서파일번호	추가 10
작성연월일	1965. 1(일자 불명)
구분	제7차 회담
세부항목	한일회담 의제별 일본 입장
작성처	외무성 북동아시아과
매수	2
비밀등급	극비
문서종류	내부문서
공개구분	공개
내용	어업 문제에 관하여 재차 작성한 문서. 아카기 무네노리(赤城宗德)·원용석 장관 회담의 합의사항, 한국의 일방적 관할권, 공동규제수역, 공동규제 선박 수, E수역에 관한 일본의 입장이 간략히 정리되어 있음. 한국이 일본의 입장을 받아들이면 도쿄 도선에 관해서 충분히 고려할 생각이며, 어업협력은 상업 베이스에 의해 민간신용 공여로 할 것임.
주제어	어업

문서명	제2문서 기본관계(第二文書 基本関係)

문서파일번호 추가 10
작성연월일 1965. 1(일자 불명)
구분 제7차 회담
세부항목 한일회담 의제별 일본 입장
작성처 외무성 북동아시아과
매수 2
비밀등급 일반
문서종류 내부문서
공개구분 일부비공개
내용 한일회담 의제별 일본 입장 제2차 문서 기본관계 부분. 합의 내용을 확인한 후 결정할 방침이며. 구 조약의 원천무효를 명문화하기 어렵지만 타협점을 찾을 의향 있음. '이승만 라인' 문제는 기본관계에서 처리하지 않음. 행정권 관련 유엔결의를 존중한다는 뜻을 밝히고 제한적이면서 적절한 표현으로 대처할 것. 독도 문제는 국교정상화 이후 최종 해결을 위한 앞으로의 과정을 정해 두어야 함.
주제어 기본관계

문서명	제2문서 어업 문제(第二文書 漁業問題)

문서파일번호 추가 10
작성연월일 1965. 1(일자 불명)
구분 제7차 회담
세부항목 한일회담 의제별 일본 입장
작성처 외무성 북동아시아과
매수 1
비밀등급 일반
문서종류 내부문서
공개구분 공개
내용 한일회담 의제별 기본 입장 제2차 문서 어업부분. 공동규제수역에서 조업하는 일본 어선에 대한 조업 허가증(라이센스), 입장료 및 한국의 일방적 관리권은 수용할 수 없음. 그 외 E수역 및 어업협력에 관한 일본 입장이 정리되어 있음.
주제어 어업

문서명	제2문서 청구권 문제(第二文書 請求權問題)

문서파일번호 추가 10
작성연월일 1965. 1(일자 불명)
구분 제7차 회담
세부항목 한일회담 의제별 일본 입장
작성처 외무성 북동아시아과
매수 3
비밀등급
문서종류 내부문서
공개구분 공개
내용 한일회담 의제별 기본 입장 제2차 문서 청구권 부분. 오히라 마사요시·김종필 합의에 따라 청구권 문제를 처리하고 이것으로 일반청구권뿐만 아니라 선박, 문화재 등 한국의 대일청구권은 완전히 해결됨. 국유문화재 증여, 나포 선박 및 국유선박에 대한 일본의 청구권, 선박 문제 해결과 나포 어선 문제의 연관성을 정리
주제어 청구권·경제협력

문서명	제3문서 기본관계(第三文書 基本関係)

문서파일번호 추가 10
작성연월일 1965. 1(일자 불명)
구분 제7차 회담
세부항목 한일회담 의제별 일본 입장
작성처 외무성 북동아시아과
매수 1
비밀등급 일반
문서종류 내부문서
공개구분 일부비공개
내용 한일회담 의제별 기본 입장 제3차 문서 기본관계 부분. 한일 양국 간에 실질적으로 견해 차이가 없다고 평가함.
주제어 기본관계

문서명	어업 문제(第三文書 漁業問題)

문서파일번호 추가 10
작성연월일 1965. 1(일자 불명)
구분 제7차 회담
세부항목 한일회담 의제별 일본 입장
작성처 외무성 북동아시아과
매수 2
비밀등급 일반
문서종류 내부문서
공개구분 공개
내용 한일회담 의제별 기본 입장 제3차 문서 어업 부분. 공동규제수역에서 출어 어선의 선박 수를 제한하는 기준에 관해 일본은 조업실적을 존중할 것을 강력히 요망함. 출어 어선 수는 공동위원회의 과학적 자원조사 결과에 따라 적절히 수정, 변경할 용의가 있음. 그리고 공동규제수역에서 조업하는 일본어선의 조업허가증(라이센스), 입장료, 한국의 일방적 관리에 대한 일본의 입장을 한국이 충분히 고려할 의사를 보였다고 평가
주제어 어업

문서명	(별지) 공동규제 척수[(別紙) 共同規制隻数]

문서파일번호 추가 10
작성연월일 1965. 1(일자 불명)
구분 제7차 회담
세부항목 한일회담 의제별 일본 입장
작성처 외무성 북동아시아과
매수 2
비밀등급 일반
문서종류 내부문서
공개구분 공개
내용 저인예망, 그물망, 고등어 및 농어잡이, 기타 항목에 따라 한일 간 공동규제 선박 척수가 기록된 별첨 문서
주제어 어업

문서명	제3문서 청구권 문제(第三文書 請求權問題)

문서파일번호 추가 10
작성연월일 1965. 1(일자 불명)
구분 제7차 회담
세부항목 한일회담 의제별 일본 입장
작성처 외무성 북동아시아과
매수 2
비밀등급 일반
문서종류 내부문서
공개구분 공개
내용 한일회담 의제별 기본 입장 제3차 문서 청구권 부분. 오히라 마사요시·김종필 합의에 따라 청구권 문제를 처리하고 이것으로 일반청구권뿐만 아니라 선박, 문화재 등 한국의 대일청구권은 완전히 해결됨. 일본은 나포 어선에 관한 청구권과 국유선박 반환 청구권을 가지고 있음.
주제어 청구권·경제협력

문서명	제4문서 1. 기본관계(第四文書 1. 基本關係)

문서파일번호 추가 10
작성연월일 1965. 1(일자 불명)
구분 제7차 회담
세부항목 한일회담 의제별 일본 입장
작성처 외무성 북동아시아과
매수 1
비밀등급 극비
문서종류 내부문서
공개구분 공개
내용 한일회담 의제별 기본 입장 제4차 문서 기본관계 부분. 구 조약의 효력, 평화선, 한국정부의 행정관할권 문제, 독도에 관한 일본의 기본적인 입장이 간략하게 서술. 독도에 관해서는 국교정상화 전에 최종 해결을 향한 앞으로의 과정을 정해두고 문서화할 방침임.
주제어 기본관계

문서명	제4문서 2. 어업 문제(第四文書 2. 漁業問題)

문서파일번호 추가 10
작성연월일 1965. 1(일자 불명)
구분 제7차 회담
세부항목 한일회담 의제별 일본 입장
작성처 외무성 북동아시아과
매수 2
비밀등급 극비
문서종류 내부문서
공개구분 공개
내용 한일회담 의제별 기본 입장 제4차 문서 어업 부분. 아카기 무네노리·원용석 장관 회담의 합의사항을 출발점으로 한다는 방침을 제시하고 한국의 일방적 관할권, 공동규제수역, 도쿄도선 문제, 공동규제 선박 수, E수역, 어업협력에 대한 일본의 입장이 간략하게 정리
주제어 어업

문서명	(별지) 공동 규제 척수[(別紙) 共同規制隻数]

문서파일번호 추가 10
작성연월일 1965. 1(일자 불명)
구분 제7차 회담
세부항목 한일회담 의제별 일본 입장
작성처 외무성 북동아시아과
매수 2
비밀등급 극비
문서종류 내부문서
공개구분 공개
내용 저인예망, 그물망, 고등어 및 농어잡이, 기타 어업 항목에 따라 한일 간 공동규제 선박 척수가 기록된 별첨 문서
주제어 어업

문서명	제4문서 3. 청구권 문제(第四文書 3. 請求権問題)

문서파일번호 추가 10
작성연월일 1965. 1(일자 불명)
구분 제7차 회담
세부항목 한일회담 의제별 일본 입장
작성처 외무성 북동아시아과
매수 1
비밀등급 극비
문서종류 내부문서
공개구분 공개
내용 한일회담 의제별 기본 입장 제4차 문서 청구권 부분. 일본은 청구권 문제는 오히라 마사요시·김종필 합의를 확인하고 한국의 대일청구권은 이것으로 완전히 해결됨. 한국에 대한 일본의 청구권으로 나포 선박에 관한 청구권, 국유선박의 반환에 관한 청구권이 있다고 명기. 문화재 문제는 한일문화협력으로 일본정부가 국유 문화재를 증여하고 민간이 기부하는 형식으로 대처할 방침임.
주제어 청구권·경제협력

문서명	제4문서 4. 재일한국인의 법적지위(第四文書 4. 在日韓国人の法的地位)

문서파일번호 추가 10
작성연월일 1965. 1(일자 불명)
구분 제7차 회담
세부항목 한일회담 의제별 일본 입장
작성처 외무성 북동아시아과
매수 1
비밀등급 극비
문서종류 내부문서
공개구분 공개
내용 한일회담 의제별 기본 입장 제4차 문서 재일한국인 법적지위 부분. 재일한국인 문제는 기존에 계획한 내용으로 합의를 보고자 함.
주제어 재일한국인 법적지위

문서명	제4문서 어업협력안(第四文書 漁業協力案)

문서파일번호	추가 10
작성연월일	1965. 1(일자 불명)
구분	제7차 회담
세부항목	한일회담 의제별 일본 입장
작성처	외무성 북동아시아과
매수	2
비밀등급	극비
문서종류	내부문서
공개구분	공개
내용	한일회담 의제별 기본 입장 제4차 문서 어업협력안. 1~4차년도까지 제조가공 시설, 제망공장, 어업무선, 디젤 기관, 트롤선 등의 항목에 따라 어업협력 금액과 선박 수가 기록되어 있음. 그 외 전체금액, 기한, 조건, 계약 방식을 간략히 서술
주제어	어업, 어업협력

구답설명
(口答説明)

문서파일번호	추가 11
작성연월일	1965. 1(일자 불명)
구분	제7차 회담
세부항목	김종락 방일, 한일회담 의제별 일본 입장
작성처	외무성
매수	7
비밀등급	
문서종류	내부문서
공개구분	공개 또는 일부비공개
내용	김종락의 일본 방문 시 협의용으로 작성한 것으로 보이는 한일회담 의제별 일본 입장 문서
주제어	한일 비공식 교섭

문서명	구답설명(口答說明)

문서파일번호 추가 11
작성연월일 1965. 1(일자 불명)
구분 제7차 회담
세부항목 한일회담 의제별 일본 입장
작성처 외무성
매수 2
비밀등급 일반
문서종류 내부문서
공개구분 일부비공개
내용 기본관계에 관해 일본은 한국과 국교를 맺는 한 당연히 북한과 외교관계를 맺지 않을 것이라는 입장임. 어업 문제에 대해서는 한국에 의한 허가증, 입어료 취득은 '이승만 라인'의 묵시적 인정으로 이어지기에 반대하지만 조약상 '이승만 라인'을 건드리지 않는 것은 가능. 법적지위에 관해 한국은 강제퇴거 범위를 확장하려 하고 영주권 증여 범위를 중요시함.
주제어 기본관계, 어업, 독도, 재일한국인 법적지위

문서명	구두설명(口頭說明)

문서파일번호 추가 11
작성연월일 1965. 1(일자 불명)
구분 제7차 회담
세부항목 한일회담 의제별 일본 입장
작성처 외무성
매수 2
비밀등급
문서종류 내부문서
공개구분 일부비공개
내용 기본관계, 어업 문제, 법적지위 문제에 대해 정리한 앞의 문서를 타이핑한 것
주제어 기본관계, 어업, 독도, 재일한국인 법적지위

문서명	한일회담 여러 현안의 개요(日韓会談諸懸案の概要)

문서파일번호	추가 11
작성연월일	1965. 1(일자 불명)
구분	제7차 회담
세부항목	한일 현안 개요
작성처	외무성
매수	3
비밀등급	일반
문서종류	내부문서
공개구분	공개
내용	기본관계, 어업, 청구권 및 경제협력. 재일한국인 법적지위, 선박, 문화재, 독도 문제에 대해 간단하게 설명하고 세부 이슈를 정리
주제어	기본관계, 어업, 청구권·경협, 재일한국인 법적지위, 선박 반환, 문화재 반환, 독도

한일회담 일본 입장
(日韓会談における日本側の立場)

문서파일번호	추가 12
문서명	한일회담 일본 입장(日韓会談における日本側の立場)
작성연월일	1965(월일 불명)
구분	제7차 회담
세부항목	한일회담에서의 일본 입장
작성처	외무성
매수	8
비밀등급	극비
문서종류	내부문서
공개구분	공개
내용	김종락과의 비공식 교섭을 염두에 두고 작성한 것으로 보이는 한일회담에 임하는 일본의 기본입장 문서. 기본관계(공동선언 형식, 구 조약 무효 확인, 한국정부의 관할권과 유엔 결의), 어업 문제[아카기 무네노리(赤城宗徳)·원용석 회담 성과, 한국의 일방적 관할권, 한국에 의한 제주도와 본토의 직선기선 요구, 공동규제조치에 대한 방침, 어업협력], 청구권 문제[오히라 마사요시·김종필 합의, 문화재 증여], 재일한국인 법적지위 문제(영주권 부여 범위, 협정영주권자의 강제퇴거), 독도 문제에 대한 일본 입장이 정리되어 있음.
주제어	기본관계, 어업, 청구권·경협, 재일한국인 법적지위, 선박 반환, 문화재 반환, 독도

한일회담 일본 입장(안)
[日韓会談における日本側の立場(案)]

문서파일번호	추가 13
문서명	한일회담 일본 입장(안)[日韓会談における日本側の立場(案)]
작성연월일	1965. 1. 7
구분	제7차 회담
세부항목	한일회담에서의 일본 입장
작성처	외무성 북동아시아과
매수	13
비밀등급	극비
문서종류	내부문서
공개구분	일부비공개
내용	문서파일번호 추가 12 문서와 동일한 목적(김종락과의 비공식 교섭 대비)으로 작성한 것으로 보이는 한일회담에서의 일본 입장 문서. 문서파일번호 추가 12 문서와 대부분 동일한 내용이 반복되지만 약간 차이가 있음. 예를 들어 기본관계 문제에서 일정 기간 동안 북일 교류를 중지하겠다고 한국에게 약속하는 것은 할 수 없다고 주장하는 부분이 있음. 그리고 청구권과 문화재 부분에서 추가 12 문서와 동일 내용이 반복되다가 후반부가 먹칠되어 있음.
주제어	기본관계, 어업, 청구권·경협, 재일한국인 법적지위, 선박 반환, 문화재 반환, 독도

제17부

시이나 외상 한국 방문
(1965. 2. 17~ 2. 20)

시나 외상 방한에 관한 왕복친서
(椎名外相訪韓に関する往復親書)

문서파일번호	1325
작성연월일	1964. 11. 23 - 1965. 1. 27
구분	한일협정 체결 후
세부항목	시나 외상 방한 관련 서한
작성처	외무성, 한국 외무부
매수	6
비밀등급	
문서종류	재가 문서, 외교공한
공개구분	공개 또는 일부비공개
내용	한일조약 등 비준서 교환을 위한 시나 외상 방한과 관련한 한국 초청서신에 대한 일본 답신 등 모음
주제어	시나 외상 방한 관련 서한

문서명	이 한국 외무부장관이 시나 대신에게 보낸 방한 초청장에 대한 시나 대신의 답신(안) [李韓国外務部長官より椎名大臣あての訪韓招請状に対する椎名大臣の返簡(案)]

문서파일번호 1325
작성연월일 1965. 1. 27
구분 한일협정 체결 후
세부항목 시나 외상 답신
작성처 외무성 북동아시아과
매수 1
비밀등급 일반
문서종류 재가 문서
공개구분 공개
내용 이동원 외무장관의 방한 초청에 대한 시나 에쓰사부로 외상 답신(안) 재가 문서
주제어 시나 외상 답신

문서명	제목 없음

문서파일번호 1325
작성연월일 1964. 11. 23
구분 한일협정 체결 후
세부항목 이동원 장관 초청 서한
작성처 한국 외무부
매수 1
비밀등급 일반
문서종류 외교공한
공개구분 일부비공개
내용 이동원 장관이 시나 에쓰사부로외상에게 보낸 방한 초청 서한
주제어 이동원 장관 초청 서한

문서명	제목 없음

문서파일번호	1325
작성연월일	1964. 11. 28
구분	한일협정 체결 후
세부항목	시나 외상 답신
작성처	외무성 북동아시아과
매수	1
비밀등급	일반
문서종류	외교공한
공개구분	공개
내용	시나 에쓰사부로 외상의 답신 서한(영문)
주제어	시나 외상 답신

문서명	시나 대신이 이동원 장관에게 보내는 서한(椎名外務大臣発李東元長官あて書簡)

문서파일번호	1325
작성연월일	1965. 1. 27
구분	한일협정 체결 후
세부항목	시나 외상 서한
작성처	외무성 북동아시아과
매수	3
비밀등급	극비
문서종류	외교공한
공개구분	공개
내용	시나 에쓰사부로 외상이 이동원 장관에게 보낸 서한
주제어	시나 외상 서한

시나 외상 방한 일정 등
(椎名外相訪韓日程等)

문서파일번호	1326
작성연월일	1965. 1. 27
구분	제7차 회담
세부항목	시나 외상 방한
작성처	외무성
매수	7
비밀등급	
문서종류	내부자료
공개구분	공개
내용	시나 에쓰사부로 외상의 1965년 2월 17~20일 방한 의전 관련 문서 모음
주제어	시나 외상 방한

문서명	시나 대신 방한 복장·출석자 등 일람표(椎名大臣訪韓服装·出席者等一覧表)

문서파일번호	1326
작성연월일	1965. 1. 27
구분	제7차 회담
세부항목	시나 외상 방한
작성처	외무성
매수	2
비밀등급	일반
문서종류	내부자료
공개구분	공개
내용	시나 에쓰사부로 외상의 1965년 2월 방한 시 복장, 양측 행사 참석자 등이 정리된 표
주제어	시나 외상 방한, 의전

문서명	시나 대신 방한 수행자 명부(椎名大臣訪韓随行者名簿)

문서파일번호	1326
작성연월일	1965. 2. 17
구분	제7차 회담
세부항목	시나 외상 방한 수행원 명부
작성처	외무성
매수	1
비밀등급	일반
문서종류	내부자료
공개구분	공개
내용	시나 에쓰사부로 외상의 1965년 2월 방한 시 수행원 명부
주제어	시나 외상 방한, 수행원 명부

문서명	김포공항 행사(金浦空港行事)

문서파일번호	1326
작성연월일	1965. 2. 17
구분	제7차 회담
세부항목	시나 외상 방한
작성처	외무성
매수	4
비밀등급	비(秘)
문서종류	내부자료
공개구분	공개
내용	시나 에쓰사부로 외상의 1965년 2월 방한 시 김포공항 행사 내용
주제어	시나 외상 방한, 공항 의전

당면의 한일 여러 현안의 처리 건
(当面の日韓諸懸案の取扱振りに関する件)

문서파일번호	1327
문서명	당면의 한일 여러 현안의 처리 건(当面の日韓諸懸案の取扱振りに関する件)
작성연월일	1965. 2. 9
구분	제7차 회담
세부항목	한일 당면현안
작성처	외무성 아시아국
매수	7
비밀등급	극비
문서종류	내부문서
공개구분	공개
내용	시나 에쓰사부로 외상의 1965년 2월 방한에 즈음하여 한일회담(청구권, 어업, 법적지위) 및 한일회담 외의 현안(농상회담, 서울사무소 설치, 무역회담)에 관하여 정리한 문서
주제어	청구권·경제협력, 어업, 재일한국인 법적지위, 농상회담, 서울사무소 개설, 무역회담

기자회견용 상정 문답집(대신 방한용)
[記者会見用想定問答集(大臣訪韓用)]

문서파일번호	1328
문서명	기자회견용 상정 문답집(대신 방한용)[記者会見用想定問答集(大臣訪韓用)]
작성연월일	1965. 2. 10
구분	제7차 회담
세부항목	시나 외상 방한 기자회견 문답집
작성처	외무성 북동아시아과
매수	45
비밀등급	비(秘)
문서종류	내부자료
공개구분	공개
내용	1965년 2월 시나 에쓰사부로 외상 방한과 관련하여 작성한 기자회견용 문답집
주제어	시나 외상 방한

공동성명
(共同声明)

문서파일번호	1331
작성연월일	1965. 2. 16 - 1965. 2. 20
구분	제7차 회담
세부항목	시나 외상 방한
작성처	외무성 북동아시아과, 한국대표부
매수	23
비밀등급	
문서종류	공동성명안, 공동성명문안
공개구분	공개
내용	시나 에쓰사부로 외상 방한(1965년 2월 17~20일)에 즈음하여 발표된 한일 양국 공동성명(공동 성명)
주제어	시나 외상 방한, 한일공동성명

문서명	공동성명(안)[共同声明(案)]

문서파일번호 1331
작성연월일 1965. 2. 16
구분 제7차 회담
세부항목 시나 외상 방한
작성처 외무성 북동아시아과
매수 9
비밀등급 극비
문서종류 공동성명문안
공개구분 공개
내용 시나 에쓰사부로 외상 방한에 따른 한일 양국 공동성명문 일본안
주제어 시나 외상 방한, 공동성명안

문서명	(가안) 공동성명(仮案 共同声明)

문서파일번호 1331
작성연월일 1965. 2. 20
구분 제7차 회담
세부항목 시나 외상 방한
작성처 한국대표부(일본 가역)
매수 6
비밀등급 극비
문서종류 공동성명문안
공개구분 공개
내용 시나 에쓰사부로 외상 방한에 따른 한일 양국 공동성명문 한국안
주제어 시나 외상 방한, 공동성명문안

문서명	한일 공동성명(日韓共同コミュニケ)

문서파일번호 1331
작성연월일 1965. 2. 20
구분 제7차 회담
세부항목 시나 외상 방한
작성처 외무성 북동아시아과
매수 4
비밀등급 일반
문서종류 공동성명
공개구분 공개
내용 실제 발표된 시나 에쓰사부로 외상 방한에 따른 한일 양국 공동성명(공동성명)
주제어 시나 외상 방한, 공동성명

문서명	공동성명(JOINT COMMUNIQUE)

문서파일번호 1331
작성연월일 1965. 2. 20
구분 제7차 회담
세부항목 시나 외상 방한
작성처 외무성 북동아시아과
매수 4
비밀등급 일반
문서종류 공동성명
공개구분 공개
내용 실제 발표된 시나 에쓰사부로 외상 방한에 따른 한일 양국 공동성명(공동성명) 영문본
주제어 시나 외상 방한, 공동성명

시나 외무대신의 방한에 관한 신문 논조
(椎名外務大臣の訪韓に関する新聞論調)

문서파일번호	1332
작성연월일	1965. 2. 23 - 1965. 3. 1
구분	제7차 회담
세부항목	시나 외상 방한
작성처	외무성
매수	21
비밀등급	
문서종류	내부자료
공개구분	공개
내용	1965년 2월 시나 에쓰사부로 외상 방한과 관련한 일본 국내 언론 및 한국 언론 논조를 정리한 문서
주제어	시나 외상 방한 언론 보도 논조

문서명	시나 외무대신의 방한과 한일기본관계조약 가조인에 관한 한국 각 신문의 논조 (椎名外務大臣の訪韓と日韓基本条約仮調印に関する韓国各紙の論調)

문서파일번호	1332
작성연월일	1965. 2. 23
구분	제7차 회담
세부항목	시나 외상 방한
작성처	외무성 북동아시아과
매수	11
비밀등급	일반
문서종류	내부자료
공개구분	공개
내용	1965년 2월 시나 에쓰사부로 외상 방한과 관련한 한국 언론 논조를 정리
주제어	시나 외상 방한, 한국 언론 보도 논조

문서명	시나 외무대신의 방한에 관한 신문 논조(1965. 2. 17~2. 23)[椎名外務大臣の訪韓に関する新聞論調(40. 2. 17~2. 23)]

문서파일번호	1332
작성연월일	1965. 3. 1
구분	제7차 회담
세부항목	시나 외상 방한
작성처	외무성 국내홍보과
매수	10
비밀등급	
문서종류	내부자료
공개구분	공개
내용	1965년 2월 시나 에쓰사부로 외상 방한과 관련한 일본 국내 언론 논조를 정리
주제어	시나 외상 방한, 일본 언론 보도 논조

시나 외무대신 한국 방문 시 논의기록
(椎名外務大臣韓国訪問の際の討議記録)

문서파일번호	1329
작성연월일	1965. 2. 25
구분	제7차 회담
세부항목	시나 외상 방한 시 한국 인사들 회담, 협의 기록
작성처	외무성 북동아시아과
매수	73
비밀등급	
문서종류	회의록, 내부문서
공개구분	공개
내용	1965년 2월 17~20일까지 한국을 방문한 시나 에쓰사부로 외상이 한국 인사들 회담 시 논의한 기록
주제어	시나 외상 방한 , 한국 인사들 회담

문서명	1. 이동원 외무부장관 예방(1. 李東元外務部長官えの表敬訪問)

문서파일번호 1329
작성연월일 1965. 2. 25
구분 제7차 회담
세부항목 시나 외상 방한, 이동원 장관 예방
작성처 외무성 북동아시아과
매수 2
비밀등급 극비
문서종류 회의록
공개구분 공개
내용 1965년 2월 17일 시나 에쓰사부로 외상이 이동원 외무장관 예방 시 환담 기록. 이 장관은 시나 외상이 숙소에 도착하기까지 불쾌한 상황이 전개된 데 대해 사과의 뜻을 표하고, 시나 외상이 공항에서 발표한 성명은 한국인의 마음속에 남아 있는 감정을 충분히 고려한 것이라고 평가함. 시나 외상은 환영의 뜻에 감사하면서 일본 국민 모두 과거의 불행했던 기간에 대해서는 충분히 반성하고 호혜 평등의 입장에서 국교정상화 교섭 타결을 희망하고 있다고 말함.
주제어 시나 외상 방한, 이동원 장관 예방

문서명	2. 정일권 국무총리에 대한 예방(2. 丁一権国務総理に対する表敬訪問)

문서파일번호 1329
작성연월일 1965. 2. 25
구분 제7차 회담
세부항목 시나 외상 방한, 정일권 총리 예방
작성처 외무성 북동아시아과
매수 4
비밀등급 극비
문서종류 회의록
공개구분 공개
내용 1965년 2월 17일 시나 에쓰사부로 외상이 정일권 국무총리 예방 시 환담 기록. 정 총리는 환영의 뜻을 표한 뒤, 어민들의 반일감정, 야당 측의 오히라 마사요시·김종필 메모 파기 주장에 관해 언급함. 시나 외상은 솔직한 의견에 사의표명 후 정 총리의 협력을 얻어 교섭의 조기 타결을 이루어 낼 수 있기를 바란다고 함.
주제어 시나 외상 방한, 정일권 총리 예방

문서명	3. 장 국무부총리 예방(3. 張国務副総理に対する表敬訪問)

문서파일번호 1329
작성연월일 1965. 2. 25
구분 제7차 회담
세부항목 시나 외상 방한, 장기영 부총리 예방
작성처 외무성 북동아시아과
매수 3
비밀등급 극비
문서종류 회의록
공개구분 공개
내용 1965년 2월 17일 시나 에쓰사부로 외상이 장기영 부총리 예방 시 환담 기록. 장 부총리는 울산비료공장, 한국의 무역자유화 조치, 한일무역 개선 방안, 일본으로부터의 2천만 달러 원조, 한국 쌀의 수출, 가공무역 활성화 등에 관해 언급함.
주제어 시나 외상 방한, 장기영 부총리 예방

문서명	4. 국회의장 및 부의장 방문(4. 国会議長および副議長訪問)

문서파일번호 1329
작성연월일 1965. 2. 25
구분 제7차 회담
세부항목 시나 외상 방한, 이효상 국회의장·나용균 부의장 예방
작성처 외무성 북동아시아과
매수 3
비밀등급 극비
문서종류 회의록
공개구분 공개
내용 1965년 2월 18일 시나 에쓰사부로 외상이 이효상 국회의장 및 나용균 부의장 예방 시 환담 기록. 이 의장은 일본과의 국교정상화가 한국에 그치지 않고 나중에 한반도 전체와 이루어지길 바란다고 언급함. 나 부의장은 시나 외상의 금번 방한이 단순한 친선방문이 아닌 한국 국민의 마음을 만족시킬 수 있게 되기를 바란다고 하고 판문점 방문을 권유함.
주제어 시나 외상 방한, 이효상 국회의장·나용균 부의장 예방

문서명	5. 시나 대신·이 장관 제1회 회담(5. 椎名大臣·李長官の第1回会談)

문서파일번호 1329
작성연월일 1965. 2. 25
구분 第7차 회담
세부항목 시나 외상 방한, 제1회 한일외무장관 회담
작성처 외무성 북동아시아과
매수 24
비밀등급 극비
문서종류 회의록
공개구분 공개
내용 1965년 2월 18일 개최된 시나 에쓰사부로 외상·이동원 외무장관 제1회 회담 기록. 양측은 미국의 존슨 대통령 취임, 중공의 핵실험, 베트남 전쟁 등 국제정세, 한국의 베트남 파병 문제 등에 관해 의견을 나눈 후, 한일회담 관련 기본조약의 문안에 관하여 논의함. 통상 문제 및 기본관계조약 분구 조성에 관한 별도 협의를 위해 참석자 일부가 빠져 나간 후 양측(이 장관, 김동조 주일대사, 시나 외상만 남은 상황)은 어업 문제에 관한 농상회담 등과 관련해 논의함.
주제어 시나 외상 방한, 외무장관 회담

문서명	6. 제1회 외상회담에서 한일회담에 관한 부분의 논의 개요(6. 第1回外相会談における日韓会談に関する部分の討議の概要)

문서파일번호 1329
작성연월일 1965. 2. 25
구분 第7차 회담
세부항목 시나 외상 방한, 제1회 한일외무장관 회담, 한일회담 부분 논의
작성처 외무성 북동아시아과
매수 10
비밀등급 극비
문서종류 회의록
공개구분 공개
내용 1965년 2월 18일 개최된 시나 에쓰사부로 외상·이동원 외무장관 제1회 회담에

서의 한일회담 관련 부분 논의기록. 양측은 기본관계조약과 관련해 ① 전문의 recalling(회상하고) 부분 ② the only lawful government(유일한 합법정부) 조항 표현 ③ null and void(무효) 조항의 표현 ④ 통상항해조항 및 해저전선에 관한 양해사항 등에 이견이 남아 있음을 확인한 후 이에 관해 협의함.

주제어 시나 외상 방한, 외무장관 회담

문서명	7. 시나 대신·이 장관 제2회 회담(7. 椎名大臣·李長官第2回会談)

문서파일번호 1329

작성연월일 1965. 2. 25

구분 제7차 회담

세부항목 시나 외상 방한, 제2회 외무장관 회담

작성처 외무성 북동아시아과

매수 16

비밀등급 극비

문서종류 회의록

공개구분 공개

내용 1965년 2월 19일 개최된 시나 에쓰사부로 외상·이동원 외무장관 제2회 회담 기록. 양측은 기본관계조약 문구 교섭에 진전이 있었음을 긍정적으로 평가한 뒤, 청구권 문제, 재일한국인 법적지위, 선박, 문화재 문제, 어업 등 한일회담 전반에 걸쳐 진행 상황을 점검함. 시나 외상은 여러 가지 현안이 남아 있으나 가장 중요한 것은 어업이라면서 출어 척수, 기선의 획선 방법 이외에 어업협력자금이 가장 어려운 문제라고 함. 문화재와 관련해서는 정부소유 문화재는 문제가 없으나 개인소장품은 어렵다면서 헌법 문제를 야기할 우려가 있다고 함. 시나 외상은 이 장관의 일본 방문을 초청함.

주제어 시나 외상 방한, 외무장관 회담

문서명	8. 시나 에쓰사부로 대신·정 국무총리 회담(8. 椎名大臣·丁総理会談)

문서파일번호 1329
작성연월일 1965. 2. 25
구분 제7차 회담
세부항목 시나 외상 방한, 정 일권 총리 회담, 제3회 외무장관 회담
작성처 외무성 북동아시아과
매수 8
비밀등급 극비
문서종류 회의록
공개구분 공개
내용 1965년 2월 20일 정일권 총리와 시나 에쓰사부로 외상의 회담 기록. 정 총리는 기본관계조약 가서명이 가능토록 한 시나 외상의 노고를 평가함. 시나 외상은 주한일본대표부 설치에 대한 배려를 요청함. 정 총리는 대표부 설치에 반대하지 않으나 시기적으로 야당 반대 등이 있어 교섭 타결까지 기다릴 필요가 있다고 함. 추기: 양측은 시나 외상과 정 총리 회담 후 제3회 외무장관 회담을 개최하기로 하고 외무장관실로 이동했으나, 실질적인 논의에 들어가지 않고 다음 스케줄을 확인 후 회담을 종료함. 12시 정 총리 주최 오찬, 14시 기본조약 가서명, 14시 20분 공동기자회견.
주제어 시나 외상 방한, 정일권 총리 회담, 외무장관 회담

문서명	제목 없음

문서파일번호 1329
작성연월일 1965. 2. 25
구분 제7차 회담
세부항목 시나 외상 방한, 기본관계조약 가서명 승인 문서
작성처 외무성 북동아시아과
매수 1
비밀등급 극비
문서종류 내부문서
공개구분 공개
내용 1965년 2월 20일 한일기본관계에 관한 조약에 가서명함을 양해(승인)한다는 내용의 문서
주제어 시나 외상 방한, 기본관계조약 가서명

시나 외무대신 일행 방한 시의 한일경제관계에 대한 회담 요지(椎名外務大臣一行の訪韓の際における日韓経済関係についての会談要旨)

문서파일번호	1330 (총 8건의 문서가 하나의 화일로 묶여져 있으며, 각각 개별 문건으로 처리함.)
작성연월일	1965. 2. 26
구분	제7차 회담
세부항목	시나 외상 방한 시 경제 관련 논의
작성처	외무성 경제국 가토 기록(加藤 記)
매수	27
비밀등급	
문서종류	회의록, 공동성명안
공개구분	공개 또는 일부비공개
내용	1965년 2월 17~20일 시나 에쓰사부로 외상의 한국 방문 기간 중 양측 인사의 경제 관련 회담 요지를 기록한 문서와 공동성명 경제 관련 부분 문안이 담긴 문서
주제어	시나 외상 방한, 경제 관련 논의

문서명	I. 시나 에쓰사부로 대신·장 부총리 예방 시의 회담 요지(Ⅰ. 椎名大臣、張副総理表敬の際の会談要旨)

문서파일번호 1330
작성연월일 1965. 2. 26
구분 제7차 회담
세부항목 시나 외상 방한, 장기영 부총리 예방
작성처 외무성 경제국 가토 기록
매수 6
비밀등급 극비
문서종류 회의록
공개구분 일부비공개
내용 1965년 2월 17일 시나 에쓰사부로 외상의 장기영 부총리 예방 시 환담 내용을 경제국 가토 다다오(加藤匡夫) 차장이 기록한 문서
주제어 시나 외상 방한, 장기영 부총리 예방

문서명	II. 시나 대신과 이 외무부장관 제1회 회담에서의 발언 요지(Ⅱ. 椎名大臣と李外務部長官との第1回会談における発言要旨)

문서파일번호 1330
작성연월일 1965. 2. 26
구분 제7차 회담
세부항목 시나 외상 방한, 제1회 외무장관 회담 경제부분
작성처 외무성 경제국 가토 기록
매수 1
비밀등급 극비
문서종류 회의록
공개구분 공개
내용 1965년 2월 17일 시나 에쓰사부로 외상 · 이동원 외무장관 제1회 회담 내용 중 경제국 가토 다다오 차장이 경제관계를 중심으로 기록한 문서. 시나 외상이 중공과 정경분리의 원칙에 기초하여 무역을 한다는 방침임을 설명하자, 이 장관은 일본의 정경분리에 대해 한국은 다소 이의가 있다면서, 자유진영 대 공산권의 이념적, 정치적 관계와 현실적, 경제적 이해관계를 어떻게 조화시킬까 하는 것은 실제 문제로서 쉽지 않을 것으로 생각한다고 말함.
주제어 시나 외상 방한

문서명	Ⅲ. 가토 경제국 차장, 아카자와 통산성 경제협력부장과 문 외무부차관, 전 외무부 통상국장 회담 요지(Ⅲ. 加藤次長、赤沢通産相経済協力部長と文外務部次官、全同部通商局長との会談要旨)

문서파일번호 1330
작성연월일 1965. 2. 26
구분 제7차 회담
세부항목 시나 외상 방한 시 경제 관련 논의
작성처 외무성 경제국 가토 기록
매수 12
비밀등급 극비
문서종류 회의록
공개구분 공개
내용 1965년 18일 및 20일 양일에 걸쳐 가토 다다오 외무성 경제국 차장, 아카자와 쇼이치(赤沢璋一) 통산성 경제협력부장, 문덕주 외무차관, 전상진 통상국장 간에 개최된 회담 기록. 한일무역회담을 중심으로 양국 간 통상 문제가 논의됨.
주제어 시나 외상 방한

문서명	Ⅳ. 한일공동성명에 관한 논의 경위 요지(Ⅳ. 日韓共同コミュニケについての討議要旨)

문서파일번호 1330
작성연월일 1965. 2. 26
구분 제7차 회담
세부항목 시나 외상 방한, 공동성명 경제 관련 부분
작성처 외무성 경제국 가토 기록
매수 2
비밀등급 극비
문서종류 회의록
공개구분
내용 시나 에쓰사부로 외상 방한 시 양국 공동성명문안 작성 논의 경위 기록. 한국이 무역불균형 표현을 포함시킬 것을 주장, 일본이 '보다 균형 있는 기초 위에서 상호 간 무역확대를 위해 긴밀히 협력'으로 타협안을 제시, 합의됨.
주제어 시나 외상 방한, 공동성명 경제 관련 부분

문서명	별첨1. 공동성명(안) 일본안[別添1 共同声明(案)(日本側案)]

문서파일번호 1330
작성연월일 1965. 2. 26
구분 제7차 회담
세부항목 시나 외상 방한, 공동성명 경제 관련 부분
작성처 외무성 경제국 가토 기록
매수 1
비밀등급 일반
문서종류 공동성명안
공개구분 공개
내용 일본이 1965년 2월 15일 자로 제시한 시나 에쓰사부로 외상 방한 시의 한일공동성명안 통상 관련 부분
주제어 시나 외상 방한, 공동성명 경제 관련 부분

문서명	별첨2. 한일 공동성명(한국안)[別添2 日韓共同コミュニケ(韓国側案)]

문서파일번호 1330
작성연월일 1965. 2. 26
구분 제7차 회담
세부항목 시나 외상 방한, 공동성명 경제 관련 부분
작성처 외무성 경제국 가토 기록
매수 1
비밀등급 일반
문서종류 공동성명안
공개구분 공개
내용 시나 에쓰사부로 외상 방한시의 한일공동성명 통상 관련 부분 한국안(영문). 한국은 무역불균형(trade imbalance)을 포함시킬 것을 주장함.
주제어 시나 외상 방한, 공동성명 경제 관련 부분

문서명	별첨3. 공동성명(안) 일본안[別添3 共同声明(案)(日本側対案)]

문서파일번호 1330
작성연월일 1965. 2. 26
구분 제7차 회담
세부항목 시나 외상 방한, 공동성명 경제 관련 부분
작성처 외무성 경제국 가토 기록
매수 1
비밀등급 일반
문서종류 공동성명안
공개구분 공개
내용 한일공동성명 통상 관련 부분 일본의 대안
주제어 시나 외상 방한, 공동성명 경제 관련 부분

문서명	별첨4. 공동성명(안)[別添4 共同声明(Draft)]

문서파일번호 1330
작성연월일 1965. 2. 26
구분 제7차 회담
세부항목 시나 외상 방한, 공동성명 통상 관련 부분
작성처 외무성 경제국 가토 기록
매수 1
비밀등급 일반
문서종류 공동성명안
공개구분 공개
내용 양국 간에 합의된 한일공동성명 통상 관련 부분안
주제어 시나 외상 방한, 공동성명 통상 관련 부분

시나 외무대신 방한과 한일기본조약 가조인에 관한 한국 각지의 논조(椎名外務大臣の訪韓と日韓基本条約仮調印に関する韓国各紙の論調)

문서파일번호	204
문서명	시나 외무대신 방한과 한일기본조약 가조인에 관한 한국 각지의 논조(椎名外務大臣の訪韓と日韓基本条約仮調印に関する韓国各紙の論調)
작성연월일	1965. 3. 1
구분	제7차 회담
세부항목	한국 언론 논조
작성처	외무성 북동아시아과
매수	11
비밀등급	일반
문서종류	내부자료
공개구분	공개
내용	1965년 2월 17일 시나 에쓰사부로 외무대신 방한과 2월 20일 한일기본조약 가조인(이니셜)과 관련한 한국 각 신문의 논조 분석
주제어	시나 외상 방한, 기본관계조약 가서명에 대한 한국 언론 반응

제18부

언론 보도 및 기타

한일 문제에 관한 TV 관계자료
(日韓問題に関するテレビ関係資料)

문서파일번호	1334
작성연월일	1962. 2. 17 - 1962. 3. 16
구분	제6차 회담
세부항목	총리 TV 토론자료 등
작성처	외무성
매수	35
비밀등급	
문서종류	내부자료
공개구분	공개
내용	한일 문제에 관한 이케다 하야토 총리의 TV 토론 자료 및 토론 내용 발췌, 한일 회담에 관한 내용이 정리된 문서 모음
주제어	한일관계

문서명	이케다 총리·나카야마 이치로 교수 TV 토론 자료(한일관계)[池田総理、中山伊知郎教授テレビ討論資料(日韓関係)]

문서파일번호 1334
작성연월일 1962. 2. 17
구분 제6차 회담
세부항목 총리 TV 토론 자료 등
작성처 외무성 북동아시아과
매수 11
비밀등급 일반
문서종류 내부자료
공개구분 공개
내용 이케다 하야토 총리가 나카야마 교수와의 TV 토론에서 한일관계에 대해 발언할 내용 정리. ① 한일회담에 대한 정부의 기본 태도 ② 한일회담이 가져올 구체적인 이익 ③ 한일회담 반대론에 대한 반론. 국교 정상화하면 독도 문제를 국제사법재판소에 제소할 수 있는 등 문제의 원만한 해결이 가능해짐.
주제어 이케다 총리 TV 토론 자료, 한일회담에 대한 입장

문서명	1962년 2월 21일 NHK 특별 방송 '총리와 대화' 가운데 한일 문제에 관한 부분 발췌(昭和37年2月21日NHK特別番組「総理と語る」のうちの日韓問題に関する部分抜粋)

문서파일번호 1334
작성연월일 1962. 2. 21
구분 제6차 회담
세부항목 총리 TV 토론 자료 등
작성처 외무성 북동아시아과
매수 11
비밀등급 일반
문서종류 내부자료
공개구분 공개
내용 이케다 하야토 총리가 NHK방송에서 한일 문제에 대해 발언한 내용이 담긴 문서. 회담의 전반적인 운영 방침, 청구권에 대한 생각, 경제협력 등에 관해 언급함. 청구권에 대해 이케다 총리는 법률적 근거가 있는 것만 지불해야 하지만 실질적으로 그러기는 어려우며 전쟁배상과는 다른 성격을 지닌다고 말함.
주제어 이케다 총리 TV 발언 발췌, 한일회담에 대한 입장

문서명	한일회담에 대하여(日韓会談について)

문서파일번호	1334
작성연월일	1962. 3. 8
구분	제6차 회담
세부항목	청구권 문제에 대한 입장 정리
작성처	외무성 우라베 참사관
매수	11
비밀등급	극비
문서종류	내부자료
공개구분	공개
내용	청구권 문제에 관한 입장을 정리한 문서. 내용은 청구권 문제는 남한으로 한정할 것, 재한일본인 재산몰수는 일본 내 재산까지 효력을 미치지 않을 것, 한일청구권 문제는 상호 조정하여 결정할 것, 액수는 당시의 액면에 따를 것
주제어	청구권

문서명	한일회담(해리먼 국무부 차관보 회담 자료)(日韓会談)

문서파일번호	1334
작성연월일	1962. 3. 16
구분	제6차 회담
세부항목	총리 · 하리만 차관보 면담자료
작성처	외무성 북동아시아과
매수	2
비밀등급	극비
문서종류	내부자료
공개구분	공개
내용	이케다 하야토 총리의 하리만 미 국무부 차관보 회담용 자료. 한일 간 정치협상과 관련해 일본이 미국에 그 입장을 설명. 청구권은 한국에 무상, 유상의 원조를 제공해 문제를 해결할 방침임. 한국으로 넘어간 일본인 재산이 20억 달러 이상이라는 인식을 드러내고 있는 점이 주목됨. 문서파일번호 1798에 동일한 내용의 문서(손으로 작성)가 수록되어 있음.
주제어	청구권

한일 문제에 관한 TV대담
(日韓問題に関するテレビ対談)

문서파일번호	1337
작성연월일	1962. 7. 18 - 1962. 7. 20
구분	제6차 회담
세부항목	오히라 외상 TV 대담, 한일회담 진행방식
작성처	외무성
매수	35
비밀등급	
문서종류	내부자료, 내부문서
공개구분	공개
내용	오히라 외상의 TV 대담 기록 및 한일회담 경위, 진행방식 등에 관한 문서 모음
주제어	오히라, 한일회담

문서명	7월 18일 NHK TV '이케다 하야토 개조내각의 정책을 듣는다'에서 오히라 외상과 하세가와 씨, 가라시마 3씨의 대담 내용(7月18日NHKテレビ「池田改造内閣の政策を聞く」における日韓問題に関する大平外務大臣と 長谷川才次氏並びに唐島基智三氏の対談内容)

문서파일번호 1337
작성연월일 1962. 7. 18
구분 제6차 회담
세부항목 오히라 외상 TV 대담
작성처 외무성
매수 4
비밀등급 일반
문서종류 내부자료
공개구분 공개
내용 NHK TV에서 한일회담과 한일관계에 대해 오히라 마사요시 외상, 하세가와 사이지(長谷川濟才次), 가라시마 기치조(唐島基智三)가 대담한 내용을 발췌한 기록
주제어 오히라 외상 TV 대담, 한일회담

문서명	7월 19일 NET TV '동서남북'에서 한일 문제에 관한 오히라 외상과 호소가와 씨 대담 내용(7月19日NETテレビ「東西南北」における日韓問題に関する大平外務大臣と細川隆元氏との対談内容)

문서파일번호 1337
작성연월일 1962. 7. 19
구분 제6차 회담
세부항목 오히라 외상 TV 대담
작성처 외무성
매수 2
비밀등급
문서종류 내부자료
공개구분 공개
내용 NET TV 오히라 대신과 호소가와 다카치카(細川隆元)와 대담 프로그램에서 오히라 마사요시 대신의 발언을 발췌한 기록. 오히라 대신은 한일 문제에 관해 서로 이웃 국가이니 이웃국가로서 할 수 있는 범위 내에서 관계를 형성하겠다는 생각을 밝힘.
주제어 오히라 외상 TV 대담, 한일 문제

문서명	한일회담 경위와 문제점(日韓会談の経緯と問題点)

문서파일번호 1337
작성연월일 1962. 7. 20
구분 제6차 회담
세부항목 한일회담 경위와 문제점
작성처 외무성 북동아시아과
매수 15
비밀등급 극비
문서종류 내부문서
공개구분 공개
내용 예비회담에서 6차 회담까지의 경위를 개괄하고 기본관계, 일반 청구권, 어업, 재일 한국인의 법적지위, 선박, 문화재 현안에 대한 문제의 성격과 한일 양국 입장에 대해 정리
주제어 한일회담 경위

문서명	한일회담 향후 진행방식에 관한 기본방침(안)[日韓会談の今後の進め方に関する基本方針(案)]

문서파일번호 1337
작성연월일 1962. 7. 20
구분 제6차 회담
세부항목 한일회담 진행방식에 관한 기본 방침
작성처 외무성 아시아국
매수 14
비밀등급 극비
문서종류 내부문서
공개구분 공개
내용 제6차 한일회담 기간 중 외무성이 각 현안 문제에 관해 그 방침을 정한 문서. 기본관계는 조약 체결 형식을 취하지 않고 공동선언으로 할 것, 청구권 문제는 '청구권' 명목을 피하고 무상 2억 달러, 장기차관 2억 달러로 해결할 것, 문화재는 국유문화재를 문화협력으로 일부 기증하는 방안으로 해결할 것 등의 방침
주제어 한일회담 진행방식

한일회담 재개에 관한 한자지 논설 보고 건
(日韓会談再開に関する漢字祇論説報告の件)

문서파일번호	668
문서명	한일회담 재개에 관한 한자지 논설 보고 건(日韓会談再開に関する漢字祇論説報告の件)
작성연월일	1962. 8. 21
구분	제6차 회담
세부항목	한일회담 태국 반응, 주태국일본대사 보고
작성처	주태국대사
매수	6
비밀등급	일반
문서종류	공문
공개구분	공개
내용	한일회담 제개에 관한 1962년 8월 20일 자 태국 한자신문(星暹日報) 사설 관련 주태국대사 공문 보고
주제어	한일회담 태국 반응

최근의 한일 문제 PR실적
(最近における日韓問題PR実績)

문서파일번호	1344
작성연월일	1962. 10. 5 - 1962. 11. 13
구분	제6차 회담
세부항목	한일 문제 국내 홍보
작성처	외무성
매수	16
비밀등급	
문서종류	내부문서
공개구분	공개
내용	최근 한일 문제에 관한 홍보실적, 자민당과의 조정에 관한 내용, 국내 홍보방침 등이 담긴 문서 모음
주제어	한일 문제 국내 홍보

문서명	최근의 한일 문제 PR실적(最近における日韓問題ＰＲ実績)

문서파일번호 1344
작성연월일 1962. 10. 5
구분 제6차 회담
세부항목 한일 문제 국내 홍보실적
작성처 외무성 국내 홍보과
매수 3
비밀등급 비(秘)
문서종류 내부문서
공개구분 공개
내용 최근 한일 문제에 관한 국내 홍보실적을 정리
주제어 한일 문제 국내 홍보

문서명	한일국교정상화 PR에 관하여 자민당과의 조정 건(日韓国交正常化ＰＲに関し自民党との調整に関する件)

문서파일번호 1344
작성연월일 1962. 11. 7
구분 제6차 회담
세부항목 한일 문제 국내 홍보 관련 자민당과의 협의
작성처 관방총무참사관
매수 2
비밀등급 비(秘)
문서종류 내부문서
공개구분 공개
내용 한일국교정상화 홍보에 관해 외무성이 자민당과 협의할 내용을 정리
주제어 한일 문제 국내 홍보

문서명	한일국교정상화에 관한 국내 PR 방침(안)[日韓国交正常化に関する国内ＰＲ方針(案)]

문서파일번호 1344
작성연월일 1962(월일 불명)
구분 제6차 회담
세부항목 한일국교정상화 국내 홍보방침
작성처 외무성
매수 7
비밀등급 일반
문서종류 내부문서
공개구분 공개
내용 한일국교정상화 교섭에 관한 국내 홍보방침을 정리
주제어 한일 문제 국내 홍보

문서명	최근의 한일 문제 PR실적(最近における日韓問題PR実績)

문서파일번호 1344
작성연월일 1962. 11. 13
구분 제6차 회담
세부항목 한일 문제 국내 홍보실적
작성처 외무성 국내 홍보과
매수 4
비밀등급 일반
문서종류 내부문서
공개구분 공개
내용 한일 문제 국내 홍보실적을 정리
주제어 한일 문제 국내 홍보

제6차 한일회담에 관한 언론 보도(1)

[第6次韓日會談に関する言論報道(1)]

문서파일번호	16
작성연월일	1961. 10. 10 - 1961. 12. 7
구분	제6차 회담
세부항목	언론 보도
작성처	외무성 북동아시아과
매수	47
비밀등급	
문서종류	
공개구분	공개
내용	제6차 한일회담 관련 미국, 한국 언론 보도(신문기사, 사설, 통신기사, 기자회견 등) 및 논조 분석 자료집
주제어	제6차 한일회담 언론 보도

문서명	한국의 진보를 위협하는 파벌항쟁(韓国の進歩を脅かす派閥抗争)

문서파일번호 16
작성연월일 1961. 10. 10
구분 제6차 회담
세부항목 미국 언론 보도
작성처 외무성 북동아시아과
매수 6
비밀등급 일반
문서종류 내부자료
공개구분 공개
내용 1961년 10월 10일 뉴욕타임스(New York Times)지의 한국정세 관련 기사 번역문
주제어 한국정세

문서명	재산청구권 관련 일본 언론계의 기괴한 태도(財産請求権に関する日本言論界の奇怪な態度)

문서파일번호 16
작성연월일 1961. 11. 15
구분 제6차 회담
세부항목 한국 언론 보도
작성처 외무성 북동아시아과
매수 4
비밀등급 일반
문서종류 내부자료
공개구분 공개
내용 서울일일신문 1961년 11월 15일 자 사설 번역문
주제어 청구권·경협

문서명	청구권 관련 '이세키 발언'의 해명을 요구한다(請求権に関する「伊関発言」の解明を要求する)

문서파일번호 16
작성연월일 1961. 11. 15
구분 제6차 회담
세부항목 한국 언론 보도
작성처 외무성 북동아시아과
매수 6
비밀등급 일반
문서종류 내부자료
공개구분 공개
내용 한국일보 1961년 11월 15일 자 사설 번역문
주제어 청구권 · 경협

문서명	한일회담을 회고하며 – 유진오(日韓会談を回顧して – 兪鎮午)

문서파일번호 16
작성연월일 1961. 11(일자 불명)
구분 제6차 회담
세부항목 한국 언론 보도
작성처 외무성 북동아시아과
매수 19
비밀등급 일반
문서종류 내부자료
공개구분 공개
내용 유진오 대표의 『시사』 1961년 11월호 기고문 번역문
주제어 유진오, 회담 평가

문서명	박 의장 기자회견(12월 7일 한국일보 소재)[朴議長記者会見(12月7日韓国日報所載)]

문서파일번호 16
작성연월일 1961. 12. 7
구분 제6차 회담
세부항목 한국 언론 보도
작성처 외무성 북동아시아과
매수 8
비밀등급 일반
문서종류 내부자료
공개구분 공개
내용 12월 7일 한국일보에 게재된 박정희 의장의 기자회견 관련 기사 번역문
주제어 박정희, 한일회담 평가, 전망

문서명	이케다·박 회담에 관한 한국 외무부의 발표(池田·朴会談に関する韓国外務部の発表)

문서파일번호 16
작성연월일 1961. 12. 7
구분 제6차 회담
세부항목 한국 언론 보도
작성처 외무성 북동아시아과
매수 4
비밀등급 일반
문서종류 내부자료
공개구분 공개
내용 한국일보 1961년 12월 7일 자 기사 번역문
주제어 박정희, 한일정상회담 결과

제6차 한일회담에 관한 언론 보도(2)
[第6次韓日會談に関する言論報道(2)]

문서파일번호	17
작성연월일	1962. 10. 21 - 1962. 12. 11
구분	제6차 회담
세부항목	언론 보도
작성처	외무성 북동아시아과
매수	30
비밀등급	
문서종류	내부자료
공개구분	공개
내용	제6차 한일회담 관련 한국 언론 보도(신문기사, 사설, 컬럼) 분석자료
주제어	한일회담 관련 한국 언론 보도

문서명	김 중앙정보부장의 대일접촉에 기대하는 것(金中央情報部長の対日接觸に期待するもの)

문서파일번호 17
작성연월일 1962. 10. 21
구분 제6차 회담
세부항목 한국 언론 보도
작성처 외무성 북동아시아과
매수 6
비밀등급 일반
문서종류 내부자료
공개구분 공개
내용 조선일보 1962년 10월 21일 자 사설
주제어 김종필, 청구권 · 경협

문서명	회담을 위한 회담은 그만두자(会談のための会談はやめよう)

문서파일번호 17
작성연월일 1962. 11. 14
구분 제6차 회담
세부항목 한국 언론 보도
작성처 외무성 북동아시아과
매수 7
비밀등급 일반
문서종류 내부자료
공개구분 공개
내용 한국일보 1962년 11월 14일 자 사설
주제어 청구권 · 경협

문서명	'충신 반보쿠' 한국에 오다(「忠臣伴睦」韓国に来る)

문서파일번호 17
작성연월일 1962. 12. 11
구분 제6차 회담
세부항목 한국 언론 보도
작성처 외무성 북동아시아과
매수 3
비밀등급 일반
문서종류 내부자료
공개구분 공개
내용 조선일보 1962년 12월 11일 자 '문외문(聞外聞)' 컬럼
주제어 청구권 · 경협

문서명	횡설수설 - 오노 방한에 대해[横説竪説 - 大野訪朝について]

문서파일번호 17
작성연월일 1962. 12. 10
구분 제6차 회담
세부항목 한국 언론 보도
작성처 외무성 북동아시아과
매수 5
비밀등급 일반
문서종류 내부자료
공개구분 공개
내용 동아일보 1962년 12월 10일 '횡설수설' 컬럼
주제어 청구권 · 경협

문서명	일본 오노 사절단의 방한성명을 들은 우리들의 소감(日本大野使節団の着韓聲明をきいたわれらの所感)

문서파일번호 17
작성연월일 1962. 12. 11
구분 제6차 회담
세부항목 한국 언론 보도
작성처 외무성 북동아시아과
매수 6
비밀등급 일반
문서종류 내부자료
공개구분 공개
내용 조선일보 1962년 12월 11일 자 사설
주제어 청구권 · 경협

문서명	오노 부총재 방한 소감에 대해(大野副総裁訪韓所感について)

문서파일번호 17
작성연월일 1962. 12. 11
구분 제6차 회담
세부항목 한국 언론 보도
작성처 외무성 북동아시아과
매수 3
비밀등급 일반
문서종류 내부자료
공개구분 공개
내용 조선일보 1962년 12월 15일 자 〈천성인어란(天声人語欄)〉 만물상(萬物相) 컬럼
주제어 청구권 · 경협

제6차 한일회담에 관한 언론 보도(3)
[第6次韓日會談に関する言論報道(3)]

문서파일번호	18
작성연월일	1963. 1. 10 - 1963. 8. 16
구분	제6차 회담
세부항목	한국 언론 보도
작성처	외무성 북동아시아과
매수	253
비밀등급	
문서종류	내부자료
공개구분	공개
내용	제6차 한일회담 관련 한국 언론 보도(신문기사, 사설, 통신기사, 기자회견 등) 및 논조 분석 자료집
주제어	제6차 한일회담 한국 언론 보도

문서명	1962년 12월 27일 실시된 박정희 의장의 기자회견 중 한일관계에 관한 부분에 대해(1962年12月27日に行なわれた朴正熙議長の記者会見談のうち日韓関係に関する部分について)

문서파일번호 18
작성연월일 1963. 1. 10
구분 제6차 회담
세부항목 한국 언론 보도
작성처 외무성 북동아시아과
매수 16
비밀등급 일반
문서종류 내부자료
공개구분 공개
내용 1962년 12월 27일 박정희 의장 기자 회견 내용과 그에 관한 한국일보, 조선일보 신문 사설, 조선일보에 게재된 국회의원 발언 기사
주제어 박정희 기자회견, 청구권·경협

문서명	한일회담에서의 어업 문제와 '이 라인' 축소 반대론(한국 신문의 기사·사설)[日韓会談における漁業問題と李ライン縮小反対論(韓国紙における記事·社説)]

문서파일번호 18
작성연월일 1963. 1. 28
구분 제6차 회담
세부항목 한국 언론 보도
작성처 외무성 북동아시아과
매수 14
비밀등급 일반
문서종류 내부자료
공개구분 공개
내용 한국일보 1963년 1월 20일 자 시사해설, 경향신문 1월 14일 자 사설, 한국일보 1월 15일 자 사설
주제어 어업, 평화선

문서명	한국에서 본 한일어업 문제(韓国側より見た日韓漁業問題)

문서파일번호 18
작성연월일 1963. 2. 4
구분 제6차 회담
세부항목 한국 언론 보도
작성처 외무성 북동아시아과
매수 17
비밀등급 일반
문서종류 내부자료
공개구분 공개
내용 동아일보 1963년 1월 22일 자 기사, 1월 23일 자 사설, 조선일보 1월 23일 자 사설
주제어 어업

문서명	최근 한일회담 관련 논조(最近における日韓会談についての論調)

문서파일번호 18
작성연월일 1963. 3. 11
구분 제6차 회담
세부항목 한국 언론 보도
작성처 외무성 북동아시아과
매수 9
비밀등급 일반
문서종류 내부자료
공개구분 공개
내용 한국일보 1963년 3월 1일 자 사설, 동아일보 3월 1일 자 사설
주제어 한일회담 평가, 어업

문서명	한일교섭은 어떻게 될 것인가(日韓交渉はどうなるだろうか)

문서파일번호 18
작성연월일 1963. 4. 30
구분 제6차 회담
세부항목 한국 언론 보도
작성처 외무성 북동아시아과
매수 9
비밀등급 일반
문서종류 내부자료
공개구분 공개
내용 동아일보 1963년 4월 22일 해설 기사
주제어 한일회담 전망

문서명	한일회담에 대한 최근의 한국 야당 지도자의 발언(日韓会談に対する最近の韓国野党指導者の発言)

문서파일번호 18
작성연월일 1963. 5. 7
구분 제6차 회담
세부항목 한국 언론 보도
작성처 외무성 북동아시아과
매수 3
비밀등급 일반
문서종류 내부자료
공개구분 공개
내용 1963년 4월 3일~5월 1일까지 한일 양국 언론에 보도된 한국 야당지도자들의 한일회담과 관련한 발언 정리
주제어 한일회담 평가, 독도

문서명	한일교섭에 관한 최근 사설(日韓交渉についての最近の社説)

문서파일번호 18
작성연월일 1963. 5. 7
구분 제6차 회담
세부항목 한국 언론 보도
작성처 외무성 북동아시아과
매수 16
비밀등급 일반
문서종류 내부자료
공개구분 공개
내용 동아일보 1963년 4월 26일 자, 조선일보 4월 27일 자, 동아일보 4월 27일 자 사설
주제어 한일회담 제언, 청구권 · 경협

문서명	한일 간 현안에 관한 각계의 의견조사(日韓間の懸案に対する各界の意見調査)

문서파일번호 18
작성연월일 1963. 5. 8
구분 제6차 회담
세부항목 한국 언론 보도
작성처 외무성 북동아시아과
매수 13
비밀등급 일반
문서종류 내부자료
공개구분 공개
내용 한일회담 관련 각계의 의견 조사결과를 보도한 1963년 5월 3일 자 조선일보 기사
주제어 한일회담 평가, 제언

문서명	한국 신문 사설(韓國新聞 社說)

문서파일번호 18
작성연월일 1963. 5. 16
구분 제6차 회담
세부항목 한국 언론 보도
작성처 외무성 북동아시아과
매수 24
비밀등급 일반
문서종류 내부자료
공개구분 공개
내용 한일회담과 관련한 한국일보 4월 30일 자, 5월 2일 자 사설, 조선일보 1963년 5월 9일 자 특파원 보고기사
주제어 한일회담 평가, 제언

문서명	평화선은 확실히 지켜질 것인가(平和線は確実に守られるか)

문서파일번호 18
작성연월일 1963. 5. 25
구분 제6차 회담
세부항목 언론 보도
작성처 외무성 북동아시아과
매수 7
비밀등급 일반
문서종류 내부자료
공개구분 공개
내용 한국일보 1963년 5월 19일 자 사설
주제어 평화선

문서명	어업교섭과 일본어선 나포 문제(漁業交渉と日本漁船だ捕問題)

문서파일번호	18
작성연월일	1963. 6. 25
구분	제6차 회담
세부항목	한국 언론 보도
작성처	외무성 북동아시아과
매수	22
비밀등급	일반
문서종류	내부자료
공개구분	공개
내용	조선일보 1963년 6월 14일 자 해설기사, 한국일보 6월 16일 자 사설, 조선일보 6월 20일 자 해설기사, 서울신문 6월 20일 자 해설기사, 한국일보 6월 22일 자 사설
주제어	평화선, 어업

문서명	한일교섭에서의 문제점(日韓交渉における問題点)

문서파일번호	18
작성연월일	1963. 7. 10
구분	제6차 회담
세부항목	한국 언론 보도
작성처	외무성 북동아시아과
매수	20
비밀등급	일반
문서종류	내부자료
공개구분	공개
내용	경향신문 1963년 7월 1일 자, 동아일보 7월 3일 자, 조선일보 7월 6일 자 사설
주제어	한일회담 평가, 제언, 청구권 · 경협, 국교정상화

문서명	한일교섭에 임하는 한국의 태도에 대해(日韓交渉にのぞむ韓国の態度について)

문서파일번호 18
작성연월일 1963. 7. 22
구분 제6차 회담
세부항목 한국 언론 보도
작성처 외무성 북동아시아과
매수 34
비밀등급 일반
문서종류 내부자료
공개구분 공개
내용 동아일보 1963년 7월 8일 자 해설기사, 7월 8일 자 기사, 7월 9일 자 사설, 조선일보 7월 11일 자 사설, 7월 17일 자 기사, 7월 18일 자 사설
주제어 한일회담 평가, 제언

문서명	무엇이 어떻게 거래되고 있는가. 한일어업교섭의 베일을 벗긴다(ないがどのように取引されているか。日韓漁業交渉のベールを脱がす)

문서파일번호 18
작성연월일 1963. 8. 2
구분 제6차 회담
세부항목 한국 언론 보도
작성처 외무성 북동아시아과
매수 21
비밀등급 일반
문서종류 내부자료
공개구분 공개
내용 한국일보 1963년 7월 26일 자 특파원 보고기사, 7월 21일 자 사설
주제어 어업

문서명	박 의장에게 직언한다(평화선문제)[朴議長に直言する(平和線問題)]

문서파일번호 18
작성연월일 1963. 8. 14
구분 제6차 회담
세부항목 한국 언론 보도
작성처 외무성 북동아시아과
매수 19
비밀등급 일반
문서종류 내부자료
공개구분 공개
내용 경향신문 1963년 7월 29일 변영태 기고문, 조선일보 8월 2일 자 특파원 보고기사
주제어 변영태, 평화선

문서명	부산에서의 김 외무부장관과 어민대표 간담회(釜山における金外務部長官と漁民代表との懇談会)

문서파일번호 18
작성연월일 1963. 8. 16
구분 제6차 회담
세부항목 한국 언론 보도
작성처 외무성 북동아시아과
매수 9
비밀등급 일반
문서종류 내부자료
공개구분 공개
내용 1963년 8월 12일 개최된 김용식 외무부장관과 어민대표 간담회를 보도한 8월 13일 자 경향신문 기사
주제어 김용식, 어업

제6차 한일회담에 관한 언론 보도(4)
[第6次韓日會談に関する言論報道(4)]

문서파일번호	19
작성연월일	1964. 1. 17 - 1964. 9. 29
구분	제6차 회담
세부항목	한국 언론 보도
작성처	외무성 북동아시아과
매수	235
비밀등급	
문서종류	내부자료
공개구분	공개
내용	제6차 한일회담 관련 언론 보도(신문기사, 사설, 통신기사, 기자회견 등) 및 논조 분석 자료집
주제어	제6차 한일회담 관련 한국 언론 보도

문서명	1. 한일 문제는 오늘의 급무이다(1. 日韓問題は今日の急務である) 2. 대일 태도에 대해(2. 対日態度について)

문서파일번호 19
작성연월일 1964. 1. 17
구분 제6차 회담
세부항목 한국 언론 보도
작성처 외무성 북동아시아과
매수 14
비밀등급 일반
문서종류 내부자료
공개구분 공개
내용 1. 서울신문 1964년 1월 8일 자 사설 2. 동아일보 1964년 1월 8일 자 컬럼
주제어 한일관계 제언

문서명	대통령교서와 여·야당의 기조연설을 분석한다(大統領教書と与野党の基調演説を分析する)

문서파일번호 19
작성연월일 1964. 1. 27
구분 제6차 회담
세부항목 한국 언론 보도
작성처 외무성 북동아시아과
매수 14
비밀등급 일반
문서종류 내부자료
공개구분 공개
내용 1964년 1월 16일 자 조선일보의 대통령 연두교서 및 여·야당 대표 기조 연설 분석 기사
주제어 한국동향

문서명	한국 속의 세계 - 일본인(韓国の中の世界 - 日本人)

문서파일번호	19
작성연월일	1964. 1. 27
구분	제6차 회담
세부항목	한국 언론 보도
작성처	외무성 북동아시아과
매수	10
비밀등급	일반
문서종류	내부자료
공개구분	공개
내용	서울신문 1964년 1월 17일 자 기사
주제어	한국동향

문서명	국회의원 의견을 듣는다(国会議員の意見を聞く)

문서파일번호	19
작성연월일	1964. 1. 30
구분	제6차 회담
세부항목	한국 언론 보도
작성처	외무성 북동아시아과
매수	13
비밀등급	일반
문서종류	내부자료
공개구분	공개
내용	조선일보의 제6대 국회의원 대상 설문 실시결과에 관한 1964년 1월 22일 자 조선일보 기사
주제어	한일관계 제언

문서명	박 대통령 연두교서(朴大統領の年頭教書)

문서파일번호 19
작성연월일 1964. 2. 6
구분 제6차 회담
세부항목 한국 언론 보도
작성처 외무성 북동아시아과
매수 32
비밀등급 일반
문서종류 내부자료
공개구분 공개
내용 1964년 1월 10일 박 대통령의 연두교서(서울신문 게재)
주제어 박정희 연두교서, 한국외교정책

문서명	청구권 5억 달러의 성격 판명(請求権5億ドルの性格判明)

문서파일번호 19
작성연월일 1964. 2. 12
구분 제6차 회담
세부항목 한국 언론 보도
작성처 외무성 북동아시아과
매수 12
비밀등급 일반
문서종류 내부자료
공개구분 공개
내용 동아일보 1964년 2월 6일 자 기사, 경향신문 2월 7일 자 사설
주제어 청구권·경협

문서명	한국의 일본으로부터의 어업협정 자금 활용방침(韓国における日本からの漁業協力資金活用方針)

문서파일번호 19
작성연월일 1964. 2. 18
구분 제6차 회담
세부항목 언론 보도
작성처 외무성 북동아시아과
매수 4
비밀등급 일반
문서종류 내부자료
공개구분 공개
내용 2월 17일 자 KP통신기사
주제어 어업

문서명	한일회담의 자세(日韓会談の姿勢)

문서파일번호 19
작성연월일 1964. 2. 19
구분 제6차 회담
세부항목 한국 언론 보도
작성처 외무성 북동아시아과
매수 15
비밀등급 일반
문서종류 내부자료
공개구분 공개
내용 동아일보 1964년 2월 7일 사설, 조선일보 2월 16일 사설, 한국일보 2월 14일 자 기사
주제어 한일회담 제언

문서명	한일회담에 대한 건의서(日韓会談に対する建議案)

문서파일번호 19
작성연월일 1964. 4. 1
구분 제6차 회담
세부항목 한국 언론 보도
작성처 외무성 북동아시아과
매수 6
비밀등급 일반
문서종류 내부자료
공개구분 공개
내용 1964년 3월 27일 한국 국회가 만장일치로 채택한「한일회담에 대한 건의안」전문 (서울신문 3월 27일 자)
주제어 한일회담 제언

문서명	문화재 문제에 관한 한국 신문 기사(文化財問題に関する韓国紙記事)

문서파일번호 19
작성연월일 1964. 4. 7
구분 제6차 회담
세부항목 한국 언론 보도
작성처 외무성 북동아시아과
매수 16
비밀등급 일반
문서종류 내부자료
공개구분 공개
내용 한국일보 1964년 3월 27일 자, 서울신문 3월 30일 자, 한국일보 4월 1일 자 기사
주제어 문화재

문서명	얻은 것, 잃은 것 현지에서 본 한일 농상회담(得たもの失ったもの現地でみた日韓農相会談)

문서파일번호 19
작성연월일 1964. 4. 9
구분 제6차 회담
세부항목 한국 언론 보도
작성처 외무성 북동아시아과
매수 7
비밀등급 일반
문서종류 내부자료
공개구분 공개
내용 경향신문의 1964년 4월 4일 자 현지특파원 보고 기사
주제어 어업

문서명	한일교섭 10년의 회담 6회의 내막 - 유진오·유창순 담(日韓交渉10年の会談6回の内幕 - 兪鎮午·劉彰順対談)

문서파일번호 19
작성연월일 1964. 5. 23
구분 제6차 회담
세부항목 한국, 언론 보도
작성처 외무성 북동아시아과
매수 35
비밀등급 일반
문서종류 내부자료
공개구분 공개
내용 사상계 1964년 4월호에 게재된 유진오와 유창순의 대담
주제어 유진오 회담 평가

문서명	갑자기 '변심'한 일본의 경제협력 구체화의 속셈(急に「変心」した日本の経済協力の具体化の胸算用)

문서파일번호 19
작성연월일 1964. 6. 24
구분 제6차 회담
세부항목 한국 언론 보도
작성처 외무성 북동아시아과
매수 9
비밀등급 일반
문서종류 내부자료
공개구분 공개
내용 동아일보 1964년 6월 13일 자 해설기사
주제어 청구권 · 경협

문서명	한국에 대한 2,000만 달러 차관공여 문제에 관한 한국의 논조(韓国に対する2,000万ドル借款供与問題に関する韓国の論調)

문서파일번호 19
작성연월일 1964. 7. 29
구분 제6차 회담
세부항목 한국 언론 보도
작성처 외무성 북동아시아과
매수 24
비밀등급 일반
문서종류 내부자료
공개구분 공개
내용 동아일보 1964년 7월 22일 사설, 조선일보 7월 23일 해설기사, 조선일보 7월 24일 자 해설기사, 동아일보 7월 24일 자 사설
주제어 청구권 · 경협

문서명	언론윤리위원회법(言論倫理委員会法)

문서파일번호 19
작성연월일 1964. 8. 13
구분 제6차 회담
세부항목 한국 언론 보도
작성처 외무성 북동아시아과
매수 12
비밀등급 일반
문서종류 내부자료
공개구분 공개
내용 1964년 8월 5일 자로 공포되는 한국의 언론윤리위원회법 전문(8월 4일 자 한국일보 게재)
주제어 한국 법제

문서명	1. 일본어선의 평화선 침범(1. 日本漁船の平和線侵犯) 2. 전국에 들끓는 민족의 결의, 우리들의 바다는 우리 배로 지키자(2. 全国に盛上がる民族の決意, われらの海はわれらの船で守ろう)

문서파일번호 19
작성연월일 1964. 9. 29
구분 제6차 회담
세부항목 한국 언론 보도
작성처 외무성 북동아시아과
매수 7
비밀등급 일반
문서종류 내부자료
공개구분 공개
내용 1. 동아일보 1964년 9월 16일 자 사설 2. 동아일보 1964년 9월 19일 자 사설
주제어 어업

이미 사라져 가고 있는 평화선(동아일보 3월 2일 자 번역)[すでに消え去りつつある平和線(東亜日報3月2日付から翻訳)]

문서파일번호	779
문서명	이미 사라져 가고 있는 평화선(동아일보 3월 2일 자 번역)[すでに消え去りつつある平和線(東亜日報3月2日付から翻訳)]
작성연월일	1964. 3. 19
구분	제6차 회담
세부항목	한일관계, 평화선, 한국 언론 보도
작성처	외무성 북동아시아과
매수	13
비밀등급	
문서종류	내부자료
공개구분	공개
내용	1962년 3월 2일 자 평화선과 관련한 동아일보 현지보고 기사
주제어	평화선, 한국 언론 보도

야당의원의 방일 거부 문제에 대해서(한국 신문 번역)
[野党議員の訪日拒否問題について(韓国紙から翻訳)]

문서파일번호	780
문서명	야당의원의 방일 거부 문제에 대해서(한국 신문 번역)[野党議員の訪日拒否問題について(韓国紙から翻訳)]
작성연월일	1964. 3. 19
구분	제6차 회담
세부항목	한국 야당의원 방일 거부, 언론 보도
작성처	외무성 북동아시아과
매수	11
비밀등급	일반
문서종류	내부자료
공개구분	공개
내용	일본 초청을 받은 한국의 야당의원들이 일본 방문에 응하지 않기로 한 사실을 비판하는 1963년 3월 6일 자 한국일보 및 조선일보 사설
주제어	한국 야당의원 방일 거부, 언론 보도

한국 신문(한국일보, 동아일보)의 한일관계에 관한 사설·칼럼(韓国紙の日韓関係に関する社説·コラム)

문서파일번호	781
문서명	한국 신문(한국일보, 동아일보)의 한일관계에 관한 사설 · 칼럼(韓国紙の日韓関係に関する社説·コラム)
작성연월일	1964. 9. 24
구분	제6차 회담
세부항목	한일회담 일본 태도 비판, 언론 보도
작성처	외무성 북동아시아과
매수	13
비밀등급	일반
문서종류	내부자료
공개구분	공개
내용	한일회담에 임하는 일본의 태도를 비판하는 1964년 9월 16일 자 한국일보 사설, 9월 17일 자 동아일보 칼럼, 9월 19일 자 동아일보 칼럼
주제어	한일회담 일본 태도 비판, 한국 언론 보도

한국 신문(조선일보, 한국일보) 한일관계에 관한 사설
(韓国紙の日韓関係に関する社説)

문서파일번호	782
문서명	한국 신문(조선일보, 한국일보) 한일관계에 관한 사설(韓国紙の日韓関係に関する社説)
작성연월일	1964. 9. 29
구분	제6차 회담
세부항목	한일회담 제언, 언론 보도
작성처	외무성 북동아시아과
매수	13
비밀등급	일반
문서종류	내부자료
공개구분	공개
내용	한일회담 관련, 일본과 한국 리더십을 요구한 1964년 9월 17일 자 및 9월 20일 자 조선일보 사설, 9월 22일 자 한국일보 사설
주제어	한일회담 제언, 언론 보도

제233회 외교정책 기획위원회 기록
(第233回外交政策企画委員会記録)

문서파일번호	297
문서명	제233회 외교정책 기획위원회 기록(第233回外交政策企画委員会記録)
작성연월일	1963. 4. 3
구분	제6차 회담
세부항목	마에다 북동아과장 한국 출장보고서
작성처	외무성 관방 총무참사관실
매수	16
비밀등급	극비
문서종류	회의록
공개구분	일부비공개
내용	마에다 도시카즈 북동아시아과장의 1963년 3월 8~30일까지 한국 출장 후 실시된 외교정책기획위원회[주요국(局) 참사관으로 구성]에서의 보고회 결과가 담긴 문서(당시 한국 정부는 주한일본대표부의 설치를 허가하지 않는 대신, 일본 외무성 직원들이 교대로 3주 정도 서울에 체재하는 것을 용인함). 김동하에 의한 쿠데타 기도 등에 관한 내용이 포함되어 있음.
주제어	마에다, 한국정세

재일 한국대표부의 상무활동 건
(在日韓國代表部の商務活動に関する件)

문서파일번호	1895
문서명	재일 한국대표부의 상무활동 건(在日韓國代表部の商務活動に関する件)
작성연월일	1963. 6. 19
구분	제6차 회담
세부항목	재일한국대표부의 상무활동
작성처	외무성 경제협력과
매수	10
비밀등급	극비
문서종류	내부문서
공개구분	공개
내용	주일한국대표부(구매관)가 일본 수출업자에 대해 통상의 상관행(商慣行)에 어긋나는 자료 제출 요구 등을 하고 있어 이에 대한 적절한 대응조치가 필요하다는 내용이 담긴 문서
주제어	재일한국대표부의 상무활동

한국 근해에 밀려오는 새로운 파도 「한국일보」 8월 10일(도쿄특파원 보도)[韓国近海に押寄せる新しい波「韓国日報」8月10日(東京特派員報道)]

문서파일번호	834
문서명	한국 근해에 밀려오는 새로운 파도 「한국일보」 8월 10일(도쿄특파원 보도)[韓国近海に押寄せる新しい波「韓国日報」8月10日(東京特派員報道)]
작성연월일	1963. 8. 14
구분	제6차 회담
세부항목	한일어업교섭, 언론 보도
작성처	외무성 북동아시아과
매수	12
비밀등급	일반
문서종류	내부자료
공개구분	공개
내용	1963년 8월 10일 자 한국일보 도쿄특파원이 쓴 한일어업 문제 관련 기사. 어업전관수역 40해리를 양보해서는 안 된다는 내용임(클리핑된 기사 첨부)
주제어	어업, 한국 언론 보도

최근 국제정세와 외교안건(도도부현에 대한 설명회 기록)[最近の交際情勢と外交条件(都道府県に対する説明会の記録)]

문서파일번호	646
작성연월일	1964. 10. 15 - 1966. 5(일자 불명)
구분	제6~7차 회담
세부항목	도도부현 대상 한일회담 경위 설명회
작성처	외무성 정보문화국
매수	98
비밀등급	
문서종류	내부자료
공개구분	공개
내용	외무성 정보문화국이 도도부현(都道府県)을 대상으로 개최한 최근의 국제정세와 외교안건 관련 설명회(제2~4회) 기록(제1회 설명회 기록은 수록되어 있지 않음.)
주제어	한일회담 국내 홍보

문서명	최근의 국제정세와 외교안건(제2회 도도부현에 대한 설명회기록)[最近の交際情勢と外交条件(第二回都道府県に対する説明会の記録)]

문서파일번호	646
작성연월일	1964. 10. 15
구분	제6차 회담
세부항목	도도부현 대상 한일회담 경위 설명회
작성처	외무성 정보문화국
매수	24
비밀등급	일반
문서종류	내부자료
공개구분	공개
내용	제2회 도도부현(都道府県) 대상 설명회 기록
주제어	아시아·세계정세, 일본의 외교

문서명	최근의 국제정세와 외교 안건(제3회 도도부현에 대한 설명회기록①)[最近の交際情勢と外交条件(第3回都道府県に対する説明会の記録①)]

문서파일번호	646
작성연월일	1965. 5. 15
구분	제7차 회담
세부항목	도도부현 대상 한일회담 경위 설명회
작성처	외무성 정보문화국
매수	35
비밀등급	일반
문서종류	내부자료
공개구분	공개
내용	제3회 도도부현 대상 설명회 기록. 주로 한일회담과 향후 한일 간 무역에 관한 내용들 정리
주제어	한일회담 경위(청구권, 어업, 재일한국인 법적지위 등), 한일무역

문서명	최근의 국제정세와 외교 안건(제4회 도도부현에 대한 설명회기록)[最近の交際情勢と外交条件(第4回都道府県に対する説明会の記録)]

문서파일번호 646
작성연월일 1966. 5(일자 불명)
구분 제7차 회담
세부항목 도도부현 대상 한일회담 경위 설명회
작성처 외무성 정보문화국
매수 39
비밀등급 일반
문서종류 내부자료
공개구분 공개
내용 1966년 5월 제4회 도도부현 대상 설명회 기록. 한일협정 체결 후의 한일관계를 비롯한 아시아, 세계정세에 관한 내용들 정리
주제어 한일관계, 아시아·세계정세

기타 자료
(雜資料)

문서파일번호	1905
작성연월일	1963. 1. 9 - 1963. 8. 5
구분	제6차 회담
세부항목	청구권, 경협
작성처	외무성 등
매수	53
비밀등급	
문서종류	내부문서, 내부자료, 회의록, 공문
공개구분	공개 또는 일부비공개
내용	청구권, 경협 등에 관한 다양한 내용의 문서 모음
주제어	청구권, 경협

문서명	한일청구권 문제의 PR에 대하여(日韓請求権問題のPRについて)

문서파일번호 1905
작성연월일 1963. 1. 9
구분 제6차 회담
세부항목 청구권 홍보지침
작성처 외무성 정보문화국 국내 홍보과
매수 7
비밀등급 비(秘)
문서종류 내부문서
공개구분 공개
내용 무상, 유상으로 해결하게 된 청구권 문제에 관한 국내 PR 방침 자료
주제어 청구권 홍보지침

문서명	사와키 경제협력과장 방한보고(沢木経協課長訪韓報告)

문서파일번호 1905
작성연월일 1963. 1. 17
구분 제6차 회담
세부항목 대한경제협력
작성처 경협국장실
매수 9
비밀등급 일반
문서종류 내부문서
공개구분 공개
내용 사와키 마사오(沢木正男) 경제협력과장이 1963년 1월 11~16일 한국 출장 시 면담한 내용 등을 간략히 정리
주제어 대한경제협력

문서명	제목 없음

문서파일번호	1905
작성연월일	1963. 2. 7
구분	제6차 회담
세부항목	청구권, 국회 회의록
작성처	국회 예산위원회
매수	2
비밀등급	일반
문서종류	내부자료
공개구분	공개
내용	국회 예산위원회에서 청구권 문제에 관한 질의 및 오히라 마사요시 외상의 답변이 기록된 회의록
주제어	청구권

문서명	한국에 대한 연불 인정(韓国向け延払い認める)

문서파일번호	1905
작성연월일	1963. 3. 9
구분	제6차 회담
세부항목	대한 연불수출
작성처	아사히신문(朝日新聞)
매수	1
비밀등급	일반
문서종류	내부자료
공개구분	공개
내용	한국에 대한 연불수출을 인정한다는 제목의 1963년 3월 9일 아사히신문 기사
주제어	대한 연불수출

문서명	3월14일 NHK방송 수상·히라자와 가스시게 대담(한국에 관계있는 부분의 속기발췌) [3月14日NHK放送 首相·平沢和重対談(韓国関係の部分の速記抜萃)]

문서파일번호 1905
작성연월일 1963. 3. 15
구분 제6차 회담
세부항목 청구권
작성처 외무성 북동아시아과
매수 5
비밀등급 일반
문서종류 내부자료
공개구분 공개
내용 이케다 하야토 수상과 히라자와 가즈시게(平沢和重, 외교관 출신의 저널리스트)의 TV 토론 중 청구권 문제에 대해 발언한 부분을 발췌
주제어 청구권

문서명	제목 없음

문서파일번호 1905
작성연월일 1963. 4. 5
구분 제6차 회담
세부항목 대한경협
작성처 외무성
매수 4
비밀등급 일반
문서종류 회의록
공개구분 공개
내용 우라베 도시오 참사관과 화울러(Henry H. Fowler) 유솜 한국(USOM Korea) 대표의 회의 기록. 한국에 대한 연불수출, 미국의 대한 원조 등에 관하여 의견을 나눔.
주제어 대한경협

문서명	한국의 외자 도입추진 상황(韓国における外資導入推進状況)

문서파일번호 1905
작성연월일 1963. 6. 13
구분 제6차 회담
세부항목 대한경협 현황
작성처 외무성 북동아시아과
매수 16
비밀등급 비(秘)
문서종류 내부자료
공개구분 공개
내용 차관을 확정한 사업, 차관신청서가 차관 공여국 혹은 관계기관에 제출된 사업, 기술조사 중인 사업 혹은 조사보고서를 검토 중인 사업, 차관계획 중인 사업, 직접 혹은 합작 투자 사업 등 한국의 외자도입추진 상황이 정리된 표
주제어 대한경협 현황

문시명	한국수력발전 플랜트 장기 연불수출 허가를 요청하는 건(韓国引合水力発電プラント長期延払輸出御許可賜り度キ事)

문서파일번호 1905
작성연월일 1963. 7. 18
구분 제6차 회담
세부항목 대한 연불수출
작성처 미쓰이물산(三井物産)
매수 2
비밀등급 일반
문서종류 공문
공개구분 일부비공개
내용 미쓰이물산(三井物産) 주식회사가 한국수력발전 플랜트 장기연불수출의 허가를 신청하는 문서
주제어 대한 연불수출

문서명	한국에 대한 염화 비닐수지 및 가성소다 생산공장용 여러 기계 연불수출에 관한 사전 승인 요청 건(韓国向塩化ビニール樹脂並びに苛性ソーダ生産工場用諸機械の延払輸出につき事前御承認方御願いの件)

문서파일번호 1905
작성연월일 1963. 7. 30
구분 제6차 회담
세부항목 대한 연불수출
작성처 신일본질소■주식회사(新日本窒素■株式會社)
매수 3
비밀등급 일반
문서종류 공문
공개구분 공개
내용 한국에 대해 염화 비닐수지 및 가성소다 생산공장용 기계의 연불수출에 관해 사전 승인을 요청
주제어 대한 연불수출

문서명	한국에 대한 콜롬보계획에 따른 기술협력 건(韓国に対するコロンボ計画による技術協力に関する件)

문서파일번호 1905
작성연월일 1963. 8. 5
구분 제6차 회담
세부항목 콜롬보 계획에 의한 대한 기술협력
작성처 외무성 경제협력국
매수 4
비밀등급 일반
문서종류 내부문서
공개구분 공개
내용 외무성 경제협력국의 콜롬보계획에 따른 대한국 기술협력 관련 검토의견서. 해당 건에 대해 기술협력의 실적, 콜롬보계획에 따른 수입요청, 해당 건의 처리방침, 전문가의 파견 등이 기술됨.
주제어 콜롬보 계획에 의한 대한 기술 협력

한일회담 자료총서 14

한일회담 일본외교문서 상세목록집 IV
– 제6차 회담

초판 1쇄 인쇄 2021년 11월 10일
초판 1쇄 발행 2021년 11월 30일

엮은이 | 동북아역사재단
펴낸이 | 이영호
펴낸곳 | 동북아역사재단

등록 | 제312-2004-050호(2004년 10월 18일)
주소 | 서울시 서대문구 통일로 81 NH농협생명빌딩
전화 | 02-2012-6065
팩스 | 02-2012-6189
홈페이지 | www.nahf.or.kr
제작·인쇄 | 청아출판사

ISBN 978-89-6187-664-3 94910
978-89-6187-660-5 (세트)